Architekturführer
Berlin

von Martin Wörner, Doris Mollenschott,
Karl-Heinz Hüter und Paul Sigel

mit einer Einleitung von
Wolfgang Schäche

Sechste, überarbeitete und erweiterte Auflage

Redaktion
Paul Sigel

Dietrich Reimer Verlag

Die Deutsche Bibliothek – CIP-Einheitsaufnahme
Ein Titeldatensatz für diese Publikation ist bei
der Deutschen Bibliothek erhältlich

Die Einleitung von Wolfgang Schäche basiert in Teilen
auf einer Arbeit, die der Autor unter dem Titel
„Baugeschichte und Stadtbild bis 1945" für das
Berlin-Handbuch des Informationszentrums Berlin anfertigte.

Kartengrundlagen:
Übersichtskarte von Berlin 1:50 000, 2. Auflage 1998
mit Genehmigung der Senatsverwaltung für Stadtentwicklung,
Abteilung III, Geoinformation und Vermessung

Umschlaggestaltung: Bayerl & Ost, Frankfurt am Main
unter Verwendung von Fotografien
von Karl-Ludwig Lange, Berlin (Schloss Charlottenburg),
Stefan Meyer, Berlin (Shell-Haus)
und der TU Dresden (Erweiterungsbau der GSW-Hauptverwaltung)

Redaktionsschluss: August 2000

6., überarbeitete und erweiterte Auflage 2001

© 1989, 1990, 1991, 1994, 1997 und 2001
Dietrich Reimer Verlag
Zimmerstr. 26–27
10969 Berlin

ISBN 3-496-01211-0

Inhaltsverzeichnis

Vorbemerkung der Autoren

Der Architekturführer stellt 804 Gebäude und Ensembles des Berliner Stadtbildes vor. Bei der Auswahl der Objekte wurde ein möglichst breites Spektrum aus den verschiedenen Bezirken, Gattungen und Epochen angestrebt. Trotzdem mußte die Auswahl zwangsläufig subjektiv bleiben; die Benutzer werden hierfür um Verständnis gebeten.

Seit dem Fall der Mauer im November 1989 ist Berlin nach jahrzehntelanger politischer Spaltung und hermetischer Abriegelung wieder in seiner Gesamtheit erlebbar. Die städtebauliche und architektonische Entwicklung beider Stadthälften unter gegensätzlichen gesellschaftlichen Systemen hat erhebliche Unterschiede im Stadtbild entstehen lassen, die in diesem Führer ausführlich dargestellt werden. Ein Schwerpunkt der Objektauswahl liegt auf der historischen Bausubstanz in der Mitte Berlins, ein weiterer auf den vor 1933 errichteten Siedlungsbauten. Besonderes Augenmerk wurde auch auf die moderne Architektur gelegt, ist Berlin doch in Zusammenhang mit dem Ausbau als Regierungssitz zum Mekka der internationalen Architekturszene geworden.

Eine detaillierte Einleitung vermittelt die architektonischen und städtebaulichen Zusammenhänge.

Mit seinem Aufbau folgt der Architekturführer der Einteilung Berlins in Bezirke und deren Ortsteile, wie sie bei der Eingemeindung 1920 festgelegt wurden. Er ordnet die vorgestellten Gebäude entlang von Routen, so dass beim Lesen – und vor allem beim Spazierengehen – kleinere Stadtbezirke Schritt für Schritt erschlossen werden können. Jedem Objekt ist ein Foto beigegeben, das – bis auf Ausnahmefälle – den gegenwärtigen Zustand der Häuser dokumentiert. Die Beifügung von Grundrissen soll das bessere Verstehen von Architektur fördern. Die Texte mit ihren ausführlichen Bauanalysen und -beschreibungen dienen hoffentlich vielen als kleinere „Schule des Sehens".

Auf die Nennung der Mitarbeiter der Architekten musste aus Platzgründen leider verzichtet werden; die Autoren möchten an dieser Stelle jedoch darauf hinweisen, dass ein Gebäude in den seltensten Fällen das Werk eines einzelnen ist. Wichtig erschien, auf die Bauträger hinzuweisen, besonders auf die städtischen oder gewerkschaftlich-genossenschaftlichen Baugesellschaften. Ihnen ist, da sie mutiger als private Bauträger das traditionelle Schema durchbrachen, wesentlich die Vielfalt und – im doppelten Sinne – die Farbigkeit der Berliner Architektur zu verdanken.

Alle Objekte sind in die Bezirkskarten eingetragen, die so bei der Standortbestimmung helfen. Ein Architekten-, Baugattungs- und Straßenregister sowie ein historisches und ein Objektregister ermöglichen den raschen Zugriff auf gewünschte Informationen.

Die Autoren möchten sich an dieser Stelle bei ihren Fotografinnen und Fotografen, v. a. bei Ilona Ripke und Mathias Bury, bedanken. Ein besonderer Dank gilt Günter Kühne sowie Verena Neubert, Gilbert Lupfer und Christian Taaks für ihre vielfältige Hilfe und Unterstützung.

Vorbemerkung zur sechsten Auflage

In die nunmehr sechste Auflage des 1989 erstmals erschienenen Architekturführers Berlin wurden zusätzlich 42 Bauten aufgenommen.

Darüber hinaus erfolgte eine grundlegende Neugliederung und Aktualisierung der bestehenden Objekte.

Die bewährte Gliederung nach Stadtteilen blieb beibehalten; jedoch wurde die vom Berliner Senat beschlossene Zusammenlegung einzelner Bezirke berücksichtigt.

Martin Wörner
Paul Sigel

Wolfgang Schäche

Zur baulichen Entwicklung Berlins

Von den Anfängen bis in die Gegenwart

Die Stadt sucht, noch ohne genau zu wissen, was sie sucht. Sich selbst? Die Zukunft?
Ihren Platz in der Zukunft, so unerkennbar sie auch ist? Diese Unsicherheit ist fast die
Verheißung ihrer Zukunft, denn immer waren es Epochen schöpferischer Unruhe, die die
Stadt voranbrachten.

Wolf Jobst Siedler

1 Vorbemerkung

Obwohl die bauliche Entwicklung der Stadt mehr als 750 Jahre umfasst, wird ihr heutiger
Stadtraum strukturell wie physiognomisch im wesentlichen von den Überbauungen des
letzten Jahrhunderts geprägt. Denn weit mehr als die alten europäischen Metropolen Paris, London und Wien ist Berlin die Stadt des 19. Jahrhunderts. Als Parvenu unter den
mächtigen Hauptstädten vollzog es vor allem in den letzten Jahrzehnten bis zur Jahrhundertwende seinen atemberaubenden Aufstieg. Bis heute blieben Tempo und Schnell-
lebigkeit dabei seine augenfälligen Charakteristika. Damit einhergehend entfaltete sich
baulich eine „Tradition der Traditionslosigkeit". In der Rigidität allenfalls mit den Metropolen
der Neuen Welt, Chicago und New York vergleichbar, ging Berlin stets bedenkenlos mit
seiner geschichtlichen Substanz um und opferte sie einem rastlosen Fortschrittsglauben.
     Kein Quartier, kein Ort, kein Gebäude, kein Monument war der Stadt heilig. Beinahe mit
jeder Generation wechselte sie ihr Stadtbild aus. Das preußisch-barocke Berlin ging in
dem klassizistischen Karl Friedrich Schinkels auf; die Industrielle Revolution tilgte das klassizistische Antlitz der Stadt und brannte ihr mit seinen Fabriken, Bahnhöfen, Warenhäu-
sern, Banken- und Versicherungspalästen ihren bürgerlichen Stempel ein. Das Berlin der
Jahrhundertwende fand seinen dialektischen Ausdruck darin, gleichzeitig größte Villen-
und Mietskasernenstadt der Welt zu sein. In den 20er Jahren bildete sich dann der metropolitane Habitus avantgardistischer Architektur heraus. Der Rausch der nationalsozialistischen Welteroberungspläne rächte sich in unübersehbaren Trümmerfeldern. Die Nachkriegszeit entwickelte schließlich unter dem Banner des „Wiederaufbaues" eine Tabula-
rasa-Haltung gegen die beschädigte Stadt. Die „Stadt von Morgen" gedieh so, durch die
politische Teilung ihres Zusammenhangs beraubt, in zwei konkurrierenden Neubau-Versio-
nen.
     Während viele der städtebaulichen Glanzpunkte im Bombenhagel des Zweiten Weltkrie-
ges erloschen, blieben die ungeliebten Mietskasernenviertel, die sich wie ein undurch-
dringlicher Ring um die alte City schlossen, zum größten Teil bestehen. Sie wurden zum
charakteristischsten Erbe des Stadtraumes, dessen Annahme jedoch über Jahrzehnte
verweigert wurde. Ihre Erhaltung und Revitalisierung ist daher eine der zentralen Aufgaben
von Gegenwart und Zukunft.
     So wie die Entwicklung des ausgehenden 19. und beginnenden 20. Jahrhunderts die
städtebaulichen Voraussetzungen für das heutige Berlin herausbildeten, ist die Geschichte
des Umgangs mit den historischen Stadtresten nach 1945 die unmittelbare Geschichte
der bis zum November 1989 geteilten Stadt. Bis in die 70er Jahre blieb dabei die „Tradition der Traditionslosigkeit" auf beiden Seiten der Mauer konstituierendes Moment der
Stadtentwicklung. Sie paarte sich im westlichen Teil mit der von der politischen Realität
lange Zeit abgehobenen Wunschvorstellung einer wiedervereinigten Hauptstadt, was jegliche übergeordnete Planung folgenschwer befrachtete. In der so erzeugten Divergenz von
politisch determiniertem Planungsanspruch, der stets auf die Gesamtstadt gerichtet war,
und der Realentwicklung, die den tatsächlichen wirtschaftlichen und sozialen Bedingungen
der Halbstadt folgte, wurde die Identität der Stadt, das heißt ihre Struktur, ihre Gestalt und
ihr urbaner Zusammenhang bis heute auf eine harte Probe gestellt.
     Auf östlicher Seite waren die aus Planen und Bauen resultierenden Belastungen ver-
gleichbar schwer, jedoch anderer Natur. Alle Moden des sich als „sozialistisch" gebärdenden Städtebaues wurden während der 40-jährigen DDR-Existenz an der Hauptstadt erbar-

mungslos ausprobiert. Vor allem die geschichtliche Dimension der Stadt, welche sich aus dem Gesamtzusammenhang ableitete, wurde dabei in der Pathologie der staatlichen Abgrenzung zum Teil bis zur Unkenntlichkeit verzerrt.

So unterschiedlich die Entwicklungen in den Halbstädten jedoch auch gerieten, verbindet sich im Ergebnis das uneingelöste Versprechen auf eine „neue Stadt".

Denn im Gegensatz zu den exzessiven Phasen der jüngeren Geschichte, beginnend mit der hitzigen „Gründerzeit", bei deren explosionsartigen Erweiterungen und Veränderungen das verworfene Alte stets durch Neues ersetzt wurde, blieben die Abrisse beschädigter Einzelbauten wie ganzer Stadtteile in der Nachkriegszeit in Ost wie in West oft ohne adäquaten Gegenwert. Der Aufbau gerade der alten innerstädtischen Gebiete Berlins, ihre Reurbanisierung ist deshalb neben der behutsamen Sanierung des Mietskasernengürtels das zweite zentrale Problemfeld künftiger Stadtentwicklungsplanung. Die vornehmste Zukunftsaufgabe aber wird die strukturell-räumliche Verknüpfung beider Halbstädte sein, welche Mauer und Todesstreifen mehr als 29 Jahre gewaltsam auseinanderkeilten und die nun wieder begonnen haben, eine Stadt zu sein. Sie – nach der inzwischen vollzogenen politischen Vereinigung – zu einem Berlin zusammenwachsen zu lassen, ist ganz sicher mehr als nur eine städtebaulich-architektonische Aufgabe. Insofern sei vor allzu forschen Planungsstrategien gewarnt, die „Jahrhundertchancen" beschwören und sie mit den großen „Jahrhundertlösungen" zu beantworten suchen. Stadtplanung vermochte in diesem Jahrhundert vieles zu bewegen und hat Mannigfaches hervorgebracht. Nur einen entscheidenden Nachweis blieb sie bis dato schuldig, nämlich das zu ermöglichen und hervorzubringen, was wir vor dem Hintergrund der bürgerlichen Kultur unter Stadt verstehen. Sie würde an der hier zu bewältigenden Aufgabe ein weiteres Mal jäh scheitern, wollte sie das umfassende Konzept entwickeln, nach dem dann die städtischen Hälften zusammenzufassen sind. Die Komplexität und Ungleichzeitigkeit der verschiedensten Stadträume zu vermitteln, verlangt nach differenzierten, jeweils auf den konkreten Ort bezogenen Antworten und kleinteiligeren Lösungsansätzen, wobei sich die Stadtplanung darauf beschränken sollte, die jeweiligen städtebaulichen Ordnungselemente vorzugeben.

Die Lösungen können jedoch nur dann befriedigend gelingen, wenn man die Geschichte der Stadt annimmt und die noch greifbaren historischen Bestandteile des Stadtraumes zu seinen strukturellen wie maßstabgebenden Orientierungen der Erneuerung macht. Denn der bewusste Umgang mit der Geschichte und die offensive Auseinandersetzung mit ihr ist integraler Bestandteil des städtischen Entwicklungsprozesses. Er ist konstituierend für städtische Identität und Kultur und bildet zugleich die Basis qualitativer Erneuerung.

2 Von der Doppelstadt zur Residenz

Folgt man wissenschaftlichen Grabungen, welche nach dem Zweiten Weltkrieg durchgeführt wurden, geht die Gründung der Doppelstadt Berlin-Cölln auf die Mitte des 12. Jahrhunderts zurück. Es ist zu vermuten, dass die Anlegung der Städte gleichzeitig geschah, unbekannt ist jedoch, in welcher Form die Gründungen vollzogen wurden.

Ohnehin sind gesicherte Kenntnisse über Entstehung und Frühzeit Berlin-Cöllns gering, da der große Stadtbrand von 1380 das gemeinsame Rathaus zerstörte und mit ihm den dort befindlichen Dokumentenbestand der Schwesterstädte. Es ist anzunehmen, dass die mittelalterliche Gestalt der Doppelstadt dabei der ostdeutschen Kolonialstädte entsprach, wobei Doppelgründungen im märkischen Raum nichts Ungewöhnliches darstellten.

Begünstigt wurde die Ansiedlung in Berlin und Cölln durch eine von Südwesten nach Nordwesten führende Fernhandelsstraße sowie den kreuzenden Wasserlauf der Spree. Hier, etwa auf halbem Wege zwischen Spandau und Köpenick, nähern sich Barnim und Teltow auf ca. 4 km. Vier Talsandkuppen prägen an dieser Stelle die Topographie des Warschau-Berliner Urstromtals, wobei eine Furt den kräftigen Mittelarm des geteilten Spreelaufs durchzog, was die Entstehung von zwei eigenständigen Siedlungskernen ohne Zweifel mitbedingte. Als Siedlungskern auf Cöllner Seite ist dabei die Gegend um St. Petri anzunehmen, auf Berliner Seite das Gebiet um St. Nikolai.

Die mittelalterliche Doppelstadt umfasste die von Spree und späterem Kupfergraben umschlossene Insel, die das Territorium von Cölln darstellte, sowie auf der rechten Seite des mittleren Spreearms das wenig größere Areal von Berlin. Bebaut war hier zunächst nur der südliche Teil, denn der nördliche bestand aus unzugänglichem Sumpfgelände. Die einzige Verbindung der Doppelstadt bildete der Mühlendamm. Im 13. Jahrhundert kam schließlich die Neue oder Lange Brücke hinzu, auf der sich seit ca. 1307 das bereits erwähnte gemeinsame Rathaus befunden haben soll. Eine Stadtmauer fasste die im glei-

chen Jahr zusammengeschlossenen Städte zusammen. „Oberbaum" und „Unterbaum"
sperrten den Zugang zum mittleren Spreelauf. Die Seitenarme umschrieben die Fortifikation. Fünf Stadttore, das Spandauer-, Georgen-, Stralauer-, Köpenicker- und Gertrau-
dentor schufen die Verbindungen zum umliegenden Land.

Waren der Alte Markt, später Molkenmarkt, und die St. Nikolaikirche (Nr. 8) zunächst
die städtischen Mittelpunkte Berlins, bildeten sich auf Cöllner Seite die Gegend des späteren Köllnischen Fischmarktes sowie die Pfarrkirche St. Petri als zentrale Punkte heraus.

Sowohl in Cölln wie in Berlin gab es Niederlassungen der Bettelorden. In Berlin war die
am Ende des 13. Jahrhunderts von den Franziskanern errichtete dreischiffige Pfeilerbasilika mit einschiffigem Chor in der Klosterstraße sichtbares Zeichen ihrer Anwesenheit. Die
Klosterkirche stand dabei in unmittelbarer räumlicher Verbindung zur eigentlichen Klosteranlage. In Cölln waren es dagegen die Dominikaner, welche ihr Konventshaus und die
dazugehörige Kirche dicht an der Stadtmauer erbauten. Erinnert an die Berliner Anlage nur
noch die gesicherte Ruine der Klosterkirche (Nr. 17), so ist das Cöllner Kloster, einstmals
westlicher Abschluss des späteren Schlossplatzes, völlig aus dem Stadtbild verschwunden.
Sein Abbruch erfolgte bereits im 18. Jahrhundert.

Als eines der bemerkenswertesten Bauwerke des 13. Jahrhunderts ist schließlich noch
das an der Spandauer Straße in der um 1230 angelegten Berliner Neustadt errichtete
Heiliggeistspital zu nennen. 1272 erstmals erwähnt, zeugt die noch bestehende gotische
Spitalkapelle von seiner Existenz. Im Jahre 1905 säkularisiert und in den Neubau der damaligen Handelshochschule einbezogen, dient sie heute dem Wirtschaftswissenschaft-
lichen Institut der Humboldt-Universität als Mensa.

Zum Ende des 14. Jahrhunderts war Berlin-Cölln ein blühendes Gemeinwesen, dessen
Entwicklung auch durch den schweren Brand von 1380 keine wesentliche Unterbrechung
erfuhr. Umfangreiche Landkäufe (von Reinickendorf im Norden bis Mariendorf im Süden)
ließen das Weichbild der Doppelstadt sich um ein Vielfaches ausdehnen, wobei die stadt-
grundrissliche Anlage der von der Stadtmauer umgebenen Kernbereiche zu diesem Zeitpunkt dem Aufbau einer gotischen Idealstadt nahekam: Ein nahezu geradliniges, über-
schaubares Straßenraster war von in der Regel giebelständigen Häusern überbaut, wobei
die stattlichen Türme von St. Petri und St. Nikolai die malerische Silhouette bestimmten.

Das sich in der bis dahin vollzogenen Entwicklung spiegelnde starke städtische Regiment wurde dann jedoch jäh durch die Kurfürsten des Hauses Hohenzollern zunichte gemacht, die 1442 und schließlich 1447/48 der städtischen Selbständigkeit ein Ende berei-
teten, indem sie Berlin und Cölln zu kurfürstlichen Residenzen von Brandenburg machten.
Damit war zugleich der Zusammenschluss beider Städte formell wieder aufgehoben. Die
Wahl der Ratsmitglieder beider Gemeinden bedurfte fortan kurfürstlicher Bestätigung,
sämtliche Bündnisse mit anderen märkischen Städten wurden untersagt.

Sinnfälliger baulicher Ausdruck der neuen residenzlichen Funktion war die Errichtung
eines Wasserschlosses auf Cöllner Gebiet. Das so genannte Hohe Haus, welches bis dahin
landesherrlicher Sitz war und den alten markgräflichen Hof (ab 1261: Aula Berlin) in der
Klosterstraße schon im 14. Jahrhundert ablöste, hatte sich für die neue Aufgabe als unge-
eignet erwiesen. Schon 1443 begonnen, wurde das neue Schloss seit 1538 durch
Caspar Theyß und später durch andere zu einem prächtigen Fürstensitz der Renaissance
ausgebaut, auf den sich die kommunal geteilten, jedoch baulich mehr und mehr zusam-
menwachsenden Städte nun räumlich auszurichten begannen. Bis zum frühen 17. Jahrhundert gediehen die Schwesterstädte so zu einem reputierlichen Markt- und Handels-
mittelpunkt im brandenburgisch-mitteldeutschen Raum. Erst der 30-jährige Krieg unter-
brach diese Entwicklung. Belagerungen, Einquartierungen, Kontributionen, vor allem aber
Pestepidemien beeinträchtigten das städtische Leben wiederholt auf das Schwerste.

Aber schon 1642, noch ehe der Krieg beendet war, begann unter Kurfürst Friedrich
Wilhelm der planmäßige Auf- und Umbau der durch den Krieg stark verwüsteten Stadt,
deren Einwohnerzahl von ca. 14 000 im Jahre 1590 auf weniger als 7 500 zurückgegan-
gen war. Vor allem die Vorstädte galt es wiederherzustellen. Sie waren aus Verteidigungs-
gründen 1640 (Berliner Vorstadt) und 1641 (Cöllner Vorstadt) niedergebrannt worden. In
diesem Zusammenhang fiel als wichtigste städtebauliche Entscheidung der Ausbau des
Reitweges zwischen Schloss und Tiergarten zu einer breiten, mit sechs Lindenreihen bepflanzten Allee, der späteren Straße Unter den Linden.

Ab 1658 wurde Berlin, dessen Name sich nun endgültig für die Doppelstadt durchge-
setzt hatte, nach Plänen von Gregor Memhardt (1607–1678) zur Festungsstadt ausgebaut, Garnisonsstadt war es schon zuvor geworden. Die Ausführung der fortifikativen Anlagen nahm 25 Jahre in Anspruch. Auf Berliner Seite waren die Festungswerke vor der alten
Stadtmauer angelegt, auf Cöllner Seite wurden der Stadtgraben, der Friedrichswerder

sowie die kleine Gemeinde Neucölln mit einbezogen. Noch heute erinnern Namen und Lage von Oberwall-, Niederwall- und Wallstraße an die einstigen Bastionen. Ihr Verlauf stand jedoch schon zum Zeitpunkt des Entstehens im Widerspruch zu den ab 1662 einsetzenden planmäßigen Stadterweiterungen. Während die Friedrichwerdersche Neustadt – als erste Erweiterung – noch innerhalb der ursprünglich geplanten Festungswerke lag und damit unmittelbar an das alte Stadtgebiet angebunden war, befand sich die ab 1674 zwischen Spree und der Lindenallee (Straße Unter den Linden) angelegte Dorotheenstadt bereits außerhalb der Fortifikation. Die Anlegung der südlich davon gelegenen Friedrichstadt, ab 1688 in direkter stadträumlicher Beziehung zur Dorotheenstadt konzipiert, war dementsprechend ebenfalls eine Erweiterung „vor den Toren der Stadt". Ihre rasterartige Grundrissfigur geradliniger, scheinbar unendlicher Straßenfluchten zeigte aber zugleich die kommende Dimension des Bauens an und die neuen stadtbaukünstlerischen Qualitäten, welche sich dann mit der Regentschaft Friedrichs III. am Ende des 17. Jahrhunderts vollends durchsetzen sollten.

3 Die preußische Kapitale

Berlin avancierte 1701 zur Hauptstadt des Königreichs Preußen, nachdem sich Kurfürst Friedrich III. von Brandenburg in Königsberg selbst zum König Friedrich I. in Preußen gekrönt hatte. Schon zuvor bereitete er die Stadt baulich auf ihre neue Funktion vor. Der machtpolitische und damit verbundene stadtkulturelle Aufstieg, durch die planmäßigen Stadterweiterungen diesseits und jenseits der „Linden" eingeleitet, wurde nun durch bedeutende Einzelbauten, welche der Stadt sowohl einen neuen Maßstab als auch ein neues Profil gaben, sichtbar untermauert. Verbanden sich die erwähnten Stadterweiterungen namentlich vor allem mit Johann Arnold Nering (1659–1695) und Philipp Gerlach (1679–1748), so war es vor allem die Persönlichkeit Andreas Schlüters (1659?–1714), die die künstlerische Qualität des barocken Berlins entscheidend prägte. Schlüters Werke stellten die ersten herausragenden Leistungen internationalen Ranges dar, die in der Stadt hervorgebracht wurden, und formulierten einen ästhetischen Anspruch, der für lange Zeit zum Maßstab worden sollte. 1694 nach Berlin berufen, schuf Schlüter als Bildhauer-Architekt während seiner hiesigen Schaffenszeit bis 1713 unter anderem so bedeutende Bau- und Kunstwerke wie das Gießhaus (1698–1705), das Palais Wartenberg (1701–1706) und das Landhaus Kamecke (1711/12), welche heute alle nicht mehr vorhanden sind. Die für die Gestalt der Stadt bestimmenden Arbeiten aber waren schließlich das Zeughaus (1695 von Nering und Martin Grünberg begonnen; 1699–1710 durch Jean de Bodt vollendet; Nr. 32) an der Straße Unter den Linden, die umfassende Barockisierung, verbunden mit Aus- und Umbau des Stadtschlosses (Nr. 25) zwischen 1698 und 1706 (1950/51 teilbeschädigt abgerissen) sowie die Ausgestaltung der Langen Brücke mit dem Reiterstandbild des „Großen Kurfürsten". War es am Zeughaus die Gestaltung der kolossalen Fassaden mit dem überreichen Schmuck, die neue ästhetische Dimensionen offenbarte, so beeindruckte das geniale Reiterstandbild auf der Langen Brücke (nach Plänen von Nering als erste steinerne Brücke Berlins 1694 fertiggestellt) durch seine sensible Balance zwischen dynamischer Kraft und würdevoller Haltung. Das Schloss mit seiner neuen Palastfront, bestimmt durch einen triumphalen Säulenrisalit – zu der die Lange Brücke städtebaulich in Beziehung stand –, wurde zum eindeutigen Kraftzentrum der Stadt, zum baulichen Mittelpunkt, der den Stadtraum auf lange Zeit ordnend zusammenfassen sollte.

Das absolutistische Berlin des 18. Jahrhunderts brachte schließlich, in der Folge Schlüters, einen vornehmlich niederländisch beziehungsweise französisch beeinflussten Barockklassizismus hervor, der für das Stadtbild prägend wurde. Architektonisch setzte vor allem unter der Regentschaft Friedrichs II. der Baumeister Georg Wenzeslaus von Knobelsdorff (1699–1753) glanzvolle Akzente. Mit dem Bau des Königlichen Opernhauses (Nr. 37) an der Straße Unter den Linden, 1740–43, entstand das Forum Fridericianum (ab Nr. 40) als neuer städtebaulicher Monumentalplatz in Korrespondenz zum Schlossbezirk. Dem Opernhaus folgten seit 1748 das Palais des Prinzen Heinrich von Johann Boumann (1706–1776) sowie die Hedwigs-Kathedrale (Nr. 38), die 1773 fertig gestellt wurde. Die (Alte) Königliche Bibliothek (Nr. 39), nach Entwürfen von Christian Unger (1743–1812) 1775–80 errichtet, vervollständigte schließlich die Platzumbauung.

Mit der Bibliothek wurde zugleich ein Hauptwerk des friderizianischen Barock in Berlin verwirklicht, welches für die letzten Jahrzehnte des 18. Jahrhunderts nach dem Vorgriff auf den Klassizismus noch einmal bestimmend geworden war. Namentlich nach dem Siebenjährigen Krieg kam es seit 1769 zu einer regen Bautätigkeit, die vor allem der Verschönerung der Stadt diente. Auf Kosten des Königs entstanden eine große Anzahl so genannter Immediatbauten – besonders in der Dorotheenstadt und der Friedrichstadt –, denen (nach römischem Vorbild aus Kupferstichkatalogen) festliche Fassaden vorgehängt wurden. Großartige Schauarchitekturen wie die Kolonnaden an der Mohrenstraße (1787; Nr. 80), die am Spittelmarkt (1774) und die Königskolonnaden (1777–1780) entstanden. Letztere waren Schöpfungen Carl von Gontards (1731–1791), der mit den imposanten Turmbauten am Gendarmenmarkt (in Zuordnung zur Deutschen und Französischen Kirche, Nr. 82) dem Stadtraum zwei markante Akzente hinzufügte, die geradezu charakteristisch für die Stadtsilhouette wurden.

Städtebaulich war die unter Gerlach erfolgte Erweiterung der Friedrichstadt die bedeutendste Leistung des Jahrhunderts. Mit dem umfangreichen Ausbau nach Süden 1732–1738 wurde zugleich die alte, viel zu eng gewordene Bastionsbefestigung geschleift und durch eine die bestehenden Vorstädte einschließende Zollmauer ersetzt. Der erweiterte Stadtgrundriss wurde nun von drei Torplätzen bestimmt, dem „Quarre" (Pariser Platz), dem „Octogon" (Leipziger Platz) im Westen und dem „Rondel" (Belle-Alliance-Platz, heute: Mehringplatz, Nr. 429) im Süden. Hauptmotiv der Erweiterung bildete ein Straßenfächer: Lindenstraße und Friedrichstraße, beide in der Trassierung schon existent, wurden auf den Rundplatz („Rondel") innerhalb des südlichen Tores der neuen Zollmauer zugeführt. Eine neu angelegte dritte Straße, die Wilhelmstraße, vervollständigte die Fächerfigur. Die oft zitierte Übernahme des Platzmotivs von der Piazza del popolo in Rom blieb dabei im Formalen unvollständig, denn eine ähnlich monumentale Ausstattung wie die des Vorbildes – mit zwei Kirchen zwischen den Straßenmündungen – war hier nie intendiert.

Außerhalb der Stadt war der planmäßige Um- und Ausbau des westlich Berlins gelegenen Tiergartens zu einem „Lustpark für die Bevölkerung" durch Knobelsdorff bedeutsam. Ebenso die Errichtung einer Reihe von Schlössern, die sich wie ein Gürtel um das Weichbild des städtischen Umlandes legten, wobei Charlottenburg (Nr. 316–318), schon 1695 unter Nering begonnen und seit 1702 von Johann Friedrich Eosander von Göthe (1669 – 1728) erweitert (und später von Knobelsdorff ausgebaut), dabei ohne Zweifel die herausragendste Anlage darstellte.

Das ausgehende 18. Jahrhundert brachte, inspiriert von den gesellschaftlichen Ereignissen der Französischen Revolution und unter dem Eindruck der beginnenden Industrialisierung, auch in der Baukunst einschneidende Veränderungen. In Berlin verband sich dieser Aufbruch in eine neue Architektur mit der Person Friedrich Gillys (1772–1800). Allzu jung verstorben und so zum Mythos geworden, stand er für einen „revolutionären Klassizismus", getragen von den bürgerlichen Idealen der Revolution und durchdrungen von der Philosophie der Aufklärung. Blieb sein kühner Entwurf einer bürgerlich-emanzipierten Architektur, kulminierend in der als Gesamtkunstwerk angelegten Konzeption eines „Denkmals für Friedrich den Großen" am Leipziger Platz, erhabene Vision, offenbarte Karl Gotthard Langhans (1732–1808) – in Gillys Nachfolge stehend – mit seinen Werken für Berlin deren ästhetische Dimension im stadträumlichen Kontext. Geradezu als dafür emblematisch ist der Bau des Brandenburger Tores (1788–1791; Nr. 60) zu begreifen; als Anspielung auf die Propyläen, den Eingangsbau der Akropolis von Athen, ist es die Vergegenständlichung des bürgerlich-intellektuellen Sehnsuchtsbildes von „Spree-Athen".

Karl Friedrich Schinkel (1781–1841) aber blieb es vorbehalten, das klassizistische Berlin „zu bauen" und der Stadt damit für mehr als ein halbes Jahrhundert die charakteristischen Züge zu verleihen. Der Wandel Berlins zu einer bürgerlichen Stadt, in der der großgrundbesitzende Adel seine politisch-militärische Kommandofunktion behaupten konnte, wurde – gerade im Innenstadtbereich – in Schinkels Werken manifest. Bauten wie die Neue Wache (1816–1818; Nr. 33) an der Straße Unter den Linden, das (Alte) Museum am Lustgarten (1822–1825; Nr. 26) sowie der Umbau des dortigen alten Doms (1817 und 1820–22; Nr. 24), die Bauakademie (1831–35) und die Friedrich-Werdersche Kirche (1824–30; Nr. 77) bildeten hierbei die architektonischen Glanzpunkte. Mit den Stadterweiterungsplänen für Moabit und das Köpenicker Feld (im heutigen Kreuzberg) wirkte schließlich auch Schinkels städtebauliches Schaffen unmittelbar in die zweite Hälfte des 19. Jahrhunderts hinein.

Das reale Wachstum der Stadt vollzog sich indes bis zur Mitte des Jahrhunderts noch vornehmlich innerhalb der Stadt- und Zollmauern und führte zu einer enormen Verdichtung, die sich schließlich auch in die späteren Stadterweiterungen übertrug. Denn die 1851 verabschiedete neue Kommunalverfassung enthielt neben dem Dreiklassenmodus als bedeutsames und zugleich folgenschweres Instrument das Hausbesitzerprivileg, wonach 51% der Stadtverordneten Haus- und Grundbesitzer sein mussten, was die Bau- und Bodenspekulation begünstigte. Vor diesem Hintergrund entstand 1853 die „Baupolizeiordnung von Berlin", welche in der Festlegung brandschutztechnischer Minimalforderungen die Mietskasernenviertel ermöglichte, die auf der Grundlage des 1862 in Kraft gesetzten Hobrecht'schen Bebauungsplanes für Berlin und Charlottenburg sich in der Folgezeit bis zur Jahrhundertwende gürtelartig um die Stadt legten, die „größte Mietskasernenstadt der Welt" entstehen ließen und den Ruf des „steinernen Berlins" (Werner Hegemann) provozierten.

4 Die Hauptstadt des Kaiserreiches

Mit der Reichsgründung 1871 wurde Berlin zur Reichshauptstadt befördert. Beeinflusst von der rasanten industriellen Entwicklung, die Berlin schon zuvor zur größten und wichtigsten Industriestadt Deutschlands gemacht hatte, vollzog sich ein explosionsartiger Aus- und Umbau der Stadt, deren Struktur und Gestalt dabei vollkommen verändert wurden. Um den Transport von Gütern und Personen sicherzustellen, entstanden Nah- und Fernverkehrsnetze, Wasserstraßen wurden kanalisiert und Chausseen gebaut. Bahnhöfe, Häfen, Markthallen, Waren- und Kaufhäuser sowie Hotels bildeten die neuen Orte großstädtischer Konsumtion und Distribution; Fabrikanlagen wurden aus der Erde gestampft. Und mit der industriellen Arbeit kam das ländliche Proletariat in den städtischen Ballungsraum um Berlin und verlangte nach billigem Wohnraum. Seit ca. 1890 begann die Stadt mit den sich gleichzeitig ausdehnenden Nachbarstädten und Gemeinden wie zum Beispiel Charlottenburg, Wilmersdorf, Schöneberg und Rixdorf (später Neukölln) zusammenzuwachsen. Das „steinerne Berlin" verdichtete seine Baublöcke bis zur Sättigungsgrenze, vor allem in den Arbeitervierteln der heutigen Bezirke Friedrichshain, Lichtenberg, Wedding und Kreuzberg mit ihren lichtlosen, engen Hinterhöfen mit Quergebäuden und Seitenflügeln. In den beengten Wohnungen hausten in der Regel mehrere Familien, die oft zusätzlich noch Schlafburschen und Untermieter aufnahmen. Die Bevölkerung im Agglomerationsraum Berlin expandierte zwischen 1871 und 1900 von ca. 900 000 auf mehr als 2 700 000 Einwohner.

Die Kritik an den unhaltbaren Zuständen in den Massenquartieren führte schließlich 1892 zu einer differenzierteren „Baupolizeiordnung für die Vororte Berlins", die das weitere Wachstum der Stadt besser regulieren sollte. Einen weiteren bedeutsamen Schritt zur Verbesserung der großstädtischen Verhältnisse stellte der 1907 ausgeschriebene Wettbewerb „Groß-Berlin" dar, dessen Aufgabe es war, den inzwischen auf ca. 3 500 000 Einwohner angewachsenen städtischen Raum des späteren Groß-Berlin neu zu ordnen und ihm ein zusammenhängendes Gefüge zu geben. Die bedeutsamen Ergebnisse dieser Ausschreibung, die in der Allgemeinen Städtebauausstellung von 1910 (der ersten großen Berliner Bauausstellung mit internationaler Beteiligung) vorgestellt und diskutiert wurden, waren zugleich eine Kampfansage an das Spekulationsobjekt Mietskaserne. Wenn auch die direkte Umsetzung der Vorschläge durch die Kriegsereignisse versagt blieb, stellten die Themen und Ergebnisse der Ausstellung doch die inhaltlichen Weichen für den Berliner Städtebau der 20er Jahre.

Gleichwohl bleibt festzuhalten, dass Berlin im Zeitraum zwischen 1890 und 1910 seine für das 20. Jahrhundert bestimmenden städtebaulichen Charakteristika herausbildete.

Während die Innenstadt, vor allem die Friedrichstadt, sich zu einem dichten Geschäfts- und Verwaltungsviertel entwickelte, setzte sich zugleich der schon in der Mitte des 19. Jahrhunderts begonnene „Zug nach Westen" verstärkt fort. Die Herausbildung neuer Stadtviertel für mittlere und gehobenere Bürgerschichten war die Folge. Die Luxusbebauungen des Kurfürstendammes und seiner Nebenstraßen sind hierfür exemplarisch, wie auch die Wohngegend um den Lietzensee und am Kaiserdamm in Charlottenburg oder das Bayerische Viertel in Schöneberg sowie das Rheinische Viertel (Nr. 359) in Wilmersdorf.

Parallel zu den städtischen Wohnvierteln bildeten sich von Grunewald über Dahlem bis nach Wannsee weiträumige Landhaus- und Villenviertel heraus, in denen an der Peripherie der Stadt das „Leben auf dem Lande" gepflegt wurde. Berlin war zur Jahrhundertwende gleichermaßen die „versteinertste und grünste Millionenstadt des Kontinents".

Die Architektur dieser Epoche war dabei schnelllebig und vielgesichtig wie die gesellschaftliche Situation. Zwischen Rückschritt und Aufbruch, zwischen Historismus und Moderne spannte sich ein grandioser Bogen baulicher Formen- und Gestaltwelten. Die Widersprüchlichkeiten der Zeit offenbarten sich zum Beispiel im Werk Franz Heinrich Schwechtens (1841–1922). Mit seinem Anhalter Bahnhof (1876–80; Nr. 436), der „Mutterhöhle der Eisenbahn" (Walter Benjamin), schuf er eine Architektur des technischen Aufbruchs wie gleichermaßen mit der Kaiser-Wilhelm-Gedächtniskirche (1891–95; Nr. 254) höfische Imponierbaukunst. Ludwig Hoffmann (1852–1932), zwischen 1896 und 1924 Stadtbaurat von Berlin, prägte dagegen wie kein zweiter das „kommunale Berlin" der Kaiserzeit mit einer Vielzahl von Schulen, Krankenhäusern, Feuerwachen, Badeanstalten sowie städtischen Verwaltungsbauten. Mit seinem Rudolf-Virchow-Krankenhaus (1898–1906; Nr. 234), dem Märkischen Museum (1896–1908: Nr. 109), dem Neuen Stadthaus (1902–1911; Nr. 11) und dem Märchenbrunnen (1901–1913) setzte Hoffmann bestimmende Akzente in die Stadtlandschaft. Er und Alfred Messel (1853–1909), der Architekt des Wertheim-Kaufhauses am Leipziger Platz (1896, 1899/1900) und Schöpfer des Pergamon-Museums (1909–1930; Nr. 27), gingen in ihrer „Architektur der Reduktion" den ersten entscheidenden Schritt auf dem Wege zu einer neuen, modernen Architektur. Ihr standen die pathetische Monumentalbaukunst des neuen Berliner Domes (1893-1905; Nr. 24) am Lustgarten von Julius Raschdorff (1823–1914) sowie Paul Wallots (1841–1912) gewaltiger Reichstagsblock (1883–94; Nr. 229) gegenüber, dessen Plazierung am Königsplatz (heute Platz der Republik) zugleich den Versuch darstellte, der Stadt eine neue, eine republikanische Mitte zu geben. Peter Behrens (1868–1940) schließlich weist mit seinen epochemachenden Bauten für die AEG an der Brunnenstraße (1910–12; Nr. 245) sowie der Turbinenhalle an der Huttenstraße (Nr. 209) in Moabit (1908–11) den Weg zur Architektur des 20. Jahrhunderts. Er wurde damit zum „Vater der Moderne", die dann später viele Namen hatte.

5 Von der Hauptstadt zur Weltstadt: das republikanische Berlin

Die Not der Nachkriegszeit forcierte die schon seit 1908 verfolgte Idee der administrativen Zusammenfassung des verstädterten Ballungsraumes Berlin. 1920 erfolgte schließlich der Zusammenschluss der die Stadt umgebenden 93 Städte, Landgemeinden und Gutsbezirke zur Einheitsgemeinde „Groß-Berlin" und ließ diese – hinter London – zur flächenmäßig zweitgrößten Stadt Europas aufrücken. In den 20er Jahren entwickelte sich jene „neue" Stadt Berlin aus der Nachkriegsdepression zu der vitalen, weltoffenen Metropole, die noch heute gern beschworen wird.

In Ermangelung finanzieller und wirtschaftlicher Möglichkeiten blieb das Bauen in den ersten Jahren nach Kriegsende aber auf das Abenteuer des Entwurfs beschränkt. Dabei entwickelte sich die Stadt binnen kurzer Zeit zum „avantgardistischen Nabel der Welt". Hier wirkten und bauten unter anderem Hugo Häring (1882–1958), Walter Gropius (1883–1969), Ludwig Mies van der Rohe (1886-1969), Bruno und Max Taut (1880–1938 und 1884–1967), Martin Wagner (1885–1957) und Hans Scharoun (1893–1972) neben den großen Meistern expressionistischer Baukunst wie Erich Mendelsohn (1887–1953) und Hans Poelzig (1869–1936). Eine stattliche Anzahl von Einzelbauten der genannten Protagonisten, wie zum Beispiel das Haus des Rundfunks (1929–1931; Nr. 286) von Poelzig, Max Tauts Verbandshaus der Deutschen Buchdrucker (1925; Nr. 418), das Strandbad Wannsee (1929/30; Nr. 791) von Wagner im Zusammenwirken mit Richard Ermisch (1885–1960) sowie das 1926–28 errichtete ehemalige Universum-Kino (heute Schaubühne am Lehniner Platz; Nr. 391) von Mendelsohn zeugen noch heute von der enormen Vielfältigkeit und dem hohen gestalterischen Niveau dieser Zeit.

So ästhetisch wie funktional fortschrittlich die architektonischen und städtebaulichen Utopien der Avantgarde waren und wie intensiv sie die nachfolgende internationale Debatte auch anregten und befruchteten, erfassten sie in ihrer totalen Ablehnung der Geschichte die konkreten Probleme der Großstadt nur unzureichend. Auch und gerade auf dem Gebiet des Wohnungsbaues zielten die Ansätze in ihren Ergebnissen an den eigentlichen sozialen Aufgabenstellungen der Zeit vorbei. Denn die beispielhaften Lösungen der durchgrünten, luftigen und mit Gemeinschaftseinrichtungen (wie Waschküche, Trockenraum etc.) ausgestatteten Mustersiedlungen der Weimarer Republik, die von den genossenschaftlichen beziehungsweise gewerkschaftlichen Wohnungsbaugesellschaften als Antwort auf die „Stadt des 19. Jahrhunderts" nach den Prinzipien „Licht, Luft und Sonne" an der städtischen Peripherie errichtet wurden, ignorierten die Problematik der real existierenden Massenquartiere der Arbeiterviertel und vermochten deren Verhältnisse um keinen Deut zu verbessern. Die „Onkel-Tom-Siedlung" (Nr. 766) in Zehlendorf, die „Weiße Stadt"

(Nr. 593) in Reinickendorf, die „Ringsiedlung" (Nr. 320) in Siemensstadt und die „Hufeisen-Siedlung" (Nr. 579) in Britz gelten heute wie damals dennoch als hervorragende soziale wie städtebauliche und architektonische Leistungen. Demgegenüber rufen die aus ökonomischen Gründen unrealisierten rigorosen Neu- und Umbaupläne für die zentralen Bereiche der Innenstadt (Wettbewerbe für Alexanderplatz und Potsdamer Platz sowie den Platz der Republik und die Straße Unter den Linden) dieser Zeit heute zunehmende Skepsis hervor.

Darüber hinaus bleibt festzuhalten, dass es an der Realität vorbeigehen würde, die bauliche Entwicklung Berlins in der Weimarer Republik auf die Avantgarde zu verengen. Sie hatte am Gesamtbaugeschehen nur einen bescheidenen Anteil. Dagegen war das „alltägliche Baugeschehen" durchgängig von konservativ-traditionalistischen Bauauffassungen geprägt, wie sie beispielsweise im „Zehlendorfer Dächerstreit" in der Bebauung am Fischtalgrund (Nr. 769) programmatisch gegen Bruno Tauts, Hugo Härings und Otto R. Salvisbergs Siedlungshäuser zum Ausdruck kommen.

6 Von Berlin nach „Germania": die nationalsozialistische Reichshauptstadt und ihre Zerstörung

Mit dem 30. Januar 1933, dem Tag der so genannten Machtergreifung der Nationalsozialisten, setzte für Berlin eine Phase ein, die schließlich mit der physischen Vernichtung weiter Teile der Stadt endete. Ausgerechnet die Stadt, deren Bevölkerung der NSDAP bis 1933 (und z. T. auch noch danach) bemerkenswerten Widerstand entgegensetzte, hatte in der Folgezeit des „Dritten Reiches" (und letztlich in den Auswirkungen bis in die Gegenwart) am schwersten unter der Hypothek der NS-Herrschaft zu leiden.

Zunächst jedoch blieb die politische Zäsur im Bereich der Bau- und Planungsentwicklung ohne direkte Auswirkungen. Im Bau befindliche Objekte wurden weitergeführt, zurückgestellte Vorhaben aus der Zeit vor 1933 im Rahmen der Arbeitsbeschaffungsprogramme reaktiviert. Das konzeptionelle wie formale Spektrum der Architektur war dabei breiter gefächert, als von der NS-Propaganda suggeriert und von der Baugeschichtsschreibung postum behauptet wurde. Gleichwohl hatte das Baugeschehen insgesamt zunächst ein vergleichsweise bescheidenes Volumen. Der Hochbaubereich erschöpfte sich vornehmlich in einigen propagandawirksamen Großbauten wie dem Reichsbankerweiterungsbau (1934–40; Nr. 78) von Heinrich Wolff, dem Reichsluftfahrtministerium (1935–36; Nr. 95) und dem Zentralflughafen Berlin-Tempelhof (1935–39; Nr. 299) von Ernst Sagebiel sowie den Anlagen des so genannten Reichssportfeldes (1934–36; Nr. 299) von Werner March. Der Wohnungsbau hingegen spielte eine untergeordnete Rolle.

Mit der ab 1937 zum Tragen kommenden, auf Expansion abzielenden Außenpolitik vollzog sich auch eine nachhaltige Veränderung des Berliner Baugeschehens. Sie findet ihren administrativen Ausdruck in der Einsetzung eines „Generalbauinspektors für die Reichshauptstadt Berlin" (GBI). Unter dessen Leitung wurde im Vorgriff auf die Raubkriege Berlin planerisch zur Welthauptstadt „Germania" ausgebaut. Die in diesem Zusammenhang entwickelte Architektur einer monströsen Nord-Süd-Achse vollzog dabei inhaltlich wie formal einen qualitativen Sprung. Kennzeichnend war, dass sie, im Gegensatz zu den Bauten der ersten Phase, weitgehend keinen praktischen Gebrauchswert mehr hatte, sondern primär herrschaftstechnische Funktion. Der soziale Auftrag blieb hierbei ausgeklammert. Die Architektur war auf Staats- und Parteibauten memorialen Charakters konzentriert, die die Kulissen für die kultischen Inszenierungen des Nationalsozialismus bilden sollten.

Während die GBI-Planungen sich bis auf wenige Beispiele (einige Botschaftsgebäude im Tiergartenviertel) auf die Zerstörung des Bestehenden beschränkten, initiierte die Stadtverwaltung bis in die 40er Jahre hinein die noch heute im Stadtbild erfahrbare NS-Architektur. Diese ist in ihrer Ausrichtung im Prinzip als Teil einer sich fortschreitenden Entwicklung zu begreifen, die sich – wurzelnd in den Konventionen traditionalistischer Baukultur – bereits zu Beginn des 20. Jahrhunderts herausbildete und schließlich über 1945 hinaus ihre Gültigkeit behielt. Exemplarisch dafür stehen die noch heute existierende, zwischen 1935 und 1943 entstandene Bebauung des Fehrbelliner Platzes (Nr. 389) in Wilmersdorf sowie die Bauten des Flughafens Tempelhof (Nr. 544) und des ehemaligen Reichssportfeldes (Nr. 299) in Charlottenburg.

Blieben die Zerstörungen des „kaiserlichen Berlins", bezogen auf die Innenstadt, unter dem Banner des Funktionalismus der 20er Jahre nur planerischer Fiebertraum, begannen die Speerschen Abrissspezialisten bereits real mit der Demontage ganzer Stadtteile wie dem Gebiet des heutigen „Kulturforums" (Nr. 168) oder des Spreebogens am Reichstag in Tiergarten. Die bewusst geplante Liquidierung des bestehenden Berlins zugunsten „Germanias" fand im Bombenkrieg ihre ungeplante grausame Fortsetzung.

Die Politik des Weltenbrandes endete schließlich in der totalen Kriegsniederlage und, als deren Resultat, in der Teilung Deutschlands und seiner Hauptstadt Berlin.

7 Die Nachkriegszeit: Wiederaufbau oder Neubau?

Die erste Phase der Nachkriegsentwicklung Berlins umfasste den Zeitraum zwischen 1945 und 1949. Während dieser vier Jahre nach dem politisch-gesellschaftlichen Zusammenbruch des nationalsozialistischen Terrorstaates existierte Berlin noch als Einheit. Das wiedererwachende Leben in der zertrümmerten Stadt vollzog sich zunächst unter der Kontrolle der Roten Armee, die die militärische Niederlage der „Festung Berlin" von außen herbeiführte, ohne von innen Hilfe erwarten zu können. Ab Sommer 1945 waren es dann neben den Sowjetrussen Amerikaner, Briten und Franzosen, die als Besatzungsmächte nach Berlin kamen. Die Stadt wurde dementsprechend hoheitlich in vier Sektoren aufgeteilt.

Das so besetzte Berlin glich zu diesem Zeitpunkt in vielen Teilen einer Trümmerlandschaft: Von den ca. 245 000 Gebäuden der Stadt waren 11,3 % total zerstört und 8,2 % schwer beschädigt. Weitere 9,3 % wurden als mittelschwer beschädigt, aber aufbaubar eingestuft; als nur leicht beschädigt und weitgehend uneingeschränkt nutzbar galten hingegen 70,1 % der gesamten Bausubstanz. Die höchsten Schadenswerte wiesen dabei die Innenstadtbezirke Mitte und Tiergarten sowie Kreuzberg auf.

Der Aufbau einer zivilen Administration begann bereits wenigeTage nach der Kapitulation. Unter der Ägide der Roten Armee wurde ein neuer Berliner Magistrat gebildet; zum ersten Leiter der Abteilung Bau- und Wohnungswesen bestellte man Hans Scharoun.

Angesichts der verheerenden Zerstörungen galt es, grundlegende Aufbaupläne zu entwickeln, die die künftigen städtebaulichen Orientierungen vorgeben sollten. Gleichwohl war angesichts der politischen Situation die künftige Rolle Berlins nicht klar definierbar. Für die Architekten und Planer bedeutete die Unsicherheit über die künftige Entwicklung die konkrete Chance, ihre Ideale der „Stadt der Zukunft" auf dem Plan voll entfalten zu können. Diese Zeit stellte sich deshalb als eine für städtebauliche Visionen fruchtbare Phase dar. Indem die avantgardistischen Leitbilder der 20er Jahre wieder zur planerischen Maxime gemacht wurden, glaubte man jedoch bereits, das gesellschaftliche Erbe des Nationalsozialismus (städtebaulich-architektonisch) „bewältigt" zu haben. Der Vision der aufgelockerten und entmischten Stadt, die gegen die Mietskasernenstadt des 19. Jahrhunderts gesetzt wurde, kamen die Kriegszerstörungen dabei durchaus entgegen. Der Bombenhagel des Zweiten Weltkriegs hatte „willkommene Vorarbeit" geleistet. Hans Scharoun sah in dem, „was blieb, nachdem Bombenangriffe und Endkampf eine mechanische Auflockerung vollzogen (haben), ... die Möglichkeit, eine Stadtlandschaft zu gestalten". Hans Josef Zechlin frohlockte, dass „erfreulicherweise ... zur Fülle der Verluste auch die Menge des Verfehlten und Häßlichen (gehört), so dass der Städtebauer manches Ruinenfeld mit wehmütigem Lächeln begrüßt".

Betrachtet man diese Planungen nach der oft beschworenen „Stunde Null", so ist festzustellen, dass, obschon von graduell unterschiedlichen Ansätzen getragen, sie alle nicht Wiederaufbau, sondern radikalen Neubau meinten! Der alten verdichteten Stadt wurde die neue unversöhnlich entgegengestellt. Sowohl der 1946 unter Leitung Scharouns erarbeitete „Kollektivplan" als auch der so genannte „Zehlendorfer Plan" von Walter Moest und Willi Görgen belegen dies: Propagiert der eine die aufgelockerte „Stadtlandschaft", setzt der andere auf die verkehrsgerechte Stadt, wenn er auch von seinen Autoren als „Sanierungsplan" begriffen wird. Auch andere Vorschläge, wie die architektonisch ambitionierten Aufbaupläne Max Tauts, bewegten sich qualitativ im vergleichbaren Rahmen. Nur der 1947 von Karl Bonatz (Nachfolger von Scharoun als Leiter der Abt. Bau- und Wohnungswesen) und Richard Ermisch vorgelegte „Neue Plan von Berlin" bot dazu eine scheinbare Alternative: In der Einschätzung der absehbaren wirtschaftlichen Möglichkeiten bezog er die überkommene Stadt weitgehend mit ein. Aber auch Bonatz und Ermisch bejahten das Vorhandene nicht konzeptionell, sondern fanden sich in pragmatischer Abwägung der beschränkten Gegebenheiten nur mit ihm ab.

„Das steinerne Berlin", das Werner Hegemann schon 1930 so unerbittlich pauschalisierend an den Pranger stellte, hatte in diesen Jahren keinen ernsthaften Fürsprecher. Allein Ernst Randzio warnte angesichts der radikalen Neubaupläne vor der allzu leichtferti-

gen Zerstörung der kriegsverschonten Teile der Stadt, besonders der nur wenig beschädigten unterirdischen Stadtstruktur.

All die großen Pläne der ersten Nachkriegsjahre mussten letztlich aufgrund der bescheidenen wirtschaftlichen Möglichkeiten Makulatur bleiben. In der Realität setzte sich weitgehend die Instandsetzung des Überkommenen durch. Neben Enttrümmerungen bestimmten allerorts in der Stadt die „Herstellung von Schutzabdeckungen, Notdächern, (das)
Schließen von Einschußöffnungen und Vernageln von Fensteröffnungen" das alltägliche
Baugeschehen. Für Neubauten fehlte es noch an Geld, Baumaterialien und funktionieren-
den Baubetrieben.

Die zweite Phase der Nachkriegsentwicklung wurde dann durch die politische Spaltung
der Stadt eingeleitet. Londoner Konferenz (1947), Währungsreform und Blockade (1948)
bildeten die entscheidenden Ereignisse, die der politisch-administrativen Teilung 1949
vorausgingen. Obwohl Berlin seinen stadträumlichen Zusammenhang als Ganzes behielt,
entwickelten sich die Teilstädte, jeweils ihren gesellschaftlich unterschiedlichen Prämissen
folgend, nun baulich voneinander weg.

Politisch und wirtschaftlich koppelte sich Berlin (West) an die soeben gegründete Bundesrepublik an. Der Hauptstadtfunktion beraubt und vom Hinterland abgeschnitten, erlebte
es in der Folgezeit den rasanten Ausbau zum „Schaufenster der freien Welt", wirtschaftlich
die Einbeziehung in den Marshallplan, die Grundlage des „Wiederaufbaus". Seine Politik
wurde dabei stets von der gegen den Osten gerichteten westlichen Außenpolitik bestimmt.
Während dieser Phase des „Kalten Krieges" zwischen den entzweiten Großmächten blieb
es „Hauptstadt in Wartestellung".

Von solchen Prämissen wurde auch die Bau- und Planungspolitik und deren Realisierung bestimmt. Waren die ersten Jahre, aufgrund der wirtschaftlichen und sozialen Verhältnisse, darauf reduziert, Instandsetzungen zu betreiben, wurde die Improvisation nun
durch den propagierten „Wiederaufbau" abgelöst. Die unter dem Leitbild der „aufgelockerten und gegliederten Stadt" ausgerichteten Bauprogramme, die im Rahmen des Sozialen
Wohnungsbaus entwickelt wurden, verwirklichten nun städtebaulich die bereits in den
späten 40er Jahren angekündigten Planungsstrategien wider die Mietskasernenstadt.

Vor dem Hintergrund einer sich sozial gebärdenden Architektur verknüpfte sich der
Kampf gegen die Stadt des 19. Jahrhunderts mit der ästhetisch zum Teil unreflektierten
Adaption des Vokabulars der Moderne beziehungsweise deren unkritischer, zumeist epi-
gonenhafter Fortschreibung. Siedlungen wie die Ernst-Reuter-Siedlung im Wedding, die
Otto-Suhr-Siedlung in Kreuzberg, die Siedlung Britz-Süd in Neukölln und, in beschränktem
Maße, auch das Bayerische Viertel in Schöneberg zeugen noch heute davon. Einzig der
städtebauliche Ansatz Hans Scharouns mit seiner Idee der Wohngehöfte in Siemensstadt
(1957–60) stellte dazu eine wirkliche Weiterentwicklung der Siedlungskonzepte der 20er
Jahre dar, ohne jedoch vollends deren hohe gestalterische Qualität zu erreichen.

Zeitlich parallel zu derartigen Siedlungsprojekten wurden flächenräumende Abrisskam-
pagnen durchgeführt, die unter dem Motto „Abriss für den Wiederaufbau" zumeist ohne
materiellen Gegenwert für die Stadt blieben. Der realen Demontage der (beschädigten)
Stadt und der damit verbundenen Zerstörung ihrer urbanen Identität stand allein das politisch bestimmende Versprechen einer neuen Hauptstadt, der Hauptstadt eines wiedervereinigten Deutschlands gegenüber.

Während also die in Berlin (West) gelegenen traditionellen Kerngebiete während der
50er Jahre abgeräumt wurden (Tiergartenviertel, Friedrichstadt), um sie für künftige
Hauptstadtaufgaben vorzubereiten, auf die sich die Planung primär konzentrierte, entstand,
den veränderten städtischen Gegebenheiten folgend, eine kommerzielle, kulturell durch-
wirkte West-City um Kurfürstendamm, Bahnhof Zoologischer Garten, Hardenbergstraße
und Ernst-Reuter-Platz, die von offizieller Seite nur halbherzig akzeptiert wurde. Als historisch entwickeltes Subzentrum wurde sie hingenommen, man vermied es aber hartnäckig,
sie auch unter Gesichtspunkten der Stadtentwicklung zur neuen West-Berliner Mitte zu
erklären und damit die politisch-inhaltlichen Vorgaben für eine entsprechende Entwick-
lungsperspektive festzulegen. Demzufolge initiierten privatwirtschaftliche Interessengruppen
die großen impulsgebenden Wettbewerbsverfahren, welche Teilbereiche des West-City-
Gebietes zum Planungsgegenstand hatten und denen zum Teil bemerkenswerte Bebauungen folgten.

Exemplarisch sind dazu der von der DOB veranstaltete Wettbewerb „Rund um den Zoo"
vom Ende der vierziger Jahre, das 1952 ausgelobte Verfahren der Allianz-Versicherung,
welches die Neugestaltung der Ecke Joachimstaler Straße/Kurfürstendamm zum Ziel hatte, sowie der 1954–55 durchgeführte Wettbewerb zur Bebauung des so genannten

Victoria-Areals mit dem Kranzler-Eck (Nr. 259) und dem Bilka-Kaufhaus (Nr. 258) zu nennen.

Bei all diesen Initiativen erwies sich die zuständige Bauadministration aufgrund ihrer politisch determinierten Gesamtstadt-Konzeption als unbeweglich.

Die sich darin offenbarende Ungleichzeitigkeit von Planungsanspruch und Realentwicklung charakterisiert dabei sinnfällig die damals politisch bestimmte Stadtentwicklungsproblematik Berlins (West). Sie fand ihren instrumentalisierten Ausdruck in dem für die Gesamtstadt angelegten monströsen Schnellstraßenkonzept, das seit 1956 verfolgt wurde.

In diesem Zusammenhang wurde auch die 1957 veranstaltete „Interbau" als ein Demonstrationsvorhaben mit Modellcharakter inszeniert. Propagandistisch war sie in Anlage und architektonischer Ausformung programmatische Antwort auf die Stalinallee (Nr. 470) des „Nationalen Aufbauprogrammes" Berlin (Ost); stadtplanerisch die Generalprobe der „Stadt von morgen", die im Wettbewerb „Hauptstadt Berlin" des gleichen Jahres ihre endgültige Ausformulierung finden sollte.

Im Gegensatz zu den vorausgegangenen Bau-Ausstellungen von 1910 und 1931 – auf deren Tradition man sich explizit berief, die jedoch ihre Ideen und Konzepte in Zeichnungen und Modellen präsentierten – wurde der „Interbau" die Realisierung ihres Konzeptes ermöglicht. Von dem postulierten „Wiederaufbau" Berlins thematisch nicht zu lösen, sollte die Ausstellung zur „größten architektonischen und bauwirtschaftlichen Schau seit Jahrzehnten (werden) und ... zeigen, wo wir stehen und wohin wir wollen". Am Aufbau eines zerstörten Stadtviertels sollte demonstriert werden, wie man sich den künftigen Umgang auch mit bestehenden Stadtstrukturen dachte. Die Ausstellung sollte „sich über alles Gewesene und Bestehende hinwegsetzen und ein kühnes, sicher beispielhaftes Experiment" zeigen.

Als Ausstellungsgebiet wählte man das nahezu vollständig zerstörte Hansaviertel (Nr. 201) in Tiergarten aus. Für dessen städtebauliche Neuordnung wurde 1953 ein Wettbewerb ausgeschrieben, der sich nicht nur mit der baulichen Gestaltung auseinandersetzte, sondern auch eine realisierbare Bodenneuordnung einbeziehen sollte. Die Planung sah die Auflösung der ehemaligen Blockstrukturen vor, die Anordnung von verstreut platzierten Einzelgebäuden, die den Tiergarten in das Wohngebiet integrierte. Den Konzepten der 20er Jahre folgend, sollte der engen Stadt des 19. Jahrhunderts eine weitläufige, gut besonnte und belüftete Siedlung im Grünen entgegengehalten werden.

54 Architekten aus 13 Ländern waren aufgerufen, das Hansaviertel baulich zu gestalten. Die beauftragten Architekten verkörperten die damalige internationale Planerelite. So bauten unter anderem Alvar Aalto (Nr. 203), Walter Gropius (Nr. 202), Oskar Niemeyer (Nr. 204), Arne Jacobsen und Pierre Vago.

Auch außerhalb des Ausstellungsareals wurden beispielhafte Bauprojekte realisiert, die in die Schau mit einbezogen worden sind. Nach Plänen Le Corbusiers entstand am Olympiastadion die Unité d'habitation „Typ Berlin" (Nr. 298), und Hugh Stubbins baute in Zusammenarbeit mit Werner Düttmann als Beitrag der USA zur Ausstellung die Kongresshalle (jetzt: Haus der Kulturen der Welt; Nr. 226) im Tiergarten. Darüber hinaus fanden unter anderem der Wiederaufbau des Schillertheaters (Nr. 341), der Neubau der Amerika-Gedenkbibliothek (Nr. 415) am Blücherplatz in Kreuzberg, die Bauten für die Freie Universität (Henry-Ford-Bau und Mensa; Nr. 765, Nr. 763), das 17-geschossige Gebäude des Senators für Bau- und Wohnungswesen und das 15-stöckige Wohnhochhaus am Roseneck (Nr. 367) noch besondere Beachtung.

Im Ostteil der Stadt hingegen wurde in einer massiven Folge von Projekten und Wettbewerben das Zentrum der „Hauptstadt der DDR" thematisiert. In der offiziellen planerischen Beschränkung auf das städtische Teilterritorium lag jedoch der qualitative Unterschied der politischen Prämissen. Freilich blieben auch diese Pläne in Ermangelung ausreichender wirtschaftlicher Potenz zunächst Papier. Priorität hatten der Aufbau der Industrie und die Schaffung von Wohnraum an der städtischen Peripherie. Eine Ausnahme bildete die schon erwähnte Anlegung der damaligen Stalinallee (heute Karl-Marx-Allee und Frankfurter Allee; Nr. 468–470) als herausragendes Demonstrationsobjekt, welches architektonisch und städtebaulich den adaptierten Mustern sowjetischer Stadtbaukunst stalinistischer Ausprägung folgte. Grundlage dafür bildeten die im Aufbaugesetz vom 6. September 1950 formulierten zehn Grundsätze des Städtebaues. Selbstkritische Diskussion um eine künftige Architektur fand jedoch hüben wie drüben nicht statt. Die Debatte reduzierte sich auf die Kritik an den Konzepten und Programmen der jeweils anderen Seite.

Der Streit um Neubau oder Wiederaufbau der Kaiser-Wilhelm-Gedächtniskirche (Nr. 254) markierte dann am Ende der 50er Jahre in der Tat die erste bewegte, öffentlich

geführte Auseinandersetzung im Rahmen des „Wiederaufbaues". Mit Emotion und sach-
lichem Engagement wurde um Standort und Architektur der Kirche gestritten, wobei die
Spannweite der Argumente vom werkgerechten Wiederaufbau bis zum Abriss und totalen
Neubau reichte. Der Konflikt blieb jedoch Einzelfall und wurde nicht zum Anlass einer
grundsätzlichen, permanent geführten architekturkritischen beziehungsweise stadtentwick-
lungspolitischen Debatte.

8 Das geteilte Berlin bis zum Fall der Mauer

Die Schließung der Grenzen am 13. August 1961 leitete eine neue Entwicklungsphase
ein. Es war das einschneidendste und folgenschwerste Ereignis der Berliner Geschichte
seit 1945 und das substanziell bestimmende Moment für die Folgezeit bis zum Fall der
Mauer im November 1989. Die politisch-administrative Trennung erhielt durch die nunmehr vollzogene stadträumliche Teilung eine andere Qualität. Wirtschaftlich wirkte sich die
Sperrung der Grenzen vor allem auf den Arbeitsmarkt aus. Die nahezu 50 000 Arbeits-
kräfte, die als Grenzgänger täglich aus dem Ostteil der Stadt in den Westen kamen, waren
der West-Berliner Wirtschaft auf einen Schlag entzogen. Durch umfangreiche Anwer-
bungsmaßnahmen westdeutscher Arbeitnehmer versuchte man die schmerzliche Lücke
wieder zu schließen. „Hauptattraktion" der Anwerbungen war neben Steuervergünstigun-
gen, der so genannten Berlin-Zulage, Umzugsprämien und zinsgünstigen Darlehen vor
allem die versprochene „Neubauwohnung im Grünen". Vor diesem Hintergrund ist denn
auch der umfangreiche Wohnungsneubau zu sehen, der in den 60er und 70er Jahren in
Trabantenstädten wie dem Märkischen Viertel (Nr. 603), der Gropiusstadt (Nr. 590) und
dem Falkenhagener Feld seinen städtebaulich-architektonischen Ausdruck fand und geradezu als Charakteristikum dieses Zeitabschnittes begriffen werden muss. Jährlich entstanden in den Hochzeiten dieser Baupolitik zwischen 1961 und 1972 um die 20 000
Wohneinheiten.
   Im Schatten dieser Aktivitäten vollzog sich unterdessen die Einleitung umfangreicher
Flächensanierungen in den Wohnquartieren Kreuzbergs und Weddings, deren verheeren-
de soziale wie stadträumliche Auswirkungen sich seit Ende der 70er Jahre zu den brisan-
testen Problemen Berlins (West) auswuchsen. Mit dem 1963 verkündeten „Ersten Stadt-
erneuerungsprogramm", dem vom Volumen her größten Stadterneuerungsvorhaben über-
haupt, begann in umfassendem Maße die systematische Liquidierung der verhassten
„Mietskasernenstadt". Parallel dazu ist die erwähnte Verlagerung der Neubautätigkeit an
die Peripherie der eingeschlossenen Stadt konstatierbar. Sie ging einher mit der forcierten
Verödung der ehemaligen Kerngebiete, die, inzwischen leergeräumt, zu Zwischenzonen
beziehungsweise Durchgangsgebieten verkamen.
   Während die nur beschränkt vorhandenen Freiraumgebiete an den Stadträndern zu-
betoniert und die alten innerstädtischen Wohnquartiere planiert wurden, beherrschte ansonsten der noch auf die Gesamtstadt ausgerichtete Straßen- und Autobahnbau die städtebauliche Entwicklung, was im Flächennutzungsplan (FNP) von 1965 signifikant zum
Ausdruck kommt. Stadtplanung war während dieser Phase zeitweise völlig auf die Ver-
kehrsplanung reduziert, die an der Demontage der vorhandenen Strukturen maßgeblichen
Anteil hatte. Der politische Hauptstadtanspruch fand indes, bezogen auf die alte Mitte,
keine konkrete planerische Entsprechung mehr und verharrte in der hartnäckigen Frei-
haltung der leergeräumten Flächen. Statt dessen gewann die Idee eines „Kulturbandes"
entlang der Spree zwischen der (politisch-räumlich unerreichbaren) Museumsinsel (Nr.
26–30) im Osten und dem Schloss Charlottenburg im Westen zwischenzeitliche Aktualität,
wobei dem sogenannten „Kulturforum" (Nr. 168) im Bereich des Kemperplatzes im Bezirk
Tiergarten hierbei eine zentrale Stellung als künftiges Koppelstück zwischen Ost und West
zukommen sollte. Als erster Bau des von Hans Scharoun gedachten Forums wurde die
Philharmonie (1960–63; Nr. 169) errichtet, ein architektonisches Meisterstück des großen Architekten, welches auf den leergeräumten Arealen des einstmaligen Villenviertels
am Tiergarten zunächst wie eine „Kathedrale in der Wüste" wirkte. In architektonischer
Kontradiktion dazu entstand dann zwei Jahre später am südlichen Rand des „Kulturforums" die Neue Nationalgalerie (Nr. 165) von Ludwig Mies van der Rohe (1965–68). Sie
ging als der „Parthenon des 20. Jahrhunderts" gleichermaßen wie der Bau Scharouns in
die „große europäische Baugeschichte" ein. Mit der Errichtung der Staatsbibliothek
(1967–68; Nr. 164), welche im radikalen Bruch mit dem überkommenen Stadtgrundriss
quer auf die alte Reichsstraße 1, die Potsdamer Straße, gestellt wurde, weitete sich das
„Kulturforum" dann enorm nach Osten aus. Ihr folgten seit Ende der 70er Jahre das Staat-

liche Institut für Musikforschung und Instrumentenmuseum der Stiftung Preußischer Kultur-besitz (1979–84; Nr. 169) und der Kammermusiksaal (1984–88; Nr. 170). Den vorläu-figen Abschluss der Baumaßnahmen stellte schließlich der an der Westseite des „Forums" lokalisierte Baukomplex der abendländischen Museen dar. Den Auftakt bildete hier das Kunstgewerbemuseum, das im Jahre 1985 fertiggestellt wurde. Danach entstanden in stetiger zeitlicher Abfolge die Gebäude für die Kunstbibliothek und das Kupferstichkabinett, der zentrale Empfangsbau sowie die Verwaltung an der Staufenbergstraße. Die Errichtung der „Gemäldegalerie" vollendete dann den weitläufigen Museenkomplex. Sie konnte nach Beendigung des Innenausbaus und der Einrichtung der Sammlung im Sommer 1998 eröffnet werden. Indes ist mit dem „Kulturforum" trotz der gewiss beträchtlichen baulichen Anstrengungen bis heute kein urbaner Stadtbereich entstanden. Die partielle Verwirkli-chung der City-Band-Planungen an dieser Stelle wirkt noch immer wie Stückwerk im frag-mentarisierten stadträumlichen Gewebe und überlagert es als eine weitere Schicht wech-selnder Planungsstrategien.

Generell ist festzustellen, daß diese bis in die achtziger Jahre anhaltende Phase weniger durch weitsichtigen Städtebau, der in umfassender Weise zur Revitalisierung angeschlage-ner Stadtgebiete hätte beitragen können, als vornehmlich durch singuläre Großprojekte gekennzeichnet war, die allerorts entstanden.

Auf dem kommerziellen Sektor war es zum Beispiel das Europa-Center (1963–65; Nr. 251) von Hentrich/Petschnigg, welches ein entscheidendes Signal in der West-City setzte, allerdings weniger durch seine Architektur als durch die Funktion bestach, sowie das skan-dalumwitterte Spekulationsobjekt des sogenannten Steglitzer Kreisels (1969–73; Nr. 732). Im Rahmen des Ausbaues des Flugverkehrs entstand 1969–74 mit dem Drive-in-Flughafen Tegel (Nr. 644) eine Anlage modernsten Zuschnitts. Das Internationale Con-gress Centrum (ICC, Nr. 284) von Ralf Schüler und Ursulina Schüler Witte, 1973–79 errichtet, bedeutete die Manifestation des Anspruches West-Berlins, im internationalen Kongressgeschäft eine herausragende Rolle zu spielen. Architektonisch stellte das ICC den Vorgriff auf eine in die Baukunst übersetzte Maschinenästhetik dar. Die Autobahnüber-bauung Schlangenbader Straße (Nr. 358) schließlich, vor dem Hintergrund der Doppel-nutzung knappen städtischen Bodens konzipiert, offenbart die Hybris architektonischer Kraftakte jenseits sozialer Verträglichkeit.

In Berlin (Ost) setzte nach 1962 die Umgestaltung des alten Stadtzentrums unter verän-derten städtebaulichen wie architekturästhetischen Leitbildern ein. Auf einem mehr als 800 ha umfassenden Gebiet wurde damit begonnen, einen großstädtischen Straßenzug zu realisieren, der sich vom Brandenburger Tor über die Karl-Liebknecht-Straße und die Karl-Marx-Allee bis zum Frankfurter Tor erstreckt. Den Mittelpunkt dieser hauptstädtischen Magistrale bildete dabei das Gebiet um den Fernsehturm (Nr. 4) sowie die Bebauung des Alexanderplatzes, wobei der 365 Meter messende Turmbau den stadträumlichen Bezugs-punkt darstellt. Weiträumigkeit und Größe der solitär angeordneten Baukörper erschienen als der materialisierte Ausdruck der postulierten „sozialistischen Umgestaltungsmaßnah-men", die städtebaulich gegen das historisch vermittelte Netzstadtmodell die Bandstadt setzten.

Unter der Prämisse der Auflösung überkommener Strukturen stand auch die städtebau-liche Zielsetzung bei der Neugestaltung der alten Zentrumsgebiete. Auf dem traditions-reichen Fischerkiez mit seiner kleinteiligen Parzellierung und zum Teil noch bestehenden niedrigen Bebauung entstanden, nach totaler Planierung des Bestandes, Punkthochhäuser mit 22 Geschossen, welche in Großtafelbauweise errichtet wurden. Am Beispiel des Fischerkiezes formulierte der damalige Chefarchitekt Ost-Berlins, Joachim Näther, die Leitgedanken für die Gestaltung des Zentrums: „Eine generelle Neuplanung bietet die Chance, dem Fischerkiez eine seiner exponierten Lage in der Struktur des Stadtzentrums gemäße Funktion zu geben. Die Entscheidung wurde auch im Einvernehmen mit der Denkmalpflege zugunsten dieser Lösung getroffen."

Im Bemühen, eine „neue Stadt" auf den Trümmern der alten entstehen zu lassen, war man sich in dieser Phase, zwar nicht in den Mitteln, so doch in den Ergebnissen, in Ost und West durchaus einig.

Seit Abschluss des Vier-Mächte-Abkommens über Berlin im September 1971 hatte sich die Situation der Stadt entscheidend verändert. Der Zugang nach Berlin (West) wurde gesichert und wesentlich erleichtert, die Bindungen zwischen der Bundesrepublik und der Stadt wurden gefestigt. All diese Vereinbarungen haben zur Entspannung und zur politi-schen wie wirtschaftlichen Stabilisierung beigetragen. Mit dieser Entwicklung veränderte sich auch das Selbstverständnis und die Identität West-Berlins. Als kulturelle Metropole, wissenschaftliches und technologisches Zentrum und als Umschlagplatz für den Ost-West-

Handel sollte es neue Attraktivität gewinnen. Die damit verbundenen postulierten Ansprüche konnten jedoch auf vielen Ebenen nicht realisiert werden.

Die Bauentwicklung – zumal die des Wohnungsbaues – war vor diesem Hintergrund bis zum Beginn der 80er Jahre rückläufig, was vor allem konjunkturelle Gründe hatte. In den Sanierungsgebieten offenbarten sich die politischen wie wirtschaftlichen Probleme in zugespitzter Form. Die Baupolitik wurde nun mehr und mehr darauf gelenkt, sich mit den konkreten inneren Themen der Stadt auseinanderzusetzen beziehungsweise auf sie zu reagieren. Schon seit Mitte der 70er Jahre führte der Versuch einer pragmatischeren Orientierung der Stadtplanung unter der Parole „Hinwendung zur Innenstadt- und Stadtreparatur" zu einer neuen Stadtpolitik, die sich jedoch mit alten noch laufenden Programmen und Strategien teilweise widersprach bzw. überlagerte. Die Vorbereitung und Installierung einer außerhalb der Administration angesiedelten Planungsebene war deshalb folgerichtiges Resultat politischer Erkenntnis. Mit Gründung der Bauausstellung Berlin GmbH 1979 hatte sich eine solche Institution gefunden. Ihre Aufgabe war die Durchführung einer Internationalen Bauausstellung (IBA) mit dem ehrgeizigen Thema „Die Innenstadt als Wohnort". Ihre Arbeit erstreckte sich auf verschiedene ausgewählte Demonstrationsgebiete bzw. -themen, für welche sie im Zeitraum bis Ende 1987 die inhaltlichen und planerischen Voraussetzungen schuf. Ihre Arbeitsansätze in den Gebieten Südlicher Tiergarten, Südliche Friedrichstadt, Luisenstadt und Kreuzberg-SO 36, Prager Platz und Tegel erwiesen sich dabei in ihrer vielschichtigen Ausprägung (Rekonstruktion des historischen Stadtgrundrisses, Konzept der behutsamen Stadterneuerung) als dezidierte Kritik der bisherigen Stadtplanung und Baupolitik. Die zukunftsweisenden Initiativen der IBA, nicht zuletzt auch die phantasiereichen architektonischen wie städtebaulichen Ergebnisse, waren über ein Jahrzehnt Mittelpunkt der internationalen Debatte. Ihre Beispiele hatten für die Planungs- und Baukultur in der Stadt und darüber hinaus einen neuen Anspruch formuliert. Anstelle rigider Flächensanierungen und wildwüchsigen Neubaus war ein behutsamer Umgang mit den überkommenen Strukturen getreten, der auch die soziale Dimension des Planens und Bauens einschloss; die Architektur hat sich vom Funktionalismus-Aufguss der 60er und 70er Jahre qualitativ absetzen können. Ein solches komplexes Experiment schloss dabei freilich Vordergründigkeiten, Abwegigkeiten und Fragwürdiges mit ein.

Auch in Berlin (Ost) entwickelte sich seit Ende der 70er Jahre ein neues städtebaulich-architektonisches Grundverständnis, welches sich jedoch aus anderen gesellschaftlichen Bedingungen herleitete und dementsprechend zu qualitativ anderen Lösungsansätzen führte. Das inzwischen gesteigerte Bedürfnis nach Geschichte einerseits und Urbanität andererseits produzierte im Innenstadtbereich einen Neo-Historismus, der sich als Fertigteilfolklore inszenierte. In der rasch wachsenden Stadt blieb die Wohnungsversorgung dagegen vornehmlich noch ein quantitatives Problem ohne erkennbare Gestaltungsambitionen. Bestimmend war hier weiterhin der industriell vorgefertigte Massenwohnungsneubau an den Stadträndern. Exemplarisch stehen dafür die Großsiedlungen Marzahn, Hohenschönhausen und Hellersdorf.

In den Mietskasernenvierteln des 19. Jahrhunderts, dem Charakteristikum Berlins, wich dagegen, unter gewandelter Auffassung, die rigorose Flächensanierung der Strategie der „komplexen Rekonstruktion". Insbesondere in den traditionellen Arbeitervierteln wie Prenzlauer Berg sowie Friedrichshain, aber auch in Teilen von Mitte wurde sie in großem Maßstab erprobt und durchgeführt. Das Gebiet um den Arkona-Platz ist dafür ein hervorragendes Beispiel, wobei die Instandsetzungsbemühungen mit dem rasanten Verfall der Altbausubstanz generell jedoch nicht mehr Schritt zu halten vermochten. Die eklatanten Versäumnisse der ersten Jahrzehnte der DDR-Existenz rächten sich nun unaufhaltsam.

Neben dem Wettlauf gegen den selbstverschuldeten Substanzverlust der Mietskasernenquartiere bekam im Zuge des Ausbaues (Ost-)Berlins zu einer „glanzvollen sozialistischen Kapitale" schließlich die Rekonstruktion des alten Zentrums – vorrangig der Dorotheenstadt und Friedrichstadt – nun absolute Priorität. Ähnlich wie im Westteil der Stadt hatte man die städtebaulichen Potentiale der Innenstadt wiederentdeckt. Die Wiederherstellung bedeutsamer historischer Bauten ging dabei einher mit der Lückenschließung innerhalb zusammenhängender Straßen- und Platzfronten. Als Beispiele sind in diesem Zusammenhang die städtebauliche Wiederherstellung des Gendarmenmarktes sowie Teile der Friedrichstraße herauszuheben und im Bereich der Kernstadt die „Rekonstruktion" des Nikolaiviertels (Nr. 8, 9), welche in einer historisierenden Mischung aus „Dichtung und Wahrheit" ein Stück Alt-Berlin in die Gegenwart zurückzuholen suchte.

9 Vom Fall der Mauer bis zur Jahrtausendwende

Der Fall der Mauer im November 1989 und die ein knappes Jahr später vollzogene politische Vereinigung hat der über Jahrzehnte sich Rücken an Rücken eingerichteten Doppelstadt am Schnittpunkt von West und Ost qualitativ völlig neue Entwicklungsdimensionen eröffnet, deren Chancen sich Berlin in der Konfrontation des Zusammenwachsens bis heute, zehn Jahre danach, in ihrem Ausmaß noch immer nicht vollends bewusst gemacht zu haben scheint. Zu massiv waren und sind die auf allen Ebenen offenbar gewordenen Probleme des komplizierten Vereinigungsprozesses und die damit einhergehenden Folgewirkungen, deren Lösung offensichtlich alle Kräfte der Stadt beansprucht, als dass sie für sich selbst bisher in der Lage war, in die konkrete Offensive zu gehen und eine klar umrissene Zukunftsperspektive zu entwerfen. Der Eindruck hat sich verfestigt, dass sich Berlin, nachdem die Euphorie des Aufbruchs schon lange der Nüchternheit des Alltags gewichen ist, bis auf weiteres darauf beschränkt, auf seine ungeheuren Herausforderungen gleichsam in Wartestellung zu reagieren, nicht aber das Gesetz des Handelns in seine Hände zu nehmen. Die große, vom kreativen Geist getragene Stadtvision jedenfalls ist bis dato noch nicht am Horizont sichtbar geworden. Statt dessen beherrschen noch immer Partikularismus, Ungleichzeitigkeit und Widerspruch die gegenwärtige städtische Wirklichkeit, was nicht zuletzt auch im Planen und Bauen seinen nachhaltigen Ausdruck findet. Hier haben sich vor allem die Aufgaben und die damit verbundenen Schwerpunktbildungen radikal verändert. So beherrschten die erste Hälfte der 90er Jahre gleichermaßen die „kritische Rekonstruktion der Innenstadt" wie die „Konstruktion des Vorstädtischen" das gesamtstädtische Baugeschehen, wie es Hans Stimmann pointierte. Während die Planungen für das alte Zentrum zeitweise kollapsten, sind an der Peripherie in den Jahren zwischen 1990 und 1995 mehr als 70 000 Wohneinheiten entstanden. Heute, wo der Wohnungsbau erheblich abgeflacht ist, liegt die Konzentration nahezu allein auf den innerstädtischen Bereichen. Viele der großen privatwirtschaftlichen Planungen sind hier inzwischen fertig gestellt bzw. eine nicht unbeträchtliche Anzahl im konkreten Baufortschritt begriffen. Auffällig ist die dabei spürbare Überlagerung der privaten Investitionen durch staatliche Großprojekte, die in Folge des Hauptstadtbeschlusses vom Juni 1991 nach langen zum Teil mühsamen Planungsverläufen jetzt überall der Vollendung entgegen streben. Die Phase der zum Teil spektakulären Wettbewerbe und konzeptionellen Entscheidungsfindungen erscheint im wesentlichen abgeschlossen. An ihre Stelle ist schon seit geraumer Zeit das reale Bauen getreten.

So gleicht der Spreebogen mit dem Platz der Republik einer gigantischen Baustelle. Das Reichstagsgebäude (Nr. 229), welches nach Plänen von Sir Norman Foster zum Deutschen Bundestag umgebaut wurde, hat inzwischen ein hochmodernes und in seinem Repräsentationsgehalt angemessenes und architektonisch überzeugendes neues Innenleben erhalten. Die Fassaden sind herausgeputzt und als äußeres Zeichen der inneren Veränderung kündet eine gläserne Kuppel weithin vom Neuanfang der parlamentarischen Arbeit in dem durch die Geschichte so arg geschundenen historischen Bauwerk. Im Zuge der so genannten Bundesspange, der von Axel Schultes und Charlotte Frank entwickelten städtebaulichen Grundlage für die Parlaments- und Regierungsbauten im Spreebogen, sehen sowohl das großmaßstäbliche Kanzleramt (Nr. 227), das ebenfalls nach Entwürfen von Schultes und Frank gebaut wird, als auch der so genannte Alsenblock (Nr. 228), der von Stephan Braunfels konzipiert wurde, seiner Vollendung entgegen. Und östlich des Reichstaggebäudes gehen die Arbeiten an den, der parlamentarischen Arbeit dienenden „Dorotheenblöcken" (Nr. 71) ebenfalls in die Schlussphase, wo hingegen die jenseits der Spree lokalisierten „Luisenblöcke" noch in der Rohbauerstellung begriffen sind.

Ein im Prinzip vergleichbares Szenario bietet der wenige hundert Meter Luftlinie entfernte Bereich des Leipziger- und Potsdamer Platzes (Nr. 51). Während jedoch an der neuen „republikanischen Mitte" im Spreebogen die Bauarbeiten bis auf das Reichstagsgebäude noch im vollen Gange begriffen sind, sind hier schon etliche der Gebäudefigurationen nachzuvollziehen und in Funktion genommen, die zukünftig das städtebauliche Gelenk zwischen Ost und West ausbilden werden.

Die Wiederbebauung der leergeräumten Areale stellte dabei das bisher größte und zugleich ehrgeizigste innerstädtische Bauprojekt Berlins dar. Seine Entwicklung geht auf Initiative des Daimler-Benz-Konzerns zurück, der sich bereits vor der Wende entschloss, den Ort zu reaktivieren. Allein auf seinen Flächen (Nr. 159) sind 19 Gebäudekomplexe mit einer Bruttogeschossfläche von 340 000 m² errichtet worden. Mit einem Investitionsvolumen von ca. 2,7 Milliarden DM entstand nach Entwürfen von Renzo Piano und Christoph Kohlbecker, Richard Rogers, Arata Isozaki, José Rafael Moneo, Hans Kollhoff und dem

Büro Lauber + Wöhr ein zentraler Stadtbereich dichten urbanen Gefüges, der die Charakteristika der europäischen Stadt mit modernen Mitteln in das dritte Jahrtausend zu trans-
formieren sucht. Zu ihm gesellt sich der inzwischen ebenfalls fertiggestellte Sony-Komplex
(Nr. 161), der mit einer Investitionssumme von ca. 1,5 Milliarden DM das zweitgrößte
Projekt am Potsdamer Platz darstellt. Bis zum Ende des Jahres 2000 wird mit dem erklär-
ten Anspruch auf „visionäre Gestaltung und vielfältige Nutzung" nach den Plänen von Helmut Jahn eine großzügige Gebäudeanlage vollendet sein, welche auf mehr als 132 000 m²
Bruttogeschossfläche eine kompakte Nutzungsmischung vereinigt, die von der Europa-
zentrale des Sony-Konzerns über das zentrale Berliner Filmhaus bis zu einem Entertain-
ment-Center mit Imax-Kino reicht.

In Ergänzung der von Daimler-Benz sowie Sony entfalteten Aktivitäten sind schließlich
noch einige weitere Projekte, wie die Quartierbebauung an der Köthener Straße (Nr. 160)
in die Realisierung gegangen. Man wird sie schon in kurzer Zeit, wenn die Bauarbeiter hier
das Feld räumen, im städtebaulichen Zusammenhang auf ihre urbane Tauglichkeit über-
prüfen können.

Während aber im Spreebogen und am Potsdamer Platz die „Zukunft" bereits real gebaut wurde und wird, ist vom Alexanderplatz noch nichts Vergleichbares zu berichten. Der
von Hans Kollhoff als Sieger aus dem 1993 durchgeführten zweistufigen Wettbewerb
hervorgegangene städtebauliche Entwurf harrt noch immer seiner Verwirklichung. Seine
kühne Idee eines großstädtischen Platzraumes, der den metropolitanen Typus des Turm-
hochhauses zum tragenden Element macht und dementsprechend mit einem knappen
Dutzend „Skyscrapers" umstellt, scheint einstweilen noch Vision zu bleiben.

Beherrschen also das Bild des Spreebogens und des Potsdamer Platzes und seiner
Umgebung noch vornehmlich Baustellen, Kräne, Rohbauten bzw. den „Alex" allein noch
Planvorstellungen, kann das inmitten dieses „magischen Dreiecks" gelegene Gebiet von
Dorotheen- und Friedrichstadt bereits auf den meisten Quartieren mit fertigen Bauten auf-
warten. Hier im wiedererwachten Zentrum, wo der Druck der Spekulations- und Investi-
tionsinteressen unmittelbar nach der Wende am stärksten einsetzte und bis heute nahezu
unvermindert anhält, sind schon etliche der architektonischen Verheißungen auf die Zukunft zu betrachten und auf ihren großstädtischen Anspruch kritisch zu hinterfragen. Zumal
entlang der Friedrichstraße, der Magistrale des alten Zentrums, ist im Kernbereich zwischen dem Bahnhof und dem ehemaligem Checkpoint Charlie Block für Block, einer Bauausstellung gleich, ein buntes „Potpourri der architektonischen Ideen und Konzepte" entstanden, das in seiner Vielschichtigkeit schon jetzt das im so genannten Berliner Archi-
tekturstreit von den Kritikern beharrlich inszenierte Vorurteil der „uniformierten Langeweile"
Lügen straft. Von Christoph Mäcklers „Lindencorso" (Nr. 51) an der Ecke Friedrichstraße/
Unter den Linden und der Bebauung des Quartiers 208 (Nr. 75) mit den Gebäuden von
Josef Paul Kleihues, Max Dudler, Hans Kollhoff und Jürgen Sawade über die Friedrich-
stadtpassagen (Nr. 85) mit Jean Nouvels Galeries Lafayette, den Quartieren 206 von
Henry Cobb und 205 von Oswald Mathias Ungers bis zur Checkpoint-Charlie-Bebauung
(Nr. 97) mit dem Komplex von Philip Johnson spannt sich ein Bogen unterschiedlichster
architektonischer Vorstellungen, die man nun sorgfältig in Augenschein nehmen kann. Sie
werden ergänzt von einer beträchtlichen Anzahl ebenfalls fertiggestellter bzw. gerade in der
Vollendung begriffener Projekte, die diesseits und jenseits der Friedrichstraße gelegen
sind, wobei der Straße Unter den Linden mit dem Pariser Platz (Nr. 61) dabei größte Aufmerksamkeit zukommen muss. So zeigt ein Beispiel der nach Entwürfen von
Benedict Tonon erfolgte Um- und Ausbau des Gebäudekomplexes der Deutschen Bank
(Nr. 45) an der Ecke zur Charlottenstraße als ein bemerkenswerter Umgang mit bestehender Gebäudesubstanz wie das Haus Pietzsch (Nr. 53) von Jürgen Sawade an der Ecke zur
Neustädtischen Kirchstraße auf extremem Grundstückszuschnitt einen neuen Typus mit
einer außergewöhnlichen Architektur gebar, ohne das vorhandene städtebau-liche Gefüge
zu konterkarieren. Der unmittelbar daneben gelegene Komplex für den Bundestag sowie
sein Komplementär an der Ecke Unter den Linden/Wilhelmstraße zeigen dagegen eine
behäbig erscheinende „neue Prächtigkeit", mit der sich der „Bund" an der alten Prachtstraße präsentiert.

Und auch am Pariser Platz (Nr. 61), an dessen künftiger Bebauung sich im besonderen
der gleichermaßen unproduktive wie überflüssige Streit um eine „Berliner Architektur"
zuspitzte, lassen sich bereits erste beträchtliche Ergebnisse des vehementen Versprechens
auf den (alten) neuen „Empfangssalon der Stadt" begutachten. Sie reichen von der
gemütspflegenden Folklorearchitektur des neuen Hotel Adlon (Nr. 67) über die akade-
misch-strengen Häuser „Sommer" und „Liebermann" (Nr. 62) rechts und links des Bran-

denburger Tores (Nr. 60), in deren eigenständiger Haltung der Versuch unternommen ist, die Geschichte widerscheinen zu lassen, bis hin zu dem raffiniert inszenierten Gebäude- körper der DG-Bank (Nr. 69) von Frank O. Gehry.

So offenbart sich für den Flaneur wie für den flüchtigen Besucher in den Kontinuitäten und Brüchen, in den Vielschichtigkeiten und Ungleichzeitigkeiten der Architektur sowie Stadtstruktur und -gestalt die wechselvolle Geschichte und Gegenwart einer faszinierenden Stadt, die sich von neuem anschickt, Zukunft zu entwickeln. Trotz der Kriegszerstörungen und der partiell gleichermaßen verheerenden Deformationen des doppelgesichtigen „Wie- deraufbaus" manifestieren unzählige Beispiele dabei ihre hohe Baukultur und ungebroche- ne Innovationsfähigkeit.

Führer durch die Bezirke

Berlin Mitte (1-156)

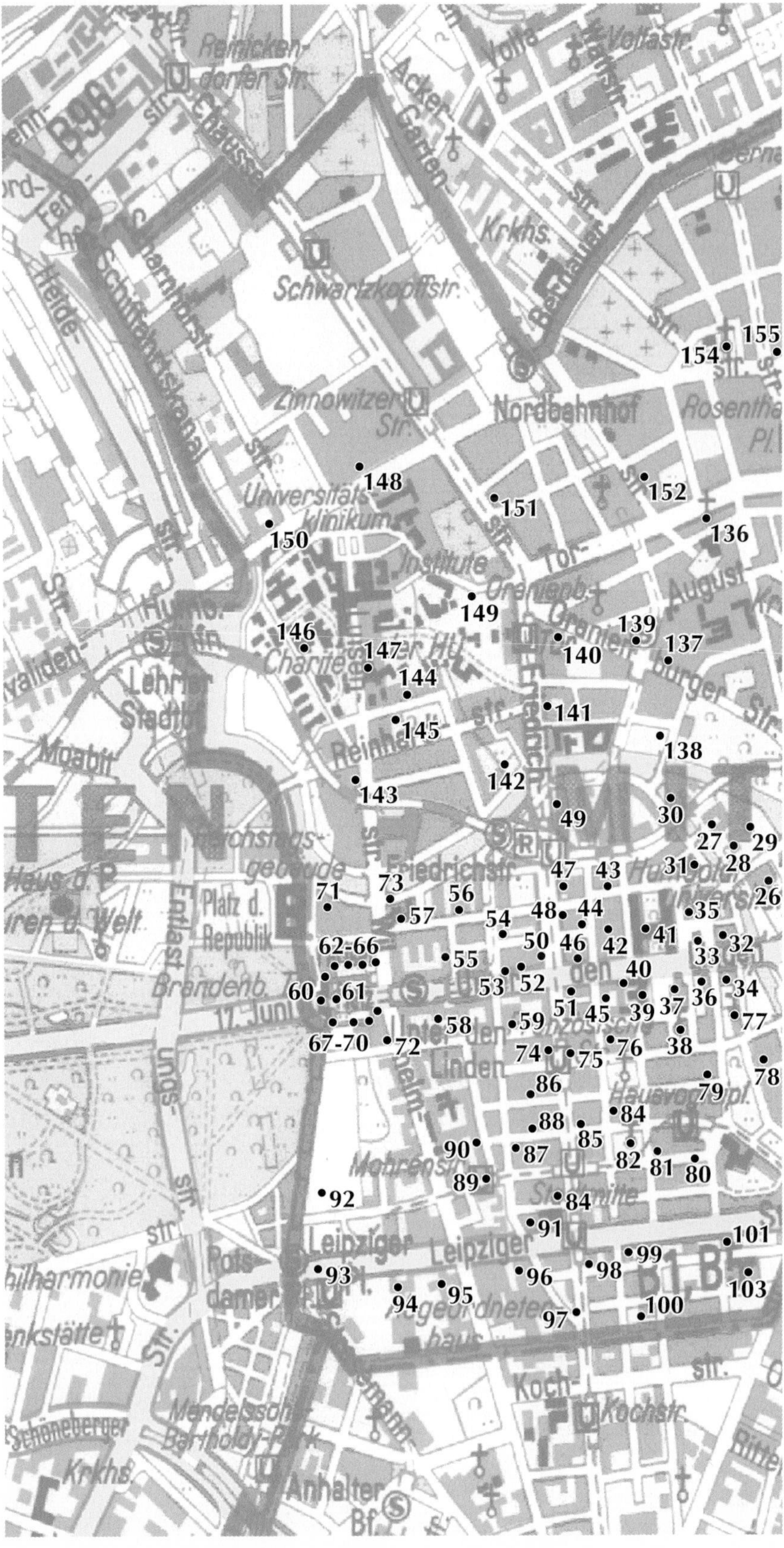

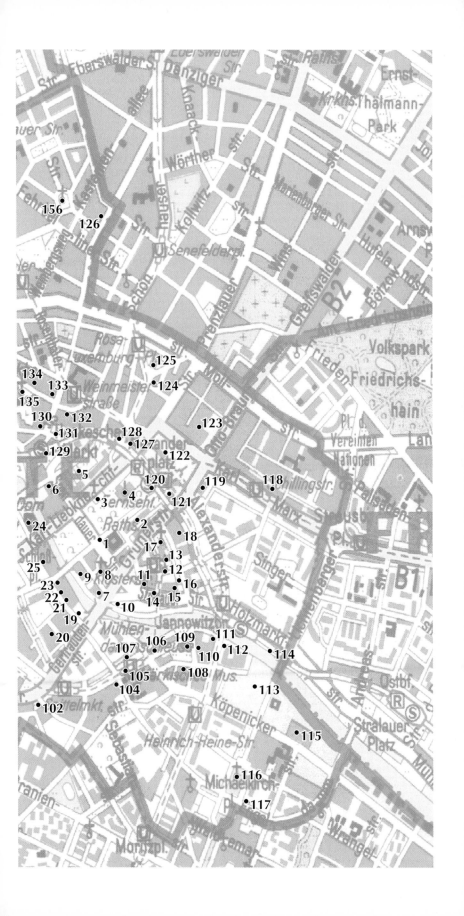

1
Rotes Rathaus
Rathausstraße 15–18
1861–69
Hermann Friedrich Waesemann

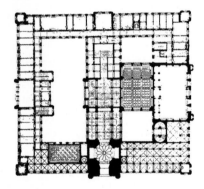

Grundriss 2. OG

Der Vorgängerbau des „Roten Rathauses" bestand aus einem winkligen Gebäudekonglomerat an der Ecke Spandauer-/Rathausstraße. Dazu gehörten die eingebaute mittelalterliche Gerichtslaube (Nr. 9) und ein barockes Rathausgebäude von Johann Arnold Nering. 1859 erhielt Waesemann den Auftrag für den Neubau nach eigenem Entwurf, in den Ideen eines Wettbewerbs einbezogen waren. Diesem fielen die Häuser eines ganzen Quartiers zum Opfer. Der in zwei Etappen ausgeführte viergeschossige

Bau umfasst mit vier Flügeln ein Areal von 90 x 100 m. In der Mitte seiner Hauptfront erhebt sich ein stattlicher, 97 m hoher Turm. Außerdem gibt es innere Verbindungsflügel. Seine Architektur orientierte sich am Vorbild der wehrhaften Munizipalpaläste oberitalienischer Städte. Wie bei dortigen Terrakottabauten strukturieren und verzieren feingliedrige Details den großen Backsteinkörper: Auffallend der Relieffries an der Brüstung des ersten Obergeschosses und das Hauptgesims mit aufgesetzter Attika. Die Ecken sind bastionsartig verstärkt. Schmale Türme, die über das Hauptgesims hinauswachsen und zum Turm hin vermitteln, flankieren die große Portalnische. Ähnliche Türmchen sitzen an den Ecken des zurückgesetzten Turmschafts. Die beiden Hauptgeschosse sind durch rundbogige Fensternischen zusammengefasst. Der Fries aus 36 Terrakottatafeln stellt als „Steinerne Chronik" Berliner Geschichte bis 1871 dar (Entwürfe von O. Geyer, L. Brodwolf, A. Calandrelli und R. Schweinitz). Nach Kriegszerstörung ist das Rathaus 1953/54 unter Leitung von Fritz Meinhardt wieder aufgebaut worden, außen in ursprünglicher, innen in z.T. neuer Form. Der kreuzgewölbte Säulensaal ist original erhalten. Die zwei Bronzeplastiken von Fritz Cremer (1953/54) vor dem Portal erinnern an die Trümmerbeseitigung.

2
Wohn- und Geschäftshäuser
Rathausstraße
1967–73
Heinz Graffunder mit Lothar Köhler, Walter Wenzel,
Dietmar Kuntzsch

3
Marienkirche
Karl-Liebknecht-Straße 8
um 1270–14. Jahrhundert; 1789/90

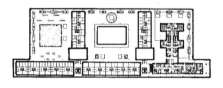

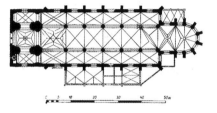

Der lang gestreckte Bau wurde in Höhe und Dimension gemeinsam mit dem von A. Radke entworfenen Komplex an der Liebknechtstraße auf den großen Freiraum um den Fernsehturm bezogen. Die riesige Baumasse, zu der ein Flachkörper und zwei rückwärtige Quertrakte gehören, ist allseitig plastisch durchgebildet. Doch wurde in den Höhenmaßen die Beziehung zum Rathaus (42:27 m) vernachlässigt. Die Idee der „Rathauspassagen" als ein von gedeckten und offenen Durchgängen durchsetzter zweigeschossiger Laden- und Gaststättenkörper bedeutete einen Schritt zu einer großstädtischen Bauform im Ostteil Berlins. Da das verglaste erste Geschoss vorkragt, gewann der unmittelbare Erlebnisraum der Passanten günstige Bezugsmaße. Das zweite Geschoss erscheint als gelagerter Flachkörper. Über ihm erheben sich frei auf Stelzen fünf Wohnhaustrakte, drei am Platz und zwei rückwärtig. Über monolithischem Unterbau wurden sie aus Großplatten und Rahmenplatten im strengen Raster montiert. In der Zwischenschicht entstand eine begehbare Terrasse, auf der Einrichtungen für Kinder und Arztpraxen untergebracht sind. Vertikal sind die Wohnscheiben durch Fahrstuhl- und Treppenhausschächte voneinander abgesetzt. Rote Spaltklinker an diesen und an den Giebeln sollten farblich zum Rathaus vermitteln. Innenhöfe mit Brunnen und Bäumen bilden räumliche Kerne. Fatal ist die rückwärtige Abriegelung durch die neu durchgebrochene Grunerstraße; eine Neuorganisation des Passagensystems ist in Planung.

Die dreischiffige Hallenkirche, ein Backsteinbau über Feldsteinsockel, ist als Pfarrkirche der in der Mitte des 13. Jahrhunderts besiedelten Neustadt entstanden. Erstmals erwähnt wurde sie 1294. Nach dem Brand 1380 erfolgte eine Erneuerung. Von 1420 an wurde sie nach Westen erweitert und 1466 mit einem Turm bekrönt. 1466/67 wird als Baumeister Steffen Boxthude genannt. Der Turmhelm wurde mehrfach (1514, 1661, 1788) zerstört bzw. abgetragen. Der heutige Helm ist ein Werk Carl Gotthard Langhans' von 1789/90. In ihm sind in der für den romantischen Klassizismus charakteristischen Weise gotische und klassische Formen verschmolzen. Der älteste Teil der Kirche ist der einschiffige, einjochige Chor mit polygonalem (7/12) Schluss. Die östlichen Joche haben über den achtpassförmigen Bündelpfeilern (deren Kapitellzone 1817–19 verändert wurde) Kreuzgewölbe. Das westliche, gleichzeitig mit dem Turm angelegte Joch erhielt Stern- und Netzgewölbe. Der Südseite wurde neben der mittelalterlichen Sakristei 1727 eine Magistratsloge vorgelagert, die man 1893 neogotisch einkleidete. Von den Kunstgegenständen sind hervorzuheben: ein Bronzetaufbecken von 1441, ein Schnitzaltar vorn Anfang des 16. Jahrhunderts, der berühmte um 1485 entstandene „Totentanz" als Fries von 2 m Höhe und 22 m Länge in der nördlichen Turmhalle, die 1720/21 von Joachim Wagner gefertigte Orgel mit einem Prospekt von Georg Glume, schließlich die von Andreas Schlüter geschaffene Marmor-Kanzel. Sie ist bemerkenswert unbekümmert in das Tragsystem eingeschoben. Vier ionische Säulen traten an die Stelle des unteren Teils des gotischen Langhauspfeilers. An ihnen sitzen der Kanzelkorb und der reich geschnitzte hölzerne Schalldeckel.

4
Fernsehturm
Panoramastraße
1965–69; 1969–72
Fritz Dieter, Günter Franke, Werner Ahrendt;
Walter Herzog, Herbert Aust

Der 365 m hohe Turm für Fernseh- und UKW-Übertragungen geht auf eine Idee von Hermann Henselmann und Jörg Streitparth zurück. Er ist das höchste Bauwerk Berlins und von überallher in den Radialstraßen zu sehen. Sein Bau inmitten der Stadt und auf schlechtem Baugrund war eine herausragende technische Leistung. Gegründet auf einem einfachen Fundamentring, erhebt sich der Stahlbetonschaft mit hyperbelförmigem Ansatz bis auf 250 m. Daran schließt ein Stahlmast an. Die siebengeschossige Turmkopfkugel (4800 t) enthält in 203 m Höhe ein Aussichtsgeschoss und darüber das Tele-Café mit 200 Plätzen auf einem sich drehenden scheibenförmigen Ring. Der Eingang zur Kassenhalle befindet sich auf der Bahnhofsseite. Henselmann hatte eine elliptische Umbauung vorgesehen. Walter Herzog und Herbert Aust wählten 1969–72 eine Lösung, bei der ein plastisch aufgegliedertes Faltwerksystem wie das Wurzelwerk des riesigen Schaftes wirkt und teilweise den Blick auf dessen Basis frei lässt. Architekturideen des deutschen Expressionismus (z. B. Wassili Luckhardts) klingen darin nach. Unter den Dächern befinden sich Ausstellungshallen, Cafés und Restaurants. Alle Faltwerkspitzen, auch die nach unten geneigten, ragen frei aus. Gewisse Manierismen der winkligen Brechungen (Treppenanlage) sind als Formdiktat über die Kaskaden hinweg auch auf die Freiflächen (Hubert Matthes u.a.) übertragen worden. In der Hauptachse wurde der Neptunbrunnen (1886, 1889–91) von Reinhold Begas aufgestellt, der ursprünglich auf dem Schlossplatz stand.

5
Geschäftshäuser
Rosenstraße
1895
Otto March; Heinrich Kayser, Karl von Großheim

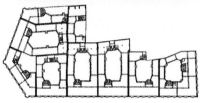

Ursprünglicher Grundriss 2.–5. OG

Die Geschäftshäuser gehören zu den Gebäuden, mit denen Ende des 19. Jahrhunderts die Verdrängung der Wohnbevölkerung aus dem Stadtinneren erfolgte und großstädtische Maßstäbe Einzug hielten. Für den Bau wurden 32 Häuser niedergerissen. Jeder Architekt entwarf einen Abschnitt, Otto March den nordwestlichen, Kayser und von Großheim den südöstlichen. Der Bau lag fünfgeschossig um sieben Höfe (drei sind zerstört). Er enthielt, abgesehen von Hausmeisterwohnungen in jedem Haus, nur Läden und Geschäftsräume. Das Erdgeschoss mit Schaufenstern ist als Sockelzone behandelt. Darüber erhebt sich eine Wandpfeilergliederung. March verkleidete die Pfeiler mit tiefroten Verblendklinkern bis zum Ansatz der Bögen. Darüber und auch an den Stellen, wo die Brüstungen ansetzen, verwendete er Sandstein. Die breiten Fensterachsen schloss er oben mit Flachbögen. Über drei Geschosse stellte er die Fenster dreiseitig aus. Die Brüstungen bestehen aus überstrichenem Blech. In diesem Grundaufbau waren beide Bauabschnitte angeglichen. In der stilistischen Detaillierung jedoch unterschieden sie sich.
Obwohl in beiden Bauabschnitten Renaissanceformen angewendet wurden, behandelte March sie freier als die beiden anderen Architekten. Auf den Dächern des Abschnitts von Kayser und v. Großheim saßen ursprünglich Zwerchgiebel. March beschränkte die Ornamentierung auf die drei turmartigen Eckerker. Die Fassade schloss oben am Dachansatz mit einem feinen Metallgitter ab. Dieses Gitter, die Ornamentik (Beschlagwerk) und die Hauben auf den Eckerkern sind verlorengegangen.

6
Heiliggeist-Kapelle und Hochschulgebäude
Spandauer Straße 1
vor 1272; Anfang 14, Jahrhundert; 1905/06
Wilhelm Cremer, Richard Wolffenstein

7
Ephraimpalais
Poststraße/Mühlendamm
1762–66; 1985–87
Friedrich Wilhelm Diterichs

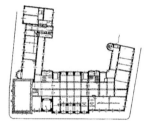

Grundriss EG

Die Heiliggeist-Kapelle gehörte im Mittelalter zu einem Spital, das 1825 abgebrochen und durch Häuser für die Armenpflege ersetzt wurde. Als man diese – nach Errichtung der Anlagen an der Prenzlauer Allee (Nr. 313) – nicht mehr brauchte, entstand hier 1905/06 eine Handelshochschule. Die Kapelle wurde in den Neubau einbezogen. Sie besteht im Innern aus einem einschiffigen rechtwinkligen Raum mit Sterngewölben vom Ende des 15. Jahrhunderts, deren Rippen auf figurierten Wandkonsolen aufsitzen. Der Giebel zeigt unten drei Spitzbogenfenster mit Maßwerk und verputzte schmale, außen verdoppelte Blenden. Über dem Vierpassfries erhebt sich ein staffelförmiger Giebel aus flach vorspringenden Wandvorlagen und spitzbogigen Blenden. Sie sind z. T. falsch rekonstruiert. Die Handelshochschule ließ das Ältesten-Kollegium der Berliner Kaufmannschaft errichten. Dem Entwurf war ein Wettbewerb vorausgegangen, bei dem man vermutlich den Abbruch der Kapelle vorgesehen hatte, denn sie erscheint nicht auf den Entwürfen. Die beiden Architekten schlugen eine 15achsige symmetrische Palastfassade vor. Die weitere Durcharbeitung erfolgte in Richtung auf ein Ensemble ungleicher Bauteile. Ein asymmetrisch eingefügter viereckiger Turm (beim Wiederaufbau 1980 leicht verändert) und ein Runderker werteten die Kapelle trotz ihrer formalen Eigenständigkeit zu einem Bestandteil des Ensembles um. Im Erdgeschoss befinden sich eine weite Halle und die Verwaltungs- bzw. Versorgungsräume. Die Aula und die Hörsäle liegen im 2. OG.

Im Zusammenhang mit der Rekonstruktion des Nikolaiviertels wurde 1985–87 das schönste Bürgerhaus Berlins, das Ephraimpalais, wenige Meter vom ursprünglichen Standort wiedererrichtet. Es war 1935 bei der Umgestaltung der Mühlendammbrücke abgerissen worden. Den Ursprungsbau hatte Diterichs am Ende seiner Architekten-Laufbahn für den Hof-Juwelier und Münzpächter Veitel Heine Ephraim geschaffen. Die besondere Note erhielt das Haus durch die zum tragenden Motiv erhobene abgerundete Ecke. Man nannte sie die „schönste Ecke Berlins". Ihr vorgelagert ist ein reich verzierter und mit Puttengruppen besetzter Balkon, der zugleich mit den ihn stützenden toskanischen Doppelsäulen aus Sandstein das Portalmotiv bildet. Über den Flügeltüren zum unteren Balkon sind weitere drei Einzelbalkone angebracht, und in der Mittelachse sitzt auch im Attikageschoss ein Balkon. Die Balkonbrüstungen bestehen aus einem filigranen schmiedeeisernen Gitterwerk. Bekrönt wurde der gerundete Risalit durch eine mit Vasen besetzte Balustrade. Analog zu diesem Äußeren entwickelt sich die Raumfolge diagonal von der ovalen Eingangshalle über die oval gewundene Holztreppe mit schmiedeeisernem Treppengeländer zu den festlichen Ovalsälen im Obergeschoss. In einem Raum wurde die barocke Decke Schlüters aus dem 1888 abgebrochenen Wartenbergschen Palais eingebaut.

8
Nikolaikirche
Poststraße
um 1380

Sie ist die älteste und bedeutendste Kirche der Stadt. Ihr Erstbau entstand wenige Jahrzehnte nach der Ansiedlung deutsch-christlicher Siedler um 1230. Durch Grabungen ist ihre Form bekannt. Es handelte sich um eine aus Feldsteinen gemauerte Pfeilerbasilika mit Querschiff, drei romanischen halbkreisförmigen Apsiden und einem wehrhaften Turm-Querbau. Dieser Turm ist als ältestes steinernes Zeugnis Berlins erhalten geblieben. In der zweiten Hälfte des 13. Jahrhunderts wurde das basilikale Langhaus zu einer Halle umgebaut. 1380 erfolgte nach einem verheerenden Brand vom Chor her der Neubau der bestehenden dreischiffigen, kreuzgewölbten Hallenkirche mit Chorumgang und Kapellenkranz. Die gewölbten Kapellen befinden sich zwischen den unten eingezogenen Strebepfeilern. Das gleiche Motiv setzt sich in den Seitenschiffen fort. Dadurch ist die gesamte Außenwand unten glatt geschlossen. Erst darüber steigen die Strebepfeiler frei auf. Am Langhaus hielten die Arbeiten bis ins 15. Jahrhundert an. 1452 stiftete der Küchenmeister Ulrich Zeuschel die heutige zweigeschossige Marienkapelle. Ihr Staffelgiebel ist die einzige reichere Schmuckform der Kirche. Die Chornordkapelle stammt aus dem Ende des 15. Jahrhunderts. Viele Jahrhunderte hatte der Bau eine asymmetrische

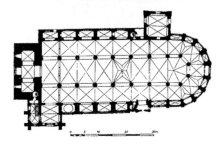

Turmfront mit nur einem achtseitigen Helm. Der zweite Turmstumpf endete in einem Giebel. 1876/77 restaurierte Hermann Blankenstein die Kirche. Dabei setzte er einen einheitlichen, für den Augenschein aber zweigeteilten, neogotischen Turmaufbau aus Backstein auf den Feldstein-Unterbau und bekrönte ihn mit zwei Helmen. Nach schweren Kriegsschäden wurde beim Wiederaufbau 1980–87 die Zwillingsturmlösung durch Klaus Betzner neu konstruiert. Die Farbfassung der Gewölberippen geht auf Befunde zurück. Zahlreiche Stücke der Ausstattung sind erhalten geblieben und wieder eingebaut.

9
Nikolaiviertel
1980–87
Günther Stahn

Knoblauchsches Haus (1, oben), Aufnahme des ehem. BEMAG-Hauses um 1935 (5, unten)

Giebelhaus (7, oben), Lageplan (unten)

In der Gegend um die Nikolaikirche befand sich die älteste Ansiedlung Berlins. Zwischen 1228 und 1230 erhoben die markgräflichen Brüder Johann I. und Otto III. eine bestehende Siedlung zur Stadt. Mit dem Wiederaufbau dieses im Zweiten Weltkrieg zerstörten Gebiets unter denkmalpflegerischer Zielsetzung wurde der schwierige – weil leicht zur Kulisse geratende – Versuch unternommen, Berlin wieder einen altstädtischen Kern zurückzugeben. Dabei sollten vorhandene Gebäude rekonstruiert, wertvolle Häuser aus benachbarten Stadtteilen hierher versetzt und verbleibende Lücken in der mittelalterlichen Stadtstruktur mit maßstäblich angepassten Neubauten geschlossen werden. Erhaltene Häuser waren u.a.: (1) das Knoblauchsche Haus von 1759, an dem 1835 bei einem Umbau der markante Rankenfries angebracht worden war (heute „Historische Weinstuben"); (2) die kleinen Häuser der

Nikolaistraße 5–9 aus dem 17. Jahrhundert; (3) aus dem späten 19. Jahrhundert (1895) das „Kurfürstenhaus" aus rotem Sandstein von Carl Gause; (4) ein schmales Haus der Architektenfirma Hart & Lesser von 1907 und (5) das von Paul Baumgarten 1935 aus zwei Häusern zusammengefügte ehemalige BEMAG-Verwaltungsgebäude mit einer vorgeblendeten Gliederung aus Siegelsburger Kacheln. In das Viertel eingefügt wurde die Kopie der mittelalterlichen Gerichtslaube (6), die bis zum Bau des jetzigen Rathauses an der Spandauer Straße gestanden hatte und danach in den Babelsberger Park versetzt worden ist. Auf der Fischerinsel befand sich ursprünglich das Giebelhaus „Zum Nußbaum" (7) von 1571. Da es gut dokumentiert war, konnte es auf analogem Standort neu aufgebaut werden. Ein Neubau mit eigenem Gesicht ist das „Schwalbennest" (Restaurant „Am Marstall", 8).

10
Ehem. Palais Schwerin und ehem. Münze
Molkenmarkt 1–3
1699–1702; 1936
Jean de Bodt; Fritz Keibel

11
Stadthaus
Klosterstraße, Jüdenstraße, Stralauer Straße,
Parochialstraße
1902–11
Ludwig Hoffmann, Gerhard Spangenberg

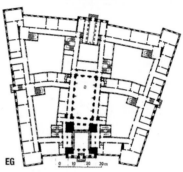

Palais Schwerin (oben), Münze (unten)

EG

Die beiden Gebäude sind funktionell zusammengefasst. In ihnen befand sich zuletzt das Kulturminis-
terium. Sie sind unterschiedlicher Herkunft. Das
Haus Molkenmarkt 3 kaufte 1698 der Staatsminister von Schwerin und ließ es vermutlich nach Plänen
de Bodts zum heutigen frühbarocken Bau umgestalten. Im Wappen ist die Kette des schwarzen Adler-
ordens zu erkennen, den der Besitzer 1702 erhalten hatte. Der dreigeschossige, 25 m breite Putzbau hat an den Ecken und am dreiachsigen Mittelrisalit Quaderung aus Sandstein. Auffallend sind die
zwei an den beiden äußeren Achsen des Risalits auf
Maskenkonsolen sitzenden Balkone. Die Tür saß
nach einer alten Zeichnung nicht in der Mitte, sondern – unbarock – unter dem rechten Balkon.
Möglicherweise gab es ursprünglich zwei Eingänge.
In allen Fensterlünetten befinden sich allegorische
Szenen mit Kindern. Im Innern ist eine reich geschnitzte Treppe aus der Erbauungszeit erhalten.
1936 wurde das Haus im Zusammenhang mit dem
Neubau der Münze zurückversetzt und seitlich in
angeglichener Weise erweitert. Am anschließenden,
1936 neu gebauten Gebäudetrakt bis zur Spree ist
eine Kopie des Reliefs angebracht, das Gottfried
Schadow um 1800 für die damals von Heinrich
Gentz in einem strengen klassizistischen Stil gebaute
Münze am Werderschen Markt geschaffen hatte.
Die Entwürfe für den Neubau in einem nüchternen
Neoklassizismus und für die Umgestaltung der Häu-
ser lieferte Fritz Keibel. Links schließt sich ein „neo-
kubistischer" Neubau für die Berliner Wasserbetriebe
(BWB) von Christoph Langhof (1999) an.

Der monumentale Bau wurde zur Entlastung des
„Roten Rathauses" gebaut. Außer Büros sollte er
Räume für Feierlichkeiten enthalten. In der Grundform war er von dem abgerissenen Stadtquartier
abhängig. Deshalb ist er trapezförmig. Doch wollte
Hoffmann diese Unregelmäßigkeit in der Hauptfassade nicht spüren lassen. Den nördlichen und
südlichen Flügel ließ er über die Fronten vorstoßen
und bildete die Enden als Risalite aus. Den Repräsentationstrakt verlegte er nach innen in die Hauptachse. Die Architektur bekundet den Willen zur
großen Geste. Ein kuppelbekrönter Rundturm (80
m) entwickelt sich mit einem kubischen Unterbau
aus dem Mittelrisalit der Hauptfront. Dass diese
Seite aufgrund der Lage in der Stadt die schmalste
ist, nutzt Hoffmann, um die Massen zu ballen und in
die Höhe zu treiben. Der Gliederung mit rustikalem
Muschelkalk-Mauerwerk im EG und Kolossalordnung über drei Geschosse lag palladianischer
Klassizismus zugrunde. Vorbild war der Palazzo
Thiene in Vicenza. Doch beschränkte Hoffmann die
Rustika nicht auf das EG, sondern zog sie ohne
eindeutige Grenze nach oben. Auch die oberen
Fenster sind von einer Bossenquaderung bedrängt.
Statt auf Stockwerks-Schichtung beruhte die Gestaltung auf dem Gegensatz zwischen wuchtiger Baum-
asse und der ihr auferlegten Gliederung. Der Bau
wird seit 1996 unter der Leitung von Gerhard
Spangenberg saniert.

12
Parochialkirche
Klosterstraße 67
1695–1703; 1713/14
Johann Arnold Nering, Martin Grünberg

13
Ehem. Podewils'sches Palais (Podewil)
Klosterstraße 68–70
1701–04
Jean de Bodt

Das Haus an der Ecke Klosterstraße/Parochialstraße gehört zu den architektonisch bedeutenderen Privatbauten vom Anfang des 18. Jahrhunderts. Hofrat Caspar Rademacher ließ es für seine Familie von Jean de Bodt erbauen. 1732 verkauften es spätere Erben an Staatsminister von Podewils, nach dem es benannt wurde. Er ließ es im Innern umbauen. Seit 1874 ist es im Besitz der Stadt Berlin und nimmt städtische Institutionen auf. Der dreigeschossige Bau mit Mansarddach besteht aus einem Vorderhaus und einem Seitenflügel an der Parochialstraße. Später, um 1880, kam noch ein Hintergebäude dazu. Das Haus ist ein Beispiel für die klassizistische Grundhaltung des preußischen Barock. Es hat neun Achsen. Die mittlere Fensterachse ist über genutetem Sockelgeschoss von Doppelpilastern flankiert und durch einen Balkon ausgezeichnet. So entstand ein einachsiger Mittelrisalit, der von einem einfachen Tympanon bekrönt wird. Die übrigen acht Fensterachsen sind durch genutete Lisenen (oben Pilaster) zu Zweiergruppen aufgeteilt. Gesimse gliedern kräftig horizontal und heben die Brüstungszone des ersten Obergeschosses deutlich heraus. In der Mitte dient die Brüstung als Basis für die Pilaster. Ein Gesimsband wird unter die oberen Fenster geschoben. Dadurch gewinnt das Hauptgeschoss trotz der bescheidenen tatsächlichen Höhe für das Auge größeres Gewicht. Nach Schäden im Zweiten Weltkrieg wurde das Haus 1952–54 mit verändertem Inneren wiederhergestellt. Nach Brandschäden erfolgte 1966–70 eine erneute Restaurierung.

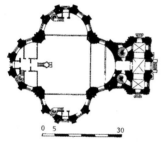

Stich 1897 (oben)

Die Parochialkirche entstand als Kirche der reformierten Gemeinde. Nering wählte eine zentrale Form mit vier apsidialen Kreuzarmen um ein mittleres Quadrat. Architektonisches Vorbild war Maria della Consolazione in Todi. An den westlichen, zur Parochialstraße gerichteten Arm schloss ein Giebelvorbau mit Eingangshalle an. Da Nering, der den Entwurf geliefert hatte, 1695 starb, lag die Ausführung von 1698 an nach einem Gewölbeeinsturz in der Hand Grünbergs. Er vereinfachte den Plan weiter und strebte anstelle eines Dachreiters über der Vierung einen selbständigen Vorbau mit Turm an. Dieser kam 1713/14, vermutlich nach einem Entwurf Jean de Bodts, durch Gerlach zur Ausführung. Sein Hauptzweck war es, das ursprünglich für den eingestürzten Schlüterschen Münzturm bestimmte Glockenspiel aufzunehmen. Deswegen erhielt er ein offenes oberes Säulengeschoss. Wenige Jahre später, 1717, wurde dieses Glockenspiel wegen seines schlechten Klangs durch ein neues, in Amsterdam von J. A. de Grave gegossenes, ersetzt. Der Aufbau und die Übergänge von dem breiten dreiachsigen Vorbau über das viereckige untere und geöffnete obere Turmgeschoss bis zum bekrönenden Obelisken waren auf einfachste Weise gelöst, Voluten schufen die Verbindung zum schmaleren Turm. 1944 brannte die Kirche aus, und das obere Turmgeschoss mit Helm stürzte ein. Die Rekonstruktion ist vorgesehen.

14

Niederländische Botschaft
Klosterstraße, Rolandufer
2000–2001
Office for Metropolitan Architecture (OMA)/
Rem Koolhaas

15

Verwaltungsgebäude der städtischen Gaswerke
Littenstraße 109
1911
Ludwig Hoffmann, Matzdorff, Wille, Hennings

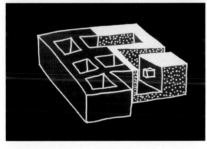

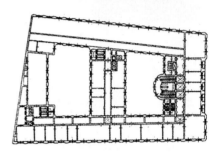

Projektansicht (oben), Strukturschema (unten)

Mit dem Botschaftsbau konnte Koolhaas sein erstes spektakuläres Projekt in Berlin errichten. Gleichzeitig setzt der komplexe Entwurf die Reihe der hochanspruchsvollen Botschaftsneubauten fort, die seit der Wende das architektonische Gesicht Berlins mit ambitionierten Gesten erfrischend bereicherten. Geradezu als Antwort auf die Berliner Konvention des geschlossenen Blockrandes konzipierte Koolhaas ein Ensemble, das sich aus drei Gebäudeteilen zusammensetzt und um einen zum Rolandufer hin geöffneten Hof gruppiert. Der eigentliche Botschaftsbau besetzt dabei mit einem gläsernen Kubus die südöstliche Grundstücksecke. Dominierendes Entwurfsmotiv ist eine zentrale Treppenrampe, die den 8-geschossigen Bau als Raumkontinuum erschließt. Verschiedene Nutzungseinheiten sind dieser Promenade auf gegenseitig versetzten Niveaus angegliedert und vermitteln ihre Eigenständigkeit durch teilweises Auskragen. Nach Norden hin wird das Grundstück durch ein eigenständiges Bauprojekt, das sogenannte „Haus um die Schenkung" abgeschlossen. Ebenso wie bei dem Botschaftsgebäude inszeniert Koolhaas hier einen kristallinen Körper, dessen Erschließungssystem mit Rampen und Diagonalfluchten spannungsvolle Raumbeziehungen ermöglicht. Das „Haus um die Schenkung" geht auf eine Initiative des Cannabis- und Aidsforschers Robert Gorter zurück, der hier eine Ansiedlung heterogener Nutzungen – von medizinischen Einrichtungen über einen Waldorf-Kindergarten bis hin zu Wohnungen – anregte.

Auf dem Grundstück entlang der Spree stand ursprünglich das Waisenhaus. In Verlängerung der heutigen Littenstraße führte die im Krieg zerstörte Waisenbrücke zum Märkischen Museum hinüber. 1908 war das Gebäude ausgebrannt. Da ein Wiederaufbau für den neuen Zweck, die Verwaltung der städtischen Gaswerke aufzunehmen, nicht in Frage kam, entschied man sich für einen Neubau. Mit Rücksicht auf die Lage wurden reichliche Mittel für einen stattlichen Werksteinbau (Muschelkalk) zur Verfügung gestellt. Es schien geboten, inmitten Alt-Berlins „in der Stimmung der alten Berliner Architektur zu bauen". Deshalb wählte man ruhige, gleichmäßige Hauptmotive und fügte „kleine gemütvolle Einzelheiten" ein. Das Gebäude umschließt in kompakter Form mit vier Flügeln und einem inneren Querflügel zwei Höfe. Es hat unter mächtigem Mansarddach vier Geschosse. Das Erdgeschoss ist als Sockel behandelt. Die übrigen drei sind durch ionische Kolossalpilaster gegliedert. Nur die schmalere Stirn- und Eingangsseite wird im Mittelfeld durch Säulen ausgezeichnet. Die horizontale Bindung übernehmen – neben dem Gebälk – Balusterbrüstungen. Im Innern ist die alte Treppe in der Achse des Eingangs erhalten. Ursprünglich saß auf dem Eingangsflügel noch ein Dachreiter. Die Schluss-Steine der unteren Fenster sind als plastische Köpfe geformt. Sie und den übrigen Bildschmuck fertigte J. Rauch.

16
Bürgerhäuser und Stadtmauer
Waisenstraße 14–16
17./18. Jh.

17
**Ruine der Franziskaner-Klosterkirche/
Gymnasium zum Grauen Kloster**
Klosterstraße 74
um 1260

Mittelalterliche Stadtmauer (oben)

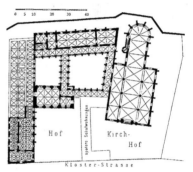

Von der mittelalterlichen Stadtmauer, Anfang des
14. Jahrhunderts aus Feld- und Backsteinen errichtet und ursprünglich etwa 4 m hoch, sind an der
Waisenstraße einige Reste erhalten. In ihrer Nachbarschaft steht eine kurze Häuserzeile mit Bürgerhäusern. Sie gehörten ehemals zu einer geschlossenen dreigeschossigen Bebauung, die sich an die
Stadtmauer anlehnte. In ihrem Innern stecken noch
mittelalterliche Kerne. Die Fassaden stammen aus
dem 18. Jahrhundert. 1960 wurden die Häuser
von Grund auf rekonstruiert. Dabei ist in einem Haus
eine Wendeltreppe mit schmiedeeisernem Geländer
aus dem Haus Fischerstraße 29 eingebaut worden.
Das schmalste Haus hat zwei, das breiteste sechs
Achsen. Wegen unterschiedlicher Geschosshöhen
springen die Trauflinien und Dächer. Das schönste
der Häuser ist das historische Gasthaus „Zur letzten
Instanz". Es besitzt eine für Berlin charakteristische
Doppeltüranlage, die sich vermutlich unter holländischem Einfluss entwickelt hatte. Eine Tür führte zum
Erdgeschoss, die andere direkt über eine Treppe ins
Obergeschoss. Gesimsbänder unterteilen die Ge-
schosse und erhöhen optisch das Hauptgeschoss.
Zwischen den Fenstern befinden sich Relief-
medaillons.

Die Kirche war bis zur Zerstörung das bedeutendste
gotische Denkmal Berlins. Die Franziskaner gründe-
ten das Kloster 1249. In der Kirche befand sich die
älteste fürstliche Begräbnisstätte Berlins. Ein erster
Bau war vermutlich aus Feldsteinen gemauert. In
der zweiten Hälfte des 13. Jahrhunderts wurde die
bestehende dreischiffige Pfeilerbasilika mit vier
kreuzgewölbten Jochen aus Backstein ausgeführt
(Bauinschrift: „Aetas 1271. Renovat 1584"). Wegen Unregelmäßigkeiten im Plan vermutet man,
dass der einschiffige Chor jüngeren Datums ist als
das Langhaus, also vom Ende des 13. Jahrhunderts stammt. Gegenüber dem zweijochigen Vor-
chor ist das Chorpolygon auf sieben Seiten eines
Zehnecks verbreitert. Seine hochgotischen Formen
unterscheiden sich erheblich von den schweren
Gliederungen der Hauptschiffwand. Sie entstanden
vermutlich unter Choriner Einfluss. Um den Chor
bauen zu können, war die Stadtmauer von 1247
verlegt worden. An die entsprechend dem Brauch
der Bettelorden turmlose Westfassade baute man
1844 zwei Flankentürme an. Nachdem während
der Reformation die katholischen Kirchen- und Klo-
stergüter kassiert worden waren, zog 1574 das
Gymnasium „Zum Grauen Kloster" als erste höhere
Schule Berlins ein. Die im Zweiten Weltkrieg schwer
beschädigte Kirche ist als Ruine gesichert. Sie dient
als Galerie für Freiplastik. Die Reste der seit 1786
mehrfach umgebauten Klostergebäude wurden
abgetragen.

18
Ehem. Land- und Amtsgericht
Littenstraße 13–17
1896–1904
Paul Thoemer, Rudolf Mönnich, Otto Schmalz

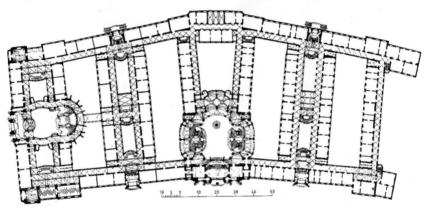

Ursprünglicher Grundriss

Als das imposanteste unter Berlins stattlichen Justizgebäuden entstand, war es nach dem Schloss der zweitgrößte Bau der Stadt. In ihm verkörperte sich das Wert- und Machtbewusstsein der staatlichen Gerichtsbarkeit nach der Neuordnung des Justizwesens Ende des 19. Jahrhunderts. Untertanengehorsam und Staatsräson waren in einer großartigen Raumschöpfung verinnerlicht. In der ursprünglichen Form lag der 207 m lange Komplex mit zwei großen Treppenhallen viergeschossig um fünf Höfe und mehrere Lichthöfe. Thoemer lieferte den Vorentwurf, Mönnich den Entwurf, Schmalz, dem die Ausführung übertragen war, brachte die hochbarocke Architektursprache unter Jugendstil-Einfluss. Er fügte die als gewaltige „Verkehrsschleusen" konzipierten Hallen ein. Der Flügel an der Grunerstraße mit einer Halle und zwei seitlichen Türmen fiel 1968 der Verbreiterung der Straße zum Opfer. Die übrigen Trakte, die im Zweiten Weltkrieg schwer beschädigt worden waren, wurden vereinfacht rekonstruiert, darunter die Treppenhalle Littenstraße. Sie erhielt 1982/83 eine dem Original angenäherte Farbgestaltung. Im Außenbau tritt sie als erhöhter Risalit mit tief eingeschnittenen, haushohen Fensternischen, barock bewegten Giebellinien und einem vorgewölbten Portalbau in Erscheinung. Im Innern schwingen weiträumig doppelläufige Treppen, die von einem hohen Pfeilersystem getragen werden, über- und gegeneinander. Das Lukas v. Hildebrandt entlehnte voluminöse Bandelwerk des Treppengeländers in Moabit (Nr. 220) wurde hier zu einem tänzelnden Metallgitter umgebildet. Gurtbögen tragen die Decke. Raumqualitäten der Gotik verbinden sich mit neubarockem Prachtdekor.

19
Haus der deutschen Wirtschaft
Breite Straße 20–21, Gertraudenstraße
1997–99
Schweger + Partner

20
Nicolai-Haus
Brüderstraße 13
1674; 1710/12

Ansicht Spreeseite (oben), Grundriss EG (unten)

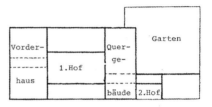

Das Projekt integriert mit dem Deutschen Industrie-
und Handelstag (DIHT), dem Bundesverband der
Deutschen Industrie (BDI) und der Bundesvereini-
gung der Deutschen Arbeitgeberverbände (BDA) die
Zentralen der drei Spitzenorganisationen der deutschen Wirtschaft. Ebenso prominent wie die Bauaufgabe ist der städtebauliche und stadthistorische
Kontext des Projekts. An dieser Stelle im Kernbereich der mittelalterlichen Stadt Cölln mit ihrer
unmittelbaren Nähe zu so unterschiedlichen funktionellen wie stadtgestalterischen Erscheinungen wie
dem Schloßplatzareal, dem postmodernen Nikolaiviertel, den Punkthochhäusern der Fischerinsel und
der stadtautobahnähnlichen Gertraudenstraße pral-
len denkbar größte Gegensätze der Berliner Mitte
zusammen. Schweger und Partner, die 1993 als
Sieger aus einem eingeladenen Wettbewerb hervor-
gingen, reflektieren mit ihrem Entwurf zunächst die
nutzungsbezogene Dreiteilung des Projekts; andererseits antizipiert die konsequente Blockrandschließung und die relative gestalterische Zurückhaltung
auch eine städtebauliche Grundsatzkonvention, die
spätestens seit Ende der 90er Jahre mit dem sogenannten „Planwerk Innenstadt" für das Gebiet des
Spittelmarktes/Molkenmarktes einen Rückbau des
großzügigen, stadtorganisch jedoch problemati-
schen Städtebaus der 60er und 70er Jahre vorsieht. Ein von der Breiten Straße her erschlossener,
mit einer dominierenden Glastonne überwölbter
Innenhof fungiert als gemeinsames Forum und Ver-
teiler für die verschiedenen Nutzer. Der BDI bezog
den Bauabschnitt an der Breiten Straße, nördlich
des zentralen Eingangs, das Gebäude des DIHT
befindet sich am Mühlendamm und der BDA richtete sich in dem an den ehem. Marstall anschließenden Trakt ein. Der markante Konferenzturm des
DIHT mit seinem gläsernen Vorbau an der leicht geschwungenen Spreeseite vermittelt dem in seiner
Gesamterscheinung äußerst zurückhaltenden Projekt
eine gewisse kompositorische Spannung, die neben
den klar differenzierten Fensterlösungen und den
feinen Materialakkorden letztlich überzeugt.

In der ursprünglich zu Cölln gehörenden Brüderstraße sind zwei Häuser aus dem 17./18. Jahrhundert erhalten. Im Wohnhaus Nr. 10 von 1688 haben eine Stuckdecke, eine Innentreppe und das
gequaderte EG die spätere klassizistische Erneuerung überdauert. Das kulturgeschichtlich bedeutsa-
me Haus Nr. 13 ist nach dem Verlagsbuchhändler
und Schriftsteller Friedrich Nicolai, der es 1788
erwarb, benannt. Unter ihm und seinem Schwiegersohn Parthey ist es über mehrere Jahrzehnte ein
geistiger Mittelpunkt der Stadt gewesen. Das Haus
war 1674 unter Verwendung der mittelalterlichen
Fundamente zweier Gebäude errichtet und 1712
zur heutigen Gestalt mit einem linken Seitenflügel im
Hof und einem Quergebäude umgebaut worden.
Einen nochmaligen Umbau ließ Nicolai 1803 durch
Karl Friedrich Zelter (Maurermeister und späterer
Direktor der Singakademie) vornehmen. In dem
Zusammenhang entstand der rechte Hofflügel. Die
dreigeschossige, siebenachsige Fassade zeigt im
wesentlichen Formen des Frühbarock. Die mittlere
und die zwei äußeren Achsen sind durch genutete
Lisenen eingefasst. Den oberen Abschluss bildet ein
Konsolgesims. Die reichgeschnitzte Eichentreppe
von 1710 im Innern zeigt verschlungenes Bandelwerk als Rahmung und Arkanthusblätter als Füllung.
Nach Kriegsschäden wurde der linke Hofflügel
1950 wieder aufgebaut. Im Quergebäude befindet
sich eine zweiarmige klassizistische Treppe aus dem
1935 abgetragenen Weydinger-Haus in der Unter-
wasserstraße. Das Nicolai-Haus mit dem umbauten
Hof ist beispielhaft für die Altberliner Hausform.

21
Berliner Stadtbibliothek
Breite Straße 32–34
1964–66
Heinz Mehlan

22
Ribbeck-Haus
Breite Straße 35
1624; 1629; 1803/04

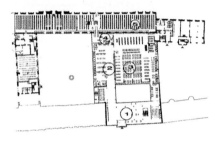

Von 1920 an war die 1901 gegründete Berliner Stadtbibliothek in Räumen des Marstallkomplexes untergebracht. Nachdem zwei Neubauprojekte 1914 und 1929 gescheitert waren, konnte 1964–66 endlich für sie auf dem Grundstück der im Krieg zerstörten Ritterakademie ein eigenes Gebäude errichtet werden. Es besteht aus einem Flügel an der Breiten Straße und einem großen Flachbau im Hof. Dort stand ursprünglich die Wagenremise des Marstalls. Beides sind monolithische Stahlbetonbauten. Das Erdgeschoss des Straßenflügels ist Foyer und zugleich Ausstellungsraum (1). In den beiden Obergeschossen befinden sich die Musikbibliothek mit Musikbar und ein Vortragssaal. Der Flachbau als Zentrum der Anlage nimmt die Katalogräume (2) und den von Bücheraufstellern durchmischten Leseraum (3) der Hauptbibliothek auf. Er ist von T-förmigen Stahlbetonbalken überspannt, die Oberlichtstreifen offen lassen. Rückwärtig grenzt er an den Spreeflügel des Marstalls (5), der als Büchermagazin ausgebaut wurde. Transportbänder, Aufzüge und eine Rohrpostanlage führen funktionell günstig zur Ausleihe (4). Mehlan und seinem Entwurfskollektiv gelang es, die moderne Fassade überzeugend in die historische Straßenfront einzubinden. Die Stockwerksmaße und die Traufhöhe bezog er auf die der Nachbargebäude. Trotz der in ganzer Breite verglasten Etagen und der 6 m weiten Stützabstände schaffen die Untergliederungen proportionalen Gleichklang. Für die Deckenzone ist als Verkleidung Muschelkalk, im Hofbereich bayerischer Granit gewählt. Das Portal schmücken 117 Metalltafeln mit Varianten des Buchstabens A, die der Kunstschmied Fritz Kühn geschaffen hat.

Dieses einzige erhaltene Renaissancegebäude in Berlin wurde 1624 für den kurfürstlichen Kammerrat Hans Georg von Ribbeck erbaut. Es entstand aus dem Zusammenschluss zweier älterer (Giebel-) Häuser zu einem 30 m breiten Traufenhaus. 1628 kaufte es die Herzogin Anna Sophie von Braunschweig-Lüneburg und ließ 1629 vom Dresdener Baumeister Balthasar Benselt Umbauten vornehmen. Nach ihrem Tode 1659 kam es in den Besitz des Kurfürsten, der es dem Marstallkomplex zuschlug. Um 1800 übernahm es die königliche Oberrechnungskammer. Sie ließ 1803/04 das dritte Geschoss mit anderer Fensteranordnung aufsetzen und innere Umbauten vornehmen. Die dabei abgetragenen vier Zwerchhäuser mussten auf Befehl des Königs wieder aufgesetzt werden. Sie vor allem bestimmen den Renaissancecharakter des Baus. Seine ursprüngliche Höhe lässt sich am Gesims zwischen dem zweiten und dritten Geschoss ablesen. Aus der Erbauungszeit stammen noch die eisernen Gitter vor den Erdgeschossfenstern und das reich verzierte rundbogige Portal (1960 durch Kopie ersetzt). Auf den Verkröpfungen seines Gebälks über den Engelkopfkonsolen ist das Baujahr eingemeißelt. Im gesprengten Giebel halten Putten die Wappen des Bauherrn und seiner Frau Katharina von Brösicke. Die Rahmenpilaster sind mit Grotesken und mit dem für die Spätrenaissance typischen Knorpelwerk eingefasst.

23
Alter und Neuer Marstall
Schloßplatz/Breite Straße 36/37
1666-69; 1898–1900
Michael Matthias Smids; Ernst von Ihne

24
Dom
Lustgarten
1894–1905; 1975–93
Julius Carl und Otto Raschdorff; Günther Stahn,
Bernhard Leisering

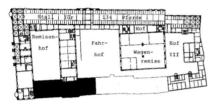

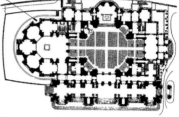

Neuer Marstall, Spreeseite (oben)
Grundriss Alter (schwarz) und Neuer Marstall, Zustand
1900 (unten)

Grundriss Originalzustand

Der alte Marstall in der Breiten Straße ist der Rest
einer 1666–69 durch den aus Holland stammenden Baumeister Smids errichteten Anlage. Sie umschloss zwei Binnenhöfe mit Stallungen, Reitbahnen
und Rüstkammer. Ältere Gebäude, die vorher diesem Zwecke der Hofhaltung gedient hatten, waren
1665 abgebrannt. Die schlichte Putzfassade hat
Zwillingsfenster (ohne die Zutaten des 19. Jahrhunderts), einen dreiachsigen Risalit und ein aedi-
kulagerahmtes Rundbogenportal mit gequadertem
Gewände. Der ursprünglich auf dem Risalit sitzende
Dreiecksgiebel mit seiner mächtigen Pferdegruppe
im Tympanon ging im Zweiten Weltkrieg verloren.
Bereits Ende des 17. Jahrhunderts zeichneten
Broebes und de Bodt Pläne für eine repräsentativere
Schlossfront des Marstalls. Sie wurde erst 1898–
1900 vom Hofarchitekten von Ihne erneuert, und
zwar zusammen mit der 176 m langen Spreefront
und mit einem inneren Querflügel. Von Ihne übernahm Ideen der älteren barock-klassizierenden
Entwürfe. Als Baumaterial verwendete man Rag-
witzer Sandstein. Die zwei unteren Geschosse (Voll-
und Halbgeschoss) sind zu einem rustizierten Sockel, die zwei oberen zu einer Kolossalordnung
zusammengefasst – an den Risaliten mit Doppelsäulen, sonst mit Doppelpilastern. Über dem Kranzgesims sitzt eine Baluster-Attika. Von dem ehemals
reichen Bildschmuck nach Entwürfen Otto Lessings
in den Brunnennischen und auf der Attika sind nur
das Giebelrelief und zwei Rossbändigergruppen an
der Spreeseite erhalten. Gedenktafeln am Eingangsflügel erinnern an die 1918 hier stationierte Volks-
marinedivision.

Der Dom war die Hof- und Grabkirche der Hohenzollern. Den ersten Dom an dieser Stelle baute Johann Boumann d. Ä. 1747–50. 1816–22 gestaltete ihn Karl Friedrich Schinkel klassizistisch um.
Doch bald wurde ein Neubau erwogen. Dafür liefer-
ten Schinkel und Friedrich August Stüler Entwürfe.
Er kam erst gegen Ende des Jahrhunderts im Zusammenhang mit dem gestiegenen Prestigean-
spruch Hohenzollern-Preußens zustande. Der spätere Kaiser Friedrich Wilhelm III. arbeitete mit Raschdorff das aufwendige Projekt 1884–88 aus. Dann
nahm sich Wilhelm II. mit Ehrgeiz dieses Vorhabens
an und setzte es gegen alle Kritik durch. Der Dom
sollte – als Gegenpol zu Rom – Hauptkirche des
deutschen Protestantismus sein. Schon Zeitgenos-
sen verurteilten ihn als Produkt einer überholten
Kunstauffassung. Er ist ein von vier Türmen umgebener zentraler Kuppelbau mit plastisch reich gegliederter Fassade im Stil der römischen Renaissance.
In der Mitte befindet sich die Fest- und Predigtkirche
als kuppelüberwölbter Zentralbau für 2.100 Personen (Durchmesser 35,4 m, Höhe 74 m) mit vier
Konchen in den Diagonalen, einer nach außen tre-
tenden Apsis an der Spreeseite und einer triumph-
bogenartig gerahmten und bekrönten Portalnische
mit breiter Vorhalle am Lustgarten. In einer Querachse liegt südlich mit eigenem Eingang die Tauf-
und Traukirche. Nördlich befand sich die 1975
abgetragene Denkmalkirche mit Kapellenkranz.
Unter der Predigtkirche liegen Grüfte mit Sarkopha-
gen der Hohenzollern. Fast der gesamte Bildschmuck auf dem Außenbau ist erhalten. Die im
Krieg zerstörten Kuppeln wurden vereinfacht von
Günther Stahn 1975–81 rekonstruiert. Der Kirchenraum (Architekt: Bernhard Leisering) wurde 1993
fertig gestellt.

25
„Palast der Republik"
Schloßplatz
1973–76
Heinz Graffunder, Karl-Ernst Swora

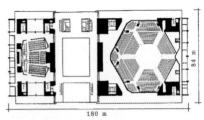

Grundriss Hauptgeschoss

Der „Palast der Republik" steht auf dem spree-seitigen Terrain des 1950/51 wegen Kriegsschä-den, mehr noch aus ideologischen Gründen abge-brochenen Stadtschlosses der Hohenzollern. Dieses war von 1443 an etappenweise mit Renaissance- und Barockteilen u.a. durch Andreas Schlüter und Johann Friedrich Eosander von Göthe zu einem umfangreichen Komplex ausgebaut worden. Nur der Risalit des Portals IV von Eosander wurde, weil von ihm Karl Liebknecht am 9. November 1918 die sozialistische Republik ausgerufen hatte, in das 1960-64 nach einem Entwurf von Roland Korn und Hans-Erich Bogatzky errichtete ehemalige Staats-ratsgebäude eingefügt. Nach ideologisch überfrach-teten Hochhaus-Projekten entstand der „Palast" in der Tradition der Volkshäuser vorwiegend unter funktionalen Gesichtspunkten. Darin befinden sich ein Plenarsaal für die ehemalige Volkskammer und Sitzungsräume für die Fraktionen, ein Mehrzweck-saal mit fast 5000 Plätzen und weiträumige Foyers, dazu 13 Restaurants und Cafés mit 1460 Plätzen. Im großen Saal ermöglichen Roll- und Senkwände eine Verwandlung bis auf 1/6 der Gesamtfläche. Trotz kritisch zu bewertender Details ist der riesige Baukörper städtebaulich eingefügt. Er ist asymme-trisch in einen Foyerbereich und zwei höhere Haupt-körper unterteilt. Diese geben als marmorverkleidete Flächen dem reinen Glaskörper der Fassade Rück-halt. Mit Höhen von 25/32 m wird der Höhenpegel der Stadt eingehalten. Ein terrassiertes Unterge-schoss bindet den Bau an die Spree, und eine vor-kragende Terrasse vermittelt zum Platz. Die Trans-parenz seiner Glasflächen stellten die Architekten bewusst in die demokratische Tradition des Neuen Bauens. Das Gebäude wurde 1990, noch unter der damaligen DDR-Regierung, wegen Asbestbelastung geschlossen. Eine Sanierung ist ab 1998 vorgese-hen, bei der der „Palast der Republik" bis auf die Trägerkonstruktion rückgebaut werden soll. In Ver-bindung damit ist eine Neustrukturierung des ge-samten Schloßplatzareals geplant. Die Vorschläge variieren hierbei von der Rekonstruktion des „Pala-stes der Republik" bis zur Adaption des ehemaligen Stadtschlosses. In diesem Zusammenhang wurde 1994 ein internationaler Wettbewerb für die Spree-insel ausgeschrieben. Der Gewinner des 1. Preises, Bernd Niebuhr, sah den Abriss des „Palastes der Republik" und den Bau eines „Volkshauses" in der Umrissform des Stadtschlosses vor. Von einer Um-setzung dieses Plans wurde jedoch letztendlich Abstand genommen.
Nach der laufenden Sanierung sollen Teile des Ge-bäudes in eine umfassende Neubebauung des Schloßareals integriert werden.
Konkrete Pläne und Nutzungskonzepte sind derzeit noch in Diskussion.

26
Altes Museum
Lustgarten
1822/23, 1825–30
Karl Friedrich Schinkel

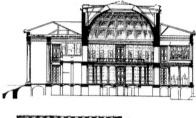

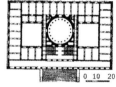

27
Pergamonmuseum
Am Kupfergraben
1906; 1909–30
Alfred Messel; Ludwig Hoffmann; O. M. Ungers

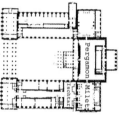

Grundriss Hauptgeschoss

Der Museumsbau stand im Zusammenhang mit der Rückführung der von Napoleon verschleppten Kunstwerke. Die Pläne dafür entwarf Schinkel 1822/23. Ausgeführt wurde der Bau 1825–30 auf schwieriger Pfahlgründung über dem morastigen Gelände eines zugeschütteten Grabens. Er schloss den ehemaligen Lustgarten nach Norden ab. Zu Recht gilt er als ein Hauptwerk des Klassizismus und war Vorbild für den Museumsbau im 19. Jahrhundert. Über hohem Sockel umgreift der Bau als zweigeschossige Vierflügelanlage zwei seitliche Höfe und einen mittleren Rotundenkörper, dessen kubische Hülle – außen von Rossbändigern, (Christian Friedrich Tieck) bekrönt – über den übrigen Baukörper emporragt. Die 78 m lange Lustgartenseite als Hauptmotiv der architektonischen Idee ist in ganzer Breite mit 18 ionischen Säulen zu einer Halle geöffnet. Dort, wo eine Freitreppe zu ihr emporsteigt, erweitert sie sich fünfachsig in die Tiefe. Hier wird die Zweigeschossigkeit spürbar. Treppen führen beiderseits des Eingangs nach oben. Dahinter liegt die Rotunde – ein Raum von klassischer Klarheit in der Nachfolge der Pantheon-Idee. Ein Ring korinthischer Säulen trägt eine Galerie. Über der unten glatten, oben jedoch von Nischen durchbrochenen Zylinderwand erhebt sich die kassettierte Kuppel mit Lichtauge. Die bronzenen Reitergruppen an der Freitreppe entwarfen 1842 August Kiß (Amazone) und 1854 Albert Wolff (Löwenkämpfer). Auf dem Dach sitzen preußische Adler. Der im Krieg ausgebrannte Bau wurde 1958–66 rekonstruiert. Die Granitschale vor der Treppe schuf 1828/29 Christian Gottlieb Cantian aus einem der Markgrafensteine südlich von Fürstenwalde.

Wilhelm Bode beauftragte 1906 als Generaldirektor der Preußischen Museen Alfred Messel mit der Vervollständigung der Museumsinsel. Messel entwickelte den Plan, die geforderten drei Museen für die antike, die deutsche und die vorderasiatische Kunst in einem Dreiflügelbau zu vereinen. Das Schwergewicht lag auf der großzügigen Präsentation der Schätze, die in der altgriechischen Stadt Pergamon in Kleinasien ausgegraben worden waren. Das Glanzstück, der Zeusaltar, verlangte einen großen Raum mit Oberlicht. Er kam in den hohen mittleren Teil. Anstatt die Anlage von der Museumsinsel her zu erschließen, richtete Messel einen Ehrenhof und die zwei Giebel des deutschen und vorderasiatischen Museums zur Wasserseite. Nach Messels Tod 1909 übernahm sein Freund, der Stadtbaurat Ludwig Hoffmann, die Ausführung. Als die Arbeit 1930 abgebrochen wurde, fehlten die Vorhalle – sie wurde 1980/81 in moderner Form hinzugefügt – und eine Säulenhalle, die entlang dem Kupfergraben die Flügel verbinden sollte. Durch sie wäre die Symmetrieachse, die sich über den Ehrenhof entwickelt, aber wegen der gegenüberliegenden Bebauung unwirksam bleibt, abgefangen worden, und die Anlage hätte sich in die Bauflucht des Bodemuseums eingefügt. Messel hatte eine schwere Formensprache gewählt, die über Langhans' Brandenburger Tor (Nr. 60) auf dorische Tempel zurückgeht. Der Altarbau trägt über glatter Front einen monumentalen Stufenaufbau und tempelartige Turmstümpfe, die Quadrigen aufnehmen sollten. Die Sanierung des Baus sowie eine Verbindung der Seitenflügel auf der Kupfergrabenseite wurde O. M. Ungers übertragen.

28
Neues Museum
Bodestraße
1841–59; 1999–2005
Friedrich August Stüler; David Chipperfield

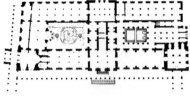

Grundriss vor Kriegszerstörungen

Nach Fertigstellung des Alten Museums kam der Gedanke auf, die nördliche Spitze der Spreeinsel zu einer Freistätte für Kunst und Wissenschaft auszubauen, in der die verstreuten Kunstschätze des Herrscherhauses zusammengeführt werden konnten. König Friedrich Wilhelm IV, hatte die Idee schon als Kronprinz verfolgt. Nach seiner Thronbesteigung begann er mit ihrer Realisierung. 1841 entwarf Stüler erste Pläne für das Neue Museum. Die 1843 begonnenen Bauarbeiten dauerten wegen einer Unterbrechung durch die Revolution (1848) bis 1859. Als Schinkelschüler vertrat Stüler die klassizistische Linie. Der Bau, sein Hauptwerk, war für die ägyptische Sammlung bestimmt. Er gruppierte ihn um zwei Innenhöfe parallel zum Kupfergraben und senkrecht zum Schinkelbau. Beide Museen verband er mit einem gedeckten Gang. Der rechteckige Baukörper ist horizontal gegliedert. Seitenrisalite an der Ostfassade sind mit Karyatiden geschmückt. In der Mitte ist ein höherer Treppenhaustrakt eingeschoben, den Giebel mit Figurengruppen bekrönen. Im weiträumigen Treppenhaus war ein Gemäldezyklus zur Menschheitsgeschichte angebracht. Die anderen reichen Ausmalungen (von denen Reste erhalten sind) bezogen sich auf das Ausstellungsgut. Der Schmalseite war eine dorische Säulenhalle vorgelagert, die in ihren noch vorhandenen weiterführenden Abschnitten die Hauptfront begleitet bzw. als Wandelhalle das gesamte Stülersche Museumsterrain einfasst. Da das Neue Museum im Zweiten Weltkrieg sehr stark beschädigt wurde, bereitete sein Wiederaufbau große Schwierigkeiten. Seit 1989 wird daran gearbeitet. Die Leitung des Wiederaufbaus wurde Ende der 90er Jahre David Chipperfield übertragen.

29
Nationalgalerie
Bodestraße
1862–64; 1866–76
Friedrich August Stüler; Johann Heinrich Strack

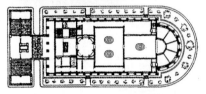

1861 hatte der Bankkaufmann Joachim Heinrich Wagener dem Prinzregenten Wilhelm seine Sammlung zeitgenössischer Kunst vermacht, verbunden mit dem Wunsch, man möge dieser ein eigenes Museum schaffen. Damit erfolgte die seit langem geforderte Gründung einer „National-Galerie". Mit der Planung wurde 1862 Stüler beauftragt. Er legte eine frühere Bauidee Friedrich Wilhelm IV. zu Grunde. Sie sah einen Tempel über hohem Sockel mit Freitreppe in der Art, wie sie schon Friedrich Gilly 1796 für ein Monument Friedrichs II. entworfen hatte, vor. Da Stüler 1865 starb, führte Strack den Bau aus. Der Tempelkörper steht über einem 10 m hohen Podium. Er ist als Pseudodipteros von einer Reihe korinthischer Säulen umgeben, die seitlich als Dreiviertelsäulen vorgeblendet sind, an der Vorderfront aber eine offene Vorhalle bilden. Darüber liegt der Giebel mit Reliefs und mit einer Figurengruppe auf dem First. Die Rückseite schließt in einem apsidialen Rund. Die breite, vom Hauptkörper abgesetzte Freitreppe vermittelt zur oberen Plattform. Dies geschieht mehr gestalterisch als praktisch, denn der Eingang befindet sich unten. Zugleich trägt sie das Reiterstandbild des Königs Friedrich Wilhelm IV. Die Inschrift im Gebälk – „Der deutschen Kunst" – gibt das Motto für den Bildschmuck an. Die zwei Plastiken am Treppenanlauf und die drei der Giebelgruppe symbolisieren die Künste. Im Giebelfeld wird Germania als deren Beschützerin dargestellt.

Nordost-Ansicht des Neuen Museums (unten)

30
**Bodemuseum
(ehem. Kaiser-Friedrich-Museum)**
Am Kupfergraben
1897–1904
Ernst von Ihne, Max Hasak

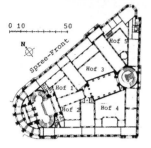

Grundriss EG

Das Projekt eines Museums für die Kunst der christ-
lichen Epochen war um 1871 im Umfeld des Kronprinzen Friedrich aufgetaucht. Treibende Kraft bei
der Realisierung war jedoch Wilhelm Bode. Als
Standort wählte man die Spitze der Museumsinsel
jenseits der Bahntrasse, wo noch Lagerhäuser standen. Die Planung wurde dem Oberhofbaurat von
Ihne übertragen. Der Grundriss mit fünf Innenhöfen
folgt dem dreieckigen Terrain an der Gabelung von
Spree und Kupfergraben. Die Außenfronten steigen
unmittelbar aus dem Wasser auf. Der Eingang mit
sieben Rundbögen befindet sich an der sanft gerundeten Spitze, die zur Spree zeigt. Um dorthin zu
gelangen, war der Bau der zwei Monbijoubrücken
nötig. Das so gewonnene Motiv über dem Wasser
erfuhr eine Steigerung durch die Kuppel über einer
inneren Ruhmeshalle. Die Gliederung besteht am
Rund und an den vier einachsigen, giebelbedeckten
Risaliten aus Säulen in Kolossalordnung, sonst aus
Pilastern. Darüber zieht sich eine mit Figuren besetzte Balustrade hin. Die Formensprache dieser
Architektur war entsprechend dem konservativen
Kulturbegriff des Kaisers vom römischen Barock
abgeleitet. In der Eingangs- und Ruhmeshalle führt
eine gewundene Treppe nach oben. In der Mitte
steht als Kopie das von Andreas Schlüter geschaffene bronzene Reiterstandbild des Kurfürsten Friedrich
Wilhelm, dessen Original sich in Charlottenburg
befindet. In einer mittleren Raumachse liegen die
sogenannte Basilika und das kuppelüberdeckte
Rund einer weiteren Treppe. Im Unterschied zu der
damals üblichen Milieuangleichung behandelte Bode
die Wände als neutrale Folie für das Ausstellungsgut. Die Sanierung des Museums erfolgte seit 1999
unter der Leitung von Heinz Tesar.

31
Magnushaus
Am Kupfergraben 7
um 1754
vermutl. Georg Wenzeslaus von Knobelsdorff;
Georg Friedrich Boumann

Die oft genannte Autorenschaft von Knobelsdorffs
und Boumanns für dieses stattliche Bürgerhaus ist
unsicher. Nach Stil und Bauzeit gehört es in die
Wirkungszeit der beiden Architekten. Den Namen
erhielt es durch den Physiker Heinrich Gustav
Magnus, der hier 1842–70 wirkte und das erste
physikalische Institut Deutschlands in diesem Gebäude begründete. Aus ihm ging die Deutsche
Physikalische Gesellschaft hervor. Heute ist hier
die Bibliothek Max Plancks untergebracht. Vor
dem Haus liegt eine doppelläufige Freitreppe mit
einem schmiedeeisernen Rokoko-Geländer. Die
2-geschossige Putzfassade hat ein gequadertes
Sockelgeschoss. Die drei mittleren Achsen mit
Nischenportal sind durch korinthische Kolossalpilaster risalitartig hervorgehoben. Im Innern ist noch
die über einem Oval gewendelte Treppe mit ebenfalls schmiedeeisernem Rokoko-Geländer erhalten.
1822 wurde das Haus nach Norden erweitert und
mit einem Hofflügel ergänzt.

32
Zeughaus/Deutsches Historisches Museum
Unter den Linden 2
1695–1706, 1998–2001
Johann Arnold Nering, Martin Grünberg, Andreas Schlüter, Jean de Bodt; Otto Häsler; Ieoh Ming Pei

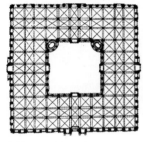

Grundriss Zeughaus

Ansicht Erweiterungsbau

Der zweigeschossige Bau umgreift mit vier Flügeln einen quadratischen Binnenhof. Nach historischen Quellen stammt der zugrunde gelegte Plan vom Direktor der Pariser Académie d' Architecture Nicolas Francois Blondel, der zum brandenburgischen Hof Beziehungen unterhielt, seitdem er dort 1657/58 französischer Gesandter gewesen war. Der Große Kurfürst hatte in seinem Testament die Notwendigkeit eines Zeughauses ausdrücklich erwähnt. Die mit der Ausführung betrauten Architekten trugen das ihre bei. Nering, unter dem mit dem Bau begonnen wurde, starb kurz nach Grundsteinlegung. Grünberg führte den Rohbau bis zur Attika (1698), Schlüter arbeitete ab 1696 als Bildhauer daran und übernahm 1698/99 die Gesamtleitung. Er schuf die bildnerischen Schlusssteine und die berühmten 22 Masken sterbender Krieger im Hof, die zu den bedeutendsten Werken der Barockplastik (Werkstatt Weyhenmeyer) gehören. Wegen des Einsturzes eines Teils der Rückfront musste er die Leitung an de Bodt abgeben. Dieser war, bevor er als Hugenotte emigrierte, Schüler Blondels in Paris gewesen. Er entwarf 1701 die für die Gesamtwirkung wichtigen Mittelrisalite – wohl in Anlehnung an die Perraultsche Louvre-Fassade, und setzte statt der geplanten schweren Attika eine Balustrade auf. Die Risalite mit vier toskanischen Säulen mit Giebel treten mittig aus den langen Fronten hervor. Der Sockel ist Felsgestein nachgebildet. Das Erdgeschoss erhielt eine Nutenquaderung mit eingeschnittenen Rundfenstern. Die Wandfelder der einzelnen Achsen springen im Wechsel vor und zurück, wodurch die lange Front statisch beruhigt wird. Das Obergeschoss ist durch Pilaster gegliedert. Die Bildhauerarbeiten, z. B. die Giebelreliefs, die Sandsteinfiguren am Eingang und die von de Bodt vorgegebenen Kriegstrophäen auf der Balustrade, fertigte Guillaume Hulot. Das Gebäude war als Waffenlager zunächst ohne Treppen. Erst 1730 baute de Bodt zwei im Viertel rund in die Ecken des Hofes. 1877 wurde das Zeughaus durch Hitzig zu einer Ruhmeshalle mit Waffenmuseum umgestaltet. Der Wiederaufbau nach dem Krieg durch Haesler orientierte sich am Urzustand. Im Zeughaus war bis 1991 das Museum für Deutsche Geschichte untergebracht. Heute ist es Sitz des Deutschen Historischen Museums. Bis 2001 ist eine gläserne Überdachung des Innenhofes sowie ein rückwärtiger Erweiterungsbau mit einem markanten gläsernen Treppenturm nach Plänen von Ieoh Ming Pei vorgesehen.

33
Neue Wache/Mahnmal
Unter den Linden 4
1816–18
Karl Friedrich Schinkel; Heinrich Tessenow

Zustand vor 1990 (oben)
Entwurfszeichnung von Schinkel (unten)

Schinkels architektonisches Problem war es, dem
vom Volumen her kleinen Baukörper der Neuen
Wache so viel Gewicht zu verleihen, dass er zwischen dem größeren Zeughaus und der Universität
bestehen konnte. Von 1816 an probierte er verschiedene Lösungen, bis er sich für diese, „einem
römischen Castrum ungefähr nachgeformte", entschied. Tatsächlich bewirkte die kastellartige Ver-
stärkung der Ecken des quadratischen Grundkör-
pers die nötige Stabilität. Zur Straße hin fügte er
eine Tempelfront mit vorn sechs, hinten vier dorischen Säulen über einem Stylobat (Stufenunterbau)
an. Doch setzte er anstelle des dorischen Metopen-
Triglyphenfrieses zehn aus der Fläche freiplastisch
hervortretende Viktorien in das Friesfeld. Sie sind
nach Modellen Gottfried Schadows in Zink gegossen. Auch das Giebelrelief, wiederum mit Siegesgöttin und Allegorien auf Kampf, Sieg und Niederlage, besteht aus Zink. Es wurde 1842–46 von August Kiß ergänzt. Zu Schinkels Konzeption gehörten
weiterhin zwei von Christian Daniel Rauch geschaffene Denkmäler der Generäle von Bülow und von
Scharnhorst (heute auf der Grünanlage gegenüber).
Obwohl vorher geplant, empfand man den Bau
auch als Denkmal der Befreiungskriege. Die Front-
partie besteht aus Sandstein, die übrigen Seiten aus
Backstein. Das zentrale Atrium wurde erst 1931, als
es Heinrich Tessenow zu einer „Gedächtnisstätte für
die Gefallenen des Weltkrieges" umgestaltete, bis
auf ein Lichtauge geschlossen. Ab 1960 war der
Bau Mahnmal für die Opfer des Faschismus und
Militarismus. 1993 wurde er in der Tessenow-Fas-
sung mit einer vierfach vergrößerten Skulptur von
Käthe Kollwitz „Trauernde Mutter mit totem Sohn"
als „Zentrale Gedenkstätte der Bundesrepublik"
eingeweiht.

34
Palais Unter den Linden
(ehem. Kronprinzenpalais)
Unter den Linden 3
1663; 1732; 1810/11; 1856/57; 1968/69
Philipp Gerlach; Heinrich Gentz; Heinrich Strack;
Richard Paulick

Die völlige Zerstörung im Zweiten Weltkrieg und der
Neuaufbau 1968/69 durch Richard Paulick standen
am Ende einer wechselvollen Baugeschichte. Den
Ursprungsbau ließ zwischen 1663 und 1669 der
Kammersekretär Martiz als Wohnhaus errichten.
1732/33 wurde dieser Bau, der inzwischen im
Besitz der Krone war, durch Gerlach für Kronprinz
Friedrich (später Friedrich II.) zu einem barocken
Palais umgebaut und erweitert. Von da an diente er
den jeweiligen Kronprinzen als Stadtpalais. 1810/
11 baute Gentz eine gedeckte Brücke zum ehemaligen Prinzessinnenpalais. Die letzte Umgestaltung
erfolgte 1856/57 durch Strack. Diese Fassung lag
dem Wiederaufbau 1968/69 zugrunde. Die ursprünglich toskanischen Pilaster erhielten korinthische Kapitelle mit reich verziertem Gebälk. An Stelle
des Mansarddaches wurde ein vollständiges, durch
korinthische Pilaster gegliedertes Attikageschoss
aufgesetzt und eine gedeckte Vorfahrt mit Balkon
angebaut. An der Ostseite entfernte man vorn eine
asymmetrische sechste Achse und erweiterte sie
hinten zu einem Anbau, vor dem eine Säulenkolon-
nade das Grundstück einfasste. Die Innenräume
wurden neu gestaltet. Auf dem rückwärtigen Gelände (Oberwallstraße 5) entstanden 1969 zusätzlich
ein Gartenpavillon und ein Restaurantflügel, an dem
Terrakottaplatten und ein Portal der zerstörten
Schinkelschen Bauakademie angebracht wurden.

35
Palais am Festungsgraben und Maxim Gorki Theater (ehem. Singakademie)
Am Festungsgraben 1/2
1761–63; 1825–27
Heinrich Bürde und Hermann von der Hude; Karl Theodor Ottmer

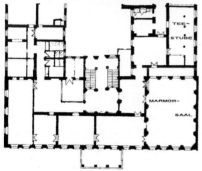

Palais am Festungsgraben (oben), Grundriss 1. OG (unten)　　Marmorsaal (oben), Maxim Gorki Theater (unten)

Das Palais steht hinter der Wache mit Front zum „Kastanienwäldchen". In ihm ist das Donnersche Haus aus der Mitte des 18. Jahrhunderts aufgegangen. 1861–63 wurde es von Hermann von der Hude nach Plänen Heinrich Bürdes zur heutigen Form umgebaut und erweitert. Die dreigeschossige Fassade mit gequadertem Erdgeschoss, Aedikularahmung der Fenster im Hauptgeschoss, Konsolgesims und einer Balustrade zeigt die etwas schematische Formenreihung des Spätklassizismus. Ihr ist ein Portalbau mit dorischen Säulen vorgelagert. 1987–90 erfolgte durch Peter Bartmann und Roland Schneider eine Rekonstruktion. Bauhistorisch am wertvollsten ist der zweigeschossige Marmorsaal (von der Hude), ein alter Tanz- und Festsaal, wie er ähnlich auch im Schloss bestanden hat. Die Wände sind durch Marmor- und Stuckmarmorpilaster gegliedert, die teilweise als Pfeiler freistehen und über Kapitellen und Gebälkverkröpfungen ein reiches

Spiegelgewölbe tragen. Die Gemälde darin (Dichterporträts) ließ 1946 die sowjetische Besatzungsmacht anbringen. Zwischen den Pfeilern befinden sich Wandspiegel. Im Musiksalon des EG wurden 1934 Teile eines 1830 (vermutlich von Schinkel) geschaffenen Raums aus dem Weydinger-Haus eingebaut. Die der Öffentlichkeit zugängliche Teestube ist eine originale Arbeit aus Tadschikistan. Zwischen dem Palais und dem Graben befindet sich das Maxim Gorki Theater. Das Haus wurde 1825–27 auf Anregung Karl Friedrich Zelters für die 1793 gegründete Chorvereinigung „Singakademie" errichtet. Der Architekt Ottmer benutzte dabei Entwürfe Schinkels, dem der Auftrag nicht zugesprochen worden war. Im Innern wurde das Gebäude nach Bombenschäden 1952 für das Theater umgebaut. Erhalten ist die Fassade mit korinthischen Pilastern und aedikulagerahmten Türen.

36
Operncafé (ehem. Prinzessinnenpalais)
Oberwallstraße 1/2
1733; 1810/11; 1963/64
Friedrich Wilhelm Diterichs; Heinrich Gentz;
Richard Paulick

37
Deutsche Staatsoper
Unter den Linden 7
1741-43; 1843/44; 1952-55
Georg Wenzeslaus von Knobelsdorff; Carl Ferdinand
Langhans d.J.; Richard Paulick

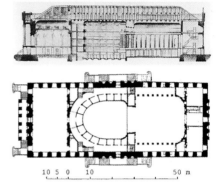

Das im Zweiten Weltkrieg zerstörte „Prinzessinnenpalais" wurde 1963/64 nach Abbruch der Ruine
unter Leitung von Richard Paulick im Äußeren originalgetreu, im Innern entsprechend der neuen Funktion als Operncafé wieder aufgebaut. Nach denk-
malpflegerischen Kriterien hatte man zuvor den
Bestand dokumentiert und von Details Abgüsse
genommen. Der ursprüngliche Bau war im Verlauf
seiner Geschichte aus vier Häusern zusammengefügt worden. 1733 hatte Diterichs zwei kurz vorher
entstandene Gartenhäuser der preußischen Nobilität
für den Finanzminister Freiherr von Cocceji zu einem
schmalen langgestreckten Gebäude mit Mansarddach vereinigt. Reicher gestaltet war lediglich der
(erhaltene) Risalit zur Oberwallstraße mit vier ionischen Säulen, Attika, einem Balkon und einer dop-
pelläufigen schmalen Treppe. An dieses Gebäude,
seit 1788 im Besitz der Hohenzollern, ließ Friedrich
Wilhelm III. 1810/11 durch Gentz einen Kopfbau
anfügen und zum Kronprinzenpalais (Nr. 34) einen
Brückenbau herstellen. Der Kopfbau von kubischer
Gestalt zeigt zur Straße Unter den Linden eine wie
vorgeblendet wirkende Fassade mit schwerer klassizistischer Pilastergliederung und Metopen-Triglyphenfries über einem Quadersockel. Das Treppenhaus mit schmiedeeisernem Geländer aus dem
18. Jahrhundert befand sich ehemals im Schloß
Buch. Bei der Rekonstruktion wurde zum früheren
Garten hin eine Terrasse für das Restaurant vorgelagert. In der Grünanlage über dem ehemaligen Fe-
stungsgelände sind 1964 Denkmäler der Generale
der Befreiungskriege, vorwiegend von Christian
Daniel Rauch geschaffen, aufgestellt worden.

Grundriss 1. OG, ursprünglicher Zustand (unten)

Das Opernhaus war der erste wichtige Neubau
Friedrichs II. Mit ihm begann die Gestaltung einer
großzügigen Platzanlage quer zur Straße Unter den
Linden, des „Forum Fridericianum". Zugleich war
die Oper das erste Theatergebäude in Deutschland,
das aus dem Schloss gelöst wurde und völlig frei
stand. Knobelsdorff schuf damit einen modernen
Theatertyp. Doch hatte er die Räume so einrichten
müssen, dass sie auch für Feste und Maskenbälle
geeignet waren. Hintereinander lagen der Bankett-
saal (Apollosaal), der Zuschauerraum mit drei Lo-
genrängen und der Bühnensaal. Eingebaute technische Vorrichtungen erlaubten es, für Bälle den Zuschauerraum auf das Niveau der Bühne zu heben.
Da dies für szenische Vorgänge Nachteile brachte,
baute schon 1787 Carl Gotthard Langhans das
Gebäude erstmals um. Eine weitere Veränderung
erfolgte nach einem Brand 1843 durch Carl Ferdinand Langhans. Er vermehrte die Zahl der Plätze
durch einen vierten Rang. 1926 wurde ein Schnür-
boden unangepasst kastenförmig aufgesetzt. Nach
dem Krieg erfolgte 1952–55 ein grundlegender
Wiederaufbau durch Paulick. Der Knobelsdorffsche
Bau hatte aus einem langen Rechteckkörper mit
einem Portikus, schlichter klassizierender Gliederung
außen und spielerischem Rokoko innen bestanden,
Paulick bewahrte das Äußere und glich die neuen
Bauteile im Bühnenbereich stilistisch an. Die Gar-
derobenhallen und Erfrischungsräume verlegte er
in ein Untergeschoss. Den Apollosaal machte er zum
repräsentativen Foyer und zugleich zum Konzertsaal.
Die Wandgliederung mit Doppelsäulen entlehnte er
dem ovalen Speisesaal in Sanssouci.

38
St. Hedwigs-Kathedrale
Bebelplatz
1747–73; 1952–63
Georg Wenzeslaus von Knobelsdorff; Jean L.
Legeay, Johann Boumann d.Ä.; Hans Schwippert

39
Alte Bibliothek
Bebelplatz
1775–81
Georg Christian Unger,
Georg Friedrich Boumann d. J.

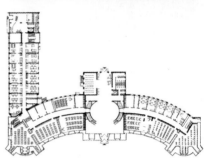

Die kreisrunde Kuppelkirche mit ebenfalls rundem Sakristeianbau entstand als die erste römisch-katholische Kirche im protestantischen Brandenburg. Heute ist sie die Kathedrale des Bistums Berlin. Die unklare Entstehungsgeschichte liest sich heute so: Friedrich II. schenkte der katholischen Gemeinde das Grundstück und gab, entsprechend seiner Liebe für Nachbildungen berühmter Bauten, die Pantheonidee mit eigenen Skizzen vor. Die Entwürfe zeichnete vermutlich von Knobelsdorff. Legeay veröffentlichte die Pläne in einer Stichfolge, und Boumann baute. Die 1747 begonnenen Arbeiten verzögerten sich wegen Geldmangels bis 1773. 1943 brannte die Kirche aus. Der Wiederaufbau erfolgte 1952–63 mit veränderter Umrisslinie der (Stahlbeton-) Kuppel. Im Innern öffnete man – nach Plänen von Schwippert – den Kirchenboden breit zur Krypta und führte eine Treppe hinunter. Dies war räumlich wirkungsvoll und kam den Anforderungen der katholischen Liturgie entgegen. Man entschied sich für moderne Ausstattung unter Beibehaltung der gekuppelten Kolossalsäulen, die ursprünglich mit korinthischen Kapitellen das Hauptgesims trugen. Ober- und Unterkirche verbindet optisch eine Altarsäule mit Petrusfigur (sienesisch, 14. Jahrhundert). Das Rund erhielt nach außen räumliche Orientierung durch einen schräg zum Platz angefügten siebensäuligen Portikus über breiter Freitreppe. In den Feldern zwischen den Säulen sitzen über Rundbogenportalen und -nischen fünf Supraporten. Sie wurden, gleich dem Tympanonrelief, nach Entwürfen von Georg Franz Ebenhech erst Ende des l9. Jahrhunderts gefertigt. Gleichfalls von ihm gearbeitet sind die Apostelfiguren im Innern.

Das heutige Institutsgebäude der Universität auf der Westseite des Platzes entstand 1775–80 im Auftrag Friedrichs II. für die Königliche Bibliothek. Die Entwurfsidee für das im Volksmund „Kommode" genannte Gebäude war aus Wien importiert. Der König hatte gefordert, dass Unger seinen Entwürfen einen durch Modell und Stich bekannt gewordenen hochbarocken Plan Joseph Emanuel Fischer von Erlachs für den Michaelertrakt der Wiener Hofburg von 1725 zugrunde legte (dort erst 1893 vollendet). Die Bauausführung leitete Boumann. Der Bau bestand aus einem quadratischen Mittelkörper mit Risalit zum Platz hin, einem rückwärtig angefügten Treppenhaus und zwei bogenförmigen Flügeln, an die Eckpavillons von unregelmäßigem Umriss anschlossen. Diese Eckkörper bestimmen wesentlich den Charakter des ganzen Baus. Zum Platz hin bilden sie symmetrische Motive aus, während die eigentlichen Stirnseiten mit Rücksicht auf benachbarte Gebäude beschnitten sind. Aus dem Halbrund treten diagonal einachsige Bauteile mit je zwei Säulen heraus. Von außen wirkte der Bau 4-geschossig – mit zwei Fensterreihen in der hohen Sockelzone und zwei OG mit gekuppelten korinthischen Säulen und Pilastern. Demgegenüber war das Innere ursprünglich zweigeschossig. Der Ausbau auf 4 Geschosse erfolgte erst in den dreißiger und sechziger Jahren des 19. Jahrhunderts. Die Baluster-Attika ist über den Risaliten mit Figuren und Kartuschen von Wilhelm Christian Meyer d. Ä. bekrönt. Nach Kriegsschäden wurde das Innere neu gebaut. Dabei verlegte man die Treppe in den Mittelkörper. Ihr schmiedeeisernes Rokokogeländer stammt aus einem zerstörten Bürgerhaus.

40
Altes Palais (ehem. Kaiser-Wilhelm-Palais)
Unter den Linden 9/Ecke Bebelplatz
1834–37; 1964
Carl Ferdinand Langhans d.J.; Fritz Meinhardt

Ursprünglicher Grundriss

Das Grundstück vor dem ehemaligen Neuen Tor
und dem späteren Forum Fridericianum war erstmalig 1680 mit einem Wohnhaus bebaut worden.
Nach mehreren Umbauten – zuletzt 1829 durch
Schinkel zur Dienstwohnung Prinz Wilhelms –
musste es 1834 einem Neubau für diesen Bauherrn, den späteren ersten deutschen Kaiser, weichen. Ein aufwendiger Entwurf Schinkels war abge-
lehnt, statt dessen ein streng klassizistischer Plan
von Langhans zur Ausführung gebracht worden. So
entstand ein zweigeschossiger Putzbau mit Sand-
steingliederung, der rechtwinklig an die Alte Bibliothek anschließt, wobei er deren Schmalseite teilweise verdeckt. Ein zusätzliches Mezzaningeschoss mit
Statuetten und Wappen aus Terrakotta (Ludwig
Wichmann) zwischen quadratischen Fenstern bildet
ein Schmuckband. Zur Straße hin ist ein Balkon auf
vier dorischen Säulen über die Auffahrtrampe hin-
weggebaut. Rückwärtige Trakte reichten bis zur
Behrenstraße. Sie und die reich ausgestatteten
Wohn- und Festräume gingen im Zweiten Weltkrieg
verloren. 1964 wurde das Gebäude durch Fritz
Meinhardt für die Pädagogische Fakultät der Universität wiedererbaut. Dabei wurde das Nachbargebäude (Haus Nr. 11) einbezogen. Dort befand
sich ursprünglich das Niederländische Palais. Da
dies völlig zerstört war, wurde die Fassade des barocken, 1721 von Friedrich Wilhelm Diterichs gebauten Gouverneurshauses aus der Rathausstraße
mit anderem Eingang eingefügt. Das Denkmal König
Friedrichs II. Unter den Linden war 1840–51 nach
einem Modell Christian Daniel Rauchs gegossen
worden.

41
Humboldt-Universität
Unter den Linden 6
1748–53; 1913–20
Georg Wenzeslaus von Knobelsdorff,
Johann Boumann d.Ä.; Ludwig Hoffmann

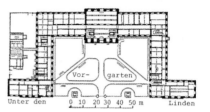

Zustand um 1912

Statt eines anfangs von Friedrich II. an dieser Stelle
geplanten neuen Königsschlosses wurde 1748 mit
dem Bau eines Palais für den Bruder des Königs,
den Prinzen Heinrich begonnen. Da es im gleichen
Jahr auf einem Stadtplan (Schmettau) abgebildet ist,
wird vermutet, dass die Pläne längere Zeit vorlagen
und von Knobelsdorff stammten, der inzwischen in
Ungnade gefallen war. Möglicherweise handelte es
sich um eine reduzierte Fassung der Königs-
schloss-Pläne. Den Bau leitete Boumann und zuletzt
Carl Ludwig Hildebrandt. 1753 war das Palais im
Außenbau fertig. Wegen einer Unterbrechung durch
den Siebenjährigen Krieg konnte es erst 1766 vollendet werden. 1810 zog die Universität ein. Die
Anlage umschloss mit drei Flügeln und zwei kurzen
Trakten an der Straße einen Ehrenhof und begrenzte das Forum Fridericianum nach Norden. Die Hof-
breite war an den Platz bezogen. Der Bau ist verputzt, genutet und am Sockelgeschoss geböscht.
Das Hauptgeschoss erhielt Rundbogenfenster. Ein
kräftiger Mittelrisalit mit Säulen und zwei schwache
Risalite an den Seiten geben vertikale Akzente,
darüber sitzen jeweils schmale Attiken, die mit
Sandsteinfiguren bekrönt sind. Die heutigen Figuren
über den Seitenrisaliten stammen vom Potsdamer
Stadtschloss (Johann August Nahl). 1844/45 wurde
das Innere umgebaut, angeblich mit Räumen „von
auffallender Nüchternheit" (Borrmann). Der dabei
erhalten gebliebene Festsaal ging durch Bomben
verloren. 1913–20 fügte Ludwig Hoffmann zwei
weitere Seitenflügel nach Norden an, wiederum mit
Quertrakt an den Enden, die er den Formen des
friderizianischen Baus anpasste.

42
Deutsche Staatsbibliothek
Unter den Linden 8
1903–14
Ernst von Ihne

43
Ehem. Universitätsbibliothek
Dorotheenstraße 28
1871–74
Paul Emmanuel Spieker

Ursprünglicher Grundriss (unten rechts)

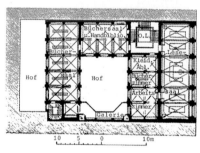

Aufriss der Straßenseite (oben), Grundriss 2. OG (unten)

Für die 1661 von Kurfürst Friedrich Wilhelm gegründete Bibliothek hatte Friedrich II. ein eigenes
Gebäude errichten lassen (Nr. 39). Da der Platz dort
nicht mehr ausreichte, hatte man schon im 19.
Jahrhundert mehrfach Neubauten geplant, u.a.
1838 Karl Friedrich Schinkel. 1903 veranlasste
Kaiser Wilhelm II. den Bau des bestehenden mächtigen Bibliotheksareals an der Stelle der friderizianischen Akademie. Mit dem Entwurf beauftragte er
seinen Hofarchitekten von Ihne. Der Gebäudekomplex (170 x 106 m) überdeckt mit sechs Binnen-
höfen und einem Ehrenhof ein Straßengeviert. In
seinem Südteil wurden die Preußische Staatsbibliothek, im Norden die Universitätsbibliothek und im
Lindenflügel die Akademie der Wissenschaften untergebracht. Den ruhigen Ehrenhof mit Wasserbek-
ken erreicht man durch eine weite Halle im EG des
Lindenflügels. Ursprünglich war das Gebäudemassiv
von der Kuppel eines Lesesaals bekrönt. Auf acht
Pfeilern stehend, war sie bei 38 m Spannweite (In-
genieur Adams) größer als die des Doms (32,4 m).
Die Architekturform entspricht der höfischen Richtung des Wilhelminismus. Sie knüpft an klassizie-
rende Barockformen an. Die Sandstein-Fassaden
haben über dem Sockelgeschoss zwei Hauptgeschosse in Kolossalordnung, die durch Blenden
und durch vertikal verbundene Fensterrahmungen
untergliedert werden. Die Fenster eines Mezzanin-
geschosses hat man um der hierarchischen Ordnung willen zwischen den Konsolvoluten versteckt.
Die Kompositsäulen der Mittelrisalite tragen Giebel
mit Reliefs in den Tympana. Besonders monumental
wirken die Verkehrsräume im Innern, die Treppenhalle und das höher gelegene Vestibül. Im Zuge
einer umfassenden Sanierung ist ein Neubau des
kriegszerstörten Lesesaals vorgesehen.

Der schlichte Backsteinbau wurde für die 1831
gegründete Universitätsbibliothek nach dem Entwurf
Spiekers durch Zastrau auf einem dreiseitig umbauten Grundstück errichtet. Spieker, damals bei der
Ministerialbaukommission tätig, legte das Gebäude
dreigeschossig und dreiflüglig (mit geschlossener
Galerie an der vierten Seite) um einen kleinen
Binnenhof an. Die Fenster der unteren beiden Geschosse schließen mit einem gemauerten Segment-
bogensturz. Die vertieft sitzenden Brüstungsfelder
erhielten einen kargen keramischen Schmuck. Das
dritte, auf sieben Meter erhöhte Geschoss, hinter
dem sich ursprünglich der Lesesaal befand, zeigt
reichere Formen. Es ist durch ein Gesimsband von
der unteren glatten Wand abgehoben und in ganzer
Breite durch eine profilierte, rundbogige Fenster-
galerie mit achteckigen Dreiviertelsäulen geöffnet.
Das oben anschließende Konsolgesims aus Terrakotta ging verloren. Im Innern ist die alte gusseiserne Treppe mit filigranem Geländer erhalten. Sie und
die Fassade geben ein Beispiel für die schlichten
funktionalen Behördenbauten in den Gründerjahren,
im Unterschied zu denen von Handel und Wirtschaft, wie z. B. zu dem 1903/04 von Cremer &
Wolffenstein als Handelskammer errichteten Nachbargebäude mit seinem rustikalen Erdgeschoss und
den wuchtigen wilhelminischen Gliederungen der
Sandsteinfassade sowie dem barocken Portal mit
Figuren (Ernst Westphal).

44

Ehem. Haus des Vereins Deutscher Ingenieure
Charlottenstraße 43/Ecke Mittelstraße 1
1896–97
Konrad Reimer, Friedrich Körte

45

Deutsche Bank
Unter den Linden 13-15, Charlottenstraße
1994–97
Benedict Tonon

Ursprünglicher Grundriss EG

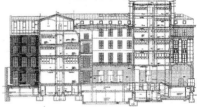

Ansicht Charlottenstraße (oben), O-W-Schnitt (unten)

Der 1856 gegründete Verein Deutscher Ingenieure hatte sich in 40 Jahren industrieller Revolution zu einer starken Organisation entwickelt. Sein eigenes Haus sollte Raum für die Bücherei, die Schriftleitung der Vereinszeitschrift und für Sitzungen bieten. Dafür genügten die oberen Etagen. Die unteren wollte man vermieten: das Souterrain als Gaststätte, das EG und erste OG an eine Bank. Der Auftrag war den Architekten Reimer und Körte im Ergebnis eines Wettbewerbs zugesprochen worden. Ihr Entwurf in Formen der deutschen Renaissance sah Warthauer Sandstein für die Obergeschosse und schlesischen Granit für den rustizierten Sockel vor. Die vom Verein genutzten Etagen hatten die Architekten durch ein Gesimsband abgehoben und reicher geschmückt. An der Front Charlottenstraße sind die oberen beiden Geschosse durch rundbogige Fensternischen zusammengefasst. Die linke Seite ist asymmetrisch (ohne Versatz) mit einem Giebel bekrönt und durch einen Erker bereichert. Dahinter befand sich der Sitzungssaal. Auch an der Mittelstraße ist das zweite OG durch ein dreiteiliges Mittelfenster mit Aedikularahmung hervorgehoben. Der gesamte Bildschmuck bezieht sich auf den Beruf und den Arbeitsstoff des Ingenieurs. Die Flachreliefs in den Brüstungen stellen Handel, Wissenschaft und Industrie dar; die beiden Relieftafeln symbolisieren Dampf und Elektrizität. In den Brüstungsfeldern des Erkers sind Luft, Feuer und Wasser und in denen der fünf oberen Fenster Kesselschmiede, Eisengießerei, Schifffahrt, Bergbau und Lokomotivbau verbildlicht,

Der Komplex umfasst das 1922–25 von Richard Bielenberg und Josef Moser entworfene Eckgebäude an der Charlottenstraße sowie das Nachbargebäude Unter den Linden 13 von 1889–91. Seit der Reichsgründung wurden die beiden Grundstücke für Bankhäuser genutzt, während der DDR hatte hier u. a. der FDGB seinen Sitz. Die Deutsche Bank beauftragte Benedict Tonon, ein Konzept zur Sanierung und zum Umbau der Gebäude für eine repräsentative Neunutzung als Bank- und Verwaltungsgebäude zu entwickeln. Sein Entwurf beinhaltete neben der denkmalgerechten Sanierung der noch erhaltenen gründerzeitlichen Innenräume v.a. einen Rückbau der über die Traufhöhe hinausgehenden Aufstockung des Eckgebäudes sowie dessen vollständig neuen Innenausbau. An der Charlottenstraße führt ein großzügiges Foyer über eine flache Dreiflügelanlage zu einem überdachten Innenhof. Die Transparenz und konstruktive Filigranität der Überdachung stehen in einem reizvollen Kontrast zu der strengen Monumentalgliederung der Altbaufassaden. Dieses Wechselspiel gipfelt in der Aufstockung des zurückgesetzten Mittelteils der Charlottenstraßenfront; ein vollständig verglaster Bauteil überragt die Altbausubstanz um zwei OG, die Glasfassade scheint wie eine zweite Haut über die steinerne Fassade gelegt zu sein. Tonons spannungsreiche Inszenierung unterschiedlicher historischer und ästhetischer Schichten verleihen dem Projekt einen außergewöhnlichen Reiz.

46
Geschäftshäuser
Unter den Linden 10, 12
1865-67; 1911/12; 1909/10
Kurt Berndt und A.F.M. Lange; Max Grünfeld

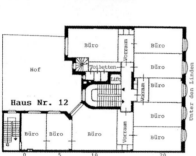

Haus Nr. 12, Zustand 1990 (oben)
Grundriss 2. OG (unten)

Haus Nr. 10, Zustand 1990 (oben), 1912 (unten)

Beide Häuser vertreten auf unterschiedliche Weise den Neoklassizismus vor dem Ersten Weltkrieg. Das Eckhaus Nr. 10 – ursprünglich „Hotel de Rôme" – war 1865–75 als erstes Hotel Berlins mit modernem Komfort entlang der Charlottenstraße erbaut worden. Im Souterrain befand sich eine auch der Öffentlichkeit zugängliche Badeanstalt. Die Fassade war erst im 3. und 4. OG mit Pilastern und Doppelsäulen gegliedert. 1911/12 wurde das Haus für Verwaltungszwecke umgebaut. Dabei legte Berndt eine Kolossalordnung über das 1.–3. OG. Zwei einzelne ionische Dreiviertelsäulen stellte er in ein tiefes Wandfeld ein. Auch das 4. OG schob er zurück. Das EG gestaltete er zu einer tiefen Arkade um. Die Vertikalen der Säulen klingen in Skulpturen aus. Das dreiachsige Motiv an den Linden wieder-

holte sich im Mittelrisalit der Längsfront. Metallene klassizistische Brüstungsgitter sind verlorengegangen, und ein Teil des Flügels an der Charlottenstraße ist zerstört. Im Gegensatz zum tiefen Relief dieser Fassade ist die des Hauses Nr. 12 im Ganzen und in den Details flächig gehalten. Die Türlaibung ist als breitflächiger Rahmen ausgebildet, und auch die oberen Fenster wurden zwischen den Lisenen noch einmal deutlich gerahmt. Außerdem sind klassische Stütze-Balken-Systeme sowohl in die Tür als auch in die Fensteröffnungen des 1. OG eingefügt, und das gesamte Giebelfeld scheint von stützenden Elementen getragen zu sein. Flächige Mäanderbänder verzieren die Stürze der unteren Fenster und fassen die gesamte Fassade unter dem Kranzgesims zusammen.

47
Internationales Handelszentrum
Friedrichstraße 95
1976–78; 1999–2002
Japanisches Projekt; Rhode, Kellermann, Wawrowsky

Projektansicht Erweiterungsbau

Schon 1921 und 1929 hatte man den zentralen Standort am Bahnhof Friedrichstraße als zweckmäßig für ein Hochhaus angesehen und Wettbewerbe durchgeführt. Bekannt sind die Entwürfe von Ludwig Mies van der Rohe und Hans Scharoun. Allerdings galten sie einem Platz auf der Nordseite des Bahnhofs. Das Handelszentrum steht dagegen auf der Südseite, mit Nachteilen für die Silhouette des historischen Zentrums. Projekt und Baumaterial kamen aus Japan. Seine einheitlich verglaste Fläche mit Fenstern aus Thermoglas und Brüstungen aus dunkelfarbigem Glas steht unten auf. Seitlich fassen ihn geschlossene weiße Rahmen (für die Fahrstühle) ein, oben deckt ihn ein Querriegel ab. Alle geschlossenen Wandteile sind mit weiß beschichteten Aluminiumblechen verkleidet. Ihr Montageprinzip ist durch Fugen erkennbar gemacht. Die ursprüngliche kleinteilige Umbauung des Hochhauses durch Flachbauten wurde 1999–2001 im Zuge des Rückbaus der Friedrichstraße auf ihr historisches Profil durch eine Blockrandbebauung von Rhode, Kellermann, Wawrowsky und Kohlbecker Gesamtplan GmbH (Ausführung) ersetzt.

48
Ehem. Hotel „Splendid"
Dorotheenstraße 37
1904
Gronau & Graul

Die reiche neobarocke Fassade bietet ein markantes Beispiel für die reklamewirksame Verwendung architektonischer Formen im Späthistorismus. Der von Atlanten abgestützte Mittelrisalit ist gleich einem Reklameschild dem Gebäude vorgeblendet. Unten hat es zwei, oben drei Fensterachsen. Im 3. OG tragen vier Hüft-Hermen mit spielerisch grazilen Frauenfiguren die Fragmente des wild aufgebrochenen Risalitgebälks. In der Mittelachse sind drei Kartuschen angebracht, die ursprünglich den Firmennamen trugen. Von den beiderseits drei Fensterachsen wurde jeweils die mittlere zusätzlich akzentuiert. Das gilt auch für die Obergeschosse. Das mittlere der drei Hauptgeschosse ist durch Fensterkörbe ausgezeichnet. Über dem eigentlichen Hauptgesims läuft ein fünftes, voll ausgebildetes Geschoss durch. Das Fenster über dem Risalit, das in einen barocken Giebel eingreift, ist ein großes halbrundes Nischenfenster. Die hochbarocke Dynamik der Formen erinnert an Arbeiten der Münchener Gebrüder Asam. Heute befinden sich eine Bank und Büroräume in dem Gebäude, für deren Zwecke das Innere stark verändert worden ist.

49
Metropoltheater
Friedrichstraße 101/102
1910; 1922
Heinrich Schweitzer; Wilhelm Cremer & Richard
Wolffenstein

50
Ehem. Polnische Apotheke
Friedrichstraße 153
1898–1900
Alfred Breslauer

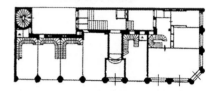

Grundriss EG, ursprünglicher Zustand

Grundriss des Hinterhauses 1922, EG

Gebaut wurde der Gebäudekomplex 1910 von Schweitzer und Alexander Diepenbrock als Admiralspalast mit einem luxuriösen Hallenbad und einer Eislaufhalle. An gleicher Stelle bestand bereits seit 1874 das sogenannte Admiralsgartenbad. Der mehrgliedrige Bau liegt zwischen Friedrichstraße und Planckstraße um einen inneren Hof, der über einen Durchgang erreichbar ist. 1922 bauten Cremer und Wolffenstein die Eishalle im Trakt Planckstraße zu einem Theater mit 1065 Plätzen um (heute Metropoltheater), ohne das darüber liegende Bad anzutasten. 1939 erfolgte eine weitere Umgestaltung durch Paul Baumgarten d. Ä. Im Vorderflügel befindet sich das Kabarett „Die Distel". Sein Äußeres blieb in der Fassung von 1910 erhalten. Die neoklassizistische Fassade wird durch fünf schlanke, über alle vier Geschosse reichende dorische Halbsäulen ohne Basis gegliedert. Ursprünglich waren auch die Zwischenräume im Erdgeschoss bis auf Bodenniveau verglast, so dass die Säulen an ihrem Ansatz frei aufwuchsen. Die übrigen Geschosse sind um die unterschiedlich großen Fenster herum vollständig mit Reliefplatten aus weißem, istrischem Marmor in eigener Rahmung verkleidet. Die Reliefs schuf Franz Naager. Eine Fensterachse ist seitlich aus der monumentalen Fassadenordnung ausgegliedert. Dahinter liegt das Treppenhaus. Die Fassade zur Planckstraße überzog Ernst Westphal zwischen den Pilastern mit einem eigenwilligen Dekor aus Keramiksteinen.

Das Gebäude ist kurz nach Alfred Messels Kaufhaus Wertheim entstanden. Es hat dessen Wirkung auf die Architektur des folgenden Jahrzehnts noch verstärkt. Der Grund war das Pfeilersystem, das an beiden Bauten auf unterschiedliche Weise ausgebildet war. Bei diesem System wurden anstelle einer geschossweisen Schichtung einfach Pfosten errichtet, an denen man die Decken aufgehängt hat. Bei der Apotheke sind die freistehenden Sandsteinpfosten massiv aufgemauert. Auf auskragenden Konsolen tragen sie die Unterzüge der Geschossdecken. Breslauer erhob dieses Konsolmotiv zur strukturalen Ornamentik des Baus, besonders am oberen Ende der Pfeiler, wo sie das vierte Geschoss tragen. Die raumabschließende Wand bestand in den drei unteren Geschossen aus Glas. Große Scheiben standen mit leichtem Rahmenwerk frei hinter den Pfeilern. Da das Grundstück sehr schmal (nur 10 m tief) war, mussten die Arbeitsräume übereinander gelegt werden. Das obere Geschoss war für die Wohnung des Apothekers bestimmt. Dreikantige Dienste stehen dort auf den Konsolen auf und führen anschaulich die statischen Kräftebahnen weiter. Ein ähnliches Gesimsband verbindet sie untereinander, so dass auf diese Weise auch das geschlossene Wohngeschoss skeletthaft erscheint. In der Kartusche an der schrägen Ecke befand sich ursprünglich das Wahrzeichen der bereits 1682 an diesem Platz in der Dorotheenstadt gegründeten Apotheke: ein fliegender Adler mit aufgehender Sonne und die Jahreszahl der Gründung. Der Arkadengang ist erst in neuerer Zeit durchgebrochen worden.

51
Lindencorso
Unter den Linden/Friedrichstraße/Rosmarinstraße
1994–97
Christoph Mäckler

52
Geschäftshäuser/ZDF-Hauptstadtstudio
Unter den Linden 26, 28, 30, 36, 38, 40
1910/11; 1997–99
Kurt Berndt und A.F.M. Lange, Bruno Paul;
Thomas Baumann

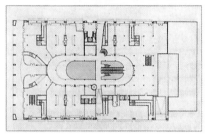

Unter den Linden Nr. 36/38

Nach Kriegszerstörungen und Abrissen wurde während der 60er Jahre begonnen, die Friedrichstraße zu verbreitern, ein als „Lindencorso" bezeichneter Neubau für gastronomische Nutzung setzte den Maßstab für das geplante neue Straßenprofil. Mäcklers Entwurf ersetzt den alten Lindencorso und stellt die historische Straßenbreite wieder her. Der dreizonale Fassadenaufbau adaptiert konventionelle Typologien und verdeutlicht gleichzeitig die unterschiedlichen Nutzungszonen – Einzelhandel, Büro, Wohnen – des Hauses. Eine längsovale Halle mit gläserner Überdachung und umlaufenden Galerien bietet im Blockinneren auf vier OG Raum für Läden. Die angeschrägten Laibungen der zweigeschossigen Sockelzone, das Hauptgesims sowie die Verkleidung mit kanneliertem Sandstein verarbeiten Details der historischen Bebauung des nahegelegenen Forum Fridericianum (Nr. 37–41). Gleichzeitig spricht Mäcklers Entwurf mit seiner geradezu endlosen Lochfassade und den filigranen Metallfensterrahmen eine deutlich moderne Sprache. Der Lindencorso hinterlässt in vielerlei Hinsicht einen ambivalenten Eindruck. Einerseits überzeugen die Solidität der Bauausführung sowie der Versuch einer kreativen Auseinandersetzung mit historischen Typologien und einer zeitgenössischen, für Mäckler kennzeichnenden plastischen Ausformung, die teilweise Motive des Mossehauses von Erich Mendelsohn (Nr. 103) adaptiert. Andererseits erscheint das Gebäude, gerade an dieser prominenten Stelle, mit seiner Massivität und Monotonie städtebaulich verfehlt. Die abstrakte Rekonstruktion des Blocks lässt den tatsächlich vorhandenen historischen Bezugspunkt an der Ecke zur Charlottenstraße als untergeordnetes Anhängsel erscheinen.

Unter den Linden sind zwischen Friedrichstraße und Neustädtische Kirchstraße mehrere äußerst repräsentative Geschäftshäuser aus den Jahren vor dem Ersten Weltkrieg erhalten geblieben: Nr. 26 (1912) und Nr. 28/30 (1914) von Richard Bielenberg und Josef Moser, Nr. 36/38 (1910) und Nr. 40 (1907) von Berndt. Sie alle gehören zu einem neoklassizistischen Typ mit ionischer oder korinthischer Kolossalordnung an den Hauptgeschossen; und fast alle laufen in einer Breite von fünf bis sieben Achsen bis zur Mittelstraße durch. Haus Nr. 36/38 („Zollernhof"), dessen Fassade und Treppenhaus (innerhalb des Gesamtprojekts von Berndt) Bruno Paul entworfen hat, zeigt ein neues sachliches Konzept architektonischer Ordnung bei Verzicht auf historische Drapierung, doch bei klassischer Interpretation des Wandpfeilersystems. Es handelt sich um einen Stahlskelettbau, bei dem die einfachen Stützen als Lisenen mit dem Gebälk Rahmen bilden, innerhalb derer jeweils über dem Schaufenster drei mal zwei Fenster um einen schmalen Dienst gruppiert sind. Über dem Hauptgesims liegt zurückgesetzt ein voll ausgebautes Dachgeschoss. Alle Teile sind mit Naturstein verkleidet. Der geringe Schmuck – Festons in Empiretradition – wirkt appliziert. Statuen über dem Gesims bedienen den kulturellen Anspruch, dem sich die Häuser an dieser Straße verpflichtet fühlten. In den oberen Geschossen lagen die Büros ohne festgelegte Raumteilung. 1938 wurde das Haus über die Gasse hinweg in gleicher Art erweitert. Beim Umbau für das ZDF-Hauptstadtstudio wurde der „Zollernhof" bis auf die Lindenfront abgetragen und nach einem Entwurf von Thomas Baumann neu bebaut.

53
Haus Pietzsch
Unter den Linden 42
1993/94
Jürgen Sawade

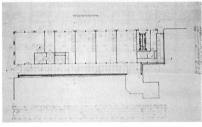

54
Geschäftshaus/vorläufige Botschaft der USA
Neustädtische Kirchstraße 4/5
1886/87
Hermann von der Hude und Julius Hennicke

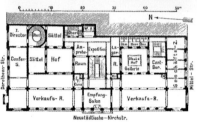

Ursprünglicher Zustand

Das Baugelände ist ein kleines Eckgrundstück an der Kreuzung Unter den Linden/Neustädtische Kirchstraße, das im Kriege zerstört wurde und unbebaut geblieben ist. An den „Linden" ist es kaum 16 m breit. Der Neubau fügt sich an eine Reihe architektonisch wertvoller neoklassizistischer Bauten (Unter den Linden 26–40) aus den Jahren 1907–14 an. Deren architektonische Grundstruktur war zu respektieren. Sawade gelingt dies, ohne die eigene Formensprache zu unterdrücken. Seine Fassade zeigt bis zum angedeuteten Kranzgesims die klassische Dreigliederung und die üblichen Achsbreiten von etwa vier Metern. Sie ist gleich den Nachbarn mit Werksteinplatten verkleidet. Dennoch grenzt er seinen Bau bewusst vom historischen Bestand ab. Und zwar geschieht dies durch einen etwa 5 m breiten, haushohen Zwischenraum, also einen erweiterten Bauwich, den eine Glasschürze zu den „Linden" hin abschließt. Diese Glasfläche setzt sich, die Fassade winkelförmig umgreifend, in der Attikazone in einem gläsernen Aufbau fort. Der Zugang zu den Räumen und Etagen erfolgt über den Bauwich. Zugleich gewinnt der hohe Zwischenraum durch die besondere Lösung, die Sawade dafür anbietet, einen gesteigerten Eigenwert: Die den Zwischenraum begrenzende Brandmauer des benachbarten Altbaus ist so gestaltet, dass sie als Hängefläche für Kunst- und Bildwerke dienen kann. Diese „Galerie" im Bauwich ist von der Straße her einzusehen. Das EG soll, der Tradition des Ortes folgend – hier befand sich einst die renommierte Café-Konditorei Sonntag –, wieder ein Café und ein Restaurant aufnehmen. Die oberen Geschosse sind für Büros bestimmt.

Das stattliche Gebäude wurde als Warenhaus für Armee und Marine errichtet und diente bis 1906 diesem Zweck. Von 1934 bis zum Umbau zur Botschaft 1975 war es „Haus des Handwerks". Der heutige Bau ist in den Fassaden – bis auf den fehlenden Balkon über dem Eingang – original, im Dach aber stark verändert worden. Er entstand mit zwei Lichthöfen und vier Geschossen über annähernd Rechteck zwischen Mittel- und ehemaliger Dorotheenstraße. Vom Haupteingang gelangt man direkt zur Treppenhalle. Die Verkaufsräume befanden sich hinter der Front an der Neustädtischen Kirchstraße. Nach allen drei Seiten zeigt der Bau die gleiche Fassadenstruktur. Die Fenster sind in der Horizontalen genauso seriell gereiht wie beim Palais am Festungsgraben (Nr. 35), an dem von der Hude ebenfalls mitarbeitete. Durch jeweils andere Fensterformen – im 2. OG mit Aedikularahmung – heben sich die Geschosse voneinander ab. EG und 1. OG sind gequadert. An den Eckrisaliten fassen Doppelpilaster das 2. und das 3. OG zusammen. Im Mittelrisalit erfüllen Halbsäulen und Pilaster diese Aufgabe. Der untere Teil ihrer Schäfte ist nach Art der Renaissance ornamentiert. Die beiden Architekten kamen aus der Schinkelschule, hatten jedoch schon Ende der sechziger Jahre Elemente der (französischen) Frührenaissance aufgenommen. Dieser Einfluss war ursprünglich an den verstärkten Ecken, vor allem aber an der Dachform, ablesbar. Das Dach war als Terrassendach analog der Fassade gegliedert und über dem Mittelrisalit erhöht, der sich dadurch klarer als heute abhob.

55
Schadow-Haus
Schadowstraße 10/11
1805

Gipsabgüsse nach Reliefs von Schadow und Christian
Friedrich Tieck an der Wand des Durchgangsflurs (unten)

Wie bei den meisten alten Bürgerhäusern ist auch
hier der Architekt nicht bekannt. Johann Gottfried
Schadow, bedeutender Bildhauer des Berliner Klassizismus und Schöpfer der Quadriga auf dem Brandenburger Tor, ließ es 1805 als zweigeschossiges
klassizistisches Wohnhaus mit nördlichem Seitenflügel und einem Werkstattgebäude als Querflügel
erbauen und lebte hier bis zu seinem Tode 1850.
Danach stockte sein Sohn Felix alle Flügel um ein
Geschoss auf. Das Haus ist ein klassizistischer Putzbau in Quaderstruktur mit sieben Achsen und zwei
seitlichen Risaliten, darin sitzen ein Portal und eine
gleich gerahmte Portalblende mit Fenster und
Stuckreliefs. Der Bildschmuck stellt Kunstthemen
dar. Schadow berichtet darüber in seinen Erinnerungen „Kunstwerke und Kunstansichten". Auf dem
linken Relief ist die Entwicklung der Kunst im Alter-
tum, auf dem rechten sind deren Förderer dargestellt. Beide kommen aus Schadows Werkstatt. Die
Medaillons darüber zeigen Bildhauerwerkzeuge. Das
Relieffeld in der Mitte des ersten Geschosses ist
eine Arbeit von Hermann Schievelbein und wurde –
mit einem Porträt Schadows, das von zwei Genien
umrahmt ist – erst nach dem Umbau 1851 angebracht.

56
**Presse- und Informationsamt der
Bundesregierung**
Reichstagsufer 12–14, Dorotheenstraße 80–84
1884–86; 1913–17; 1989; 1996–2000
Hermann Blankenstein; Alfred Lempp; Heinz Mehlan,
Harry Reichert; KSP Engel und Zimmermann

Ansicht Spreeseite
Lageplan

Das Presse- und Informationsamt bezog ein Gebäudeensemble, das mit seinen verschiedenen historischen Schichten ein spannendes Konglomerat aus
Bauzeugnissen von der Gründerzeit über die 20er
Jahre und die späte DDR-Zeit bis in die Gegenwart
bildet. Den Kernbau bildet das von Alfred Lempp
errichtete ehem. Postscheckamt an der Dorotheenstraße von 1913–17, das den Kopfbau des Vorgängerbaus, einer Markthalle von Hermann
Blankenstein von 1886 integriert. 1923 wurde der
Komplex in Richtung Reichstagsufer erweitert. Bis
zu den Kriegszerstörungen befand sich auf dem
Nachbargrundstück Dorotheenstraße 74 das berühmte 1712 erbaute „Landhaus Kameke" von
Andreas Schlüter, dessen Gartenanlagen ebenfalls
bis zum Spreeufer reichten. Nach der Zerstörung
wurde in den 80er Jahren ein Plattenbau an seiner
Stelle errichtet, im ehem. Gartenbereich entstand
ein Gastronomiepavillon. Engel und Zimmermann
wurden nach einem europaweiten Auswahlverfahren
beauftragt, die komplexe Struktur zu sanieren und
zu erweitern. Als erster Bauabschnitt entstand bis
1997 das Presse- und Besucherzentrum an der
Spreeseite. Die Architekten nutzten die Fundamente
des Pavillons und konzipierten einen eleganten flachen Kubus, dessen Flußseite nahezu völlig in Glas
aufgelöst wurde, während die Front zur Neustädtischen Kirchstraße mit Naturstein verkleidet
wurde. Die Brandwand zum ehem. Postscheckamt
wurde mit einem völlig verglasten schmalen Flügel
bebaut. Im zweiten Bauabschnitt wurde der Plattenbau an der Dorotheenstraße saniert, seine leuchtend
orange Fassade und die neuen Kastenfenster erzeugen eine unerwartet attraktive graphische Wirkung.
Der letzte Bauabschnitt konzentrierte sich auf die
Herrichtung des Postscheckamtes, das teilweise,
v. a. im Bereich der ehemaligen Kassenhalle und
der Treppenhäuser Teile seines alten repräsentativen Charakters wiedergewonnen hat.

57
Institutsgebäude der Humboldt-Universität
Dorotheenstraße 94–96
1873–78
Paul Spieker

Großer Hörsaal

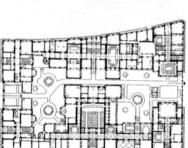

Ursprünglicher Grundriss

Der umfangreiche Gebäudekomplex für mehrere naturwissenschaftliche Institute auf dem trapezförmigen Gelände nahe dem Reichstagsufer war auf Betreiben von Hermann von Helmholtz zustande gekommen. Die Baulichkeiten bestanden aus zwei zusammenhängenden, doch wegen vieler Funktionen stark gegliederten Komplexen entlang der beiden Straßen. An den westlichen Ecken befanden sich die Dienstwohnungen der Direktoren. Den Hörsaal mit benachbartem Demonstrationssaal platzierte man im Zentrum der Anlage und im Anschluss an das Physiologische Institut. Weiterhin gab es Tierställe, Aquarien und Sammlungen. Wegen der Präzisionsmessgeräte wurden die erschütterungsfreien Fundamente sehr tief gegründet. Die Fassaden aller Gebäude sind mit Ziegelverblendmauerwerk verkleidet, dazwischen schichtweise eingelagerte, bunte Mettlacher Platten. Die Formen sind antikisierend. Der ursprüngliche Baukörper war dreigeschossig. Das Attikageschoss kam später hinzu. Gesimse, Einfassungen und Brüstungsfelder bestehen aus Profil- oder Terrakottasteinen. Der Flügel am Ufer wurde im Krieg zerstört. Der andere zeigt, abgesehen von einigen Schäden, noch immer die Form des 19. Jahrhunderts. Seine 110 m lange Front ist durch Risalite und zusätzlich durch Erker gegliedert. Im Innern gibt es eine originale gusseiserne Treppe, wie sie für Zweckbauten üblich war (siehe auch Nr. 43), und vor allem, noch fast unberührt, den alten Hörsaal mit umlaufender Arkade und Oberlicht. In der Robert-Koch-Gedenkstätte kann man den Raum besichtigen, in welchem der große Bakteriologe 1882 seine Entdeckung des Tuberkel-Bazillus vortrug.

58
Russische Botschaft
Unter den Linden 63–65
1950–53
A. Stryshewski, Lebedinskij, Sichert, Friedrich Skujin

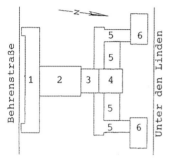

Zustand 1966 (oben); Grundriss EG (unten):
1 Verwaltung/Beamtenwohnungen, 2 Festsaal, 3 Haupttreppenhaus, 4 Große Kuppelhalle, 5 Saal, 6 Minister-
wohnung

Das Botschaftsgebäude entstand nach dem Entwurf
von Stryshewski an der Stelle der im Krieg zerstörten alten russischen Botschaft aus dem 18. Jahrhundert. Die Bauleitung hatte Friedrich Skujin. Spätere Bauten erweiterten den Komplex bis zur Glinka-
und Behrenstraße. Das neoklassizistische Konzept
repräsentierte die von 1950 an in der DDR durch-
gesetzte Richtung des sogenannten „sozialistischen
Realismus" und die geforderte Anknüpfung an die
nationalen Bautraditionen. Mit ihrer Grundform griff
sie auf Palaisanlagen zurück, wie sie im 18. Jahrhundert an dieser Straße gebaut worden waren. Der
Mitteltrakt mit den Repräsentationsräumen ist zurückgesetzt und bildet mit zwei Seitenflügeln einen
Ehrenhof. Eine große Kuppelhalle, das Haupttreppenhaus und ein Festsaal liegen in der Hauptachse.
Der Mittelteil erscheint als blockhafter kubischer
Körper, der durch eine ebenfalls kubische Laterne
turmartig erhöht ist. Dieser Turmaufsatz könnte sein
Vorbild in den beiden Turmstümpfen (bzw. Posta-
menten) auf dem Pergamonmuseum (Nr. 27) ge-
habt haben. Mit Ausnahme des Emblems fügen sich
die architektonischen Formen – die Rustizierung
des Sockelgeschosses, die Nutung der Ecken und
die Kolossalordnung – in die klassizistische Tradition
Berlins, aber ebenso in die Sankt Petersburgs ein.
Doch verweist eine besondere Härte der Form und
die kalte Repräsentation auf die stalinistische Epoche.

59
Komische Oper
Behrenstraße 55/57
1891/92; 1966/67
Ferdinand Fellner, Hermann Helmer; Kunz Nierade

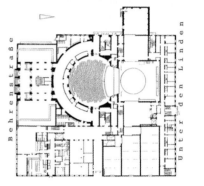

Die Wiener Theaterarchitekten Fellner und Helmer
errichteten das Haus als „Theater Unter den Linden". Durch eine kleine Passage war es mit den
Linden verbunden. Bald hieß es Metropoltheater
und diente vorzugsweise als Revue- und Operetten-
theater. Nach den Zerstörungen im Zweiten Weltkrieg wurde es bereits 1947 wieder bespielt, nun
unter dem Namen „Komische Oper" als „neues,
wahrhaftes Musiktheater". Durch die auf Original-
treue setzende musikalisch-dramaturgische En-
semblekonzeption seines Intendanten und Chef-
regisseurs Walter Felsenstein wurde es weltbekannt.
Um einen modernen Theaterbetrieb zu gewährleisten, erweiterte Kunz Nierade den Bau 1966/67
erheblich. Der alte, reich dekorierte, nahezu kreisförmige Zuschauerraum blieb unverändert, und
damit auch das besondere Motiv der im zweiten
Rang durch logenartig gefaßte Bögen zum Foyer
hin geöffneten Rückwand. Dieses förderte das Ge-
fühl des Untersichseins der Besucher. Das Bühnenhaus wurde durch Seitenbühnen erweitert und durch
eine Probebühne entlastet. An der Straße Unter den
Linden entstand ein Funktionsgebäude. Die Straßenfront wurde neu gestaltet, und zwar im sachlichen Stil der sechziger Jahre. Aus einer mit Sandsteinplatten verkleideten Wand tritt der Eingangsbau
als erhöhter Risalit asymmetrisch hervor. Er ist im
Oberteil verglast und von Fritz Kühn mit struktur-
tem Kupferblech verkleidet.

60
Brandenburger Tor
Pariser Platz
1788–91
Carl Gotthard Langhans

Das Brandenburger Tor ist der Symbolbau Berlins und die einzige noch vorhandene wirkliche Toranlage der Stadt. Es eröffnet vom Westen her die Prachtstraße Unter den Linden. Ursprünglich war es Bestandteil der geschlossenen Bebauung des Pariser Platzes. Als eine der letzten großen Bauschöpfungen des 18. Jahrhunderts ist es zugleich die erste in gräzisierendem Klassizismus, der für Berlin viele Jahrzehnte und mit neoklassizistischen Verwandlungen bis ins zwanzigste Jahrhundert prägend gewesen ist. Der Bau entstand im Rahmen eines Konzepts des Ministers Woellner von 1769 zur Verschönerung der Residenzstadt. Für Langhans waren die Propyläen der Athener Akropolis Vorbild. Wie dort ist das eigentliche Tor von zwei Flügelbauten flankiert, die ursprünglich als Wache und Steuerhaus dienten. Das Tor hat fünf durch massive Querwände geschiedene, 11 m tiefe Durchfahrten. Vor die Querwände treten auf beiden Seiten je sechs 14 m hohe Säulen, die das Gebälk mit einem Metopen-Triglyphenfries tragen, darüber die Attika, deren mittlerer Teil vorspringt, was durch Stufungen vermittelt ist. Darauf steht die Quadriga mit der Siegesgöttin. Alle Säulen sind dorisch, doch nicht in reiner Form, sondern viel schmaler und länger als es die klassische Maßordnung vorschreibt. Ursprünglich war der gesamte Bau aus Sandstein mit Laugekalkfarbe geweißt. Er ist mit Reliefs geschmückt, auf denen Themen aus der griechischen Sage, vorwiegend der Heraklessage, abgebildet sind. Die Metopen-Reliefs stellen Kampfszenen zwischen Lepithen und Kentauren dar. Die bekrönende Plastik – vier Pferde, Wagen und Siegesgöttin mit Siegeszeichen – trieb der Potsdamer Kupferschmied Friedrich Jury über einem Holzmodell nach Entwürfen Johann Gottfried Schadows. Auf dem Relief am Postament der Quadriga ist nach Schadows Entwurf ein Friedenszug dargestellt. Das gesamte bildnerische Programm war den Kriegen Friedrichs II. und dem Frieden danach gewidmet. Der Wiederaufbau des Pariser Platzes in seinen historischen Abmessungen ist im Gange (Nr. 61–70).

61
Pariser Platz
1734–38 (Platzanlage); 1995–2000

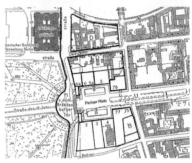

Ansicht Pariser Platz vor 1930 (oben), Lageplan (unten)

Das Quadrat des Pariser Platzes stellt, neben dem Oktogon des Leipziger Platzes und dem Rund des heutigen Mehringplatzes, einen der drei Schmuck- und Eingangsplätze der barocken Stadterweiterung von 1734–38 dar. Großteile des Platzes waren nach 1945 kriegszerstört, die verbliebenen Ruinen wurden im Zuge der Teilung der Stadt, abgesehen von rückwärtigen Bauteilen der Akademie der Künste, abgetragen. Nach dem Mauerfall wurde der Wiederaufbau der historischen Platzkontur beschlossen. Wo möglich, sollten die alte Parzellenstruktur sowie die Gebäudenutzungen der Vorkriegszeit wiederaufgenommen werden. So werden die US-amerikanische Botschaft (Nr. 70), die französische Botschaft, für die im Laufe von 1997 mit konkreten Entwürfen zu rechnen ist (Nr. 65), die Akademie der Künste (Nr. 68) sowie das Hotel Adlon (Nr. 67) wieder an den Platz zurückkehren. Eine sogenannte „Gestaltungssatzung" von 1993 bzw. 1995 legte einen Wiederaufbau in modernen Formen sowie Vorgaben bezüglich Gebäudehöhe, Stein oder Putz als Baumaterial, Farbenspektrum und das Verhältnis von geschlossenen und geöffneten Wandflächen fest. Die Vorgaben stießen auf heftige Kritik und wurden einerseits als restriktiv und andererseits als ungenügend angesichts der geforderten repräsentativen Wirkung des Platzes gewertet. Die letztliche Heterogenität der neuen Bebauung spiegelt heute anschaulich einen Kristallisationspunkt des „Berliner Architekturstreits" wider.

62
Häuser Sommer und Liebermann
Pariser Platz 1 und 7
1996–97
Josef Paul Kleihues

63
Wohn- und Geschäftshaus
Pariser Platz 6a
1997–98
Berhard Winking

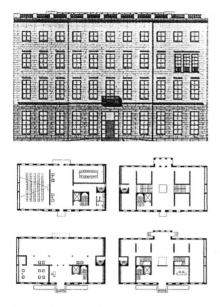

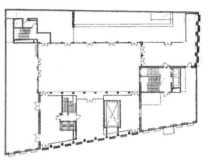

Zeichnung Haus Sommer (oben); Grundrisse 1. OG (mitte) und EG (unten), Haus Sommer (links) und Haus Liebermann (rechts)

Ansicht vom Pariser Platz (oben), Grundriss EG (unten)

Vor 1945 wurde das Brandenburger Tor von den beiden weitgehend spiegelbildlich konzipierten Häusern Pariser Platz 1 und 7 nach Plänen August Stülers von 1844–46 flankiert. Beide Gebäude schlossen unmittelbar an die Torhäuser an, so dass die Platzfront vollständig geschlossen war. Das Haus Pariser Platz Nr. 7 wurde von Max Liebermann bis zu seinem Tod 1935 bewohnt. Nach 1945 waren beide Bauten vollständig zerstört. Beim Wiederaufbau des Tores wurden die Säulenumgänge der Torhäuser in Abweichung vom historischen Vorbild vollständig um die Kernbauten herumgeführt. Der Neubau der Westseite des Platzes musste somit von verkleinerten Grundstücksflächen ausgehen. Kleihues legte seiner Konzeption eine genaue Analyse der historischen Fassaden zugrunde. Neben der Wiederaufnahme von Sockel- und Dachgesimshöhe weisen die Neubauten entsprechend der Vorgängerbauten drei OG, elfachsige Platzfronten mit flachen Mittelsaliten, durch Eingang und Balkon gekennzeichnete Mittelachsen sowie die zum Tor hin zu Dreiergruppen zusammengefassten Fenster des 2. OG auf. Kleihues' analysierende Annäherung an die historischen Fassaden gewährleisten zwar eine Reminiszenz an die Vorgängerbauten, verweisen jedoch aufgrund ihrer Abstraktion eher auf den typisch rationalen Gestus zahlreicher Kleihuesbauten. Darüber hinaus bedingt der Ausbau der historischen Mezzaningeschosse zu Vollgeschossen sowie die Verkürzung der Hausfronten gedrungene Proportionen, die deutlich von den Stülerschen Vorbildern abweichen.

Das langgestreckte Grundstück umfasst neben der relativ schmalen Front an der Nordwestecke des Pariser Platzes weitere historische Parzellen an der Ebertstraße. Der Vorgängerbau von August Stüler zeichnete sich durch eine zurückhaltende spätklassizistische Fassade sowie durch einen an der Platzecke gelegenen fünfgeschossigen Turmbau aus. Große zu Dreiergruppen zusammengefasste Rundbogenfenster bzw. Loggien im 5. OG reflektierten das entsprechende Motiv der Häuser Liebermann und Sommer. Winking orientiert sich bei seinem Entwurf für die Neubebauung durch die Wiederaufnahme der Achsengliederung sowie des Turmakzents und der Fenstergruppen an einigen markanten Aspekten des historischen Vorbildes. Andererseits wird der Bau durch seine relativ strengen Lochfassaden sowie durch die Einfügung eines weiteren OG deutlich als moderner Entwurf gekennzeichnet. Eingangsloggien am Pariser Platz und an der Ebertstraße ermöglichen eine Fußgängerverbindung vom Platz zum Reichstag. Gleichzeitig arbeitet Winking mit teilweise überraschenden Rhythmus- und Formatwechseln der Fensteröffnungen, die einer drohenden Monotonie der mit Elbsandstein verkleideten Fronten entgegenwirken. An der Ebertstraße wird die Fassadendifferenzierung zur Kennzeichnung der ursprünglich getrennten Parzellenstruktur eingesetzt.

64
Dresdner Bank
Pariser Platz 5a/6
1996–97
von Gerkan, Marg & Partner

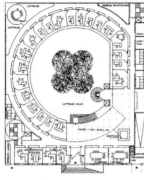

Perspektivische Simulation (oben), Grundriss EG (unten)

Das Grundstück entstand durch die Zusammenlegung zweier Parzellen der Vorkriegsbebauung. Ein spätklassizistischer Bau am Pariser Platz 6 stammte von August Stüler, das Grundstück 5a war mit einem neubarocken Palais nach einem Entwurf von Ernst v. Ihne bebaut. von Gerkan, Marg & Partner gewannen einen 1995 entschiedenen Wettbewerb für den Neubau. Die symmetrisch aufgebaute Sandsteinfassade wird durch eine regelmäßige Achsenabfolge mit paarweise zusammengefassten stehenden Fenstern und horizontal eingelagerten Bronzeleisten bestimmt. Faltbare Sonnenschutzlamellen tragen zur dezent spielerischen Belebung der Fassade bei. Eine tiefliegende hohe Eingangszone mit asymmetrischer Laibung und Bronzebändern sowie Einzelfenster und eine breite Verglasung im zurückgestaffelten DG markieren die Mittelachse. Während von Gerkan, Marg & Partner bei der Gestaltung der Platzfront mit Laibung und Bronzebändern Art Déco-Zitate in den Vordergrund stellen, wird das Innere des Gebäudes von einer zylindrischen Halle mit gläserner Flachkuppel dominiert. Das weite Rund mit 29 m Durchmesser dient neben repräsentativen Zwecken der Belichtung für die inneren Büroräume des dreiseitig umbauten Hauses. Mit seiner filigranen Eleganz verweist dieser Entwurfsteil am ehesten auf Arbeiten des für seine leichten und transparenten Konstruktionen renommierten Büros.

65
Französische Botschaft
Pariser Platz 5/Wilhelmstraße
1999–2001
Christian de Portzamparc

Perspektive vom Pariser Platz
Grundriss 3.0G

Mit dem Bau der Botschaft wird 2001 die letzte Baulücke an der Nordseite des Pariser Platzes wieder geschlossen werden. Die Repräsentanz übernimmt damit wieder das Grundstück, an dem sie bereits von 1860 bis 1945 angesiedelt war. Für das Areal, das nach der Wende L-förmig zur Wilhelmstraße vergrößert worden war, wurde 1996 ein eingeladener Wettbewerb durchgeführt, aus dem Portzamparc siegreich hervorging. Sein Entwurf setzt sich kreativ mit den am Pariser Platz vorgegebenen Fassadenregularien auseinander. Mit der dreizonalen Fassadengliederung und der Betonung der Mittelachse durch einen profilierten Portikus zitiert der Architekt Motive des Vorgängerbaus. Ansonsten zeigt sich die Fassade als plastisches Spiel verschieden großer vertikaler Fenstereinschnitte, deren schräge Laibungen eine Sichtverbindung zum Brandenburger Tor gewährleisten. Eine über das Dachgeschoß zum östlichen Gebäudeabschluß reichende gläserne Rahmenfigur grenzt das Gebäude von der Nachbarbebauung ab. Im rückwärtigen, zur Wilhelmstraße verbindenden Bereich entwickelt Portzamparc eine differenzierte Hoflandschaft, die durch zahlreiche Einbauten, Niveauabstufungen und gärtnerische Anlagen eine spannungsvolle Architekturcollage bildet. Das Projekt zeigt, vor allem durch seine Fassade am Pariser Platz, eine – neben gläserner Abstraktion, historistischer Assimilation und rationaler Adaption – weitere Alternative zum Thema „kritische Rekonstruktion" im stadthistorischen Kontext.

66
Wohn- und Geschäftshaus
Unter den Linden 80
1997–2000
Laurids Ortner und Manfred Ortner, Hans Peter Wulff

67
Hotel Adlon
Unter den Linden 75–77
1995–97
Patzschke & Klotz

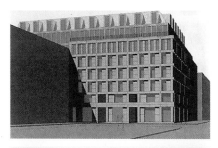

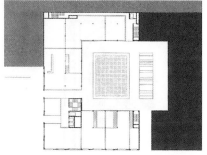

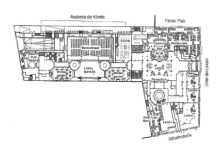

Perspektive Pariser Platz (oben), Grundriss EG (unten)

Ansicht vom Pariser Platz (oben), Grundriss EG (unten)

Das Gebäude schließt die Nordostflanke des Pariser Platzes und bildet damit zusammen mit dem gegenüber liegenden Hotel Adlon (Nr. 67) den Auftakt zum Boulevard Unter den Linden. Gemeinsam mit dem östlich anschließenden Haus Unter den Linden 78, für das das Büro Kollhoff und Timmermann verantwortlich zeichnet, bildet der Bau eine neue Blockbebauung auf dem während der Teilung der Stadt brachliegenden Gelände. Das nach Norden hin langgezogene Grundstück öffnet sich nur teilweise zu den Straßenfronten, große Teile grenzen direkt an die Nachbarbebauung. Ein Innenhof sorgt für die Belichtung der nach innen bzw. rückwärtig gelegenen Räume. Ortner und Ortner verweisen mit der Gestaltung der Straßenfronten durch dreizonalen Aufbau, Traufhöhe und Walmdach auf historische Typologien. Darüber hinaus reflektieren die Gauben Motive des gegenüberliegenden Hotels, die jedoch durch ihren zinnenartigen Charakter als ironisches Zitat gelesen werden können. Gleichzeitig formulieren Ortner und Ortner mit einem dreischichtig reliefierten modularen Fassadenaufbau einen eigenständigen modernen Akzent. Einer vorgehängte Skelettstruktur aus rötlichem Sandstein folgen flach zurückgesetzte Wandflächen und, als dritte Schicht, tiefgelegte regelmäßig gereihte Hochkantfenster. Die zurückgesetzte Fensterfolge des OG wird nach Norden hin fortgesetzt und verdeutlicht die Tiefe des Grundstücks. Der Entwurf von Ortner und Ortner kann als Beispiel eines ebenso zurückhaltend sensiblen wie selbstständigen Entwerfens im historischen Kontext gewertet werden.

Mit dem Neubau kehrt das Adlon, eines der renommiertesten Hotels der Vorkriegszeit, an seinen historischen Standort zurück. An Stelle des 1830 von Schinkel erbauten Palais Redern wurde 1907 der Hotelbau eröffnet. Er wurde erst in der unmittelbaren Nachkriegszeit durch Brand zerstört, erhaltene rückwärtige Gebäudeteile wurden in den 60er Jahren in Zusammenhang mit dem Bau der DDR-Grenzanlagen abgetragen. Im Gegensatz zum Bau von 1907 umfasst die Fläche des heutigen Hotels neben der Kante am Pariser Platz auch das Eckgrundstück zur Wilhelmstraße. Lediglich ein leichter Fassadenrücksprung und eine Reduzierung der Firsthöhe deuten heute den Parzellenwechsel an. Patzschke und Klotz orientieren sich mit ihrem Entwurf in weiten Teilen an der historischen Vorlage. Ein dreizonaler Aufbau mit horizontal reliefiertem Sockel und Rundbogenöffnungen, Hochkantfenster mit abgestuften Rahmungen, profilierte Gesimse, Risalite sowie das Walmdach mit Gauben stehen für das Bedürfnis, das Bild des Vorgängerbaus in weiten Teilen wiedererstehen zu lassen. Gleichzeitig verdeutlichen die Reduzierung der Geschosshöhen, der Einbau einer weiteren Etage sowie die Vergrößerung der Grundstücksfläche die vollständige Neukonzeption des Projekts. Der Neubau stellt einen Versuch einer Annäherung an das historische Vorbild dar. Unbefriedigend bleibt der Widerspruch zwischen der Anpassung an die räumlichen und ökonomischen Erfordernisse des modernen Hotelbetriebs und der oberflächlichen Evokation eines nostalgischen Bildes.

68
Akademie der Künste
Pariser Platz 4
1998–2001
Günter Behnisch, Manfred Sabatke, Werner Durth

69
DG-Bank
Pariser Platz 3
1997–99
Frank O. Gehry

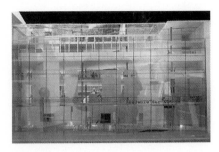

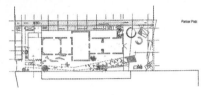

Modellphoto (oben), Grundriss EG (unten)

Modellphotos: Außenansicht (oben), Innenansicht (unten)

Der Neubau der Akademie der Künste stellt sowohl ästhetisch als auch bezüglich seiner Planungsgeschichte eines der bemerkenswertesten Gebäude am Pariser Platz dar. Ein in seinem Kern auf das 18.Jahrhundert zurückgehendes Palais wurde 1905-06 von Ernst v. Ihne für die Zwecke der Akademie umgebaut. Ab 1937 wurde das Gebäude für die Generalbauinspektion Albert Speers genutzt. Nach 1945 blieben die rückwärtigen Gebäudeteile mit ihren eindrucksvollen Oberlichtsälen erhalten. Der 1994 prämierte Entwurf von Behnisch/Sabatke/Durth für einen Neubau stellt im Konzert der benachbarten Projekte ein eigenständiges und von formalen Rekonstruktionen abweichendes Konzept dar, das sicherlich auch als offensive Kritik der Akademie an den politischen Planungsrichtlinien für den Wiederaufbau des Platzes gemeint war. Die Architekten integrieren die vorhandene Altbausubstanz in einen zum Platz hin weitgehend transparenten Neubau. Die Platzfront ist in zwei Schichten aufgebaut. Einer inneren Glaswand, die den Eingangsbereich mit den dahinterliegenden Räumen vom Platz abschirmt, wird eine filigrane Stahlgitterstruktur vorgeblendet, deren Aufbau Gliederungselemente der historischen Fassade wie Fensterachsen und Gesimse nachzeichnet. Der Entwurf macht dadurch verschiedene historische Schichten deutlich und interpretiert das Vorbild des Altbaus auf eine eigenständige Art neu. Nach heftigen und teilweise polemisch geführten Kontroversen wurde das Projekt trotz seiner programmatischen Abweichung von den übergeordneten planerischen Vorgaben 1996 genehmigt.

Gehry realisiert mit dem Gebäude der DG-Bank sein erstes Projekt in Berlin. International renommiert als häufig mit organischen oder dekonstruktivistischen Konzepten arbeitender Architekt, überrascht Gehry hier mit einem auf den ersten Blick weitgehend konventionell erscheinenden Bau. Die Platzfassade des Büro- und Wohngebäudes orientiert sich mit ihrer regelmäßigen Lochfassade und einer Sandsteinverkleidung an den Vorgaben einer zurückhaltenden und die historische Typologie reflektierenden Neubebauung. Pfeilerartige Wandachsen verleihen der Fassade einen monumentalen Charakter. Lediglich die tiefergelegten, annähernd quadratischen Fenster mit ihren teilweise schräg gesetzten Glasflächen deuten einen Bruch mit der strengen Orthogonalität der Front an. Erst die zentrale Halle des Baus lässt Gehrys phantasievolle Raumkonzeption zum Ausdruck kommen. Zwei verglaste Gitterschalen überwölben das Atrium, eine weitere Schale überdeckt ein Auditorium im Untergeschoss, das durch Treppen vom Foyer aus erschlossen und einsehbar ist. Die expressiven Formen der einzelnen Dachkonstruktionen kontrastieren zu einer streng geometrischen Gestaltung der Atriumwände, die den Rhythmus der Platzfassade wiederaufnehmen. Warme Holzverkleidungen sollen den rigiden Charakter zurücknehmen. Eine analoge Spannung zwischen orthogonaler Einfachheit und ausdrucksstarkem Gestus zeigt die ausgebuchtete und wellenförmige Rückfront an der Behrenstraße.

70
Botschaft der USA
Pariser Platz 2
Baubeginn unklar
Moore, Ruble, Yudell; John Ruble, Buzz Yudell

Perspektive Ebertstraße (oben), Grundriss EG (unten)

Mit dem Neubau kehrt die Botschaft der USA an einen historischen Standort zurück, den sie allerdings lediglich drei Jahre lang, von 1939–1941, genutzt hatte. Als Gewinner eines Wettbewerbs präsentierten Moore, Ruble, Yudell ein spielerisch eklektizistisches Konzept, das eine zitierfreudige Postmoderne der frühen 80er Jahre in die späten 90er verlängert. Die Fassade zum Pariser Platz zeigt mit ihrem schlichten axialsymmetrischen Aufbau, der steinernen Verkleidung, stehenden Sprossenfenstern und einem über der Traufhöhe zurückgestaffelten OG eine konsequente Umsetzung der geforderten Anlehnung an historische Typologien. Gleichzeitig öffnen die Architekten die Front an Stelle der Mittelachse zu einer zurückgesetzten Rotunde, in der ein zweigeschossiger Pavillon mit geschwungenem Vordach als Eingang zu dem langgestreckten Grundstück dient. Ein Innenhof, in dessen Mitte ein niedriges Gemeinschaftshaus als Reminiszenz an typische, etwa von F. L. Wright interpretierte „Prairie Houses" integriert ist, garantiert eine ausreichende Belichtung der rückwärtigen Botschaftsräume. Die vom Platz abgewandten Fassaden sind oberhalb des Kalksteinsockels weiß verputzt; Rücksprünge, eine loggia-ähnliche Fensteröffnung an der Ebertstraße und eine Arkadenzone an der Ecke Ebert- und Behrenstraße lockern die langgezogene Front auf. Ein penthouseartiger Dachpavillon als repräsentativer Empfangsraum krönt die Südwestecke des Gebäudes. Durch Gärten und Pergolen werden Referenzen an Schinkel artikuliert, eine nachts erleuchtete runde Dachlaterne rundet das anspielungsreiche Architekturprogramm ab. Der Baubeginn wurde aufgrund kontrovers zwischen der Botschaft und dem Berliner Senat diskutierten Sicherheitsvorkehrungen verzögert.

71
Dorotheenblöcke
Dorotheenstraße, Wilhelmstraße, Reichstagufer, Ebertstraße
1996–2000
Busmann & Haberer, De Architecten Cie., von Gerkan, Marg & Partner, Schweger & Partner, Thomas van den Valentyn

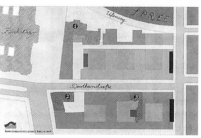

Modellaufnahme von NW (oben), Lageplan (unten)

Die Dorotheenblöcke werden auf ca. 45.000 m² u. a. Abgeordnetenbüros, Fraktionsräume sowie Teile der Bundestagsverwaltung aufnehmen. Das dem Reichstag gegenüberliegende sog. Reichspräsidentenpalais von Paul Wallot (1897–1904) sowie die Gebäude Dorotheenstraße 105 (1853–57/ 1910-11) von Friedrich Adler bzw. P. Schröder und die ehem. „Kammer der Technik" an der Ebertstraße (1912–14) von Reimer & Köster werden als denkmalgeschützte Altbauten in den Komplex integriert. In einem kooperativen Verfahren entwickelten die Architekten ein Gesamtkonzept, das von einer Wiederherstellung der zerstörten Blockstrukturen ausgeht. Die Aufteilung der einzelnen Bauabschnitte an die verschiedenen Büros soll durch die Heterogenität der Einzellösungen eine gestalterische Vielfalt in Anlehnung an die Kleinteiligkeit tradierter Berliner Stadtblöcke garantieren. Mit sechs OG orientieren sich die Neubauten an der Traufhöhe der noch erhaltenen Altbausubstanz, großzügige Innenhöfe sorgen für eine optimale Belichtung der einzelnen Blöcke, zur Spree öffnet sich der Komplex mit einer kammartigen Struktur. Quer über die Dorotheenstraße verlaufende gläserne Brücken binden die einzelnen Bauteile zu einem funktionellen Gesamtkonzept zusammen. Gleichzeitig soll eine Einzelhandelnutzung der EG-Zonen an der Wilhelmstraße eine gewisse Urbanität gewährleisten. Dennoch ist zu erwarten, dass die hohen Sicherheitsanforderungen des parlamentarischen Betriebs den gesamten Komplex als abgeschlossenen Fremdkörper im städtischen Kontext erscheinen lassen werden.

72
Britische Botschaft
Wilhelmstraße 70–71
1997–2000
Michael Wilford

73
ARD-Hauptstadtstudio
Wilhelmstraße 67, Reichstagufer 8
1996–99
Laurids Ortner & Manfred Ortner

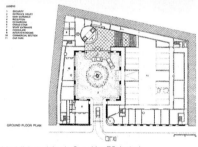

Modellphoto (oben), Grundriss EG (unten)

Perspektivische Simulation (oben), Grundriss (unten)

Das Grundstück schließt sich südlich des Hotel Adlon (Nr. 67) an der Wilhelmstraße an und wird von drei Seiten durch Nachbargebäude eingefasst. Wilford, der in Berlin v. a. durch den zusammen mit James Stirling entworfenen eklektizistisch-narrativen Bau des Wissenschaftszentrums (Nr. 167) bekannt geworden war, konzipierte eine komplexe Komposition unterschiedlicher öffentlicher und halböffentlicher Räume, die durch den starken Gegensatz zwischen Straßen- und Hoffassaden als architektonisches „Drama" inszeniert werden. Die Straßenform zeigt sich mit Sockel, Steinverkleidung, rigider Lochfassade und Dachschräge als geradezu plakativer Kommentar zu der Berliner Diskussion um die Rückgewinnung konventioneller Stadtarchitektur. Ein breiter Eingangsbereich sowie ein langer horizontaler Schnitt im ersten OG-Bereich brechen die strenge Front auf und geben den Blick in einen großen Innenhof frei. Eine Collage verschiedener metallener Körper deuten bereits von der Straße aus den gestalterischen Bruch an, der den Gegensatz zwischen Fassade und Binnenarchitektur bestimmt. Wilford entwarf im Blockinneren einen reizvollen „architektonischen Spaziergang", der über einen Eingangshof und eine im rückwärtigen Teil gelegene breite Treppenanlage zu einem großzügigen Wintergarten mit Konferenzbau führt. Die großflächig verglasten Hoffassaden sowie der Einbau zahlreicher plastischer Baukörper kontrastieren dabei zu der geschlossenen steinernen Straßenfront. Bedauerlich bleibt, dass Wilfords entwerfende Phantasie nur in Andeutungen dem Berliner Straßenbild zugute kommt.

Der Gebäudekomplex ergänzt einen seit den Kriegszerstörungen fragmentierten Block, der an der Dorotheenstraße und der Bunsenstraße mit Institutsgebäuden der Humboldtuniversität aus den 70er Jahren des 19. Jh bebaut ist (Nr. 57). Der Neubau schließt mit einem entlang des Reichstagufers gestreckten Studiogebäude und einem sich östlich anschließenden Wohnhaus das Blockgeviert. Das Studiogebäude wird von der Wilhelmstraße aus über ein großzügiges Foyer erschlossen und folgt mit einem leichten Schwung der Uferstraße. Die Spreeseite zeigt sich über einer großflächig verglasten Sockelzone als ruhig gerasterte Front, deren Reiz aus den gegeneinander versetzten Fassadenöffnungen zwischen Sockel, den Hauptgeschossen und den beiden oberen Etagen resultiert. Dieser „Primärordnung" aus rötlich eingefärbtem Betonwerkstein folgt eine tiefere Fassadenschicht, die durch die Fenster und schmale Holzflächen gebildet wird. Ein im 4.OG über Eck gezogenes Fensterband ermöglicht eine effektvolle Sichtverbindung zum Reichstag. An der Wilhelmstraße schneidet eine raumhohe Verglasung in die ansonsten weitgehend geschlossene Fassade ein. Ein langgestrecktes Treppenhaus mit Glasüberdachung erschließt zwei über Querstege verbundene Flügel. Das Wohnhaus übernimmt die Materialität des Studiogebäudes, setzt sich jedoch durch die breiten Fensterformate sowie durch eine Abstufung der Gebäudehöhe von dem Hauptbau ab. Ortner & Ortner stellen mit dem ARD-Studio einmal mehr ihre Kompetenz unter Beweis, durch zurückhaltende kompositorische Mittel ein hohes Maß an individuellem Ausdruck zu gewinnen.

74
Ehem. Geschäftshaus Automat
Friedrichstraße 167/168
1904/05
Bruno Schmitz

75
Hofgarten
Friedrichstraße, Französische Straße, Behrenstraße,
Charlottenstraße
1993–96
Josef Paul Kleihues (Gesamtkonzept), Jürgen
Sawade, Hans Kollhoff, Max Dudler, Müller/Reimann

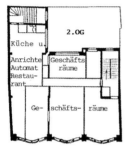

Das Gebäude wurde als Automatenrestaurant gebaut. Im EG links befand sich eine tonnengewölbte
Halle mit Marmor-Wänden, aus denen eingebaute
Automaten Getränke oder Speisen spendeten. Daneben lagen Läden. Die Küche war im 2. OG.
Schmitz, der Baumeister der Reichssymbole
(Kaiser-Wilhelm-Denkmal auf dem Kyffhäuser und
Völkerschlachtdenkmal in Leipzig), verwendete bei
dem Haus (wie Breslauer, Nr. 50) das Pfeilersystem. Doch verzichtete er als Hauptvertreter einer
teutonischen Richtung nicht auf Ikonologisches. Vier
stark profilierte Pfeiler, die über fünf Geschosse
laufen, fängt ein Augenschein nach über dem
3. OG ab und legt eine Balkonbrüstung darüber.
Dahinter tritt das 4. OG zurück. Auch das 3. OG
erhielt Balkone. Sie sind samt den maßwerkartigen
Fenstergittern der beiden Hauptgeschosse konvex
vorgewölbt. Das zweite Geschoss ist nur an der
kupfernen Brüstungsschürze zu erkennen. Zu dieser
Differenzierung kam die Ornamentik, die aus dem
Repertoire der deutschen Renaissance – Bekenner-
stil der Deutschtümler – abgeleitet war: Beschlagwerk über dem EG oder Masken der Konsolköpfe
und Wasserspeier unterm Balkonband. Doch ist
alles in eine eigene neue Sprache eingeschmolzen.
Man vergleiche dazu die Nachbarhäuser: das Eckhaus Behrenstraße, das ehemalige Pschorrbräu,
1887/88 von Kayser und von v. Großheim in enge-
rer Anlehnung an die Renaissance erbaut, oder das
Nachbarhaus, 1898/99 von F. Wendelstadt, mit
einer ganz flächigen Fassade und filigranem, wie
aus Metallplatten geätztem Maßwerk.

Perspektive Behren- Ecke Friedrichstraße (oben),
Bauteil Kollhoff (unten)

Ziel des Entwurfes war es, den Block unter Anlehnung an die historische Parzellenstruktur wieder zu
rekonstruieren. Durch die Mitarbeit mehrerer Architekten und die angestrebte Nutzungsmischung sollte, analog dem Beispiel des Kontorhauses (Nr. 84),
ein hohes Maß an kleinteilig innerstädtischer Urbanität gewährleistet werden. Kleihues entwarf den Bau
des „Four Seasons Hotels" an der Charlottenstraße
mit einer schindelartigen Travertinfassade sowie die
transparente Stahl-Glas-Konstruktion des an der
Behrenstraße angrenzenden Bürogebäudes, Kennzeichnend für beide Bauten sind sachlich-rationale
Fassadengestaltungen, die durch flache Ausbuchtungen asymmetrisch strukturiert werden. Sawades
Bürohaus an der Französischen Straße zeigt mit
seiner Rasterfassade aus schwarzem Granit puristi-
sche Strenge. Kollhoffs Bau an der Friedrichstraße
versucht, durch tektonisch mit Gesimsen und
Wandvorlagen reliefierten Fassaden in grauer Granitverkleidung konventionelle Haustypologien abstrahiert neu zu interpretieren. Dudlers Wohnhaus an
der Behrenstraße folgt mit seinen breit liegenden
Fenstern und der Balance zwischen lagerndem und
aufragendem Baukörper einer an Max Taut orientierten sachlichen Moderne. Insgesamt überzeugt
die differenzierte Architektur des Blocks, gleichzeitig
reduziert die Dominanz der strengen Neubau-
fassaden die Altbauten zu Fremdkörpern.

76
Ehem. Gebäude der Berliner Handelsgesellschaft
Behrenstraße 32/33
1899/1900
Alfred Messel

77
Friedrichwerdersche Kirche
Am Werderschen Markt
1824–30
Karl Friedrich Schinkel, L.F Hesse

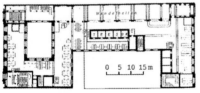

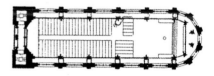

0 5 10 15 m

Zustand um 1920 (oben), Grundriss EG (unten)

Nach der Reichsgründung 1871 entwickelten sich die Behrenstraße und die anschließenden Straßenzüge der Friedrichstadt zum Zentrum des Bankwesens. Am Bebelplatz, Behrenstraße 37/39, errichtete Ludwig Heim die Dresdner Bank. Wittling & Güldner fügten 1895 die Pommersche Hypotheken-Aktienbank an. Zum Stammhaus der Diskonto-Gesellschaft Unter den Linden 13, 1899 von Heim erbaut, gehört die breite Front Behrenstraße 42-45. Nr. 46 baute Martens 1900 als Hauptgeschäftsstelle der Berliner Bank, und an der Mauerstraße erweiterte er 1908 den riesigen, von der Behrenstraße ausgehenden Komplex der Deutschen Bank bis zur ehem. Jägerstraße. In ihrer Fassadenarchitektur folgten die Bankhäuser meist einem einzigen Schema: Rustika-Mauerwerk vor Keller- und Erdgeschoss, klassische Kolossalordnung über 1. und 2. OG und kräftiges Kranzgesims. Da Messel mit dem Kaufhaus Wertheim kurz vorher ein neues Bausystem eingeführt hatte, erwartete man beim Bau der Berliner Handelsgesellschaft wiederum Neues. Doch Messel hielt sich an die Norm „handelsherrlicher Repräsentation". Er wählte palladianische Stilformen, formulierte sie jedoch urwüchsiger. Die Haupteingänge verlegte er seitlich in gesonderte, mit Balkonen bekrönte Vorsprünge. Die linke Tür führt zur zweigeschossigen Kassenhalle und zu einem Wandelgang. Im Rustika-Mauerwerk heben sich die einzelnen Quader deutlich ab. Auch die Fenstergewände im 1. OG sind gequadert. Balustraden verbinden die Säulensockel. Die angepassten Erweiterungen nahm Heinrich Schweitzer 1911 vor.

Die Friedrichwerdersche Kirche entstand anstelle eines baufälligen älteren Kirchenbaus am ursprünglich dicht bebauten Markt. Schinkel, der ihren Zustand zu begutachten hatte, entwickelte 1817 erste Ideen für einen Neubau. 1821/22 entwarf er eine Kirche in Form eines römischen Tempels. Danach plante er auf Vorschlag des Kronprinzen Friedrich Wilhelm eine gotische Kirche, alternativ ein- und zweitürmig. Vorbild waren gotische englische Chapels. Der Standort „in dieser etwas engeren Gegend der Stadt, die durch die Unregelmäßigkeit ihrer Straßen sich dem Altertümlichen nähert", bewog ihn zur Wahl des „Mittelalterstils". Gebaut wurde von 1824–31 unter Leitung von Ludwig Ferdinand Hesse in Backstein mit zwei kubisch wirkenden Türmen. Als erste neogotische Backsteinkirche Berlins war sie von großem Einfluss auf den Kirchenbau des 19. Jahrhunderts. In dem einschiffigen, fünfjochigen Kirchenhaus mit polygonalem Chorabschluss stehen die Strebepfeiler innen und nehmen zwischen sich Emporen auf. Unten sind sie zu Umgängen durchbrochen. Am Außenbau erscheinen sie als flache Vorlagen, die in Fialen auslaufen. Zwischen ihnen sitzen große Maßwerkfenster. Bei der Ausgestaltung bediente sich Schinkel aus Sparsamkeit alter Techniken. Auf die Gewölbe ließ er Backsteinmauerwerk und auf die Pfeiler und Wände Sandstein-Quadermauerwerk aufmalen. Am Doppelportal sind gusseiserne Flügeltüren nach Modellen Christian Friedrich Tiecks und der Heilige Michael von L. Wichmann erhalten. Während die benachbarte Bauakademie Schinkels nach Kriegsschäden dem Außenministerium weichen musste, wurde die Kirche 1982-87 original rekonstruiert. Sie beherbergt die Sammlung „Skulpturen des Klassizismus".

78
Außenministerium (Ehem Reichsbank)
Am Werderschen Markt
1932–38 ; 1997–99
Heinrich Wolff; Hans Kollhoff/Helga Timmermann;
Müller & Reimann

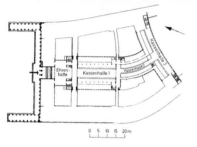

Ansicht Erweiterungsbau (oben)
Grundriss Altbau Reichsbank (unten)

79
Repräsentanz der Deutschen Telekom
Jägerstraße 42–44
1877/78
Carl Schwatlo, Keßler

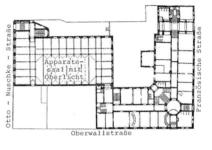

Im Frühjahr 1933 wurde unter 30 Architekten ein
Wettbewerb für den Neubau der Reichsbank ausgeschrieben. An ihm nahmen u.a. Walter Gropius,
Ludwig Mies van der Rohe und Emil Fahrenkamp
teil. Mies' Entwurf sah einen Stahlskelettbau mit
vorgehängten Glaswänden vor. Heinrich Wolff hatte
als Leiter der Bauabteilung der Bank schon ein Jahr
vorher Pläne für einen monumentalen Repräsen-
tationsbau ausgearbeitet. Obwohl nicht in die engere
Wahl gekommen, wurde er von Hitler zur Ausführung bestimmt. Der Abbruch des Altbaubestands
(unter anderem der Münze von August Stüler und
des Weydingerhauses mit Räumen von Schinkel)
und die Ausführung des Neubaus folgten in kurzer
Zeit 1934–38. Der Komplex umschließt mit den 6-
geschossigen (nach außen 5geschossigen) gekrümmten Seitenflügeln und der 4-geschossigen
repräsentativen Hauptfront zum Werderschen Markt,
dazu mit einem breiten inneren Trakt, mehrere
Höfe. In der inneren Hauptachse liegen vom Eingang her eine Ehrenhalle und drei Kassenhallen. Die
Konstruktion besteht aus einem Stahlbetonskelett,
dem jedoch massive Werksteinwände vorgeblendet
wurden. Die Fassaden blieben ohne Untergliederung. Nur die Frontseite erhielt im Erdgeschoss-
bereich eine Reihe schwerer monumentaler Pfeiler
vor zurückgesetzter Wand. Nach dem ursprünglichen Plan sollten sie sich in zwei seitlich vorspringenden Säulenhallenflügeln fortsetzen. Der Bau
dient nach umfassender Sanierung durch Kollhoff/
Timmermann als Sitz des Außenministeriums. Ein
vorgelagerter Erweiterungsbau (Entwurf: Müller &
Reimann) soll die historische Platzkontur wiederher-
stellen und zugleich u. a. durch verglaste Loggien
die Dominanz der strengen Altbaufassade mildern.

Dieses ehem. Postamt war der letzte Bau Carl
Schwatlos vor seinem Ausscheiden aus dem Post-
dienst (siehe Nr. 75, 108). Das Gebäude umgriff
mit drei Flügeln eine 7 m hohe Oberlichthalle. Das
gesamte EG einschließlich Halle diente als Appa-
ratesaal. Zwei Reihen gusseiserner Säulen, die einen Laufgang einfassten, trugen die Obergeschosse. Im 1. OG befanden sich Einzelbüros und Bibliothek, im 2. OG Wohnräume des Vorstehers. Die
Lichthalle mit ihren gusseisernen Dachelementen ist
erhalten. Nachdem man 1898 das benachbarte
Grundstück Oberwallstraße erworben hatte, wurde
1902 ein zweiter Oberlichtsaal angebaut und die
Fassade im gleichen System erweitert. An der Ecke
entstand ein zweites Treppenhaus. Die reich gegliederte farbige Fassade in italienischer Renaissance
besteht aus gelbem Seeberger und violettem Rat-
zelberger Sandstein. An der breiten Hauptfront, die
durch vorspringende Begrenzungen im Ganzen als
vorgeblendet erscheint, erheben sich über breiten
rustizierten Pfeilervorlagen – durch Gesimsband
geschieden – ionische Doppelsäulen. Sie tragen
einen voll ausgebildeten Architraven mit Gesims.
Darauf stehen korinthische Doppelsäulen mit ver-
kröpftem Gebälk, und schließlich im Mezzanin-
geschoss Puttenpaare von Hermann Steinemann in
Handlungen, die Anlage und Gebrauch des Telegra-
phen symbolisieren. Den Abschluss bildet ein kräftiges Konsolgesims mit Attika. Die Fenster haben
Baluster-Brüstungen und im 2. OG figürlich ausge-
arbeitete Schlusssteine, die im Wechsel als Her-
meskopf und als Engelskopf gebildet sind.

80
Mohrenkolonnaden
Mohrenstraße 37b und 40/41
1787
Carl Gotthardt Langhans

Trotz ihres heute ungewöhnlich wirkenden Standorts sind es die einzigen (von vier) am ursprünglichen Ort erhaltenen Brückenkolonnaden. Sie standen auf der ebenfalls von Langhans erbauten Brücke, die hier den Festungsgraben überspannte: Anfang des 20. Jahrhunderts wurden sie bei der Überbauung des Grabens zu Vorbauten der dahinter errichteten Häuser. Ludwig Otto, Architekt des „Prausenhofs" auf der Südseite, versuchte 1913/14 seine Fassade als Hintergrund einfach zu halten und mit einem klassischen Triglyphenfries und Dreiecksgiebel analog dem Giebel an den Kolonnaden zu überdecken. Die Kolonnaden springen in konkavem Schwung vor die Häuserflucht über die Bürgersteige vor. Sie bestehen aus insgesamt sieben Bogenstellungen, von denen zwei seitlich im Viertelkreis die Bürgersteige überspannen und eine zu einem giebelbedeckten Mittelrisalit ausgebaut ist. Die Bögen werden von toskanischen Doppelsäulen getragen, die teilweise hintereinander stehen. Den Abschluss bildet ein Triglyphenfries mit Mutuli unter dem Gesims. In den Bogenzwickeln sitzen rosettenartig verzierte Rundfenster. An den Rückwänden sind heute die teilweise verbauten Zugänge zu Läden erkennbar. Die Bildhauerarbeiten stellen in den Tympana Merkur und Pluto beziehungsweise Merkur mit Neptun dar. Sie und die Liegefiguren über den Seiten und auf dem Giebel, die Flussgötter aus den vier Erdteilen versinnbildlichen, stammen aus den königlichen Bildhauerwerkstätten, die unter Leitung Gottfried Schadows standen. Der sich südlich anschließende Komplex setzt sich aus mehreren ehem. Kontorhäusern aus der Zeit der letzten Jahrhundertwende zusammen und wird nach der Sanierung und Erweiterung durch die Architekten Eller + Eller das Bundesministerium für Justiz aufnehmen.

81
Carré am Gendarmenmarkt
Markgrafenstraße 34–36
1994–96
Josef Paul Kleihues, Max Dudler, Heinz Hilmer und Christoph Sattler

Ansicht Gendarmenmarkt (oben), Bauteil Kleihues (unten)

Direkt gegenüber der Deutschen Kirche (Nr. 82) gelegen, war bei der Neukonzeption der Platzkante ein hohes Maß an Sensibilität und formaler Zurückhaltung gefordert. Realisiert wurden drei Häuser, die die historische Parzellenstruktur wiederaufnehmen. Die Gebäude orientieren sich mit Steinverkleidung, Traufhöhe und rational-strengen Fassaden an abstrahierten Typologien des historischen Kontextes. Kleihues verbindet bei seinem Entwurf für das Eckgebäude an der Mohrenstraße Fassaden mit sachlichen Fensterbändern und einen eingestellten Eckturm, der als Wiederaufnahme des Turmmotivs der Deutschen Kirche gedacht ist. Dudlers Bau reagiert mit seinem angedeuteten Mittelrisalit und dem tiefer gelegten Eingang auf den Portikus der gegenüberliegenden Kirche. Ansonsten arbeitet der Architekt mit einer so sensiblen wie einfachen Balance von liegenden und stehenden Formen. Hilmer und Sattler entwarfen das Eckgebäude an der Taubenstraße. Ihre sachliche Fassade wird lediglich durch minimale Eingriffe wie der Vierergruppierung der Fenster oder leichten Laibungen im Eingangsbereich gegliedert. Die gesamte Blockrandbebauung reagiert einerseits auf die gebotenen gestalterischen Zurückhaltung auf den historischen Kontext, andererseits erscheinen vor allem die starke Materialwirkung bei Dudler und Kleihues sowie die zu malerische Eckkomponente an der Mohrenstraße als problematisch.

82
Deutsche und Französische Kirche
Gendarmenmarkt
1701–05 bzw. 08; 1780–85; 1992–96
Martin Grünberg, Giovanni Simonetti; Louis Gayard, Abraham Quesnays; Karl von Gontard; Jörg Pleuser

 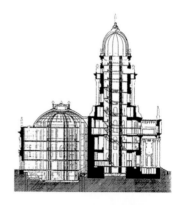

 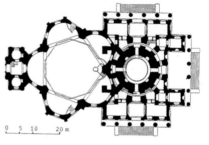

Französische Kirche (oben), Lageplan um 1900 (unten):
1 Deutsche und 2 Französische Kirche, 3 Schauspielhaus

Deutsche Kirche: W-O-Schnitt 1996 (oben); historischer Grundriss (unten)

In der von 1688 an angelegten Friedrichstadt wurde 1700 durch Erlass der Bau einer Deutschen und zugleich einer Französischen Kirche für die Réfugiés auf dem bisher zum Glacis vor den Festungswerken gehörenden Platze beschlossen. 1701 begonnen, wurde die französische 1705, die deutsche 1708 eingeweiht. Parallel dazu erhielt der damalige Friedrichstädtische Markt seine regelmäßige Gestalt. Die Deutsche Kirche wurde von Grünberg entworfen und von Simonetti ausgeführt. Der Grundriss bildete ein Fünfeck, das durch fünf halbkreisförmige Konchen erweitert war. In den Nischen saßen Emporen. Die Pläne der Französischen Kirche hatte Gayard nach dem Vorbild der 1685 zerstörten Hauptkirche der Hugenotten in Charenton bei Paris gefertigt. Es war ein querrechteckiger Emporensaal mit halbrunden Konchen an den Schmalseiten. Nach Gayards Tod leitete Quesnays die Arbeiten. Der Soldatenkönig ließ um beide Kirchen 1735 Stallungen für das Regiment „Gens d'armes" anlegen. Seine spätere Gestalt erhielt der Platz, als Friedrich II. diese abreißen und durch Karl von Gontard an beide Kirchen 1781–85 prächtige, völlig identische Kuppeltürme anbauen ließ. Dem König schwebte das Motiv der Piazza del Popolo in Rom vor. Es handelt sich um zweckfreie Architektur, freilich von glänzender Wirkung für den Platz, zumal seit 1774 zwischen beiden das französische Komödienhaus stand und

die Platzwände mit Häusern von Gontard und Georg Christian Unger bebaut waren. Diese Platzfronten waren mit der Umwandlung zum Geschäftszentrum um 1900 stark verändert worden. Im Zweiten Weltkrieg wurden alle Bauten zerstört. 1975 begann die aufwendige Rekonstruktion, z. T. von Grund auf. Den Unterbau der Türme bildet ein Quadrat, das durch drei tempelartige Anbauten mit Freitreppen, sechs Säulen und hohe Giebel erweitert wird. Den Übergang zum Turmrund vermitteln Attiken auf den Dächern und hohe Postamente in den Ecken, die Figuren tragen. Den runden Turmschaft umstehen zwölf korinthische Säulen. Die zurückliegende Wand ist wie unten zweigeschossig gegliedert. Dann folgen das Gebälk und die Balustrade mit Opfergefäßen, dahinter eine zwölfeckige Attika mit Rundfenstern und als Abschluss das feingegliederte Kuppeldach. Die Türme erhielten ein reiches Figurenprogramm mit biblischen Gestalten und Personifizierungen von Tugenden (auf den Giebeln), bekrönt von der triumphierenden Religion über der Kuppel des Französischen und der siegenden Tugend auf der Deutschen Kirche. In der Französischen Kirche befindet sich das Hugenottenmuseum und im Turm ein Café. Die Deutsche Kirche wird heute nach einem Umbau von Jörg Pleuser (1992–96) für die Ausstellung „Fragen an die deutsche Geschichte" genutzt.

83
Schauspielhaus
Gendarmenmarkt
1818–21; 1979–84
Karl Friedrich Schinkel; K. Just, Manfred Prasser

Das erste Theater am Gendarmenmarkt ließ Friedrich II. 1774–76 durch Georg Friedrich Boumann u. Georg Christian Unger als französisches Komödienhaus errichten. Ende des 18. Jahrhunderts begann unter Wilhelm Iffland der Aufstieg des Hauses – nun „Nationaltheater" – zur führenden deutschen Bühne. Um dafür bessere technische Bedingungen zu erhalten, entstand 1800/01 nach Plänen Karl Gotthard Langhans ein neues Gebäude. Es wurde als langer Rechteckbau platzbildend zwischen beide Türme gestellt. Friedrich Gilly hatte dafür einen sehr berühmten alternativen Entwurf im Stile der französischen Revolutionsarchitektur geliefert. 1817 brannte der Langhanssche Bau ab. Auf Weisung von Friedrich Wilhelm III. sollte das neu zu bauende Theater kleiner sein, dafür aber zusätzlich einen Konzert- und Festsaal enthalten. Außerdem sollten aus Kostengründen Teile des Altbaus wiederverwendet werden. Schinkel stellte einen langen Rechteckbau auf die alten Fundamente, schob aber mittig einen breiteren und höheren Körper ein. Diesen richtete er mit einer eindrucksvollen giebelbekrönten Schauseite zum Platz und steigerte das Motiv durch einen vorgelagerten ionischen Portikus mit Giebel über hoher Freitreppe. Diese überdeckte zugleich die Vorfahrt für Kutschen. Bemerkenswert ist, dass die Außenwände nicht mehr aus Wandflächen und Öffnungen bestehen, sondern nur aus einem tektonischen System von Gliedern 1. und 2. Ordnung. Ihre Zwischenräume bilden die Fenster. Die Bildkunst am Außenbau entstammt griechischer Tradition: Pegasus und Apollo Musagetos mit Greifen-Quadriga (Christian Daniel Rauch) auf dem Mittelbau, Sinnbilder der Bühnenkunst im oberen Giebel, Niobidengruppe auf dem Portikusgiebel, Bacchanal

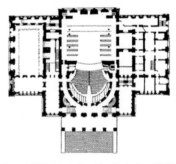

Zustand 1989 (oben); Grundriss, Zustand vor 1943 (unten)

auf Nordgiebel und Orpheus und Eurydike auf dem Südgiebel. Diese Reliefs und auch die neun Musen auf den Giebeln entwarf Christian Friedrich Tieck. Bühne und Zuschauerraum mit 1200 Plätzen legte Schinkel ost-westlich in den Mittelbau, den Konzertsaal dagegen auf die südliche, Garderoben, Schauspielerzimmer und Probebühnen auf die nördliche Seite. Der Zuschauerraum erhielt über halbkreisförmigem Grundriss ein ansteigendes Parkett und zwei Balkone mit Logen dahinter, dazu die Königsloge und Proszeniumslogen. Die Dekoration der Decke wirkte zeltartig. Der rechteckige Konzertsaal hatte Balkone über Konsolen an den Längsseiten und Galerien hinter Säulenreihen an den Schmalseiten. Im 19. und 20. Jahrhundert erfuhr das Haus mehrfach Umgestaltungen, u. a. 1883/84 durch Verblendung des Außenbaus mit Sandsteinplatten und 1903/04 durch völligen Umbau des Innern zu einem neubarocken Prunktheater (Felix Genzmer). 1943–45 wurde das Schauspielhaus zerstört.

83
(Fortsetzung)

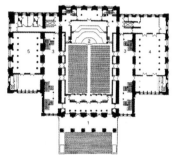

Schauspielhaus, Ansicht des Konzertsaals (oben) und
Grundriss des 2. Geschosses (unten), Zustand 1984
1 Freitreppe und Säulenportikus, 2 Großer Saal,
3 Treppenhaus, 4 Carl-Maria-von-Weber-Saal,
5 Ludwig-van-Beethoven-Saal

1979 begann unter K. Just und Manfred Prasser
der Wiederaufbau in Schinkelschem Geiste, nun als
Konzerthaus bei genauer Rekonstruktion des
Äußeren, aber völlig neuem inneren Organismus. Im
gestaffelt angelegten Untergeschoss liegen Halle,
Kassenhalle und Garderoben. Der Konzertsaal mit
zwei Rängen und maximal 1850 Plätzen nimmt den
ganzen Mittelbau ein, umfasst also das Volumen der
ursprünglichen Bühne *und* des Zuschauerraums. Er
folgt dem Vorbild des Wiener Musikvereinssaals.
Obwohl für die reiche Ausgestaltung Motive aus
dem Schinkelbau übernommen wurden, z. B. das
rhombische Kassettenmuster des neuen Konzert-
saales aus dem viel kleineren ehemaligen Konzertsaal, verwandelten sie sich auf Grund anderer Dimensionen aus räumlichen Gliederungselementen
zum bloßen Dekor. Rückwärtig entstand ein Gebäude für die Intendanz und die Musikhochschule
„Hanns Eisler" mit Restaurant, Probe- und Kammermusiksaal. Einbezogen wurde ein jugendstilartiger
Neubarockbau H. Sonnenthals von 1907.

84
Kontorhaus Mitte
Friedrichstraße 180–190, Mohrenstraße 13–16,
Kronenstraße 60–65
1994–1997
Josef Paul Kleihues; Klaus Theo Brenner;
Vittorio Magnago Lampugnani; Walter Stepp

Ansicht von der Friedrichstraße (oben); Perspektive der
Gesamtanlage (unten)

Das Baugrundstück umfasst knapp die Hälfte des
Baublocks. Kleihues als Gesamtplaner unternahm
hier den Versuch, der Planung dennoch die historische Kleinparzelle zugrunde zu legen. Er zog drei
weitere gleichgesinnte Projektarten heran, die einzelne Gebäudeeinheiten übernahmen. Auf diese
Weise entsteht der Baublock bei einheitlichem funk-
tionalem Konzept aus dem Zusammenfügen individuell gestalteter Häuser. Damit geht Kleihues einen
neuen Weg – angelehnt an die differenzierte Struktur der Altstadt –, nachdem sonst überall die Konzeption der Senatsbauverwaltung gescheitert war,
durch die reprivatisierten Einzelgrundstücke und
deren Bebauung durch mittelständische Bauherren
zur ursprünglichen Maßstäblichkeit zurückzufinden.
Den Architekten gelingt es, dank Nutzungsvielfalt
(Büros, Kunsthaus, Läden, Gastronomie) und dank
des zusätzlich angebotenen öffentlichen Orts in
Gestalt einer überdachten und begrünten Halle im
Hofbereich („Atrium") einen lebendigen Bauorganis-
mus zu schaffen. Der Zugang zum „Wintergarten"
erfolgt von der Friedrichstraße durch einen von
Kleihues entworfenen Bautrakt. Er ist durch eine
haushohe Öffnung und einen gleich hohen schiffs-
kielförmig pfeilerartigen Bauteil kenntlich gemacht.
Darin befindet sich ein Treppenhaus. In der Kronenstraße wird dem siebengeschossigen Ensemble ein
dort erhalten gebliebener fünfgeschossiger Altbau
eingefügt.

85
Friedrichstadt-Passagen
Friedrichstraße, Jägerstraße, Taubenstraße, Charlottenstraße, Mohrenstraße
1993–96
Oswald Matthias Ungers; Henry Cobb; Jean Nouvel

Bauteil Nouvel (Galeries Lafayette): Modellaufnahme

Bauteil Ungers (oben); Bauteil Cobb (unten)

Das Gesamtprojekt „Friedrichstadt-Passagen"
umfasst die drei westlich an den Gendarmenmarkt
anschließenden Blockquartiere. Zwei davon waren
bereits in den frühen 80er Jahren an ihren östlichen
Rändern mit kleineren Hauseinheiten bebaut worden. Die Bebauung auf dem übrigen Gelände, die
1989 bis zum Rohbau gediehen war, wurde 1992
wieder abgebrochen. Ende 1990 waren neue Rah-
menbedingungen festgelegt worden, und im April
1991 entschied die Jury eines internationalen, sowohl Investoren wie Architekten betreffenden Wettbewerbs, die drei Quartiere drei Investorengruppen
mit jeweils eigenem Architekten zuzusprechen. Ver-
bindendes Element der drei Blöcke ist eine parallel
zur Friedrichstraße angelegte Passage im unteren
Geschoss, die im südlichen Block durch eine weitere quer verlaufende ergänzt wird. Die Nachbarschaft
der Neubauten zum bedeutenden Bauensemble auf
dem Gendarmenmarkt verpflichtete zur Zurückhaltung in Höhe und Baumasse, und zur Sensibilität
hinsichtlich der architektonischen Gliederung. Unter
dem Druck massiver Investoreninteressen war dies
nur bedingt durchzusetzen. Den größten der drei
Blöcke zwischen Friedrich-, Mohren- und Charlottenstraße plante Oswald Matthias Ungers als groß-
städtisches „steinernes Haus". Es besteht aus einem
kubisch massiven neungeschossigen Kernbau, der
sich um zwei Lichthöfe entwickelt und dessen
Raumvolumen zusätzlich in der Tiefe durch zwei voll
nutzbare Untergeschosse erweitert wird, außerdem
aus einer sechsgeschossigen äußeren, mehrfach
untergliederten Umbauung.

Diese vorgeschobenen niedrigeren Bauteile sollen in
ihren Abmessungen die maßstäbliche Beziehung zu
den umliegenden Gebäuden herstellen, besonders
natürlich zum Schauspielhaus (Nr. 83) und zum
Deutschen Dom (Nr. 82). Die Umbauung setzt sich
vom Kernbau durch eine andersfarbige Steinverkleidung ab. In der architektonischen Grundhaltung und
in den noblen Fenstermaßen ist Ungers' Bau den
klassischen Normen der historischen Gebäude verwandt. Doch bleibt fraglich, ob nicht gerade durch
die strukturale Ähnlichkeit der mächtige Baukörper
an diesem Ort übermächtig wirkt. Der mittlere Block
zwischen Tauben- und Jägerstraße von Henry Cobb
erhält im Innern ein Atrium mit eigener nach innen
gerichteter Fassade. Über dieses Atrium gelangt
man zu den Geschäften in den verschiedenen Geschossen. Auf 5400 m² Ladenfläche sind Räume
für 44 Einzelhändler ausgewiesen. Der größte Teil
der Nutzfläche, nämlich 16000 m², wird von Büros
eingenommen. Der Anteil an (Luxus-)Wohnungen
bleibt, wie bei allen neuen Citybauten, verschwin-
dend gering. Die Fassaden sind durch keilförmig
vorspringende Gliederungen bis über das Kranzgesims hinweg vertikal strukturiert. Dies und die darüber hinweg laufende horizontale Bänderung erinnern an modisch-expressive Stiltendenzen der späten zwanziger Jahre (Nr. 507, 649, 691). Der Bau
zwischen Jägerstraße und der städtebaulich wichtigen Kreuzung Friedrichstraße/Französische Straße
ist das Werk von Jean Nouvel aus Paris. Von vorn-
herein war vorgesehen, dass darin neben den Läden im EG und Büroetagen das Modehaus Galerie
Lafayette sein Domizil findet. Das Innere besticht
durch überraschende Licht- und Raumeffekte, vor
allem durch zwei hohe Raumkegel, die die vertikale
Dimension erlebbar werden lassen. Gläserne Trich-
ter durchdringen lichtspendend die Büroetagen. Sie
machen einen Lichthof überflüssig. Außen ist das
Gebäude von einer einheitlichen Glashaut umspannt.
Gegliedert lediglich durch schmale Horizontalbänder
in Fußbodenhöhe und durch den Silberschimmer
der auf die gesamte Glasfläche gesprühten (serifi-
zierten) Dreieckformen, wirkt sie mit ihrer weit abgerundeten Ecke wie aufgeblasen und trotz aller Licht-
reflexe und Transparenz unpassend an diesem Platze.

86
Ehem. Club von Berlin
Jägerstraße 2/3
1892/93
Heinrich Kayser & Karl von Großheim

87
Pfarrhäuser
Taubenstraße 3
1738–39

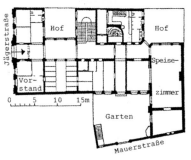

Grundriss EG

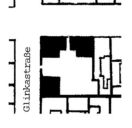

Das Haus wurde für den „Club von Berlin", einen Herrenclub, dem führende Männer des Berliner Großbürgertums angehörten, errichtet. Emil Rathenau war Mitglied, und Werner Siemens hatte mehrere Jahre den Vorsitz inne. 1947–91 war es Haus des Kulturbundes und Club der Kulturschaffenden. Das Gebäude liegt mit zwei Höfen zwischen der Jägerstraße und der Mauerstraße. Typisch für die historisierende Haltung war die Wahl unterschiedlicher Stile an den Fassaden. Die neobarocke Hauptfront aus schlesischem Sandstein verstand man als „palastartige italienische Renaissancearchitektur". Die andere Fassade dagegen wurde als deutsche Renaissance mit weißglasierten Verblendern und rotem Mainsandstein verkleidet. Im Keller war neben Kohle-, Wein- und Vorratsräumen eine „geräuschlose" Kegelbahn mit Kneipraum untergebracht. Im EG lagen Vorstandszimmer und Speisesaal. Heute ist dort die Bibliothek untergebracht, die Hans Grotewohl und Ludwig Deiters einbauten. In den OG befanden sich Spiel- und Felsräume, die Wirtschaftsräume samt Küche im Dachgeschoss. Die Hauptfassade ist symmetrisch, mit genutetem Sockel, einer Pilaster-Kolossalordnung, breitem Gebälk und abschließender Balustrade. An die Stelle der Wand tritt ein Gefüge klassischer Glieder. Dazwischen ist Glas. Doch wird dies durch ornamentale, unklare Formen verschleiert.

Die Pfarrhäuser sind die einzigen erhaltenen Bürgerhäuser des 18. Jahrhunderts in der Friedrichstadt. Die Architekten sind unbekannt. Ursprünglich bestand die Gruppe aus drei Häusern, die durch Mauern und Torbauten verbunden waren. Eins davon, das der Theologe, Philosoph und Mitbegründer der Universität, Friedrich Schleiermacher als Prediger an der Dreifaltigkeitskirche (zerstört) 1809–16 bewohnte, ging im Krieg verloren. Die Häuser entstanden nach einheitlichem Plan. Sie stehen 2-geschossig auf quadratischem Grundriss, sind mit Mansarddächern gedeckt und umgreifen einen begrünten Innenhof. Kräftige Pfeilervorlagen an den Ecken fassen die Fassaden ein. Von den fünf Achsen der Straßenseiten sind jeweils die mittleren als Risalit hervorgehoben. Fenster und Türen sind schlicht gerahmt. Die Torbauten mit Doppelpilastern überdeckt ein Giebel. An der Taubenstraße schließen innen niedrige Anbauten unmittelbar daran an. Schon seit Anfang des 20. Jahrhunderts werden die pavillonartigen Häuser von Geschäfts- und Bankhäusern weit überragt, z. B. vom benachbarten Haus Taubenstraße 4/6, das 1913/14 als Geschäftshaus der „Züricher Versicherung" durch Richard Bielenberg & Josef Moser erbaut worden ist.

88
Hauptverwaltung KPMG
Taubenstraße 45
1996–98
Christoph Mäckler

89
Kleisthaus, ehem. Bankhaus von der Heydt
Mauerstraße 53
1913; 1916
Bodo Ebhardt

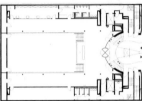

Ansicht
Grundriss EG

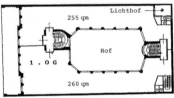

Der Neubau für das Verwaltungsgebäude der KPMG
fügt sich in ein schmales, von den Brandwänden
der Nachbarbebauung eingefasstes Grundstück.
Mäckler konzipierte für die in die Tiefe gehende
Parzelle einen großen glasbedeckten Lichthof, der
die umgebenden, filigran verglasten Büroflügel
möglichst optimal mit Tageslicht versorgen soll. Ein
an der verputzten Stirnwand des Hofes angebrach-
tes Treppenhaus bildet durch seine zum Hof geführten Treppenläufe ein attraktives graphisches Element in einem ansonsten weitgehend von einfachen
orthogonalen Strukturen geprägten Raum. Der eigentliche gestalterische Ehrgeiz ist jedoch auf die
Straßenfront gerichtet. Mäckler interpretiert hier
einmal mehr, wie auch beim unweit gelegenen
„Lindenkorso" (Nr. 51), vorgefundene historische
Fassadentypologien und transformiert den Befund in
eine ebenso modern-funktionelle wie plastisch am-
bitionierte Struktur. Mit dem dreiteiligen Aufbau der
Steinputzfassade, der symmetrischen Gliederung,
der mittigen Erschließung sowie dem Abschlussgesims werden tradierte Elemente adaptiert. Gleichzeitig bildet Mäckler durch den tiefen, angeschrägten Einschnitt im Eingangsbereich, die ebenfalls
angeschrägten Laibungen der Fenster mit ihren
eleganten Kastenrahmungen sowie dem mächtigen
Konsolgesims eine expressive Plastizität in die Straßenfront, die ein geradezu kubistisches Spiel von
vor- und zurückweichenden, scharfkantigen Volumina mit der skulpturalen Geste später Le Corbusier-
Werke zu synthetisieren sucht.

Bodo Ebhardt, der mit Vorliebe alte Burgen wieder-
herstellte, baute in Berlin zahlreiche Geschäftshäuser, von denen das Kleisthaus und das ehem. Geschäftshaus der Allianz-Versicherung unmittelbar
benachbart sind. Das Bankhaus von der Heydt erhielt den Namen „Kleisthaus", weil der Dichter im
Vorgängerbau gewohnt hatte. Eine Reliefplatte von
Georg Kolbe erinnert daran. Ebhardt gliederte den
kleinen Bau sehr streng neoklassizistisch. Er ließ
einen breiten 5-achsigen Risalit vorspringen und
überdeckte ihn mit einem Dreiecksgiebel. Seitlich
blieben nur zwei Achsen. Gesimsbänder trennen die
zwei Hauptgeschosse vom rustizierten EG (Muschelkalk) und vom 3. OG ab. Um den Eindruck von
Substanzhaftigkeit zu vermitteln, ließ er in der Oberzone einige Quader in der Bosse stehen. Die Fenster und die Tür im EG befinden sich ohne rahmende
Betonung in den Öffnungen des Quadergefüges.
Prinzipiell ist dies in den Hauptgeschossen ebenso.
Dort allerdings fassen Blenden jeweils zwei Fenster
zusammen, und in der breiten Blende im Risalit
sitzen vier ionische Pilaster, die kein Tragen mehr
suggerieren, sondern in einem postmodernen Sinne
als Zeichen gesetzt sind. Das gleiche Motiv wiederholte sich ursprünglich an seitlich vorspringenden
Blendwänden, die an die alte Bauflucht anschlossen. Beim Gebäude der „Allianz"-Versicherung mit
Hauptfront zur Mohrenstraße (Haus Nr. 63/64)
stellte Ebhardt einen dreigeschossigen Oberbau mit
Kolossalpilastern und -säulen über einen rustizierten
zweigeschossigen Sockel. Heute fehlen die ursprünglichen Details.

90
Bundesministerium für Arbeit und Sozialordnung
Mauerstraße 45–53, Wilhelmstraße 49
1912–13, 1936–40, 1997–2001
Bodo Ebhardt, Karl Reichle, Josef P. Kleihues

91
Ehem. Möbelhaus Trunck
Kronenstraße 10
1901/02
Gustav Hart & Alfred Lesser

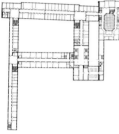

Ansicht Mauerstraße
Grundriss 3.OG

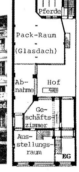

Zustand 1989 (oben), vor 1943 (unten)

Das Ministerium bezog, ebenso wie das Finanzministerium (Nr. 95) und das Auswärtige Amt (Nr. 78), einen Bau, der durch seine Entstehung und Nutzung während des 3. Reichs eine besondere historische Hypothek mit sich brachte. Neben der Umnutzung des sog. „Kleisthauses" (Nr. 89) wurden große Teile des Ministeriums in dem ehem. „Reichsministerium für Volksaufklärung und Propaganda" untergebracht. Das Goebbelsministerium hatte zunächst das im Krieg zerstörte, von Schinkel 1828 umgebaute Palais des Prinzen Karl am Wilhelmplatz bezogen, 1936–40 erfolgte eine rückwärtige Erweiterung mit einer großzügigen Verlängerung um einen zweiten Hof entlang der Mauerstraße, entworfen von Karl Reichle. Nach der Zerstörung des Schinkelpalais blieb der mit seinem trocken reduzierten Klassizismus und den stereotypen Achsen für die repräsentative Architektur des 3. Reiches typische Erweiterungsbau erhalten; er wurde zu DDR-Zeiten für den Nationalrat und später für das Ministerium für Medienpolitik genutzt. Anläßlich der Neunutzung nach der Wende wurde beschlossen, den Komplex mit dem benachbarten „Kleisthaus", in dem ein Informationszentrum eingerichtet wird, zu vereinigen. Kleihues löste die Aufgabe, in dem er den zwischen den beiden Gebäuden liegenden Hof zu einer zentralen, glasüberdachten Eingangshalle umbaute. Abgesehen von einer weitgehend neuen, sachlichen Innenausstattung beschränkte sich Kleihues auf die lichte Inszenierung der Lücke zwischen „Kleisthaus" und dem Reichle-Bau und demonstrierte dadurch einen, auch bei historisch belasteten Gebäuden, sinnvollen und denkmalpflegerisch korrekten Ansatz.

Das kleine Geschäftshaus, ein Mauerwerksbau, steht, wie das Nachbargebäude und viele andere, nur auf einer der 15 m breiten Parzellen, die im 18. Jh. angelegt wurden. Dies zwang dazu, die Geschäftsräume in die höheren Etagen hinaufzuziehen. Im EG lagen links neben dem Eingang ein Ausstellungsraum mit Schaufenstern und das Geschäftszimmer, schließlich am Hof die „Abnahme", der Packraum mit Glasdach und der Pferdestall. Im 1. und 2. OG befanden sich ebenfalls Ausstellungs- und Verkaufsräume, dazu (wie im 3. und 4. OG) Lagerräume. Der Wunsch des Bauherrn, die Räumlichkeiten auch des Vorderhauses nach Bedarf aufteilen zu können, führte zu den durchlaufenden Fensterbändern im 2. und 3. OG. Das EG ist in der Fassade mit dem 1. OG durch Bruchsteinmauerwerk und drei unterschiedlich breite (Korb-)Bögen zusammengefasst. Darin sitzen nischenartig vertieft die Fenster, die unteren mit schwingender Bogenlinie. Die Kartusche mit der Firmenbezeichnung, die Konsolen der Erker und vor allem die gesamte, im großen barocken Schwunge nach oben aufgebogene Oberzone mit mittigem, teigig weich gerahmtem Fenster sind von einem barock-jugendstilartigen Dekor überzogen. Ursprünglich stand darüber in Bootskielform das geschwungene Dach.

92
Ehem. Ministergärten
Landesvertretungen Brandenburg/Mecklenburg-Vorpommern, Hessen, Saarland, Rheinland-Pfalz,
Niedersachsen/Schleswig-Holstein
Kleine Querallee
1998–2000
Hildebrandt Machleidt (Städtebau), von Gerkan, Marg & Partner (Brandenburg/Mecklenburg-Vorpommern),
Michael Christ & Joachim Bruchhäuser (Hessen), Peter Alt & Thomas Britz (Saarland), Heinle, Wischer und
Partner (Rheinland-Pfalz), Cornelsen & Seelinger/Seelinger & Vogels (Niedersachsen/Schleswig-Holstein)

Lageplan

LV Saarland:
Modellphoto
Grundrisse

Mit dem Gelände der ehem. Ministergärten wird
eines der historisch vielschichtigsten Areale der
Berliner Mitte bebaut. Unmittelbar zwischen der
Stadtkante der barocken Friedrichstadt-Struktur und
dem Tiergarten sowie zwischen dem Brandenburger
Tor und dem Leipziger Platz gelegen markiert der
sich in Nord-Süd-Richtung erstreckende Gelände-
streifen nicht nur eine zentrale städtebauliche Figur
sondern reflektiert auch an markanter Stelle komplexe stadthistorische Schichtungen. Wie der Name
„Ministergärten" anzeigt, waren auf dem Gelände
seit dem 18.Jahrhundert schmale und lang gestreckte Gärten angelegt, die sich von den barocken
Adelspalais an der Wilhelmstraße parallel nebeneinander in Richtung Tiergarten erstreckten. Mit der
Umwandlung beziehungsweise dem Um- und Neubau der Palais zu preussischen Staatsministerien ab
dem frühen 19. Jahrhundert kam den Anlagen
neben ihrem gartenkünstlerischen Aspekt auch die
Funktion informeller Kommuniktion zwischen den
verschiedenen Ministerialbereichen zu. Vor allem
aber seit der Reichsgründung 1871 und der damit
verbundenen Hauptstadtfunktion Berlins entwickelte
sich die Wilhelmstraße mit ihren Ministerien und den
Gartenanlagen – analog dem Londoner „Whitehall"
– geradezu zu einem Synonym deutscher Politik,
das besonders durch die Ansiedlung der Reichskanzlei an der Ecke Wilhelmstraße/Voßstraße nach
außen verdeutlicht wurde. Mit Albert Speers Erweiterungsbau der „Neuen Reichskanzlei" entlang der
Voßstraße wurde schließlich ein monumentaler
Maßstab in die bis dahin relativ zurückhaltende
Palaisarchitektur eingebracht. Der Bau verschiedener unterirdischer Bunkersysteme, darunter der
notorische „Führerbunker" in den Ministergärten
versinnbildlichte auf geradezu dramatische Weise

LV Rheinland-Pfalz:
Projektansicht

die „Vielschichtigkeit" des Geländes. Im zweiten
Weltkrieg wurde das Gelände schwer zerstört, die
Ruinen wurden im Zuge des Baus der innerstädtischen Grenzanlage vollständig abgeräumt. Ende der
80er Jahre erfolgte der Bau großzügiger Wohnanlagen an der Wilhelmstraße und an der Voßstraße,
wodurch dem Gebiet der Charakter einer staatlich-
repräsentativen Nutzung weitgehend genommen
wurde. Nach dem Mauerfall lag das historisch sensible Areal zunächst als markante Stadtkante zwischen Ost und West brach. 1993 begannen die
Planungen, hier wieder politische Funktionen anzu-
siedeln, 1994 wurde beschlossen, auf dem Abschnitt zwischen Behrenstraße und der zu verlän-
gernden Französischen Straße das „Denkmal für die

92
(Fortsetzung)

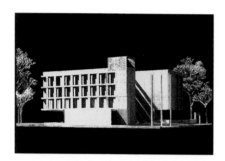

LV Hessen:
Modellphoto

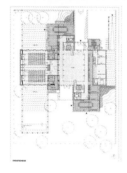

LV Brandenburg/Mecklenburg-Vorpommern
Projektperspektive
Grundriss EG

ermordeten Juden Europas" zu errichten. Nach
langem und kontrovers diskutiertem Planungsvorlauf
wird seit 1999 konkret an der Realisierung des
Entwurfs von Peter Eisenman gearbeitet, vorgesehen sind ein monumentales Pfeilerfeld und ein Dokumentationszentrum. Für das Gelände nördlich des
Leipziger Platzes wurde die Ansiedlung eines Teils
der Vertretungen der Bundesländer beschlossen.
Als städtebauliche Grundlage dient der 1993/94
bearbeitete Entwurf von Hildebrand Machleidt, der
entlang der „Kleinen Querallee" eine Verbindung
zwischen Ebertstraße und Wilhelmstraße schafft,
an der sich die Landesvertretungen als stadtvillen-
ähnliche Elemente aufreihen sollen.
Von der Ebertstraße her kommend findet sich zunächst auf der linken Straßenseite die LV Nieder-
sachsen/Schleswig-Holstein von Cornelsen &
Seelinger/Seelinger & Vogels aus Darmstadt. Die
funktionelle Zweiteilung des Projekts spiegelt sich in
der Anlage zweier paralleler Gebäuderiegel, die
durch eine glasüberdachte Halle verbunden werden
und gemeinsam einen quadratischen Grundriss
bilden. Jeder Riegel nimmt eine Landesvertretung
auf, die zentrale Halle und ein in ihr platziertes „Haus
im Haus" mit einem Veranstaltungssaal, der von
beiden Ländern für repräsentative Zwecke genutzt
wird. Belebt wird das Gebäude durch eine lebhafte
Rhythmisierung der Fensteröffnungen. Als nächster

Bau folgt die Landesvertretung Rheinland-Pfalz der
Stuttgarter Architekten Heinle, Wischer und Partner.
Ihr Projekt zeichnet sich durch eine asymmetrische
zweihüftige Anlage aus, die sich auf der straßenabgewandten Nordseite um einen Gartenhof herum
gruppiert. Der Kernbereich wird für Verwaltungs-
und Repräsentationszwecke genutzt, während der
verlängerte Ostflügel einen Gästetrakt aufnimmt, der
durch ein gläsernes Verbindungselement mit dem
Kernbau verbunden ist. Als nordöstlicher Abschluß
des Ensembles folgt das Gebäude der Landesvertretung des Saarlandes, das nach einem Entwurf der
Saarbrücker Architekten Peter Alt und Thomas
Britz erbaut wurde. Ihr Entwurf zeichnet sich durch
ein reizvolles Rastersystem aus, in das die Gebäu-
devolumina integriert sind. Dabei erscheinen an der
Straßenfront die Kerngebäude als Dreiflügelanlage,
die um einen Binnenhof herum gruppiert ist; die
Nordseite wiederum zeigt als spielerischen Reflex
die komplementäre Massenverteilung mit einem
zentralen Baukörper und flankierenden Freiräumen.
Ökologische Konzeptideen, wie etwa die energietechnische Nutzung des nach Süden öffnenden
Eingangshofes unterstreichen das Gesamtkonzept.
Gegenüber liegt die Landesvertretung Brandenburg/
Mecklenburg-Vorpommern von Gerkan, Marg und
Partner. Das Ensemble besteht aus zwei leicht gegeneinander verschobenen J-förmigen Flügeln, die
eine zentrale verglaste Halle umfangen. Kräftige
Rasterfassaden erzeugen ein tiefes Relief, das zusammen mit der partiellen Holzverkleidung eine
spannungsvolle Komposition ergibt. Die Landesvertretung Hessen von Michael Christl und Joachim
Bruchhäuser schließlich rundet die Gruppe der Neubauten an der Querallee nach Südwesten ab. Der
mit hessischem Sandstein verkleidete Bau überzeugt durch eine der klassischen Moderne verpflichteten Überlagerung und Durchdringung verschie-
ner Kuben. Fensterbänder korrespondieren mit
eckumgreifenden Terrassen und Verdachungen und
setzen einen selbstbewussten Note innerhalb des
Gesamtkontextes.

93
Leipziger Platz
seit 1995
Hilmer und Sattler (Städtebau); Kuwabara Payne McKenna Blumberg Architetcs/Architectes Gagnon, Letellier, Cyr/Smith Carter Architetcs mit Vogel Architect; Hans Strauch/HDS & Gallagher/Dieter Schneider; Jan Kleihues; Walter Noebel; Axel Schultes/Charlotte Frank; Schneider & Schumacher; Christoph Langhof; Hilmer und Sattler; Engel und Zimmermann; Thomas Baumann; Rave + Partner

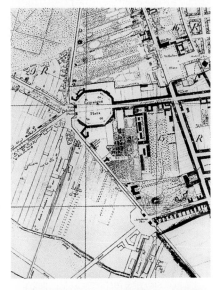

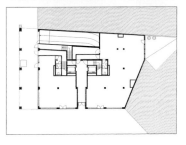

Palais am Bundesrat
Grundriss Palais am Bundesrat EG

Plan Leipziger Platz 1826
Info-Box

Während der Potsdamer Platz, sein Mythos und die spektakulären Baustelleninszenierungen nach dem Mauerfall geradezu zum Sinnbild des „Neuen Berlin" geworden waren, rückte der angrenzende Leipziger Platz zunächst in den Hintergrund des planerischen, aber auch des öffentlichen Interesses. Dabei zählte die historische Platzanlage zu den bedeutendsten städtebaulichen Figuren Berlins vor den Kriegszerstörungen und dem Mauerbau. Der achteckige Platz wurde zusammen mit dem Rechteck des Pariser Platzes und dem Kreisrund des heutigen Mehringplatzes im Zuge der barocken Stadterweiterung von 1734–38 als Stadteingangsplatz mit vorgelagertem Stadttor errichtet. Die mit barocken Palais, später weitgehend mit Geschäftshäusern der letzten Jahrhundertwende bebaute Anlage wurde 1823 durch kleine, sich spiegelbildlich am westlichen Platzaus-

gang gegenüberstehende Torhäuser von Karl Friedrich Schinkel sowie durch eine Gartenanlage nach Plänen von Peter Josef Lenné akzentuiert. Von besonderer architekturhistorischer Bedeutung war am nordöstlichen Platzrand sowie entlang der Leipziger Straße der Bau des Kaufhauses Wertheim von Alfred Messel, das stellvertretend für den Typus des großstädtischen Warenhauses der Zeit vor dem ersten Weltkrieg bis heute das Bildgedächtnis von der aufstrebenden Metropole vor dem Krieg mitbestimmt. Im Zuge des Mauerbaus wurden sämtliche nach dem Zweiten Weltkrieg noch erhaltenen Baureste abgetragen, der Platz blieb lediglich durch Relikte der alten Straßenführung erahnbar. Der Wettbewerb für einen städtebaulichen Rahmenplan für das Gebiet des Potsdamer Platzes von 1991 umfasste auch das Areal des Leipziger Platzes. Die Wettbewerbssieger Hilmer & Sattler setzten dabei die Rekonstruktion der historischen Oktogonfigur des Platzes als Grundlage für die weiteren Planungen. Vorgesehen ist eine Bebauung, die sich im Kern an der Bebauungshöhe der historischen Vorgänger orientiert, durch zurückgestaffelte 4-geschossige Aufbauten jedoch deutlich über die ansonsten für die Friedrichstadt verbindlichen Höhenentwicklungen hinausgeht und dadurch eine städtebauliche Eigenständigkeit des Ensembles signalisiert. Neu gebaute S-Bahn-Eingänge nach Entwürfen von Oswald Mathias Ungers reflektieren durch

93
(Fortsetzung)

Bürohaus Projekt Schultes/Frank

Kanadische Botschaft Modellfoto
Grundriss EG

ihren Standort und ihre Größe die alten Schinkelschen Torhäuser.

Auf der südlichen Platzhälfte steht seit 1995 die
sogenannte Info Box, die gemeinsam von der Bau-
verwaltung und den am Potsdamer Platz beteiligten
Investoren als Informationszentrum über die vor Ort
stattfindenden Baumaßnahmen sowie als Veranstaltungsort dient. Der leuchtend rote, auf schlanken, schräg gestellten Stahlstützen aufgeständerte
Bau wurde mit seinem konstruktivistischen Gestus,
aber auch durch die publikumswirksamen Informa-
tionsdisplays zu einem der populärsten Orte des
Nach-Wende-Berlins und gewissermaßen zum
Wahrzeichen des Baubooms des 90er Jahre. Umso
bedauerlicher ist es, daß für das Gebäude lediglich
eine temporäre Standdauer bis einschließlich 2000
vorgesehen war; Verhandlungen über eine Stand-
verlängerung beziehungsweise eine Translozierung
blieben vorläufig ohne Ergebnis.

Als erstes Projekt der Neubebauung wurde 1995–
97 an der nördlichen Platzwand am Leipziger Platz
15 das sogenannte „Mosse-Palais" nach Plänen
von Hans D. Strauch/HDS Gallagher und Dieter W.
Schneider erbaut. Das Objekt bezieht seinen Namen
von dem historischen Vorgängerbau, der als Wohnsitz des jüdischen Verlegers Rudolf Mosse gedient
hatte. Der Bau, der bis 1999 völlig vereinzelt auf
dem Brachgelände gestanden hatte, zeigt mit seiner
konvex vorschwingenden Fassade und dem Seg-
mentgiebelschluss eine vordergründig dekorative
Reminiszenz an die Historizität des Ortes. Links
davon, am Leipziger Platz 16–17 wird ab 2000 der
Bau der Kanadischen Botschaft nach Plänen von
Kuwabara Payne McKenna Blumberg Architects/
Architectes Gagnon, Letellier, Cyr/Smith Carter
Architects errichtet. Für den Leipziger Platz 14 entwarf Jan Kleihues ein Wohn- und Geschäftshaus,
dessen ruhig gegliederte Fassade einen wohltuen-
den Akzent neben seinem Nachbarbau bildet. Für
das Grundstück des ehem. Kaufhauses Wertheim
war zunächst 1996 nach Plänen von Aldo Rossi ein
großmaßstäbliches Ensemble vorgesehen gewesen,
das verschiedene Nutzungen, u. a. ein festes Domi-

zil für den kanadischen „Cirque du Soleil", integrieren sollte. Die für Rossis Spätwerk typische farben-
prächtige Typologiecollage sollte, besonders bezogen auf die Fassade zum Platz, den Messebau
paraphrasieren. Nach dem Rückzug der Investoren
1998 wurde das Projekt nicht weiter verfolgt. Das
Gelände soll nun neu vergeben und beplant werden. Das Eckgebäude an der südöstlichen Platzwand am Leipziger Platz 11 wurde nach einem
Entwurf von Walter Noebel 1999–2000 mit einem
Wohn- und Geschäftshaus bebaut. Die strenge,
durch lisenenartige Wandvorlagen tektonisch interpretierte Rasterfassade erzeugt, zusammen mit dem
zur Leipziger Straße hin ausgebildeten Kolonnaden-
gang einen abstrahiert klassizierenden Gesamteindruck. Rechts daneben mit der Platznummer 8–10
realisierte das Büro Axel Schultes 1999–2000 das
für Anwaltskanzleien genutzte Bürogebäude „Haus
Knauthe", dessen Fassadengestaltung sich durch
lagernde Fensterstreifen, die sich jeweils zu den
Gebäuderändern hin zu vertikalen Glasbändern auf-
lösen, von den ansonsten weitgehend sachlichen
und zurückhaltenden Platzfronten der Nachbargebäude abhebt.

Weitere Projekte nach Entwürfen der Büros
Christoph Langhof, Hilmer und Sattler, Engel und
Zimmermann, Thomas Baumann sowie Rave und
Partner sind derzeit in Planung.

94
Bundesrat
(Ehem. Preußisches Herrenhaus, ehem. Preußischer Landtag)
Leipziger Straße 3/4, Niederkirchnerstraße
1892–1904; 1991–93; 1998–2000
Friedrich Schulze; Architektengemeinschaft Rave, Krüger, Stankovic; Schweger + Partner

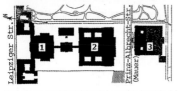

Herrenhaus vor 1914 (oben); Lageplan (unten): 1 Herrenhaus, 2 Abgeordnetenhaus, 3 Martin-Gropius-Bau

1850 war Preußen durch die Verfassung zum konstitutionellen Staat geworden. Für die Sitzungen der ersten Kammer (Herrenhaus) erwarb man das Wohnhaus Mendelsohn, Leipziger Straße 3. 1882 entschloss sich der Landtag zu einem Neubau, zunächst auf dem Nachbargrundstück Nr. 4, dann 1889 auf beiden nach großzügigem neuen Plan von Schulze. Er sah einen gegliederten Komplex zwischen Leipziger Straße und ehemaliger Prinz-Albrecht-Straße vor. Gebaut wurde 1892–1904: zuerst der große quadratische Bau des Abgeordnetenhauses an der Prinz-Albrecht-Straße gegenüber dem einstigen Kunstgewerbemuseum (Martin-Gropius-Bau, Nr. 451). Zwischen beiden verlief 1961–89 die Berliner Mauer. Danach entstand das Herrenhaus mit Wohnungen der zwei Präsidenten. Inmitten beider Komplexe lagen in der Hauptachse amphitheatrale Plenarsäle. Ein Funktionstrakt und ein Gang verband beide. Als „monumentale, der Vertretung des preußischen Staates würdige Bauanlage" zeigt sie das architektonische Schema feudaler Palastanlagen mit rustiziertem Sockel über eineinhalb oder zwei Geschossen, Kolossalordnung über den beiden Hauptgeschossen, Gebälk und Balustrade. Die Schauseiten wurden mit Sandstein verblendet. Das ehemalige preußische Abgeordnetenhaus (2) wurde 1991–93 durch Rave, Krüger, Stankovic zum Sitz des Berliner Abgeordnetenhauses umgebaut. Es nimmt nun u. a. einen neuen Plenarsaal, verschiedene Konferenz- und Sitzungssäle sowie eine Kantine auf. Das ehem. Preussische Herrenhaus wird nach umfassender Sanierung durch Schweger + Partner vom Bundesrat genutzt.

95
Bundesministerium der Finanzen
(Ehem. Reichsluftfahrtministerium)
Leipziger Straße 5–7, Wilhelmstraße
1935/36; 1997–2000
Ernst Sagebiel; HPP Hentrich, Petschnigg und Partner

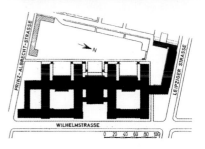

Der ausgedehnte Gebäudekomplex entstand als erster „Großbau des Dritten Reiches" im „nationalsozialistischen Baustil", den Albert Speer für das Nürnberger Zeppelinfeld entwickelt hatte. Ihm fiel die wertvolle alte Bausubstanz des ehemaligen Kriegsministeriums zwischen Leipziger Straße und den ehemaligen Wilhelm- und Prinz-Albrecht-Straßen zum Opfer. Sagebiel, der vorher an der Entwicklung des Neuen Bauens teilgenommen hatte, erhielt den Auftrag 1934. Schon 1936 war Einweihung. Der Komplex enthält 2000 Zimmer. Er gruppiert sich um drei geschlossene und fünf offene Höfe, einer davon ist als Ehrenhof mit Haupteingang von der Wilhelmstraße ausgebildet. Seine Achse ist zugleich Symmetrieachse für den 7-geschossigen Längsbau und die 6- und 4-geschossigen Flügel, die an ihn stoßen. Daran wurde an der Leipziger Straße ein 5-geschossiger Trakt vorplatzbildend und zur ehem. Prinz-Albrecht-Straße eine Hofumbauung angehängt. Alle Bauteile sind stark vereinheitlicht. Tragsystem ist eine Stahlbetonkonstruktion, die durch Ziegel- und Schlackensteine ausgefacht ist. Eine Verkleidung aus Muschelkalkplatten überzieht alle Wände. Sie erzeugt ein Fugennetz; vor allem aber verwandelt sich dadurch der Skelettbau zu einem Massivbau. Die in strengem Raster angeordneten Fenster mit Kreuzsprossen wirken klein im Verhältnis zur Baumasse. Eine 13-achsige Pfeilerstellung mit Balken, streng in der Ebene der Wandflächen gehalten, und 2-geschossige hochrechteckige Fenster mit vorgesetztem Rahmen darüber markieren die nördliche Eingangsfront. Nach umfassender Sanierung durch Hentrich, Petschnigg + Partner wird das Gelände als Bundesministerium der Finanzen genutzt.

96
Postmuseum, ehem. Reichspostamt
Leipziger Str. 16–18, Mauerstr. 69/75
1893–97
E. Hake, Techow, Franz Ahrens

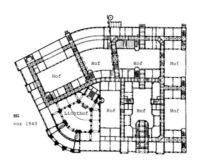

1871 war die Post durch Reichsverordnung eine Institution des Reichs geworden. Von da an bis 1874 baute Schwatlo den Kernbau des Reichspostamtes in der Leipziger Straße 15. Wachsende Postdienste zwangen 1893–97 zu einem aufwendigen Erweiterungsbau. Um 7 Innenhöfe wurden 4 Hauptämter und das 1878 gegründete Postmuseum untergebracht. Während die Fassaden der Bürotrakte klare Formen der italienischen Renaissance erhielten, wurde der Eckbau außen und innen im Sinne des Kaisertums repräsentativ gestaltet. Heinrich von Stephan, Staatssekretär des Reichspostamtes, beeinflusste die Ausstaffierung mit Kaiserbüste, Kaiserbildnissen und -kronen. Den abgerundeten 3-achsigen Eckbau fassen zwei Risalite ein. Ursprünglich waren sie von Türmen bekrönt. Über den drei rundbogigen Portalen im gequaderten

EG sitzen zwischen kolossalen Doppelsäulen die drei großen Rundbogenfenster des 2-geschossigen Hauptsaals. Den Fenstern vorgeblendete Aedikulen mit Hermenfiguren und die im Zweiten Weltkrieg zerstörten Plastiken auf der Attika (u. a. Giganten mit Erdkugel) steigerten die Formen ins Prunkvolle. Innen gruppieren sich die Museumsräume mit 3-geschossigen Säulenstellungen um einen Lichthof. Das Haupttreppenhaus liegt mit eigenem Lichthof dahinter in der Achse des Eingangs. Die Bauteile außen und innen bestehen aus Sandstein, Syenit und Marmor. Im Zweiten Weltkrieg wurde der Kernbau vernichtet. Der Erweiterungsbau blieb im Hauptteil als Ruine erhalten und wurde 1958–63 für das Museum modern ausgebaut. 1989–90 erhielt der Lichthof die ursprüngliche Gestalt zurück.

97
American Business Center am Checkpoint Charlie
Friedrichstraße, Zimmerstraße, Mauerstraße, Schützenstraße
ab 1994
David Childs (Skidmore, Owings & Merrill); Jürgen Engel (Kraemer, Sieverts & Partner); Philip Johnson; Ulrike Lauber & Wolfram Wöhr; Gisela Glass & Günther Bender, F. Coenen

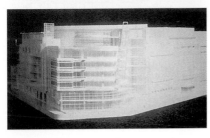

Modellaufnahme der Gesamtanlage (oben): Bauteil Childs unten links, Bauteil Johnson oben links, Bauteil Engel unten rechts, Bauteil Lauber und Wöhr oben Mitte, Bauteil Glass und Bender oben rechts. Modellaufnahme Bauteil Childs (unten).

Zeichnung Bauteil Johnson (oben), Modellaufnahme Bauteil Lauber und Wöhr (unten)

Die Planung sieht vor, das bauliche Gefüge der Friedrichstadt am Ort des ehem. alliierten Grenzkontrollpunktes „Checkpoint Charlie" wieder zu schließen. Der ursprüngliche Baubestand war durch Krieg und Abriss zerstört. Nach 1961 befanden sich hier die Kontrollanlagen des DDR-Grenzregimes. Die neue Bebauung sieht sechs Baublöcke beiderseits der Friedrichstraße vor. Geplant wurde ein monostrukturales Büro- und Geschäftszentrum Mit 100 000 m² Nutzfläche. Wohnungen sind nur im oberen Geschoss zweier Gebäude vorgesehen. Entsprechend dem Ziel einer „kritischen Rekonstruktion der Stadt" war gefordert, die alten Baufluchtlinien und Traufhöhen einzuhalten. Ebenso war architektonische Vielfalt gewünscht. Den großen dreieckigen Block zwischen Friedrich-, Zimmer- und Mauerstraße gestaltete David Childs aus New York unter Einbindung eines vorhandenen Baues in der Mauerstraße als mehrgliedrigen, aus 5 Gebäuden bestehenden Komplex teils massiven, teils gläsernen Charakters. Die Partie an der Friedrichstraße ist durch die Andeutung eines polygonalen Kopfbaus und durch einen Rundbau mit aus der Fassade springendem Treppenhaus aufgegliedert. Eine gekrümmte Glasschürze, die als Abschluss des höheren Mauerstraßentraktes seitlich schräg ansetzt und als breites Band über das Dach verläuft, erscheint als transparente Hintergrundfolie für die aufgelockerte Ecke. Den 7-geschossigen Block zwischen Friedrich-, Schützen-, Mauer- und Krausenstraße entwarf

Philip Johnson aus New York, einst Mitarbeiter Mies van der Rohes und Propagandist der Moderne in Amerika. Nachdem ihm eine freiplastische Lösung verwehrt worden war, gliedert er seinen Bau ziemlich stur mit Wandpfeilern, die er jedoch ironischerweise mit Fenstern durchbrach. Zwischen sie spannt er einheitliche, über den Eingängen schräg gestellte Glasflächen. Den Teilblock auf der Ostseite der Friedrichstraße plante Jürgen Engel vom Frankfurter Büro Kraemer/Sievers & Partner. Das besondere daran ist ein über das Dach herausragender, oben und seitlich geöffneter Zylinder. Darin sollen Erinnerungsstücke an das Grenzregime Aufstellung finden. Dem Childs-Bau in der architektonischen Haltung verwandt ist der der Münchener Gruppe Lauber und Wöhr zwischen Krausen- und Schützenstraße. Doch gliederten sie ihre Glas-Metall-Fassade der fünf auskragenden Bürogeschosse durch ruhig fließende, an der Kreuzung leicht ausschwingende Horizontalen. Zur Charlottenstraße hin schließt sich der Bau der Berliner Glass und Bender an. Über 7 Geschäfts- und Bürogeschossen ordneten sie ein Doppelgeschoss mit Maisonetten an. Auf dem dreieckigen Grundstück zwischen Friedrichstraße und Mauerstraße entstand 1995–96 nach Plänen von J.P. Kleihues das Geschäftshaus „Triangel", das sich durch Überlagerung verschiedener Dreieckformen im Grundriss sowie durch den Gegensatz von Steinfassaden mit Fensterbändern und einer weitgehenden Verglasung an der Mauerstraße markant gegenüber den angrenzenden Großbauten behauptet.

98
Wohn- und Geschäftshäuser
Friedrichstraße 56, 58; Leipziger Str. 29
1908/09; 1985–87
Robert Leibnitz; Gerd Pieper; Peter Meyer

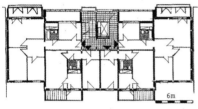

In den achtziger Jahren wurde unter Beibehaltung
der alten Straßenbreite mit dem Wiederaufbau der
in großen Flächen zerstörten Friedrichstraße begonnen. Als Ruine erhaltene Geschäftshäuser wurden
rekonstruiert, die Neubauten im architektonischen
Charakter diesen angepasst. Zwischen Leipziger
Straße und Krausenstraße waren die beiden Eckhäuser in ihrer Substanz erhalten, das mittlere Haus
aber zerstört. Haus Mädler, Friedrichstraße 58,
hatte 1908/09 Robert Leibnitz errichtet. Sein charakteristisches Motiv bestand in Rundbogenfenstern,
deren Glasflächen trapezförmig bis zur Bauflucht
vorgeschoben waren, um dadurch günstigere
Raum- und Lichtverhältnisse für die Kunstgalerie,
die sich hier befand (und wieder befindet), zu erreichen. Aus gleichem Grunde hatte Leibnitz die Pfeiler
nach außen verjüngt. 1985–87 wurde das Haus
durch Gerd Pieper für ein chinesisches Restaurant
(unten) und für eine Kunstgalerie rekonstruiert. Dabei erhielten die Fenster die ursprüngliche Gestalt
zurück. Der Neubau Nr. 56 enthält in der 7 m hohen 2-geschossigen Unterlagerung (aus Ortbeton)
3 Läden und eine Bank, darüber – aus Platten des
Systems WBS 70 montiert – 6 Wohngeschosse mit
Zwei- bis Vierraumwohnungen. Im Protest gegen
die sonst verwendeten historisierenden Formen
(z. B. Grand Hotel Friedrichstraße) und gegen den
üblichen Plattenbau, der auch hier für die Wohngeschosse gefordert war, versuchte Meyer eine
moderne Lösung. Die Platte – ursprünglich mit
gelbem Kleinmosaik, dann wegen Fabrikationsfehler
sattgelb gestrichen – ist nicht Wand-Ersatz, sondern
farbiges Strukturelement der mit offenen und verglasten Loggien belebten Fassade. Die Höhe, die
Dachform und wichtige Horizontalen glich er – ohne
zu kopieren – denen der Nachbarhäuser an oder
wählte analoge Lösungen.

99
Ehem. Modehaus Kersten u. Tuteur
Leipziger Str./Ecke Charlottenstraße
1912
Hermann Muthesius

Zustand um 1914 (oben)

Die Firma Kersten und Tuteur hatte das bisherige
Geschäftshaus Cords erworben und ließ es zu einem Kaufhaus für Konfektion und Modeartikel umbauen. Nach einem Wettbewerb entschloss man
sich für Muthesius' Lösung. Er machte wie Messel
das konstruktive Pfeilersystem zur architektonisch
tragenden Gliederung. Doch gab er ihm einen horizontalen Widerpart in den Brüstungen. Sie liegen
hinter den Pfeilern. Die Untergliederung der Fensterfläche geschah durch zwei (heute verschwundene)
steinerne Stäbe und im oberen Geschoss durch
Arkaden. An der Ecke legte Muthesius eine zweigeschossige Arkade an, die als Schaufenster voll
verglast wurde, um die Kundschaft von weither
anzulocken. Auf Konsolen an deren Pfeilern standen
weibliche Aktfiguren von A. Höfer. Über der Arkade
befand sich in Höhe des 2. OG auf reich dekorierten
Konsolen ein Balkon mit ebenfalls dekorierter Brüstung. Dieses Motiv lief an den Fassaden weiter und
hob die beiden unteren Geschosse von den Hauptgeschossen ab, wie diese wiederum durch metallene Balkongitter vom oberen Geschoss geschieden
waren. Das Steinmaterial war thüringischer Travertin.
Im heutigen Bau sind nur noch die Hauptgliederun-
gen und der geschmückte Balkon erhalten. Viele
Details fehlen. Im Innern lagen die Etagen um einen
Binnenhof. Für die Verkaufsräume im EG und bis
zum 2. OG war ausdrücklich eine völlig neutrale
Fassung gefordert, damit die Architektur nicht die
Aufmerksamkeit von den Waren ablenke. In den
oberen Geschossen befanden sich Ateliers, Werkstätten und ein Dachgarten.

100
Quartier Schützenstraße
Schützenstraße, Markgrafenstraße, Zimmerstraße,
Charlottenstraße
1995–97
Aldo Rossi, Götz Bellmann & Walter Böhm

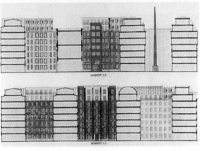

Modellphoto Schützen- Ecke Markgrafenstraße (oben),
Schnitt (unten)

Ähnlich wie bei dem Hofgarten (Nr. 75) und dem
Kontorhaus Mitte (Nr. 84) galt es, einen durch Krieg
und Grenzanlagen weitgehend zerstörten Block zu
rekonstruieren. Rossi gliederte zusammen mit
Bellmann & Böhm das Grundstück in zahlreiche,
z. T. sehr enge Parzellen auf und realisierte eine
Collage verschiedener Haustypen, wobei die noch
bestehende Altbausubstanz miteinbezogen wurde.
Die typologischen Bezüge reichen von der Adaption
Berliner Gründerzeitfassaden über italienisch ratio-
nalistische Formspiele bis hin zum Zitat der Hoffassade
des Palazzo Farnese (1514–46) von A. da Sangallo
d. J. und Michelangelo. Starke Farbakzente verweisen auf typische Gestaltungselemente Rossis. Über
die Parzellengliederung hinaus rekurrieren die Architekten auch durch eine dichte Hinterhofbebauung,
die verschiedene Durchgänge durch den Block
erlauben, auf traditionelle Berliner Muster. Das Projekt stellt in formaler Hinsicht eines der Aufsehen
erregendsten Beispiele eines neuen Berliner Historismus dar. Rossi entfernt sich dabei durch die pitto-
reske und konkrete historische Vorbilder rezipieren-
de Architektur deutlich von seinen abstrakt rationalistischen Entwürfen der 70er Jahre. Abgesehen von
formal-ästhetischen Bedenken gegenüber der eklektizistischen Montage überzeugt jedoch der Versuch, eine dichte urbane Mischnutzung in öffentlichen und halböffentlichen Räumen zu garantieren.

101
Wohnhochhäuser mit Geschäften;
Spittelkolonnaden
Leipziger Straße
1972–82; 1776
Joachim Näther, Peter Schweizer, D. Tscheschner,
J. Gitschel, W. Ortmann, A. Wernitz, A. Weber,
E. Horn, E. Schmidt; Karl von Gontard

Im Ostteil Berlins entstand zur Zeit der DDR nach
der Stalinallee ein zweiter Straßenzug in einheitlicher
architektonischer Konzeption an der Leipziger Straße zwischen Charlottenstraße und Spittelmarkt.
Während die Stalinallee die Traditionslinie spät-
feudaler historistischer Anlagen (z. B. Münchener
Maximilianstraße) fortsetzte, wurde hier eine moderne Lösung versucht. Dass dabei auf die Südseite
25-geschossige Hochhäuser gestellt wurden, hatte
seinen Grund auch in der ideologischen Absicht,
damit das benachbarte Axel-Springer-Hochhaus
(Nr. 441) zu verdecken. Die Anlage besteht aus vier
gekoppelt gegeneinander versetzten Hochhaus-
körpern, die rechtwinklig zur Straße stehen und
jeweils 2-geschossig mit Läden, Restaurants oder
Polikliniken unterlagert sind. Zwischen ihnen liegen
2-geschossige Kaufhallen. Entlang der Nordseite
wurden drei 12–14-geschossige Wohnhochhaus-
scheiben errichtet, die ebenfalls 1- oder 2-geschos-
sig unterlagert sind. Alle Gebäude wurden um einen
Gleitkern herum aus Großplatten montiert. Sie sind
von Loggienbändern mit farbig strukturierten Brüstungen umgeben. Ursprünglich standen vor dem
Spittelmarkt beiderseits der Straße die von Karl von
Gontard 1776 angelegten halbkreisförmigen
Spittelkolonnaden. Die südliche wurde 1929 bei
Verbreiterung der Straße abgebrochen, die nördliche im Krieg zerstört. Nach den originalen Resten
wurde 1980 eine Kopie nahe dem alten Standort
wieder aufgestellt.

102
Büro- und Wohnkomplex Spittelmarkt
Spittelmarkt, Beuthstraße, Seydelstraße
1996–98
Zaha Hadid (Vorentwurf), HPP Hentrich-Petschnigg
& Partner, HDS & Gallagher, Dieter W. Schneider &
Partner

103
Ehem. Mossehaus
Jerusalemer Straße
1901–03; 1921–22
Cremer & Richard Wolffenstein; Erich Mendelsohn,
Richard Neutra

Simulation Kopfbau (oben), Seydelstraße (unten)

Zustand 1933 (oben), 1997 (unten)

Auf der Grundlage eines städtebaulichen Entwicklungsplans von Zaha Hadid entwarfen die Büros HPP und HDS & Gallagher den Büro- und Wohnkomplex an der zwickelartigen Südflanke des Spittelmarkts. 10 eigenständige Häuser sollen an die Kleinteiligkeit der Vorkriegsstruktur anknüpfen, die Fassade eines Altbaus an der Seydelstraße wurde in das Konzept integriert. Innerhalb des Blocks gliedern zwei Querzellen das Gelände in drei Innenhöfe, von denen der südliche als reiner Wohnhof konzipiert ist. Das Wohnhaus an der Seydelstraße wurde von HDS & Gallagher entworfen, die restliche Bebauung geht auf HPP zurück. Zum Spittelmarkt hin werden die Kopfbauten der Beuth- und der Seydelstraße als Turmakzente ausgebildet. Der Turm an der Beuthstraße überragt mit seinen 22 OG deutlich das kleinere Hochhaus und führt die Reihe der Hochhausscheiben an der Leipziger Straße (Nr. 101) nach Osten fort. Die großformatige steinerne Rastergliederung verleiht den Kopfbauten eine monumentale Gesamtwirkung, die jedoch durch ihre spitzwinklige Konstellation sowie durch das zurückspringende Glasband des höheren Turmes wieder aufgebrochen wird. Bemerkenswert an dem Projekt ist der Versuch, die Wiederaufnahme tradierter Blockrandbebauung mit einer Fortschreibung des Städtebaus der 70er Jahre zu vereinen und dadurch dem ausufernden Spittelmarkt eine neue Fassung zu geben.

Das Haus des Zeitungsverlags und Anzeigenbüros Rudolf Mosse bestand aus dem Büroteil und der westlich daran angeschlossenen Buchdruckerei. Die Räume der Büros waren eingeschossig, die der Säle zweigeschossig. Um dennoch eine einheitliche Fassadenwirkung zu erzielen, wählten die Architekten über zwei Geschosse reichende Segmentbogenfenster mit einer Zwischengliederung, die im Bürotrakt den Brüstungen entsprach, im Werkstatt-Trakt solche aber nur vortäuschte. Haupteingang und Treppe lagen in der abgerundeten Ecke. 1919 war diese zerschossen worden. Beim Wiederaufbau, mit dem Mendelsohn beauftragt wurde, sollte das ganze Gebäude um zwei, die Ecke um drei Geschosse aufgestockt werden. Mendelsohn setzte diese in neuen Formen einfach auf das Kranzgesims des Altbaus auf. Sensationell wirkte die Ecke, weil sie nicht mehr statisch, sondern dynamisch als am Straßenverkehr „mitwirkendes Bewegungselement" definiert wurde und mit „entspannten Horizontalen" darauf reagierte. Mendelsohn trennte am Eingang die unteren Geschosse durch ein kräftiges Gesims von den oberen, schichtete diese mit breiten Bandfenstern übereinander und ließ sie oben in langen Fensterbändern auslaufen. Nach Kriegszerstörung und anschließendem fragmentarischen Wiederaufbau wurde der markante Eckbau 1995 wieder rekonstruiert. Gleichzeitig erfolgte eine Einbindung des Altbaus in einen geschlossenen Blockkontext nach Plänen der Architektengemeinschaft Fissler & Ernst.

104
Geschäftshaus mit Erweiterungsbau
Wallstraße 27/Ecke Roßstraße
1913; 1979/80
Hoeninger & Sedelmeier

Geschäftshaus (oben), Erweiterungsbau (unten), 1990

Die mit Werkstein verkleidete Fassade des Geschäftshauses ist plastisch durchgeformt und zugleich in einem hohen Grade skelettiert. Die Wand im eigentlichen Sinne ist im Skelett aufgegangen. Es liegt ein Pfeilersystem zugrunde, das jedoch durch Doppelsäulen im 4. OG, durch Kranzgebinde und andere Details kaschiert wird. Zwischen den Pfeilern sind die Fenster mit Werksteinstäben dreiseitig ausgestellt. Doch binden eigenwillige Giebelformen sie wieder in die Fassade ein. Hauptmotiv des Baus ist die erkerartig abgerundete Ecke. Die hier noch verstärkte Vertikaltendenz kann im einfachen Walmdach keinen Widerpart finden. Nur das mit Reliefs geschmückte Brüstungsband im Obergeschoss schafft eine horizontale Einbindung. Der gesamte Bau einschließlich Portal lässt sich nicht mehr in ein Stilschema einreihen. Einzelne Details erinnern an den Sezessionsstil. Das Portal einschließlich der beiden Figurenpaare wirkt konglomerathaft zusammengesetzt und der Giebelblock als Signet für „Eingang" verselbständigt. Der angefügte Erweiterungsbau ist ein gutes Beispiel für behutsame Anpassung. Seine Fassade variiert das architektonische Thema des Altbaus mit modernen Mitteln. Über die drei Hauptgeschosse hinweg sind auch hier die Fensterachsen zwischen den Pfeilern dreiseitig ausgestellt, und wie dort laufen sie gegen die Brüstungszone des 4. OG an.

105
Australische Botschaft
Wallstraße 76–79/Märkisches Ufer
1912
Fritz Crzellitzer

Grundriss Erdgeschoss

Während vor dem Ersten Weltkrieg die deutsche Architekturszene in einem bereinigten Neoklassizismus erstarrte, entstanden gerade 1912 mehrere Gebäude mit einem neuen Atem, wie z. B. dieses Haus in der Wallstraße. Es reicht mit einem rückwärtigen Flügel bis zum Märkischen Ufer und umgreift einseitig einen Binnenhof. Crzellitzer hielt mit nur vier Innenstützen den ganzen Raum der Etagen offen, damit sie entsprechend dem Bedarf eingeteilt werden konnten. Die Front zur Wallstraße hat zehn Achsen, von denen drei, der Straßenführung folgend, abgeknickt und anders gestaltet sind. Mit dem EG, den drei Hauptgeschossen und einem Obergeschoss behält sie die klassische Dreiteilung bei. Doch wurde sie auf völlig neue Weise mit farbigen Majolikaplatten überzogen. Die Fenster der drei Hauptgeschosse sind durch Rahmung zu einem großen Fenstermotiv zusammengefasst, in sich aber noch durch zwei Zwischenstäbe und kupferne Brüstungsplatten geteilt. Über ihnen sitzen in halbkreisförmigen Federn je eine weibliche und eine männliche Aktfigur im Halbrelief, abwechselnd mit Füllhorn einander zugewandt oder in einer Muschel voneinander abgewandt. Vertikalbänder bzw. Pfeilervorlagen zwischen den Fenstern bestehen ebenfalls aus reliefierten Platten. Die Fenster des 4. OG wurden zwischen kannelierten Lisenen dreiseitig ausgestellt. Das Treppenhausfenster rechts ist als langes vertikales Fensterband ausgebildet. Auf der Wand darunter haben die Platten noch die ursprüngliche Farbe und Form. Die übrige Erdgeschosswand und die Fensterformen wurden später verändert.

106
Verwaltungsgebäude der Gewerkschaften
Wallstraße 61–65/Inselstraße 6, Märkisches Ufer
32–34
1922/23; 1930–32
Max Taut, Franz Hoffmann; Walter Würzbach

107
Ermeler-Haus
Märkisches Ufer 10
1804; 1968/69

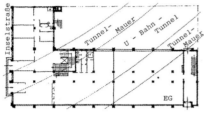

Ermeler-Haus (oben, rechts)

Innerhalb des umfangreichen Komplexes, den der Allgemeine Deutsche Gewerkschaftsbund zwischen Wallstraße, Inselstraße und Märkischem Ufer errichten ließ, steht der erste Bau, bei dem der unverkleidete Stahlbetonrahmen zum bestimmenden Element der Architektur geworden ist. Sein Architekt Max Taut war über expressionistische Vorstudien zu dieser revolutionären Lösung gelangt. Die vertikalen Ständer hatten ursprünglich eine prismatisch aufwachsende Form: sie traten mit stumpfen Winkeln aus der Wandebene heraus. Die Rahmenkonstruktion stellte ein Raumgitter dar. Auf die bisher übliche hierarchische Gliederung wurde verzichtet. Das Raster als direkter Ausdruck der Konstruktion und des Zweckes, Büroräume übereinander zu stapeln, setzte sich durch. Die Felder dazwischen mit jeweils zwei Fenstern wurden ausgemauert und verputzt. Sie waren farbig konzipiert: „Die Flächen zwischen den Betonrahmen werden verschiedenfarbig gestrichen. Das Dach ist ebenfalls aus Beton und mit farbigem Dachdeckungsmaterial beklebt" (M. Taut). Der siebengeschossige Bau mit einem zurückgesetzten Dachgeschoss wurde an der Ecke auf vier Geschosse zurückgestuft, weil die Statik des darunter durchlaufenden U-Bahn-Tunnels dies erforderte. Zur Inselstraße blicken die als Faltwerk gegossenen Giebel des (erhaltenen) expressionistischen Sitzungssaales. Im EG befanden sich ursprünglich Läden. 1930–32 wurde der Komplex nach einem Wettbewerb, für den auch Hannes Meyer einen konstruktivistischen Entwurf geliefert hatte, von Würzbach in angepasster Rasterstruktur, an der Uferseite jedoch mit enger Pfeilerstellung, erweitert.

Das Märkische Ufer bietet das Bild einer grachtenartigen Bebauung, wie sie in Berlin mehrfach vorhanden war. Die geschlossene Häuserzeile wurde dadurch erreicht, dass wertvolle Häuser aus zerstörten Vierteln hierher versetzt wurden, dazu gehört das Ermeler-Haus. Ursprünglich stand es in der Breiten Straße 11. Dort war es 1760–63 vermutlich von Friedrich Wilhelm Diterichs neu erbaut und von Carl Friedrich Fechhelm und Johann Christoph Fritsch im Rokoko-Stil ausgestattet worden. Davon blieben die geschwungene Treppe aus vergoldetem Schmiedeeisen mit zwei Putten als Laternenträger in den Nischen, der Festsaal im 1. OG mit Ofen und Deckengemälde und das Rosenzimmer im westlichen Hofflügel erhalten. 1804 wurde die dreigeschossige Fassade klassizistisch umgestaltet, hauptsächlich durch zwei breite Friese und durch eine Attika mit Balustrade und zwei Zinngussfiguren (Merkur und Justitia). Der Fries über der Tür weist auf den Tabakhandel hin, denn Bauherr der Umgestaltung war der Tabakwarenfabrikant Neumann. 1824 gelangte es in den Besitz von Wilhelm Ermeler, dessen Namen es behielt. Am alten Standort bereits 1953 restauriert, wurde es bei der Verbreiterung der Straße abgerissen und 1968 unter Leitung von Fritz Rothstein und Klaus Pöschk neu errichtet. Heute dient es als Gaststätte. Einbezogen ist das Nachbarhaus Nr. 12, das jenseits des Wassers an der Friedrichsgracht stand. Bemerkenswert sind auch die Häuser Nr. 16, 1790, und Nr. 18, um 1700, letzteres vermutlich von Grünberg als eines der ersten Häuser an der Straße erbaut. Das Gebäude wird zusammen mit einem zur Wallstraße orientierten Neubau von Nalbach + Nalbach als Hotel genutzt.

108
Zentralverwaltung der Allgemeinen Ortskrankenkasse
Rungestraße 3–6
1931–32
Albert Gottheiner

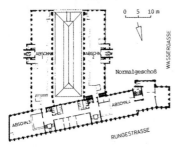

Das Gebäude mit den kräftigen, der Wand vorgestellten und oben frei auslaufenden Backsteinpfeilern ist ein Stahlskelettbau. Diese Konstruktion war gewählt worden, um die Räume nach Bedarf einteilen zu können. Die Anlage besteht aus dem lang gestreckten 6-geschossigen und 24-achsigen Hauptflügel entlang der Rungestraße und zwei rückwärtigen Flügeln. Zwischen ihnen befindet sich die Schalterhalle. Entlang der Wassergasse liegt ein dritter niedriger Flügel. Die Hauptfront ist 5-geschossig mit zurückliegendem 6. Geschoss, am 8-achsigen Mittelrisalit aber 6-geschossig, wobei die beiden oberen Geschosse von einem hohen Vortragssaal eingenommen werden. Das Portal erhielt eine kräftige schräge Rahmung. Durch eine geräumige Vorhalle mit Backsteinwänden führt der Weg zu der großen, mit opalisierendem Glas überdeckten Abfertigungshalle. Weiterhin befinden sich im EG zwei Schalterhallen und die Hauptkasse. Die Treppenhäuser liegen beiderseits des Mittelrisalits. Außen sind sie an den jeweils zwei haushohen Fenstern zu erkennen. Sie bilden die einzigen Akzente zwischen dem Mittelrisalit und den Seitenflügeln, denn die Pfeilerreihe läuft in einer Linie durch. Nur das nördliche Ende springt zurück und ist abgeknickt. Alle Strukturierung wird aus der Mauertechnik gewonnen, sowohl die Zickzackbänder über dem EG und am oberen Rand als auch die belebenden Pfeilerkanten, die durch schräg gegeneinander versetzte Steine entstehen. Sie gehören dem Spätexpressionismus an.

109
Märkisches Museum
Am Köllnischen Park 5
1899–1908
Ludwig Hoffmann

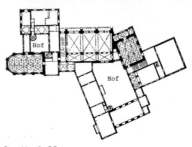

Grundriss 2. OG

1874 war das Museum gegründet worden. Mit diesem Bau erhielt es nach provisorischer Unterbringung im Podewils'schen Palais (Nr. 13) und im köllnischen Rathaus sein eigenes Gehäuse. Und dies in einem sehr engen Sinne. Der Stadtbaurat Hoffmann passte es den musealen Objekten hautnah an, was bei Veränderungen der Sammlungen notwendigerweise zu Schwierigkeiten führte. Als Verfechter der romantischen Milieutheorie im Musemsbau wollte er ihnen, um das kulturelle Erleben zu fördern, die jeweilige historische Folie verschaffen, das heißt den mittelalterlichen oder kirchlichen Objekten eine gotische, anderen die der Renaissance usw. Hauptvertreter der Richtung war Gabriel von Seidl in München (Bayerisches Nationalmuseum, 1896) gewesen. Solche Museen sollten nach innen wirken, was zur aufgelockerten Baugruppe (ohne die repräsentativen Fassaden der klassizistischen Bauten, Nr. 26) führte. Die Lage am Köllnischen Park, wo sich ursprünglich eine Bastion der Memhardtschen Befestigung befand, war dafür hervorragend geeignet. Hoffmann gestaltete Charakterbauten der märkischen Landschaft nach: Den rechteckigen Turm nach dem Bergfried der Bischofsburga in Wittstock und den anschließenden Teil mit Schaugiebel und Kapelle nach der Katharinenkirche in Brandenburg. Die bewegte Anlage ist um zwei Höfe gruppiert. Nach Süden liegt um den großen Hof ein dreiflügeliger Renaissancebau mit Erker zum Park und Treppenturm im Hof. Mehrere originale Bauteile sind eingefügt. Der Haupteingang mit offener Treppenhalle befindet sich nördlich am Turm. Daneben steht eine Kopie des Brandenburger Roland von 1474. Weitere Bildwerke sind um das Museum herum aufgestellt.

110
Ehem. Landesversicherungsanstalt
Am Köllnischen Park 2a/3
1903/04
Alfred Messel

111
Botschaft der VR China
Märkisches Ufer
1984–88
Norbert Schmidt, Jens Ebert

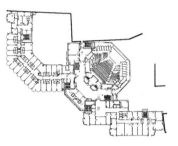

Zustand 1904 (oben), Grundriss EG (unten)

In Angleichung an das benachbarte Märkische Museum seines Freundes Hoffmann wählte Messel auch für den Versicherungsbau Backstein in einem warmen Ziegelton. Die Anlage erstreckt sich um zwei Höfe in die Tiefe. Die Fassade zum Köllnischen Park ist über hohem Souterrain 3-geschossig. Von den 19 Achsen wurden fünf als Risalit vorgezogen und mit einem barocken Giebel überdeckt. Im 2. OG öffnen sich die mittleren drei Achsen als Loggien. Ein Metallgitter bildet die Brüstung. Die beiden äußeren Achsen glich Messel denen der Flügel an, so dass sich der Risalit nicht von der Gesamtfassade löst. Sechs Jahre vorher hatte Messel erstmalig mit Entschiedenheit das Pfeilersystem an seinem Kaufhaus Wertheim entwickelt. Die Geschossdecken hängte er dabei an die Pfeiler an. Auch bei diesem Bau benutzte er eine Wandpfeilergliederung, nun aber in Formen eines herben Spätbarock mit niederländischem Einschlag. Die Pfeiler mit kapitellähnlichem Kopf überspannen als überdimensionale Pilaster die Fassade in ganzer Höhe. Damit entfiel die traditionelle Dreigliederung in Sockel-, Hauptgeschoss und Obergeschoss. Einige Brüstungsfelder aus Hardthauer Kalkstein zeigen in reliefartig ausgearbeiteten Kartuschen Symbole, vermutlich von Berufsständen. Den anderen sind Balustraden vorgeblendet. Beide Formen wurden im Wechsel auf das 1. und 2. OG verteilt. Hinter den drei mittleren Achsen des Risalits ist das Treppenhaus erhalten. Der Dachturm ist nicht erhalten.

Dieses Haus in hervorragender Lage an der Spree und der Brückenstraße war der letzte repräsentative Großbau der DDR in Berlin, ausgeführt für den damaligen „Freien Deutschen Gewerkschaftsbund". Bei einer riesigen Gesamtkubatur von 122 000 m³ bemühten sich die Architekten, das Bauwerk in die städtebauliche Ecksituation einzufügen und den historischen Bauten der Nachbarschaft anzupassen. Deshalb gliederten sie es in einen mittleren Beratungs- und Konferenztrakt mit großem Saal und zwei seitliche Flügel, der eine, das „Haus des Bundesvorstandes", zur Brückenstraße doppelt abgeknickt, der andere, das „Haus am Märkischen Ufer", zu zwei Baukörpern versetzt. Die Flügel sind 6-geschossig, an der Brückenstraße mit einem zusätzlichen zurückgesetzten Dachgeschoss. Auch das in Segmente aufgegliederte schräge, mit brauneloxiertem Aluminiumblech gedeckte Dach sollte sich den benachbarten Dächern angleichen. Doch konnte dies alles die von der Kompaktheit der Anlage und von der betonten Symmetrie des Mittelbaues ausgehende krampfhaft repräsentative Wirkung nur wenig mildern. Der Mittelbau ist im Wesentlichen in monolithischem Stahlbeton konstruiert. Die Seitenflügel dagegen wurden in Stahlbeton-skelett-Montagebauweise zwischen stabilisierenden Gleitkernen errichtet. Bei den Fassaden wurde eine intensive plastische Wirkung angestrebt. Deshalb sind die Fensterachsen dreiseitig ausgestellt. Die Brüstungselemente in rauer Betonstruktur wurden ebenfalls als Fertigteile montiert. Beim Umbau zur Botschaft der VR China wurde das Gebäude umfassend saniert und umgebaut.

112
Jannowitz-Center
Brückenstraße/Jannowitzbrücke
1993–97
HPP Hentrich-Petschnigg & Partner

Ansicht von Jannowitzbrücke

Mit dem Jannowitz-Center, das zum Teil von der Senatsverwaltung für Stadtentwicklung und Umweltschutz genutzt wird, errichteten HPP einen markanten Brückenkopf südlich des S-Bahnhofs Jannowitzbrücke. Der Bau komplettiert zusammen mit dem gegenüber liegenden ehem. Kongresszentrum (Nr. 88) den Eingang zur Brückenstraße. Entlang der Straße zieht sich der Bau als kammartige Struktur. Die Schmalseiten der Flügelbauten sind gegenüber der verkehrsreichen Straße weitgehend geschlossen, großzügige Fensterbänder zu den Hofseiten und entlang der Spree sorgen für eine ausreichende Belichtung. Die Höfe selbst sind zur Straße hin durch gebäudehohe Verglasungen abgeschirmt und sind als Wintergärten angelegt. Zur südlich gelegenen Rungestraße hin wird der Komplex durch eine markante Rundung abgeschlossen. Die Straßenfassaden orientieren ihre Höhe an der noch vorhandenen historischen Nachbarbebauung. Filigrane Flugdächer schließen die Baukörper nach oben ab. Zur Jannowitzbrücke ist ein mit 9 OG deutlich höherer Baukörper in die architektonische Grundstruktur eingeschoben. Seine verglaste Schmalseite zum Fluss stößt schräg aus der Bauflucht vor, eine parallel dazu geführte leuchtend blaue Scheibe unterstreicht den kraftvollen Akzent der gegeneinander verschobenen Flächen. Ein antennenartiger Mast führt die Vertikale dieses Baukörpers fort. Überzeugend an dem Bau wirkt die Aufgliederung der langen Straßenfront mit ihren Höfen und dem Wechsel von geschlossenen und transparenten Flächen. Die leicht dekonstruktivistische Note an der Jannowitzbrücke erscheint hingegen als modisches Element.

113
Heizkraftwerk Mitte
Köpenicker Straße 59–73
1961–64, 1994–96
D. Zimbal; Jochem Jourdan

Ansicht von der Michaelsbrücke (Bewag)
Lageplan

Ein in den 60er Jahren entstandenes Heizkraftwerk wurde in den 90er Jahren sukzessive durch einen stadtbildprägenden Neubau von Jochem Jourdan ersetzt. Das mit dem System der Kraft-Wärme-Kopplung arbeitende Kraftwerk stellt das modernste innerstädtische Heizkraftwerk Europas dar, arbeitet durch seine vorwiegende Verwendung von Erdgas umweltfreundlich und versorgt große Teile der Berliner Mitte; eine Vernetzung mit der Energiezentrale Stresemannstraße bildet zudem die energietechnische Verbindung mit dem Gebiet des Potsdamer Platzes. Es entstand ein Bauensemble, das nicht nur einen markanten Akzent an der Michaelsbrücke setzt, sondern auch die Tradition der hochqualitativen Berliner Industriearchitektur und dabei vor allem der Bewag-Bauten von Hans Heinrich Müller fortführt. Auf Müller verweist u. a. die dunkle Verklinkerung des mächtigen Komplexes. Jourdans Konzept basiert auf einer klaren Trennung der verschiedenen Funktionsbereiche. Über die Öl- und Gasanlieferung an der Spreeseite gelangen die Rohstoffe in den Verarbeitungsprozess mit Ringbrennkammern mit Gasturbinen, Generatoren, Wasserabhitzekesseln und Wärmetauscher. Die markante Abstufung des Hauptgebäudes zur Spree hin visualisiert die unterschiedlichen Funktionen und setzt gleichzeitig zusammen mit den beiden Schornsteinen eine städtebauliche Dominante. Das anspruchsvolle Konzept wird darüber hinaus durch die Beauftragung einiger renommierter Künstler zur Gestaltung der umgebenden Freiflächen unterstrichen. Zur Spree hin fällt eine eindrucksvolle architektonische Figuration von Per Kirkeby ins Auge, die das Klinkermaterial des Kraftwerks aufgreift, an der lediglich fragmentarisch realisierten Uferpromenade stehen Sitzbänke von Ayse Erkmen, die mit Abwärme beheizt werden, ein Glaspavillon von Dan Graham akzentuiert den Haupteingang, Franz Ackermann entwarf einen der Pop Art verpflichteten Wandfries im Foyer des Verwaltungsgebäudes und Thomas Bayerle gestaltete eine Wandfläche zur Michaelkirchstraße mit grob gerasterten Bibelzitaten.

114
„Trias"
Holzmarktstraße 15–18
1993–96
Lucia Beringer, Günther Wawrik

115
Deutsches Architekturzentrum
Köpenicker Straße 48
1994–96
Claus Anderhalten; Assmann, Salomon und Scheidt

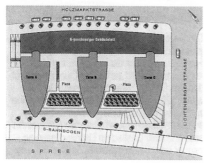

Lageplan

Altbau (oben) und Erweiterungsbau (unten)

Das Bürogebäude „Trias" bildet neben dem Janno-witz-Center (Nr. 112) und dem Heizkraftwerk Mitte (Nr. 113) einen weiteren architektonischen Schwerpunkt im engeren Bereich des Bahnhofs Jannowitzbrücke. Der Komplex besticht durch seine einprägsame Silhouette mit den drei zur Spree hin ausgerichteten V-förmigen Türmen. Ihre geschwungene Umrisslinie weckt Assoziationen an Schiffsbuge und bezieht sich damit auf die Fluss-lage. Fensterbänder bilden ein Gegengewicht zu den vertikalen Turmakzenten. Ein 2-geschossiger Sockelbau integriert Ladenflächen, seine gärtnerisch gestaltete Dachfläche zwischen den Türmen dient als Terrasse. Zur Holzmarktstraße bindet ein langgezogener Riegel mit leicht konvexer Front und mit Flugdach über dem 5. OG die drei Türme zusammen. Ebenfalls nach einem Entwurf der Architekten werden Viadukte der unmittelbar angrenzenden S-Bahntrasse für kommerzielle Nutzungen ausgebaut und dadurch eine parallel zur Holzmarktstraße verlaufende Fußgängerpassage geöffnet. Der Baukörper des „Trias" fügt sich als markantes Stadtzeichen in die bislang noch weitgehend durch überbreite Straßen und freistehende Wohnzeilen der 60er und 70er Jahre geprägte Stadtlandschaft im Bereich der Jannowitzbrücke ein. Zusammen mit dem am Südufer der Spree vom Jannowitz-Center in Richtung Michaelsbrücke neu entstandenen Uferweg bildet das „Trias" einen wesentlichen Bestandteil zur Urbanisierung eines lange vernachlässigten Stadtgebietes.

Das Deutsche Architekturzentrum bezog 1996 einen sanierten und erweiterten ehemaligen Fabrikbau, der nach der Wende zunächst für Künstlerateliers und als Techno-Club genutzt worden war. Das zur Spree hin gelegene Gebäude wurde 1902 als Fabrikkomplex im Hinterhof einer zur Straße hin geschlossenen Wohnbebauung errichtet. Mit seiner weiß glasierten Backsteinfassade und einer plastischen Lisenengliederung zeigt er typische Elemente des Berliner Gewerbebaus der Jahrhundertwende. Die kammartige Struktur mit 5 OG umschließt zwei Höfe und öffnet sich mit zwei Flügeln zum Flussufer. Durch Kriegseinwirkung wurde die Vorderhausbebauung zerstört. Eine Kriegslücke an der Westfront des Gewerbeflügels blieb bis zur Wende sichtbar. Anderhalten schloss diese Fassade durch einen völlig verglasten Eingangsbereich, der einerseits den Bruch weiterhin sichtbar erhält und andererseits einen architektonischen Kontrastpunkt zu der Gründerzeitfassade setzt. Die Architekten Assmann, Salomon und Scheidt wurden mit der Aufstockung des Komplexes für Wohnnutzungen sowie mit einer Erweiterung der Spreeflügel beauftragt. Die Neubauten schließen sich unmittelbar an den Bestand an und übernehmen dessen strukturelle Gliederung wie Achsenbreite, Fensterformate bis hin zu angedeuteten Lisenen. Zusammen mit den Penthouses ergibt sich ein reizvoller Dialog zwischen historischer Substanz und modernen Akzenten. Das Architekturzentrum nimmt neben Büroräumen für den BDA auch verschiedene Architekturateliers, Ausstellungsflächen sowie Cafés auf.

116
Michaelkirche
Michaelkirchplatz
1853–56
August Soller

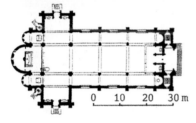

0   10   20   30 m

117
Ehem. Verbandshaus der Gewerkschaften „Gesamtverband"
Michaelkirchplatz/Engeldamm
1927–30
Bruno Taut, Franz Hoffmann; Max Taut

Der Michaelkirchplatz wurde als städtebauliches Zentrum der Luisenstadt Mitte des 19. Jahrhunderts angelegt. Wichtiger Bestandteil der Planung war der 1848–52 ausgebaute (und 1926 wieder zugeschüttete) Luisenstädtische Kanal, der von der Spree im Viertelbogen zum Engelbecken vor der Michaelkirche und weiter zum Landwehrkanal führte. Die Kirche – das Hauptwerk Sollers – wurde als katholische Pfarrkirche erbaut. Sie ist eine dreischiffige kreuzförmige Hallenkirche mit kurzem Chor und drei Apsiden. Über der Vierung erhielt sie eine Kuppel mit oberen Lichtgaden. Mittelschiff und Kreuzarme überspannen Flachkuppeln. Die Seitenschiffe überwölben querliegende Halbkreistonnen. In der turmlosen Westfront bildet eine hohe Rundbogennische die Vorhalle. Darüber liegt das mit Satteldach gedeckte Glockenhaus. Der Vierungsbereich wird außen beherrscht vom Kuppelturm, der auf quadratischem Unterbau aufsitzt. Sein Tambour ist in Rundbögen geöffnet. Prägende Details sind Rundbogenarkaden und Rundbogenfriese. Sollers Vorbild waren mittelalterliche Backsteinkirchen der Lombardei. 1944/45 wurde die Kirche schwer beschädigt, das Langhaus ist noch heute Ruine. Eingangs- und Vierungsbereich sind erhalten. Im chornahen Joch des Langhauses wurde eine Wohnung für den Pfarrer eingebaut. Im rekonstruierten Querschiff finden seit 1990 wieder Gottesdienste statt.

Auftraggeber für das Haus war der „Deutsche Verkehrsbund", seit 1930 „Gesamtverband" derjenigen Einzelgewerkschaften, die nicht in den großen Industriegewerkschaften zusammengefasst waren. Erste Entwürfe stammten von Bruno Taut und Hoffmann. Sie sahen einen rechteckigen Baukörper von vier Geschossen mit Mittelrisalit und vertikal strukturierten Fassaden vor. Die Ausführung übernahm nach verändertem Plan Bruno Tauts Bruder Max. Er rundete die Ecke ab und fügte ein zurückgesetztes sechstes Geschoss hinzu. Der Bau liegt im Winkel um einen Hof. Schon Bruno Taut hatte das ummantelte Skelett zur architektonisch wirksamen Gliederung erhoben. Max Taut verstärkte dies durch eine dem Stahlbetonrahmen angemessenere Spannweite. Er wählte statt stehender Fenster liegende, von denen jeweils zwei zwischen den tragenden Stützen angeordnet wurden. Eine schwächere Zwischenstütze trennt sie voneinander. Hohlkehlen vermitteln vom Pfeiler zu der zurückliegenden Fensterebene. In der ursprünglichen Farbfassung waren Hauptstützen und Brüstungen dunkel gehalten, die Hohlkehlen dagegen weiß. Dadurch traten die Zwischenstützen nur mit einem schmalen dunklen Streifen in Erscheinung, und die optisch wirksame Achsweite überspannte zwei Fenster. Das Innere ist umgebaut worden. Erhalten sind der Eingang und ein Treppenhaus. Für den Sitzungssaal hatte R. Belling unter dem Motto „Vereinte Kraft Großes schafft" sechs Reliefs angebracht. Sie wurden 1945 zerstört.

118
Kino International
Karl-Marx-Allee 31
1961–64
Heinz Aust, Günter Kunert, Horst Bauer

119
Haus des Lehrers und Kongresshalle
Alexanderstraße
1961–64
Hermann Henselmann, Bernhard Geyer,
Jörg Streitparth

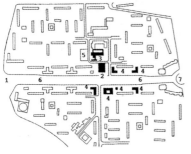

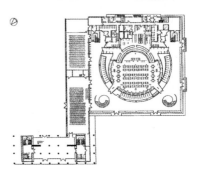

Lageplan (unten): 1 Alexanderplatz, 2 Kino International,
3 ehem. Hotel Berolina, 4 Geschäftshäuser, 5 Parkplatz,
6 Karl-Marx-Allee, 7 Strausberger Platz

Das Kino International bildete mit dem dahinter gelegenen Hotel Berolina einen integralen Bestandteil
des 1959–65 errichteten 2. Bauabschnitts der
Ost-West-Magistrale Karl-Marx-Allee (Stalinallee).
Anstelle der geschlossenen Bebauung nach histo-
ristischem Konzept wie im 1. Bauabschnitt von
1952–56 wurde hier eine räumlich offene Baustruktur gewählt. Zwischen den Wohnhausscheiben
waren T-förmige Pavillons geplant. Eingebunden
war auch die Querachse Schillingstraße, die vom
Kino und dem zurückgesetzten 13-geschossigen
Hotel aufgefangen wurde. Der Kinobau mit 600
Plätzen wurde auf das Hotel bezogen und in seiner
seitlichen Stellung durch dessen asymmetrische
Auf- und Ausbauten ausponderiert. Der Oberbau
springt weit über den Eingang zur Kassenhalle vor
und ist in der Front (der Wandelhalle) voll verglast.
Die Seitenansicht zeigt, dass dieser Teil, in dem sich
der Kinosaal befindet, einen eigenen, analog dem
inneren Parkett leicht geschwungenen Körper bildet.
Seine Seitenwände sind mit hellen strukturalen Reliefs von Waldemar Grzimek u. Hermann Schievelbein bedeckt. Auf der Rückseite ist eine öffentliche
Bibliothek untergebracht. Das Hotel wurde 1995
abgerissen. An seiner Stelle entstand nach Plänen
der Architektengemeinschaft Bassenge, Puhan-
Schulz, Heinrich, Schreiber ein Bürogebäude, das in
seinen Dimensionen sowie in dem sachlichen Erscheinungsbild der Rasterfassade dem Vorgängerbau entspricht, sich andererseits jedoch durch seine
Verklinkerung weitgehend von dem mit blauen
Keramikplatten verkleideten Vorgängerbau absetzt.
Das Bürogebäude wird als Rathaus für das Bezirksamt Mitte genutzt.

Das alte, 1908 von Hans Toebelmann und Henry
Gross gebaute Vereinshaus des Berliner Lehrer-
vereins in der Alexanderstraße war im Krieg zerstört
worden. Im Zusammenhang mit dem Aufbau des
Alexanderplatzes wurde ein Neubau beschlossen.
Da Henselmann glaubte, es sei für die Nutzung
besser, die großen Versammlungsräume vom übrigen zu trennen, entwarf er zwei Baukörper, die als
Hoch- und Flachbau einander zugeordnet sind. Der
quadratische, in seinen Hauptfronten verglaste
Flachbau enthält neben mehreren Sälen im Obergeschoss den kreisrunden Kongress-Saal. Er ist mit
einer flachen Kuppel überdeckt. Zur akustischen
Regulierung der ungünstigen Kreisform wurden an
Wand und Decke dekorativ ausgeformte „Diffuso-
ren" angebracht. In den strenglinigen Foyers stehen
zwei gewendelte Treppen. Anfangs hatte man ein
Lern- und Bildungszentrum angestrebt, veränderte
dann aber das Programm in Richtung auf Erholung
und kulturelle Betätigung. Deshalb gab es im 12-
geschossigen Hochhaus weniger Unterrichts-
kabinette, dafür ein Café, das öffentlich zugänglich
war, eine Klubgaststätte, Bücherspeicher, Bücherei
und Klubräume. Es handelt sich um einen Stahlbe-
ton-Montagebau mit vorgehängten Wänden aus
Glas, Kunststoff und Aluminium. Angeregt durch
Wandbilder Diego Riveras im öffentlichen Raum
Mexikos, entschloss man sich, in Höhe des Bücher-
speichers erstmalig in Ostberlin ein ähnliches Wandbild von Walter Womacka (proportional unsicher)
anzubringen und mit ihm die geistige Zielsetzung
des Hauses bildlich zu interpretieren.

120
S- und U-Bahnhof Alexanderplatz
Dircksenstraße/Alexanderplatz
1878–82, 1963/64; 1911–13, 1927–30;
1996–97
Johann Eduard Jacobsthal; Hans Joachim May,
Günter Andrich; Alfred Grenander; Rebecca
Chestnut & Robert P. Niess

Zustand bis 1996 (oben); Modellaufnahme um 1930
(unten)

Der Alexanderplatz, der 1805 beim Besuch des
russischen Zaren Alexander I. nach diesem benannt
worden war, lag bis zum 19. Jahrhundert als Vieh-
und Wollmarkt vor den Stadttoren. Am Eingang zum
Platz von der heutigen Rathausstraße aus standen
bis 1910 die Königskolonnaden (Nr. 533). Mit dem
Bau der Stadtbahn und des Bahnhofs Alexanderplatz 1878–82, dann 1911–13 des U-Bahnhofs
der Linie A (heute U2), schließlich 1927–30 der
Linien D (heute U8) und E entwickelte sich der Platz
zum frequentiertesten Knotenpunkt Berlins. Die als
Hochbahn gebaute Stadtbahn schuf auf 12 km
Länge eine direkte Ost-West-Verbindung und band
beiderseits an die vorher entstandene Ringbahn an.
Die Planung des Bahnhofs Alexanderplatz lag in den
Händen von Jacobsthal. Die rundbogige Halle ist
von genieteten Dreigelenkbögen überspannt. Bei
der durchgreifenden Rekonstruktion 1963/64 durch
Hans Joachim May und Günter Andrich wurden in
den Unterbau mehrere Läden eingebaut, der Zugang zu den Bahnsteigen verbessert, die Wände mit
Travertinplatten verkleidet und das Hallendach modernisiert. Vom S-Bahnhof gelangt man über
Treppenanlagen zum verzweigten System der U-
Bahn. Die erste Linie war 1911–13 nach Entwürfen
von Alfred Grenander gebaut worden. Dieser entwickelte mit Alfred Fehse zusammen auch die für
den großen Ausbau 1927–30, der 12 m tief unter
dem „Alex" erfolgte. Alle Bahnsteige wurden durch
ein unterirdisches Passagensystem verbunden. Der
Bahnhof wurde 1996–97 durch die Architekten
Chestnut & Niess saniert und umgebaut, wobei die
Bögen des Sockelgeschosses wieder freigelegt
wurden.

121
Berolina-Haus und Alexanderhaus
Dircksenstraße/Alexanderplatz
1930–32
Peter Behrens

Modellaufnahme 1929

Den Ausbau des U-Bahnknotens wollte Stadtbaurat
Martin Wagner für eine neue Bebauung des
Alexanderplatzes als Weltstadtplatz nutzen. Er initiierte 1929 einen Wettbewerb der Berliner Verkehrs
AG mit Vorgabe eines Kreisverkehrs. Größe und
Funktion der Gebäude sollten sich nach der Kon-
sumkraft der den Platz kreuzenden Menschenmas-
sen richten. Trotz kurz zu bemessener Lebensdau-
er war ein ausgeprägtes formales Gesicht bei Tag
und Nacht gewünscht. Der 1. Preis ging an die
Brüder Luckhardt. Peter Behrens erhielt den 2.
Preis. Beide hatten ihre Gebäude der Kreisform
angepasst. Ludwig Mies van der Rohe, der sie frei
anordnete, fiel durch. Obwohl der Luckhardtsche
Entwurf der eleganteste war, erhielt Behrens den
Auftrag. An den Stirnseiten der Gebäude und über
dem halbrunden östlichen Trakt (wegen Grund-
stücksüberteuerung nicht gebaut) sah er große
Lichtkästen vor. Er wählte eine Beton-Rahmen-
konstruktion, die er in den Fassaden kassettenartig
vertiefte. Die Rahmen fassen 2 oder 3 Fenster zusammen und sind mit Kalksteinplatten verkleidet.
Beide Häuser erhielten über zwei Kellergeschossen
ein ebenerdiges Ladengeschoss mit Passagen,
darüber eine auskragende Glasgalerie für Gaststätten und Ausstellungen, schließlich sechs Bürogeschosse. Stützweiten von 7,20 m gewährten eine
freie Raumaufteilung. An der Westseite verhindert
die Galerie ein optisches Absacken der Gebäude
gegenüber dem S-Bahndamm.

122
Forum Hotel (ehem. Hotel „Stadt Berlin") Warenhaus Kaufhof (ehem. Centrum-Warenhaus) und „Haus des Reisens"
Alexanderplatz
1967–70
Heinz Scharlipp, Hans Erich Bogatzky; Josef Kaiser, Günter Kunert; Roland Korn, Johannes Brieske, Roland Steiger

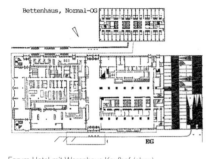

Forum Hotel mit Warenhaus Kaufhof (oben),
Grundrisse des Hotels (unten)

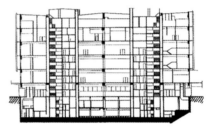

„Haus des Reisens" (oben), Aufriss des Warenhauses (unten)

Das Forum Hotel steht als 123 m hoher Vertikalakzent an der Nordecke des Platzes. Ein 2- und 3-geschossiger Flachbau enthält eine quer durchlaufende, „Alex" und Allee verbindende Hotelhalle südlich davon, einen Küchentrakt dreiseitig Restaurants mit insgesamt 1900 Plätzen und nördlich die Hotelfunktionen Empfang, Servicebüros, Aufzüge und Konferenzräume. Daran schließt eine 5-geschossige Garage an. In 38 OG befinden sich 2000 Betten in jeweils 32 Zimmern pro OG an den Längsseiten um die Fahrstuhlschächte. Jedes hat ein Privatbad und einen Vorraum. Im 37. OG liegen ein Panoramarestaurant, eine Bar und Salons. Das Bettenhaus wurde in Stahlbeton-Gleitbauweise ausgeführt und von einer Vorhangfassade aus Aluminium-Elementen mit blau getönten Derthermalscheiben umschlossen. Durch eine 1-geschossige Überdachung der „Alex-Passage" ist das gleichzeitig entstandene Warenhaus angebunden. Josef Kaiser glich die Gliederung des 6-geschossigen kompakten Baukörpers an die übrige Bebauung an. EG und 1. OG sind verglast, 2.–5. OG mit einer 1,20 m abstehenden Alu-Netzfassade umkleidet. Im Zwischenraum verlaufen Gänge zu den feuersicheren Treppen. Das 1. OG ist von einem breiten, über Rampen erreichbaren Umgang umgeben. Die Belieferung geschieht unterirdisch von jenseits der Straße. Ein drittes beherrschendes, stark plastisches Gebäude ist das 1969–71 von Roland Korn, Johannes Brieske und Roland Steiger errichtete 17-geschossige „Haus des Reisens" mit seinen vielfältigen Asymmetrien. Der städtebauliche Wettbewerb von 1993 zur Umgestaltung des gesamten Alexanderplatzes wurde zugunsten des Entwurfs von Hans Kollhoff und Helga Timmermann entschieden. Ihr Konzept sieht eine weitgehende Neubebauung des Areals zwischen S-Bahn und Mollstraße vor, lediglich die beiden Behrensbauten sowie der Komplex des „Haus des Lehrers" sollen erhalten bleiben. Als städtebauliche Grundfigur sind großformatige Blockstrukturen vorgesehen, aus denen an den vom Platz abgewandten Seiten mehrfach zurückgestufte Hochhäuser erwachsen sollen. Inwieweit diese umfassende und den Bestand aus den 60er und 70er Jahren weitgehend negierende Planung umgesetzt wird, ist z. Zt. noch offen.

123

**Polizeipräsidium (ehem.
Verwaltungsgebäude der Karstadt AG)**
Otto-Braun-Straße/Keibelstraße
1930/31
Philipp Schaefer

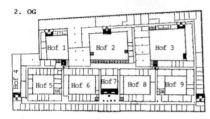

Das Verwaltungsgebäude des Warenhauskonzerns wurde in außerordentlichen Maßen um acht Binnenhöfe nordöstlich des Alexanderplatzes auf innerstädtischem Grundstück errichtet. Es war allein für den Konzern gedacht, wurde aber dann teilweise vermietet. Bei insgesamt 412 m langer Fassade misst die längste Front 177 m und 80 Achsen. Dies wirkt besonders gewalt(tät)ig, weil sie an der Hauptfront (Hans-Beimler-Straße) über dem zu Schaufenstern geöffneten EG durch siebengeschossige Blenden neoklassizistischer Herkunft gegliedert und (wie auch Schaefers Karstadt-Kaufhaus von 1929 am Hermannplatz, Nr. 402) mit Ettinger Tuffstein verkleidet wurde. Ein mittiger Turm mit durchlaufenden Pfeilern ist 9-geschossig. Diese Höhe war möglich, weil der Bau in der Bauflucht erheblich zurückgesetzt steht. Die anderen, ebenfalls 7-geschossigen Trakte mussten zu den Straßen hin auf fünf Geschosse zurückgestuft werden. Dort besteht die Gliederung über dem EG aus 4-geschossigen wuchtigen, mit Oldenburger Klinkern verblendeten Kolossalpfeilern. Ein zeitgenössischer Kritiker sprach von „imponierender Monotonie", die noch durch die endlosen Horizontalen der Staffelgeschosse verstärkt werde. In dieser Härte der Architektur gehört der Bau zu den wenigen präfa-schistischen Großbauten am Ende der Weimarer Republik. Die Wände der Höfe sind mit weißen Glasursteinen verblendet, um günstige Belichtung zu erreichen. Konstruktiv handelt es sich um einen Stahlbeton-Stützenbau von 6,60 m Stützweite, der vielseitige Verwendung zulässt. Die unendlich langen Flure waren bei 4 m Höhe mit hellglänzenden Wandplatten verkleidet und mit Fliesen in Schachbrettmuster ausgelegt.

124

**Bebauung Rosa-Luxemburg-Platz,
Kino „Babylon"**
Rosa-Luxemburg-Platz (ehem. Bülowplatz)
1928–30
Hans Poelzig

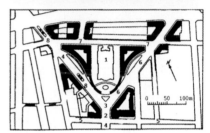

Bebauung Weydingerstraße (oben), Lageplan (unten):
1 Volksbühne, 2 Kino „Babylon", 3 Rosa-Luxemburg-Platz, 4 Rosa-Luxemburg-Straße, 5 Hirtenstraße, 6 Weydingerstraße, 7 Linienstraße, 8 U-Bahnhof Rosa-Luxemburg-Platz

Das im 17. und 18. Jahrhundert vor den Stadttoren angelegte Scheunenviertel wurde 1906 abgebrochen. In seinem Zentrum entstand die Volksbühne. Die Wohnquartiere mit Läden und einem Kino nach Plänen Hans Poelzigs folgten erst zwanzig Jahre später. Die von Martin Wagner und Richard Ermisch entworfene Umbauung der Volksbühne blieb unausgeführt. Die formale Lösung der Ecken zwischen spitzwinklig zusammenlaufenden Straßen war schwierig. Poelzig rundete sie ab und besetzte sie mit vorspringenden 1- oder 2-geschossigen (nicht erhaltenen) Ladenbauten. Dementsprechend gliederte er die Fassaden in horizontale Bänder und deckte sie mit weit überstehenden Dächern ab. Auch die Balkone fügten sich der dynamisch-kurvigen Bewegung ein. Die Vertikalen ergaben sich durch umrahmte Treppenhausfenster. Der geplante stark farbige Anstrich unterblieb aus Geldnot. Die benachbarten Häuser westlich der Hirtenstraße wurden einige Jahre später in einer angeglichenen Bauweise ergänzt. Nicht alle Blöcke sind erhalten. An der Ecke Rosa-Luxemburg-Straße/Hirtenstraße baute Poelzig in den Häuserblock das Lichtspieltheater „Babylon" ein. Dem Foyer gab er geschmeidig gerundete Formen. Im Zuschauerraum mit Empore wölbte er aus glatten Wänden eine flache Decke mit eingelassenem Oberlicht heraus. Nach Umbauten, u. a. 1948 durch die Sowjetarmee, ist vom ursprünglichen Raumeindruck wenig geblieben.

125
Volksbühne
Rosa-Luxemburg-Platz (ehem. Bülowplatz)
1913/14; 1950–54
Oskar Kaufmann; Hans Richter

126
Wohngebäude „Estradenhaus"
Choriner Straße 56
1998–99
Wolfram Popp

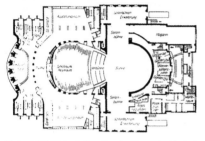

Zustand 1914 (oben), Grundriss des Baus 1954 (unten)

Ansicht (oben)
typischer Etagengrundriss (unten)

Aus der 1890 gegründeten Freien Volksbühne als Kultur- und Kampforganisation vorwiegend sozialdemokratischer Arbeiter hatte sich 1892 ein rechter Flügel als „Neue Freie Volksbühne" abgespalten, die nach 1902 starken Zuwachs erhielt und dadurch auch die Mittel, ein eigenes Haus zu bauen. Es entstand 1913/14 nach Entwürfen Oskar Kaufmanns. Nach dem Schillertheater war dies der zweite Ansatz zu einem Volkstheater, hier allerdings nicht in der Gestaltung, sondern in der Finanzierungsform. Alle zahlten den gleichen Eintritt. Kaufmann legte, wie beim Hebbeltheater (Nr. 427), Wert auf eine monumentale Fassade, die in der Mitte wuchtig vorschwingt und mit Säulen Feierlichkeit signalisiert. Ein mächtiges plastisches Dach hob das besondere Gebäude aus der Umgebung heraus. In der Stirnfläche war der Anspruch „Die Kunst dem Volke" eingemeißelt, der allerdings vorwiegend auf die bürgerliche Kunst gerichtet war. Die technisch gut ausgestattete Bühne besaß die ersten festen Kuppelhorizont, eine sehr große Drehbühne und Seitenbühnen. Um viele Besucher unterzubringen, waren drei Ränge angeordnet und sehr weit nach vorn gezogen. Die Wände erhielten eine warme Holzverkleidung. Nach Kriegszerstörung standen nur noch die Umfassungsmauern. Nach Vorarbeiten und einem Wettbewerb baute Hans Richter das Haus 1950–54 wieder auf. Das ursprüngliche verlängerte Halbrund des Zuschauerraums veränderte er zur Eiform und ordnete die Ränge (bei Verringerung der Platzanzahl um 600) amphitheatralisch im hinteren Bereich an. Das Foyer erhielt seitlich (auch bespielbare) Ausstellungsräume. Das Äußere vereinfachte er stark, vor allem im Dachbereich.

An der Choriner Straße findet sich eines der ungewöhnlichsten Wohnhäuser Berlins der 90er Jahre des 20. Jahrhunderts. Bereits die Fassade mit ihren durchgehenden Balkonen und den großflächigen holzgerahmten Fensterfronten grenzt sich von dem überwiegend historistischen Kontext der ruhigen Straße ab. Hier wird schon deutlich, daß die dahinter liegenden Wohnungen von außergewöhnlicher Großzügigkeit und einer maximalen Ausrichtung zur Umgebung und zum Tageslicht gekennzeichnet sind. Wolfram Popp entwickelte sein Traumhauskonzept zunächst ohne Grundstück und Bauherrn; beides fand sich erst nach einer klaren Definition der gewünschten Wohnungstypologie. So ungewöhnlich das Planungs- und Bauprocedere, so eigenwillig erscheinen auch die auf 6 Obergeschossen untergebrachten Wohnungsgrundrisse. Pro Etage sind zwei Wohnungen integriert, jeweils 80 m^2 bzw. 100 m^2 groß. Basierend auf der Idee eines durchgehenden Raumes wurden die Küchen- und Nasszellenbereiche an die Trennwand verlegt und können durch eine „kiemenartige", faltbare Holzwand je nach Bedarf abgeschirmt werden. Ansonsten beherrscht ein großzügiges Raumkontinuum die stützenfreien Wohnungen, sowohl zur Vorder- als auch zur Rückseite öffnen sich die bodenlangen Verglasungen zu den Balkonen und zur Umgebung. Seinen Namen erhielt das Haus durch die den Fenstern vorgelagerten, konstruktionsbedingten Estraden. 40 cm über dem Fußboden gelegen reichen sie 1,80 m tief in die Wohnungen hinein, grenzen dadurch den Raum optisch ab und bieten durch das erhöhte Niveau einen attraktiven zusätzlichen Raum.

127
Verwaltungsgebäude und Umformwerk der BVG
Dircksenstraße/Ecke Rosa-Luxemburg-Str. 2
1929/30
Alfred Grenander, Tschimmer

128
Funktionsgebäude der Wohnungsbaugesellschaft Berlin-Mitte
Dircksenstraße
1984/87
Jochen Jentsch, Klaus Bendler, Bernhard Brabetz

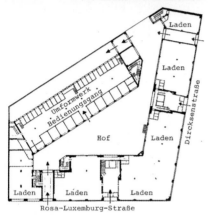

Grundriss Erdgeschoss

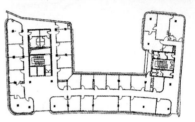

Grundriss Normalgeschoss

Der Bau war das letzte große Werk Grenanders vor seinem Tode 1931. Kernstück ist das im Hof liegende 2-geschossige Umformwerk für sechs Großgleichrichter. Es entstand im Zusammenhang mit der zweiten Nord-Süd-Linie der U-Bahn von Gesundbrunnen über Alexanderplatz bis Neukölln (U8). Bei der Nähe zum Verkehrsknoten Alexanderplatz war es geboten, das von der U-Bahn unterfahrene Grundstück mit einem Büro- und Dienstgebäude zu bebauen. Die unteren beiden der sieben Geschosse (sechs und ein zurückgesetztes Dachgeschoss) waren für Läden bestimmt. Das Bürohaus wurde als Stahlskelett konstruiert und an den tektonischen Teilen mit Muschelkalkplatten, an den Brüstungen mit Klinkern verblendet. Breite Holzfenster reihen sich zu langen Horizontalen. Das konstruktive Gerüst des Umformergebäudes besteht aus einem sichtbaren Stahlbetonskelett. Hier ist das ganze Obergeschoss mit Klinkern verkleidet. Darin sitzen schmale hohe Eisenfenster bündig in der Fläche. Beide Gebäude zeigen die knappe und straffe Großform, die viele Verkehrsbauten Grenanders auszeichnet.

In ihm wurde die Verwaltung der etwa 50 000 kommunalen Wohnungen im gesamten Stadtbezirk Mitte einschließlich Reparaturschnelldienst, Fuhrpark, Lager und soziale Dienste konzentriert. Als Baugelände stand ein Eckgrundstück, eine Baulücke, unmittelbar an der Stadtbahn zur Verfügung. Das 6-geschossige Gebäude wurde im Lift-Slab-(Decken-Hub)-Verfahren um stabilisierende Gleitkerne errichtet. U-förmig um einen Hof gelegt, schließt es bündig mit gleicher Traufhöhe an die benachbarten Häuser an. Seine Grundlinie folgt dem kurvigen Straßenverlauf, was eine geschwungene Fassade ergibt. Die Architekten steigerten dies durch kurvige Abrundung aller Ecken, auch der zu dem zurückgesetzten und mit Glasschürze versehenen Eingangsmotiv, das zu einem tragenden partiellen Symmetriemotiv ausgebildet ist. Die flächig und dunkel gehaltene Sprossengliederung des Baus reicht bis zu dem hier aufgesetzten 6. OG und bindet dies samt einem weiteren Aufsatz in die Symmetrie ein. Das 5. und 6. OG sind mit umlaufenden Fensterbändern verglast. Die horizontale Schichtung der Fassaden (auch im Hof) ist durch ein weit vorgezogenes Gesims und die niedrige, mit Keramikplatten verkleidete Brüstung unterstrichen. Das EG tritt dunkel zurück. Neben dem Haupteingang befindet sich dort die Zufahrt zum Hof und zu den Werkstätten. Treppen, Aufzüge und Sanitärräume sitzen in zwei Kernen. Durch die Fortsetzung der gekurvten Außenfront in den Innenraum hinein ergibt sich dort eine geschmeidige Wegeführung und außerdem, unterstützt durch großflächige Verglasung, eine optische Bindung beider Bereiche.

129
S-Bahnhof Hackescher Markt
Hackescher Markt/Neue Promenade
1878–82
Johannes Vollmer

130
Hackesche Höfe
Rosenthaler Straße 40/41, Sophienstraße 6
1906–07; 1995–96
Kurt Berndt, August Endell; Weiß & Partner

Bahnhofshalle (oben), Außenfassade (unten)

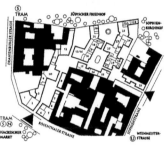

1. Hof, Endellhof (oben); Lageplan (unten)

Das Bahnhofsgebäude entstand als „Bahnhof Bör-
se" im Zusammenhang mit dem 1878 begonnenen
Bau der Stadtbahnlinie, deren Viadukt über den
zugeschütteten Festungsgraben der Meinhardtschen
Befestigung führt. Es ist im ursprünglichen Zustand
erhalten. Dagegen wurden die S-Bahnhöfe Friedrichstraße (von Johannes Vollmer ähnlich gestaltet)
und Alexanderplatz (von Johann Eduard Jacobsthal)
mehrfach umgestaltet. Das Dach der 16 m breiten
und 100 m langen Bahnsteighalle mit zwei Gleisen
(ein Fernbahngleis verläuft außerhalb) wird von flachen eisernen Bögen getragen. Auf ihnen sitzt mittig
ein voll verglastes Satteldach auf. Die mit Klinkern
verkleideten Seitenwände wurden innen und mehr
noch außen reich mit historisierenden Formen aus
Formsteinen oder Terrakottaplatten überzogen.
Breite Pfeilervorlagen vor den Stützmauern, welche
die Flachgewölbe der Unterkonstruktion tragen,
teilen die Wand in Segmente. Diese sind alle auf
gleiche Weise untergliedert. Über stark profilierten
Flachbögen sitzt ein dreiteiliges Fassadenfeld mit
Brüstung und Pilastergliederung. Das mittlere wurde
weiter untergliedert und von einem Rundfenster
unterbrochen. Die seitlichen sind in Inkrustations-
technik geschmückt.

Der Architekt Kurt Berndt entwarf den Komplex mit
seinen sieben Höfen als typische Berliner Mischnutzung von Wohnen, Gewerbe, Gastronomie und
kulturellen Einrichtungen. Während die beiden ersten Höfe vom Hackeschen Markt her v. a. als
Standort für Gewerbe und Gastronomie genutzt
wurden, sind die ruhigeren Wohnhöfe zur Sophienstraße hin orientiert. Die Großzügigkeit der Anlage
verweist, gerade in Bezug auf die Qualität der
Wohnhöfe, auf Reformmietshaustypologien Anfang
des 20. Jahrhunderts. Die Front zum Hackeschen
Markt zeigt sich mit ihrer Linsengliederung in einem
zurückhaltenden Jugendstil. Der nach dem Krieg
erhalten gebliebene reiche Stuck wurde zusammen
mit den Giebelaufbauten 1961 entfernt. Weiß &
Partner, die die Sanierung des Komplexes 1995–
96 leiteten, entwarfen die neuen Giebelaufbauten
und adaptierten die Gliederungselemente der
Jugendstilfassade. Der 1. Hof wurde von August
Endell entworfen und repräsentiert mit seinen restaurierten Fassaden aus glasierten Klinkern eines der
schönsten Beispiele des Jugendstils in Berlin. Ein
großer Teil des Reizes der Anlage resultiert aus der
gelungenen Nutzungsmischung nach der Sanierung.
So sind hier heute neben einem 38%igen Wohnanteil u. a., kulturelle Einrichtungen wie das Varieté
Chamäleon sowie die Architekturgalerie Aedes vertreten, die ihre Räume und das gegenüber liegende
Café Aedes im 2. Hof nach einem Entwurf von Ben
van Berkel ausbauen ließ.

131
Neuer Hackescher Markt
Rosenthaler Straße 42, Hackescher Markt 1, An
der Spandauer Brücke 4–8, Dircksenstraße 48–52
1997–99
Götz Bellmann & Walter Böhm

Gesamtansicht
Lageplan

132
Ehem. Volkskaffeehaus
Neue Schönhauser Straße 13
1890/91
Alfred Messel

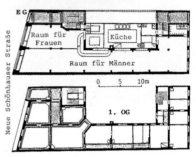

Gegenüber den Hackeschen Höfen zu bauen, be-
deutet nicht nur in einem anspruchsvollen stadthistorischen Kontext zu arbeiten, sondern auch einen hohen architekturhistorischen Maßstab anzulegen. Der „Neue Hackesche Markt" besetzt ein nach
Kriegszerstörungen bis in die 90er Jahre brach
gelegenes Grundstück an der Dreh- und Angel-
stelle, dem „hot spot" der Spandauer Vorstadt.
Bellmann und Böhm reagierten auf diese Aufgabe
mit ihrem bewährten Konzept der Grundstücks-
parzellierung, der funktionell und gestalterisch eigenständigen Einheiten und der kreativen Synthese
verschiedener typologischer Muster. Das farben-
prächtige Ensemble zeigt die Auseinandersetzung
mit den späten Arbeiten Aldo Rossis, mit dem sie
auch bei dessen letzten Projekten in Berlin koope-
riert hatten (Nr. 100, 647). Die Bebauung folgt den
historischen Straßenfluchten, die Kleinteiligkeit der
insgesamt 9 auf die Straßen sich öffnenden Häuser
suggeriert den Eindruck des historisch gewachsenen. Weitere Hauseinheiten bilden hofseitig eine
Spange, die rückwärtig gelegene ruhige Hofein-
heiten kreieren. Ein Nutzungsmix aus Büroräumen,
Geschäftsräumen und vorwiegend auf den mittleren
Hof konzentrierten Wohnungen reagiert auf den
innerstädtischen Kontext. Die Bandbreite der ange-
wandten Typologien reicht von der Adaption der
Vorbilder gründerzeitlicher Kontorhäuser bis zur
klassischen Lochfassade rationaler Prototypen des
Funktionalismus. Ein Fülle von Details wie Dachgauben, die Turmuhr am Hackeschen Markt sowie ein
teilweise reicher baukünstlerischer Schmuck unterstreichen die gewollte Differenzierung und unterstützen den Anspruch, das Bild eines gewachsenen
Stück Stadt hervorzurufen.

Alfred Messel war um 1890 mit Problemen des
genossenschaftlichen Wohnungsbaus und des „Ar-
beiterwohnhauses" beschäftigt. Zur gleichen Zeit
entwickelte er den besonderen Typ des „Volks-
kaffeehauses". Dieses Gebäude ist in seinen Formen und Details erhalten, befindet sich aber in einem verwahrlosten Zustand. Seine Rekonstruktion
war 1989 vorbereitet. Es ist kaum 15 m breit und
bestand aus einem kleinen Raum für Frauen, einem
weit größeren für Männer. Beide waren mit breiten
verglasten Bögen zur Straße geöffnet. Seitlich lief
ein schmaler Gang zu der mit Beschlagwerk verzierten Treppe und zu einem kleinen Lichthof. An ihm
lag die Küche mit Oberlicht. In den drei oberen Geschossen befanden sich gutbürgerliche Wohnungen
mit Salon und Esszimmer. Von diesem führte ein
Gang entlang den Schlafräumen zur Küche und zu
einem Büro, das außerdem einen gesonderten
Zugang über eine Hinterhaustreppe hatte. Die Fassade, die über den Gasträumen zurückgesetzt ist
und so einen langen Balkon entstehen lässt, zeigt
die Formen der deutschen Renaissance: links einen
2-geschossigen Erker mit Giebel und im 3. OG ein
dreiteiliges Fenster, das mit einem Zwerchgiebel zu
einem Motiv verbunden ist. Die asymmetrische
Stellung beider wird von der mit Maßwerkorna-
menten verzierten Balkonbrüstung ausbalanciert.
Auf der anderen Straßenseite steht als Haus Nr. 8
ein spätbarockes Bürgerhaus aus dem Jahre 1770,
vermutlich von Georg Christian Unger.

133
Ehem. Kaufhaus Wertheim
Rosenthaler Str. 27–31 und Sophienstraße
1903
Alfred Messel, Walter Schilbach

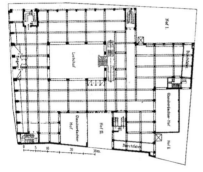

Die großen Warenhausbauten Messels für Wertheim
sind zerstört. Nur der kleinere und wenig bekannte
Bau in der Rosenthaler Straße blieb, allerdings mit
vereinfachter Hauptfassade, erhalten. Den ursprünglichen Zustand zeigt die niedrige Front an der
Sophienstraße. Auch an diesem Bau verwendete
Messel das Pfeilersystem. Stärker als anderswo war
hier die stilistische Ableitung von gotischen Strebepfeilern erkennbar. Die Vertikaltendenz war stark
ausgeprägt. In den Zwischenräumen saßen in ganzer Breite die Schaufenster und Fenster. Über dem
2. OG schlossen sie mit einem Korbbogen ab. Das
gesamte 3. OG war mit einer stabwerkartigen Rasterstruktur überzogen. Drei Achsen bildeten den
Eingang. Sie zeichneten sich durch dekorierte Relieffelder
aus. Das Steinmaterial bestand aus Dorlaer Sandstein. In der Achse des Eingangs lag der Lichthof,
dessen Wände mit reichem Dekor ausgestaltet waren. Entlang der Seitenfront gelangt man in die
Sophienstraße. Sie ist eine der ältesten Straßen der
Spandauer Vorstadt. 1981–87 wurde ihr historischer Baubestand mit Häusern aus dem 17. bis 19.
Jahrhundert rekonstruiert. Auf dem Grundstück von
Wertheim stand von 1864–1903 das Vereinshaus
des 1844 gegründeten Berliner Handwerkervereins.
Erhalten blieb ein kleinerer Ersatzbau in Haus Nr. 17
mit einem Terrakotta-Portal. Gebaut haben es 1905
Joseph Franckel und Theodor Kampfmeyer.

134
Sophie-Gips-Höfe
Sophiestraße 21/Gipsstraße 12
1996–97
Becker Gewers Kühn & Kühn

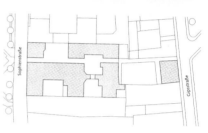

Ansicht der Dachaufbauten
Lageplan

Das Gelände einer ehemaligen Nähmaschinenfabrik
wurde mit diesem Projekt zu einem der herausragenden Kunststandorte der Berliner Mitte transformiert. Ein typisches Berliner Wohn/Gewerbe-Hof-
system der Gründerzeit wurde saniert und teilweise
um 2 Etagen aufgestockt. Im Bereich der insgesamt
drei Höfe, vor allem aber in den zwei oberen Geschossen des Altbaus und in dem nahezu völlig
verglasten Dachaufbau wurde die Sammlung Rolf
und Erika Hoffmann, eine der bedeutendsten
Sammlungen zeitgenössischer Kunst, untergebracht. Das Ehepaar Hoffmann bewohnt die Kunst-
Etagen, die jedoch regelmäßig für öffentliche Füh-
rungen zugänglich gemacht werden. Die Architekten
verzichteten auf eine neutralisierende „Glatt-Sanie-
rung", Nutzungsspuren, Unebenheiten und weitere
Spuren der historischen Dimension der Anlage wurden, soweit sie nutzungsverträglich waren, belassen
und geben dem Objekt eine spezifische Aura, die
einen effektvollen Gegensatz zu der kühlen konstruktiven Eleganz der Neubauelemente bilden.
Konzeptkünstlerische Installationen, etwa die großflächigen Satzkompositionen Lawrence Weiners
oder Neon-Installationen von Gunda Förster, machen das gesamte Ensemble zu einem umfassend
konzipierten Kunst-Ort.

135
Sophienkirche
Große Hamburger Straße 29
1712; 1732–34
Johann Friedrich Grael

Häuser am Zugang zur Sophienkirche (unten)

Die Sophienkirche wurde 1712 von Königin Sophie
Luise, der dritten Gemahlin Friedrich I., als Pfarrkirche der Spandauer Vorstadt gestiftet. Es handelte
sich um eine schlichte rechteckige Saalkirche mit
Emporen ohne vortretenden Chor. 1732 ließ ihr
Friedrich Wilhelm I. auf seine Kosten durch Johann
Friedrich Grael einen hohen Frontturm vorsetzen.
Dem genuteten Unterbau mit rundem Nischenportal
ist ein Portikusmotiv mit toskanischen Doppelpilastern und Dreiecksgiebel vorgeblendet. Darüber erhebt sich 2-geschossig der quadratische Turmschaft mit durchlaufenden Wandvorlagen an den
Ecken. Sein Hauptgesims springt kräftig vor und
trägt einen Umgang mit eisernem (früher steiner-
nem) Geländer. Dann folgen, zurückgesetzt, die
beiden Glockengeschosse. Das Motiv ähnelt
Schlüters Entwurf für den Münzturm. Ihre im Vergleich zum Schaft schlanke Gestalt wird durch den
2-geschossigen, zur Kreuzform übergehenden
Säulenaufbau ausgeglichen. Den oberen Abschluss
bildet die kupferbeschlagene barocke Haube. Dieser
Turm der Sophienkirche hat als einziger Barockturm
die Jahrhunderte überlebt. Der Kirchen-Innenraum
erhielt seine heutige neubarocke Form mit Chor-
apsis 1892 durch Adolf Heyden und Kurt Berndt.
Der zur Sophiengemeinde gehörende Komplex von
Wohnhäusern beiderseits des Zugangs zur Kirche
und an der Großen Hamburger Straße wurde
1903–05 einheitlich neobarock gebaut.

136
St. Adalbert-Kirche
Linienstraße 101, Torstraße 168
1933
Clemens Holzmeister

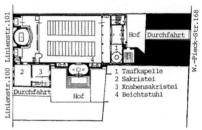

1 Taufkapelle
2 Sakristei
3 Knabensakristei
4 Beichtstuhl

In der Linienstraße nahe dem Koppenplatz erhebt
sich zwischen Wohnhäusern die eindrucksvolle
Chorpartie der katholischen St. Adalbert-Kirche. Sie
war auf beengtem Baugrund zwischen einem alten
Fabrikgebäude und Mietshäusern eingefügt worden.
Man erreicht sie von der Torstraße aus durch ein
Mietshaus (Hauptportal) oder von der Linienstraße
aus über den Hof des benachbarten Hauses. Der
zweitürige Haupteingang ist schlicht. Seitlich des
Windfangs liegt die Taufkapelle. Auf der Rückseite
ist eine fünfachsige Empore an durchlaufende Stützen angehängt. Das Innere der Kirche besteht aus
einem rechteckigen Saal mit Flachdecke, der nur
durch drei breite gedrungene Fenster vom Hof und
durch hohe Schlitzfenster beiderseits des Hauptal-
tars über die Seitenaltäre hinweg belichtet wird.
Zwischen den Seitenaltären und der halbrunden
Apsis des Chors schieben sich Scheidwände vor.
Die Wand des Chores ist im unteren Teil vollkommen glatt und fensterlos. Sein Licht erhält er aus
den Bogenfenstern des Chorturms. Dieser bildet
außen das Hauptmotiv der Kirchenfassade. In einem
Einschnitt der Fassade sitzend, wölbt er sich bis zur
Ebene der Seitenwände vor. Die Glocken befinden
sich in dem erhöhten seitlichen Aufsatz. Holzmeister, ein Wiener Architekt, verlieh durch klare sachliche Gestaltung und durch die Klinkerverkleidung
dem kleinen Bau Monumentalität. An der Ecke zum
Koppenplatz steht ein nach 1835 als Stift für Wit-
wen und Töchter gebautes klassizistisches Gebäude, beiderseits eingefasst durch Schulgebäude von
Ludwig Hoffmann.

137
Neue Synagoge, Centrum Judaicum
Oranienburger Straße 30
1859–66; 1988–91
Eduard Knoblauch, Friedrich August Stüler;
Bernhard Leisering

138
Universitäts-Frauenklinik
Ziegelstraße 14/15
1928–32
Preußische Hochbauverwaltung, Martin Kießling,
Baurat Wolff

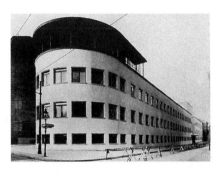

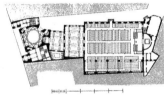

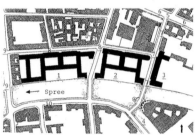

Zustand 1866 (oben)

Zustand 1932 (oben), Lageplan der geplanten Bebauung (unten): 1 Universitätsklinikum, 2 Frauenklinik, 3 Augenklinik, 4 Bode-Museum, 5 ehem. Haupttelegrafenamt, 6 Oranienburger Straße, 7 Monbijoustraße, 8 Ziegelstraße, 9 Friedrichstraße, 10 Weidendamm

In der Oranienburger Straße befand sich die Hauptsynagoge der damals in Berlin lebenden etwa 35 000 Juden. Eduard Knoblauch entwarf sie 1859, musste aber die Ausführung wegen Erkrankung an Friedrich August Stüler übergeben. Die Einweihung 1866 in Gegenwart Bismarcks erlebten beide nicht. Sie war eines der großartigsten Bauwerke des späteren 19. Jahrhunderts in Berlin. An der Straße erhob sich ein stattlicher Kuppelbau, der seitlich von zwei Türmen flankiert war. Durch deren Portale erreichte man die Treppe zur Frauenempore (rechts) und einen am hinteren Ende gelegenen Trauraum (links). Durch die Mitteltore gelangte man in das Vestibül mit einer flach gewölbten, reich bemalten Kuppel. Dahinter folgten – in der Achse verschoben – der Vorsaal mit seitlicher Garderobe und die querrechteckige Vorsynagoge für den täglichen Gottesdienst, schließlich die große, mit Emporen ausgestattete Synagoge. Sie fasste 3000 Gläubige und war dreischiffig, an der Seite im unteren Beresich sogar auf vier Schiffe erweitert. An der Stirnseite erhob sich die mächtige Apsis. Der innere Aufbau erfolgte mittels eines Eisenskeletts, dessen Binder die Quertonnen und Zwickelkuppeln der Decke trugen. Diese Kuppeln waren in farbig verglasten Oberlichtern geöffnet. Der gesamte Bau war in einem außergewöhnlich farbigen maurischen Stil gehalten. In der faschistischen Progromnacht vom 9. zum 10.11.1938 wurde er in Brand gesteckt und 1943 bei Luftangriffen schwer beschädigt. Die rückwärtigen Teile sind verloren. Der Kopfbau wurde seit 1988 durch Bernhard Leisering für die jüdische Gemeinde wiederhergestellt, 1991 wurde die Kuppel nach altem Vorbild aufgesetzt. Der rechts anschließende Neubau geht ebenfalls auf Leisering zurück.

Die z. T. noch vorhandenen Klinikgebäude der Universität zwischen Ziegelstraße, Spree und Schloß Monbijou (zerstört) waren 1878–82 im Wesentlichen von Martin Gropius und Heino Schmieden gebaut worden. 1928 begann man damit, sie durch Neubauten zu ersetzen. Zugleich sollte die Uferzone in dieser zentralen Lage neu gestaltet und die Südlage für Krankensäle und Promeniergärten genutzt werden. Die Preußische Hochbauverwaltung unter Martin Kießling plante 3-geschossige Trakte entlang der Ziegelstraße, daran anstoßend 5-geschossige Bettentrakte in E-Form und an diese angebunden niedrige, breite Flügel, mit denen die Grünhöfe am Wasser eingefasst werden sollten. Gebaut wurden die im Krieg zerstörte Augenklinik (Bauleitung Baurat Keibel, 3) und der an der Ziegelstraße gelegene Flügel der Frauenklinik (Bauleitung Baurat Wolff, 2). Dieser lange 3-geschossige Bau mit Flachdach erhielt eine kräftige Zäsur durch ein zurückspringendes und erhöhtes Eingangsmotiv. An seinem östlichen Ende ist er halbrund geschlossen und trägt ein zurückgesetztes verglastes Dachgeschoss mit vorspringendem Dach. Die quadratischen Fenster stehen streng gereiht – ehemals mit dunklen Sprossen im glatten weißen Putz. Um 1955 wurde westlich ein kurzer Flügel angebaut und der Eingang verlegt.

139
Ehem. Postfuhramt und Haupttelegrafenamt
Oranienburger Straße 35/36, 70
1875–81
Carl Schwatlo, Wilhelm Tuckermann

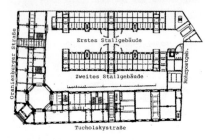

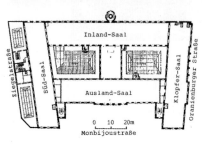

Ehemaliges Postfuhramt (oben), Grundriss EG (unten)   Haupttelegrafenamt (oben), Grundriss EG (unten)

Die kuppelbekrönte Ecke des ehemaligen Postfuhramts wirkt dominierend im Straßenraum. Der Bau besteht aus den beiden Flügeln des 3-geschossigen Hauptbaus an der Oranienburger Straße/Ecke Tucholskystraße und zwei niedrigeren im Hof. Der Hauptbau war für mehrere Einrichtungen der Post bestimmt: Büro- und Aufenthaltsräume des Postfuhramtes, Postamt, Telegraphen-Ingenieurbüro, Unterrichtsräume, ein Versammlungssaal und Wohnungen. Die Hofgebäude dienten früher als Wagenremisen und Ställe für 250 Pferde. Von ihren zwei Geschossen ist das untere in den Erdboden eingesenkt, das obere über Rampen erreichbar. In der Anlage befand sich noch das Kessel- und Maschinenhaus für den Rohrpostbetrieb Berlins. Die gestreiften Fassaden sind mit Klinkern und farbigen Terrakotten in Formen der italienischen Renaissance verblendet. Die abgeschrägte Ecke öffnet sich in

eine haushohe Rundbogennische mit Portal zur Schalterhalle des Postamtes unter der achteckigen Kuppel. Diese von Arkaden durchbrochene Tambourkuppel wird von zwei kleineren Kuppeln über den Risaliten flankiert. Hinter dem fünfachsigen Risalit mit hohen Obergeschossfenstern und Attika an der Tucholskystraße befindet sich der Versammlungssaal. Weitere Bauten der Post liegen schräg gegenüber, so das Fernmeldeamt (Haupttelegraphenamt Oranienburger Straße Nr. 70) – zur Entstehungszeit 1910–13 das Herz des europäischen Fernmeldeverkehrs –, ein wilhelminischer Mauerwerksbau mit 2-geschossigem Sockel aus Trachittuff in ionischer Kolossalordnung. Einbezogen ist auch Haus Nr. 70–76, das älteste Gebäude der Straße, die 1789–91 von F. Becherer erbaute ehemalige „Große Landesloge Deutschlands".

140
Kunsthaus Tacheles
Oranienburger Straße 54–56
1909
Franz Ahrens

141
Friedrichstadtpalast
Friedrichstraße 107
1981–84
Walter Schwarz, Manfred Prasser, Dieter Bankert

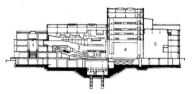

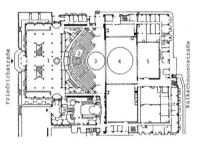

Ansicht Hofseite Zustand vor Umbau (oben)
Grundriss der „Friedrichstraßen-Passage" 2. OG (unten)

Die ab Anfang des 20.Jahrhunderts forcierte Umstrukturierung der Stadtquartiere um die Leipziger und Friedrichstraße zur Geschäftscity brachte auch in Berlin den aus Frankreich, England und Italien importierten Bautypus der großstädtischen Passage mit sich. Die beiden bedeutendsten Berliner Passagen, die Kaisergalerie an der Ecke Friedrichstraße/ Behrenstraße sowie die Friedrichstraßenpassage am nördlichen Ende der Friedrichstraße, waren jedoch im Gegensatz zu ihren prominenten internationalen Vorbildern keine großen kommerziellen Erfolge und wurden, so die Friedrichstraßenpassage, als kommerzielle Standorte wieder aufgegeben. Der mit Muschelkalk verkleidete Stahlbetonbau erstreckte sich von der Friedrichstraße zur Oranienburger Straße. Eine von der Friedrichstraße her quer laufende, dann nach einer zentralen Kuppelhalle diagonal über das Grundstück verlaufende Passage verband die beiden Straßen und gab dem Gebäude seinen Namen. Große Torbögen markierten die Eingänge zu den Passagenhöfen. Im Krieg schwer zerstört, wurden die Ruinen sukzessive abgerissen, der verbleibende Torso an der Oranienburger Straße sollte 1989 ebenfalls weichen. Unmittelbar nach der Wende wurde das Gebäude von Künstlern besetzt und zum „Kunsthaus Tacheles" umgenutzt. Mit seinem markanten Ruinencharme und der kreativen Szenerie entwickelte sich das Tacheles schnell zu einem Wahrzeichen des In-Bezirks Mitte. Seit Mitte der 90er Jahren sind Neuplanungen für das Areal als sog. „Johannisviertel" mit einer innerstädtischen Mischnutzung in Diskussion, der autonome Kunststandort war immer wieder in Gefahr. Seit 2000 wird konkret an einer beidseits gangbaren Kooperation zwischen den Kunsthaus-Betreibern und den Investoren des Gesamtareals gearbeitet, die Sanierung des Gebäudes wird den prägnanten Ruinencharakter erhalten.

Das Varieté- und Revuetheater befand sich bis 1980 im Großen Schauspielhaus. Für dieses berühmte Theater hatte Hans Poelzig für Max Reinhardt 1918/19 das Gebäude einer ehemaligen Markthalle, die als Zirkus genutzt wurde, umgebaut. Wegen seiner expressionistischen Formen war es bauhistorisch von großer Bedeutung. 1980 musste es wegen Baufälligkeit geschlossen und später abgerissen werden. Der Neubau erhielt eine technische Ausstattung höchsten Standards. In einem vorgezogenen Teil befinden sich Eingangshalle und Foyers (1). Daran schließen der große Saal (2) mit 1900 amphitheatralisch angeordneten Plätzen und das Bühnenhaus an. Die Vorbühne (3) hat ein Hubpodium von 12 m Durchmesser mit Verwandlungsmöglichkeiten in eine Zirkusmanege, Eisarena, Tanzfläche und ein Wasserbecken. Dahinter öffnet sich das 24 m breite und 10 m hohe Bühnenportal zur Hauptbühne (4) einschließlich Seitenbühnen und Hinterbühne (5). Im südlichen Teil liegen die „Kleine Revue", ein Tanzkabarett mit 240 Plätzen, und im östlichen die Funktionsbereiche mit Ballett- und Orchesterprobenraum, Werkstätten und einer Betriebsgaststätte. Die Tragkonstruktion, eine Stahlbeton- und Stahlskelettbauweise, ruht auf einer 1,20 m dicken Betonplatte. Dem Foyerkörper als dem Gesicht des Baus ist vor der wärmedämmenden Hintermauerung eine ornamentierte Wetterschale aus Formbetonplatten mit eingelegten farbigen Glasprismen vorgeblendet. Obwohl es interessantere Entwürfe dafür gab, war diese Lösung als dem Charakter eines Revuetheaters gemäß ausgewählt worden.

142
Berliner Ensemble (ehem. Neues Theater am Schiffbauerdamm)
Bertolt-Brecht-Platz 1
1891/92
Heinrich Seeling

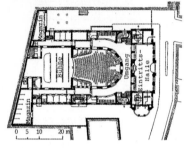

143
Landesvertretung Sachsen-Anhalt
Luisenstraße 18
um 1830

Ansicht
Grundriss 1.OG

Das Theater ist als Spielstätte des von Bertolt Brecht und Helene Weigel 1949 gegründeten Berliner Ensembles weltbekannt geworden. Mit etwa 760 Plätzen gehört es zu den kleinen Theatern. Das Gebäude lag ursprünglich gänzlich hinter den Häusern des Schiffbauerdamms – mit Bühnenhaus und Bühne parallel zu diesem – und war nur durch eine Lücke in der Häuserfront erreichbar. Deshalb befindet sich der Haupteingang an der zur Spree gerichteten Schmalseite des Vorbaus. Eine haushohe Nische und eine bekrönende Turmhaube betonen ihn. Zerstörungen im Zweiten Weltkrieg haben die Situation verändert. Der heutige Außenbau zeigt nur noch die von Ornamentik entblößte Grundform. Der Zuschauerraum mit Parkett und zwei Rängen dagegen ist in seiner neobarocken Ausgestaltung erhalten geblieben. Rückwärtig im Halbkreis geschlossen, verengen ihn Logen, die an die Proszeniumsloge anschließen, zur Keilform. Der spielerische Barockdekor im relativ klein bemessenen Raum begünstigt eine intime Theateratmosphäre, die von Repertoire und Regie eine ironische Brechung erfuhr. Die Treppen zum 1. Rang befinden sich unmittelbar neben den Eingängen zum Parkett, die zum 2. Rang beiderseits der Eingangshalle. Die auch von Brecht nicht veränderte Guckkastenbühne ist um 1903 von Max Reinhardt mit Drehbühne und Orchestergraben ausgestattet worden.

Das Haus ist eines der ältesten erhaltenen Wohngebäude der Friedrich-Wilhelm-Stadt und weist eine spannungsvolle Geschichte auf. Gebaut für den Generalfeldmarschall von Wrangel, wurde es 1848 von der Familie von Bülow erworben und später zu einem repräsentativen Stadtpalais umgebaut. Anfang des 20. Jahrhunderts hatte hier eine Freimauererloge ihren Sitz, in den 20er Jahren diente es als Treffpunkt eines jüdischen Kulturvereins, während des Zweiten Weltkriegs wurde das Haus als Casino des Generalstabs der Wehrmacht genutzt. 1946 etablierte sich hier der renommierte Künstlerklub „Die Möwe". Nach der Wende beschloß das Land Sachsen-Anhalt, den Bau für seine Landesvertretung herzurichten. Das dreiflügige Palais zeigt sich zur Luisenstraße als 3-geschossiger spätklassizistischer Putzbau. Horizontale Gesimsbänder unterstreichen die Etagenaufteilungen, 9 Fensterachsen gliedern die Fassade vertikal. In der Mittelachse öffnet sich eine Durchfahrt zum Hof, darüber kragt ein 1-geschossiger Erker aus. Zartes Baudekor mit Flachreliefs und Pilasterrahmungen geben der Straßenfront eine noble Erscheinung. Die relativ schmucklose Hofseite wird dominiert von dem mit einem flachen Dreiecksgiebel abgeschlossenen Mittelrisalit des Frontbaus. Einige Ausstattungsdetails im Charakter der späten Schinkelschule sind erhalten geblieben.

144
Deutsches Theater und Kammerspiele
Schumannstraße 13
1849/50; 1883; 1905/06; 1946; 1979–83
Eduard Titz; William Müller

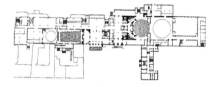

145
Mensa Nord
Schumannstraße/Reinhardstraße
1974–75
Ulf Zimmermann

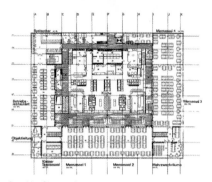

Grundriss Obergeschoss

Die beiden Theater stehen mit einfachen, strengen Fassaden an einem kleinen Vorplatz. Dieser ruhige Stadtraum ist nach dem Zweiten Weltkrieg entstanden. Ursprünglich war eine Häuserfront vorgelagert. Im Krieg stark beschädigt, wurde sie abgebrochen und der direkte Zugang eröffnet. Das Deutsche Theater geht auf ein 1848 im Garten des „Friedrich-Wilhelmstädtischen Casinos" eingerichtetes Sommertheater zurück, das der Casino-Betreiber ein Jahr später von Titz durch ein festes Haus im Neorenaissancestil ersetzen ließ. 1883 erhielt es – weiterhin Privattheater – nach einem Umbau den Namen „Deutsches Theater". Von 1894 an unter Otto Brahm und dann unter Max Reinhardt entwickelte es sich zur führenden Bühne des naturalistischen Dramas. 1905/06 ließ Reinhardt durch William Müller starke Veränderungen vornehmen, die Fassaden neoklassizistisch fassen, eine Drehbühne einbauen und zugleich das benachbarte, ebenfalls von Titz eingerichtete Casino zu den „Kammerspielen", einem intimen Theater mit 300 Plätzen umgestalten. Der Wiederherstellung 1946 folgte 1979–83 zur Hundertjahrfeier eine durchgreifende konstruktive und bühnentechnische Erneuerung unter Wahrung des historischen Bestands. Die Kammerspiele wurden nach Abriss im historischen Sinne neu aufgebaut. Beide Häuser stehen Rücken an Rücken mit parallelen Eingängen und Foyers. Der kreisförmige Zuschauerraum des Deutschen Theaters, in Weiß, Gold und Rot gehalten, hat 700 Plätze im Parkett und auf zwei von gusseisernen Stützen gehaltenen Rängen. Die noble Innen- und Außengestaltung wird gestützt durch eine stimmige Umgebung mit geschlossenen klassizistischen Häuserzellen von 1830–40, die in der Schumannstraße anschließen, aber auch in der Albrecht- und Marienstraße.

Diese Mensa der Humboldt-Universität mit zusätzlicher öffentlicher Gaststätte steht an einem Park, der nach 1945 auf dem Gelände einer ehemaligen Kaserne angelegt worden ist. 2-geschossig, auf quadratischem Grundriss breit gelagert, enthält sie im EG neben Lager-, Sozial- und Technikräumen eine Bierstube und eine Milchbar, im OG sieben Speisesäle, die dreiseitig die Küche umgreifen, im Dachgeschoss die Lüftungszentrale. Insgesamt stehen 1000 Plätze zur Verfügung. Raumbegrenzende Wände wurden innen wie außen gleich behandelt. Zur Anwendung kam eine Stahlskelett-Konstruktion mit Stützweiten von 6 m (unten) und 12 m (oben). Da sie innen aus Gründen des Brandschutzes verkleidet ist, tritt sie nur in den Fassaden offen in Erscheinung. Dunkelbraun gestrichene Stahlprofile stehen hier im Kontrast zu den weiß gespritzten Alu-Color-Lamellen, den Brüstungs- und Gesimsblenden. Dieses konstruktive Skelett bestimmt die architektonische Gliederung. Es teilt die Fronten der Obergeschosse in zehn quadratische Felder, die durch breit gelagerte Fenster unterteilt sind. Die mittleren sechs sind höher und mit Sonnenblenden beschirmt. Eckausbildungen lassen die Fassaden als in sich gerahmt und montiert erscheinen. Durchlaufende hochsitzende Fensterbänder im EG erzeugen den Eindruck, als sei das vorspringende OG von diesem gelöst und artifiziell. Die Seiten stehen in verhaltener Symmetrie. Es handelt sich um ein nicht vorsätzlich geplantes, doch vom Wesen her dafür geeignetes sogenanntes Wiederverwendungsprojekt, das heißt, ein im Prinzip gleiches Gebäude wurde mehrfach – in Halle, Merseburg, Leipzig und Dresden – gebaut.

146
Charité
Schumannstraße 20/21
1710; 1894–1917; 1976–82
Kurt Diestel; Carl-Ernst Swora, Fritz Oske; Deubzer + König

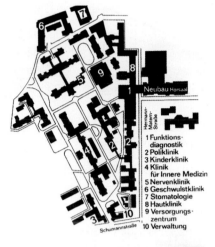

1 Funktions-
diagnostik
2 Poliklinik
3 Kinderklinik
4 Klinik
für Innere Medizin
5 Nervenklinik
6 Geschwulstklinik
7 Stomatologie
8 Hautklinik
9 Versorgungs-
zentrum
10 Verwaltung

Hochhaus Chirurgisches Zentrum (oben)
Poliklinik (unten)

Lageplan (oben)
Blick auf die Klinik für Innere Medizin (unten)

Die Charité, traditionsreiche Stätte medizinischer Versorgung, Forschung und Lehre, ging aus einem Pesthaus hervor, das Friedrich I. 1710 errichten ließ. Später diente sie als Garnisonslazarett und Lehranstalt für Kriegswundärzte. Seit der Gründung der Universität 1810 gehört sie zu dieser. 1831–36 erfolgte nach mehrfachen Erweiterungen der Bau der Neuen Charité in der Nähe des Robert-Koch-Platzes. Rasch wachsende Raumansprüche zwangen zu einem großzügigen Um- und Neubau, der 1894 auf Anregung von Friedrich Althoff nach Plänen Diestels begonnen und erst 1917 beendet wurde. Die Häuser der einzelnen Kliniken, deren Wände mit roten Handstichziegeln verblendet oder weiß verputzt sind, füllten ein annähernd dreieckiges Areal zwischen Schumann- und Invalidenstraße.

Einzelgebäude und zusammengefügte Baukomplexe wurden allseitig durchgestaltet, funktionell einander zugeordnet und in eine zusammenhängende gärtnerische Anlage eingefügt. Die Architektur ist neogotisch mit Schaugiebeln, Blendmaßwerk, breiten Loggien-Arkaden oder Türmchen. Einige Gebäude wurden im Krieg zerstört, die anderen wurden 1975–85 durchgreifend rekonstruiert. Zugleich entstand 1977–82 ein neues großes chirurgisches Zentrum in einem 21geschossigen Hochhaus auf der anderen Seite der Luisenstraße, durch eine überdachte Brücke mit dem Altbau verbunden. In den unteren vier Geschossen befinden sich die Funktionsbereiche, darunter allein 26 Operationssäle, in dem 17geschossigen Bettenhaus über tausend Bettenplätze. Klinkerflächen sollen den Neubau in die Gesamtanlage einbinden.
Unter den weiteren, auf dem Gelände nach 1990 errichteten Bauten ist v. a. der von Deubzer + König konzipierte Bau für das Max-Planck-Institut für Infektionsbiologie hervorzuheben.

147
Tierärztliche Hochschule
Luisenstraße 56
1789/90; 1839/40
Carl Gotthard Langhans; Ludwig Hesse

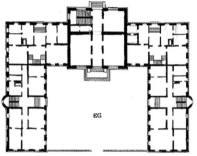

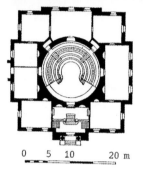

0   5   10   20 m

Lehrgebäude   Alte Anatomie

Die 1790 gegründete Tierarzneischule diente anfangs der preußischen Kavallerie, seit 1817 aber der allgemeinen tiermedizinischen Forschung. Nach deren Gleichstellung mit der Humanmedizin 1839 entstand 1839/40 das spätklassizistische Lehrgebäude nach einem Entwurf Ludwig Hesses. Es umgreift mit drei Flügeln 3-geschossig einen Ehrenhof. Gesimsbänder teilen die Fassaden geschoss-weise. Der erhöhte Mittelbau, der im 1. OG historische Säle enthält, springt zum Vorhof und zum Garten vor. In ihm sitzen große Rundbogenfenster und die Fensterarkade eines oberen Halbgeschosses. In Zwickeln sind Reliefbüsten von Veterinärmedizinern angebracht. Den Abschluss bildet ein Dreiecksgiebel. Das Tympanonrelief von Ludwig Wilhelm Wichmann zeigt eine Figurengruppe mit Stier und Pferd im klassischen Stil. Die Giebel der Seitenflügel schmücken Akroteren. Im rückwärtigen, von der Panke durchflossenen parkartigen Gelände liegt neben anderen Hochschulgebäuden das Anatomische Theater, 1789/90 von Langhans erbaut. Der 2-geschossige Bau in frühklassizistischen Formen hat als Grundform ein Quadrat, das jedoch durch dreiachsige Risalite und den übergiebelten Portalbau (mit eingestellten toskanischen Säulen) zur Kreuzform überführt wird. Ihr entspricht die innere Raumteilung. Der Demonstrationsraum ist kreisförmig. Sein Licht erhält er durch halbrunde Fenster im flachen Gewölbe, von außen gesehen im Tambour. In der Mitte des amphitheatralisch ansteigenden und mit neogotischen Formen filigran verzierten Gestühls des alten anatomischen Theaters befindet sich die durch ein Hebewerk verstellbare Plattform des Seziertisches. 1874 ist der Bau nach Süden im gleichen Stil erweitert worden.

148
Museum für Naturkunde und naturwissenschaftliche Institute der Humboldt-Universität, Bundesministerium für Verkehr, Bau- und Wohnungswesen
Invalidenstraße 42–44
1875–89; 1997–99
August Tiede, Max Dudler

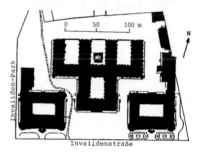

Geologie-Bau (oben), Halle im Landwirtschaftsbau (unten)　　Neubau Dudler (oben), Lageplan (unten)

Auf dem Gelände der 1873 aufgegebenen Königlichen Eisengießerei errichtete Tiede drei Gebäude als Ensemble nach einheitlichem Konzept. Zwei Institutsgebäude der Universität stehen als Zwillingsbauten entlang der Invalidenstraße. Zwischen ihnen ist das Museum für Naturkunde um die Tiefe eines Ehrenhofes zurückversetzt. Das westliche Gebäude entstand 1875–78 für die Geologische Landesanstalt und die 1860 gegründete Bergakademie. Sein östliches Pendant wurde 1876–80 für die 1810 von Albrecht von Thaer, dem Begründer der Landwirtschaftswissenschaft in Preußen, geschaffene Lehranstalt gebaut. Beide Gebäude sind 3-geschossige Vierflügelanlagen mit großen zentralen Oberlichthallen. Ihre Fassaden werden von bastionsartigen Ecken mit Attiken eingefasst, an denen graezisierende Säulen-Aedikulen mit Akroteren besondere Akzente bilden. Die aedikulagerahmten Eingänge befinden sich in der unbetonten Mitte. In den beiden unteren Geschossen sind Rundbogenfenster in Pfeilerarkaden eingebunden. Im 2. OG sitzen zwischen zarten toskanischen Pilastern kleinere verdachte Rundbogenfenster. Beeindruckend ist die Halle im östlichen Bau. Ruhigen Arkaden in zwei

Geschossen – die unteren offen, die oberen verglast – sind toskanische Kolonnaden vorgeblendet. Als letzten Bau schob Tiede 1883–89 das Museum für Naturkunde ein. Seine Grundform besteht aus einem fast quadratischen Vorbau mit Lichthof für große Ausstellungsobjekte (z. B. Saurier) und einem sehr langen Querbau, an den rückwärtig vier Flügel anschließen. Der Weg führt von der Freitreppe über ein Vestibül und den querliegenden Flur zum Lichthof oder zu den Treppen an beiden Enden des Flurs. Zwei weitere eiserne Treppen liegen in den Schnittpunkten der Flügel. Die Fassade ist als Achse des Gesamtensembles mittelbetont. Sie tritt dreiachsig mit einem Pfeilerportal und einem erhöhten, hinter korinthischen Doppelsäulen zur Loggia geöffneten 2. OG als Risalit hervor. Das Geologiegebäude wird nach Sanierung durch das Bundesministerium für Verkehr genutzt. Am Schwarzen Weg entstand, etwas zurückgesetzt, bis 1999 ein Erweiterungsbau für das Ministerium nach einem Entwurf von Max Dudler. Dieser ordnet sich mit seiner strengen und rationalen Rasterfassade – einer für den Architekten typischen Formensprache – dem Altbau unter.

149
Ministerium für Bildung und Forschung
Hannoversche Straße 30
1912–14; 1948; 1973–74; 1998–99
n. b.; Hans Scharoun; PAS Jourdan & Müller

Ansicht von der Hannoverschen Straße
Lageplan

Der Berliner Dienstsitz des Ministeriums für Bildung und Forschung bezog eines der historisch spannendsten Objekte der Berliner Mitte. Von 1971–90 hatte sich hier die „Ständige Vertretung der Bundesrepublik" in der Hauptstadt der DDR befunden. Die Geschichte des Hauses reicht jedoch weiter zurück. 1914 wurde hier, auf altem seit friderizianischer Zeit als Kasernenstandort genutzten Areal das „Mannschaftshaus für die Maschinengewehrkompanien" errichtet, das im Kern bis heute erhalten blieb. Nach Kriegszerstörungen wurde das Haus 1948 dem Institut für Bauwesen übertragen und von Hans Scharoun wieder aufgebaut. Auf Scharoun ging v. a. der durch seine Schrägen und Fensterbänder markante Dach-Atelier-Aufbau zurück. Hier entstanden später die von der Bauakademie der DDR bearbeiteten Pläne für den Wiederaufbau Berlins. Im Zuge der erneuten Umnutzung des Gebäudes für die Ständige Vertretung wurde der Scharoun'sche Aufbau verkleidet, blieb aber in seiner Substanz erhalten. 1974 wurde ein Gartenpavillon errichtet, der für Veranstaltungen sowie für Ausstellungen (hier wurden erstmals in der DDR Werke von Beuys und den „Jungen Wilden" gezeigt) genutzt wurde, aber auch Ort von Besetzungen durch ausreisewillige DDR-Bürger war. Die Sanierung und Erweiterung für die aktuelle Nutzung konservierte die verschiedenen historischen Schichten und setzte neue Akzente hinzu. Der Scharoun-Aufbau wurde freigelegt und dominiert wieder die Ansicht von der Friedrichstraße; gleichzeitig wurde Richtung Westen ein Anbau von Jourdan und Müller realisiert, der mit seiner spektakulären Stützenkonstruktion und dem an der Stirnseite weit vorkragenden OG dem Haus eine überaus markante und futuristische Schicht hinzufügt

150
Bundesministerium für Wirtschaft und Technologie
(ehem. Kaiser-Wilhelm-Akademie)
Invalidenstraße 48/49
1903–10; 1997–99
Wilhelm Cremer, Richard Wolffenstein; Baumann + Schnittger

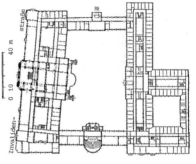

Zustand um 1910

Der Gebäudekomplex gruppiert sich um einen großen und einen zusätzlichen kleinen Hof sowie mehrere Lichthöfe. Er wurde unter dem Namen Kaiser-Wilhelm-Akademie als militärmedizinische Forschungs- und Ausbildungsstätte errichtet. Bis 1990 befand sich hier das Regierungskrankenhaus. Die gesamte Anlage ist in neobarocken Formen gehalten und von einem mächtigen Mansarddach überdeckt. Der sehr tiefe 3-geschossige Flügel an der Invalidenstraße erhielt neben zwei Seitenrisaliten einen starken Mittelbau für die Haupttreppe. Er springt mit konkaven Wangen als Risalit vor und wird, wie die Seitenrisalite, von einem Segmentgiebel überspannt. Sein hohes Dach trägt einen Dachreiter. Das Sockelgeschoss ist mit Rustikamauerwerk (Sandstein) verkleidet. Die Gliederung der Hauptgeschosse geschieht an den Risaliten durch Kolossalpilaster, dazwischen durch Blenden bzw. durch genutete Lisenen in Werkstein. Die Hofseite des gleichen Flügels wurde völlig anders behandelt. Neun Achsen stehen leicht vor und sind mit einem Mansarddach gedeckt, die übrigen enden oben in der Balustrade. Im 2-geschossigen Verbindungsflügel entlang der Scharnhorststraße sitzt ein im Halbrund vortretender Mittelpavillon. Darin befand sich ursprünglich der Große Hörsaal. Der 4-geschossige Flügel im Nordwesten enthielt Internatsräume der Studierenden. Nach umfassender Sanierung und Erweiterung wird das Gebäude vom Bundesministerium für Wirtschaft genutzt.

151
Ehem. Verwaltungsgebäude der Firma Borsig
Chausseestraße 13
1899
Konrad Reimer, Friedrich Körte

152
Stadtbad Mitte
Gartenstraße 5/6
1929/30; 1986–93
Carlo Jelkmann, Heinrich Tessenow

Schwimmhalle (oben), Grundriss EG (unten)

Unmittelbar vor dem Oranienburger Tor lag in der äußeren Friedrich-Wilhelm-Stadt die 1837 von August Borsig gegründete Maschinenbauanstalt. Nach ungeheurer Expansion wurde das Werk Ende des 19. Jahrhunderts nach Tegel verlegt und das frei gewordene Gelände mit Mietshäusern bebaut. Die Firma selbst errichtete hier zuletzt noch das Gebäude für die Zentralverwaltung des Borsigbesitzes. Es umgreift mit seinen Flügeln das ungleichseitige Viereck eines engen Hofes. Anstatt entsprechend den Funktionen einer Verwaltung rationell gegliedert zu sein, erinnert die Fassade eher an eine individuell gestaltete repräsentative Stadtvilla. Die Architekten wählten, wie schon vorher für das Haus des Ingenieurvereins (Nr. 44), Formen einer noch gotisch geprägten deutschen Renaissance und verwendeten für die Oberflächen hart wirkende Warthauer Sandsteinquader. Die meisten Ornamente und die Fenstergewände (im 1. OG mit Diamantquadern) sind bei Wahrung einer idealen Oberfläche skulptural aus dem Stein herausgearbeitet. Die Fassade ist symmetrisch. Ein Gesims über dem 1. OG markiert die Schwelle zu einem anderen Gliederungssystem. Die Mittelpartie mit unten zwei, oben vier Fenstern ist zu einem Giebel erhöht und von 2-geschossigen Erkern mit Schweifhaube eingefasst. Über der von Eingängen flankierten Durchfahrt zum Hof steht unter einem Baldachin die lebensgroße Bronzefigur eines Schmiedes. Auf der gegenüberliegenden Straßenseite befindet sich das Brecht-Haus, Nr. 126, und der Dorotheenstädtische Friedhof mit Grabstätten bedeutender Persönlichkeiten.

In Berlin-Mitte gab es bis zum Bau dieses Stadtbades nur eine alte Badeanstalt mit Wannenbädern. Der ausgedehnte Neubau wurde inmitten eines dichten Wohngebiets auf einem Teil des heutigen Zilleparks errichtet. Den Gesamtentwurf lieferte der Leiter des Hochbauamtes, Jelkmann. Auf ihn geht auch die etwas nüchterne, zur Mitte zurückgestufte und mit gelben Verblendklinkern verkleidete Fassade zurück. Die Anlage gliedert sich in drei Bauschichten: Im Straßentrakt liegen Wannen- und Brausebäder, medizinische Bäder, russisch-römische Bäder, Massage- und Ruheräume, jeweils für Männer und Frauen getrennt, außerdem im EG eine Halle, von der aus ein Wandelgang zur zweiten Bauschicht weiterführt. Dazwischen ergeben sich wegen der schräg verlaufenden Baufluchten Höfe mit konischem Grundriss. In der nächsten Bauschicht sind in drei durch Oberlicht verbundenen Geschossen die Umkleidekabinen untergebracht. Ihr 3. OG ist als Terrasse für Sonnenbäder ausgebildet. Schließlich führt der Weg durch zwei Reinigungsräume in die Schwimmhalle mit dem ersten 50-m-Becken Europas. Das Innere gestaltete Tessenow. Die Wände gliederte er ab 3 m Höhe in 2,60 m breite und 8 m hohe dreiteilig kassettierte Fenster. Mit der gleichartig verglasten Decke ergibt dies einen starken Licht-Raum-Eindruck. Um Schwitzwasser zu vermeiden, wurden die Doppelfenster mit einem gesondert erwärmten Zwischenraum von 90 cm ausgebildet. 1986–93 ist der Bau durchgreifend rekonstruiert worden.

153
„Ackerhalle" (Markthalle VI)
Ackerstraße 23/Invalidenstraße 158
1886–88
Hermann Blankenstein, Ochs

154
Elisabethkirche
Invalidenstraße 3
1832–34
Karl Friedrich Schinkel

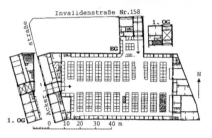

Markthalle VI während der Rekonstruktion 1991 (oben)

Zwischen 1883 und 1892 wurden unter städtischer
Regie durch die Berliner Baugesellschaft zwei
Zentralmarkthallen und 13 Markthallen für den
Kleinhandel gebaut (Nr. 168). Sie sollten an die
Stelle von 20 Wochenmärkten treten. In diesem
Rahmen entstand 1888 nach Blankensteins Entwurf
unter Bauleitung von Ochs die Markthalle VI in der
Ackerstraße. Sie ist heute die einzige, die nach
Beseitigung der Einbauten von 1970 und denkmalpflegerischer Rekonstruktion 1990/91 wieder in der
originalen Gestalt erlebt werden kann. Ihre Fläche
umfasst zwei Grundstücke, die sich im Innern des
Quartiers treffen, ein breites an der Ackerstraße und
ein schmales an der Invalidenstraße. Dort liegen die
zwei Eingänge. In die Straßenfronten wurden zusätzlich Einzelläden eingebaut. Die Wohnungen darüber
waren für die Ladeninhaber bestimmt. Die Verkaufs-
halle besteht aus einem hohen, 12 m breiten Mittelschiff mit seitlichen Fenstern und aus zwei niedrigeren, 6 m breiten Seitenschiffen, die von Sheddächern abgedeckt sind. Gusseiserne Stützen und
Stahlbinder – im Mittelschiff als Dreigelenkbogen –
tragen die Dachkonstruktion. Die Querversteifung
besorgen 2 m tiefe Pfeiler an den Wänden. Alle
Fassadenflächen überziehen Verblendklinker. Die
Friese über dem EG und dem 1. OG, die Rahmungen der gekoppelten Fenster des 1. OG und der 2-
geschossigen aedikularahmten Portale sind aus
reich ornamentierten Terrakottaplatten im Stile der
italienischen Renaissance gebildet.

Zustand 1991 (oben), ursprüngliche Vorderansicht (Mitte),
Grundriss (unten)

Die Kirche ist 1945 durch Kriegseinwirkung ausgebrannt und gegenwärtig noch Ruine. Doch ist der
Wiederaufbau vorgesehen. Sie wurde von Schinkel
zusammen mit drei anderen Kirchen (Nr. 171, 281,
290) im Auftrag König Friedrich Wilhelms III. errichtet. Die Elisabethkirche ist ein rechteckiger, einschiffiger Putzbau mit Apsis. Beiderseits der Apsis
führen Eingänge durch Anbauten zur Sakristei und
zur Taufkapelle. Vor der Hauptfront erhebt sich eine
Pfeilervorhalle. Ihr Dreiecksgiebel wiederholt sich
proportional vergrößert über der Fassade. Beide
Giebel sind im klassisch-griechischen Stil mit Akroteren verziert. Der gesamte Kirchenbau ist durch
Gesimse in eine Sockel- und zwei Oberzonen geteilt. In den beiden Oberzonen sitzen große Fenster
mit sandsteinernen Fensterkreuzen. Fugen in den
Wandflächen deuten eine strenge Quaderung an. Im
Innern befanden sich ursprünglich zwei hölzerne
Emporen.

155
Ehem. Warenhaus Jandorf
Brunnenstraße 19–21/Ecke Veteranenstraße
1903/04
Lachmann & Zauber

Grundriss Normalgeschoss

156
Zionskirche
Zionskirchplatz
1866–73
August Orth

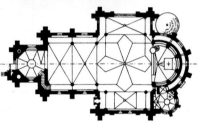

Ansicht
Grundriss

Da dieser Bau in den Fassaden noch den Originalzustand zeigt, vermittelt er, wenn auch in bescheidenen Ausmaßen, einen Eindruck von den großartigen Warenhausbauten nach der Jahrhundertwende.
Die 5-geschossige Fassade mit insgesamt 15 Achsen ist an der Ecke abgerundet. Von der Konstruktion her handelt es sich um ein Pfeilersystem mit
angehängten Geschossen. Diese sind an zurückgesetzten Deckenstürzen und Brüstungsbalustraden
erkennbar. Lachmann und Zauber hatten wenige
Jahre nach dem Bau des Kaufhauses Wertheim
dessen System übernommen und variiert, ohne
schon von den 1904 erlassenen feuerpolizeilichen
Richtlinien, die mindestens 1 m hohe feuerfeste
Brüstungen vorschrieben, betroffen zu sein. Das EG
ist Schaufensterzone. Stabartige steinerne
Zwischenpfeiler gliedern die Fensterflächen des 1.–
3. OG weiter auf und verdichten sich im 3. OG zu
einem abschließenden maßwerkartigen Ornament.
Das 4. OG ist nach einem anderen System gegliedert. Als Baumaterial wurde unten Muschelkalk,
oben Tuffstein verwendet. Über dem an der Ecke
abgerundeten Dach erhebt sich ein markanter Turm
mit doppelter kupferverkleideter Haube. In den ursprünglich offenen Geschossen saßen zwischen vier
kräftigen Pfeilern unten die Treppenanlage und oben
ein Lichthof. Diese Anordnung wurde bereits 1926
verändert. Bis 1990 befand sich in dem Gebäude
das zentrale Modeinstitut der DDR.

Etwas abseits, auf einer Anhöhe an der Bezirks-
grenze zwischen Mitte und Prenzlauer Berg gelegen, dominiert die schlank aufragende Kirche den
stimmungsvollen Zionskirchplatz und bildet den
optischen Zielpunkt von fünf auf den Platz einmün-
denden Straßen. Das Gotteshaus wurde als Votivkir-
che nach dem Baden-Badener Attentat 1861 auf
Wilhelm I. gestiftet. Der den Backsteinbau beherr-
schende Rundbogenstil verweist auf die späte
Schinkelschule. Hohe, maßwerkgeteilte Rundbogenfenster sowie umlaufende Zwerggalerien verleihen den Außenfassaden einen filigranen Charakter. Bildbestimmend ist der hoch aufragende, durch
schlanke Fenster durchbrochene Turm mit seinem
spitzen Helm. Mit seinem kurzen Schiff, einem breiten Querhaus und einem halbrunden Chorabschluss
bietet der Grundriss ein großzügiges Inneres, das
sich mit seiner lichten Weite, dem zentralen Sterngewölbe in der Vierung und den umlaufenden Emporen einer Zentralbauanlage annähert. Der Kirchenbau weist eine hohe Eleganz auf und steht als
Dokument eines weit ins das 19. Jahrhundert wirkenden Qualitätsmaßstabs der Schinkelschule. Zu
DDR-Zeiten war die Kirche als Treffpunkt oppositioneller Gruppen und als Sitz der „Umweltbibliothek"
bekannt.

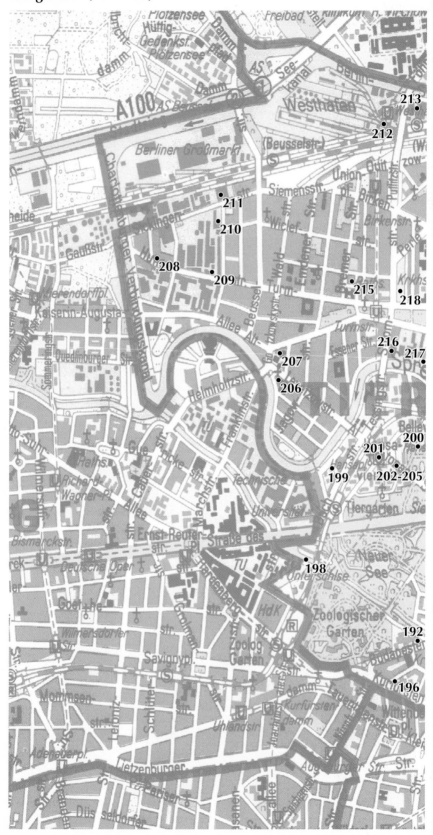

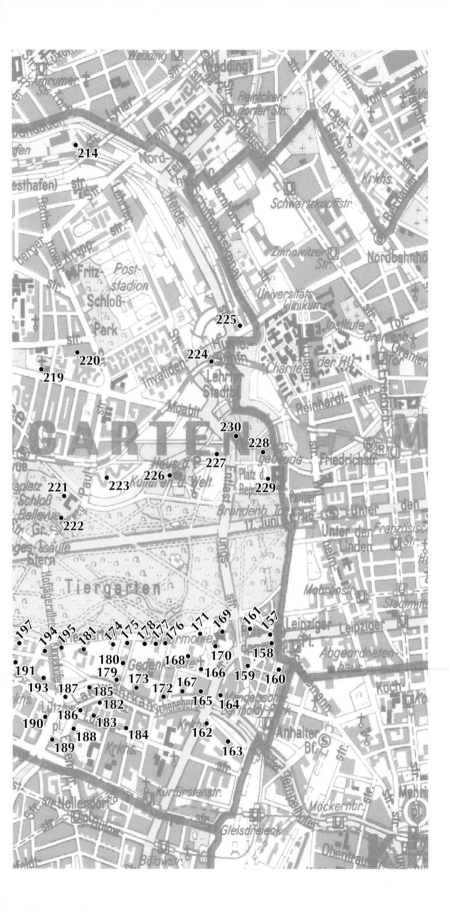

157
Neubebauung Potsdamer Platz
1994–2000
Städtebaulicher Rahmenplan: Heinz Hilmer und Christoph Sattler; Projektrealisierungen: Helmut Jahn
(Sony-Projekt), Masterplan Renzo Piano Building Workshop (Daimler-Benz-Projekt), Masterplan Giorgio
Grassi (A&T Projekt)

Städtebauliches Konzept Hilmer und Sattler

Nach schwerer Kriegszerstörung, Mauerbau quer über den Platz und teilungsbedingtem Abriss des größten Teils der nach 1945 noch vorhandenen Bausubstanz (z.B. im ehem. Ostteil die Gebäude des Warenhauses Wertheim, im ehem. Westteil das sogenannte Haus Vaterland und der Potsdamer Bahnhof) rückte das für das großstädtische Selbstverständnis Berlins so symbolträchtige Areal zwischen der historischen Innenstadt und der West-Berliner City nach dem Mauerfall wieder in seine Scharnierfunktion zwischen Ost und West und wurde gleichzeitig zum Symbol für den angestrebten Wiederaufbau der Metropole als politischem, wirtschaftlichem und kulturellem Zentrum. Paradigmatisch wurden hier die mit der Wiedervereinigung und dem Umzugsbeschluss des Bundestages verbundenen Erwartungen an eine neue metropolitane Bedeutung Berlins konkretisiert und gleichzeitig die Leitlinien für die städtebauliche Orientierung beim Wiederaufbau der historischen Innenstadt gesucht. Daimler-Benz, Sony, A&T sowie einige weitere Investoren beteiligen sich zusammen mit der Deutschen Bahn AG sowie dem Land Berlin an der Bebauung des zentralen Areals. Seit Beginn der Bauarbeiten 1994 entwickelte sich das Gelände zu einem der ehrgeizigsten städtebaulichen und architektonischen

Projekte der Gegenwart. Ein von zahlreichen Kontroversen begleiteter städtebaulicher Wettbewerb wurde 1991 zugunsten des Plans von Hilmer und Sattler entschieden. Die beiden noch erhaltenen Relikte der Vorkriegsbebauung, das Weinhaus Huth an der Alten Potsdamer Straße von 1912 sowie die Teilruine des ehem. Grandhotel Esplanade an der Bellevuestraße von 1907 wurden in die Neubebauung integriert. Grundlage der Bebauung sollten überschaubare Blockstrukturen mit deutlicher Höhen-begrenzung bilden, die lediglich am Potsdamer Platz und am Landwehrkanal vertikale Akzente zulassen. Als städtebauliche Zielvorstellung wurde eine Synthese aus innerstädtischer Büronutzung, verschiedenen großen Entertainment-Einrichtungen und einem bis zu 20%igen Wohnanteil formuliert. Die gesamte Planungs- und Bauphase des neuen Potsdamer Platzes wurde begleitet von einer kritischen Kontroverse in der Fachöffentlichkeit über Voraussetzungen, Möglichkeiten und Risiken zeitgenössischer Stadtentwicklung in „public-private-partnership". Es bleibt abzuwarten, inwieweit das Projekt sein selbstdefiniertes Ziel als Scharnier zwischen Ost und West erreichen kann oder aber als autonomes städtisches System in eine problematische Standortkonkurrenz zwischen Stadtmitte-Ost und City-West gerät.

158
Regionalbahnhof Potsdamer Platz
Potsdamer Platz
1997–2000
Hilmer & Sattler; Hermann + Öttl; Modersohn &
Freiesleben

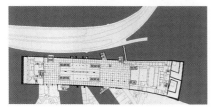

Ansicht Eingang Süd (Modersohn & Freiesleben)
Grundriss Passerellenebene

Der Bahnhof bindet das Areal des Potsdamer/Leipziger Platzes an die unterirdisch geführte Nord-Süd-
Bahnverbindung an und fungiert gleichzeitig als
Spange, die den Regionalverkehr mit der S-Bahn
und der U-Bahn zusammenfügt. Im Unterschied
zum alten, im Krieg zerstörten Postdamer Bahnhof,
dessen Kopfbau südlich des Potsdamer Platzes
situiert war, ist der neue Bahnhof oberirdisch lediglich durch zwei relativ zurückhaltende Eingangsgebäude sichtbar, von dort führen Treppen und
Aufzüge in die unterirdische Verteilerebene und auf
die Bahnsteige. Mit ihrer filigranen Stahl-Glas-Architektur wirken die beiden Eingangskuben als souveräne Fortsetzung von Prototypen der klassischen
Moderne, vor allem Mies van der Rohes Reduktion
auf eine „Architektur aus Haut und Knochen" scheint
Pate bei dem Entwurf gestanden zu haben. Die
durch die verglasten Eingangsgebäude mit Tageslicht versorgte Erschließungspasserelle bildet großzügige Zugänge zu den Daimler-Benz- und Sony-
Quartieren aus, die dadurch einen optimalen Anschluß an den öffentlichen Personenverkehr erhalten
haben. Für eine geplante Verlängerung der U-Bahn-
Linie 3 ist eine verglaste Bahnsteigtrasse quer zu
dem darunter liegenden Regionalbahnhof vorgesehen. Im fertiggestellten Zustand wird das Gesamtkonzept eine eindrucksvolle Visualisierung der mobilen Metropole vermitteln. Ein eleganter Materialklang
aus Sichtbeton, Kunststein, Naturstein, Glas und
Metall unterstreicht den ebenso sachlichen wie repräsentativen Aspekt der Gesamtanlage.

159
Daimler-Benz-Projekt
Potsdamer Platz, Neue Potsdamer Straße,
Linkstraße, Reichpietschufer
1994–1999
Masterplan/Architektonische Oberleitung: Renzo
Piano Building Workshop/Christoph Kohlbecker;
Realisierungsplanungen: Arata Isozaki mit Steffen
Lehmann, Hans Kollhoff und Helga Timmermann,
Ulrike Lauber und Wolfram Wöhr, José Rafael
Moneo, Renzo Piano/Christoph Kohlbecker,
Richard Rogers

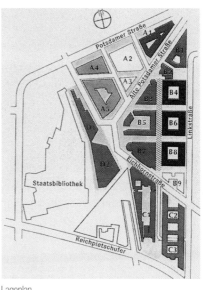

Lageplan

Mit einer Grundstücksgröße von 68 000 qm stellte
das Daimler-Benz-Projekt das größte zusammenhängende Entwicklungsareal am Potsdamer Platz
dar. Durch eine breite Nutzungsmischung aus ca.
50%igem Büroanteil, 20%igem Wohnanteil, einem
Hotel, mehreren Kinos, Einkaufspassage, Gastronomie sowie einem Musicaltheater und einer Spielbank wurde angestrebt, das Areal möglichst vielfältig
zu beleben und dadurch der Gefahr eines monostrukturierten Fremdkörpers im städtischen Kontext
zu begegnen. Der Masterplan von Renzo Piano und
Christoph Kohlbecker von 1993 teilte das Gesamtareal in vier unregelmäßige Stadtblöcke, die ihrerseits wiederum durch ein darüber gelegtes Raster in
einzelne Baublöcke aufgegliedert wurden. Das tote
Ende der Alten Potsdamer Straße wurde zur zentralen Piazza umdefiniert. Um innerhalb der durch Piano/Kohlbecker vorgegebenen Richtlinien ein möglichst vielfältiges Architekturspektrum zu erzielen,
wurden mit Isozaki, Kollhoff, Lauber & Wöhr,
Moneo und Rogers weitere an dem Wettbewerb
beteiligte Büros zur letztendlichen Realisierung herangezogen. Direkt am Potsdamer Platz markieren
zwei Hochhäuser den Eingang zur Alten Potsdamer
Straße. Für das Büro- und Geschäftshaus zwischen
der Alten und der Neuen Potsdamer Straße zeichneten Kollhoff und Timmermann verantwortlich (A1).

(Fortsetzung nächste Seite)

159
(Fortsetzung)

Simulation Bauteil Kollhoff (A 1)

Modellansichten vom Potsdamer Platz (oben) und vom
Landwehrkanal (unten)

Auf einem dreieckigen Grundstück erhebt sich ein
massiger Klinkerbau, der sich vom rückwärtigen
Gebäudeteil mit fünf Geschossen mehrfach abge-
treppt zur Blockspitze am Potsdamer Platz mit 22
Geschossen entwickelt. Kollhoff arbeitet bezüglich
der Massenwirkung seines Baus mit dem Typus des
klassischen US-amerikanischen Set-Back-Wolken-
kratzers der 30er und 40er Jahre. Das gegenüberliegende Bürohochhaus von Piano/Kohlbecker (B1)
setzt mit einer filigranen Stahl-Glas-Fassade mit
eingelagerten Terrakottaflächen und vorgehängten
Gitterstrukturen einen deutlichen Kontrapunkt zu
dem massiv steinern wirkenden Kollhoff-Entwurf.
Andererseits wurde versucht, den Kontrast zwischen
dem Neubau und dem anschließenden Weinhaus
Huth durch eine rückwärtige Abstufung der Gebäudehöhe bis hin zur Angleichung an die Traufhöhe
des Weinhauses zu minimieren. Rechts des Altbaus
öffnet sich der Zugang zu einer 3-geschossigen und
glasüberdachten Einkaufspassage, die parallel zur
Linkstraße nach Süden führt. Ein Wohn- und Geschäftshaus von Piano/Kohlbecker (B5) schließt die
Südseite der Alten Potsdamer Straße zur Piazza hin
ab. Südlich des Wohnhauses an der Einmündung
der Eichhornstraße zur Piazza setzt das Big Screen
3-D-Kino von Piano/Kohlbecker (B7) mit einem
gläsernen Zylinder mit vorgehängter Gitterstruktur
und einem verglasten Kuppelbau über dem Kinosaal
einen weiteren Akzent. Entlang der Eichhornstraße
schließt sich das Wohnhaus von Lauber & Wöhr an
(B9). Um auf der trapezoiden Grundfläche möglichst
optimale Lichtverhältnisse für die verschiedenen

Wohnungen zu garantieren wurden die OG des
Gebäudes als Dreiflügelanlage konzipiert, die sich
nach Süden öffnet. Die Fassaden sind durch Loggien plastisch gegliedert und durch einen reizvollen
Materialwechsel von Sichtbetonflächen, Terrakotta
und verschiebbaren Holzlamellen gekennzeichnet.
An der Linkstraße folgen nach Norden hin entlang
des geplanten Parkzuges auf dem Gelände des
ehem. Potsdamer Bahnhofes drei Häuser von
Richard Rogers. Direkt neben dem Bau von Lauber
& Wöhr entwarf Rogers ein weiteres Wohnhaus
(B8). Auf einer annähernd quadratischen und in
verschiedene Höhenniveaus gestaffelten Grundfläche, die auf den ersten beiden Etagen vorwiegend
Einzel-handelsflächen aufnimmt, erhebt sich der
eigentliche Wohnbau, der als Vierflügelanlage mit
einem tiefen Einschnitt nach Osten in Richtung Park
orientiert ist. Durch Abschrägungen und Abtreppun-
gen wird versucht, den Lichteinfall von Süden her zu
optimieren. Die beiden sich nördlich anschließenden
Büro- und Geschäftshäuser (B6, B4) sind spiegelbildlich konzipiert und entsprechen in der Disposition
der verschiedenen Gebäudeelemente weitgehend
dem Wohnhaus. Ein markantes und leicht auf-
schwingendes Dach bindet auf der Höhe des 6. OG
die einzelnen Bauelemente zusammen. Die Agglomeration heterogener Bauelemente in einem übergeordneten funktionellen und konstruktiven Zusammenhang sowie die Transparenz der Fassaden lassen Rogers Gebäude als eine Verbindung zeitgenössischer High Tech-Architektur und Reminiszenzen an „Plug In"-Modelle der Pop-Art des Archi-
tekturbüros Archigram aus den späten 60er Jahren
erscheinen. Zwischen Alter und Neuer Potsdamer
Straße schließen sich an den Kollhoff-Bau zwei
weitere Gebäude von Lauber & Wöhr an. Der kleinere Bau an der Alten Potsdamer Straße auf drei-

159
(Fortsetzung)

Bauteil Isozaki, Zustand Januar 1997 (C3)

Simulation Bauteil Rogers (B6, oben); debis Hauptverwaltung von Renzo Piano und Christoph Kohlbecker, Zustand Winter 1996/97 (C1, unten)

eckigem Grundriss dient als Wohnhaus (A3). Der größere Bau vermittelt zwischen den beiden Straßen und integriert neben Wohnungen vor allem ein CINEMAXX-Kino mit insgesamt 19 Sälen (A2). An der Alten Potsdamer Straße entwarf Moneo den Bau des Grand Hyatt Hotels (A5), ein Bürogebäude grenzt an die Neue Potsdamer Straße (A4). Das Hotel auf unregelmäßigem trapezoidem Grundriss ist als kompakter Block konzipiert, seine Massivität wird durch regelmäßige Abfolgen von Lochfassaden sowie durch die steinerne Verkleidung weiter unterstrichen. Das Bürohaus setzt sich dagegen durch vertikale Abstufungen sowie durch den Wechsel von Fensterbändern und großflächig verglasten Fassadenteilen deutlich von seinem Nachbarn ab. Die Piazza wird dominiert von den beiden zusammenhängend konzipierten und langgestreckten Gebäuden für die Spielbank im Norden und das Musicaltheater im Süden (D). Piano/Kohlbecker orientierten sich sowohl mit der unregelmäßigen Grundrissfigur als auch mit der expressiven Komposition aus mehrfach geknickten und angeschrägten Flächen an formalen Aspekten der unmittelbar benachbarten Staatsbibliothek (126). Ein verglaster Gelenkbau mit flexiblen Dachelementen verbindet die beiden neuen Gebäudeteile. Das Gebäude für die debis-Hauptverwaltung von Piano/Kohlbecker (C1) liegt auf einem schmalen langgestreckten Grundstück, das sich zum Kanal hin verjüngt. Ähnlich dem Kopfbau am Potsdamer Platz ist auch dieser Bau zur Blockspitze

hin in die Höhe gestaffelt, die Fassaden werden nach Süden hin zunehmend in Glas aufgelöst. Das Hochhaus erscheint als eine Agglomeration verschiedener schlanker vertikaler Elemente, die zur Wasserseite durch ihre unterschiedliche Höhe und durch den Kontrast von Verglasung, großflächiger Terrakottaverkleidung und exponierten Treppenhäusern bestimmt wird. Die beiden Bürogebäude von Isozaki (C2, C3) grenzen an die Linkstraße bzw. an das Reichpietschufer. Jeweils zwei parallel gegeneinander verschobene längliche Flügel mit 8 OG werden durch dreigeschossige querlaufende Brückenbauten ab dem 6. OG miteinander verbunden, längslaufende Brücken verbinden auf der Höhe des 8. OG die beiden Baugruppen. Mächtige Y-Stützen aus unverputztem Beton, die von einer Glaswellenfassade nach außen abgegrenzt werden, tragen die Baukörper. Vom 2.–7. OG dominieren Lochfassaden mit trapezförmigen Fenstern, die ab dem 5. OG gegeneinander versetzt angeordnet sind. Eine zweifarbige Verkleidung aus glatten Keramikplatten, deren Farbwechsel von rosa zu mokkabraun den Rhythmus der Trapezfenster reflektiert, verstärkt den ungewöhnlichen Gesamteindruck. Analog zum Sockelbereich schließt eine weitere Glaswelle im zurückgesetzten 8. OG die Fassade nach oben ab. Das Spiel mit verschiedenen geometrischen Grundformen sowie der Wechsel von glatten und geschwungenen Flächen tragen als typische Motive Isozakis zum Reiz der Anlage bei. Das Daimler-Benz-Projekt erregt allein aufgrund seiner Größe und aufgrund der Prominenz der Architekten größtes Aufsehen. Vorläufig offen bleibt, inwieweit der strukturelle Kompromiss zwischen den Ansprüchen des Bauherren und der von Senatsseite formulierten Forderung nach Anknüpfung an tradierte europäische Stadtmuster tatsächlich urbane Qualitäten ermöglichen kann.

160
A&T-Projekt
Potsdamer Platz, Köthener Straße
1996–2000
Masterplan: Giorgio Grassi; Realisierungsplanungen: Diener & Diener, Giorgio Grassi, Jürgen Sawade,
Peter Schweger & Partner

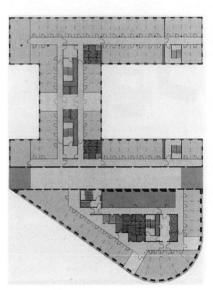

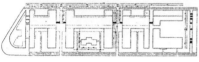

Modellaufnahme (oben); Lageplan (unten)

Grundriss 2. OG Haus 1 und 2

Das lang gezogene Grundstück schließt das Gesamtareal der Neuplanungen am Potsdamer Platz
nach Südosten hin ab. Aus einem 1993 durchgeführten Wettbewerb für die Entwicklung des Gebietes als Dienstleistungs- und Wohnstandort ging
Giorgio Grassi als Sieger hervor. Grassi gliederte das
Gelände in eine Abfolge von fünf großmaßstäblichen
Baukörpern, die zumeist als H- oder L-förmige
Bauten mit 7–8 OG konzipiert sind. Das Kopfstück
zum Platz hin wurde als deutlich höherer Akzent
formuliert, der seinerseits mit den Turmbauten des
Daimler-Benz-Projektes und des Sony-Centers
korrespondiert. Seine im Gegensatz zu der kubischen Rationalität der nach Süden anschließenden
Baukörper markante Abrundung soll als Reminiszenz an die Architektur des „Haus Vaterland" von
1911–12, einem der bekanntesten Vergnügungs-
paläste am Platz vor der Zerstörung, verstanden
werden. Analog zur Planung des Daimler-Benz-
Projektes wurden auch hier weitere am Wettbewerb
beteiligte Architekten für die Realisierung herangezogen. Anders jedoch als bei den Daimler-Benz-
Planungen fügen sich die Einzelrealisierungen des
A & T-Projektes zu einer erstaunlich homogenen
Gesamterscheinung zusammen. Alle Gebäude sind
weitgehend verklinkert, lediglich einige Innenhof-
bereiche weisen im Kontrast dazu helles Verklei-
dungsmaterial auf. Abgesehen von dem Kopfbau
unterstreichen darüber hinaus die typologischen
Gemeinsamkeiten der Einzelbauten wie ihr Grundriss
auf H oder L-förmigen Strukturen sowie ein äußerst
strenger rationaler Duktus der Fassaden die Ge-

schlossenheit der Anlage. Schweger & Partner
zeichnen für den Entwurf des Kopfbaus verantwortlich. Der mächtige Baukörper auf tropfenförmigem
Grundriss vermittelt durch seine abgerundeten Platzfront einen ambivalenten Eindruck zwischen Massivität und dynamischer Eleganz. Diese reizvolle Spannung wird weiterhin durch die ungewöhnliche Gestaltung der Fassaden mit ihrem Kontrast von
Klinkerachsen und durchgehender curtain-wall verstärkt. Südlich an den Kopfbau schließen sich drei
H-förmige Bauten nach Entwürfen von Grassi und
Sawade in strenger Kubatur und mit sachlichen
Lochfassaden an. Der südliche Abschluss des Geländes wird durch zwei parallel nebeneinander angelegte L-förmige Wohnhäuser nach dem Entwurf
von Diener & Diener gebildet. Die abweichende
Grundform sowie die Verwendung einer filigranen
Rasterfassade mit breit gelagerten Fensterformaten
im Gegensatz zu den Lochfassaden der Nachbarbauten unterstreichen auf subtile Art die Eigenständigkeit des Entwurfes. Das A & T-Projekt stieß aufgrund seiner weitgehend strengen Gleichförmigkeit
auf kontroverse Urteile. Andererseits stellt es in
seiner Abstraktion eine außergewöhnlich eigenständige ästhetische Konsequenz dar, die sich in der
Abfolge der „Architekturshow" am Potsdamer Platz
behauptet.

161
Sony-Projekt
Potsdamer Platz, Bellevuestraße, Neue Potsdamer Straße
1995–2000
Helmut Jahn

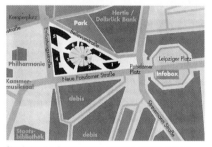

Simulation der Gesamtanlage (oben); Lageplan (unten)

Wie beim benachbarten Areal von Daimler-Benz
(Nr. 159) liegt auch die Bebauung dieses ca.
26 500 m² großen dreieckigen Geländes weitgehend in der Hand eines einzigen Großinvestors, hier
des japanischen Großkonzerns Sony, der hier seine
Europa-Zentrale beziehen wird. Weiterhin werden
neben einem 20%igen Wohnanteil die deutsche
Film- und Fernsehakademie, die Stiftung Deutsche
Kinemathek, ein Kinozentrum sowie die Deutsche
Mediathek in den Komplex integriert werden. Aus
einem 1991 durchgeführten Wettbewerb ging Helmut Jahn als Sieger hervor. Das Gelände wird in
einzelne Gebäudegruppen unterteilt, die den Blockrand zwar optisch schließen, gleichzeitig jedoch
durch breite Zwischenräume Zugänge zum Inneren
des Komplexes bieten. Geschwungene Grundformen, keilartige Auskragungen, und angeschrägte
Baukanten sowie eine in großen Teilen transparente
Fassadengestaltung mit leuchtend roten Akzenten
kennzeichnen die Komposition. Zentrales Element
des Projekts stellt ein ovaler Binnenplatz, das sogenannte „Forum" dar, das die vielgliedrige Anlage
sowohl funktionell als auch gestalterisch zusammen-
bindet. Die 75 m weite Fläche wird durch ein markantes zeltartiges Dach überdeckt. Eine sich konisch
verjüngende Kabelkonstruktion auf ellipsoider
Grundform trägt aufgefächerte Sonnenschutzelemente und wirkt daher als Schirm über der teilweise offenen Platzfiguration und darüber hinaus als
Blickfang des Gesamtkomplexes. Am Potsdamer
Platz dominiert ein an der Nordseite abgestufter

Modellfotos Kopfbau am Potsdamer Platz (oben);
Forum (unten)

Büroturm mit 26 OG die Anlage. Seine geschwungene und zur Blockspitze hin angeschrägte Südseite
reflektiert die bewegte Grundform des Forums und
unterstreicht den Zugang zum Blockinneren. Zur
Neuen Potsdamer Straße hin erstreckt sich der Bau
für das Filmhaus und die Deutsche Mediathek. Das
entlang der Bellevuestraße leicht einschwingende
Eckgebäude am Kemperplatz nimmt die Sony-
Europazentrale auf. An der Bellevuestraße wurde
die Fassade des denkmalgeschützten ehemaligen
Grand Hotels Esplanade in einen Wohnkomplex
integriert. Umrahmt und überbaut von dem fast
völlig verglasten Baukörper wirkt die Fassade des
Altbaus wie ein plakativ präsentiertes Exponat. Der
Frühstückssaal des Hotels wurde ausgebaut und an
anderer Stelle wieder in den Neubaukomplex integriert, der sogenannte „Kaisersaal" wurde als Ergebnis eines fragwürdigen Kompromisses zwischen
Denkmalpflege und den Neubauplanungen mit Hilfe
aufwendiger Luftkissentechnik im März 1996 an
seinen neuen Standort im Inneren des Komplexes
transloziert. Insgesamt entstand eine modisch-
schnittige, aber auch durch die absehbare Dominanz der Indoor-Plaza kontrovers diskutierte Architektur.

162
Wohnhäuser
Am Karlsbad 1–2
1986–87
Jürgen Sawade

163
**Verwaltungsgebäude der Feuersozietät
Berlin**
Am Karlsbad 4–5
1934–36
Paul Mebes, Paul Emmerich

Im ursprünglichen Konzept für die Bebauung hatte die IBA eine enge Zusammenarbeit der in diesem Bereich tätigen Architekten – Heinz Hilmer, Christoph Sattler (Am Karlsbad 8), Georg Heinrichs (Am Karlsbad 6–7) und Jürgen Sawade – vorgesehen, nachdem Richard Meyer wegen der Bedingungen auf diese Aufgabe verzichtet hatte. Sawade wollte mit seinem kubischen Wohnhaus, das turmartig an der Gebäudeecke von sechs auf acht und schließlich zehn Geschosse ansteigt, einen architektonischen Gegenpart zum Kulturforum schaffen. Gleichzeitig nahm er die vorhandene, torartige Situation auf, die A. Biebendt 1929 am Beginn der Potsdamer Straße mit seinem 7-geschossigen, ebenfalls an der Ecke erhöhten Geschäftshaus vorgegeben hatte. Die Fassaden sind in ein Raster aus Stützen und Brüstungsfeldern aufgelöst, in deren Zwischenräumen sich die Fenster befinden. Der Eckbau ist, ebenso wie die Kolonnaden des EG und die zurückspringenden OG, mit cremeweißen Fliesen der Marke „Berliner Pfeifenkopf" verkleidet, die übrigen Fassadenbereiche sind dunkelgrau verputzt. Die Wohnungen, im Turmbau 2-Zimmer-Wohnungen, in den Seitenhäusern 3-Zimmer-Wohnungen, besitzen zum Teil nach Nord-Ost ausgerichtete Wohnräume und nach Süd-West gerichtete Schlafzimmer. Diese Anordnung ergab sich aus dem Gedanken, eine einheitliche Fassade zu erhalten, die mit ihren hohen, französischen Fenstern an „Lofts" erinnert und durch ihre „extreme Abstraktion" dem Standort gerecht werden sollte.

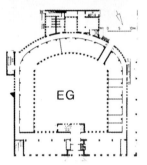

Zustand um 1940 (oben)

Das vierflüglige Büro- und Verwaltungsgebäude ist um einen großen, geschlossenen Schmuckhof angeordnet. Sein rückwärtiger Trakt ist nach außen geschwungen; am Scheitelpunkt befindet sich ein rechteckiger Anbau mit Lichthof. Das Äußere des 5-geschossigen Stahlskelettbaus ist schlicht und doch repräsentativ gestaltet. Die Fassade wird u.a. durch das Achsmaß der Stahlstützen geprägt, welche die Straßenfront vertikal gliedern. Das 2. OG, das die Repräsentationsräume enthält, wird durch größere Fenster betont. Das oberste Geschoss wird durch ein kräftiges, die Horizontale betonendes Gurtgesims abgesetzt. Eine Verkleidung mit Muschelkalkplatten, die durch ihre unterschiedliche Bearbeitung horizontale Bänder bilden, belebt die Fassade zusätzlich. Der Eingang mit der repräsentativen Eingangshalle ist leicht aus der Mittelachse verschoben. Das Relief über dem Eingang stammt von Hans Krückelberg, das geschmiedete Tor von Julius Schramm. Die Bürogeschosse zeichnen sich durch ihre Zweckmäßigkeit und Variationsbreite aus.

164
Staatsbibliothek
Potsdamer Straße 33
1967–76
Hans Scharoun, Edgar Wisniewski

165
Neue Nationalgalerie
Potsdamer Straße 50
1965–68
Ludwig Mies van der Rohe

Allgemeiner Lesesaal (Ausschnitt)

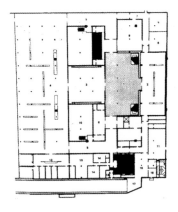

Die Staatsbibliothek bildet den östlichen Abschluss
des von Scharoun 1964 entworfenen „Kulturforums"
(Nr. 168). Wie bei der Philharmonie (Nr. 169) der
Konzertsaal, so wurde bei der Staatsbibliothek das
Büchermagazin in einen flacheren Gebäudekomplex
eingebettet. Der große, mit eloxierten Aluminiumblechen verkleidete Block des Buchmagazins wurde
nahe an die projektierte Tangente der Stadtautobahn gesetzt, während sich auf der Westseite das
Gebäude zum Kulturforum hin öffnet. Dabei wurde
ein Baukörper, in dem das Ibero-Amerikanische-
Institut untergebracht ist, an die Potsdamer Straße
vorgeschoben. Auch im Nord-Westen wurde ein
Gebäudearm vorgezogen, so dass die auf der gegenüberliegenden Straßenseite stehende Philharmonie optisch eingebunden wird. Das abwechslungsreiche, kleinteilige Bild des Bibliotheksbaus unterstreichen zahlreiche Sheds und Glaspyramiden, die
sich auf den Dächern der Lesesäle befinden. Das
großzügige Foyer wird durch Galerien und einen
Ausstellungsbereich unterteilt. Über eine breite Treppe gelangt der Benutzer in den weiträumigen, offenen Bereich der Lesesäle. Durch differenzierte Anordnung der Leseplätze und Handbibliotheken auf
Galerien, mittels Treppen und Podesten miteinander
verbunden, entstehen immer wieder neue Raumein-
drücke in diesem lichtdurchfluteten Gebäudebereich. Edgar Wisniewski führte den Bau ab 1972,
nach dem Tode Scharouns, allein weiter.

Die Nationalgalerie ist Mies van der Rohes einziger
Bau, der nach seiner Emigration im Jahre 1938 in
Deutschland entstand. Der Auftrag wurde Mies van
der Rohe 1961 anlässlich seines 75. Geburtstags
erteilt. Der Bau ist eine Stahlstützen-Glas-Konstrukti-
on, die auf einer Plattform steht. Das System aus
acht Stützen, die am äußersten Rand der Dachkonstruktion platziert sind, folgt einem Raster von 3,60
m. Wie eine Membran umschließen die Glaswände
den Innenraum, wodurch ein Höchstmaß an Transparenz erzielt wurde. Zwischen OG und dem von
der Straße her nicht sichtbaren UG besteht kein
konstruktiver Zusammenhang. Das UG mit einer
Fläche von 4425 m² nimmt die ständige Sammlung, die Verwaltung sowie eine Bibliothek auf und
wird nur von der Seite des westlich angrenzenden
Skulpturenhofes natürlich belichtet. Das OG bietet
mit 2430 m² Fläche Platz für wechselnde Ausstellungen. Die Nutzung der Fläche, wie Mies sie vorgesehen hatte, z. B. mit von der Decke hängenden
Tafeln, wird kaum verwirklicht. Die Halle wird zumeist mit Stellwänden versehen und dadurch ihrer
Transparenz beraubt. Dass Mies van der Rohe auf
ältere Entwürfe zurückgreift, u. a. auf seinen Entwurf
für ein Verwaltungsgebäude in Santiago/Kuba
(1958, nicht ausgeführt), unterstreicht den Schwerpunkt, den er auf das äußere Erscheinungsbild legte, und verdeutlicht sein Konzept des offenen, nicht
auf bestimmte Nutzungen festgelegten Grundrisses.

166
St. Matthäi-Kirche
Matthäikirchplatz
1844–46
August Stüler

Zustand 1938 (oben), Zustand 1988 (unten)

167
Wissenschaftszentrum Berlin
Reichpietschufer 48–58
1894; 1984–87
Alfred Busse; James Stirling, Michael Wilford

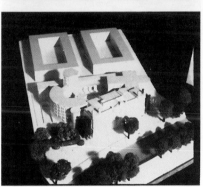

Die dreischiffige Ziegelkirche ist aus einfachen, stereometrischen Grundformen aufgebaut. Stüler gliederte die Baumassen, indem er die drei Kirchenschiffe nach außen hin durch drei Giebel sichtbar machte. Die schlichte Fassade wird durch Lisenen gegliedert. In der waagerechten Gliederung mittels farbiger Ziegelbänder, den rundbogigen Fenstern des Langhauses und den drei Apsiden zeigt sich die Vorliebe der Architekten der Schinkelschule für frühchristliche Bauten des „byzantinischen Stils". Ein zu diesem Bautyp gehörender freistehender Glockenturm, wie ihn Stüler z. B. bei der Jacobikirche (Nr. 440) ausführte, konnte hier wegen des kleinen Bauplatzes nicht verwirklicht werden; der Turm wurde deshalb in das Mittelschiff eingeschoben. Er besitzt eine Arkadengalerie mit Ecktürmchen, die in einen achteckigen Spitzturm übergeht. Städtebaulich kam der Kirche durch ihre Lage inmitten einer Straßenachse eine wichtige Funktion zu. Nachdem schon die Nationalsozialisten für ihre Umgestaltungsmaßnahmen Berlins zur Welthauptstadt „Germania" mit dem Abriss der umliegenden Häuser des ehemaligen Villenviertels begonnen hatten, tat der Krieg das übrige. Nach schweren Kriegsschäden wurde das Äußere 1959–60 durch Jürgen Emmerich wiederhergestellt. Das Innere stellt sich als nüchterner, von Betonbindern getragener Kirchenraum dar.

In der Wettbewerbsausschreibung der IBA für den Bau des Wissenschaftszentrums wurde verlangt, für die drei Institute der Wirtschaftswissenschaften, der Sozialwissenschaften und der Ökologie ein geeignetes Raumprogramm zu entwickeln. Zusätzlich wurde gefordert, den Kopfbau des ehemaligen Reichsversicherungsamtes am Reichpietschufer, das der Architekt Busse 1894 in historistischen Stilformen erbaut hatte, in den Gesamtentwurf mit einzubeziehen. Die Wettbewerbs-Sieger lösten die gestellten Vorgaben auf einfallsreiche Weise; sie gliederten die einzelnen Forschungs- und Verwaltungsgebäude in voneinander unabhängige, überschaubare Einheiten um einen zentralen Hof. Für die äußere Verpackung des gut organisierten Raumprogramms griffen die Architekten tief in die Kiste bekannter historischer Bauformen; so ordnen sich ein Gebäude mit den Grundrissformen einer Kirche, ein halbkreisförmiger Bau in Form eines antiken Amphitheaters, ein oktogonaler Turm, ein Bau, der an eine Bastei oder ein Fort erinnert und ein einer griechischen Stoa nachempfundenes Gebäude zu einem collagenhaften Ganzen. Wegen dieser scheinbar beliebigen architektonischen Zitatensammlung müssen sich die Architekten den Vorwurf des Eklektizismus gefallen lassen. Das zum Teil mit Travertin verkleidete und poppig bemalte Wissenschaftszentrum ist so ein typisches Beispiel für die Architekturrichtung der Postmoderne, für die Stirling, wie z. B. sein Bau der Neuen Staatsgalerie in Stuttgart (1977–84) zeigt, ein Hauptvertreter ist.

168
Kulturforum
Matthäikirchplatz
1956–64; 1966–85; 1988–96
Hans Scharoun, Edgar Wisniewski; Rolf Gutbrod; Heinz Hilmer und Christoph Sattler

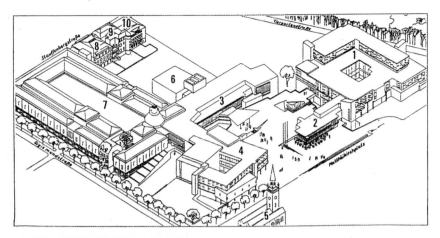

Modellaufnahme

1 Kunstgewerbemuseum, 2 Restaurant (geplant), 3 Zentrale Eingangshalle, 4 Kupferstichkabinett/Kunstbibliothek, 5 Matthäikirche, 6 Ausstellungshalle, 7 Gemäldegalerie, 8 Direktion der Gemäldegalerie, 9/10 Generaldirektion der Staatlichen Museen zu Berlin – Preußischer Kulturbesitz

Das Areal um Matthäikirche (Nr. 166) und Philharmonie (Nr. 169) hat in der Nachkriegszeit – bis heute – eine wechselhafte und heftig diskutierte Planungsgeschichte erlebt. Das sogenannte Kulturforum wurde von Hans Scharoun skizziert, der die Verlegung des Philharmonie-Neubaus an den Rand des Tiergartens zum Ausgangspunkt für die Konzeption eines kulturellen Bauensembles machte. Sein Plan sah neben der Philharmonie die Errichtung von fünf Museen der abendländischen Kunst, eines Kam-mermusiksaals (Nr. 170), eines Instituts für Musikforschung, eines Musikinstrumenten-Museums sowie eines Gästehauses vor. Dieses Kulturforum sollte einen räumlichen Bezug zu den Museen auf der Museumsinsel in Berlin-Mitte schaffen, die bis 1989 durch die Mauer abgetrennt waren. Unabhängig dieser Planungen entstand 1963–68 neben der Matthäikirche die Neue Nationalgalerie von Ludwig Mies van der Rohe (Nr. 165). Den Bau der Museen übertrug man schließlich Rolf Gutbrod. Aufgrund starker Kritik, v. a. wegen der Gebäudeproportionierung und der strengen Trennung der einzelnen Sammlungsbereiche, wurde die Bauausführung nach der Errichtung des Kunstgewerbemuseums gestoppt. 1985 ging Hans Hollein als Sieger eines weiteren städtebaulichen Wettbewerbs für das Kulturforum hervor. Sein Entwurf sah u. a. einen geschwungenen Baukörper entlang der Potsdamer Straße vor; parallel zur Matthäikirche sollte ein „City-Kloster" entstehen. Holleins Planung wurde nach zahlreichen Modifizierungen schließlich ebenfalls aufgegeben. 1987 wurde die Architekturgemeinschaft Hilmer & Sattler mit der Gesamtplanung des Museumsareals betraut; sie hatten die anspruchsvolle Aufgabe, die bisherigen Ausführungen in Verbindung mit ihren eigenen Planungen zu einem harmonischen Ganzen zu verbinden. Die zurückhaltend gestaltete Eingangshalle (3) mit dem charakteristisch überdachten Eingangsbereich erhebt sich als rückwärtiger Abschluss der schräg ansteigenden „Piazzetta". Diese wird eingerahmt und durch den Neubau des Kupferstichkabinetts und der Kunstbibliothek (4) in der südwestlichen Ecke des Areals; der Neubau nimmt in Form und Material Bezug zum gegenüberliegenden Kunstgewerbemuseum. Der anschließende langgestreckte, vierflügelige Bau der Gemäldegalerie (7) integriert mit der Villa Parey (1895) eine der wenigen erhaltenen Gebäude der Vorkriegszeit. Eine letztendliche Vollendung des Kulturforums auf der Brachfläche an der Potsdamer Straße steht noch aus, die vorläufige Begrünung kann nur als Provisorium angesehen werden. Das zeitweilig für das Kulturforum vorgesehene Carrillon wurde 1988 nahe der ehem. Kongresshalle (Nr. 226) errichtet. Diesen schlichten Glockenturm mit seinem eleganten Flugdach entwarf die Architektengruppe Bangert, Jansen, Scholz und Schultes.

169
Philharmonie, Staatl. Institut für Musikforschung mit Musikinstrumenten-Museum
Kemperplatz
1960–63; 1979–84
Hans Scharoun, Edgar Wisniewski

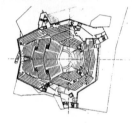

Grundriss Philharmonie, Saalebene

Grundriss Staatl. Institut für Musikforschung mit Musikinstrumenten-Museum

Der beschränkte Wettbewerb von 1956 war für das Grundstück ausgeschrieben, auf dem heute die Freie Volksbühne steht. Widerstände gegen das zu enge, für das Gesamt-Berlin-Verständnis nicht zentral gelegene Grundstück führten 1960 dazu, den Konzertsaal auf freiem Gelände – am Kemperplatz – zu platzieren. Mit einer Neuordnung des Bereichs zu einem „Kultur-Forum" wurde von Scharoun u. a. die Philharmonie, der Kammermusiksaal (Nr. 170) sowie das Musikinstrumenten-Museum mit dem Institut für Musikforschung konzipiert. Die äußere Form der Philharmonie wird im wesentlichen durch den Saalbau bestimmt. Das dynamisch schwingende, zeltartige Dach des Saales steigt auf der Nord- und Südseite zu eindrucksvoller Höhe an. Der Saalgrundriss ergab sich aus drei Pentagonen. Diese Fünfecke sind auf verschiedenen Ebenen ineinander verdreht. Neuartig an dieser Saalkomposition ist die Grundidee, dass sich die „Musik im Mittelpunkt" (Scharoun) befindet. Daher sind die Zuhörerplätze um das in der ideellen, nicht mathematischen Mitte liegende Orchester-Podium angeordnet. Zusammen mit den an der aufwärts strebenden Decke angebrachten pyramidenförmigen Schallreflektoren, den freischwingenden Schallsegeln sowie den von der

Decke hängenden Lampen ergibt sich ein lebendiges Raumgefüge. Dieser 2200 Plätze fassende Zuschauerraum wird von einer 2- bis 3-geschossigen „Schale" getragen. Dabei bildet das Foyer das Negativ zur darüber liegenden Saalform. Durch die zahlreichen frei aufsteigenden Treppen ergibt sich eine bizarre, phantasievolle architektonische Landschaft. Bei der Innengestaltung des Foyers wirkten die Künstler Erich F. Reuter (Fußboden), Bernhard Heiliger (Skulptur), Günter Ssymmank (Kunststoff-Lampen), Alexander Camaro (Farbglasflächen) sowie Margarete Moll (Büste von Scharoun) mit. Der Außenbau erhielt erst 1978–81 sein heutiges Aussehen. Die Verkleidung aus gelben, eloxierten Aluminiumblechen verleiht dem Stahlbetonbau nun, fast 20 Jahre nach der Fertigstellung, die von Scharoun beabsichtigte, diaphane Struktur. Nordöstlich wurde 1978–84 von Scharouns engstem Mitarbeiter, Edgar Wisniewski, auf Grundlage eines 1978 entstandenen Entwurfes das Institut für Musikforschung mit dem Musikinstrumenten-Museum direkt neben der Philharmonie erbaut.

170
Kammermusiksaal
Matthäikirchplatz
1984–88
Hans Scharoun, Edgar Wisniewski

171
Kunstgewerbe-Museum
Tiergartenstraße 5–11
1978–85
Rolf Gutbrod

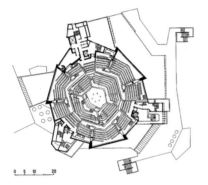

In einer Ideenskizze hatte Scharoun 1971 einen
Zentralraum angelegt, auf dem Wisniewski 1979
den Entwurf für den Kammermusiksaal entwickelte.
Der Bau wurde jedoch erst 1984–88 ausgeführt.
Beim Kammermusiksaal werden wesentliche Ele-
mente der Philharmonie (Nr. 169) aufgenommen.
Dies sind hauptsächlich die Einbindung des hohen
Saalbaus in 2-geschossige Flachbauten, die auf
verschiedenen Ebenen angeordneten Zuhörerplätze,
und die Anordnung des Musiker-Podiums in der
Mitte des Saales, dem Gedanken folgend, dass die
„Musik im Mittelpunkt" stehen soll. Philharmonie
und Kammermusiksaal sind durch ein gemeinsames
Foyer miteinander und mit dem Musikinstrumenten-
museum verbunden. Für den Kammermusiksaal, die
sogenannte „kleine Philharmonie", wurde der Saal-
raum aus einem Sechseck entwickelt. Dieses bildet
die Grundform für das Orchesterpodium, das von
Sitzreihen umfangen wird. Darüber erheben sich auf
drei unterschiedlichen Niveaus weitere, zu Kompar-
timenten zusammengefasste Zuhörerränge, so dass
sich der Saalinnenraum dem Rund nähert. Eine
„gefaltete", zeltartig aufsteigende Decke schließt
den Saal ab. Beide Motive – Anordnung der Zuhörerränge und Saaldecke – sind auch am Außenbau sichtbar. Das Foyer des Kammermusiksaales
wurde ebenso wie das der Philharmonie aus der
Form des darüber liegenden Saales entwickelt.

Im Zusammenhang mit dem Bau der Philharmonie
hatte Scharoun 1963 ein Kulturforum (Nr. 168) und
damit die Lage der Museen der abendländischen
Kunst skizziert. Da ein Wettbewerb 1965–66, an
dem sich 113 in- und ausländische Architekten
beteiligt hatten, ohne ein den Auslober befriedigen-
des Ergebnis verlaufen war, wurde 1966 Rolf
Gutbrod mit den Planungen der Museen beauftragt.
Aufgrund von Finanzierungsproblemen wurde der
Baubeginn bis 1978 verzögert. Der Entwurf von
Gutbrod sah einzelne Baukörper vor, die um einen
Hof gruppiert und über einen zentralen Eingangsbau
erschlossen werden sollten. Der Architekt wollte mit
dieser „Baulandschaft" nicht in Konkurrenz zu den
bereits von Scharoun errichteten Bauten, Philharmonie (Nr. 169) und Staatsbibliothek (Nr. 164), gehen. Das Kunstgewerbe-Museum wurde als Stahlbetonskelettbau errichtet. Die vorgehängte Ziegelfassade wird durch senkrecht und horizontal verlaufende Bänder aus Aluminiumblechen in Kompartimente gegliedert. Der kompakte, fast fensterlose
Bau wird durch das Vor- und Zurückspringen der
Baumasse in seiner Wuchtigkeit gemildert. Aufgrund
starker Kritik an der Gesamtkonzeption wurde 1985
die Ausführung der Bauten für die Gemälde- und
Skulpturengalerie gestoppt. Hauptpunkt der Kritik
war, neben der Gebäudeproportionierung, die strenge Trennung der einzelnen Sammlungsbereiche.

172

Shell-Haus
Reichpietschufer 60, 62
1930–31
Emil Fahrenkamp

Grundriss des erhöhten EG

Das Shell-Haus gilt als einer der bedeutendsten Bürobauten der Weimarer Republik. Es ist zugleich einer der ersten Stahlskeletthochbauten in Berlin. Der Gebäudekomplex besticht vor allem durch seine äußere Gestalt; er erhebt sich in eindrucksvoller Höhenstaffelung zwischen fünf und zehn Geschossen entlang des Landwehrkanals. Die Fassade ist mit römischem Travertin verkleidet, die zu Bändern zusammengefassten Fenster werden dynamisch um die abgerundeten Hausecken herumgeführt. Die ästhetisch sehr ansprechende, wellenartige Staffelung der Front folgt freilich keinen funktionellen Vorgaben; für die herausragende städtebauliche Wirkung musste der Verlust an Innenraum und ein z. T. mangelhafter Schnitt der Büroräume in Kauf genommen werden. Der Gebäudekomplex nahm bis 1996 die Hauptverwaltung der BEWAG auf. 1965–67 errichtete Paul Baumgarten in seiner unmittelbaren Umgebung für die BEWAG mehrere nüchterne Erweiterungsbauten in Stahlskelettbauweise mit Aluminiumverkleidung.

173

Bundesministerium der Verteidigung
Reichpietschufer 74–76
1911–14
Reinhardt & Süßenguth; Burckhardt, Emch und Berger

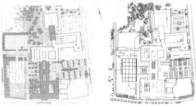

Ansicht vom Landwehrkanal (oben)
Lageplan (unten)

Der ursprünglich für das Reichsmarineamt errichtete Bau wird als Berliner Dienstsitz des Verteidigungsministeriums genutzt. Nach dem Ersten Weltkrieg war hier das Reichswehrministerium untergebracht, später das Oberkommando des Heeres und der Kriegsmarine. 1938 wurde der Komplex entlang der heutigen Stauffenbergstraße großzügig erweitert und nach dem Berliner Stadtbaumeister Bendler benannt. Hier befand sich auch die Zentrale der Widerstandskämpfer vom 20. Juli 1944, deren prominenteste Protagonisten, Graf von Stauffenberg, Olbricht, von Quirnheim und von Haeften im Hof des Bendlerblocks erschossen wurden. Eine hier eingerichtete Gedenkstätte und ein 1954 aufgestelltes Mahnmal von Richard Scheibe erinnern an diese historische Dimension der Anlage. Die Geschichte des Baus gibt eine spezifische Traditionslinie für die aktuelle Nutzung vor, wobei vor allem der Aspekt der Widerstandsgedenkstätte eine maßgebliche Rolle für die öffentlichkeitswirksame Legitimation der Standortwahl für das Verteidigungsministerium bot. Der mit Muschelkalk verkleidete Trakt am Landwehrkanal bildet den historischen Kern des Komplexes. Reinhardt und Süßenguth, vor dem Ersten Weltkrieg eines der meistbeschäftigten Berliner Großbüros, entwarfen eine strenge und leicht abstrahierte klassizistische Architektur mit flacher Kolossalpilastergliederung und prominentem Mittelrisalit mit Dreiecksgiebel. Dahinter öffnet sich die Haupteingangshalle mit einem ebenso strengen wie eindrucksvollen Treppenhaus. Die Herrichtung des Baus für die aktuelle Nutzung wurde durch das Schweizer Büro Burckhardt, Emch und Berger geleitet und konzentrierte sich, neben der Überdachung zweier Innenhöfe vor allem auf die denkmalpflegerische Sanierung und Modernisierung.

174
Italienische Botschaft
Tiergartenstraße 21a–23
1938–41; 1999–2000
Friedrich Hetzelt; Vittorio de Feo

175
Japanische Botschaft
Tiergartenstraße 24–27
1938–42; 1986–88; 1998–2000
Kisho Kurokawa, Tajii Yamaguchi;
Ludwig Moshamer; Ryonel Amemiya

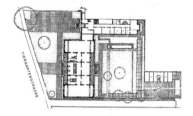

Grundriss ursprünglicher Zustand

Grundriss Erdgeschoss

Wie auch die benachbarte ehem. Japanische Botschaft (Nr. 175) entstand das Gebäude im Rahmen des Ausbaus des Tiergartenviertels zu einem Zentrum der ausländischen Staatsvertretungen. In seiner Organisationsform stellt die ehem. Botschaft – ebenso wie die ehem. Japanische Botschaft – einen neuen Bautypus dar, der die Vereinigung der Repräsentationsräume, der Residenz des Missionschefs und der Kanzlei in einem Gebäude vorsah. Das Innere war kostbar und prunkvoll ausgestattet und sollte so die zentrale Bedeutung des faschistischen Italien für das nationalsozialistische Deutschland betonen. Die pompöse, monumentale Außengestaltung mit Sockelgeschoss, Piano Nobile, Mezzanin-Geschoss und vorspringendem, schwerem Dachgesims erinnert an italienische Palastbauten der Hochrenaissance. Dieser Fassadengliederung zuliebe musste ein viertes Geschoss hinter dem mächtigen Hauptgesims versteckt werden. An der Hauptfront liegt ein vorgezogener fünfachsiger, durch eine Säulenstellung gegliederter Mittelteil. Der rötlich verputzte Ziegelbau ist in seinem EG mit Platten aus römischem Travertin verkleidet; Gewände und Hauptgesimse bestehen ebenfalls aus Travertin. Die Botschaft wurde im zweiten Weltkrieg schwer beschädigt. Der Wiederaufbau des jahrzehntelang als Teilruine erhaltenen Baus wurde seit Ende der 90er Jahre von V. de Feo geleitet.

Die ehemalige Japanische Botschaft wurde 1938–42 durch Ludwig Moshamer erbaut. Sie entstand, wie auch die benachbarte ehemalige Italienische Botschaft (Nr. 138), im Rahmen der sogenannten „Neugestaltung für die Reichshauptstadt Berlin", die u. a. die räumliche Zusammenfassung sämtlicher diplomatischer Vertretungen im Tiergartenviertel vorsah. Der 2-geschossige monumentale Gebäudekomplex stellte einen neuen Typus des Botschaftsgebäudes dar. Die Repräsentationsräume, die Wohnung des Missionschefs sowie die Gästezimmer – also die eigentliche Residenz – wurden mit den Dienst- und Geschäftsräumen der diplomatischen Vertretung in einem Gebäudekomplex vereinigt. Das Innere wurde durch Caesar Pinnau kostbar gestaltet und sollte so die politische Bedeutung Japans als Verbündeter des „Dritten Reichs" herausstellen. Im Krieg wurde das Gebäude schwer beschädigt, die Ruine danach nur notdürftig gesichert. Die ehemalige Botschaft sollte auf Berliner Wunsch und nach japanischen Plänen auf der Basis der vorhandenen Substanz wiederhergestellt werden und so zur Reaktivierung des brachliegenden, ruinösen ehemaligen Diplo-matenviertels beitragen. Da die Bausubstanz aber schlechter als angenommen war, riss man den Residenzteil des Gebäudes ab. Er wurde anschließend in seiner Vorderfront originalgetreu, im Inneren jedoch weitgehend neugestaltet wiederaufgebaut. Für die abermalige Nutzung als Botschaftsgebäude wurde der Komplex ab 1998 durch ein Kanzleigebäude nach Plänen von R. Amemiya ergänzt, das sich in Material und Gesamtcharakteristik dem Altbau angleicht.

176
Österreichische Botschaft
Tiergartenstraße 12–14; Stauffenbergstraße 1–4
1999–2001
Hans Hollein

177
Landesvertretung Baden-Württemberg
Tiergartenstraße 15
1998–2000
Dietrich Bangert

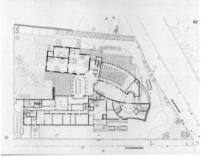

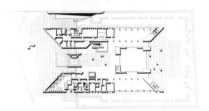

Ansicht
Grundriss EG

Modellfoto
Grundriss EG

Der Bau leitet mit seinem prominenten Standort
vom Kulturforum zu der Reihe der Botschaften und
Landesvertretungen entlang der Tiergartenstraße
über. Neben der diplomatischen Bedeutung ist der
Bau aber auch architektonisch als erstes Beispiel
einer repräsentativen öffentlichen Bauaufgabe Hans
Holleins in Berlin von besonderem Interesse. Hollein
entwarf einen komplexen und kompositorisch
spannungsvollen Baukörper, der nicht nur verschiedene Funktionsbereiche visualisiert, sondern auch
sensibel auf den städtebaulichen Kontext reagiert.
So folgt der Stauffenbergstraße ein verputzter Kubus, dessen 3-geschossige Rasterfassade den
vorgefundenen städtischen „berlinischen" Typus
verarbeitet. Auf der Rückseite – also in Richtung der
gegebenen Solitärstruktur des Tiergartenviertels –
folgt mit der Villa des Botschafters eine mit ihren
freien Fensterkompositionen und den eckumgreifenden Terrassen der Tradition der klassischen
Moderne verpflichtete Architektur. Zur Tiergartenstraße und zur Blockspitze hin bildet sich eine dynamisch geschwungene kupferverkleidete Figur heraus, die die repräsentativen Räume aufnimmt. Mit
ihrer visualisierten Funktionstrennung überzeugt die
Botschaft als plausibles Konzept; entscheidend jedoch ist die große architektonische Geste mit der
am Ostrand der Tiergartenstraße ein schwungvoller
Auftakt zur Neubebauung des Diplomatenviertels
selbstbewußt gebildet wird.

Stilistisch weit von Anklängen an eine neue „Stuttgarter Schule" entfernt, repräsentiert sich Baden-
Württemberg mit einem eindrucksvollen skulpturalen
Bau des Berliner Architekten Dietrich Bangert. Auf
einem quer zur Straße liegenden rechteckigen
Grundriss lagert der mächtige, 3-geschossige und
weiß verputzte Kubus, dessen Schmalseiten, so vor
allem die die Eingangsseite, durch diagonal zurück
fliehende Flanken weit geöffnet werden. Der dadurch entstehende, plastische Charakter konterka-
riert effektvoll die durch den Umriss suggerierte
Massivität. Im Inneren entwickelt sich eine
spannungsvolle Raumfolge von Foyer, Empfangs-
saal, Loggia, Terrasse und Gartenhof. Bewegliche
Wandelemente aus Holz unterstreichen den bewußt
fließenden und flexiblen Raum- bzw. Nutzungs-
charakter des Gesamtkonzepts, in dem die verschiedenen Einheiten teilweise wie autonome „Häuser im Haus" eingestellt wirken. Großzügige Fensteröffnungen sowie Oberlichter schaffen lichte Verbindungen zum umgebenden Grün des Tiergartens und
der benachbarten Gartenanlagen. Bürotrakte flankieren auf zwei Etagen das zentrale Raumkontinuum
ohne es optisch oder räumlich zu stören. Insgesamt
entstand eine anspruchsvolle architektonische Komposition, deren Spiel von fließenden Raumsequen-
zen, Lichtdramaturgie, konkreten geometrischen
Strukturen und der objekthaften Plastizität zahlreicher Architekturdetails Repräsentation und selbstbe-
wußte Baukunst vereinigt.

178
Indische Botschaft
Tiergartenstraße 16–17
1999–2000
Hilde Léon, Konrad Wohlhage, Siegfried Wernik

179
Landesvertretung Bremen
Hiroshimastraße 22–26
1998–99
Hilde Léon, Konrad Wohlhage, Siegfried Wernik

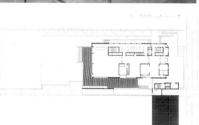

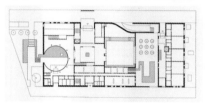

Modellfoto
Grundriss EG

Foto
Grundriss EG

Das Botschaftsgebäude gliedert sich in die Reihe der solitären Bauten entlang der Tiergartenstraße ein und komplettiert damit die städtebauliche Struktur der villenartigen Einzelbauten des ehemaligen Diplomatenviertels. Gleichzeitig präsentiert sich die Republik Indien durch diesen Entwurf mit einem der anspruchsvollsten neuen Botschaftsbauten, die nach der Wende in Berlin entstanden sind. Léon/Wohlhage/Wernik konzipierten einen sich quer zur Straße in die Tiefe des Grundstücks entwickelnden und mit rötlichen indischen Sandsteinplatten verkleideten Baukörper, der eine Abfolge spannungsvoll komponierter Räume birgt. Es ist vor allem das Spiel von Positiv-negativ-Formen sowie von kubischer Geschlossenheit und offenem internen Gartenhof, das dem Projekt die Attraktivität auf den zweiten Blick sichert. Über ein zylindrisches, teils angeschnittenes und nach oben offenes Eingangsatrium werden die verschiedenen öffentlichen Bereiche der Botschaft erschlossen; ein umschlossener Gartenhof trennt diesen Teil von dem südlich gelegenen Trakt der Botschafterresidenz ab. Architektonische Promenaden, wie sie etwa durch eine den Hof östlich begleitende Freitreppe angeboten werden, aber auch der eingestellte zylindrische Pavillon als räumlicher Reflex des Eingangsszenarios machen den intimen Gartenbereich zu einem der spannungsvollsten Raumkompositionen der neuen Berliner Architektur.

Mit der Bremer Landesvertretung entstand, in fußläufiger Entfernung zum Gebäude der indischen Botschaft (Nr. 178), ein weiterer markanter Bau des Büros Léon-Wohlhage-Wernik im Diplomatenviertel am südlichen Tiergartenrand. Anders als bei dem freistehenden Botschaftsgebäude entwarfen die Architekten hier einen Bau, dessen städtebauliche Komposition zwar einerseits den für das südliche Tiergartenviertel repräsentativen Typus des solitären und villenartigen Objektes reflektiert; andererseits bildet das Projekt den Auftakt einer geplanten, zum Landwehrkanal hin geschlossenen Blockrandbebauung. Dieser hybride Charakter spiegelt sich auch in der funktionellen Zweiteilung des Baus; während der 8-geschossige Bauteil zum Kanal Gästeapartments aufnimmt, wurde der Verwaltungs- und Repräsentationstrakt der Landesvertretung in dem sich nördlich anschließenden 4-geschossigen Bau untergebracht. Bedingt durch die bislang noch nicht realisierte Schließung des Blockrandes an der Kanalfront vermittelt die Anlage den Eindruck zweier Solitäre, die durch ihre unterschiedliche Massenverteilung eine spannungsvolle Gesamtkomposition bilden. Durch ihren leuchtend roten Verputz, dem Wechsel von Flächen und tief eingeschnittenen und rhythmisch versetzten Fenster sowie durch die markanten, das „Neue Bauen" der 20er Jahre zitierenden Balkonaustritte bildet der Bau einen unübersehbaren und attraktiven Blickpunkt, der die Reihung der prominenten Architekturobjekte am Landwehrkanal selbstbewußt ergänzt und bereichert.

180
Landesvertretung Nordrhein-Westfalen
Hiroshimastraße 22–26
2000–2001
Petzinka, Pink und Partner

181
Canisius-Kolleg
Tiergartenstraße 30–31
1937–38; 1979–80
Paul Mebes, Paul Emmerich;
Klaus-Rüdiger Pankrath

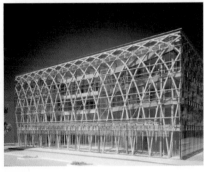

Altbau (oben)
Neubau (unten)

Projektperspektive
Grundriss 1.0G

Das Land Nordrhein-Westfalen hat sich 1997 erst relativ spät dazu entschlossen, einen repräsentativen Neubau für seine Landesvertretung zu realisieren. Das Büro Petzinka, Pink und Partner wurde 1999 mit einem Projekt beauftragt, das sich neben ökologischen Bauprämissen vor allem durch eine eigenwillige und auffällige Konstruktion auszeichnet. Auf rechteckigem Grundriß erhebt sich eine stützenfreie Holz/Leichtbaukonstruktion; parabelförmige Holzrauten fungieren als Primärkonstruktion, hinterspannte senkrechte Stützen tragen die Deckenelemente der verschiedenen Etagenniveaus. Eine weitgehende Verglasung erzeugt trotz der Mehrschichtigkeit den Eindruck eines offenen und transparenten Baukörpers, der natürlich belüftbar ist. Horizontallamellen fungieren sowohl statisch stabilisierend als auch klimaregulierend. Die Konstruktion ermöglicht eine flexible Binnenstruktur, die neben Büroräumen auf den verschiedenen Etagen auch eine gebäudehohe verglaste Eingangshalle und einen 2-geschossigen Saal umfasst. Neben der konstruktiven und ökologischen Plausibilität verdeutlicht das Projekt die Suche nach einer Verbindung rationaler Baulogik und repräsentativer, mit seinem Holzflechtwerk bisweilen gar dekorativ erscheinender Gesten.

Der Komplex wurde als Verwaltungs- und Wohngebäude für die Friedrich Krupp AG errichtet. Welch bedeutende Stellung dieser Konzern auch im „Dritten Reich" innehatte, wird durch die Lage des Gebäudes inmitten des von Speer im Rahmen der Umgestaltung Berlins zur Welthauptstadt „Germania" neu konzipierten Botschaftsviertels deutlich. Der repräsentative Bau besteht aus einem vierflügligen, breit gelagerten Gebäudetrakt, der um einen quadratischen Innenhof angelegt ist. Der rückwärtige, an beiden Seiten überstehende Flügel zum Park diente als Gästetrakt; das OG enthielt die Wohnräume der Familie Krupp. In den übrigen Flügeln befanden sich u. a. Sitzungssäle und Empfangsräume. Das Äußere des teilweise mit Muschelkalk verkleideten Gebäudekomplexes ist im Stil der Zeit gestaltet; die hohen Fenster und die Betonung der Mittelachse über dem portalartigen Eingangsbereich verleihen dem Bau eine monumentale Wirkung. Das Innere war edel und kostbar ausgestattet. Zu Demonstrations- und Werbezwecken fertigte man Fenstergitter, Treppengeländer und Haustür aus silbergrauem Nirostahl, einem Produkt des Hauses. Der Gebäudekomplex wurde 1947 von der katholischen Kirche als Canisius-Kolleg übernommen und nur geringfügig umgebaut. 1979–80 errichtete Klaus-Rüdiger Pankrath im Anschluss an den Altbau einen Schultrakt, Wohngebäude sowie eine Turnhalle, wobei er die Traufhöhe und die Querflügelbreite des Altbaus als Maßstab und zur Gebäudegliederung übernahm.

182
Energiesparhäuser am Landwehrkanal
Lützowufer 1a–5a
1984–85
Bernd Faskel, Vladimir Nikolic (1 a);
Von Gerkan, Marg & Partner (2 a);
Pysall, Jensen, Stahrenberg & Partner (3a);
Kilpper & Partner (4 a);
Manfred Schiedhelm, Karen Axelrad (5 a)

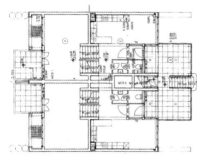

Hofansicht (oben)
Grundriss Haus 5a, EG + 1. OG (unten)

Der Riegel aus fünf engstehenden, 6-geschossigen
Mehrfamilienhäusern entstand im Rahmen der IBA.
Die im Sozialen Wohnungsbau geförderten Häuser
beinhalten je 12 Wohnungen, dazu kommen neun
Wohnungen in den zweigeschossigen Zwischenbauten. Es sollten fünf unterschiedliche Konzepte
der Energieeinsparung bei jeweils identischen Baukosten vorgestellt und in eine adäquate Achitek-
turform von hoher Wohnqualität umgesetzt werden.
Allen Häusern gemeinsam ist die passive Sonnen-
energienutzung durch hohe Wärmedämmung und
die Anlage von Wintergärten als thermische Puffer-
zonen. In den technischen Maßnahmen zur Energie-
gewinnung unterscheiden sich die einzelnen Häuser;
während bei Haus 1 und 5 die Optimierung der
passiven Energiemaßnahmen im Vordergrund steht,
werden bei den übrigen Gebäuden unterschiedlich
umfangreiche technische Lösungen zur aktiven
Energieversorgung wie z. B. mittels Wärmepumpen,
Wärmerückgewinnungsanlagen oder Sonnenkollek-
toren vorgestellt. Infolge hoher Wartungskosten
dieser technisch komplizierten Anlagen sind die
Unterhaltungskosten jedoch höher als bei normalen
Häusern. Die restriktiven Vorgaben z. B. für die
Gebäudeabmessung schränkten den Spielraum für
eine energiebewusste Architektur stark ein.

183
Torhäuser an der Lützowstraße
Lützowstraße 43–51
1984–86
Vittorio Gregotti

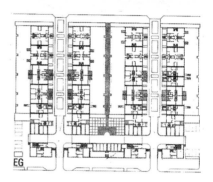

Die nach einem IBA-Wettbewerb entstandenen 4-
bis 5-geschossigen „Torhäuser" schließen an die
Zeilen der „Stadthäuser" an und riegeln den Block
zur Lützowstraße ab. Durch die großzügigen, 2-
geschossigen Toröffnungen werden die „Stadthäuser" aber auch gleichzeitig an den Straßenraum
angebunden und erhalten einen wirkungsvollen
architektonischen Rahmen. Der breit gelagerte, mit
Klinkern verkleidete Kopfbau besticht durch seine
klare, sachliche und zugleich feierliche Form. Charakteristisch sind die dunkelblauen „Stahlkäfige",
welche den Baukörper verklammern und gleichzeitig
die Toröffnungen einrahmen und betonen. Diese
Stahlkonstruktion steht in Kontrast zu der gelben
Ziegelfassade des Baukörpers. Im EG der „Torhäuser", die im Sozialen Wohnungsbau gefördert
wurden, sind vier Läden untergebracht.

184
Kindertagesstätte Lützowstraße
Lützowstraße 41–42
1989–93
Jasper Halfmann und Klaus Zillich

Ansicht von Westen

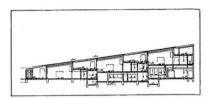

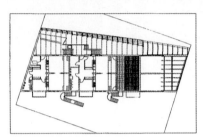

Schnitt S-N (oben), Grundriss OG (unten)

Der Bau gehört zu den letzten fertiggestellten Projekten der IBA. Bereits 1985 erhielten Halfmann und Zillich den Auftrag, auf einem durch Kriegszerstörung fragmentarisierten Gelände an der Lützowstraße eine Kindertagesstätte zu realisieren. Anders als bei den weiteren IBA-Planungen an der Lützowstraße (Nr. 183) wurde hier auf eine Blockrandschließung verzichtet und dadurch die ehemalige Hinterhofsituation mit den Ziegelgebäuden einer alten Fabrikanlage und dem Jugendzentrum „Die Pumpe" als Freiraum im städtischen Kontext erhalten. Halfmann und Zillich entwarfen einen quer zur Straße liegenden und nach hinten ansteigenden Baukörper. Die Dachlinie korrespondiert dabei mit der leicht schräg in den Hof stoßenden Disposition des Gebäudes. Die Westseite der Kita erscheint als kantige Figuration mit Ziegelmauerung; erkerartige Austritte und exponierte Außentreppen aus Stahl unterstreichen die plastische Wirkung. Im Gegensatz dazu wird die Ostseite von einer großen wintergartenähnlich verglasten Halbtonne mit Holzbindern bestimmt, die sich nach hinten hin konisch weitet. Schrägen in Grund- und Aufriss sowie der Gegensatz von steinerner Massivität und gläserner Transparenz bilden die Grundelemente der architektonischen Komposition. Dem Innenaufbau der Kita liegt das Konzept einer Verbindung von Gemeinschaftsräumen und kleineren Gruppeneinheiten zugrunde. Die Glashalle im Osten dient als großer gemeinschaftlicher Spielraum, eine Treppenanlage erschließt die halbgeschossig hintereinander angelegten drei Ebenen des Baus, die die einzelnen Gruppenräume aufnehmen. Nach Süden hin orientierte Dachterrassen ermöglichen jeder Gruppe Spielmöglichkeiten im Freien. Robuste Materialien wie Ziegel und Holz entsprechen den Anforderungen einer Kindertagesstätte und verleihen dem Gebäude neben seiner Helligkeit einen warmen und einladenden Charakter. Den Architekten gelang ein vorbildlicher Bau, der eine phantasievolle Auseinandersetzung mit dem Kontext des Grundstücks einerseits mit einem einfühlsamen Konzept für ein „Haus für Kinder" andererseits verbindet.

185
Villa von der Heydt
Von-der-Heydt-Straße 16
1860–61
Hermann Ende, G.A. Linke

186
Grand Hotel Esplanade
Lützowufer 15–19 B
1986–88
Jürgen Sawade

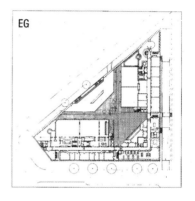

Zeichnung des Urzustands (oben) Zustand 1997 (unten)

Die Villa von der Heydt ist beispielhaft für den um 1860 in Mode gekommenen „Villenstil". Kennzeichnend für diesen sind die symmetrische Gestaltung sowie klassizistische Schmuckmotive mit Anklängen an Renaissance-Formen. Hermann Ende hatte 1860 in einem Entwurf für die Villa mit einem 2-geschossigen Turm dem Hauskubus eine asymmetrische Betonung gegeben. Doch zeigte der Entwurf eine klassizistische Fassadendekoration und ein Satteldach als Gebäudeabschluss. Die dann ausgeführte Villa besitzt zwei volle Geschosse, symmetrische Fassadengliederung, und das Dach befindet sich hinter einer breiten, mit Vasen bekrönten Attika. Diese Umplanungen gehen wohl auf G. A. Linke zurück, wie ein Vorentwurf von ihm zeigt, der dem heutigen Zustand der Villa sehr nahe kommt. Die Bauausführung oblag jedoch Hermann Ende. Dieser führte auch 1872 die Gewächshäuser im Garten aus und nahm 1877 Anbauten am Wohnhaus vor. Die Villa von der Heydt ist einer der letzten Bauten der ehemals ausgedehnten Villenbebauung am Rande des Tiergartens. Dieses Villenviertel, das für die Planungen Albert Speers für die Reichshauptstadt Berlin bereits teilweise abgerissen worden war, wurde im Krieg zerstört. Nach wechselvollen Besitzverhältnissen wurde die stark kriegsbeschädigte Villa ab 1967 wieder aufgebaut. Heute ist sie Sitz der 1957 gegründeten Stiftung Preußischer Kulturbesitz.

Das Hotel wurde auf einem dreieckigen Grundstück errichtet. Der Komplex besteht aus einer Straßenrandbebauung entlang der Lützowstraße, an die sich winkelförmig ein langgestreckter Gebäudeflügel anschließt. In diesem Winkel ist zum Lützowufer hin ein 1-geschossiger, dreieckiger Bauteil eingeschoben. Die einzelnen Gebäudeteile sollen auf verschiedene Grundformen des historischen Stadtbildes Bezug nehmen; so stellt die 7-geschossige Front einen maßstäblichen Kontext zur Platzwand des Lützowplatzes her, der 1-geschossige Baukörper soll auf die Von-der-Heydt-Villa (Nr. 185) und das Bauhaus-Archiv (Nr. 187) auf der anderen Uferseite verweisen. Das Hotel wird vom Lützowufer über eine glasgedeckte Vorfahrt erschlossen. Links und rechts der großzügigen Lobby liegen der Gastronomiebereich sowie vier große Konferenzräume und das Schwimmbad. In den darüber liegenden Geschossen befinden sich 414 Hotelzimmer. Die nüchterne Fassade des Stahlbetonbaus ist am Lützowufer mit keramischen, weißen Spaltachteln vom Typ „Berliner Pfeifenkopf" verkleidet; die übrigen Seiten haben eine graue, polierte Granitfassade erhalten. Die zurückhaltend gestalteten Fronten mit ihren gleichförmigen, rechteckigen Fenstern werden durch eine Sockelzone mit schmalen, hohen Fensterschlitzen vertikal betont. Das Innere des Hotels zeichnet sich durch seinen noblen, zeitlosen Charakter aus.

187
Bauhaus-Archiv
Klingelhöferstraße 13–14
1976–78
Walter Gropius, The Architects Collaborative (TAC),
Alexander Cvijanovic

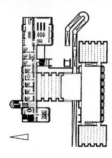

Um dem 1970 nach Berlin übertragenen Bauhaus-Archiv ein angemessenes Gebäude zu geben, wurde ein Entwurf von Walter Gropius als Vorlage ausgewählt. Der Mitarbeiter von Walter Gropius TAC, Alexander Cvijanovic, änderte den von Gropius 1964, fünf Jahre vor seinem Tod, für einen Bauplatz an der Darmstädter Rosenhöhe gedachten Entwurf ab. Dabei nahm Cvijanovic gravierende Veränderungen am Baugefüge vor. Der für die Hanglage vorgesehene Bau wurde um 180 Grad gedreht und die das Gebäude zerschneidende Rampe hinzugefügt. Entgegen der im Entwurf vorgesehenen homogenen Fassade wurde den Stahlbetonskelettbauten eine Fertigteilfassade vorgehängt, deren dunkle Fugen die weißen Flächen unterbrechen. Die vier hohen Sheds, die sich jeweils an den Schmalseiten des Ausstellungsbaus befinden, wurden zur Nordseite gedreht. Jedoch wird auf die natürliche Belichtung der 870 m² großen Ausstellungshalle verzichtet und nur künstliche Beleuchtung verwandt. Aufgrund der regen Sammlungstätigkeit herrschen bereits heute in dem 224 m² großen Sammlungsmagazin und in dem 112 m² großen Archiv beengte Verhältnisse.

188
Wohnhäuser
Lützowplatz 1, 3, 5
1988–90
Mario Botta; Peter Cook; Axel Schultes

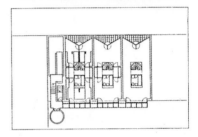

Bauteil Botta (oben), Grundriss Normalgeschoss Bauteil Schultes (unten)

Die Gesamtkonzeption für die im Rahmen der IBA entstandene Blockrandbebauung entwickelte Stefan Scholz von der Architektengemeinschaft Bangert, Jansen, Scholz und Schultes (BJSS), dessen eigener Entwurf in der Lützowstraße 60a–62 zur Ausführung gelangte. Den Eckbau zwischen Straße und Platz gestaltete Mario Botta nach dem auch von seinen Tessiner Bauten bekannten Muster: zwei kompakt wirkende, mit geometrischen Muster verklinkerte Wandscheiben stehen rechtwinklig zueinander und bilden eine nur durch kleine Fensterquadrate durchbrochene homogene, abweisende Außenschicht. Diese wird an der Gebäudeecke unvermittelt aufgebrochen, wobei die dahinterliegenden Loggien durch die Wandscheiben stark verschattet werden. Den Nachbarbau gestaltete Peter Cook von „Archigram" spielerisch mit verglasten, vorgehängten Wintergärten. Das asymmetrisch eingestellte Treppenhaus, die beiden halbrund ausschwingenden Giebel und das filigrane Stahlgerippe in knalligen Farben versinnbildlichen Cooks Lieblingsmotiv des Schmetterlings. Die Wohnungen, im Rahmen des Sozialen Wohnungsbaus erstellt, sind unkonventionell geschnitten: sie sind zum Teil 2-geschossig und weisen sowohl leicht vorschwingende oder schräge Wände als auch Niveausprünge um ein oder zwei Stufen auf. Axel Schultes Wohnbau Lützowplatz 5 kennzeichnet ein klares, geometrisches Konzept. Die 2-geschossigkeit der Wohnungen zeichnet sich als große durchfensterte Öffnung in der streng gerasterten Fassade ab. Der Bau wurde frei finanziert.

189
Hotel Berlin, Erweiterungsbau
Lützowplatz 17
1986–87
Michael König; Klaus Theo Brenner, Benedict
Tonon (Fassade)

190
Wohnanlage am Lützowplatz
Lützowplatz 2–16
1979–83
Oswald Mathias Ungers

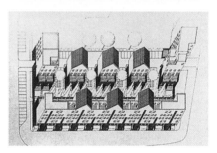

Lageplan Lützowplatz, rechts oben Erweiterungsbau

Der nach Plänen des Architekten Michael König
entstandene Erweiterungsbau des Hotels schließt
den südlichen Bereich des Lützowplatzes und stellt
so dessen räumliche Qualität wieder her. Der Neubau nimmt 168 Ein- bis Zwei-Bett-Zimmer sowie
60 Apartments auf. Von besonderem Interesse ist
die in Abstimmung mit der IBA durchgeführte
Fassadengestaltung des Erweiterungsbaus. Die
getrennte Ausarbeitung von Grundriss und Aufriss
durch verschiedene Architekten, im 19. Jahrhundert
durchaus gebräuchlich, ist heutzutage unüblich.
Dennoch ist eine Fassade von außergewöhnlicher
Qualität entstanden. Der den gesamten Häuserblock
umschließende Neubau ist horizontal in drei Zonen
untergliedert. Die untere Zone bildet das mit einer
Arkade versehene EG und das 1. OG. Diese
Sockelzone, die als Reminiszenz städtisch-monu-
mentaler Blockarchitektur verstanden werden soll,
läuft als kontinuierliches Element um drei Seiten des
Blocks und setzt sich von der „Zellenarchitektur"
des Altbaus der 50er Jahre ab. Die oberen Geschosse mit ihrer dynamisch abgerundeten Ecke an
der Einemstraße sollen auf Gebäudeentwürfe der
Brüder Luckhardt, etwa deren Planung für die Umgestaltung des Alexanderplatzes (1929) verweisen.
Gezackt vorspringende Erker sorgen für ein bele-
bendes Element. Abgeschlossen wird der mit gelben Keramikplatten verkleidete Erweiterungsbau
durch ein zurückgesetztes Geschoss, das mit seinem weit überkragenden Dach an die Architektursprache der 50er Jahre erinnert.

Mit dieser im Rahmen der IBA erstellten Blockrandbebauung wurde die kriegszerstörte Platzwand an
der Westseite des Lützowplatzes wiederhergestellt.
Gleichzeitig sollte so der gesamte Platz, der heute
zu einem überdimensionalen Verkehrsknotenpunkt
verkommen ist, aufgewertet werden. Der Komplex
enthält 84 Wohnungen im Sozialen Wohnungsbau,
davon sind 63 als 4-Zimmer-Maisonettes ausgebildet. Der langgezogene 6-geschossige, beinahe
abweisend wirkende Riegel der Wohnanlage nimmt
die gesamte Länge des Lützowplatzes ein. Gegliedert wird diese „Wohnwand" durch drei aufgesetzte
Giebel sowie einen Sockel aus Sichtmauerwerk.
Schmale Fensterbänder der Treppen versuchen die
starke horizontale Ausrichtung des Blocks zu mildern. Zum Lützowplatz hin sind aus Lärmschutzgründen vorwiegend die Nebenräume untergebracht. Der Wohnbereich wurde in das architektonisch stärker differenzierte Blockinnere verlegt. Die
Geschosswohnungen besitzen große Terrassen, den
EG-Wohnungen wurden kleine Vorgärten zugeordnet. Diesen engen Innenbereich erschließen eine
schmale Zufahrtsstraße und ein gewundener Fußweg. Das Ziel eines introvertierten Wohnens bei
relativ hoher baulicher Dichte wurde bei dieser
Wohnanlage nur formal umgesetzt; der räumliche
Abstand zwischen den einander gegenüberliegenden privaten Bereichen ist zu gering bemessen, die
angestrebte Trennung von halböffentlichen und
privaten Zonen wird nicht erreicht. Der Entwurf wurde gegen den Willen des Architekten abgeändert;
aus Kostengründen reduzierte man u. a. das Sichtmauerwerk auf den Sockelbereich und setzte einfa-
chere Fenster ein.

191
Öko-Häuser
Corneliusstraße 11–12
1988–90
Frei Otto, Hermann Kendel; Dietrich Dörschner,
Edgar Haas, Martin Küenzlen, Günter Ludwig und
Günter Löhnert, Jürgen Rohrbach, Manfred
Ruprecht und Peter Stürzebecher, Ute Schulte-
Lehnert

192
Hotel Inter-Continental
Budapester Straße 2
1957–58; 1980–81
Luckmann & Pereira, Paul Schwebes, Hans
Schoszberger; Jan C. Bassenge, Kay
Puhan-Schulz, Johannes Heinrich, Walter Schrei-
ber, Felix Thomas

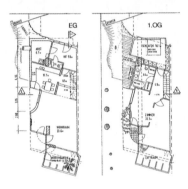

Die Architektennamen verpflichteten, der ökologische Gedanke war Programm. Das Baukonzept
setzte nicht auf Systematik, sondern auf pluralisti-
sche Vielfalt: 18 Bauherren fanden sich für zwei
Häuser zusammen. Doch wurden die Ideen nicht
nur durch die Richtwerte des Sozialen Wohnungsbaus beschnitten – anstelle von drei Wohnungen
pro Etage wurden dann vier eingebaut –, sondern
auch durch massive Koordinationsfehler im Zusammenhang so vieler Architekten ohne eigentliche
Gesamtführung. Frei Otto und Hermann Kendel
konzipierten, im Rahmen der IBA, ein Betongerüst,
in das die einzelnen Bauherren ihre Eigenheimvor-
stellungen einschieben sollten. Entsprechend müssen sich die Sehvorstellungen erst mit dem Durch-
einander von Materialien und Gestaltungsformen
vertraut machen. Frei Ottos Leitsatz, der ökologi-
sches Bauen „als Einsparung von Energie, Volumen,
Fläche und Baumasse" definiert, wie er ihn beispielhaft mit seinem Hydrosolarinstitut in Stuttgart um-
setzte, kommt hier nicht zum Tragen. Schwierigkeiten brachte nicht nur das Erschließungssystem,
sondern auch die Ableitung der Traglasten, die
durch zusätzliche Stützen abgesichert werden mussten. Die beiden Öko-Häuser werden wohl Eintags-
fliegen in der Architektur Berlins bleiben.

Der Hotelkomplex besteht aus einer vielteiligen
Gebäudegruppe, deren beherrschender Bauteil das
langgestreckte, quer zur Straße gestellte Hochhaus
ist. Es besitzt 13 Geschosse, im obersten Stockwerk liegt ein Restaurant mit Dachgarten. Die Wirtschaftsräume und ein Sicherheitstreppenhaus sind
in dem 15-geschossigen Turm untergebracht, der
sich nördlich an den Bettentrakt anschließt. Das
reizvolle, schachbrettartige Muster der Fassade
ergibt sich aus den dunklen Fensterrahmen, die
zusammen mit den Brüstungen aus schwarzem Glas
weißen Wandflächen gegenübergestellt werden. Um
diesen zentralen Baukörper gruppieren sich mehrere
niedrigere Bauteile sowie eine 1-geschossige Ladenzeile längs der Budapester Straße. Eine Erweiterung des Hotelkomplexes wurde durch die o.g.
Architektengemeinschaft durchgeführt. Diese neu
geschaffenen Erweiterungsbauten ordnen sich zwar
in ihrer geringeren Höhenentwicklung dem Hochhaus unter, erhalten jedoch eine Eigenständigkeit
durch ihre architektonische Gestaltung. Hauptteil der
Neubebauung ist der 7-geschossige L-förmige
Bettentrakt, der in seinem EG Schwimmbad, Garagen und Läden aufnimmt. Zwischen diesem Baukörper und dem Hochhaus wurde das flache Emp-
fangs- und Erschließungsgebäude mit seiner markanten, verglasten Eingangspyramide eingeschoben.

193
Tiergarten-Dreieck
Klingelhöferstraße, Rauchstraße, Stülerstraße, Corneliusstraße
1998–2000
Städtebau: Hildebrand Machleidt und Walther Stepp
Einzelprojekte: Petzinka, Pink & Partner (CDU-Bundesgeschäftsstelle); Teodoro Gonzáles de Léon und Francisco Serrano (Botschaft Mexiko); Pysall, Stahrenberg & Partner (Botschaft Malaysia); Moore, Ruble Yudell; Gesine Weinmiller; Hilmer und Sattler (Wohnhäuser); Moore, Ruble, Yudell; Gesine Weinmiller; Pysall, Stahrenberg & Partner; Sayed M. Oreyzi; Walther Stepp; Faskel + Becker; Büttner-Neumann-Braun (Bürogebäude/Verbandsgebäude)

Botschaft Mexiko

Lageplan

Bundesgeschäftsstelle CDU (links) Grundriß 1.OG (rechts)

Das Areal bildet ein städtebauliches Gelenkstück zwischen dem Ostrand der City-West und dem Diplomatenviertel entlang der Tiergartenstraße. Gleichzeitig leitet es von der geschlossenen Baustruktur des südlich gelegenen Lützowplatzes (Nr. 188–190) zu den Stadtvillen an der Rauchstraße (Nr. 197) über. Nach Kriegszerstörungen – lediglich das Gebäude Rauchstraße 25 von 1912 blieb erhalten – war das Gelände bis in die 90er Jahre unbebaut geblieben, die Brache wurde als zentraler Fest- und Rummelplatz genutzt. Nachdem das 1991 initiierte Projekt eines „World Trade Centers" 1995 wieder verworfen worden war, setzte der Flächennutzungsplan eine Mischnutzung von Wohnen, Botschaften und Verbandsansiedlungen fest. Ein städtebaulicher Wettbewerb von 1995 brachte mit dem Sieger-Entwurf der Planergemeinschaft Machleidt und Stepp eine Verbindung von Blockstrukturen und Solitären, die eine kompakte Figur nach außen konturieren, während der Binnenraum zugunsten eines „Pocket-Parks" freigehalten wurde. Schmale Zwischenräume zwischen den Einzelprojekten verdeutlichen die Eigenständigkeit der verschiedenen Bauten, gleichzeitig wird dadurch die Permeabilität zwischen dem städtebaulichen Kontext und der intimen Gartenanlage gewährleistet. Aus einem eingeladenen Realisierungsworkshop 1997 gingen verschiedene der letztlich am Bau beteiligten Architekten hervor. Die Projekte der Botschaft Mexi-

kos und der CDU-Bundesgeschäftsstelle wurden in eigenständigen Wettbewerbsverfahren entwickelt. Mit dem Bau der CDU-Bundesgeschäftsstelle von Petzinka, Pink & Partner wurde an der städtebaulich prominentesten Ecke des Geländes ein markanter Ankerpunkt realisiert, der als „Eyecatcher" des Tiergartendreiecks von Süden her wirkt. Die Architekten nutzten die spitzwinklige Figur des Grundstücks und integrierten in die rautenförmige, von einer gebäudehohen Glaswand begrenzte Fläche eine schiffsbugartig zum Lützowplatz zeigende Binnenform. Ihre durch horizontal alternierende Glas- und Holzbänder bestimmte Fassade setzt sich klar von der Außenabschirmung ab; der Zwischenraum wird als Wintergarten genutzt und wirkt klimaregulierend. Die Büros sind um ein Atrium gruppiert, und werden durch umlaufende Galerien erschlossen. Trotz des an dieser städtebaulichen Situation adäquaten spektakulären Gestus überzeugt das Projekt lediglich bedingt; das „flat iron" wirkt durch seine Eckabstufungen wenig elegant, der Dynamismus der Formidee tendiert im konkreten Objekt zur Schwerfälligkeit. Die Botschaft Mexikos nach Entwürfen der Architekten Gonzáles de Léon und Serrano setzt ebenso ein skulpturales Zeichen in den städtebaulichen Kontext an der Ecke Klingelhöferstraße/Rauchstraße. Ihr Konzept löst den Kubus durch schlanke vertikale Betonlamellen auf; zunehmend nach innen neigende, schräge Fassadenflächen öffnen die Front zum Haupteingang, der wiederum zu einem zylindrischen Atrium führt. Mit der expressiven Plastizität des Konzepts setzt die Botschaft ein überzeugendes Zeichen an der Klingelhöferstraße. Pysall, Stahrenberg und Partner zeichnen sich beim Block 3 an der Klingelhöferstraße für den Bau der Botschaft von Malaysia mit ihren reizvoll rhythmisierten Rasterfassaden verantwortlich. Eine ähnliche Fassadengestaltung, jedoch das Bild des Tektonischen stärker betonend, weist auch der nördlich benachbarte Bau für die Württembergische Lebensversicherung von Gesine Weinmiller auf. Die als Stadtvillen konzipierten Wohnhäuser wurden an der Corneliusstraße und an der Stülerstraße angelegt.

194
Nordische Botschaften
1997–99
Rauchstraße 1
Gesamtkonzept: Alfred Berger, Tina Parkkinen mit Pysall, Stahrenberg und Partner
Einzelprojekte: Berger und Parkkinen (Gemeinschaftshaus); Nielsen, Nielsen & Nielsen (Dänemark); VIIVA
Arkkitehtuuri Oy (Finnland); Pälmar Kristmundson (Island); Snøhaetta Architekten (Norwegen);
Wingårdh Arkitektkontor AB (Schweden)

Lageplan

Ansicht Rauchstraße/Klingelhöferstraße

Das Ensemble ist ein einzigartiges Beispiel für eine der supranationalen Gemeinschaftsidee folgende und doch die Eigenständigkeit der Einzelstaaten respektierende Repräsentanz. Die Anlage fasst die Botschaften der skandinavischen Länder in einem räumlich, kompositorisch und teilweise sogar funktionell zusammengehörigen Konzept zusammen. Damit wird nicht nur ein sympathisches Modell der Kooperation vorgestellt, sondern auch ein organisatorisch optimiertes Funktionsprinzip der botschaftsbezogenen Arbeitsabläufe umgesetzt. Indem die verschiedenen Konsularabteilungen sowie die großen Veranstaltungsräume in einem kollektiv genutzten „Felleshus", einem Gemeinschaftshaus, untergebracht wurden, konnten die einzelnen Botschaften sich auf die eigentlichen Repräsentanzen beschränken. In einem 1995 entschiedenen Wettbewerb für die Gesamtkonzeption setzte sich die Idee des finnisch-österreichischen Büros Berger und Parkkinen durch. Sie entwarfen eine nach Norden zum Tiergarten hin weich bewegte gebäudehohe Umrißform, die vollständig mit Kupferlamellen besetzt ist. Die assoziationsreiche Figur reflektiert die Parklandschaft des Tiergartens und macht mit ihren tiefen Einbuchtungen Erinnerungen an skandinavische Küstenlandschaften möglich. Im geschlossenen Zustand bilden die Lamellen eine schuppenartige Fassade, im ge-

öffneten Zustand können die dahinter liegenden Bauten belichtet und belüftet werden. Zur Rauchstraße hin zeigt sich das Ensemble offen und einladend, die einzelnen Gebäude fügen sich in die Windungen der Membran ein, umstehen einen großzügigen gemeinsamen Hof und bilden ungefähr durch Größe und Lage die reale geographische Situation der repräsentierten Staaten ab. Bodenbeläge mit Steinsorten aus den einzelnen Ländern sowie ein quer den Hof durchziehendes Wasserbecken unterstreichen zusätzlich die Bezüge zu den Bauherren; ein textiles Flugdach markiert den Eingangsbereich zum Hof. Das Gemeinschaftshaus von Berger und Parkkinen befindet sich rechts außerhalb der Sicherheitsabgrenzung und zeigt mit seiner Fassade aus horizontalen Holz- und Glasstreifen bereits eine typisch „skandinavische" Materialwirkung. Gegenüber bildet die dänische Botschaft den Auftakt der eigentlichen Botschaftsgebäude. Ihr folgen im Uhrzeigersinn die isländische, die norwegische, die finnische und die schwedische Botschaft. Allen Bauten gemeinsam ist die großzügige Verwendung von Holzverkleidungen, Lamellen und weiten Glasflächen. Die Stirnseite der norwegischen Botschaft wurde mit einem monolithischen norwegischen Granitblock verkleidet. Die gesamte Anlage überzeugt durch ihre poetische Gesamtkomposition, das gemeinschaftliche Konzept sowie durch die bei aller Individualität doch harmonisch zusammen klingenden Einzelbauten.

195
Konrad-Adenauer-Stiftung
Tiergartenstraße 35
1996–98
Thomas van den Valentyn

196
Lenz-Haus
Kurfürstenstraße 87
1928–29
Heinrich Straumer

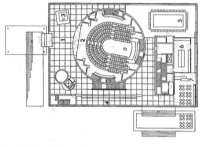

Ansicht Klingelhöferstraße
Grundriss EG

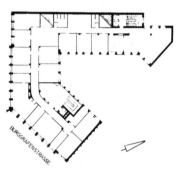

3. Obergeschoss

Für ihr Berliner Büro ließ die Konrad-Adenauer-Stiftung an prominentem Standort an der Ecke Tiergartenstraße/Klingelhöferstraße, also am Eingang zum „Diplomatenviertel", einen repräsentativen Neubau errichten. Thomas van den Valentyn konzipierte eine zweiteilige Anlage, von der allerdings bislang lediglich der erste Bauabschnitt realisert wurde. Ein zweiter, zur Klingelhöferstraße abschließender, höherer Bauteil wurde bis auf weiteres zurückgestellt. Der nach außen äußert einfach erscheinende 28 m hohe Kubus zeigt sich mit einer weitgehenden geschlossenen, edlen Travertinfassade, in die verschiedene vertikale oder horizontale, dunkel eingefärbte Fensteröffnungen geradezu graphisch eingeschnitten sind. Ein umlaufendes Glasband schließt das Gebäude nach oben ab. Der Haupteingang ist mit einem stahlträgergestützten Portikus zur Tiergartenstraße orientiert, zur Klingelhöfer Straße führt eine weitere Öffnung über eine flache Treppenanlage zu einem Garten. Die nahezu hermetisch erscheinende Außenansicht verbirgt eine spannungsvolle Komposition von Innenräumen, deren Herzstück ein leicht aus der Gebäudemitte gerücktes quadratisches Auditorium bildet, das in einen gebäudehohen Zylinder eingeschrieben wurde. Treppen und Rampen erschließen die umliegenden Büro- und Seminarräume. Mit eleganten Materialkontrasten zwischen Naturstein, Sichtbeton und Holz wird eine der Bauaufgabe entsprechende distinguierte Note erreicht. Von einem im Obergeschoss angelegten Innenhof führt eine Treppenrampe zum Dachgarten, der mit seinen plastischen, zur Kubatur des Hauses in Kontrast stehenden Aufbauten ein klares Zitat der Villa Savoie von 1928–31 von Le Corbusier darstellt.

Das 8-geschossige Gebäude wurde auf einem für ein Hochhaus günstigen Bauplatz errichtet; es liegt am Schnittpunkt zweier Straßen und erhält so durch die großen Abstände zu den gegenüberliegenden Häuserfronten genügend Luft und Licht. Es ist in Stahlskelettbauweise errichtet, was viele Variationsmöglichkeiten bei der Raumaufteilung eröffnet. Die Fassade ist mit Muschelkalkplatten verkleidet. Charakteristisch für das Hochhaus ist seine betonte vertikale Ausrichtung mittels sieben durchlaufender Achsen, die über dem breiten Gurtgesims des EG ansetzen. Diese Vertikalgliederung wird in den drei oberen Geschossen durch eine zusätzliche Unterteilung der Fenster noch verstärkt und zugleich dynamisiert. Die stilistischen Vorbilder der Fassadengestaltung sind bei gotisierenden amerikanischen Wolkenkratzern der 20er Jahre zu suchen. Eine ähnliche Fassadengestaltung ließ sich auch bei dem heute zum großen Teil zerstörten Warenhaus Karstadt am Hermannplatz (Nr. 402) beobachten. Eine überlebensgroße figürliche Plastik an der Gebäudeecke setzt einen reizvollen Akzent.

197
„Stadtvillen" an der Rauchstraße
Rauchstraße 4–10
1983–84
Rob Krier; Francy Valentiny, Hubert Hermann; Aldo Rossi; Henry Nielebock und Partner; Klaus-Theo Brenner, Benedict Tonon; Giorgio Grassi; Hans Hollein

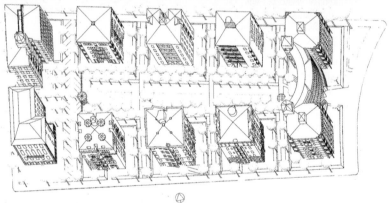

Gesamtanlage

Die Bebauung entlang der Rauchstraße gehört zu den am meisten beachteten Objekten, die im Rahmen der IBA entstanden sind. Das Grundstück liegt am Rande des Tiergartens, eines Bereiches, der bis zur Zerstörung im Zweiten Weltkrieg von großbürgerlichen klassizistischen Villen und Botschaftsgebäuden aus der Zeit des Dritten Reichs bestimmt wurde. Die städtebauliche und künstlerische Koordinierung der Neubaumaßnahmen leitete Rob Krier. Verdienstvolles Ziel seiner Planung war es, den brachliegenden Stadtraum wiederherzustellen. Hierbei bezog er sich auf die zerstörte historische Bebauung und variierte sie. Er konzipierte eine streng symmetrische Anlage mit insgesamt 239 Wohnungen, in welche die an der Grundstücksecke liegende ehemalige Norwegische Botschaft einbezogen wurde; ihr wurde ein spiegelbildlicher Baukörper zur Seite gestellt. Daran anschließend folgen zwei Achsen mit je drei freistehenden, kubischen Baukörpern. Die Anlage wird durch einen monumentalen, geschwungenen Torbau, der zwischen zwei Kuben gestellt ist, abgeschlossen. Der Entwurf der einzelnen Gebäude wurde verschiedenen Architekten übertragen. Gegenüber der ursprünglichen Planung wurden jedoch hauptsächlich aus Rentabilitätsgründen einschneidende Eingriffe vorgenommen; die 4-geschossig geplanten „Stadtvillen" wurden um ein Geschoss erhöht, ihr Außenmaß von 25 x 25 m auf 21,5 x 21,5 m reduziert, die Treppenhäuser verkleinert sowie die Geschosshöhen auf die Nor-

197
(Fortsetzung)

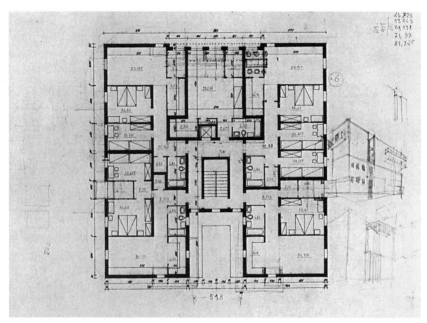

Haus 3, Giorgio Grassi, Grundriss mit Skizze

malmaße des Sozialen Wohnungsbau gedrückt. Vor allem aber wurden statt der ursprünglich geplanten vier Wohnungen pro Geschoss fünf ausgeführt. Aufgrund dieser Beschränkungen trat ein Architekt der „Stadtvillen", Mario Botta, von seinem Projekt zurück; für ihn rückte Hans Hollein nach.
Der formal entfernt an den Karl-Marx-Hof in Wien von Karl Ehn (1927) erinnernde Portalbau Kriers bildet das pompöse „Eingangstor" und zugleich den östlichen Abschluss der Anlage. Er wird, wie auch der Bauteil Kriers an der Ritterstraße Süd (Nr. 436), von einer Skulptur des Architekten verziert. Sein Mittelteil wird von zwei kubischen Bauten flankiert, die mit unterschiedlich gestalteten Türmchen bekrönt sind. In dem Gebäude sind 64 bescheiden bemessene Wohnungen untergebracht. Teilweise weisen sie die für Krier typischen ausgefallenen Grundrisse mit achteckigen oder ovalen Räumen auf. Der anschließende halböffentliche begrünte Blockinnenraum gehört zu den gelungensten Platzbereichen, die in den letzten Jahren in Berlin entstanden sind. Er wird von den zwei Achsen der „Stadtvillen" begrenzt; an der Rauchstraße schließt das Gebäude der Architekten Valentiny und Hermann an. Die Fassade wird durch die kräftige, rot-gelb gestreifte Rustika im Sockelgeschoss bestimmt.
Anschließend folgt das Gebäude von Hollein; es ist der „Paradiesvogel" des gesamten Ensembles. Kräftige Farben, überraschende Fassadendetails

sowie Anspielungen auf historische Bauformen – etwa bei den mit poppigen Sternengewölben versehenen Loggien, die an italienische Renaissancepaläste erinnern – sorgen für ein phantasievolles, unverwechselbares Äußeres.
Der daran anschließende Bau Kriers steht diesem nur wenig nach. Auch hier werden eine kräftige Farbigkeit sowie historische Architekturelemente wie Säulen oder Pilaster verwendet.
Im Gegensatz zu diesen aufmerksamkeitsheischenden Gebäuden mit ihrem postmodernen Zierat entlang der Rauchstraße sind die drei Kuben entlang der Thomas-Dehler-Straße eher unauffällig gestaltet. Der schlichte, weiß verputzte Block von Brenner und Tonon will sich in seiner klaren, rationalen Gestalt in der Tradition der Bauten der Moderne der 20er Jahre in Berlin sehen.
Das daran anschließende Gebäude stammt von Giorgio Grassi. Seine Fassadengliederung wirkt in ihrer Einförmigkeit hart, fast trostlos. Die Südseite wird durch gleichförmige Loggien unterteilt; nach Norden hin wurde versucht, den Baukörper durch senkrechte Einschnitte zu gliedern. Der entstehende hofartige Raum ist jedoch zu eng bemessen.
Die Achse der „Stadtvillen" an der Thomas-Dehler-Straße beschließt das Gebäude von Nielebock. Es wird durch seine dezente farbige Gestaltung und die Differenzierung in Sockel, Mittelzone und Kopf bestimmt. Die Eckloggien verweisen auf die des östlichen Torhauses von Krier.

(Fortsetzung nächste Seite)

197
(Fortsetzung)

198
Umlaufkanal des Institutes für Wasser- und Schifffahrtstechnik der TU Berlin
Müller-Breslau-Straße
1975–76
Ludwig Leo

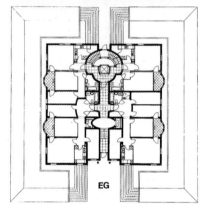

EG

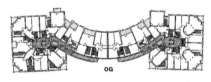

OG

EG

Haus 7, Francy Valentiny, Hubert Hermann (oben, Mitte);
Haus 5 + 6, Rob Krier (unten)

Dieses Gebäude liegt angrenzend an den Tiergarten
direkt am Landwehrkanal. Wie bei der 1969–71
errichteten Zentrale der DLRG (Nr. 638), bei der
Ludwig Leo aus den funktionalen Aufgaben die
Bauform entwickelte, bestimmen diese auch hier die
Gestalt des Bauwerks. Bemerkenswerterweise wurde das Umlaufrohr für die Strömungsversuche nicht
wie bei Bauten dieser Art üblich horizontal, sondern
vertikal angeordnet. Im Rohrkreislauf befindet sich
eine Turbine, die den Wasserstrom nach oben in
das Laborgebäude lenkt, wo die Strömungs-
messungen und -versuche durchgeführt werden.
Charakteristisch ist die Sichtbarmachung der technischen Details und die extreme Farbbetonung der
beiden Funktionsteile: Das mächtige Rohr des Um-
laufkanals, das zwischen den Säulen sichtbar nach
oben in das rechteckige Stahlgehäuse geführt ist,
wurde in kräftigem Rosa gestrichen, das kastige
Laborgebäude strahlt in sattem Blau, und ein grün
gestrichener Schornstein unterstreicht den Farbkon-
trast. Schmale, schwarz gerahmte Fensterbänder
gliedern die mit blauen Metallplatten verkleidete
Oberfläche des Laborgebäudes. Des weiteren betonen Metallnieten den technischen Charakter des
Gebäudes.

Den westlichen Abschluss des Ensembles bilden die
ehemalige Norwegische Botschaft, die im Rahmen
der IBA zu einem Wohn- und Geschäftshaus umgebaut wurde, sowie der spiegelbildlich zu ihr angeordnete Block an der Nordwestecke von Aldo Rossi.
Der schlichte Baukörper wird durch einen Turm
akzentuiert. In seiner gleichförmigen Fassade, der
Verwendung von Ziegeln als Bau-Material sowie den
– dunkelgrün gestrichenen – Stahlträgern soll er an
die Tradition des Berliner Industriebaus der Jahrhundertwende erinnern.

199
Versuchswohnhaus aus Stahl
Cuxhavener Straße 12–13
1974–77
Jochen Brandi & Partner

200
Akademie der Künste
Hanseatenweg 10
1960
Werner Düttmann

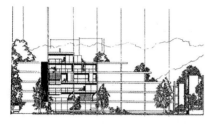

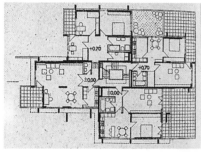

Die Architektengruppe erhielt 1967 beim Wettbewerb der Europäischen Montanunion den ersten Preis für ihre Konzeption eines industriell zu fertigenden Wohnhauses aus Stahl. Das entwickelte „Baukasten-System" sollte die Flexibilität eines Stahlskelettbausystems, die bauphysikalische und brandschutztechnische Eignung des Stahls sowie Möglichkeiten der Serienproduktion und variabler Wohnweisen veranschaulichen. Der Versuchsbau ist als 5-geschossiges Terrassenhaus in drei Bauabschnitten entstanden. In das Stahltragewerk sind Beton-Fertigteildecken eingehängt. Die Ver- und Entsorgungsstränge wurden an den Stützen gebündelt oder im Deckenraum installiert. Dadurch waren die Wohnungsgrundrisse frei disponierbar. Diese variable Struktur hat z. B. im „IBA-Wohnregal" (Nr. 403) eine Nachfolge gefunden. Der Monotonie einer gleichgestalteten Baukastenreihe wurde durch die frei platzierbaren Fassadenelemente, die leicht austauschbar sind, entgegengewirkt. Das System ist mit anderen Werkstoffen und Bausystemen kompatibel. Kurz nach der Fertigstellung, 1977, wurde das Haus mit dem Preis der Europäischen Konvention für Stahlbau ausgezeichnet.

Das Akademie-Gebäude wurde im Anschluss an die „Interbau" (Nr. 201) auf einem verbliebenen Restgrundstück erbaut. Die Institution knüpft an die 1933 abgebrochene Tradition der Preußischen Akademie der Künste an. Das Akademie-Gebäude gliedert sich entsprechend den Nutzungsanforderungen in drei Bereiche, wobei der Ausstellungsbau den größten Raum einnimmt. An diesen schließen der „Studio-Bau" und das 5-geschossige „Blaue Haus" an. Dabei ist die Materialsichtigkeit innen wie außen ein wichtiges Gestaltungselement. Die drei Bereiche werden so nicht nur räumlich, sondern auch optisch durch spezifisch eingesetzte Materialien wie Klinker, Beton, Kupfer, Putz, Schiefer und Holz voneinander unterschieden. Den kubischen Ausstellungsbau, der im EG verglast und verklinkert ist, umschließen mächtige, überkragende Waschbetonwände. Die U-förmige Ausstellungshalle liegt im OG und wird über einen Innenhof sowie über Sheds belichtet. Den „Studio-Bau" kennzeichnen spitze, kupferne Steildächer, die bis zum Boden geführt sind, während die Giebelseiten fast öffnungslos verklinkert sind. Im inneren des Studio-Baus liegt ein 600 Personen fassender Mehrzwecksaal. Verglaste Galerien führen vom Ausstellungs- und Studiobereich zum blauen Stockwerksbau, in dem Tagungs- und Vortragsräume, zwei Bürogeschosse sowie in den OG Arbeits- und Unterkunftsräume für Gäste untergebracht sind.

201
„Interbau"
Altonaer Straße
1957
1. Hermann Fehling, Daniel Gogel, Peter Pfankuch; 2. Klaus H. Müller-Rehm, Gerhard Siegmann; 3. Hans Ch. Müller; 4. Günther Gottwald; 5. Wassili Luckhardt, Hubert W. Hoffmann; 6. Paul Schneider-Esleben; 7. Bruno Grimmeck; 8. Walter Gropius, TAC (USA); 9. Pierre Vago (Frankreich); 10. Alvar Aalto (Finnland); 11. Fritz Jaenecke, Sten Samuelson (Schweden); 12. Eduard Ludwig; 13. Arne Jacobsen (Dänemark); 14. Gerhard Weber; 15. Alois Giefer, Hermann Mäckler; 16. Sep Ruf; 17. Johannes Krahn; 18. Sergius Ruegenberg, Wolf von Möllendorff; 19. Günter Hönow; 20. Paul G.R. Baumgarten; 21. Ludwig Lemmer; 22. Werner Düttmann; 23. Willy Kreuer; 24. Ernst Zinser, Hansrudolf Plarre; 25. Luciano Baldessari (Italien); 26. Jan H. van den Broek, Jacob B. Bakema (Niederlande); 27. Gustav Hassenpflug; 28. Eugène Beaudoin, Raymond Lopez (Frankreich); 29. Hans Schwippert; 30. Max Taut; 31. Franz Schuster (Österreich); 32. Kay Fisker (Dänemark); 33. Otto H. Senn (Schweiz); 34. Egon Eiermann; 35. Oscar Niemeyer Soares Filho (Brasilien); 36. Werner Düttmann

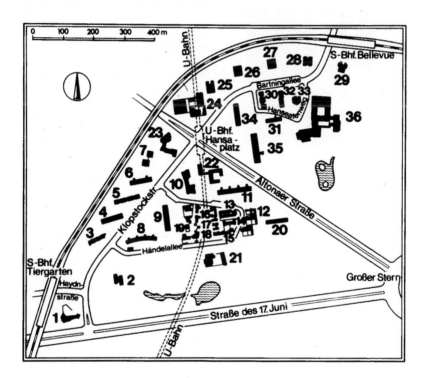

Mit der Internationalen Bauausstellung „Interbau" sollte 1957 ein Exempel für das Aussehen der „Stadt von morgen" auf dem Gebiet des ehemals dicht bebauten, im Krieg jedoch zerstörten Hansaviertels geschaffen werden. Die Initiatoren wollten die Interbau als Bekenntnis des „ungebrochenen Aufbauwillens West-Berlins" und der Leistungsfähigkeit der westlichen Bauwirtschaft bewusst als Gegenpart zur monumentalen, klassizistischen Wohnanlage an der Ost-Berliner Stalin-Allee (heute Karl-Marx-Allee; Nr. 470) und als Beispiel für das Wohnen in der Innenstadt verstanden wissen. 53 Architekten aus 13 Ländern (19 Ausländer, 16 Westdeutsche, 18 Berliner) waren geladen, um 45 Objekte samt Folgeeinrichtungen zu planen. Nur 36 Projekte wurden ausgeführt, da die Architekten der 2-geschossigen Einfamilienhäuser selbst Bauherren

suchen mussten, während die Großwohnan-lagen im Sozialen Wohnungsbau mit Sonderdarlehen errichtet wurden. Nach zahlreichen Modifizierungen der städtebaulichen Disposition reihen sich nun zwischen S-Bahn-Trasse und Klopstockstraße 2 bis 3-geschossige Zellen, jenseits der Altonaer Straße 16 bis 17-geschossige Punkthochhäuser, und südlich der Klopstockstraße und deren Verlängerung, der Bartningallee, befinden sich 4 bis 8-geschossige Zeilen sowie 1-geschossige Einfamilienhäuser. Eine evangelische (21) und eine katholische (23) Kirche, eine Ladenzone mit Kino – heute Theater – (24), eine Stadtbücherei (22) in der Nähe der U-Bahn-Station und ein Kindergarten (7) vervollständigen die Gesamtanlage. Die zumeist als Stahlbetonbauten konstruierten Häuser zeigen neben schematischen Grundriss-lösungen (Gropius)

201
(Fortsetzung)

auch gut durchdachte, u. a. planten Jacobsen (13) und Hassenpflug (27) große Wohnküchen, Aalto (10) einen großen zentralen Wohnraum, während Müller-Rehm mit Siegmann (2) in ihrem Punkt-hochhaus nur 1-Zimmer-Apartments unterbrachten. Zahlreiche praktikable Lösungen wurden nicht ausgeführt, und die Anstöße der Interbau gerieten allzu schnell aufgrund wirtschaftlicher Kostenrechnungen in Vergessenheit. Von den zum Teil bemerkenswerten Interims-Ausstellungshallen überdauerte nur der Berlin-Pavillon (1) die Ausstellungszeit. Zu den Demonstrationsobjekten der Interbau zählen auch die Kongreßhalle (Nr. 176) und die Unité d'habitation (Nr. 226) außerhalb des Hansaviertels. Durch die verkehrsgünstige Anbindung, die Durchgrünung der Anlage und die unmittelbare Nähe des Tiergartens und der City sowie die teilweise unkonventionellen Wohnungszuschnitte ist das Hansaviertel auch heute noch ein Stadtquartier mit hohem Wohnwert.

202
Interbau-Wohnhaus
Händelallee 3–9
1957
Walter Gropius, TAC (The Architects Collaborative),
Wils Ebert

203
Interbau-Wohnhaus
Klopstockstraße 30, 32
1957
Alvar Aalto

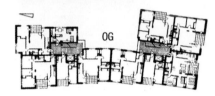

Das Wohnhaus zeigt einen ästhetisch ansprechend gestalteten Außenbau mit jedoch relativ schematischen Wohnungsgrundrissen. Insbesondere die Südseite des leicht konkav geschwungenen Baus besticht durch die paarweise übereinander angeordneten und dann versetzten Balkone, wodurch die Fassade rhythmisiert wird. Darüber hinaus bilden die emaillierten Stahlbleche der Balkonbrüstungen einen Kontrast zum Sichtbetonmauerwerk. Das 10. OG des 25 m hohen Hauses ist zurückgesetzt und enthält drei unterschiedlich große Atelierwohnungen. Auf der Nordseite springen vier Fahrstuhltürme aus der Fassade hervor. Die Aufzüge halten jeweils in den Zwischengeschossen, so dass kurzes Treppensteigen für die Bewohner unumgänglich ist. Nur zwei Wohnungen pro Geschoss werden durch die Treppen erschlossen. Die Raumanordnung der 64 3 1/2-Zimmer-Wohnungen wechselt je nach Lage des Balkons, dabei haben die 71–81 m² großen Wohnungen einen schlauchartigen Flur und eine ungünstig geschnittene Küche, deren geringe Stellfläche zusätzlich durch eine zweite Tür verringert wird.

Das 8-geschossige Gebäude des finnischen Architekten ist in seiner äußeren Gestalt schlicht und zurückhaltend. Der in der Mitte leicht eingeknickte Baukörper bildet ein kurzes U, in dessen Ecken die beiden Treppenhäuser eingeschoben sind. Die schmal vorspringenden Loggien geben der Südfassade eine kaum wahrnehmbare zickzackartige Struktur. Der Stahlbetonbau mit Ziegelsplittwänden hat eine Verkleidung aus hellen Leca-Platten, deren dunkle Fugen den Bau horizontal gliedern. Im Mittelteil des EG liegt der etwa 200 m² große Eingangsbereich, der durch Sichtbetonsäulen unterteilt wird. In jedem Stockwerk befinden sich sechs unterschiedliche Wohnungen, wobei die größten in der Mitte und an den Gebäudeecken untergebracht sind. Die Wohnungen zeichnen sich durch gute Zuschnitte aus: Die Schlafräume und Kinderzimmer sind ohne Flur direkt über den großen Wohnraum („Allraum") zugänglich. Gläserne Trennwände teilen die Essnische, die in den Küchenwirtschaftsraum übergeht, vom Wohnzimmer ab. Die Loggien sind von der Küche, vom Wohn- und vom Schlafraum aus zu betreten. Hobbyraum und Waschanlage im Keller sowie Sauna und Terrasse auf dem Dach sollten das Zusammenleben der Hausgemeinschaft fördern – ein Anspruch, der nach der Bauausstellung schnell in Vergessenheit geriet.

204
Interbau-Wohnhochhaus
Altonaer Straße 4–14
1957
Oskar Niemeyer Soares Filho

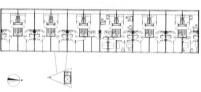

Grundriss Normalgeschoss

205
Interbau-Wohnhaus
Altonaer Straße 1
1957
Paul G.R. Baumgarten

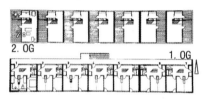

Brasiliens Beitrag zur Interbau war ein 8-geschossiger Stahlbetonskelettbau, der auf V-förmigen Stützen steht. Jeweils zwei dieser Stützen leiten die Lasten der darüber liegenden Schotten ab. Die Gleichförmigkeit der aus rechteckigen Loggien bestehenden Fassade durchbricht das 5. OG, das als durchgehendes Fensterband gestaltet ist. Die westliche Geschosshälfte ist als Gemeinschaftsraum konzipiert, der nie benutzt worden ist. Ein breites, hell gestrichenes DG gibt dem Bau einen starken horizontalen Abschluss. Sechs innenliegende Treppen erschließen die als Zweispänner angelegten Wohnungen. Der Aufzug ist in einem nebenstehenden, dreieckigen Turm untergebracht. Nur im 5. und 7. OG befinden sich Übergänge zum Wohnhaus. Von daher ist das Erschließungssystem bewohnerunfreundlich. Die Wohnungsgrundrisse überzeugen nicht, da die Zuschnitte bedingt durch das Schottenmaß und die in der Mitte liegenden Treppenhäuser dunkle Flur- und Wohnraumecken mit sich bringen. Oskar Niemeyer hatte 1957–60 zusammen mit Lucio Costa mit der Errichtung der brasilianischen Hauptstadt Brasilia eine „Stadt der Zukunft" vom Reißbrett in die Realität umgesetzt.

Die in diesem Haus untergebrachten sieben Maisonettes haben den Charakter aneinandergereihter 2-geschossiger Einfamilienhäuser: Über dem gemeinsamen verglasten Sockelgeschoss, das Ladengeschäfte und Büros enthält, liegen die „Häuser". Die pavillonartigen Aufbauten erinnern durch ihre kompakte Form an Einzelhäuser. In diesen großflächig verglasten Hausteilen sind Küche und Wohnraum untergebracht, an die jeweils eine die gesamte Hausbreite einnehmende Terrasse angegliedert ist. Diese wird durch die nachfolgende „Hausrückwand" begrenzt, so dass, gegen Einblicke geschützt, abgeschlossene Innenhöfe entstehen. Im Norden ist dem OG ein Laubengang vorgelegt, der durch eine Freitreppe zu erreichen ist. Im EG des Stahlbetonbaus liegt neben den Geschäften auch noch eine 42 m² große Hausmeisterwohnung. Die Maisonettes haben jeweils 94 m² Wohnfläche. Bauherr war die Eternit AG, für die Baumgarten u. a. 1955 das Gästehaus (Nr. 380) errichtet hatte. Daher zeigt die Außenfassade, vom mit Wellasbest gedeckten Dach bis zur hellen Glasplatten-Verkleidung, die Variationsbreite der Firmenprodukte, die Baumgarten hier in sehr ansprechender Weise mit Glasflächen kombinierte.

206
Kleist-Schule
Levetzowstraße 1–6
1927–28
Kolwes, Freyberg

207
Abwasserpumpwerk Tiergarten
Alt Moabit, Gotzkowskistraße
1987
Oswald Mathias Ungers, Stefan Schroth

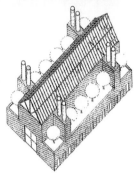

Projektzeichnung (unten)

Die Kleist-Schule ist in einem 180 m langen, 5-geschossigen Klinkergebäude untergebracht. Die wuchtige Baumasse wird durch einen überhöhten Mittelteil gegliedert. Ein durchlaufendes Gesims teilt das EG von den OG, ein weiteres schließt das flachgedeckte Gebäude ab. Die Sprossenfenster sind gleichmäßig in die Fassade eingeschnitten und mit vorgezogenen Backsteinen gerahmt. Der Mittelteil des Gebäudes wird durch eine hochrechteckige Fenstergruppe, die über zwei Geschosse reicht, gegliedert. An der darüber liegenden, geschlossenen Wandfläche befindet sich die überlebensgroße Skulptur der Penthesilea von Josef Thorak. In diesem Mittelteil, der im EG beiderseits von den Eingängen flankiert wird, sind eine Aula und eine Turnhalle untergebracht. Das Schulgebäude ist ein Beispiel für einen ins Monumentale übersteigerten Stil der Neuen Sachlichkeit.

Der kleine aber markante Bau wurde 1987 als Ergänzung zu den bestehenden Gebäuden des Pumpwerks von 1890 erbaut. Ungers und Schroth entwarfen einen langgestreckten Baukörper, dessen Aufbau, kennzeichnend v. a. für Ungers, archetypische Themen der klassischen europäischen Architekturgeschichte reflektiert. Ein 2-geschossiger Kernbau mit Satteldach wird seitlich von zwei jeweils 1-geschossigen Bauteilen flankiert. Zusammen mit den vier paarweise angeordneten Schornsteinen wird das Motiv einer frühmittelalterlichen Doppelturmanlage abstrahiert. In Analogie zu zahlreichen romanischen Basiliken entwickelt auch Ungers seinen Bau aus quadratischen Grundformen, die sich sowohl im Fassadenaufriss als auch in Grundrissdetails wiederholen. Die bis auf wenige Tür- und Fensteröffnungen vorherrschende Geschlossenheit des flächigen Klinkerbaus verstärkt den Eindruck der typologischen Abstraktion. Die Höhe der Schornsteine soll die Emissionsbelastung für die benachbarte Bebauung reduzieren; gleichzeitig tragen sie entscheidend sowohl zu prägnanten Form als auch zum spielerischen Gestus des Pumpwerks bei. Der Entwurf von Ungers und Schroth demonstriert, wie durch diszipliniert eingesetzte kompositorische Grundmotive und solide Bauausführung auch für wenig repräsentative Bauaufgaben eine anspruchsvolle Architektur realisiert werden kann.

208
Werkzeugmaschinenfabrik Ludwig Loewe & Co. AG
Huttenstraße 17–20
1897;1907–16
Arnold Vogdt, Franz Holzapfel; Alfred Grenander

209
AEG-Turbinenhalle
Huttenstraße 12–19
1908–09; 1939
Peter Behrens, Statik: Karl Berhard;
Jakob Schallenberger, Schmidt

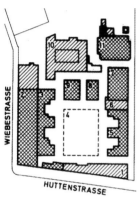

Waffenfabrik (oben)

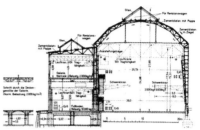

Zustand um 1970 (oben)

Die Fabrikbauten der Firma Ludwig Loewe wurden als Einzelgebäude entlang der Grundstücksgrenze errichtet. Die Bauten der Normteilefabrik (3, 5), des Stahllagers (7) und der Aluminiumgießerei (11) wurden nicht miteinander verbunden. Die Gebäude, in denen Konstruktionsbüros, Auslieferung und Versand (4; zerstört), Ausbildung (8) und Modelltischlerei (9) untergebracht sind, befinden sich im Hof. Die Bauten haben ein tragendes Gerüst aus Backsteinmauerwerk, dessen Zwischenräume von großen Fensterflächen gefüllt werden. Durch abgetreppte Gesimse und Fensterbrüstungsfelder werden die schmalen Backsteinflächen waagerecht gegliedert. Die pavillonartige Anordnung der Bauten war neuartig für den Industriebau in Berlin. Vorbild dieser Disposition waren amerikanische Unternehmen. Grenander gestaltete 1907 das repräsentative Verwaltungsgebäude (1) mit Giebeln, Ecktürmen und Erkern auf vorkragenden Sandsteinkonsolen. Bei der Waffenfabrik (2) nahm Grenander 1914 die Fassadengliederung der älteren Bauten auf, betonte den Bau jedoch mit einem sechsachsigen Mittelteil. Drei steinerne Handwerksgesellen, als scheinbar tragende Stützen des Bauwerks, sind zusammen mit den Säulen und den markanten, doppelreihig angeordneten Dachgauben klassizistische Reminiszenzen.

Behrens, 1907 von Emil Rathenau als „Hausdesigner" der AEG berufen, schuf mit der Turbinenhalle einen der innovativsten Bauten um 1910. Neu war vor allem, dass die Tragwerkkonstruktion aus Vollwandprofilen mit Dreigelenkbindern und Kämpfergelenk offen gezeigt wurde. Die Fabrikanlage gliedert sich in drei Bereiche: Die funktionale Seitenfassade zur Berlichingenstraße, die Giebelfront zur Huttenstraße und den zurückgesetzten zweistöckigen Hallentrakt, der mit Werksteinplatten verkleidet ist. An der Hallenlangseite wechseln Vollwandprofile mit nach innen neigenden Fensterflächen ab. Den monumentalen Abschluss dieser Reihung bildet der polygonal gebrochene Giebel, der scheinbar von dem schrägen Fensterfeld und nicht von den sich verjüngenden Ecken aus Blendmauerwerk getragen wird. Behrens deutet klassizistische Architekturelemente um: statt Säulen nun als Zeichen des Fortschritts Stahlstützen; statt Dreiecksgiebel ein polygonaler Dachabschluss, der die dahinter liegende Konstruktion widerspiegelt; statt der klaren Struktur von Tragen und Lasten eine Irreführung dieses Prinzips. Insbesondere die Fassadengestaltung der kleinen Halle zeigt Anklänge an Bauten von Karl Friedrich Schinkel. Mies van der Rohe, der 1908 in Behrens' Büro tätig war, hatte wesentlichen Anteil an der Hoffassadengestaltung der Seitenhalle. Diese wurde 1939 von Schallenberger und Schmidt mit einer nüchternen Stahlrahmenkonstruktion auf 207 m verlängert.

210
Telefunken-Röhrenfabrik
Sickingenstraße 71
1905–11
Victor Kühne, Gustav Feske

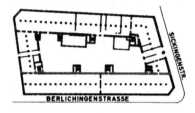

Die von der AEG erbaute ehemalige Glühlampen-
fabrik umschließt als 5-geschossige Blockrandbebauung einen trapezförmigen Hof. Im Unterschied
zur bekannten Blockrandbebauung, wie sie z. B. die
AEG-Fabrik in der Ackerstraße (Nr. 246) aufweist,
ist die Grundrissdisposition abgewandelt. Die Produktionsgeschosse sind durch die zum Teil ausgela-
gerten Treppenhäuser ganz durchgängig. Darin
ähnelt die Disposition der des Wernerwerkes II der
Siemens-AG (Nr. 623). Durch die Abschrägungen
des Blocks erhalten die Straßenecken, verstärkt
durch die an den Seiten niedriger gehaltenen OG,
eine besondere Betonung. Die Klinkerpfeiler mit
gleichbleibendem Achsabstand enden lanzettenför-
mig oberhalb des 4. OG, wodurch das 5. OG wie
zurückgesetzt erscheint. Helle Putzstreifen auf der
Höhe der Fensterbrüstungen mindern die vertikale
Gliederung der Fassaden, bei deren Gestaltung
Formen der märkischen Backsteingotik anklingen.
1956 ging das Gebäude in den Besitz der Firma
Telefunken über, die bereits seit 1939 Mieterin war.
Die teilweise kriegszerstörten 4. und 5. OG wurden
1951–58 wiederhergestellt.

211
Reformmietshaus
Sickingenstraße 7–8
1893–95
Alfred Messel

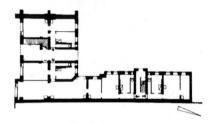

Grundriss rechter Hausflügel

Dieses erste Bauvorhaben des genossenschaftlichen
Berliner Spar- und Bauvereins war auch einer der
ersten Wohnungsbauten für „Minderbemittelte", der
sich vom Gros der Mietshäuser absetzte. Erstmals
wurde hier das bis dahin für Mietshäuser gängige,
streng nachklassizistische Fassadenschema verlas-
sen. Die innere Kleinteiligkeit wird durch differenzierte und geschossweise wechselnde Gestaltung sichtbar gemacht. In dem Doppelmietshaus befinden
sich an sechs Aufgängen 26 1-Zimmer-, 52
2-Zimmer- und nur zwei 3-Zimmer-Wohnungen.
Messel gestaltete diese großstädtische Mietwohnanlage in einer Art Landhausstil. Rustika- und Putz-
mauerwerk, differenzierte Balkone, Giebelsichtigkeit
sowie Satteldach ähneln seiner Villa Springer
(Nr. 793). Dieser Landhausstil wurde um 1900 zum
gängigen Gestaltungsmittel für Mietwohnanla-gen.
Da das Gartenhaus nicht mit den Seitenflügeln des
Vorderhauses verbunden wurde, entfiel das sonst an
dieser Anschlussstelle liegende, schlecht belichtete
„Berliner Zimmer". Die Gemeinschaftseinrichtungen,
wie vier Badezimmer, Duschen (im modernisierten
Zustand noch heute genutzt), Bibliotheksräume im
DG, eine Waschküche sowie der begrünte Hof, sind
Ansätze einer Reform im Mietshausbau, die wenig
später u. a. in Anlagen wie den „Ceciliengärten"
(Nr. 540) oder dem „Rheinischen Viertel" (Nr. 359)
aufgegriffen werden.

212
Westhafen
Friedrich-Krause-Ufer
1914–27
Richard Wolffenstein, Friedrich Krause

Getreidespeicher, Nordansicht (unten)

213
Kraftwerk Moabit
Friedrich-Krause-Ufer 10–13
1898–1900; 1986–90
Franz Heinrich Schwechten, Baubüro der Berliner
Elektrizitätswerke; Walter Henn, Fritz Hierl

Aufriss von Norden

Der Komplex des Westhafens umfasst drei Hafenbecken, zahlreiche Lagerhallen und ein Verwaltungsgebäude. Erst nach langen Vorplanungen und
Bauunterbrechungen, bedingt durch den Ersten
Weltkrieg, konnte 1923 die Einweihung der ersten
beiden und 1927 die des dritten Hafenbeckens
erfolgen. Die Lagerhallen wurden zweckmäßigerwei-
se entlang der Hafenbecken angeordnet. Das Verwaltungsgebäude wurde an exponierter Stelle – an
die Schmalseite des längsten Hafenbeckens –
platziert. Aber nicht nur der Standort, sondern der
von der Mitte des Baus aufsteigende Turm, in dem
der Wasserspeicher der Hafenbahn untergebracht
ist, markiert die Wichtigkeit des Verwaltungsgebäudes innerhalb des Gesamtkomplexes. Mit dem
Turmbau nahmen Wolffenstein und Krause eine
Idee zur unternehmerischen Selbstdarstellung auf,
wie sie Hans Hertlein kurz zuvor, 1918, mit dem
Turm des Siemens-Verwaltungsgebäudes (Nr. 623)
verwirklicht hatte. Während Krause für die technischen Planungen verantwortlich war, lag die künstlerische Ausgestaltung der Anlage in den Händen
von Wolffenstein. Die dunkelroten Backsteinbauten
im Westhafen sind mit Werksteinschmuck verziert,
der sich thematisch auf die Schifffahrt bezieht. Mit
großen Dreiecksgiebeln und Thermenfenstern sowie
in der Proportionierung nahm Wolffenstein sparsam
neoklassizistische Elemente auf und hob damit die
Bauten von den zeitgleichen, zumeist im neobarocken Stil gestalteten Verwaltungsbauten ab.

Die Reduzierung der Umweltbelastung durch technische Großanlagen ist heute, in Zeiten geschärften
Umweltbewusstseins, ein zentrales Anliegen. So sah
sich die Bewag veranlasst, für das Kraftwerk Moabit
einen neuen, emissionsarmen Heizblock in Auftrag
zu geben. Architekten dieser Baumaßnahme waren
Walter Henn und Fritz Hierl, die sich in Berlin schon
mit der Erweiterung des Heizkraftwerks Charlottenburg (Nr. 330; Walter Henn) und dem Bau des
Kraftwerks Reuter West an der Unterspree (Fertigstellung 1987) einen Namen gemacht haben. Das
Kraftwerk Moabit war durch den bekannten Baumeister Franz Heinrich Schwechten als ein mit reichem
Werksteinschmuck verziertes Backsteinensemble
errichtet worden. In der qualitätvollen ästhetischen
Durchformung in Verbindung mit ihrer technischen
Funktionalität war die Anlage vorbildlich und steht
mit am Beginn der großen Tradition Berliner
Industriearchitektur. Im Laufe der Jahre wurde das
Kraftwerk u. a. durch Hans Müller (1925) und Walter Klingenberg (1929) erweitert, Im Zuge der Neubauplanungen durch Henn und Flierl kam es zu einem
Interessenkonflikt zwischen wirtschaftlichen und ökologischen Vorgaben und dem Wunsch nach weitgehender Bewahrung der Substanz des Altbaus. Der Kompromiss sah schließlich vor, das Herzstück der Anlage
Schwechtens, die Maschinenhalle, bis zu einer Tiefe
von 10 m zu erhalten und diesen Teil in seinen Originalzustand zu versetzen. Von Schwechtens Bauten
blieben auch der repräsentative Eckturm sowie das
ehemalige Hauptportal bestehen. Hinter diesem
Torso erhebt sich nun der mächtige Block der neu-
en Feuerungsanlage und sorgt so für einen spannungsvollen Dialog zwischen alt und neu.

214

Ehem. Fabrikgebäude der Auergesellschaft
Torfstraße 34–35
1937–38; 1994–96
Egon Eiermann; Walter Noebel

215

Markthalle X
Bremer Straße 9
1891–92
Hermann Blankenstein

Zustand 1987 (oben); Erweiterungsbau Walter Noebel
(unten)

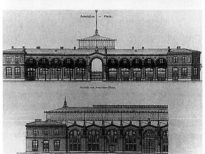

Aufriss ursprünglicher Zustand

Das winkelförmige Fabrikgebäude wurde entlang des Blockrandes errichtet, wobei an die vorgegebene Gebäudefluchtlinie der vorhandenen Bebauung angeschlossen wurde. Der längere Gebäudeflügel springt teilweise zurück. Die Straßenfront wurde mit weißen, bündig sitzenden Stahlfenstern gegliedert, die zu Dreier- oder Vierergruppen zusammengefasst sind. Auf der Hofseite bilden die verglasten Treppenhäuser ein Gegengewicht zu der gleichmäßig von Fenster- und Backsteinflächen strukturierten Fassade. Auf dem Dach befinden sich hohe Entlüftungsaufbauten, die in ihrer Gestaltung an Schiffsschornsteine erinnern. Diese sind aus Sichtbeton und kontrastieren zu den roten Backsteinflächen. Zugleich deuten sie als einzige auf den Charakter des Geländes, die Fabrik hin. Die kipp- und schwenkbaren Fensterflügel bereichern die Fassade bei Sonnenlicht durch effektvolle Hell-Dunkel-Kontraste. Der Fabrikbau von Egon Eiermann veranschaulicht, dass sich die Neue Sachlichkeit in den späten 30er Jahren gerade bei Industriebauten behaupten konnte. 1987 wurde das Gebäude, dessen Zerfall drohte, grundlegend renoviert. Zusammen mit einem 1994–96 errichteten Erweiterungsbau von Walter Noebel, der in seiner streng rationalen Entwurfshaltung dem Altbau folgt und gleichzeitig durch eine Fassadenverkleidung aus Basalt-Lava als eigenständiger Baukörper besteht, nimmt der Komplex heute die Berliner Ausländerbehörde auf.

Nach dem Bau der ersten Großmarkthalle, die 1856 am Alexanderplatz errichtet worden war, folgten in den Berliner Bezirken bis zur Jahrhundertwende 15 weitere Markthallen, Dazu zählen neben der Markthalle X die wenig früher, 1890–91, entstandene Markthalle VII in der Dresdener Straße in Kreuzberg. Unbeirrt von dem zu barocken und renaissancehaften Formen tendierenden Zeitgeschmack blieb Stadtbaurat Blankenstein bei all seinen Bauten der Schinkel-Schule treu: Die Verwendung von Backsteinen, glasiert und unglasiert, und sparsamer neoklassizistischer Fassadenschmuck wie Palmettenfriese und Akroterien zeichnet auch die Markthalle X aus. Blankensteins Vorliebe für Backstein kam die Entwicklung in der Terrakotta-Produktion entgegen. Wetterbeständigere Steine sowie individuelle Vorproduktion ermöglichten ein haltbareres und sparsameres Bauen. Das Innere der Halle ist durch gusseiserne Säulen in drei Schiffe geteilt. Der trapezförmige Grundriss ergab sich aus dem Grundstückszuschnitt. Die ursprüngliche Dacheindeckung ist nicht mehr erhalten: Ehemals befand sich über dem Haupteingang ein pavillonartiger Glasaufbau. Beiderseits des Zugangs gliederten Arkaden die Wandflächen. Die Markthalle erfüllt noch heute ihre Funktion, im Inneren wurden jedoch kleinteilige Standeinbauten aufgestellt.

216
FOCUS Business Service Center Berlin
Stromstraße 1, 2, 2a
1987–1990
Joachim Ganz, Walter Rolfes

217
Spreebogen Moabit
Alt-Moabit 98–104, Kirchstraße 6–13
1992–94
Bernd Kühn, Ulrich Bergander, Jochen Bley;
Wolf-Rüdiger Borchardt

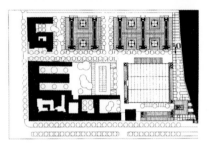

Grundrisse Normalgeschoss

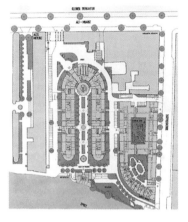

Das Gebäudeensemble liegt auf einem ehemaligen
Mühlengelände unmittelbar an der Spree. Das
Dienstleistungszentrum vereint unterschiedlichste
Unternehmen der Computer- und Elektronikbran-
che, die sich der Entwicklung von Software oder
dem Vertrieb der Hardware widmen. Der Komplex
besteht aus zwei Bauabschnitten. Markantester
Bauteil des ersten, 1988 fertiggestellten Abschnitts
ist der Büroturm an der Lessingbrücke. An ihn
schließen 4-geschossige Bürotrakte an. Komplettiert
wird das Ensemble kubischer Baukörper durch eine
flache, langgestreckte Produktionshalle. Den zweiten Bauteil bilden zwei 7-geschossige Gebäude-
blöcke, die symmetrisch um sechs Gartenhöfe angelegt sind. Charakteristisch für den Entwurf ist sein
orthogonales Raumraster, das in der Gestaltung des
Äußeren seine Fortsetzung findet. Die Fassade besteht aus quadratischen, vorgefertigten Terrakotta-
Platten. Diese sollen ebenso wie die Blockhaftigkeit
und formale Strenge der Anlage optisch an die Tradition des Berliner Backstein-Gewerbehauses des
19. Jahrhunderts anknüpfen. Das Schachbrett-
Raster wird durch das kräftige Dunkelblau der Ab-
deckprofile und der Fensterrahmen zusätzlich unterstrichen. Die durchdachte Planung sowie das nüchterne, qualitätvolle Äußere in der Tradition des Ra-
tionalismus machen den Gebäudekomplex zu einem
der bemerkenswertesten Beispiele moderner
Gewerbearchitektur in Berlin.

Auf dem Grundstück der ehemaligen Meierei Bolle
wurde die teilweise erhaltene denkmalgeschützte
Altbausubstanz saniert und in ein modernes, zukünftig vom Innenministerium genutztes, Bürozentrum
mit großem Wohnanteil integriert. Kühn, Bergander
und Bley gliederten die Baumassen in drei große
Einzelteile auf. Dem quer zur Straße Alt-Moabit
verlaufenden Ziegelbau der Meierei wurde zur Spree
hin ein moderner Kopfbau für ein Hotel vorgelagert.
Wolf-Rüdiger Borchardt zeichnet für die Altbau-
sanierung und für die kontrastreich inszenierte
Stahl-Glas-Konstruktion des Hotels verantwortlich.
Das Zentrum des Areals wird durch ein zum Ufer
ausgerichtetes U-förmiges Bürogebäude mit 12-
geschossigen halbrunden Kopfbauten nach einem
Entwurf von Kühn, Bergander und Bley gebildet. Die
mit opakem Spiegelglas verkleideten Rundbauten
werden über ringartige Bänder in die großformatige
und steinverkleidete Rasterfassade des Bogens
miteinbezogen. Die Sanierung und Erweiterung des
vor dem Bogengebäude gelegenen ehem. „Leute-
hauses" der Meierei sowie der Neubau des sogenannten „Quartiers" an der Kirchstraße mit einem 8-
geschossigem Wohnbau an der Spreeseite gehen
ebenfalls auf Kühn, Bergander, Bley zurück. Trotz
der den „Bogen" bestimmenden plakativen Formensprache kann das Gesamtkonzept, verbunden mit
der Öffnung der Spreepromenade, als gelungene
Aufwertung und Re-Urbanisierung des ehemals
brach gelegenen Gewerbegebiets gewertet werden.

218
Schultheiß-Brauerei
Stromstraße 17
1871; 1896
Friedrich Koch

Zeitgenössischer Stich (unten)

Um 1826 war auf diesem Gelände eine Brauerei
errichtet worden, die seit 1851 als Ahrens & Co.
Bayrische Brauerei zu Neu-Moabit firmierte, 1920
ging die Firma in den Besitz der Schultheiß-Brauerei
über. Der heute sichtbare Gebäudekomplex stammt
aus dem Jahre 1871 und geht auf einen Entwurf
von Friedrich Koch zurück. Burgartige, gelbe Ziegelbauten waren entlang der Straße und parallel dazu
im Hof platziert worden. Ein Teil dieser Anlage wurde 1896 abgerissen und durch ähnlich gestaltete
Neubauten ersetzt. Bis heute blieb jedoch von der
Gesamtanlage nur das 1871 errichtete „Sudhaus"
bestehen. Dieser mächtige gelbe Backsteinbau
steht parallel zur Stromstraße. Die lang gestreckte
Fassade wird durch steile Rundbogenfenster und
schmale Lisenen gegliedert. Die Fassadenmitte
wurde durch ein hohes Fenster und einen Dreiecksgiebel besonders hervorgehoben. Die Fassadengestaltung und das Material erinnern an Kirchenbauten der märkischen Backsteingotik. Der große Bau
wirkt ein wenig fremdartig in dieser Wohngegend,
deren kleinteilige Fassadenstrukturen die großflächige Backsteinfassade noch höher und mächtiger erscheinen lassen. 1980 wurde der Brauerei-
Betrieb aufgegeben. Im „Sudhaus" ist heute eine
Gaststätte untergebracht, wobei die alten kupfernen
Braukessel als stimmungsvolles Gaststätteninventar
erhalten blieben.

219
St. Johannis-Kirche
Alt-Moabit 25
1834–35; 1844–56
Karl Friedrich Schinkel; August Stüler

Zeitgenössischer Stich (unten)

Die einschiffige Hallenkirche wurde als erste der vier
kleinen Kirchen, die Schinkel für die nördlichen
Vorstädte Berlins errichten ließ, geweiht. Sie hat mit
den drei übrigen Bauten die Grundkonzeption ge-
mein: turmloser, einschiffiger Saalbau, halbrunde
Apsis, Anlage von Emporen sowie Nebenräume zu
beiden Seiten des Chores. In ihrem Äußeren unterscheidet sie sich von der klassizistisch gestalteten
Elisabeth-Kirche (Nr. 154) und der St. Pauls-Kirche
(Nr. 241). Sie orientiert sich wie die Nazareth-Kirche
(Nr. 232) an romanisch-oberitalienischen Backsteinbauten. Die Eingangsseite wird durch eine große
Fensterrose bestimmt. Kleine Rundbogenfenster in
der EG-Zone und große über den Emporen gliedern
die Seitenfronten der Kirche. 1844–56 wurden
durch Schinkels Schüler August Stüler mehrere
Bauteile angefügt und somit der ursprüngliche Entwurf Schinkels grundlegend abgeändert, wenn er
sich auch an das Material und das Formenvokabular
der Kirche anlehnte. Stüler versah die Eingangsportale mit einer Vorhalle und errichtete ein Pfarr-
und ein Schulhaus, die durch eine Arkadenreihe
verbunden wurden. An der Pfarrhausecke hinter den
Arkaden erbaute er einen frei stehenden Glockenturm, welcher durch Lisenen gegliedert wird,
1896–97 fügte Max Spitta in den Kirchenraum ein
breites, überdimensioniertes Querschiff ein, das den
ursprünglichen Raumeindruck zerstörte. Nach
schweren Kriegsschäden wurde die Baugruppe
1952–57 durch Otto Bartning und Werry Roth
wiederaufgebaut, das Innere völlig neu gestaltet.

220
Kriminalgericht Moabit
Turmstraße 91
1902–06
Rudolf Mönnich, Carl Vohl

Zustand um 1920 (oben)
Haupttreppenhalle, 1920 (unten)

Der monumentale, z. T. verputzte Werksteinbau mit
seiner imposanten Frontlänge von 210 m ist dem
Typ der sogenannten Justizpaläste zuzuordnen und
steht so in der Tradition des ehem. Land- und
Amtsgerichts I (1896–1905) in der Littenstraße
16–17 in Berlin-Mitte von Otto Schmalz und Rudolf
Mönnich (Nr. 18). Ein Mittelrisalit sowie zwei mächtige, 60 m hohe Ecktürme gliedern die Außenfront
des Gerichtsgebäudes. Für die Fassadengestaltung
wurde ein strenger, maßvoller Barock verwandt –
eine Stilform, die in jener Zeit oft gewählt wurde, um
in ihrer Monumentalität die Justiz als dritte Staatsge-
walt angemessen zu repräsentieren. Architektonisches Kernstück ist das gewaltige, mit reichem
allegorischem Figurenschmuck ausgestattete Treppenhaus. In seiner weiträumigen, an ein Labyrinth
erinnernden Anlage wurde eine Einschüchterungs-
architektur geschaffen, in welcher sich der Besucher
winzig und unbedeutend vorkommt.

221
Schloss Bellevue
Spreeweg 1
1785–86
Philipp Daniel Boumann d.J.

Prinz Ferdinand von Preußen, der jüngste Bruder
Friedrichs d. Großen, ließ sich diese Dreiflügelanlage
errichten. Der Hauptbau setzt sich durch Geschosshöhe, Walmdach, betonte Mittel- und Eckrisalite
sowie durch Schmuckmotive deutlich von den beiden seitlichen Flügelbauten ab. Auf dem Dreiecksgiebel des Mittelrisalits befinden sich die allegorischen Sandsteinfiguren Ackerbau, Fischzucht und
Jagd, die auf die ehemals ländliche Umgebung des
Schlosses anspielen. Der Damenflügel (links) und
der Spreeflügel (rechts) sind schmucklos gehalten.
Ihre letzten drei Achsen wurden nur 2-geschossig
ausgeführt. Boumanns spätbarocker Bau zeigt z. B.
mit dem Mittelrisalit, der von sechs Säulen und
einem Dreiecksgiebel gegliedert wird, schon früh-
klassizistische Formen. Ab 1934 beherbergte das
Schloss das Museum für Deutsche Volkskunde.
1938 baute Paul Baumgarten (d. Ä.) das Gebäude
zum „Reichsgästehaus" um. Dabei wurden die seitlichen Eingänge zugemauert und ein Mitteleingang
geschaffen. Der im Krieg stark beschädigte Bau
wurde 1954–59 durch Karl Heinz Schwennicke
wiederaufgebaut. Die Architekten Brevers, Siemers
und Lichtner sowie der Münchner Architekt
Meitinger, der schon die Bonner Villa Hammer-
schmidt umgestaltet hatte, renovierten die Innenräume in einem „maßvoll klassizierenden Stil". Bei
diesen Umbaumaßnahmen blieb nur der 1791 von
Carl Gotthard Langhans geschaffene „Ovale Saal"
im Originalzustand erhalten. Schloß Bellevue ist
Amtssitz des Bundespräsidenten. Südlich des
Schlosses wurde der Bürotrakt des Bundespräsidial-
amtes (Nr. 222) in den Park integriert.

222
Bundespräsidialamt
Spreeweg 1
1996–98
Martin Gruber, Helmut Kleine-Kraneburg

223
Wohnbebauung auf dem Moabiter Werder
1997–99
Paulstraße/Südallee
Georg Bumiller; Jörg Pampe, Müller, Rhode & Wandert

Grundriss 3. OG

Detailansicht von Süden (oben); Lageplan (unten)

Gruber und Kleine-Kraneburg entwarfen für den Neubau des Verwaltungsgebäudes des Bundespräsidialamts südwestlich des Schlosses Bellevue (Nr. 221) einen in den sogenannten „Englischen Garten" des Tiergartens integrierten eigenständigen Baukörper. Aufgrund seiner prägnanten ellipsoiden Form bildet das 4-geschossige Gebäude mit seiner Fassadenverkleidung aus dunkelgrünem polierten Granit und einem tiefen Einschnitt für den Eingang einen plastischen Kontrastpunkt zum umgebenden Park. Die Architekten knüpfen mit dem Motiv des „Objekts im Garten" an Themen des traditionellen Land-schaftsgartens an; ebenerdige Austritte gewährleisten eine enge Verbindung zwischen Architektur und gestalteter Natur. Gleichzeitig wird das Gebäude durch seine einfache und regelmäßige Lochfassade mit stehenden Fensterformaten als moderner Bürobau gekennzeichnet. Der Außenrundung steht im Kern des Gebäudes ein lang gezogener Riegel gegenüber, der auf drei OG über Brücken mit dem Rahmenbau verbunden ist. Ein transparentes Dach garantiert eine natürliche Belichtung für die umlaufende Halle. Mit seiner Thematisierung von formaler Einfachheit und plastischem Volumen sowie von Abschluss und partieller Öffnung zum umgebenden Garten stellt das Gebäude ein ebenso reizvolles wie zurückhaltendes Element im Gesamtkomplex des Bundespräsidialamts dar.

Das Projekt ist Teil der großen städtebaulichen Figur, die in Zusammenhang mit den Planungen für das Regierungsviertel an der Nordseite des Tiergartens angelegt wurde und verlängert das durch Schultes und Frank konzipierte „Band des Bundes" nach Westen. Gleichzeitig löst der Komplex die starre Linearität der Schultes-Konzeption auf und reflektiert stattdessen mit seiner mäanderartigen Grundrissform den Spreelauf mit seinen typischen Bogenwindungen. Das Bauprojekt konzentriert auf dem Moabiter Werder das größte innerstädtische Wohnungsbauvorhaben des Bundes, hier sollte ein Großteil der neu nach Berlin ziehenden Bundesbediensteten untergebracht werden. Nachdem sich die Dimensionen mit ihren 750 Wohnungen, gemessen an der realen Nachfrage, als zu groß erwiesen hatten, wurde die Anlage für den freien Wohnungsmarkt geöffnet. Bumiller hatte den 1995 durchgeführten Wettbewerb für das bis dahin als Lagerfläche genutzte Gelände mit seiner Idee der schlangenartigen 320 m langen Figur gewonnen. Nördlich davon, direkt an der S-Bahntrasse gelegen, entstanden vier Einzelblöcke, die von der Architektengruppe Müller, Rhode & Wandert entworfen wurde. Der Kopfbau des „Bundesschlange" wurde von Jörg Pampe konzipiert. Die einheitlich mit hellen Klinkern verkleidete Gesamtanlage zeichnet sich durch einen äußerst rationalen Grundduktus aus, der besonders im Bereich der Solitäre zu weitgehend abstrakten Formationen geführt hat. Bumiller gliederte die Nordseite seiner sanft von 8 auf 4 Geschosse abfallenden Mäanderfigur durch stark rhythmisierte Fensterkompositionen, während die Südseite zur Spree durch Fensterbänder gekennzeichnet ist. Pampes Bauteil nimmt neben Wohnungen auch Büros und Läden auf und bildet mit seinem Wechsel von geschlossenen Mauerflächen, Loggien, Holzläden und Lamellenverglasungen einen reizvollen Akkord, der das zwar kontrovers diskutierte, insgesamt jedoch überzeugende Gesamtprojekt nach Westen abschließt.

224
Lehrter Bahnhof
Invalidenstraße/Friedrich List-Straße
1997–2005
von Gerkan, Marg & Partner

Simulation der Innenansicht (unten)

Mit dem Bau des Zentralbahnhofs wird ein verkehrs-
strukturelles Konzept realisiert, das in der Berliner
Architektur- und Planungsgeschichte des 20. Jahrhunderts immer wieder grundsätzlich thematisiert
worden ist. Der Bahnhof nimmt den Platz des
kriegszerstörten alten Lehrter Bahnhofs ein und
fungiert als Spange zwischen der bestehenden Ost-
West-ICE-Trasse und einer neu angelegten unterirdischen Nord-Süd-Verbindung. Die Architekten
setzen in ihrem Entwurf das Bild des Kreuzungs-
bahnhofs eindrucksvoll um. Die aufgeständerte und
von einer filigranen Stahl-Glas-Konstruktion überdeckte Bahnhofshalle der Ost-West-Trasse wird von
zwei quer gestellten parallelen Gebäuderiegeln überbrückt, die ihrerseits die Überdachung der 15 m
unter Straßenniveau geführten Nord-Süd-Trasse
flankieren. Die vorgelagerte Stahlkonstruktion der für
Büronutzung konzipierten Bügelbauten nimmt das
Thema der konstruktiven Transparenz auf und konter-
kariert gleichzeitig mit ihrem orthogonalen Raster die
Netzüberwölbung der Hallen. Rolltreppen und Aufzüge
verbinden die verschiedenen Verkehrsebenen, die
verglasten Dachkonstruktionen garantieren ein
Höchstmaß an natürlicher Beleuchtung für die Bahnsteige der Nord-Süd-Strecke. Mit seiner formalen
Logik und der Filigranität der bis zu 430 m langen
Hallenüberwölbungen stellt das Projekt ein eindrucksvolles Beispiele zeitgenössischer Bahnhofskonzep-
tionen dar. Bedauerlich bleibt, dass dem neuen
Lehrter Bahnhof der denkmalgeschützte Bau des
gleichnamigen S-Bahnhofs geopfert wurde.

225
Ehem. Hamburger Bahnhof
Invalidenstraße 50–51
1845–47; 1990–96
Friedrich Neuhaus, Ferdinand Wilhelm Holz;
Josef Paul Kleihues

Stahlstich von A.H. Payne (1812–1902)

Der Bahnhof ist der einzige erhaltene Berliner Bahnhof der ersten Generation; zugleich ist er einer der
ältesten Bahnhöfe in ganz Deutschland. Er war architektonisches Vorbild für alle späteren großen
Berliner Kopfbahnhöfe. Der massive, in sich geschlossene Baukörper in den Formen des Berliner
Spätklassizismus besitzt einen Mittelbau mit zwei
monumentalen Bogenportalen, über denen schlanke Pfeilerarkaden angeordnet sind. Dieser Mittelteil
wird von zwei Türmen eingerahmt, die an italienische Renaissance-Villen erinnern. Die beiden großen, heute verglasten Portale in der Gebäudemitte
dienten ehemals als Zufahrt zu der Drehscheibe auf
dem Vorplatz des Bahnhofs, welche die Lokomoti-
ven auf die inneren Gleise zurücksetzten. 1884
wurde der Bahnhof vom Staat übernommen und
stillgelegt. Zwischen 1906 und 1936 wurde die
Anlage mehrfach umgebaut und erweitert. 1984
übernahm der Westberliner Senat von der damaligen DDR-Reichsbahn, die seit dem Ende des Zweiten Weltkriegs das Gelände verwaltet hatte, den
ruinösen Bahnhof. Das Innere wurde durch Winnetou Kampmann und Ute Weström instandgesetzt,
die Seitenflügel wiederhergestellt. Nach Um- und
Ausbaumaßnahmen (Architekt: Josef Paul Kleihues)
nimmt der ehemalige Bahnhof die Abteilung für
Zeitgenössische Kunst der Nationalgalerie auf.
Kleihues unterstrich in seinem Umbaukonzept die
konstruktive Eleganz der Bahnhofshalle. Ein Erwei-
terungsflügel an der Nordostflanke des Baus, dessen Pendant an der Westseite bislang unrealisiert
blieb, zeigt sich nach außen durch eine äußerst
sachliche Metallplattenverkleidung, während der
Innenausbau mit seinem teilweise transluziden
Tonnendach eine einfache wie großartige Raum-
perspektive bildet.

226
Haus der Kulturen der Welt (ehem. Kongresshalle)
John-Foster-Dulles-Allee
1956–57
Hugh Stubbins

Ursprünglicher Zustand

Die Kongresshalle sollte als amerikanischer Beitrag zur „Interbau" 1957 die Freundschaft Amerikas mit den Berlinern versinnbildlichen und an demokratische Traditionen erinnern. Das 2-geschossige Sockelgeschoss mit einer Grundfläche von 92 x 96 m bildet die Plattform für den Saalbau mit der geschwungenen Dachkonstruktion. Durch diese erhielt der Bau, der mit Unterstützung der Berliner Kontaktarchitekten Werner Düttmann und Franz Mocken entstand, im Volksmund den Namen „Schwangere Auster". Die Kongresshalle wurde als besonders moderne, technisch kühne Architektur gefeiert. Das Dach erweckte den Anschein eines leichten Hängedaches. Die wirkliche Konstruktion bestand jedoch aus Stahlbetonböden, deren Horizontalschub über Zugbänder auf die Widerlager im Osten und im Westen abgeleitet wurde. Im größtenteils verglasten Sockelgeschoss befinden sich eine große Empfangshalle, ein Vortragssaal, eine 2-geschossige Gaststätte und kleinere Konferenzräume. Im Zwischengeschoss sind Verwaltungs- und Sitzungszimmer sowie Dolmetscher- und Rundfunkkabinen untergebracht. In effektvoller Weise spiegeln die beiden Wasserbecken vor dem Gebäude die Silhouette des Baus. Die breite, auf die Plattform führende Freitreppe ist fast ungenutzt. Dies verdeutlicht, dass funktionale Gesichtspunkte weit hinter ästhetischen Überlegungen zurücktraten. Das Dach stürzte 1980

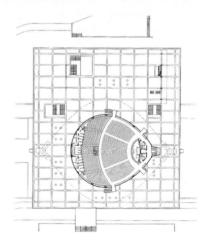

Grundriss Auditorium

teilweise ein, da ein Zugbogen nachgab. Die Symbolbefrachtung des Bauwerkes war Grund genug für den Wiederaufbau zur 750-Jahr-Feier Berlins 1987, obwohl damals noch keine Nutzungspläne vorlagen. Die Architekten Hans-Peter Störl und Wolf Rüdiger Borchardt stellten – bei einem Kostenaufwand von 30 Mio. DM – das ursprüngliche Erscheinungsbild wieder her. Durch eine neue Dachkonstruktion wurde die „Dach-Krempe" geringfügig erhöht.

227
Kanzleramt
Spreebogen
1997–2000
Axel Schultes, Charlotte Frank

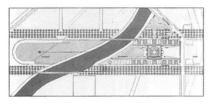

Modellaufnahme (oben), Lageplan (unten)

228
Alsenblock und Luisenblock (Paul-Löbe-Haus/Marie-Elisabeth-Lüders-Haus)
Spreebogen
1997–99
Stephan Braunfels

Modellansicht Alsenblock von Osten (oben); Lageplan
(unten); Alsenblock (links) und Luisenblock (rechts)

Das Kanzleramt bildet zusammen mit den Alsen-
und Luisenblöcken (Nr. 228) eine in West-Ost-
Richtung angelegte städtebauliche Figuration, die
nach einem Entwurf von Schultes und Frank von
1993 als sogenannte „Spur des Bundes" unmittelbar nördlich des Reichstags (Nr. 229) den Ausgangspunkt für die Planung des neuen Regierungs-
viertels im Spreebogen darstellte. Die 190 m lange
Anlage nimmt den westlichen Teil dieses assozia-
tionsgeladenen Bandes ein und erstreckt sich mit
einem halbrund endenden „Kanzlergarten" über die
westliche Schleife des Spreebogens bis tief in den
„Moabiter Werder". Entsprechend der städtebaulichen Idee grenzt sich der Neubau durch zwei parallel geführte 19 m hohe Zellen für die Verwaltungs-
abteilungen mit geschlossenen Wandfeldern und
wintergartenähnlichen Einschnitten von der Parklandschaft des umgebenden Tiergartens ab. Das
Konzept entspricht damit in Grundzügen dem Bau
des östlich liegenden Alsenblocks. Die Riegel flankieren den deutlich höheren Kubus für den Lei-
tungsbereich. Während seine Nord- und Südseiten
durch den Gegensatz von Fläche und großformatig
eingeschnittenen Kreissegmenten bestimmt wird,
öffnet sich die nach Osten gelegene Eingangsfront
mit einem mehrschichtigen Fassadenaufbau und
einer weitgehenden Transparenz dem Besucher.
Schultes und Frank verarbeiten in ihrem Entwurf
verschiedenste architekturhistorische Bezüge, die
von der Anspielung auf antik-römische Circus- und
Villentypologien über geometrisch gefasste Renais-
sancegärten bis hin zum Spiel mit plastischen Groß-
volumen eines Louis Kahn reichen.

Braunfelsens Projekt wurde als erster Realisierungs-
entwurf für das Regierungsviertel konzipiert. Er bildet
das städtebauliche Pendant zum Kanzleramt und
folgt damit der Idee des West-Ost-Bandes für das
Regierungsviertel. Analog zur Anlage des Kanzleramts wird das für Abgeordneten- und Verwaltungs-
büros konzipierte Ensemble über die östliche Spree-
schleife geführt und dadurch die beabsichtigte symbolische Verknüpfung zwischen dem Ost- und dem
Westteil Berlins vollzogen. Strukturell entsteht durch
den Brückenschlag die Zweiteilung des Komplexes
in den westlich gelegenen „Alsenblock" und den
östlich gelegenen „Luisenblock". Um den Eindruck
eines langen hermetischen Riegels zu vermeiden,
löst Braunfels die Gebäudemasse in zwei kammartige 22 m hohe Zeilen auf, die in ihrer Mitte eine
durchgehende Halle mit transparentem Dach und
eingestellten Baukörpern für Bibliothek im Luisenblock und Ausschuss-Säle im Alsenblock aufnehmen. Im Gegensatz zu der grundsätzlich ähnlichen
Massengliederung des Kanzleramts verzichtet
Braunfels auf geschlossene Wintergärten und öffnet
die Höfe zur Umgebung. Den bis auf vertikale
Schlitze geschlossenen Stirnseiten der Kammstruktur stehen die weitgehend verglasten Flächen der
Hoffassaden gegenüber. So monotaktisch und zurückhaltend die Langseiten der Anlage erscheinen, so plastisch wirken die Schmalseiten am Fluss
bzw. an der westlichen Eingangsseite. Schräg ange-
schnittene Flugdächer auf schlanken Stützen sowie
der Blick auf die eingestellten Körper im Hallen-
inneren lassen das Projekt zu einer ansprechend
differenzierten Volumencollage werden.

229
Reichstag, Sitz des dt. Bundestages
Platz der Republik
1884–94; 1995–99
Paul Wallot; Sir Norman Foster

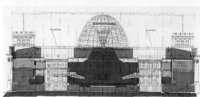

Simulation des Neubaus (oben); Schnitt (unten)

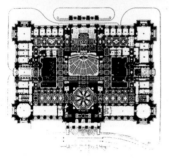

Ursprünglicher Zustand

Obwohl Wallot 1882 den Wettbewerb für ein Reichstagsgebäude gewonnen hatte, war er gezwungen, seinen Plan sogar noch in der Bauphase über Jahre hinweg mehrmals zu überarbeiten und abzuändern. Der ausgeführte, schon zu seiner Entstehungszeit unter Fachleuten umstrittene Entwurf sah einen monumentalen Rechteckbau mit zwei Lichthöfen und kastellartigen quadratischen Ecktürmen vor. Das Sockelgeschoss ist mit einer Rustika-Quaderung versehen, über ihm erheben sich zwei Hauptgeschosse; das „Piano Nobile" wird deutlich hervorgehoben. Die Hauptfront ist zum ehemaligen Königsplatz, dem heutigen Platz der Republik, ausgerichtet. Den Haupteingang in der Gebäudemitte akzentuiert eine kräftige, auf sechs Rundsäulen gestellte Attika mit einem Dreiecksgiebel. Zwischen den Ecktürmen und dieser Portalzone ist eine fünfachsige Kolossalordnung angelegt. Beherrschender Bauteil des Gebäudes war die riesige, als architektonisches Meisterwerk gefeierte Zentralkuppel aus Eisen und Glas. Diese 75 m hohe „Volkskuppel" (Wallot) gipfelte in einer Laterne mit der Kaiserkrone. Die Fassade war mit monumentalem, dekorativem Figurenschmuck (u. a. von Reinhold Begas) überladen, welcher die Idee des Parlamentarismus versinnbildlichen sollte. Das Innere des Reichstags wies eine prunkvolle Innenausstattung auf, die bei dem von den Nationalsozialisten angezettelten Reichstagsbrand am 28. Februar 1933 zum Teil zerstört wurde. Das Gebäude wurde im Zweiten Weltkrieg schwer beschädigt, seine Kuppel

aus statischen Gründen gesprengt, 1957–61 wurden substanzerhaltende Maßnahmen durchgeführt, welche durch die Reduzierung der Ecktürme, den Fortfall vieler plastischer Aufbauten, vor allem aber durch den Verzicht auf den Wiederaufbau der Kuppel als zentralem Bezugspunkt das barockisierende Äußere des Baus verwässerten und ästhetisch verfremdeten. Die Innengestaltung nahm Paul G. R. Baumgarten 1961–72 unter erheblichen Eingriffen in die Bausubstanz des Altbaus vor. Durch diesen Umbau wurde dem Pomp der kaiserzeitlichen Fassade die nüchtern-sachliche Raumatmosphäre der 60er Jahre gegenübergestellt. Nach der Entscheidung für Berlin als Regierungssitz wurde das Gebäude für die Aufnahme des Bundestages umgebaut. Hierfür schrieb man einen internationalen Wettbewerb aus, bei dem drei erste Preise vergeben wurden. Letztendlich wurde Norman Foster mit der Überarbeitung seines Entwurfes betraut, Fosters ursprüngliches Wettbewerbsprojekt, das eine monumentale Überdachung des Wallotbaus vorgesehen hatte, wurde im Laufe der Planungen grundlegend verändert. Nach dem Beschluss des Bundestages zu einem Neubau der Kuppel als krönender Dominate des Parlamentsgebäudes entwarf Foster einen zwar etwas eiförmigen, doch emblematischen gläsernen und über Rampen begehbaren Kuppelbau auf rundem Grundriss. Ein Spiegelsystem leitet natürliches Tageslicht in, den im 1. OG liegenden, ebenfalls weitgehend verglasten Plenarsaal. Die Um- und Einbauten Baumgartens wurden zugunsten Fosters Planungen größtenteils entfernt, die Fassaden des Altbaus erscheinen, besonders im Bereich des Mittelrisalits, als entkernte Hülle für einen weitgehenden Neubau. Das Gesamtprojekt zeichnet sich durch optimierte energietechnische Konzepte aus.

230
Schweizer Botschaft
Fürst-Bismarck-Straße 4
1870–71; 1998–2000
Friedrich Hitzig; Diener & Diener

Perspektive
Grundriss EG

Die Schweiz besitzt mit ihrerm Botschaftsgebäude
eine der prominentesten Liegenschaften in Berlin.
Es ist das einzige historische Gebäude im Spreebogen, das sowohl die Umstrukturierungsplanungen
Speers für die Nord-Südachse und die „Große Halle" als auch die Kriegszerstörungen und die Nach-
kriegsabrisse überstanden hat. Trotz dem Verlust
der Regierungssitzfunktion Berlins nach dem Krieg
und ungeachtet der nach dem Mauerbau peripheren
Lage hielt die Schweiz an ihrer 1919 erworbenen
und seit 1920 als Botschaft genutzten Immobilie
fest. Hitzig hatte das Gebäude 1870 als Stadtpalais
im vornehmen Alsenviertel erbaut. Der ehemals in
eine geschlossene Bebauung integrierte Bau weist
mit seiner flachen Kolossalpilasterordnung auf hohem Sockelgeschoß und mit seiner gebäudeab-
schließenden Balustrade eine zurückhaltende und
doch repräsentative Eleganz auf. Im Inneren sind
z. T. prachtvoll ausgestattete Repräsentationsräume
erhalten geblieben. Nach der Wende und dem Be-
schluß, das Regierungsviertel im Spreebogen anzu-
siedeln, bildete das Gebäude einen historischen

Orientierungspunkt, an dem sich die städtebaulichen Neuplanungen, so auch Schultes' „Band des
Bundes" orientieren mußten. 1995 wurde beschlossen, das Gebäude von den Basler Architekten Diener & Diener sanieren und erweitern zu lassen. Ihr östlich an den Altbau anschließender Anbau
stellt trotz der geringen Dimensionen eines der
bemerkenswertesten Neubaukonzepte der 90er
Jahre dar. Der Sichtbeton-Annex folgt in der Höhe
dem Hitzigbau und interpretiert dessen Achsengliederung auf eigenwillige Art, tiefe Einschnitte in
der flächigen Fassade machen den einfachen Kubus zu einer komplexen plastischen Form.
Am östlichen Ende der Fürst-Bismarck-Straße
zweigt die Konrad-Adenauer-Straße ab und mündet
auf die Kronprinzenbrücke, die mit ihrer eleganten
Konstruktion nach einem Entwurf von Santiago
Calatrava 1992–97 als Verbindung zwischen dem
Spreebogen und der Reinhardtstraße errichtet wurde. Sie wird flankiert von zwei weiteren, dem Regierungsviertel zugeordneten Bauten. An der Westseite lagert sich die, nach Plänen von Gustav Peichl
1998–99 errichtete etwas zu verspielt geratene
Bundestagskita an; am östlichen Brückenkopf steht
der 1998–2000 realisierte Neubau der Bundes-
pressekonferenz von Nalbach und Nalbach, dessen
Grundrißform mit ihrer der S-Bahntrasse folgenden
Krümmung zwar eine gewisse Dynamik ausstrahlt,
die jedoch durch das breit massige Gebäude-
volumen gebremst wird. Ein großes Panoramafenster zur Spree vermittelt optisch vom Sitzungssaal zum Regierungsviertel.

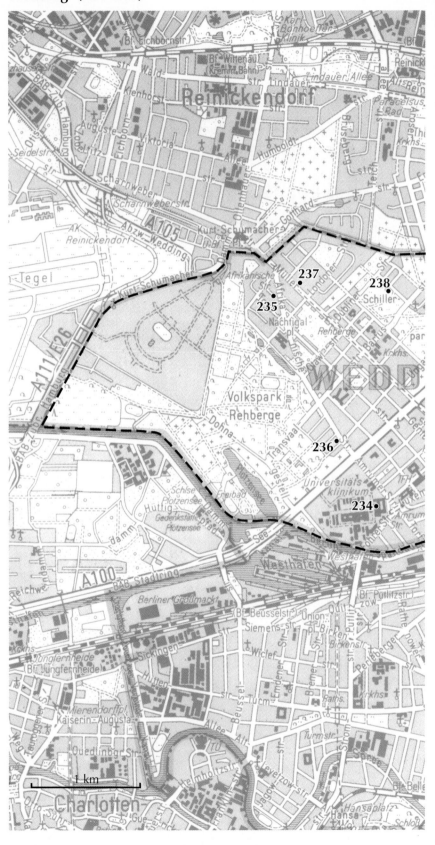

231
Verwaltung, Forschung, Verpackung und Schulungszentrum der Schering AG
Müllerstraße 175–181
1969–78; 1985–87
Dietrich Kolb, Reinhart Steinweg, Kiemle, Kreidt
und Partner; Friedrich Karl Borck, Matthias Boye,
Dietrich Schaefer; Klaus Hendel, Horst Haseloff,
Wolfgang Hotzel; Alfons Hiergeist

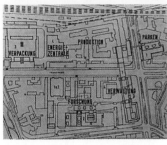

Bereich Forschung (oben) Gesamtlageplan (unten)

Der Chemiekonzern Schering AG, seit 1864 auf
dem Gelände im Wedding ansässig, plante ab
1968 eine Erweiterung sowie eine Neuordnung der
Bereiche Verwaltung, Forschung sowie Zentrale
Verpackung und Versorgung (ZW). Dabei sollten
vor allem ein erweiterungsfähiges Bausystem, interne Verbindungswege sowie die Einbeziehung der
Altbausubstanz Vorrang haben. Der Entwurf der
Sieger des Wettbewerbs von 1968, Dietrich Kolb
und Reinhart Steinweg, wurde für den Verwaltungsbau zugrunde gelegt und vom Architekturbüro
Kiemle, Kreidt und Partner in drei Bauabschnitten
von 1970–78 ausgeführt. Es schließt den Werks-
komplex nach Osten an Müllerstraße ab und verbindet durch einen Brückenbau das nördlich und südlich der Fennstraße gelegene Werksgelände. Für die
Erweiterung des Forschungsbereichs, 1969–70,
kam der Entwurf der zweiten Preisträger, Borck,
Boye und Schaefer, zur Ausführung. Der Erweiterungsbau besteht aus einem länglichen Bauteil, der
an den Altbau anschließt, einem Flachbau und einem Hochhaus mit fast quadratischem Grundriss.
Der Bau für die ZW von Hendel, Haseloff und
Hotzel entstand 1971–75 und wurde in vier Bereiche – Verwaltungs- und Sozialtrakt, Produktion,
Technikzone sowie Lagerbereich – untergliedert.
Den roten Klinkerbau des Schulungszentrums an
der Sellerstraße gestaltete Alfons Hiergeist 1985.

232
Alte Nazareth-Kirche
Leopoldplatz
1832–35
Karl Friedrich Schinkel

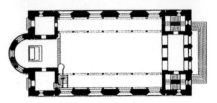

Die Nazareth-Kirche gehört neben der St. Johannis-
Kirche (Nr. 219), der St. Pauls-Kirche (Nr. 241)
und der Elisabeth-Kirche in der Invalidenstraße
(Nr. 154) zu den vier kleinen Kirchen, die Schinkel
1832–35 für die nördlichen Vorstädte Berlins entwarf. Sie ist, ebenso wie die drei übrigen Kirchen,
als turmloser, einschiffiger Saalbau mit halbrunder
Apsis, Emporen und zwei Nebenräumen zu beiden
Seiten des Chores konzipiert. Bei der Fassadengestaltung der Backsteinkirche griff Schinkel ähnlich
wie bei der St. Johannis-Kirche auf Formen der
oberitalienischen Romantik zurück. Die Eingangsfront wird durch die große Fensterrosette bestimmt.
Vier kleine Fenster belichten die Treppenhäuser an
den Ecken. Die drei rundbogigen Eingangsportale
sind durch Pfeiler getrennt. Die Halle wird an der
Seitenfront durch kleine Rundbogenfenster im
EG-Bereich und durch je vier größere über den
Emporen belichtet. Die innere Raumorganisation
wird nach außen hin sichtbar gemacht; die Halle ist
durch Fugen von den schmaleren Seitenteilen getrennt. Trotz der romanischen Formelemente weist
die Kirche durch den betont profilierten flachen
Dreiecksgiebel einen klassizistischen Grundcharakter
auf. Zu Beginn des 20. Jahrhunderts wurde der
Kirchsaal durch Einziehen einer Zwischendecke
geteilt. 1972 wurde im Erdgeschoss durch die Architekten Christine und Horst Redlich eine Kindertagesstätte eingerichtet. Das Kircheninnere wurde
anlässlich des Schinkel-Jahres 1981 unter Beibehaltung der Teilung restauriert, die Bemalung der
Kassettendecken und der Wände nach Schinkels
Vorlagen wiederhergestellt.

233
Rathaus Wedding
Müllerstraße 146–147
1928-30
Friedrich Hellwig

EG

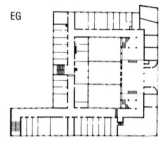

Der breit gelagerte, mit Klinkern verkleidete Mauerwerksbau ist – ganz im Stil der Neuen Sachlichkeit – als unrepräsentatives, schlichtes Verwaltungsgebäude konzipiert. In seinem betont nüchternen Äußeren, das eher an eine Fabrik als an ein Rathaus erinnert, unterscheidet sich das Gebäude von allen bis zu dieser Zeit in Berlin gebauten Rathäusern. Nur die Anlage eines Binnenhofs wurde von den Vorgängerbauten übernommen. Die durch gleichförmige, große Fenster der OG bestimmte Fassade ist bis auf das kleine, steinerne Wappen an der Ecke völlig schmucklos gestaltet. Auf den bislang üblichen repräsentativen Turm als städtebaulichen Bezugspunkt wurde ebenfalls verzichtet. Schmale Kaffgesimse unterstreichen die horizontale Ausrichtung des blockhaften, asketischen Baukörpers, der durch ein überkragendes Flachdach gedeckt wird, Anstelle eines Portals wurde ein nur wenig hervorgehobener Eingang angelegt. Auch das Innere des Rathauses ist betont nüchtern gestaltet. Der Eingangsraum dient ausschließlich der Verkehrsverteilung und ist nicht, wie bislang üblich, als repräsentative Eingangshalle angelegt. 1962–64 errichtete Fritz Bornemann – vom Altbau abgerückt – um eine großzügige Platzanlage mehrere Erweiterungsbauten. Ein 12-geschossiger Hochhausbau sowie der dreiseitig verglaste Saal der Bezirksverordneten bilden die Hauptbauteile dieser Anlage.

234
Rudolf-Virchow-Krankenhaus
Augustenburger Platz 1
1899–1906
Ludwig Hoffmann

Die Modernität der Krankenhausanlage bestand zu ihrer Entstehungszeit in der sozialreformerischen Idee, dass eine „Gartenstadt für Kranke" mit hellen Krankensälen, ansprechender Architektur und Durchgrünung der Anlage den Heilungsprozess der Kranken beschleunigen würde. Ursprünglich waren 21 Pavillonbauten beiderseits der Hauptallee angeordnet, die von der Vierflügelanlage des Verwaltungsbaus auf die Kapelle zuführt und von einer breiteren Querachse mit Wirtschafts- und Behandlungsräumen unterbrochen wird. Das Krankenhaus war neben der Heilanstalt Buch (Nr. 514) der bedeutendste Bau von Stadtbaurat Hoffmann, der hier frühere Konzepte – wie jenes für das Urban-Krankenhaus (1897–90) – seines Vorgängers im Stadtbauamt, Hermann Blankenstein, weiterentwickelte. Hoffmann gestaltete die Anlage in reduzierten barocken Formen: Der Verwaltungsbau gleicht einem Schloss, die Kapelle einer barocken Hofkirche. Eingriffe in das Ensemble, das den Krieg leidlich überstanden hatte, erfolgten u. a. seit 1962 mit einem 8-geschossigen Neubau der Chirurgischen Abteilung von Peter Poelzig. Unverzeihbar ist der 1974 erfolgte Teilabriss der Pavillons südlich der Allee zugunsten des Neubaus von Bachmann, Ottow und Werz. Für die Umlegung des FU-Klinikums Westend in den Komplex sind die Pavillons nördlich der Allee abgerissen worden; dafür sollen neue Gebäude errichtet werden. Die Allee und der Verwaltungsbau, beide denkmalgeschützt, werden dann bloße Erinnerung an die einstmals bedeutende Krankenhausanlage sein.

235
Wohnanlage
Afrikanische Straße 14–41
1926–27
Ludwig Mies van der Rohe

Grundriss Normalgeschoss

Diese Wohnhausgruppe im Stil der Neuen Sachlichkeit ist Mies van der Rohes einziges größeres Gebäude aus den 20er Jahren. Die Wohnanlage besteht aus vier 3-geschossigen Zeilen entlang der Afrikanischen Straße, an die sich kurze, 2-geschossige Eckbauten anschließen. Diese beiden Bauteile werden durch abgerundete Balkone, Scharnieren gleich, miteinander verklammert. Im Innern sind 88 einfach geschnittene 1- bis 3-Zimmer-Wohnungen mit einer Wohnfläche zwischen 55 m² und 75 m² untergebracht. Alle Wohnungen besitzen einen Eingangsflur, ein Bad und eine große Wohnküche; z. T. weisen sie Balkon oder Loggia auf, welche jedoch nur über die Küche zu betreten sind. Die Sachlichkeit und Zweckmäßigkeit als Grundkonzept der Planung setzt sich in der äußeren Gestaltung der flachgedeckten Mauerwerksbauten fort; die glatt geputzte Fassade wirkt nüchtern und klar. Belebt wird sie durch verschiedene Formate der bündig eingepassten Fenster, welche die Wand wie ein geometrisches Muster überziehen. Tief eingeschnittene Loggien an der Gartenseite sowie ein schmales Klinkerband in der Sockelzone tragen zusätzlich zur Fassadengliederung bei.

236
Friedrich-Ebert-Siedlung
Afrikanische Straße
1929–31
Paul Mebes, Paul Emmerich, Bruno Taut

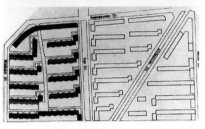

Bauteil Mebes & Emmerich (oben)
Lageplan; dunkel: Bauteil Taut (unten)

Die Siedlung ist in Berlin eines der frühesten Beispiele für eine Zeilenbebauung. Diese Bauform wurde damals als geeigneter Bautyp für eine gleichmäßige Ost-West-Belichtung der Wohnungen angesehen. Die späteren Siedlungen, wie die ebenfalls unter Beteiligung von Mebes und Emmerich entstandene „Rauchlose Siedlung" (Nr. 746) und die Reichsforschungssiedlung Haselhorst (Nr. 627) folgen noch konsequenter dieser Bauauffassung. In der Friedrich-Ebert-Siedlung wurden die Zeilen durch 1-geschossige Ladenbauten und quer gestellte Kopfbauten zu Wohnhöfen geschlossen, die im Bauabschnitt von Mebes und Emmerich von der Afrikanischen Straße durchschnitten werden. In dem von Taut gestalteten Siedlungsbereich südlich der Togostraße befinden sich weniger Zeilen, so dass größere Freiflächen zwischen den Häusern liegen. Die insbesondere von Tauts Bauten, z. B. aus Britz, bekannte Farbgebung ist heute unter einem einheitlich grauen Kratzputz verdeckt. Da auch einige der übereinandergestapelten „Glas-Loggien" in Balkone umgewandelt wurden, ging die gestalterische Geschlossenheit der Anlage verloren. Dennoch wird die hohe Qualität der Bauten, u. a. in der Proportionierung, der Gebäudeanordnung und den Details sichtbar, besonders angesichts der schematischen Nachbarbebauung deutlich. Diese entlang des Nachtigall-Platzes angeordneten Bauten errichteten Werner Harting und Wolfgang Werner 1936–38.

237
Wohnanlage und Betriebsbahnhof
Müllerstraße 80
1925–27
Jean Krämer

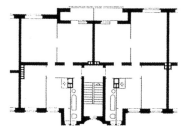

238
Siedlung „Am Schillerpark"
Bristolstraße 9–13
1924–28
Bruno Taut

Die Wohnanlage und der ehemalige Straßenbahn-betriebshof beeindrucken durch expressionistische Formen, die durch massige Monumentalität zu einer großartigen Wirkung gesteigert wurden. Zur Müller-straße öffnet sich eine 5-geschossige Blockrand-Wohnbebauung. Den breiten Eingang, in den noch bis 1960 die Straßenbahnen einfuhren, flankieren zwei 8-geschossige Turmbauten. Im Hof liegt eine flache, verklinkerte Wagenhalle. Die Wohnhaus-fassaden werden von breiten Brüstungsbändern horizontal gegliedert und von einem wuchtigen Hauptgesims abgeschlossen. Die hohen, leicht auskragenden Sockelgeschosse, die um die Türme geführt und durch spitz zulaufende Lisenen geteilt sind, steigern den blockhaften Gesamteindruck. Die Wände der Eingangstürme öffnen sich im EG mit Arkaden und schwingen zwischen den senkrechten Schmuckbändern aus. Diese leiten über zum OG und enden in einer breiten Dachplatte. Die hohen OG dienen als Wasserspeicher. Die nördlichen Tür-me übernehmen Gestaltungsmittel der vorderen. Die glatten Turmkuben werden mit Gesimsen und Arka-denöffnungen dekorativ belebt. Die 2-Zimmer-Wohnungen in den Eingangstürmen sind ca. 65 m² groß. Auffällig ist, dass gerade lärmintensive Stra-ßenbahnhöfe mit einer Wohnbebauung kombiniert wurden, wie auch z. B. bei der wenig späteren An-lage in der Knobelsdorffstraße (Nr. 309), die von Jean Krämer als Architekt der Straßenbahngesell-schaft zusammen mit Otto Rudolf Salvisberg gebaut wurde.

Bruno Taut verband bei dieser Wohnanlage expres-sionistische Details, die Anklänge an die märkische Backsteingotik zeigen, mit einer sachlichen Strenge. Die 3-geschossigen Zeilen sind entlang der Straßen angeordnet, so dass ruhige, abgeschirmte Innenhö-fe entstanden. Die dunkelvioletten Backsteinbauten wurden mit hellen Putzflächen und vorgezogenen Backsteinstreifen sowie Sichtbetongesimsen hori-zontal gegliedert. In der Mitte der risalitartig vorge-zogenen Fassadenbereiche befinden sich Loggien, die zwischen den Stützen ein filigranes Backstein-muster besaßen. Ein Teil der Bauten wurde im Krieg zerstört. Hans Hoffmann errichtete 1954 Neubau-ten, die sich hervorragend in die vorhandene Wohn-anlage eingliedern. Teilweise nahm Hoffmann, u. a. mit der Horizontalgliederung und dem breiten DG, Elemente von Tauts Wohnbauten auf. Die Wohnun-gen der Neubauten, die im Sozialen Wohnungsbau errichtet wurden, sind im Verhältnis zu den älteren, 1928 errichteten, kleiner. Die 2-Zimmer-Wohnun-gen haben 45–47 m², die 2 1/2-Zimmer-Wohnungen 58 m² Wohnfläche, wohingegen die älteren Wohnungen bei 1 1/2-Zimmern 45 m², bei 2 Zimmern 60 m² und bei 3 Zimmern 80 m² besit-zen.

239
Osram Werk B
Oudenarder Straße 18–20
1904–10; 1936–37
H. Enders, Richard Schirop; Waldemar Pattri

Bauteil Waldemar Pattri (oben)

Die Anlage steht in der Tradition innerstädtischer Industriebauten, die infolge der beengten Grundstücke als Blockrandbebauung ausgeführt wurden. Enders und Schirop errichteten 1904–10 den Backsteinbau für Verwaltung und Labors, dessen Fassaden zur Seestraße repräsentativ mit Erkern und Risaliten gestaltet wurde. Ähnlich wurde auch der von Enders stammende Bau an der Ecke Liebenwalder-/Groninger Straße gegliedert. 1910 errichtete die Bergmann AG, die 1935 von der Osram übernommen wurde, den Komplex auf der südlichen Seite der Oudenarder Straße. Die Fassaden unterscheiden sich nur durch einen größeren Maßstab der Fensterrasterung von der umliegenden Wohnbebauung. Für die Osram AG bebaute Pattri 1936–37 das letzte freie Grundstück auf dem südöstlichen Teil des Werkgeländes. Dieser Bauteil ist vertikal strukturiert. Über dem 2-geschossigen Sokkel, in dessen glatte Wandflächen große Fenster eingeschnitten sind, erheben sich bis zum Dach durchlaufende Pfeiler. Die Zwischenflächen sind großflächig verglast. Die teilweise kriegszerstörten Gebäude wurden 1946–57 wiederhergestellt.

240
Amtsgericht Wedding
Brunnenplatz 1
1901–06
Paul Thoemer, Rudolf Mönnich

Grundriss EG

Der Gebäudekomplex ist eines der imposantesten Gerichtsgebäude Berlins. Errichtet wurde der Putzbau mit Werksteinfassung in Anklängen an die Stile der Spätgotik und Renaissance. Vorbild dürfte v. a. die Albrechtsburg in Meißen (1471–85) gewesen sein. Diese Bezugnahme auf historische Sakral- und Palastarchitektur erschien in jener Zeit angemessen, um die bei einem Gerichtsgebäude für notwendig empfundene Atmosphäre von Bedeutsamkeit und Autorität zu vermitteln. Die Fassade des Amtsgerichts ist horizontal in fünf Teile untergliedert. Besondere Bedeutung kommt hierbei dem reich geschmückten Mittelteil zu; sein markanter Blickfang ist das hohe Mittelfenster, welches das dahinter liegende Treppenhaus beleuchtet. Dieser mit einem gotisierenden Sterngewölbe versehene Gebäudeteil birgt, ebenso wie das Gerichtsgebäude in Moabit (Nr. 220), eine riesige Treppenanlage. Der Mittelbau besaß ursprünglich einen abgestuften Turmaufsatz, welcher bei der Beseitigung der Kriegsschäden nicht wieder hergestellt wurde. Die 1957–58 errichtete Erweiterungsbau stammt von Peter Fortong.

241
St. Pauls-Kirche
Badstraße 50
1832–35
Karl Friedrich Schinkel

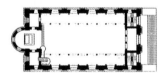

Die St. Pauls-Kirche ist eine der vier von Schinkel
im Auftrag des Königs 1832–35 entworfenen Kirchen für die nördlichen Vorstädte Berlins. All diesen
Kirchen gemeinsam ist ein rechteckiger, turmloser
Saalbau, eine Vorhalle und ein Chorabschluss mit
halbrunder Apsis zwischen zwei Nebenräumen. Der
einschiffige Bau weist ebenso wie die Elisabeth-
Kirche in der Invalidenstraße (Nr. 154) klassizistische Formen auf; die beiden Kirchen unterscheiden
sich so von den romanisierenden Ziegelrohbauten
der St. Johannis- (Nr. 219) und der Nazareth-
Kirche (Nr. 232). Die Fassade der St. Pauls-Kirche
wird durch korinthische Pilaster und Gesimse gegliedert. Ein flacher Giebel bekrönt die fensterlose Eingangsseite mit ihren drei Portalen. Die 1885 angebaute Sakristei und der 1889–90 errichtete Glockenturm veränderten die ursprüngliche Konzeption
stark, 1910 erfolgten weitere Anbauten. Nach
schweren Kriegsschäden wurde die Kirche 1956–
57 wieder aufgebaut, der Innenraum wurde stark
vereinfacht und modern ausgestattet. Die Leitung
dieser Baumaßnahmen lag bei Hans Wolff-Groh-
mann.

242
Bibliothek am Luisenbad
Travemünder Straße 2
1991–95
Rebecca Chestnut und Robert Niess

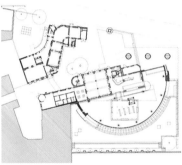

Ansicht des Neubaus
Grundriss EG

Der etwas versteckt liegende Bau ist ein Kleinod an
der Weddinger Badstraße. Im Hof hinter einem
bemerkenswerten Klinkerbau von Emil und Karl
Galuschki von 1905 gelegen, verbindet das Konzept der Architekten ein reizvolles altes Badehaus,
ebenso von Galuschki von 1888, mit einer selbstbewussten neuen Architektur. Ein dunkel verklinkerter Körper auf halbkreisförmigem Grundriss mit
großflächigen Fenstereinschnitten schließt sich nördlich an die alte Bausubstanz an und leitet optisch
wie erschließungstechnisch zu den unterirdisch
angelegten Lesebereichen über. Lichtschächte sowie ein dem Bau folgender Ringgraben garantieren
die gleichmäßige Belichtung der Innenräume. Neben der eindrucksvollen skulpturalen Form überzeugt vor allem die Inszenierung der Nahtstelle zwischen Alt und Neu. Das Mauerwerk des alten Bad-
hauses und die großzügige helle Weite des neuen
Innenraumes spielen optisch ineinander, durchdringen sich und lassen doch die Bruchstellen der verschiedenen historischen Schichten offensichtlich.
Analog des Vexierspiels von alter Außenhaut und
neuem Binnenraum wurde auch der intime Platzraum vor der Bibliothek als Zusammenklang der
historisch und gestalterisch heterogenen Elemente
gestaltet und als Synthese eines neuen „Außen-
Innen-Raumes" neu interpretiert. Eingebettet in eine
kleine Grünanlage an der Panke findet sich hier eine
konzentrierte Collage und feinsinnige Oase.

243
Himmelfahrt-Kirche
Gustav-Meyer-Allee 2
1954–56
Otto Bartning, Otto Dörzbach

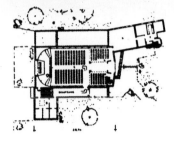

Das Gemeindezentrum mit Kirche, Sakristei, Küster-
wohnung und Gemeindeamt ist ein Spätwerk des
1959 verstorbenen Architekten, der v. a. durch
seine Kirchenbauten Berühmtheit erlangte. Ein herausragendes Beispiel hierfür ist die vor dem Krieg
erbaute Gustav-Adolf-Kirche in Charlottenburg
(Nr. 328). Die Kirche ist ein schlichter Rechteckbau
mit einem runden Chorabschluss. Der 22 m hohe
Turm ist vom Kirchenschiff abgerückt und schließt
das Gemeindezentrum zum Humboldthain ab. Im
UG des Kirchenschiffs sind Gemeinderäume untergebracht. Das Innere der Kirche wird durch das
Sicht-barmachen der Konstruktion bestimmt; an die
Wand gerückte Betonbinder, welche den offenen
Dachstuhl tragen, sorgen für die räumliche Gliederung. Hierin lässt sich eine deutliche Verwandtschaft
mit der Innenraumgestaltung der 48 Notkirchen
feststellen, die Bartning 1948–51 in serieller Montage in der ganzen Republik errichtet hatte. Der
Kirchenraum erhält seine sakrale Wirkung durch das
große farbige Glasfenster im Chorschluss.

244
Neubebauung ehem. AEG Gelände
Brunnenstraße/Voltastraße, Voltastraße 6
1994-98
Josef P. Kleihues

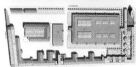

Ansicht Voltastraße 6 (oben)
Lageplan (unten)

Nach Einstellung der industriellen Produktion auf
dem ehem. Werksgelände der AEG (vgl. Nr. 245,
246) waren im Zuge der Umnutzung des Areals
einige der Werksbauten abgetragen worden, ein
von der Brunnenstraße zurückgesetzter Neubau für
die Nixdorf-Gruppe von 1984 wird heute als Rechenzentrum genutzt. Kleihues wurde in Zusammenhang mit zwei getrennten Investitionsvorhaben
mit der Reparatur des Gebäudekomplexes betraut.
Als erstes Vorhaben wurde 1994–96 ein Neubau
für die „Deutsche Welle" an der Voltastraße in Angriff genommen. Eine Baulücke zwischen der ehem.
Fabrik für Bahnmaterial von Johann Kraaz (1907;
1911 überarbeitet von Behrens) und der Kleinmotorenfabrik von Behrens von 1913 wurde mit
einem Neubau auf T-förmigem Grundriss gefüllt.
Während der Kernbereich sich an den Traufhöhen
der Nachbarbebauung orientiert, entwickelt sich aus
dem seitlich großzügig verglast eingefassten Mittelrisalit ein dunkel verklinkerter Turm, dessen 12
Geschosse den Kontext dominierend überragen.
Durch Achsenrhythmus und Rasterung orientiert sich
Kleihues an den vorgefundenen Motiven, gleichzeitig
wird ein markantes Zeichen der Intervention gesetzt.
An der Brunnenstraße stellte sich durch die zur
Straße offene Flanke des Geländes eine andere
Aufgabe. Die Verbindung von Wohnbebauung,
Büronutzung und einem Neubau für die Bankgesellschaft Berlin sollte den Block wieder komplettieren
und dem ehem. Werkstor der AEG von Franz
Schwechten von 1897 eine neue Fassung geben.
Kleihues schloß den Block mit einer parataktisch
durch Treppentürme und Eingangseinschnitte gegliederten Struktur, die durch die dunkle Verklin-
kerung einen gestalterischen Zusammenhang mit
dem Gebäude der Deutschen Welle herstellt. Im
Bereich des alten Werkstors wurde eine mit Bauten
für die Bankgesellschaft besetzte Hofsituation
kreiert, deren nördlicher Ankerpunkt durch ein
Hochhaus auf Kleihues typischem „shipshape"-
Grundriss gebildet wird.

245

**AEG-Hochspannungsfabrik,
-Kleinmotorenfabrik, -Montagehalle**
Hussitenstraße 23
1909–13
Peter Behrens

246

AEG-Apparatefabrik
Ackerstraße 94
1894–95
Franz Heinrich Schwechten, Paul Tropp
(AEG-Bauabteilung)

Hochspannungsfabrik (oben)

Peter Behrens, der seit 1907 für die AEG als Architekt und Designer tätig war, fügte die Bauten der Hochspannungs- und Kleinmotorenfabrik sowie die Montagehalle zwischen die seit 1896 bestehenden Fabrikgebäude ein. Die Hochspannungsfabrik ist eine zweischiffige Halle, die zwischen zwei 5-geschossige Trakte mit turmartig erhöhten Treppenhäusern eingespannt ist. Der leicht zurückgesetzte Mittelteil wird von zwei monumentalen Giebeln, die auf mächtigen Pfeilern lagern, gegliedert. Bei der Kleinmotorenfabrik wurde die verklinkerte Kolossalordnung über 7 Geschosse geführt und durch ein breites Gesims abgeschlossen. Eine Rhythmisierung der langen Fassade gelang durch die Pfeilerstellung, bei der auf einen eckigen Pfeiler jeweils sieben halbrunde folgen. Bei der 1911–13 gebauten Montagehalle hat Behrens, nach der berühmten Turbinenhalle an der Huttenstraße (Nr. 209), auf jegliche Monumentalität verzichtet. Neu bei dieser Stahlkonstruktion mit Vollwandprofilen war das verglaste Hallendach, dessen Gestaltung sich an Weltausstellungspavillons anlehnte. Das Glasdach wurde nach Kriegszerstörung nicht wiederhergestellt. Behrens nahm für die Gestaltung der Fabrikgebäude klassische Architekturformen auf. Waren es bei der Hochspannungsfabrik ägyptische, bei der Kleinmotorenfabrik griechische Tempelarchitekturen, an die er sich anlehnte, zeigen seine Bauten auch eine Auseinandersetzung mit dem Klassizismus von Karl Friedrich Schinkel.

Die Gestaltung der Fassade zur Ackerstraße oblag dem von Emil Rathenau beauftragten Geheimen Oberbaurat Franz Heinrich Schwechten, dessen bekanntestes technisches Bauwerk – neben dem Anhalter Bahnhof (Nr. 454) und dem Kraftwerk Moabit (Nr. 213) – dieser Fabrikbau ist. Die Trennung von Grundrissgestaltung (AEG-Bauabteilung) und Außenarchitektur (Schwechten) zeigt, wie wichtig für die AEG eine repräsentative Gestaltung und damit die unternehmerische Selbstdarstellung war. Aus demselben Grund wurde später Alfred Messel mit der Gestaltung des Verwaltungsgebäudes am Friedrich-Karl-Ufer (1905; zerstört) beauftragt und schließlich Peter Behrens berufen, der die Fabriken in Moabit (Nr. 209) und im Wedding (Nr. 245) errichtete. Die Fassadengliederung des Backsteinbaus mit Pilastern, Segmentbogenfenstern und Terrakottareliefs sowie die Geschosseinteilung und der kräftige Dachabschluss stehen in unmittelbarer Nachfolge von Schinkels Bauakademie (Berlin-Mitte, 1831–36; 1961 abgerissen). Allegorische Darstellungen der Elektrizität auf den Terrakottareliefs stellen den Bezug zur Gebäudenutzung her. Die 5-geschossige Blockrandbebauung, die einen durch Quertrakte unterteilten Hof umschloss, zeigt einen typischen innerstädtischen Industriebaugrundriss. Der kriegsbeschädigte Flügel an der Hussitenstraße wurde bis auf das EG abgetragen. Heute beherbergt das Gebäude nach Innenumbauten Institute der Technischen Universität.

247
Wohnanlage „Versöhnungs-Privat-Straße"
Hussittenstraße 4–5
1903–04
E. Schwartzkopff

„Nürnberger Hof"

Ursprünglich stellten sechs hintereinander gereihte Höfe eine Verbindung zwischen Hutten- und Strelitzer Straße her. Um die „Entwicklung Berlins vom Mittelalter bis zur Weltmacht" anschaulich zu machen, wurden Stilformen aus verschiedenen Jahrhunderten ausgewählt. Die heutige Eingangsfront zeigt Reste des „Romanischen Hofes", der das 12. Jahrhundert vertrat. Im Anschluss daran folgt der „Gotische Hof", dessen mit Putzspiegeln versehenen Backsteinfassaden das 14. und 15. Jahrhundert repräsentieren sollten. Nach einem weiteren Tordurchgang gelangt man in den „Nürnberger Hof". Dieser besaß geschwungene Fachwerkgiebel, Turmhelme und eine aufwendige Wandmalerei. Wie die beiden vorigen Höfe wurde er nach dem Zweiten Weltkrieg in vereinfachter Form instandgesetzt. Die nachfolgenden Höfe – „Renaissance-Hof", „Barock-Hof" und „Moderner Hof" (Berlin um 1900) – wurden im Krieg zerstört. Diese Wohnanlage setzte sich – ebenso wie auch das zweite Bauvorhaben des Vereins, die sogenannten „Posadowsky-Häuser" in der Wollankstraße 75– 80 (1905–06) von Walter und Carl Koeppen errichtet) – von den bis dahin im Wedding gängigen Miethäusern ab. Die Besonderheit dieser Wohnanlage ist die Durchmischung der Wohnhaustypen – üblich waren große Wohnungen im Vorderhaus, kleine in den hinteren Hausflügeln. In dieser Wohnanlage waren ehemals 208 Kleinwohnungen mit ein bis drei Zimmern untergebracht. Auch die Ausgestaltung der Hoffassaden, die zahlreichen Balkone auf den Hofseiten und nicht zuletzt Gemeinschaftseinrichtungen wie Kinderhort, Turnsaal, Bibliothek, Badeanstalt und ein vom Bauverein betriebenes Hospiz machten diese Anlage bemerkenswert.

248
Wohnbebauung Drontheimer Straße
Drontheimer Straße 22–23
1995
Hans Kollhoff, Helga Timmermann

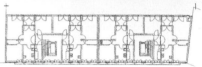

Grundriss OG

Der mächtige Baukörper des Doppelwohnhauses grenzt sich deutlich von der Kleinteiligkeit der benachbarten Gründerzeitbebauung ab. Gleichzeitig bedingen ein angedeuteter dreizonaler Fassadenaufbau sowie die Orientierung an der Firsthöhe der Altbauten die Ambivalenz des Projekts zwischen Blockergänzung und selbstbewusstem Solitär. Mit seiner Klinkerverkleidung, den Holzfenstern und seiner klaren Fassadengliederung reiht sich der Bau in eine größere Gruppe weiterer Projekte der Architekten (Nr. 159, 385, 671) ein. Einer linear reliefierten Sockelzone mit weiten Einschnitten für Schaufenster und Hauseingänge folgen sechs OG mit regelmäßigen Abfolgen von Hochkantfenstern. Die ersten fünf OG weisen Balkonplatten aus Sichtbeton mit durchgehenden Geländern auf, das sechste OG mit seinem flachen Abschluss verfügt über Einzelgeländer. Die Hofseite weist mit ihrer blau verputzten Fassade und den zu Bändern zusammengeschlossenen liegenden Fensterformaten eine Auseinandersetzung mit den Vorbildern des „Neuen Bauens" der 20er Jahre auf. Die um Wintergärten gruppierten „Durchsteckwohnungen" zeichnen sich durch nahezu gleichwertige Zimmer und durch solide Materialverwendung aus. Der Fassadenaufbau der Straßenfront reflektiert mit seiner Zoneneinteilung und den Hochkantfenstern traditionelle großstädtische Typologien des 19. Jahrhunderts. Gleichzeitig wird diese Adaption konventioneller Motive durch die extrem monotaktische Gliederung gleichermaßen abstrahiert und monumentalisiert, eine sensible Gratwanderung, die hier jedoch nicht zuletzt aufgrund der überzeugenden Detailausführung gelungen ist.

249
Wohnanlage Block 270
Vinetaplatz 2–3, Bernauer Straße 67–68, Swinemünder Straße 25–28, Wolliner Straße 43–46
1974–77
Josef Paul Kleihues

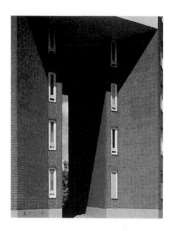

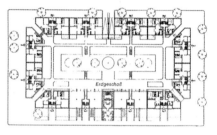

Erdgeschoß

Das Areal um die Grünanlage des Vinetaplatzes wurde in den 60er Jahren zum Sanierungsgebiet erklärt. Hierzu schrieb man einen Wettbewerb aus; die eingereichten Vorschläge sahen die Aufhebung der Straßen und Straßenräume durch Gebäudescheiben von erheblicher Dimension vor. 1971 gewann schließlich Josef Paul Kleihues einen beschränkten Wettbewerb zur Gestaltung des südlich an den Vinetaplatz anschließenden Blocks 270. Hier war im 19. Jahrhundert eine Blockrandbebauung mit 5-geschossigen Mietskasernen und Hinterhof errichtet worden. Die desolate Bausubstanz machte den Abriss und einen anschließenden Neubau erforderlich. Kleihues' Entwurf hatte hierbei zum Ziel, den überlieferten Stadtraum unter Berücksichtigung moderner Wohnansprüche weitgehend zu erhalten. Der Wiederaufbau des Blocks erfolgte als umlaufende Straßenrandbebauung. Die größtenteils verklinkerten Stahlbetonskelettbauten, die in der für Kleihues typischen rationalen Formensprache gestaltet sind, richten sich nach der für den Wedding charakteristischen Blockhöhe; die markanten

45-Grad-Ecken nehmen auf im 19. Jahrhundert in Berlin häufig anzutreffende Eckausbildungen Bezug. In der Wohnanlage sind 1–3-Zimmer-Wohnungen untergebracht. Sie orientieren sich sowohl zur Straße bzw. Platzseite als auch zu einem gemeinsamen Wohnhof. Dieser mit Grünflächen, Spielplätzen und Sitzgruppen versehene Innenraum ist von allen Seiten mittels mehrerer Durchgänge zugänglich. Der Wiederaufbau des Blocks 270 auf alter Baugrenze war die erste konsequente Blockrandbebauung nach dem Zweiten Weltkrieg in Berlin und trug mit zu einer Neuorientierung im Städtebau bei. Hier wurden erstmals architektonische Leitgedanken formuliert, die dann bei der Internationalen Bauausstellung 1984/87, bei der Kleihues als Planungsdirektor des Neubaubereiches fungierte, unter dem Leitwort „behutsame Stadtreparatur" umgesetzt wurden.

Charlottenburg (250-352)

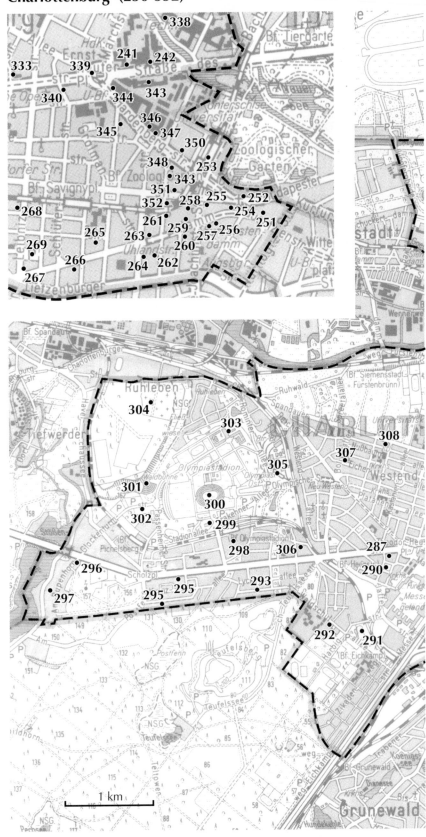

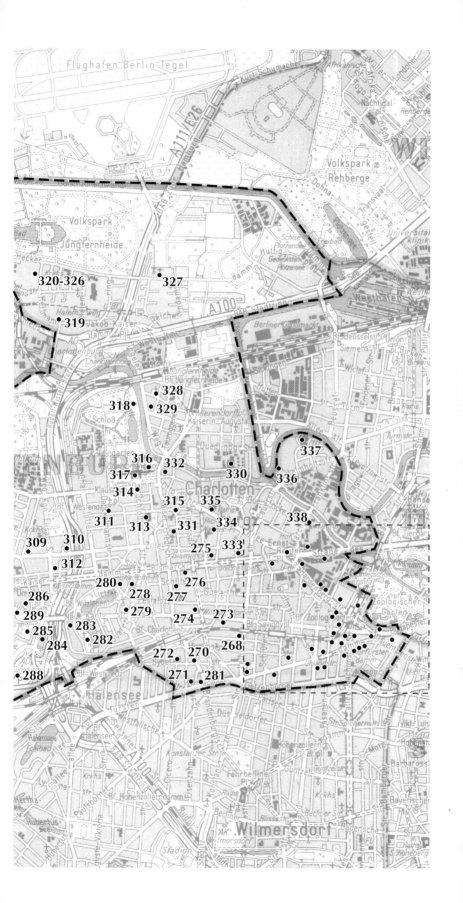

250
Hauptverwaltung der Grundkreditbank
„GBK-Center"
Budapester Straße 35
1983–85
Hans Joachim Pysall, Peter Otto Stahrenberg,
Joachim Grundei

251
Europa-Center
Breitscheidplatz
1963–65
Helmut Hentrich, Hubert Petschnigg

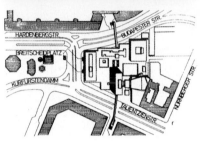

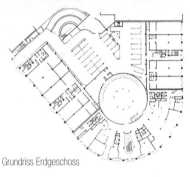

Grundriss Erdgeschoss

Mit diesem imposanten Neubau wurde die letzte
kriegsbedingte Baulücke in der Zoo-Gegend geschlossen. Der Baukomplex besteht aus dem 9-
geschossigen Bankgebäude, das von zwei etwas
niedrigeren, 10-geschossigen Wohngebäuden mit
insgesamt 130 öffentlich geförderten 1 1/2- bis
5-Zimmer-Wohnungen flankiert wird. Der abgerundete Baukörper der Bank fügt in überzeugender
Weise die beiden Achsen der Budapester Straße
und der Kurfürstenstraße zusammen und bildet
einen markanten Abschluss des neu angelegten
„Elefantenplatzes" mit der Brunnenplastik von
Bartsch. Das Gebäude ist mit rotem Sandstein verkleidet, die Rahmen und Schmuckelemente sind
aus Aluminium. Die mächtige Außenwand wird
durch verschieden große, mit grün getönten Spie-
gelglasflächen ausgefüllte Segmente gegliedert. Die
EG-Zone der Bank wie auch der Wohntrakt ist der
gewerblichen Nutzung vorbehalten. Für die Grundkreditbank ist im EG ein großzügiges Eingangsfoyer
eingerichtet, von dem aus Rolltreppen in die Kassenhalle sowie zu dem von einer runden Glaskuppel
überwölbten Börsencafé im 1. OG führen. Attraktion
des Bankgebäudes ist die ebenfalls im EG gelegene
runde Ausstellungshalle für moderne Kunst. Der
„Bankpalast" mit seinem stadtbildprägenden Äußeren und seinem repräsentativen Inneren stellt einen
bedeutenden Beitrag zur Berliner Architektur der
80er Jahre dar.

Dieser Gebäudekomplex wurde auf dem prominentesten Grundstück des neuen West-Berliner Stadtzentrums erbaut. Anstelle des kriegszerstörten, von
Franz Heinrich Schwechten um 1895 errichteten
Romanischen Hauses füllt heute die mehrgeschossige, gestaffelte Flachbebauung das gesamte Eckgrundstück aus. Aus dieser ragen das 22-geschos-
sige Hochhaus, der Kinobau und das Hotel Palace
hervor. Das Europa-Center war einer der ersten
großen Gebäudekomplexe, bei dem, in Anlehnung
an amerikanische Gebäudekomplexe, kommerziell
unterschiedlich genutzte Bereiche baulich miteinander verbunden wurden. Die künstlerische und städtebauliche Beratung lag in den Händen von Egon
Eiermann und Werner Düttmann. Dem Gebäudekomplex wurde eine Stahlfassade vorgehängt. Diese
ist, wie auch bei anderen Arbeiten der Düsseldorfer
Architekten Hentrich und Petschnigg, z. B. beim
Verwaltungsgebäude der Phönix-Rheinrohr in Düs-
seldorf (1957–60), aus einem strengen Raster
aufgebaut. Im mehrgeschossigen Ladenbereich
leitet eine Vielzahl von Gängen und Aufstiegen die
Besucher in die Etagen. Bei den von Ivan Krusnik
1974 und 1982 durchgeführten Umbauten wurde
u. a. die 1965 angelegte Eisbahn in ein Café mit
Wasserspiel umgebaut und eine geschossübergreifende „Thermo-Uhr" aufgestellt. Durch Joachim
Schmettaus hochglanzpolierten, marmornen „Welt-
kugel-Brunnen" wurde 1985 der durch Veränderung des Straßenverlaufs entstandene Vorplatz zum
neuen Besucher-Anziehungspunkt.

252
Zentrum am Zoo
Budapester Straße 38–50
1955–57
Paul Schwebes, Hans Schoszberger

253
Bahnhof Zoologischer Garten
Hardenbergplatz
1934–40
Fritz Hane

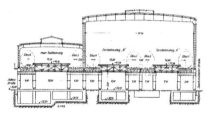

Zustand um 1960 (oben)

Im neuen Geschäftszentrum West-Berlins zwischen
Bahnhof Zoo und Zoologischem Garten entstand
diese gestaffelte Straßenrandbebauung. Das Zentrum am Zoo vereint Ladengeschäfte, Büros, Wohnungen und Kinos sowie eine Parkgarage und ist in
einzelne Baukörper gegliedert. Zwischen dem 5-
geschossigen Flachbau, dessen EG mit Kolonnaden
geöffnet ist, und dem 16-geschossigen Hochhaus
liegt der geschlossene Baukörper des Zoo-Palastes.
Dieses Kino, das von Gerhard Fritsche entworfen
wurde, ist Hauptspielstätte der jährlich stattfindenden
Filmfestspiele und daher eines der wenigen erhaltenen
Großkinos der 50er Jahre. Ein 9-geschossiges Hochhaus leitet vom Langbau zum anschließenden Bauteil der Anlage, dem 2-geschossigen, offenen Parkhaus. Das Zentrum am Zoo ist streng geometrisch
gestaltet: Geschlossene Flächen wechseln mit
durchfensterten, rahmenartig eingefasste Wand-
und Fenstersegmente kragen über die Fassadenflucht heraus. Die offenen Kolonnaden im EG verleihen den Bauten eine gewisse Leichtigkeit. Das ehemals offene „Luftgeschoss" des langgestreckten
Baus schlossen Winnetou Kampmann und Ute
Weström 1977–78 für die Unterbringung der
Kunsthalle. Dadurch erhielt der obere Gebäudeteil
eine stärkere Einbindung und verlor seinen „schwe-
benden" Charakter. Die ursprüngliche Farbigkeit
wurde nur zum Teil wiederhergestellt, das Hochhaus
am Hardenbergplatz erhielt 1986 eine weiße Plat-
ten-Verkleidung,

Der relativ kleine Bau, als einer der zahlreichen
Fernbahnhöfe Berlins erbaut, war während der Teilung der Stadt der wichtigste Fernbahnhof West-
Berlins. Sein Bau erfolgte an der Stelle des veralte-
ten Vorgängerbaus von 1884. Die Bahnsteige liegen über einem Sockelgeschoss, das verschiedene
Eingangshallen sowie Fahrkarten- und Gepäckschal-
ter aufnimmt. Für den Fernbahnhof stehen vier Gleise zur Verfügung, die über zwei Mittelbahnsteige
erschlossen werden. Diese werden von einer hohen, rechteckigen Bahnsteighalle überspannt. Seitlich schließt sich die niedrige, lange Halle des zwei-
gleisigen S-Bahnhofs an; die funktionale Trennung
der beiden Bereiche wird so auch optisch verdeutlicht. Beide Hallen bestehen aus einer modernen
Eisenkonstruktion mit querrechteckiger Sprossen-
teilung, deren Zwischenfelder verglast sind. Im Gegensatz zu der nüchternen, sachlichen Gestalt der
beiden Bahnsteighallen zeigt der Unterbau mit seinem kräftigen, klassizistisch anmutenden Hauptgesims und der Verkleidung mit Muschelkalkplatten
Anklänge an die zur Bauzeit geforderte repräsentative Staatsarchitektur. Während der S-Bahnhof recht-
zeitig zu den Olympischen Spielen 1936 fertiggestellt wurde, konnte der Fernbahnhof erst 1940
eröffnet werden. Die Anlage wurde im Zweiten Weltkrieg stark beschädigt, der Wiederaufbau erfolgte
ab 1953. Horst Engel errichtete 1957 an der dem
Hardenbergplatz zugewandten Seite ein auf Stützen
gestelltes Bahnhofsrestaurant. Im Rahmen der
750-Jahr-Feier Berlins wurden 1986–87 Emp-
fangs- und Bahnsteighallen sowie der Bahnhofsvor-
platz großzügig renoviert und neugestaltet.

254
Kaiser-Wilhelm-Gedächtnis-Kirche
Breitscheidplatz
1891–95; 1957–63
Franz Heinrich Schwechten; Egon Eiermann

Zustand um 1900

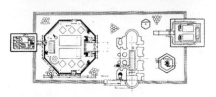

1956 wurde vom Berliner Senat ein beschränkter Wettbewerb für die im Krieg stark beschädigte Kaiser-Wilhelm-Gedächtnis-Kirche ausgeschrieben. Dieser mächtige, stadtbildprägende Kirchenbau mit seinem hohen Mittelturm war 1891–95 von Franz Heinrich Schwechten im Stil der rheinischen Spätromantik erbaut worden. Er hatte den Grundriss eines gedrungenen lateinischen Kreuzes mit einem Kapellenkranz um den polygonalen Chor. Die Vorschläge reichten vom Totalabriss bis zum originalgetreuen Wiederaufbau der Kirche. Auch Eiermann wollte ursprünglich die Kirche abreißen. Der in der Öffentlichkeit heftig umstrittene modifizierte erste Preis Eiermanns sah schließlich ihren Teilabbruch vor; erhalten blieb die ruinöse Westfassade mit dem Torso des ehemals 113 m hohen Turmes, dessen mit reichem Mosaikschmuck versehener Innenraum nun als Gedächtnishalle dient. Westlich der Ruinen, also entgegengesetzt zum ehemaligen Langhaus, errichtete Eiermann einen achteckigen Kirchenbau, an den sich ein rechteckiger, niedrigerer Sakristeibau anschließt. Östlich der Ruine vorgelagert ist ein sechseckiger Glockenturm und ein rechteckiger, verglaster Kapellenbau. Obwohl die fünfteilige Baugruppe durch eine um sechs Stufen erhöhte Platt-

form, aus der lediglich Kapelle und Sakristei der Neubebauung herausragen, zusammengefasst ist, wird jede formale Annäherung der flachgedeckten Neubauten an die Ruine vermieden; der Torso mit seiner historischen Dekorationspracht und die schlichten Stahlskelettbauten Eiermanns, die aus der Achse des alten Kirchengrundrisses gerückt wurden und so noch zusätzlich ihre Selbständigkeit betonen, stehen sich kontrastreich gegenüber. Charakteristisch für das Oktogon und den Glockenturm ist die Ausfachung mit Betonwabenelementen. Das Innere des Achtecks bildet einen der eindrucksvollsten neuzeitlichen Kirchenräume; durch die blauen, mit roten, goldenen und grünen Flecken versehenen Waben des Glasmalers Gabriel Loire wird der Raum in ein meditatives, tiefblaues Licht getaucht. Orgel und Empore stehen frei im Raum, so dass die Glaswände das Achteck ohne Unterbrechung umlaufen. Zur Ausstattung des Kirchenraums gehört ein von Bischof Dibelias gestiftetes Kruzifix des Bildhauers Karl Hemmeter; die Bestuhlung und die Taufschale sind Entwürfe des Architekten. Die markante Silhouette der Baugruppe gilt als das Wahrzeichen West-Berlins und seiner Nachkriegszeit.

255
„Zoofenster"
Hardenbergstraße, Joachimsthaler Straße, Kantstraße
2000–2002
Christoph Mäckler

Projektperspektive vom Hardenbergplatz

256
Warenhaus Wertheim
Kurfürstendamm 230–233
1971; 1983
Hans Soll, Werner Düttmann; Haus-Rucker-Co

Zustand 1971 (oben), 1991 (unten)

Das Zoofensterprojekt ist eine der Maßnahmen, die
den Bereich rund um die Gedächtniskirche als City-
Standort im Konkurrenzkampf mit den am Potsdamer Platz und an der Friedrichstraße nach der Wende entstandenen Dienstleistungszentren profilieren
sollen. Es ersetzt dabei eine für die Nachkriegsbebauung des Zooviertels typische flache Blockrandbebauung und wertet das Grundstück durch
das Hochhausprojekt enorm auf. Vorgesehen sind
vertikal übereinander gelagerte Nutzungsfunktionen;
so wird der Sockelbereich mit seinen Arkadengängen Einzelhandel aufnehmen, darüber folgen ein
Hotel, Büroetagen sowie Wohnungen. Mäckler
entwarf eine mehrstufige Komposition verschiedener
einander scheinbar durchdringender Kuben. Dabei
folgt der Gebäudesockel der tradierten Höhe der
Umgebungsbauten, die Scheibe des Kernbaus reflektiert das gegenüber liegende Büro-Hochhaus am
„Zentrum am Zoo" (Nr. 252). Ein daraus erwach-
sender, durch eine kastenartige Verglasung zur
Gedächtniskirche hin orientierter dritter Bauteil reckt
sich bis zu einer Höhe von 118 m und bildet damit
eine städtebauliche Dominante, die in Korrespondenz zum Europa-Center (Nr. 251), aber auch zu
der Hochhausscheibe des „Neuen Kranzler-Ecks"
(Nr. 259) tritt. Mit der Ausbildung einer klaren und
„urban" genutzten Sockelzone sucht Mäckler die
Stadtverträglichkeit seines Hochhauskonzeptes unter
Beweis zustellen; die haptisch wirkende Steinverkleidung der weitgehend gerasterten Fassade soll,
typisch für Mäckler, eine materialbezogene Sorgfalt
und Ausführungsqualität zeigen. Dessen ungeachtet
bleibt die kontrovers diskutierte Frage, inwieweit das
Charlottenburger City-Quartier durch die Intergration
großer Volumina tatsächlich aufgewertet wird, oder
aber ob dies zu einer weiteren Verdrängung tradierter Mischnutzungen führen wird. Ebenso kontrovers
wird die neue Korrespondenz von Hochhäusern im
Kontext der Gedächtniskirche bewertet.

In seiner für Warenhausbauten jener Zeit üblichen
Kastenform setzt sich der Bau über die bestehende
Fassadengliederung der Bebauung des Kurfürstendamms hinweg. Die städtebauliche Beratung lag bei
Werner Düttmann, der auch wesentlichen Anteil an
der Fassadengestaltung hatte. Um die Spannung
zwischen dem Warenhaus und den Bauten der
Umgebung zu mildern, versuchte er, die lang gestreckte Front durch Vor- und Rücksprünge,
schmale Fensterbänder und teilweises Sichtbar-
machen der Konstruktion des Stahlbetonskelettbaus
zu gliedern und aufzulockern. Fünf über der Schaufensterpassage vorkragende Vorbauten, in denen
das Restaurant untergebracht ist, sollten den Rhythmus der Nachbarbebauung aufnehmen. Um die
Fassade ästhetisch ansprechender zu gestalten,
wurde 1983 ein kleiner Wettbewerb ausgeschrieben. Ziel war eine stärkere gestalterische Annäherung an die Nachbarbebauung. Die Wettbewerbssieger Haus-Rukker-Co veränderten nur den Bereich der fünf Restaurantvorbauten. Diese verbanden sie durch eine vorgehängte Fassade aus Glas
und Metall, deren oberer Abschluss ein Kreisseg-
ment bildet, zu einer Einheit. In einer weiteren Baumaßnahme wurde 1991 durch die Architektengemeinschaft Bassenge, Puhan-Schulz, Heinrich,
Schreiber das 6. OG umgestaltet. Es wird zum Kurfürstendamm durch eine abgeschrägte Glasfront
akzentuiert und nimmt nun ein Restaurant auf.

257
„Ku'damm-Eck"
Kurfürstendamm 227–228, Joachimsthaler Straße
1998–2001
von Gerkan, Marg und Partner

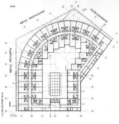

Modellansicht (oben), Grundriss 5.OG (unten)

258
Ehem. Bilka-Warenhaus
Joachimsthaler Straße 5–6
1956
Hanns Dustmann

Zustand 1994

Das Projekt setzt zusammen mit dem gegenüber liegenden „Neuen Kranzler-Eck" (Nr. 259) und dem „Zoofenster" (Nr. 255) neue, groß dimensionierte Maßstäbe im Großbereich der „City West". Im Falle des „Ku'damm-Ecks" reflektiert die Dimension des Neubaus jedoch, trotz der im Vergleich zur historischen Parzellierung des Kurfürstendamms inadäquat erscheinenden Monumentalität einen Maßstabssprung, der bereits durch den Bau des benachbarten Kaufhauses Wertheim, vor allem aber durch den Vorgängerbau selbst bereits unternommen worden war. Das Projekt ersetzt Werner Düttmanns Eckbebauung von 1969–72, die mit ihrer hermetischen Fassade als städtebaulich problematisch und mit ihrem „Shop-in-Shop-Konzept" wirtschaftlich nicht mehr attraktiv erschien. Der Neubau wird vorwiegend für ein Warenhaus und ein Hotel genutzt und setzt an dieser städtebaulich bedeutenden Stelle ein markantes Zeichen. Während der Sockelbereich klar den Grundstücksgrenzen folgt, bildet der zurückgesetzte 12-geschossige Kernbau eine schwungvolle Rundung zum Joachimsthaler Platz aus; seitliche Rahmenbauten folgen der Trauflinie der Nachbarbebauung und fassen den Kern mit ebenfalls abgerundeten Enden ein. Mit seiner dynamischen Durchdringung verschiedener Baukörper und den mehrfachen, gegeneinander abgesetzten Rückstufungen formulierten die Architekten hier eine typisch großstädtische Architektur, die Reminiszenzen an Prototypen der 20er und frühen 30er Jahre, etwa an den Vorgängerbau an selber Stelle von Otto Firle, oder an Entwürfe von Mendelsohn und den Gebrüdern Luckhardt hervorruft. Eine durchgehende Vertikalgliederung durch engstehende Aluminiumlisenen fasst die fließenden Bewegungen der Bauskulptur auf wirkungsvolle Art zusammen. Die zum Joachimsthaler Platz orientierte Bildschirmwand nimmt das populäre Motiv des Vorgängerbaus von Düttmann auf.

Das Warenhaus ist Bestandteil eines großräumigen Geländes, des sogenannten „Victoria-Areals" zwischen Kurfürstendamm, Joachimsthaler Straße und Kantstraße, für dessen Neubebauung ein beschränkter Wettbewerb ausgeschrieben wurde. Als ersten Bauabschnitt errichtete der Wettbewerbssieger Dustmann dieses Kaufhaus, ihm folgten lang gestreckte Ladenzellen an der Joachimsthaler Straße und am Kurfürstendamm sowie das Café Kranzler (Nr. 259) an der Straßenecke. Ein 17-geschossiges Bürohochhaus zwischen Kantstraße und Kurfürstendamm kam nicht zur Ausführung. Das Bilka-Warenhaus besteht aus einem 2-geschossigen, fensterlosen Kubus, der sich über einer Schaufensterpassage erhebt. Bestimmender Bauteil ist seine flache Rundkuppel; die Fassade ist mit Travertinplatten verkleidet und wird durch ein Rautenmuster belebt. Das Warenhaus wurde 1986 renoviert und im Innern umgestaltet. Für das Restgrundstück des „Victoria-Areals" wurde vom Grundstücksinhaber, der Victoria-Versicherung, sowie vom Senator für Bau- und Wohnungswesen 1988 ein beschränkter Wettbewerb für ein Hochhaus ausgeschrieben. Als Sieger gingen die drei Berliner Architekten Urs Müller/Thomas Rhode, Nielebock und Partner, Jürgen Sawade sowie Murphy/Jahn aus Chicago hervor. Nach einer Überarbeitung wurde das Projekt von Murphy und Jahn, das eine Fußgängerverbindung sowie einen keilartigen 20-geschossigen Querriegel zwischen Kurfürstendamm und Kantstraße vorsieht, trotz einiger Kritik hinsichtlich der Problematik weiterer Hochhausplanungen im Bereich der Gedächtniskirche und des Kurfürstendamms, zur Ausführung empfohlen.

259
Café Kranzler
Kurfürstendamm 18–19
1957–58
Hanns Dustmann

260
Allianz-Versicherung
Joachimstaler Straße 10–12
1953–55
Alfred Gunzenhauser, Paul Schwebes

Victoria-Areal: Modell der ursprünglichen Ausführungs-
planung

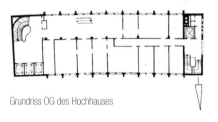

Grundriss OG des Hochhauses

Das Café entstand, wie auch das Bilka-Warenhaus
(Nr. 258) nach einer von Dustmann projektierten
Neubebauung des Victoria-Areals als Folge eines
engeren Wettbewerbs. Der Komplex befindet sich in
bedeutsamer städtebaulicher Lage an der Straßenkreuzung Kurfürstendamm/Joachimstaler Straße.
Das Café ist in der schlichten, 2-geschossigen Bebauung, der eine überdeckte Veranda vorgebaut ist,
untergebracht. Charakteristisches Bauteil des Cafes
ist der runde, auf den geschlossenen Baukörper
aufgesetzte Pavillon. Dieser Aufbau stellt ebenso wie
die Veranda ein typisches Merkmal der Architektur
der 50er Jahre dar. Eine lang gestreckte, auf Stützen gestellte Ladenzeile an der Joachimsthaler Straße verbindet den Komplex mit dem Warenhaus
Bilka. Das Café, fast ein Wahrzeichen West-Berlins,
wurde 2000 geschlossen und soll nach umfassender Sanierung wieder eröffnet werden.
Der Kranzler-Komplex wird nach Westen durch
einen 1998–2000 nach Plänen von Helmut Jahn
errichteten Neubau ergänzt. Konzipiert als passa-
genartige Verbindung zur Kantstraße, erscheint der
Neubau durch seinen 16-geschossigen, keilartig
zum Kurfürstendamm vorstoßenden Baukörper
städtebaulich problematisch.

Der Gebäudekomplex besteht aus einem 14-ge-
schossigen Bauteil und einem langgezogenen 6-
geschossigen Flügel; ein schmaler Kopfbau schließt
die Baugruppe an die Flucht des Kurfürstendamms
an. Dem Gebäude kommt eine wichtige, stadtbildprägende Funktion zu; der scheibenförmige, monumentale Hochhausbau an der Kreuzung Joachimstaler Straße/Augsburger Straße wirkt als weithin
sichtbarer Blickfang. Durch die Anordnung der Baukörper zueinander wird zum Kurfürstendamm hin
eine platzartige Erweiterung geschaffen. Die Gliederung des Komplexes in drei verschiedene Bauteile
trägt ebenso wie die geschwungene Front des
Mittelflügels zur Auflockerung der Baugruppe bei.
Das Gebäude ist in Stahlskelettbauweise ausgeführt,
die Fassade besteht aus Travertinplatten. In ihrer
betonten Rastergliederung ist sie ein frühes, typisches Beispiel für einen repräsentativen, monumentalen Verwaltungsbau der 50er Jahre in Berlin und
gilt als Vorbild für zahlreiche Gebäude jener Gattung
in dieser Stadt, wie z. B. für das Verwaltungsgebäude der Hamburg-Mannheimer-Versicherung (Kurfürstendamm 32, 1955–56 durch Hans Geber und
Otto Risse erbaut).

261
Jüdisches Gemeindehaus
Fasanenstraße 79–80
1957–59
Dieter Knoblauch, Heinz Heise

Ursprünglicher Zustand (oben)
Neubau (unten)

262
„Wintergarten-Ensemble"
Fasanenstraße 23–27
1871, 1889, 1891–92
Hans Grisebach, Martens

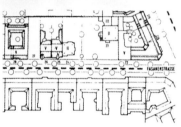

Das Gemeindehaus wurde an der Stelle der 1911–12 von Ehrenfried Hessel erbauten Synagoge errichtet. Dieses eindrucksvolle, in romanisch-byzantinischen Formen gehaltene Gebäude besaß über dem mächtigen Mittelschiff drei Kuppeln. Während der „Reichskristallnacht" am 9. November 1938 brannte die Synagoge aus, das Innere wurde stark zerstört. Die Ruine blieb noch bis Mitte der 50er Jahre stehen, bis man sie für den Neubau des jüdischen Gemeindehauses sprengte. Dieser 2-geschossige, nüchtern wirkende Stahlbetonskelettbau ist von der Bauflucht der Fasanenstraße zurückgesetzt, so dass ein Eingangshof entsteht. Das EG des langgestreckten Baus weist eine geräumige Eingangshalle auf, von der die Klassenzimmer der Religionsschule, Gemeinschaftsräume und Büros abgehen. Östlich daran schließt sich ein teilweise überdachter Säulenhof mit einer Gedenkstätte an. Zentraler Teil der Anlage ist der große Saal im OG, in dem die Thorarolle aufbewahrt wird und der an hohen Feiertagen als Betsaal dient. In Erinnerung an die Form des Vorgängerbaus wird er von drei flachen Glasbetonkuppeln bekrönt. An den großen Saal schließt sich ein kleinerer sowie ein Restaurant an. Dem Haupteingang wurde das Portal der zerstörten Synagoge vorgestellt; zwei Risalite ihrer Fassade wurden als Mahnmale seitlich des Gemeindehauses aufgestellt.

Die vier Häuser des „Wintergarten-Ensembles" dokumentieren ein besonderes Stück Stadtgeschichte. Die beiden spätklassizistischen Villen Nr. 23 und Nr. 24 entsprechen dem in diesem Gebiet üblichen Bautyp freier Einzelvillen. Benannt ist das Ensemble nach dem Wintergarten des Hauses Nr. 23, das Grisebach 1889–92 errichtet hatte und das wie ein italienischer Renaissance-Palast gestaltet ist. Das überkragende Flachdach, ein Mezzaningeschoss und die architektonischen Gliederungselemente unterstreichen den palazzoartigen Charakter dieses Backsteinbaus. Maurermeister Martens hatte 1871 die andere 2-geschossige Villa, Haus Nr. 24, gebaut, deren Fassade in schematischer Weise mit musterbuchhaften spätklassizistischen Formen verziert ist. Darüber hinaus erhält das Haus durch das abgewalmte Kupferdach und den Glasaufbau einen besonderen Akzent. Die direkt anschließenden 5-geschossigen Häuser, die Grisebach und Martens 1891–92 gemeinsam errichteten, sind eine Art großstädtischer Reihenhäuser, verziert mit gotischen und barocken Schmuckformen. Dank einer Bürgerinitiative blieben diese kriegsbeschädigten Gebäude erhalten. Das Haus Nr. 23 rekonstruierte ab 1981 Uli Böhme. Das Haus Nr. 26 stellten die Architekten Hundertmark und Ketterer wieder her. Sie errichteten ebenfalls den Neubau auf dem Grundstück des kriegszerstörten Hauses Nr. 27. Die Villa, Haus Nr. 24, beherbergt heute eine Galerie und das Käthe-Kollwitz-Museum.

263
Bristol Hotel Kempinski
Kurfürstendamm 27
1951–52
Paul Schwebes

264
Villa Herter
Uhlandstraße 6
1899–1900
Max Ravoth

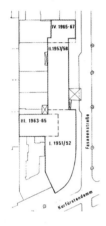

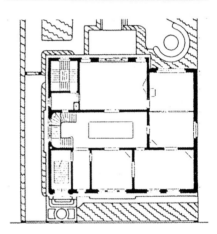

Das Gebäude ist der erste Hotelneubau in Berlin nach dem Krieg. Es wurde 1957–58 um einen 7-geschossigen Flügel und um ein 12-geschossiges Hochhaus nach Norden hin erweitert und nimmt nun insgesamt über 400 Betten auf. Der architektonisch interessanteste Gebäudeteil ist der erste Bauabschnitt; dieser besteht aus einer 7-geschossigen Randbebauung entlang der Fasanenstraße und des Kurfürstendamms. Charakteristisch ist seine abgerundete Ecke an der Mündung Fasanenstraße/Kurfürstendamm. Die Front zur Fasanenstraße springt gestaffelt vor, das oberste Geschoss ist zurückgesetzt angelegt. Die schlichte, zurückhaltende Fassade des Stahlbetonskelettbaus wird durch die gleichförmigen, großformatigen Fenstereinschnitte bestimmt; sie ist mit glatten, gelblichen, im EG-Bereich mit schwarzen Platten verkleidet.

Die Villa entspricht mit ihrer kubischen Umrissform und der Geschossgliederung der um die Jahrhundertwende gängigen Bebauung der Kurfürstendamm-Gegend. Diese Häuser waren frei stehende Einzelvillen, wie z. B. auch die Villen in der Fasanenstraße 24 (Nr. 262). Der verputzte Bau ist, dem Geschmack der damaligen Zeit entsprechend, mit Neorenaissance-Formen verziert. Die Straßenfront der 4-geschossigen Villa wurde durch breite, dreiteilige Fenster betont, die mit Dreiecksgiebeln überdacht sind. Putzfugen binden die Fenster horizontal ein, während durch die Anordnung der Fenster und die Reliefplatten die strenge Gliederung aufgelockert wird. Max Ravoth errichtete die Villa für den Bildhauer Ernst Herter (1846–1917), der selbst die Reliefplatten schuf. Darin kommt ein künstlerisches Selbstverständnis zum Ausdruck, das sich im Bau zahlreicher „Künstlerhäuser" um die Jahrhundertwende äußerte.

265
Bürogebäude
Mommsenstraße 73
1993
Hartmut Behrendt, Christoph Stutzer

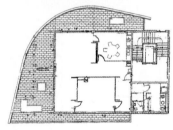

Grundriss 5. OG

266
Wohn- und Geschäftshaus
Kurfürstendamm 197–198
1978–79
Klaus Beyersdorf, Uwe Pompinon, Hasso von Werder

Das Gebäude vermittelt zwischen der westlich anschließenden Gründerzeitbebauung und einem entlang der Knesebeckstraße bis zum Kurfürstendamm gezogenen Bürogebäude von 1966. Der Neubau orientiert sich mit 22 m Höhe und einem zurückgesetzten Penthouse an der Traufhöhe der benachbarten Häuser und setzt gleichzeitig einen uneingeschränkt modernen Akzent. Der an die Gründerzeitbebauung anschließende Baukörper bildet mit seiner weiß verputzten Fassade und den lagernden Fenstereinschnitten eine ruhige Fläche, in die ein um einen Meter auskragender großflächig verglaster Bauteil eingeschoben wurde. Sein EG bleibt weitgehend offen, so dass eine Zufahrt zum Innenhof und zur Tiefgarage möglich ist. Gleichzeitig wird eine brückenartige Verbindung zu dem Bürohaus an der Knesebeckstraße hergestellt, lediglich ein klarer Spalt markiert die Parzellengrenze. Auf der Hofseite schwingt dieser Baukörper zu einer bewegten Umrisslinie aus und bildet mit seiner gelb verputzen Lochfassade einen starken Kontrast zur Straßenfront aus. Den Architekten gelang eine selbstbewusst vermittelnde Architektur im Blockkontext. Die Durchdringung verschiedener Volumina, der Gegensatz von geschlossener Wandfläche und transparenten Körpern sowie ein kontrastreiches Farbkonzept erscheinen darüber hinaus als überzeugende Adaption klassisch moderner Motive. Die 1995–96 erfolgte Sanierung und Aufstockung des Bürohauses an der Knesebeckstraße geht ebenfalls auf Stutzer und Behrendt zurück.

Entsprechend der vorhandenen Bebauung wurde die Ladenzone des Hauses an der Front zum Kurfürstendamm 2-geschossig und an der Seite zur Bleibtreustraße 1-geschossig angelegt. Die Architekten betonten die exponierte Lage durch eine turmartig gestaltete Hausecke. Diese kragt über die ebenen Fassadenflächen vor und ist im Gegensatz zu ihnen blockhaft geschlossen. Lediglich schmale waagerechte Fenster, die übereinander in der abgerundeten Hausecke angeordnet wurden, lockern diesen Bereich auf. Die lange Front an der Bleibtreustraße wurde durch zweifache Staffelung des Baukörpers belebt. Die Architekten nahmen bei diesem Wohn- und Geschäftshaus die in Berlin traditionelle Betonung einer Straßenecke auf und gaben damit der ansonsten eher unscheinbaren Straßeneinmündung einen auffälligen Markierungspunkt.

267
Wohn- und Geschäftshaus
Kurfürstendamm 59–60
1905–07
Hans Toebelmann, Henry Gross

268
Ehem. Abspannwerk der Bewag
Leibnizstraße 65–68a
1927–28; 1999–2000
Hans Müller; Petra und Paul Kahlfeldt

Grundriss 1. OG

Aufriss

Das imposante Eckhaus gehört zu einer einheitlich gestalteten Hausgruppe, die aus vier Häusern mit Seitenflügeln besteht. Während jedoch die mit Ornamenten und figürlichem Schmuck verzierte Fassade der restlichen Häuser am Kurfürstendamm 56–58 nicht mehr vorhanden ist, ist das Eckhaus weitgehend in seiner ursprünglichen äußeren Gestalt erhalten geblieben; das 5-geschossige Gebäude ist somit eines der wenigen noch erhaltenen Beispiele des Bautyps eines hochherrschaftlichen Mietspalastes um die Jahrhundertwende in Berlin. Das prunkvoll gestaltete Haus mit seiner abgeflachten Ecke an der Leibnizstraße bildet das Zentrum der gesamten Häusergruppe. Seine hoch aufragende, repräsentative Mittelkuppel, die von zwei niedrigeren Kuppeln flankiert wird, ist ein wichtiger städtebaulicher Bezugspunkt. Das Innere des Gebäudes enthielt pro Geschoss zwei Wohnungstypen, deren Grundrisse den Anforderungen an eine großbürgerliche Luxuswohnung entsprochen haben; so besaß die 11-Zimmer-Wohnung u. a. sechs Gesellschaftsräume, drei Schlafzimmer und war inklusive der Nebenräume und der Dienstbotenzimmer ca. 575 m² groß. Der zweite Wohnungstyp war eine 8-Zimmer-Wohnung mit insgesamt 410 m² Wohnfläche. Heute sind die Wohnungen in mehrere Apartments unterteilt. Das Erdgeschoss, das früher ebenfalls Wohnungen enthielt, wurde schon in den 20er Jahren in eine Ladenzone umgebaut.

Das Abspannwerk der Berliner Elektrizitäts- und Wasserwerke AG (Bewag) befindet sich in einer reinen Wohngegend. Die vorrangig um die Jahrhundertwende entstandenen Wohnhäuser sind mit zahlreichen Schmuckelementen verziert. Zwischen diesen dekorativen Bauten steht der schlichte, rote Klinkerbau, dessen Gebäudeecke abgerundet und durch ein vertikales Fensterband betont ist. Die Fassaden sind horizontal mit Fenstern und Lüftungsschlitzen gegliedert. Die Formen des verklinkerten Stahlbetonbaus erinnern an die sachlichen Siemens-Bauten (Nr. 623, 624). Jedoch erhält das Abspannwerk durch das weit überkragende, aus quergestellten Klinkern gebildete Gesims und die Gebäuderundung expressionistische Elemente, die den Siemens-Bauten fehlen. Auch in anderen Stadtteilen entstanden zur Deckung des in den 20er Jahren stark gestiegenen Stromverbrauchs Umspannwerke. Diese sind zumeist rote Klinkerbauten, die sich durch sachliche Strenge (Paul-Lincke-Ufer, Hans Müller), durch monumentale Gebäudeformen (Hermannstraße, Alfred Grenander), oder auch durch expressionistische Gestaltung (Prinzenallee, Hans Müller) auszeichnen. Das Charlottenburger Abspannwerk wurde im Anschluss an den aus der Fassadenflucht hervortretenden Treppenturm von der Bewag-Bauabteilung erweitert. Bei diesem 1951 errichteten Backsteinbau wurde die horizontale Struktur des Altbaus aufgenommen. Der Bau wurde 1999–2000 von Petra und Paul Kahlfeldt saniert und wird als Büro- und Ateliergebäude genutzt.

269
Leibniz Kolonnaden
Walter-Benjamin-Platz 1–8; Leibnizstraße 49/53
1997–2000
Hans Kollhoff/Helga Timmermann

Projektperspektive (oben), Lageplan (unten)

Mit dem Projekt wurde ein seit der Gründerzeit unbebaut gebliebenes Areal großzügig gestaltet und in
eine platzartige, großstädtische Anlage transformiert.
Kollhoff und Timmermann setzten sich mit diesem
Entwurf gegen Alternativmodelle, z. B. gegen das
von zahlreichen Anwohnern favorisierte Konzept
einer eher introvertierten und gartenbezogenen
Lösung aus dem Büro Hinrich Ballers, durch und
realisierten einen in dieser Dimension für Berlin neu-
artigen Stadtplatz. Zwei parallel an den Brandwänden der Altbebauung angelehnte, schmale Baukörper rahmen eine neue Verbindung zwischen der
Leibnizstraße und der Wielandstraße. Ihre jeweils U-
förmige Konturen umfassen kleine rückwärtige Gartenanlagen. Der Hauptakzent liegt jedoch auf dem
vom Autoverkehr freigehaltenen Stadtplatz, der sich
durch platzbegleitende 2-geschossige Kolonnaden
weit in die Gebäudetiefe hineinzieht. Die 7- bis 8-
geschossige Bebauung integriert in den Sockel-
bereichen durchgängig Flächen für Einzelhandel, in
den OGs sind Wohnungen und Büros untergebracht, im Südflügel befindet sich eine Kindertagesstätte. An der Leibnizstraße wurden öffentliche Einrichtungen integriert, die an dieser Stelle umlaufenden Kolonnaden markieren die öffentliche Zugäng-
lichkeit dieser Funktionen. Die Fassaden wurden,
typisch für zahlreiche Kollhoff/Timmermann-Entwür-
fe der 90er Jahre mit dunkelgrauen Natursteinplatten verkleidet und zeigen einen bildhaft tektonischen Strukturaufbau. Bodenlange Fenster mit Holz-
und Bronzerahmungen gehören ebenfalls zum Repertoire der repräsentativen Architektursprache des
Büros. Die Kolonnaden selbst mit ihren flachen
Kapitellabschlüssen sowie die Dachbalustraden
vermitteln der Anlage, neben der stereotypen, nur
leicht differenzierten Achsenabwicklung einen abstrahiert klassizistischen Aspekt, dessen Strenge
Bezüge zur traditionsorientierten Moderne, etwa
zum Spätwerk Auguste Perrets, aufweist.

270
Wohnhäuser
Mommsenstraße 40; Waitzstraße 4; Sybelstraße
15; Dahlmannstraße 33
1980–81
Jürgen Sawade

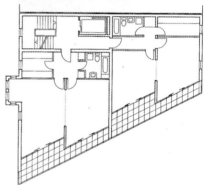

Grundriss Mommsenstraße 40

Die Lewishamstraße wurde 1979 zur Entlastung der
Kreuzung Kurfürstendamm/Adenauerplatz als vierspurige Autostraße durch das geschlossene Karree
der Miethäuser gebrochen. Als Folge dieser Maßnahme lagen Hinterhöfe offen und waren Straßenecken ohne Abschluss. Sawade gab mit den vier
Kopfbauten dem konturlosen Straßendurchbruch
eine architektonische Rahmung. Die Häuser, die
dem schrägen Verlauf der Straße folgen, nehmen
die Strukturen der Wohnbebauung der Jahrhundertwende auf, so z. B. die Gestaltung der Erker mit
den langen Seitenfenstern, die Lage der Hauseingän-
gänge und die hohen EG. Trotzdem besitzen die
Fassaden zur Lewishamstraße einen eigenständigen
Charakter. Die Fronten sind fast vollständig verglast,
streng rechteckig gerastert und zu Wintergärten
ausgebildet. Diese dienen als Lärmschutz gegenüber der stark frequentierten Autostraße. Auf den
Dächern befinden sich Sonnenterrassen. In den vier
Häusern sind insgesamt 60 Sozialwohnungen mit
zumeist zwei Zimmern untergebracht. Die Wohn-
und Schlafräume liegen nebeneinander und können
durch breite Schiebetüren zu einem Raum verbunden werden.

271
Wohn- und Geschäftshaus
Kurfürstendamm 74
1980–81
Rainer Oefelein, Bernhard Freund

272
Gemeindedoppelschule
Sybelstraße 20–21
1909
Richard Ermisch, Heinrich Seeling

Grundriss 5. OG

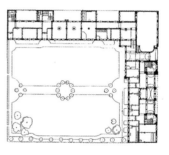

Zustand um 1910 (oben), Grundriss EG (unten)

Der Bau erhielt durch eine turmartig gestaltete Gebäudeecke, die durch Auskragen an Volumen gewinnt, eine markante Betonung. Gläserne, spitz vorstoßende Wintergärten zeichnen ab dem 4. OG die Umrissform des Kubus nach. Dadurch erhielt die Gebäudeecke zusammen mit den Wintergärten der OGs einen lichten und leichten Abschluss, der durch die leuchtend blauen Fensterrahmungen wirkungsvoll unterstrichen wird. Aufgrund der hohen Quadratmeterpreise für Grundstücke am Kurfürstendamm wurde auch der Hofraum überbaut, um die Gewerbefläche des EG zu vergrößern. Die vorhandene Bebauung verlangte die Aufgliederung des Gebäudes in eine Laden- und Bürozone sowie in einen Wohnbereich. Geringe Erschließungskosten konnten durch zwei Treppenhäuser erreicht werden, deren laubengangartige Flure pro Stockwerk sechs Wohnungen erschließen.

Die Schule ist durch ihren Turm schon von weitem in dem gewachsenen Wohngebiet auszumachen. Der 5-geschossige Backsteinbau, der sich über einem Granitsockel erhebt, ist in die Flucht der Wohnbebauung eingepasst. Der Turm steht an der östlichen Gebäudeecke; sein OG dient als Ausguckplattform, und er wird wirkungsvoll von einer geschweiften Dachhaube abgeschlossen. Im Turm ist das Treppenhaus untergebracht, das die ehemals getrennten Bereiche der Mädchen- und Jungenschule miteinander verbindet. Die Mädchenschule war im rückwärtigen Flügel untergebracht, während im Bauteil an der Straße im EG die gemeinsam genutzte Turnhalle, im 1. OG die Aula und im 2. OG der Physikraum sowie darüber der Zeichensaal und die Klassenräume liegen. Die aufwendige Fassadengliederung mit bossierten Werksteinen, die zum Teil figürlich ausgeformt sind, geht auf einen Entwurf von Richard Ermisch zurück. Dieser arbeitete seit 1907 im Stadtbauamt Charlottenburg, dessen Leitung Stadtbaurat Heinrich Seeling innehatte. So erklärt sich auch die stilistische Nähe zu weiteren öffentlichen Bauten der Zeit wie u. a. dem Anbau am Charlottenburger Rathaus (Nr. 335).

273
Kant-Garagen
Kantstraße 126–127
1929–30
Richard Paulick, Hermann Zweigenthal

274
Schuhhaus Stiller
Wilmersdorfer Straße 58
1955–57
Hans Simon

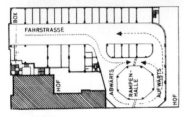

Zustand um 1950 (oben)

Der ehemalige „Kantgaragenpalast", in der Nähe des neu entstandenen Verkehrszentrums im Berliner Westen errichtet, war die erste Großgarage der Stadt. Wegen der geringen Grundstücksfläche wurde sie als Hochgarage mit sechs Geschossen konzipiert und bot Platz für 300 Wagen, davon 200 in Einzelboxen. Als Baustoff diente Eisenbeton, die Zwischenwände wurden ausgefacht. Die Hochgarage weist eine bequeme Zufahrt, eine gute Belichtung durch die verglaste Rückfront und ausreichende Sicherheitsvorkehrungen auf. Auch wurden zahlreiche Service-Einrichtungen wie Waschplätze, Werkstätten und eine Tankstelle im EG eingebaut. Darüber hinaus war eine Bewirtschaftung und sogar ein Dachgarten vorgesehen. Für Europa einzigartig war das übersichtliche Verkehrssystem, dessen Vorbilder bei amerikanischen Garagen zu suchen sind; die einzelnen Stockwerke werden durch zwei ineinandergreifende Rundrampen erschlossen, wobei eine Rampe für aufwärtsfahrende, die andere für die abwärtsfahrenden Wagen vorgesehen ist. Auch in der Fassadengestaltung im Stil der Neuen Sachlichkeit war der Bau äußerst modern. Die Vorderfront ist mit glatten Klinkerflächen verkleidet. In Verbindung mit den breiten Fensterbändern und durch das Aufständern des EG wird der blockhaften Schauseite eine gewisse Leichtigkeit verliehen. Nach geringfügiger Beschädigung im Zweiten Weltkrieg ist das bedeutende Beispiel aus der Frühzeit der Automobilisierung weitgehend erhalten geblieben; die Waschanlagen wurden zu Stellplätzen.

Der 6-geschossige Stahlbetonskelettbau ist in seiner eigenwilligen Fassadengestaltung eines der wenigen noch erhaltenen Beispiele für den dekorativen Stil der „Nierentisch"-Architektur der 50er Jahre. Dieser Stil bildet einen modischen Gegenpol zu der in jener Zeit weit verbreiteten funktionalistischen Bauauffassung. Die Fassade wird durch die plastischen, weit vorkragenden Betondächer über dem EG und dem 5. OG bestimmt. In den oberen, konvex geschwungenen Vorbau sind fünf runde Öffnungen eingeschnitten. Dieses Motiv wurde in fünf kreisförmigen Leuchtstoffröhren an der Unterseite der konkaven EG-Überdachung aufgenommen. Die einzelnen Geschosse sind mit einer nach innen gewölbten Rasterfassade mit zehn schmalen Fensterachsen versehen; das 5. OG ist niedriger und etwas zurückgesetzt angelegt. 1971 wurde der Eingangs- und Schaufensterbereich modernisiert und umgestaltet, wobei die runden Leuchtstoffröhren an der Unterseite des EG-Vorbaus entfernt wurden.

275
Deutsche Oper Berlin
Bismarckstraße 35
1956–61
Fritz Bornemann

276
Wohn- und Geschäftshaus
Bismarckstraße 79–80
1905–06
Otto March

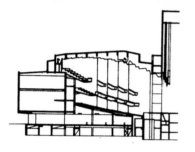

Grundriss 1. und 2. OG

Der Bau ging aus einem 1955 entschiedenen Wettbewerb zur Wiederherstellung des „Deutschen Opernhauses" hervor. Das rückwärtige Bühnenhaus dieses 1911–12 von Heinrich Seeling errichteten neoklassizistischen Gebäudes wurde instandgesetzt, das Foyer und der Theaterraum entstanden vollständig neu. Die Straßenfassade wird von einer 70 m langen, fensterlosen Wand aus Waschbeton dominiert, die 3 m über dem Sockel vorkragt. Diese erhält durch die 20 m aufsteigende, schlanke Plastik (1961) von Hans Uhlmann einen spannungsreichen Akzent. Das Foyer nimmt die gesamte Gebäudehöhe des Stahlbetonskelettbaus ein und ist durch eine Galerie gegliedert, die als Hochparkettfoyer dient. Zwei Freitreppen bilden die Gelenkpunkte dieser Galerie. Kunstwerke von Hans Arp, Henry Moore, Henri Laurens, Ernst Wilhelm Nay und Kenneth Armitage akzentuieren die Innenräume. Der Opernraum mit seinen 1895 Plätzen zeichnet sich durch eine seitliche Umfassung mit gestaffelten Balkonen und die nach hinten anschließenden Ränge aus. Der damaligen Vorstellung entsprechend betonte Bornemann den funktionalen Charakter des Baus und ordnete z. B. die Eingänge der glatten Fassade unter. Im Opernraum nahm er jedoch mit der Einteilung der Sitzplätze Formen des traditionellen Logen-Rang-Theaters auf.

Das 5-geschossige Miet- und Geschäftshaus ist aus zwei identisch gestalteten Teilen zusammengesetzt. Es ist als Mauerwerksbau ausgeführt, die schmückenden und gliedernden Fassadenteile sind aus Sandstein. Der Architekt unterteilte die lang gestreckte Front entlang der Bismarckstraße in 32 Achsen. Das EG mit den großen Schaufenstern ist flächig gehalten. Oberhalb dieser Zone wird die Fassade durch Erker- und Loggiavorbauten, die im 3. OG durch eine Balkongalerie verbunden werden, gegliedert. Zusätzlich wird die lang gestreckte Fassadenfront mit ihrem einfachen, hohen Satteldach durch das mehrfach geschwungene Dachgesims belebt. Im Innern des Baus waren 4- bis 7-Zimmer-Wohnungen mit einer Wohnfläche zwischen 147 m² und 272 m² untergebracht. Das Gebäude besitzt in seiner Konzeption einige fortschrittliche Elemente; der Architekt verzichtete auf schlecht belüftete Seitenflügel und Hinterhöfe, die flächige Fassadenfront wurde bewusst schlicht und ohne das ornamentale Pathos jener Zeit gestaltet. Zudem wurde auf die damals gebräuchliche Betonung der Hausecke, wie sie z. B. bei dem in der gleichen Zeit entstandenen Wohn- und Geschäftshaus am Kurfürstendamm (Nr. 267) zu sehen ist, verzichtet, ebenso wie auf das Anbringen repräsentativer Frontgiebel. Das Gebäude ist bis auf den heute veränderten Figurenschmuck an den Erkerabsätzen und die modernisierte EG-Zone in seiner ursprünglichen äußeren Gestalt erhalten.

277
Wohnhaus
Kaiser-Friedrich-Straße 69
1978–79
Oswald Mathias Ungers

278
Feuerwache
Suarezstraße 9–10
1971–75
Bodo Fleischer

Grundriss 1. OG

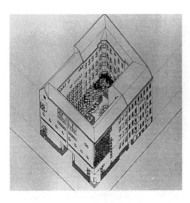

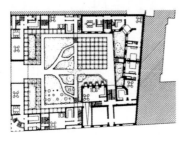

Ungers versuchte mit diesem Wohnhaus an die Tradition des Berliner Miethausbaus des 19. Jahrhunderts anzuknüpfen. Er nahm die vorhandene Struktur der Blockrandbebauung auf und integrierte einen vorhandenen Altbau (Haus Nr. 69). Auch bei der Grundrissgestaltung bezog er sich mit den „über Eck" angeordneten Wohnungen auf die von alten Berliner Miethäusern bekannte Disposition des „Berliner Zimmers". Ungers versuchte das Problem des schlecht belichteten Raumes, der sich bei Altbauten üblicherweise in den Gebäudeecken befindet, durch den Einbau von Loggien zu lösen. Zur verkehrsreichen Straßenecke ist das Wohnhaus blockhaft geschlossen, die Wohnungen sind zum Hof hin orientiert. Die EG-Wohnungen haben einen eigenen Zugang über eine Stahltür in der abgerundeten Gebäudeecke. Die Fassadengestaltung basiert wie auch bei anderen Bauten von Ungers, so z. B. dem Deutschen Architektur-Museum (1979–84) oder der Galeria des Messegeländes (1980–83), beide in Frankfurt, auf einem strengen geometrischen Ordnungsraster. Die Wohnungen erstrecken sich über zwei, im Hofvorbau über drei Geschosse und sind als „Haus-im-Haus" angelegt. Dies ist ein Gestaltungsmotiv, das Ungers auch wenig später bei der Wohnbebauung am Lützowplatz (Nr. 190) fortführt. Die Normen des Sozialen Wohnungsbaus forderten einige Zugeständnisse. So wurden u. a. die Fenster nicht mit der Fassade bündig gesetzt, und anstelle von Glattputz wurde Rauputz verwandt.

Die 1906–07 erbaute Feuerwache wurde zugunsten des Neubaus abgerissen. Die alte Feuerwache war mit einem Wohnhaus kombiniert und unterschied sich äußerlich nicht von den umliegenden Wohnbauten. Mit dem Neubau wurde jeweils die Gebäudehöhe der anschließenden Wohnhäuser aufgenommen, der Mittelteil der Feuerwache ist jedoch nur 2-geschossig. Die langgestreckte Front wird durch vor- und zurückspringende Baumassen plastisch gegliedert. Der Sichtbetonbau hat schalungsrau belassene Wände, in welche die Fenster zum Teil gucklochartig eingeschnitten sind. Für die großflächigen Wände war eine Bemalung durch Manfred Henkel vorgesehen, die jedoch aus Kostengründen nicht ausgeführt wurde. Insbesondere der südliche, 3-geschossige Bereich des Gebäudes erinnert an eine Kommandozentrale. Die zehn Garagen der Löschfahrzeuge wurden in der Mitte des EG-Bereichs angelegt. Wach- und Mannschaftsräume sind im 1. OG und im nördlichen 2. OG untergebracht.

279
Wilhelm-Weskamm-Haus
Suarezstraße 15–17
1955–56
Heinz Völker, Rudolf Grosse

280
Gerichtsgebäude am Lietzensee
Witzlebenplatz 1–2
1908–10
Heinrich Kayser, Karl von Großheinn

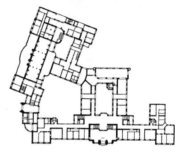

Wilhelm-Weskamm-Haus (oben)
Wohn- und Geschäftshaus, um 1960 (unten)

Im Auftrag der katholischen Kirche wurde dieses nach einem Berliner Bischof benannte Haus errichtet. In dem Komplex ist ein Wohnheim für 130 Studenten aller Konfessionen untergebracht. Des weiteren wurden Verwaltungsräume, eine Kapelle und Übernachtungsmöglichkeiten für ca. 60 Personen, die z. B. an hausinternen Tagungen teilnehmen, eingerichtet. Mit diesem Bereich kombinierten die Architekten ein Wohn- und Geschäftshaus, das parallel zur Kantstraße liegt. Dadurch wurden zum einen die hohen Grundstückskosten verringert, zum anderen werden durch die Mieteinnahmen die laufenden Kosten zum Unterhalt des kirchlichen Bereichs gedeckt. Das Geschäftshaus ist nicht nur durch die exponierte Lage an der Ecke Suarez-/ Kantstraße, sondern insbesondere durch die markante Gestaltung bemerkenswert. Die Gebäudeecke ist abgerundet, und im EG schwingt ein Vordach weit über den Bürgersteig aus. Die schwarzen Fliesenfassaden erhielten durch farbig glasierte Fliesen besondere Akzente. Das Gebäude zählt zu den anschaulichsten Beispielen der Architektur der 50er Jahre in Berlin, die – im Gegensatz zur strengen, geometrischen Architektur-Richtung, wie sie u. a. das Zentrum am Zoo (Nr. 252) zeigt – der sogenannten „Nierentisch-Ästhetik" zuzuordnen ist.

Das auf einem Eckgrundstück am Lietzensee gelegene ehemalige Reichsmilitärgericht besteht aus zwei Bauteilen. Der 2-geschossige, um drei Höfe angelegte Flügel am Witzlebenplatz nahm das Wohngebäude des Präsidenten und Gesellschaftsräume auf. Das eigentliche, 3-geschossige Gerichtsgebäude an der Witzlebenstraße ist aus einem langen Mittelteil und einem kurzen Seitenflügel aufgebaut. Die beiden Hauptbauteile werden an der Straßenseite durch einen gerundeten Baukörper mit Eckturm und an der Hofseite durch einen Zwischentrakt verbunden. Die Fassade des teilweise mit Rustika versehenen Werksteinbaus lehnt sich an den für diese Bauaufgabe in jener Zeit gebräuchlichen Barockstil an. Das Hauptportal des Dienstgebäudes wird durch einen verzierten Dreiecksgiebel bekrönt, den aufwendiger gestalteten Wohntrakt betont eine Säulenordnung. Trotz dieser konventionellen Fassadengestaltung ist der Gebäudekomplex in seiner Anlage als modern zu bezeichnen; zukunftsweisend ist die Trennung des Dienstgebäudes und des Präsidententraktes in zwei selbständige Teile. Auch die Einrichtung eines Mehrzwecksaales im rückwärtigen Verbindungsteil, der sowohl als Sitzungs- wie auch als Festsaal genutzt werden konnte, wird erst im weiteren Verlauf des 20. Jahrhunderts gebräuchlich. Heute beherbergt das Gebäude das Kammergericht und den ersten Strafsenat des Bundesgerichts.

281

„Ku' 70"
Kurfürstendamm 70
1993–94
Helmut Jahn

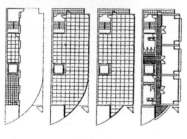

Mit einer Grundstückstiefe von lediglich 2,50 m und einer Gesamtgrundfläche von 60 m² stellte die Baufläche eine besondere Herausforderung für den Architekten dar. Das ca. 50 m hohe Haus schließt eine durch Straßenverbreiterung und Teilabrisse in den 70er Jahren entstandene fragmentierte Ecke. Das Gebäude markiert mit seiner weitgehenden Transparenz, seiner Höhe und dem komplexen mehrschichtigen Aufbau einen deutlichen Gegensatz zur benachbarten Gründerzeitbebauung. Die Stahl-Glas-Konstruktion kragt ab dem ersten OG um mehr als das Doppelte der Grundstückstiefe auf 5,50 m aus; ein großformatiges orthogonales Raster, das in den teilweise serigraphisch bedruckten Glasflächen wiederholt und variiert wird, bestimmt den Aufbau der Ostfassade. Zum Kurfürstendamm läuft der Bau über eine Abrundung zu einer spitzen Kante zu; die Rasterfläche der Ostfassade wird ab dem dritten OG um eine Achse zur Ecke erweitert und scheint sich dadurch über die Rundung als zweite Schicht zu schieben. Oberhalb des 6. OG steigt der Bau stufenweise zum Kurfürstendamm hin an; die Wirkung der Stufung wird durch horizontal verlaufende Metallprofile unterstützt und nimmt damit Motive des Mossehauses von Erich Mendelsohn (Nr. 103) auf. Eine große elektronisch bespielbare Anzeigetafel sowie ein hoher Eckmast verdeutlichen die Zwitterstellung des Gebäudes zwischen Bürohaus und großdimensioniertem Werbeträger.

282

Kirche am Lietzensee
Herbartstraße 4–6
1957–59
Paul G.R. Baumgarten

Als Ersatz für eine im Zweiten Weltkrieg zerstörte Holzkirche (1919–20 von Erich Blunck) wurde die Kirche von Paul Baumgarten nach einem preisgekrönten Wettbewerbsentwurf erbaut. Die Bauform wurde aus den Forderungen der protestantischen Liturgie entwickelt, die einen zentralen Predigtraum verlangen. Die Kirche besitzt deshalb einen fünfeckigen Grundriss. Das zeltartig gefaltete Stahlbeton-Rippendach wird an zwei Punkten bis zum Boden heruntergezogen; die leichte Neigung des Fußbodens wird von der Faltung des Dachs aufgenommen. Auf einen Glockenturm wurde verzichtet, das Geläut befindet sich an der Betonwand der Eingangsfront. Eine Mauer schirmt den Kirchenraum von der lauten Straße ab. Im UG der an einen Hang gebauten Kirche befinden sich u. a. die Sakristei und ein Konfirmandensaal. Das schlichte Kircheninnere ist ganz auf die umliegende Natur bezogen; die zwei zum Lietzensee gewandten Seiten bestehen vollständig aus ornamentiertem, farblosem Glas und beziehen so die Landschaft in den Gottesdienstraum ein.

283
Landespostdirektion
Dernburgstraße 40–54
1925–28
Willy Hoffmann

284
Internationales Congress Centrum
Messedamm 19
1973–79
Ralf Schüler, Ursulina Schüler-Witte

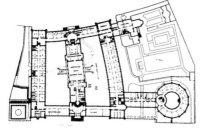

Zustand um 1950 (oben)
Grundriss EG (unten)

Vorplatz (oben)
Lage im Stadtraum, von Süden (unten)

Die Landespostdirektion ist als Vierflügelanlage errichtet, in deren Mitte ein Verbindungstrakt mit einem zentralen Saalbau liegt. Nach Süden schließen
sich zwei weitere Flügel an; das 3-geschossige
ehemalige Wohngebäude des Präsidenten im Südosten und, zur Dernburgstraße gelegen, ein 14-
eckiger Bauteil, der mit dem ebenfalls 5-geschossi-
gen Hauptkomplex (Straßenflügel 5-, Hofflügel 7-
geschossig) durch einen schmalen Trakt verbunden
ist. Neben der Erfüllung der funktionalen Erfordernisse wurden auch besondere Ansprüche an die
Fassadengestaltung des Stahlskelettbaus gestellt.
Die langgestreckte, hell geputzte Straßenfront wurde
am Hauptgesims, den Fenstereinfassungen und den
Eingängen durch rotbraune Terrakotta-Formsteine
wirkungsvoll gegliedert. Polygonale Eckpfeiler aus
dem gleichen Material betonen die Gebäudeecken.
Bemerkenswert ist das 5-geschossige, mit einem
Oberlicht versehene Treppenhaus an der Dernburgstraße mit den kreisförmig angeordneten, 18 m
hohen Pfeilern. Ein umfangreicher Umbau des Komplexes wurde 1975 abgeschlossen. Heute dient er
als Verwaltungssitz der Landespostdirektion Berlin.

Mit dem Internationalen Congress Centrum (ICC)
erhielt Berlin ein bedeutendes Tagungszentrum. In
dem 320 m langen und 80 m breiten Gebäude sind
über 80 Säle mit einer Kapazität von 20 000 Plätzen untergebracht. Ein Autofoyer, in dem auf acht
Spuren ca. 800 Autos pro halbe Stunde vorfahren
können, ermöglicht die autogerechte Erschließung
des auf einer Verkehrsinsel gelegenen Baus. Um die
großen Kongress-Säle stützenfrei zu überbrücken
und um Schallübertragungen bei Bühnen- und Kon-
zertveranstaltungen zu vermeiden, wurde eine
„Haus-in-Haus-Konstruktion" erstellt. Über Stahl-
dachbinder werden die Lasten auf die Stützköpfe
der halbrunden Doppeltreppenhäuser abgeleitet.
Das Konstruktionsprinzip zeichnet sich am Außenbau deutlich ab, da die Aluminium-Ummantelung
präzise den Stützenverläufen folgt. Im Inneren werden die Kongressteilnehmer – ähnlich wie Fluggäste
– durch ein elektronisches Leitsystem zu den jeweiligen Räumlichkeiten geführt. So wirkt der Bau nicht
nur von außen wie eine glänzende, chromblitzende
Maschine, auch im Inneren werden die Menschen-
massen „verarbeitet", „versorgt" und über unterirdische Kanäle wieder freigegeben. Darin spiegelt sich
ein wenig die zum Zeitpunkt der Planung, 1965–
66, vorherrschende Technik-Gläubigkeit wider. Auf
dem Vorplatz wurde 1980, entgegen den Vorstellungen der Architekten, die monumentale Bronze-
skulptur „Alexander der Große vor Ekbatana" von
Jean Ipousteguy aufgestellt.

285
Funkturm Messegelände
1924–26
Heinrich Straumer

286
Haus des Rundfunks
Masurenallee 8–14
1929–30
Hans Poelzig

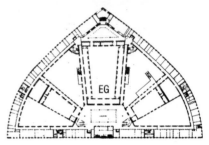

Zustand um 1950 (oben)

Mit seinen fast 150 m Höhe ist der Funkturm Wahr-zeichen des Messegeländes und Berlins. Notwendig wurde sein Bau für die Rundfunksendungen, die zunächst in einem Provisorium und ab 1929 aus dem Haus des Rundfunks (Nr. 286) kamen. Für den Funkturm, der eine Grundfläche von 20 x 20 m besitzt, wurden 400 t Stahl verbaut. In der Mittel-achse des Stahlfachwerkturms liegt offen der Auf-zugschaft, der von der Treppenanlage umfangen wird. Ca. 55 m über dem Erdboden befindet sich das 2-geschossige Restaurant mit den Wirtschafts-räumen im unteren und den Gasträumen im oberen Geschoss. Dieser Stahlrahmenbau ragt ca. fünf Meter über das Tragwerk des Turmes hinaus. Un-terhalb des Antennenmastes liegt in ca. 125 m Höhe die Aussichtsplattform. Die hohe Antenne für den ersten UKW-Sender der Welt erhielt der Funk-turm im Jahre 1932. Ein Brand beschädigte 1935 das Restaurant und zerstörte Heinrich Straumers „Halle der deutschen Funkindustrie", die zu Füßen des Turmes stand. Nach Beseitigung der Kriegs-schäden wurde 1956 das Wartehäuschen vergrö-ßert. Das Restaurant in der Turmkanzel konnte nach umfassender Renovierung 1986 wieder eröffnet werden.

Das Haus des Rundfunks ist das erste große Ge-bäude für diesen Zweck in Deutschland. Es entstand als Ergebnis eines beschränkten Wettbewerbs. Im Gegensatz zu den beiden anderen Wettbewerbsteil-nehmern Paul Bonatz und Richard Riemerschmid fand der Wettbewerbssieger Poelzig für die neue Bauaufgabe eine Lösung, die typenbildend werden sollte; er ordnete die akustisch empfindlichen Sen-desäle so an, dass sie von den Büroflügeln nach außen abgeschirmt werden. An die gerade, 150 m lange Hauptfront an der Masurenallee schließen sich zu beiden Seiten gebogene Büroflügel an, die in einem stumpfen Winkel zusammengeführt werden. In dem großen, vom Straßenlärm geschützten In-nenhof sind drei voneinander getrennte Studios eingestellt, die radial auf die große Eingangshalle im Haupttrakt bezogen sind. Der Mittelteil des Haupt-trakts ist außen in 60 Achsen gegliedert, von denen die mittleren 32 um ein Geschoss erhöht sind. Die monumentale Hauptfassade ist mit Eisenklinkern verkleidet. Als Gliederungsmittel dienen farbige Ton-platten, welche die Senkrechte der Brüstungspfeiler optisch hervorheben und so einen wirkungsvollen Kontrast zur Horizontalausrichtung der Hauptfront schaffen. Das Gebäude wurde für die Übernahme durch den SFB 1957 renoviert und umgebaut. Die eindrucksvolle 5-geschossige Haupthalle mit ihren offenen, mit gelben Keramikbrüstungen versehenen Galerien und den beiden charakteristischen Leuch-ten wurde 1987 in ihrer ursprünglichen Gestalt wie-derhergestellt. In der Mitte der Halle ist Georg Kolbes Skulptur „Große Nacht" aufgestellt.

287
SFB-Fernsehzentrum
Theodor-Heuss-Platz
1963–71
Robert Tepez

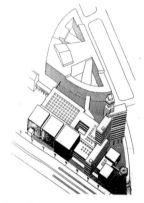

Isometrie

Der Gebäudekomplex ging als zweiter Preis aus einem 1959 ausgeschriebenen Wettbewerb hervor, musste jedoch noch stark überarbeitet werden. Tepez stellte funktionale Gesichtspunkte in den Vordergrund. Das Fernsehzentrum gliedert sich in mehrere, einander rechtwinklig zugeordnete, in der Höhe gestaffelte kubische Baukörper. In den fünf würfelförmigen Bauten am Kaiserdamm und am Theodor-Heuss-Platz sind die Produktions- und Aktualitätenstudios untergebracht, die Flachbauten nehmen die Werkstätten auf. Die beiden auf Stützen gestellten Bauteile des 13- bzw. 14-geschossigen Hochhauses sind einander in stumpfem Winkel zugeordnet. Sie werden durch einen markanten, fünfeckigen überhöhten Erschließungsturm, der als „Gelenk" fungiert, miteinander verbunden. Der Architekt hat versucht, zumindest bei Teilen der Fassadengestaltung eine Zusammengehörigkeit mit Poelzigs typenbildendem Haus des Rundfunks (Nr. 286) herzustellen, mit dem das Fernsehzentrum durch zwei Brücken verbunden ist. So wurden die Blöcke der Aktualitäten- und Produktionsstudios wie Poelzigs Bau mit Klinkern verkleidet. Die übrigen Stahlbetonbauten sind hingegen mit Naturkies-Waschbetonplatten verkleidet, die Stahlkonstruktion der Hochhäuser mit horizontal gliedernden, naturfarben eloxierten Aluminiumplatten.

288
AVUS-Raststätte
Nordkurve
1935–36; 1951–55, 1969; 1976–78
Bettenstaedt; Ernst Pfitzner; Hans Joachim Arndt; Rainer G. Rümmler

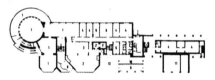

Grundriss Zustand 1978

Nach der Gründung der „Automobil-Verkehrs- und Übungsstraßen Gesellschaft mbH" – kurz AVUS – im Jahre 1909 und dem Baubeginn der Rennstrecke im Jahre 1913 konnte 1921 das erste Rennen veranstaltet werden. 1935–37 wurde ein neues Verwaltungsgebäude mit Beobachtungsturm, anstelle des 1923 von Edmund Meurin errichteten Verwaltungs- und Tribünengebäudes, am Scheitelpunkt der Rennstrecke erbaut. Die heute noch sichtbare markante Gebäudeform, zu der sich ein Rund- und ein Rechteckbau verbinden, geht auf einen Entwurf von Oberbaurat Bettenstaedt von der Reichsbauverwaltung zurück. Der runde Turmbau besitzt vier umlaufende Galerien, von denen aus die Rennen beobachtet werden konnten. Im Inneren des sogenannten „Mercedes-Turms" befinden sich Gasträume. 1951 erarbeitete Ernst Pfitzner einen Umbauvorschlag für das teilweise stark kriegsbeschädigte Gebäude, der ab 1954 verwirklicht wurde. Durch weitere Umbauten, u. a. 1969 durch Hans-Joachim Arndt, wurde der Verwaltungsbau zu einem Hotel. 1976 erweiterte Rainer G. Rümmler den Komplex mit einem Hotelanbau. 1978 wurden die Gasträume nach Osten ausgebaut. Die AVUS-Raststätte, deren Turmbau das Wahrzeichen für den automobilen Rennsport in Berlin ist, wurde Vorbild für die Gestaltung der Raststätte Dreilinden an der Potsdamer Chaussee, die Rainer G. Rümmler 1973 entwarf.

289
Messegelände
Hammarskjöldplatz
1924; 1928; 1935–37; 1950; 1971; 1993–99
Heinrich Straumer; Martin Wagner, Hans Poelzig; Richard Ermisch; Alfred Roth, Franz Heinrich Sobotka,
Gustav Müller; Bruno Grimmeck; Harald Franke; Oswald Mathias Ungers

Ehrenhalle Richard Ermisch, um 1940

Die ersten Messe-Hallen waren bereits 1914 und 1924 nach Plänen von Alfred Richter sowie Johann Emil Schaudt auf dem Gelände des heutigen Zentralen Omnibus-Bahnhofs entstanden. Mit der „Halle der deutschen Funkindustrie" von Heinrich Straumer wurde ab 1924 das Gelände unterhalb des Funkturms erschlossen. Einen Entwurf für eine Gesamt-Messeanlage erarbeiteten Martin Wagner und Hans Poelzig 1928. Dabei war geplant, die Messe- und Kongresshallen zu einem Ring zu schließen, um einen „trockenen" Messerundgang zu ermöglichen. Außerdem sollte ein Erholungs- und Freizeitbereich mit den Messeanlagen kombiniert werden. Ein großes, ovales Messegebäude hätte mit dem gegenüberliegenden Haus des Rundfunks von Hans Poelzig (Nr. 286) korrespondiert. Von den Planungen kam nur der Sommergarten und eine Halle unterhalb des Funkturms zur Ausführung, die Richard Ermisch 1935 in seinen Bau einbezog. Ermisch gestaltete die 35 m hohe „Ehrenhalle" (Halle 19), die von zwei ca. 100 m langen Bauten (Hallen 18, 20) flankiert wird. Östlich schließt die „Gläserne Galerie" an (Hallen 10, 17), die den Funkturm einfasst. Die blockhafte Gebäudeform sowie die strenge vertikale Pfeilergliederung zeigen zwar Anklänge an die Neue Sachlichkeit, doch ist die Monumentalisierung der Anlage, die Verschleierung der Konstruktion durch Muschelkalkplatten, die Verwendung von Großskulpturen (nicht mehr vorhanden) und nicht zuletzt die Vernachlässigung der Gebäu-

defunktion bezeichnend für die offizielle Architektur der NS-Zeit. Der Entwurf von Ermisch für die Gesamtanlage wurde nie vollendet. Im Krieg wurden die Bauten stark beschädigt und die ältesten Hallen ganz zerstört. Der Wiederaufbau begann 1950 mit funktionalen Hallenbauten von Alfred Roth (Hallen 7– 9, 21, 22) sowie von Franz Heinrich Sobotka und Gustav Müller (Hallen 10, 11, 21, 22). 1957 errichtete Bruno Grimmeck die Schwermaschinenhalle (Halle 23), deren Außenwände durch keilförmige Stahlstützen wirkungsvoll gegliedert werden. Harald Franke schloss 1971 die Lücke zwischen den östlich und westlich gelegenen Hallen mit einem Ver-bindungsbau (Hallen 1–6). Die fünf gleichdimensionierten Hallen und eine große Halle „hängen" an einem durchgehenden Strang und können so je nach Platzbedarf zugeschaltet werden, wobei immer der „trockene" Messerundgang gewährleistet ist. Den Nutzungsanforderungen entsprechend sind die Hallen funktional gestaltet. Die Konstruktion der großen Halle zählte 1971 mit einem stützenfrei überbrückten Raum von 86,50 x 79,80 m zu den größten freien Raumtragwerken Europas. Auf dem Gelände blieb ein Interimsbau von 1950 erhalten. Diesem von Bruno Grimmeck gestalteten „Marshall-Haus" ist ein eigenwillig geformter Pavillon angefügt, dessen auf Stützen gelagerter Aufgang sich schneckenförmig dem Gebäude entgegenwindet. Dieses Musterbeispiel der Architektur der 50er Jahre ist nach dem „European-Recovery-Program" – ERP –

289
(Fortsetzung)

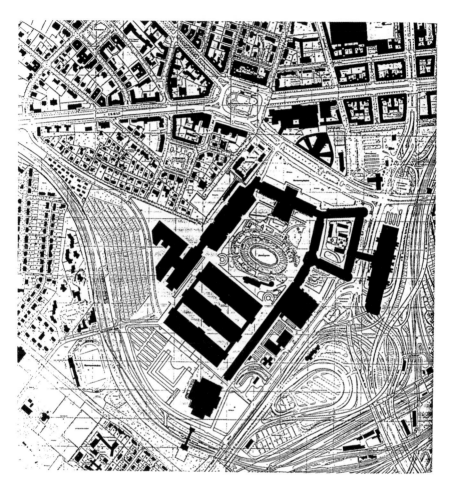

Plan des Messegeländes mit den Erweiterungsbauten von O. M. Ungers

(Marshall-Plan) benannt. Im Zusammenhang mit dem Bau des Internationalen Congress Centrums (Nr. 213) wurde durch einen 3-geschossigen Brückenbau über den Messedamm eine Verbindung zwischen Messegelände und ICC geschaffen. Infolgedessen wurde der Zugang zur „Gläsernen Galerie" geschlossen, den ehemals die zwei überlebensgroßen – nur fragmentarisch erhaltenen – Werksteingruppen „Wissenschaft und Kunst" sowie „Landwirtschaft und Industrie" (1939) von Adolf Wamper flankierten. Sie sollen wieder aufgestellt werden. Die Bauten von Ermisch (17–20) wurden umfassend restauriert. O. M. Ungers Entwurf bildet die Grundlage für die Erweiterungsplanungen: Ein Riegel wird die Endstücke der Hallen 2–6 verdecken und mit seiner Ziegel-Majolika-Glasfassade den südlichen Abschluss des Sommergartens bilden. Über eine seitliche Spindel soll das auf dem Dach gelegene Parkdeck erschlossen werden.

290
Doppelvilla
Karolingerplatz 5, 5a
1921–22
Erich Mendelsohn

291
Mommsenstadion
Waldschulallee 42–43
1930
Fred Forbat

Grundriss Wohngeschoss

Die Doppelvilla ist aus zwei spiegelbildlich angeordneten Häusern zusammengesetzt, die sich an der Winkelhalbierenden der Straßenecke orientieren. Sie ist einer der ersten kubischen Flachbauten in Berlin. Jede der beiden Haushälften hat vier Geschosse; im Souterrain befinden sich die Wirtschaftsräume, im EG der Wohnbereich. Das 1. OG nimmt die Schlafräume auf, darüber sind Dachkammern sowie eine geräumige Sonnenterrasse angelegt. Die kantige Fassade ist lebhaft horizontal und vertikal gestaffelt; während ihre Sockelzone verputzt ist, wird der obere Bereich durch Schichten plastisch hervortretender Hartbrandsteine verkleidet. Diese waagerechte Backsteingliederung findet sich auch bei Bauten des amerikanischen Architekten Frank Lloyd Wright (1867–1959), z. B. beim Robie House (1907–09) in Chicago. Verschieden lange Fensterbänder betonen zusätzlich die Horizontalausrichtung des Gebäudes und heben seine Erkerzonen hervor. Ursprünglich plante Mendelsohn, selbst mit seiner Familie in die Haushälfte Karolingerplatz Nr. 5 einzuziehen. Er entwarf auch einen Teil der Inneneinrichtung. Die Doppelvilla ist heute zu einem Mehrfamilienhaus umgebaut.

Der 104 m lange, 3-geschossige Tribünenbau der Sportanlage ist als moderne Stahlskelettkonstruktion ausgeführt. Die Sitzplätze werden von einem mit Holzplatten belegten Dach aus Eisenträgern überspannt. Forbat erbaute die einfühlsam in die Landschaft eingefügte Anlage, wie auch seine Häuser in Spandau (Nr. 627), in der Formensprache des Neuen Bauens. Die Wahl eines Flachdaches und die Betonung der Horizontalen mittels langgezogener Fensterbänder waren hierfür charakteristische Gestaltungsmittel. Die demonstrative Funktionalität wird auf sehr gelungene Weise auch bewusst als ästhetisches Gestaltungsmittel eingesetzt. Zwei elliptisch aus der Fassade herausspringende Treppenhaustürme gliedern die langgezogene, massive Front des Tribünenbaus. Ihre Eisenkonstruktion ist mit Glas verkleidet und gibt so den Blick auf die dynamisch geschwungenen Treppen aus Eisenbeton frei. Seitlich zu den Sitzplätzen ausschwingende Treppen lockern die Blockhaftigkeit der Tribüne zusätzlich auf. Die Straßenseite ist verputzt, ein Sockel aus Klinkern unterstreicht die horizontale Gliederung des Gebäudes. Das Stadion wurde im Zweiten Weltkrieg beschädigt und anschließend verändert wiederaufgebaut. Statt der ursprünglich 36 000 Steh- und 17 500 Sitzplätze bietet es heute nur noch für 18 000 Personen Platz.

292
Heinz-Galinski-Schule
Waldschulallee 73–75
1993–95
Zvi Hecker

293
Haus Poelzig
Tannenbergallee 28
1930
Marlene Poelzig

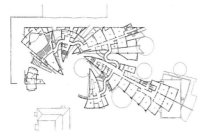

Grundriss 1. OG

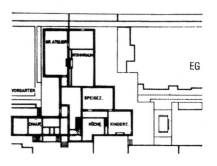

EG

Als erstem Neubau für eine jüdische Schule nach der Shoah wurde dem Projekt auch eine herausragende künstlerische Bedeutung beigemessen. Das Projekt steht signifikant für Wiederetablierung und wachsende Bedeutung jüdischer Kultur in Berlin. Mit dem Entwurf des israelischen Architekten Zvi Hecker entstand eine prägnante und assoziationsreiche Figuration, die sich auf die topographische Einbettung des Grundstücks in die Ausläufer des Grunewalds bezieht. Um einen Eingangshof herum gruppieren sich blütenartig angeordnete und spitz zulaufende Pavillons, deren Volumen sich zentrifugal aufsplittert und weitet. Gewundene Übergänge auf den drei Nutzebenen ermöglichen eine durchgehende Verbindung zwischen den als Gruppenbereiche konzipierten Einzelbauten. Der Komplex ist weitgehend als teilverputzter Mauerwerksbau ausgeführt, einige interne Stahlbetonstützen blieben unverputzt. Begrünte Holzdächer stellen neben der Organik der Grundkonzeption einen Bezug zur umgebenden Natur her. Heckers Entwurf reflektiert zwar mit seinen Splitterungen und Flächenschichtungen dekonstruktivistische Entwurfskonzepte; andererseits ist es aber vor allem die Blütenmetaphorik, die als Zeichen von Lebensfreude, Energie und Zukunfts-gerichtetheit der Bedeutung des Neubaus gerecht wird.

Das aus kubischen Formen aufgebaute Haus war das Wohnhaus der Familie des Architekten Hans Poelzig. Es wurde von seiner Frau entworfen, abgestimmt auf die individuellen Bedürfnisse der Familie und frei von den Zwängen, denen ein Architekt normalerweise beim Entwurf eines Hauses für einen fremden Bauherren unterworfen ist. Die Straße liegt im Norden des Grundstücks; fast alle Räume sind von dieser abgewandt und öffnen sich nach Süden auf den großen Garten. Den nördlichen Flügel des Hauses nahm die Chauffeurs-Wohnung mit Garage ein. Die Grundrissdisposition des Wohntraktes war wohldurchdacht; eine zentrale Halle trennte den Wohn- und Arbeitsbereich mit Atelier, Wohn- und Speisezimmer vom Wirtschaftstrakt und dem Kinderzimmer. Im OG befanden sich die Schlafräume und eine ausladende Sonnenterrasse. Auffallend war die luxuriöse Innenausstattung des Hauses; die Fußböden waren z. T. mit Travertin belegt, die Wände mit Schleiflack versehen. Die Vorhänge bestanden aus Seide, als Material für Treppengeländer und Beleuchtungskörper wurde Messing gewählt. Auch das äußere des Gebäudes wirkt edel und gediegen; der Putzbau ist teilweise mit Travertin verkleidet. Das Haus wurde schon 1934 von Hans Poelzig in Einzelwohnungen unterteilt.

294
Haus Sternefeld
Heerstraße 107
1923–24
Erich Mendelsohn

295
Haus Steingroever
Stallupöner Allee 37
1937
Egon Eiermann

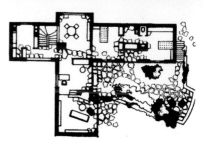

Grundriss OG

Das Wohnhaus ist aus übereinandergeschichteten Kuben aufgebaut. Vor- und Rücksprünge, tiefe Einschnitte und weit auskragende Terrassen verleihen dem Gebäude eine dynamische Wirkung. Als Baustoffe wurden Stahlbeton und Ziegel gewählt, für die Sockel Eisenklinker. Der Eingangsbereich ist tief in die nordöstliche Ecke des Baukörpers eingeschnitten; er wird von der Terrasse des OG überdacht. Im EG befinden sich ein kleiner Küchenflügel und Nebenräume. Der Wohnbereich liegt im ersten Stock. Durch breite Fensterbänder und zahlreiche Fenstertüren öffnet sich der Wohnraum zur breiten Terrasse an der Gartenseite. Mehrere Mauern, die das Grundstück eingrenzen, sind in den dynamischen Gesamtentwurf mit einbezogen und schaffen eine Bindung zwischen Haus und Garten. Das 2. OG, ursprünglich ein Trockenraum mit einem innenliegenden Sonnenhof, wurde 1932 von Mendelsohn umgebaut und an der Westseite mit Fenstern versehen. Die einzelnen Räume des Hauses sind übersichtlich und klar gegliedert. Trotzdem mussten sie sich ästhetischen Gesichtspunkten unterordnen; so belichtet eines der beiden symmetrisch angeordneten Eckfenster im OG lediglich eine Treppe. Das Wohnhaus Sternefeld gehört wie das ebenfalls von Mendelsohn entworfene Doppelwohnhaus am Karolingerplatz (Nr. 290) zu den ersten kubischen Flachbauten in Berlin. Mit seinen ineinandergreifenden Ziegel- und Putzflächen erinnert es an Landhäuser des amerikanischen Architekten Frank Lloyd Wright.

Das 2-geschossige Einfamilienhaus setzt sich aus zwei schmalen, langgestreckten Baukörpern zusammen, die sich kreuzförmig überschneiden. Es gehört neben dem Haus Dienstbach (Nikolassee, Lohengrinstraße 32), dem Haus Bolle (Dahlem, Föhrenweg 12) und dem Haus Wolleck (Dahlem, Föhrenweg 10) zu den vier Einfamilienhäusern, die Eiermann zwischen 1934 und 1937 in Berlin gebaut hat. Allen gemeinsam ist das im „Dritten Reich" fast obligatorische Steildach und eine Grundrissposition, bei der die verschiedenen Wohnbereiche räumlich voneinander getrennt werden. Der Eingangsbereich liegt hier im nordwestlichen Teil des EG. Über eine Treppe aus Granit gelangt man in das Wohngeschoss. Dieser langgezogene Tagesbezirk mit Wohnraum, Arbeitsplatz, Essraum und Kaminecke nimmt das gesamte OG des Ost-West-Traktes ein. Der Nachtbezirk liegt im südlichen Gebäudeteil. Im südwestlichen Winkel des Baukörpers ist auf einem Hügel eine weit ausladende Wohnterrasse angelegt.

296
Zwei Einfamilienhäuser
Heerstraße 161, Am Rupenhorn 24
1928
Hans und Wassili Luckhardt, Alfons Anker

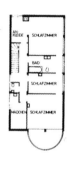

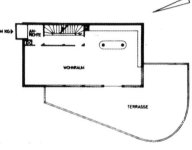

Heerstraße 161, Aufnahme 1930

Am Rupenhorn 24

Die beiden Häuser gehören zu den eindrucksvollsten und gelungensten Beispielen des Neuen Bauens in Berlin. Sie gelten, wie auch die Häuser der Versuchssiedlung Schorlemer-Allee (Nr. 750), sowohl bezüglich der Konstruktion als auch der ästhetischen Gestaltung als wichtige Beiträge der deutschen Architektur der 20er Jahre. Ursprünglich war eine Gruppe aus drei Häusern geplant, von denen schließlich nur zwei zur Ausführung kamen. Die beiden benachbarten Stahlskelettbauten besitzen einfache kubische Formen. Mit ihren steil in die Höhe ragenden Senkrechten und den weit ausladenden Terrassen sind sie wirkungsvoll in die Hanglage des Grundstücks eingefügt. Charakteristisch sind die durchlaufenden Fensterbänder und die blendend weiße Fassade, die durch einen Ölanstrich und Wachs gegen Farbänderung und Witterungseinflüsse gesichert wurde. Obligatorisch für das

Neue Bauen ist die Verwendung des Flachdaches, durch das man sich gegen konservative Bauauffassungen abgrenzen wollte. Beide Gebäude sind in drei Geschosse unterteilt und besitzen einen ähnlichen inneren Aufbau, im Sockelgeschoss sind die Wirtschaftsräume wie Küche, Heizraum und Keller untergebracht. Darüber, als Manifestation einer neuen, kompromisslosen Wohnkultur, liegt der aus einem einzigen Raum bestehende Wohnbereich, dem die weit in den Garten ragenden, geschwungenen Terrassen vorgelagert sind. Im Obergeschoss befinden sich die Schlafräume. Das Dach besitzt eine Pergola und dient als Sonnenterrasse. Die beiden Häuser sind relativ originalgetreu erhalten; beim Haus Rupenhorn 24 wurde jedoch in den 30er Jahren im Erdgeschoss eine neue Einteilung vorgenommen, die den Raumeindruck stark veränderte.

297
Haus des Architekten
Am Rupenhorn 6
1929
Erich Mendelsohn

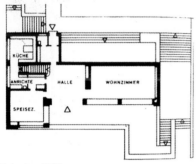

Zustand um 1930

298
Unité d'habitation „Typ Berlin"
Flatowallee 16
1957–58
Le Corbusier

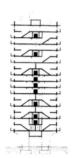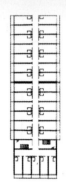

Längsschnitt und Grundriss 9. OG

Da Mendelsohn dieses Haus für sich selbst entwarf, kommt dem Bau innerhalb des Schaffens des Architekten eine besondere Bedeutung zu. Das Haus erhebt sich in landschaftlich reizvoller Lage an einem Hang mit Blick über die Havel. Der 2-geschossige Backsteinbau mit flach geneigtem, hinter einer Brüstung liegendem Dach ist glatt verputzt. Der einfache, klare Grundriss wurde völlig auf die Havellandschaft ausgerichtet; der Wohnraum, die große Halle und das erkerartige Esszimmer bilden mit der weit ausladenden Terrasse eine Einheit. Durch versenkbare Fenster im Wohn- und Musikzimmer sowie breite Fensterflächen mit niedrigen Brüstungen wird die Landschaft in den Wohnbereich einbezogen. Die Schlafräume im OG sind auf die der Havel abgewandte Ostseite gerichtet. Das Haus mit seinen klaren kubischen Formen und den charakteristischen Fensterbändern gilt als bedeutendes Beispiel für die Architektur der Neuen Sachlichkeit. Es zeigt sich darin eine deutliche Abkehr Mendelsohns von seinen früheren, organisch-dynamischen Entwürfen. Heute ist das Gebäude im Innern und an der Straßenfront leicht verändert.

Der 17-geschossige, auf Pfeiler gestellte Stahlbeton-skelettbau wurde anlässlich der Internationalen Bauausstellung „Interbau" errichtet. Er enthält 557 Wohnungen mit drei Haupttypen: 212 Ein-Zimmer-Wohnungen, die über die gesamte Haustiefe reichen und über zwei Geschosse geführt werden; daneben wurden noch vier größere Wohnungen eines Sondertyps untergebracht. Erschlossen werden die Wohnungen durch neun über 100 m lange Innenstraßen. Das Gebäude ist nach denen in Marseille (1946–48) und Nantes (1952–53) das dritte Beispiel des von Le Corbusier entwickelten Wohnhaustyps „Unité d'habitation". Der Idee nach sollte dieses Hochhaus keine Anhäufung von Wohnzellen sein, sondern eine eigenständige kleine „Stadt" mit der dazugehörigen Infrastruktur wie Einkaufsstraße, Kindergarten, Sportsaal, Theater usw. darstellen. Die Gesamtkonzeption wurde in Berlin aber aufgrund der Zwänge des Sozialen Wohnungsbaus nur zu einem geringen Teil verwirklicht; die durch ein Modul festgelegten Baumaße wurden verändert. (Die nicht zugelassenen „Modulor"-Maße wurden in der farbigen Fassung der Loggien nachgezeichnet.) Vor allem aber wurden von den zahlreichen vorgesehenen Einrichtungen wegen Geldmangels nur ein Selbstbedienungsladen und eine Poststelle verwirklicht; Gemeinschaftsräume sind bis auf eine Waschküche im DG nicht vorhanden. Eine umfangreiche Sanierung der westlichen Fassade wurde 1986 abgeschlossen.

299
Ehem. „Reichssportfeld"
Coubertin-Platz
1934–36
Werner March

300
Olympia-Stadion
Olympischer Platz
1934–36
Werner March

Zustand vor 1974 (oben), Nord-Süd-Schnitt (unten)

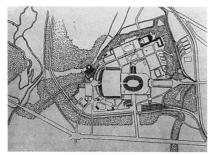

Blick nach Westen (um 1936, oben)

Die gigantische Anlage bot dem nationalsozialistischen Regime die geeignete Kulisse, um sich bei den Olympischen Spielen 1936 der Weltöffentlichkeit zu präsentieren. Sie ist symmetrisch angelegt; sechs Turmbauten betonen die Achsen und bilden weithin sichtbare Bezugspunkte. Der gesamte Bereich ist mit bildnerischem Schmuck offiziell anerkannter Künstler der Nazizeit versehen. Das „Reichssportfeld" sollte als „Stätte nationaler Feste" mit der Verwendung antiker Bautypen wie z. B. „stadion" (Kampfbahn), „theatron" (Freilichtbühne, Nr. 301) oder „forum" (Maifeld) formale Bezüge zu den Anlagen des antiken Olympia herstellen. Den Mittelpunkt des Geländes bildet das Olympiastadion (Nr. 300). In der Querachse der Wettkampfbahn liegt das Schwimmstadion. An seiner Längsseite sind zwei mit Kalkstein verkleidete Tribünenanlagen für insgesamt 7 000 Zuschauer angelegt. Nach Westen schließt sich in Verlängerung der Stadionachse das Maifeld an. Dieser riesige, für 250 000 Menschen konzipierte Aufmarschplatz ist durch einen Tribünenwall eingefasst. Das Maifeld wird nach Westen durch einen öffentlich zugänglichen Glockenturm mit Aussichtsplattform (1960–62) begrenzt, der sich auf einem Stufenwall erhebt. Im Inneren des Walles befindet sich die „Langemarck-Halle", eine monumentale Feierhalle zur Totenehrung durch den NS-Staat. Nach Norden hin wird das Gelände durch die Bauten des Deutschen Sportforums (Nr. 303) abgeschlossen.

Für die Olympischen Spiele von 1936 wurde die alte Grunewaldrennbahn mit dem Deutschen Stadion abgebrochen. Der Hauptzugang zum Stadion erfolgt vom langgestreckten Olympischen Platz aus durch das von zwei monumentalen Turmbauten begrenzte Olympische Tor. Das Stadion besitzt einen elliptischen Grundriss und bot ursprünglich Platz für 110 000 Zuschauer (heute 75 000). Seine vorbildliche Raumorganisation gewährleistet einen raschen Verkehrsfluss der Zuschauer; die Außenseite des Stadions wird durch eine umlaufende Pfeilerhalle eingefasst, welche die Verkehrsführung zu den einzelnen Zuschauerblöcken und zu den beiden Rängen aufnimmt. Der untere Rang ist um 12 m unter das Eingangsniveau abgesenkt. Die Wettkampfbahn wurde, den neuen olympischen Richtlinien entsprechend, auf 400 m verkleinert. Das weite Tribünenoval des Stadions wird im Westen durch das Marathontor unterbrochen. Das Tor wird von zwei kubischen Treppenhausblöcken eingerahmt, von denen der eine die Schale mit dem olympischen Feuer aufnimmt. Die portalartige Öffnung korrespondiert mit der Achse des Olympischen Platzes im Osten und stellt so eine Verbindung mit dem Maifeld her. Die Anordnung der langgestreckten Pfeiler der umlaufenden Halle in einer Kolossalordnung, das abschließende breite Gesims und die Verkleidung des Stahlbetonskelettbaus mit Haustein und Werksteinplatten dienen zur Monumentalisierung der „nationalen Kampfstätte". Anlässlich der Fußball-WM 1974 entwarf Friedrich Wilhelm Krahe eine Teilüberdachung des Stadions, deren leichte, luftige, mit Acrylglas gedeckte Raumfachwerkkonstruktion sich dem monumentalen Charakter des Stadions unterordnet.
Die Sanierung und vollständige Überdachung nach Plänen von Gerkan, Marg + Partner ist bis 2006 vorgesehen.

301
Waldbühne
Am Glockenturm
1934–36
Werner March

302
Horst-Korber-Sportzentrum
Glockenturmstraße 24
1988–90
Christoph Langhof, Thomas M. Hänni,
Herbert Meerstein

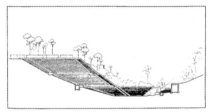

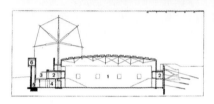

Zustand um 1936

Die ehemalige „Dietrich-Eckart-Bühne" liegt am
Nordwest-Rand des ehemaligen „Reichssportfeldes"
(Nr. 299). Sie fügt sich harmonisch unter Ausnut-
zung eines natürlichen Abhangs in die bewaldete
Landschaft ein. In ihrer Form bezieht sich die Freilichtbühne auf griechische Amphitheater wie das des
antiken Olympia. Das Theater sollte den umfassenden kulturellen Anspruch des „Reichssportfeldes"
hervorheben und als kultische Theater- und Feier-
stätte (Thingplatz) des NS-Staates dienen. Der Eingang der aus Kalk- und Tuffstein errichteten Anlage
wird durch zwei hohe Mauerblöcke begrenzt, die
von Adolf Wamper mit zwei monumentalen Reliefs
versehen wurden. Auf dem linken Block wird mittels
zweier heroischer Männergestalten die „vaterländi-
sche Feier" dargestellt, rechts sollen zwei Frauen
das „musische Feierspiel" verkörpern. Die fächerför-
mige Anlage wird durch zwei Umgänge in drei große Ränge unterteilt. Erschlossen werden die insgesamt 20 000 Plätze über vier Treppenanlagen mit
je 88 Stufen. Der Bühnenbereich gliedert sich in
einen Steinvorbau, die Orchestra und den Haupt-
podest, der in der Mitte durch eine Treppe unterbrochen wird. Der mächtige Kubus des Bühnenbaus
schließt den Bereich nach hinten ab. Der Bühnenbereich, der nach Kriegsbeschädigung 1961 wiederhergestellt wurde, ist heute mit einer zeltartigen
Überdachung versehen. Die Waldbühne ist seit
Kriegsende ein beliebter Veranstaltungsort für kulturelle, meist musikalische Großveranstaltungen.

Das Sportzentrum, benannt nach dem ehemaligen
Präsidenten des Landessportbundes Berlin und
ehemaligen Senators für Familie, Jugend und Sport,
ist als Landesleistungszentrum für verschiedene
Spielsportarten wie Handball, Hockey und Volleyball
mit internationalem Zuschnitt ausgerichtet. Bauherr
war der Landessportbund Berlin. Die Anlage besteht
aus zwei Bereichen, die oberirdisch getrennt erscheinen, unterirdisch aber verbunden sind: der
Sporthalle und dem leicht geschwungenen Hotel-
und Verwaltungsbereich. Neben der Sporthalle wurden ein Kraftraum, ein Entmüdungsbecken, eine
Sauna, Schulungs- und Seminarräume, Verwaltungsräume, eine Cafeteria, Räume für die medizinische Betreuung sowie ein Hotelbereich mit 40 Betten im Gesamtkomplex untergebracht. In der großen, dreifach teilbaren Halle finden auf beweglichen
Tribünen bis zu 3450 Zuschauer Platz. Die große
Halle wurde weitgehend in der Erde versenkt. Die
Zuschauer müssen über lange Treppen geradezu
zum sportlichen Ereignis herabschreiten. Das
Hallendach hängt an acht seitlich neben der Halle
platzierten Pylonen, die zum Markenzeichen der
Halle geworden sind. Jeder der 30 m hohen Pylone
hat fünf „Finger", über die je ein Seil gespannt ist,
das an der Gebäuderückseite verspannt ist. In die
Stahlkonstruktion des Hallendaches sind 420 beidseitig gekrümmte Glaslichtkuppeln eingehängt, die
blendfrei für eine natürliche Belichtung der Halle
sorgen und bei schönem Wetter geöffnet werden
können. Die Tragwerksplanung erstellte die Arbeitsgemeinschaft Tragwerksplanung LLZ, Werner
Paasch und Dieter Bamm.

303
Deutsches Sportforum
Rominter Allee
1926–28; 1934–36
Werner March

304
Krematorium Ruhleben
Am Hain
1972–75
Jan und Rolf Rave

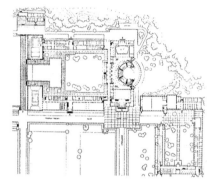

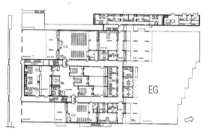

Modellaufnahme (oben)

Das Deutsche Sportforum liegt an der nördlichen
Ecke des ehemaligen „Reichssportfeldes" (Nr. 299).
Den baulichen Mittelpunkt des Geländes bildet der
hufeisenförmige Gebäudekomplex an der Ostseite
des Jahnplatzes. Sein Mittelpunkt ist das „Haus des
Sports", das zusammen mit dem Friesenhaus von
March erst 1934–36 errichtet wurde. Dieses als
Sportzentrum vorgesehene Gebäude enthielt neben
zahlreichen Büroräumen eine Ehrenhalle, Hörsäle,
ein Auditorium und als zentralen Raum eine große,
1200 Personen fassende Vorführhalle mit einer
17 m hohen Kuppel aus Sichtbeton. Der Mittelteil
seines Hoftraktes ist mit einer Freitreppe und einer
hohen, bis zum Hauptgesims reichenden monumentalen Pfeilerhalle versehen. An dieses Gebäude
schließen sich zu beiden Seiten die langgestreckten
Trakte des Turn- und des Schwimmhauses an.
Diese werden durch zwei kurze, mit Arkadengängen
versehene Querflügel ergänzt. Zwischen diesen
Querbauten ist ein T-förmiges Schwimmbecken
angelegt. Südöstlich des Gebäudekomplexes liegt
die Vierflügelanlage des Friesenhauses, in dem die
Teilnehmerinnen an den Olympischen Spielen untergebracht wurden. Das gesamte Sportforum ist mit
zahlreichen Plastiken staatlich protegierter Künstler
jener Zeit wie z. B. Arno Breker oder Josef Thorak
ausgestattet.

Das Krematorium wurde parallel zur Hauptallee des
Friedhofs platziert und die lange Alleen-Achse „Am
Hain" durch einen Verwaltungsbau verstellt. Die
Sieger des Wettbewerbs von 1962/63 gliederten
das Krematoriumsgebäude in einzelne Bereiche.
Hauptbestandteil sind die beiden Feierhallen – eine
kleine und eine große – mit jeweils eigenem Eingang. Ihnen sind Warte- sowie Aufenthaltszimmer
für die Angehörigen und die Musiker zugeordnet.
Die Feierhallen flankieren einen Mittelteil, in dem
sich Räume für die Geistlichen, Redner, Organisten,
Musiker und Sänger sowie auch die drei Aufbah-
rungsräume befinden. Wichtigstes Element der
Innenraum-Konzeption ist, dass der Sarg nicht wie
bei der Erdbestattung während der Trauerfeier versenkt, sondern durch eine Schleuse hinausgefahren
wird. Über eine Aufzugsanlage gelangen die Särge
dann in die technischen Räume des Krematoriums,
die in zwei UG untergebracht sind. Die Architekten
gestalteten die Anlage funktionell. Bei dem Gebäudekomplex handelt es sich um einen Mauerwerksbau aus Betonsteinen als Sichtmauerwerk. Über der
flachen Dachlandschaft erheben sich markante Kupferdächer, deren Fenster den Feierhallen Licht geben. Die Wandbilder im Inneren stammen von Markus Lüpertz.

305
U-Bahnhof Olympia-Stadion
Rossitter Platz
1929–30
Alfred Grenander

306
Atelier und Wohnhaus Kolbe
Sensburger Allee 25
1928–29; 1932; 1935
Ernst Rentsch; Paul Lindner

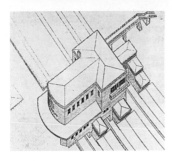

Zustand vor 1932 (oben)

Infolge des immer stärker werdenden Verkehrs zur Grunewaldrennbahn und zum Deutschen Stadion (für die Bauten der Olympischen Spiele 1936 abgerissen) und in Zusammenhang mit der Verlängerung der U-Bahnstrecke nach Ruhleben wurde ein Neubau des provisorischen Bahnhofs „Stadion" beschlossen. Grenander entwarf mit dem 3-geschossigen Bahnhofsgebäude eine großzügige Anlage nach modernsten Gesichtspunkten. Das schlichte, mit Klinkern verkleidete Gebäude, ein Spätwerk des Architekten, ist quer zu den Gleisen angeordnet. Charakteristisch ist sein gerundeter Abschluss zur Eingangsseite im Westen. Von den beiden leicht geschwungenen Bahnsteigen, deren Dächer durch ein Oberlicht zusammengefasst werden, führen zwei Treppen in die geräumige Eingangshalle im Mittelgeschoss. Diese öffnet sich ebenerdig einem zum Vorplatz verbreiterten Weg, der zu den Sportanlagen führt. 12 Flügeltüren nehmen die gesamte Breite des Eingangsbereiches ein und sorgen so auch in Stoßzeiten für einen reibungslosen Publikumsverkehr. Über dem Eingangsbereich erhebt sich, durch ein Vordach zurückgesetzt, ein hoch aufragender, fensterloser Oberbau. Dieser ist im Grundriss T-förmig angelegt und nimmt Signal- und Stellwerkanlagen auf. In seiner blockhaften Monumentalität steht er in starkem Kontrast zu dem niedrigen, transparenten Eingangsbereich mit den zahlreichen Türöffnungen. Der U-Bahnhof „Stadion" wurde 1935 in „Reichssportfeld" umbenannt. Seit 1945 trägt er den Namen „Olympia-Stadion".

Den Komplex aus Wohnhaus und Ateliergebäude ließ sich der Bildhauer Georg Kolbe (1877–1947) von dem Schweizer Architekten Ernst Rentsch 1928–29 errichten. Der kubische, flachgedeckte Atelierbau schließt direkt an eine hohe Klinkermauer an, die das Grundstück zur Straße abschirmt. In dieser liegt der gemeinsame Zugang von Atelier und Wohnhaus, das gleichzeitig als Atelier für Kolbes Schwiegersohn diente. Über den 1935 von Paul Lindner gestalteten Skulpturenhof, der zum Garten durch eine Säulenreihe geöffnet ist, gelangt man zum ebenfalls kubischen, 2-geschossigen Wohnhaus. Die Anordnung der Räumlichkeiten um diesen zentralen Atrium-Hof sowie die geometrische Aufteilung der Innenräume lehnt sich an antike römische Villenbauten an. Der große Atelierraum an der Gartenhofseite, den hohe Fenster und Oberlichter erhellen, nimmt die gesamte Gebäudehöhe ein. Kolbe selbst bewohnte die kleinen Zimmer im Ateliergebäude. Nördlich fügte Paul Lindner 1932 leicht versetzt zueinander die beiden Gebäudekuben des Glas- und des Tonateliers an. Mit den kubischen Formen, den Flachdächern, dem Klinkermauerwerk sowie den Stahlfenstern zeigt der Bau Gestaltungselemente des Neuen Bauens. Nach dem Tod Kolbes wurde 1950 aus Mitteln seiner Stiftung in den Atelierräumen das „Georg-Kolbe-Museum" eingerichtet, wobei die Rollbahnen und Kräne für Großskulpturen erhalten blieben. Skulpturen des Bildhauers wurden im Garten und ebenso im nahegelegenen „Georg-Kolbe-Hain" aufgestellt.

307
Mehrfamilienhaus
Bolivarallee 9
1930
Peter Behrens

308
Wassertürme
Spandauer Damm 165–167
1877–85; 1908–10
Heinrich Seeling

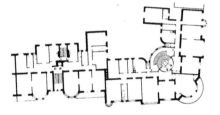

Zustand um 1900 (oben), Grundriss EG (unten)

Die 4- bis 5-geschossige Blockrandbebauung gehört zu den Spätwerken des Architekten. Das
Wohnhaus, eines seiner wenigen Mehrfamilienhäuser, ist in Stahlskelettbauweise ausgeführt und mit
Mauerwerk ausgefacht. Es besitzt einen kurzen
Flügel an der Bolivarallee und einen längeren an der
Eichenallee. Die Hausecke wird durch einen abgesetzten Runderker hervorgehoben; dessen Entsprechung bildet das halbrund hervortretende Treppenhaus an der Hofseite. Die Hausfronten werden plastisch als eine Abfolge hintereinander gestaffelter
Wandflächen gegliedert. Deren Übergänge bilden
halbrunde Erkervorbauten. Fenster verschiedener
Formate beleben die verputzte Fassade zusätzlich.
Durch zahlreiche langgezogene Balkonbänder wird
ihre horizontale Ausrichtung betont, Das oberste
Geschoss ist hinter einer dünnen, leicht vorstehenden Platte zurückgesetzt. Es weist ein kräftiges Gesims mit abschließendem Flachdach auf. Im Innern
des Mehrfamilienhauses befinden sich geräumige
Luxuswohnungen mit 4, 5 und 6 Zimmern. Die
Wohnungsgrößen betragen zwischen 100 und
180 m².

Auf dem Gelände war bereits 1877–85 ein Zwischenpumpwerk errichtet worden. Stadtbaurat Heinrich Seeling erneuerte ab 1908 die Gesamtanlage
und platzierte neben den 1882–83 errichteten
Turm einen neuen, etwas niedrigeren Wasserturm.
Dabei wurde der alte Turm umgestaltet und den
neueren Backsteinbauten angepasst. Da das Wasserwerk in einem Villenvorort liegt, war Seeling be-
strebt, die Anlage dem Charakter dieser zumeist im
Landhausstil gestalteten Wohnhäuser anzupassen.
So ist der Verbindungsbau zwischen den Türmen, in
dem sich Wasserprüfstation, Reparatur-, Magazin-,
Geschäfts- und Wohnräume befinden, wie eine
Landhausvilla mit Ziergiebeln und großem Dach
gestaltet. Der neue, dreifach gestaffelte Wasserturm, der zugleich ein Aussichtspunkt sein sollte,
enthält zwei Wasserbehälter. Aufgrund des geringen
Turmdurchmessers läuft die Treppe in einem gesonderten Türmchen an der Außenseite entlang, so
dass Platz im Inneren gewonnen wurde. Die Anlage
ist hier stellvertretend für die zahlreichen im Berliner
Stadtgebiet befindlichen Wassertürme erwähnt, die
zumeist als Backsteinbauten errichtet wurden.

309
Wohnanlage und Betriebsbahnhof
Knobelsdorffstraße 94–122
1927–30
Otto Rudolf Salvisberg, Jean Krämer

310
Epiphanien-Kirche
Knobelsdorffstraße 72–74
1960
Jürgen Kröger; Konrad Sage, Karl Hebecker

Grundriss Neuausbau von 1960

Die monumentale Wohnanlage der Heimstättengesellschaft der Berliner Straßenbahnbetriebe ist als
Blockrandbebauung beiderseits der Knobelsdorffstraße angelegt. Der Straßenbahnhof – heute Omni-
busbahnhof – liegt im Inneren des Karrees. Zwei 8-
geschossige, vorgezogene Turmbauten, denen
Arkaden vorgelagert sind, verengen den Straßenraum. Den platzartigen Siedlungseingang flankieren
Josef Thoraks überlebensgroße Muschelkalk-
skulpturen von 1928, „Arbeit" und „Heimat", die
thematisch auf den Zusammenhang von Wohnen
und Arbeiten in der Siedlung anspielen. Die fläch-
gen Fassaden leben von der Licht- und Schattenwirkung, die durch die hintereinander gestaffelten
Wandkompartimente und tief eingeschnittenen Loggien erzielt wird. Unmerklich wird durch die optische
Trennung der Häuser die ansteigende Straße über-
wunden. Die Monumentalität der Anlage betonen
die vorkragenden, auf Mauervorlagen gelagerten,
weit abgesetzten Dachplatten der Türme. Formal
beziehen sich die Architekten auf die Turmbauten
der 1925–27 entstandenen Anlage im Wedding
(Nr. 286). Die 2- bis 2 1/2-Zimmer-Wohnungen
sind mit 73–80 m² zwar großzügig bemessen,
doch zumeist ungünstig geschnitten und ohne Balkon. Die Überdimensionierung, die Betonung des
repräsentativen Charakters, die Verwendung von
Muschelkalk und der Einsatz von Bauplastik sind
Elemente, die wenig später in den Kanon der offiziellen NS-Architektur übernommen werden sollten.

Die Kirche belegt eindrucksvoll den gelungenen
Versuch, ein im Krieg beschädigtes Gebäude zeitge-
mäß und mit modernen Materialien wiederaufzubau-
en. 1904–06 hatte Jürgen Kröger eine Backsteinkirche errichtet, deren Fassadengestaltung ein buntes Gemisch von aus Romanik, Gotik und Barock
entliehenen Stilelementen darstellte. Im Krieg brannte die Kirche völlig aus. Anlässlich der Sicherung
des Baukörpers fasste man 1953 die beiden Türme
durch ein steiles Satteldach anstelle ihrer abge-
brannten barockisierenden Turmhelme zusammen.
Bei dem Wiederaufbau nahmen die Architekten eine
völlige Umorganisation des kreuzförmigen Kirchenraumes vor. Da der alte Zugang im Osten wegen
einer neuen, dicht an der Kirche vorbeiführenden
Autobahn nicht mehr benutzt werden konnte, schufen sie einen neuen Eingang an der Südseite. Als
umfassendster Eingriff wurde die Altarachse um 90
Grad gedreht, so dass der Altar statt im Osten jetzt
im Norden liegt. Statt des ursprünglich mehreckigen
Chorbezirks bildet dieser jetzt ein auf die Spitze
gestelltes Quadrat, in dessen Mitte der Altar steht.
Optisches Wahrzeichen der Kirche ist ihr Dach aus
einer offenen, gefalteten Aluminium-Konstruktion,
deren Stützfelder verglast sind. Die sich aus der
Faltung ergebenden Dreiecke des Tragwerks werden in den gezahnten Abschlüssen des Mauerwerks
aufgenommen. Die lichte, transparente Dachkonstruktion taucht den gesamten Kirchenraum in ein
helles, angenehmes Licht.

311
Engelhardt Hof
Danckelmannstraße 9
1995–96
Petra und Paul Kahlfeldt

312
Apartmenthaus
Kaiserdamm 25
1928–29
Hans Scharoun, Georg Jacobowitz

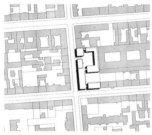

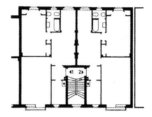

Ansicht
Lageplan

An der Danckelmannstraße findet sich, mitten im
Charlottenburger Kiez gelegen, ein weiteres Beispiel
der Konversion alter innerstädtischer Produktionsbe-
triebe. Die Architekten entwarfen auf dem Gelände
einer ehemaligen Brauerei eine mehrgliedrige und
doch überaus stringente Anlage, die zur Danckelmannstraße einen prägnanten Kopfbau ausbildet.
Um einen von der Danckelmannstraße her einseh-
baren Hof gruppieren sich die verschiedenen,
untereinander durch Stege verbundenen Gebäude.
Mit ihrer weitgehenden Klinkerverkleidung bilden sie
trotz der in ihren Grundrißfiguren und Höhenentwicklungen heterogenen Elemente ein harmoni-
sches und in sich ausponderiertes Ganzes. Der
quadratische Kubus an der Danckelmannstraße
akzentuiert den Eingang zum Hof. Mit seiner asymmetrisch nach rechts gezogenen eckumgreifenden,
profilierten und stahlgerahmten Curtain-Wall lenkt er
der Blick von der Klinkerwand am Grundstücksende
zur Hofeinfahrt und führt den Blick in die Tiefe des
Grundstücks. Gleichzeitig erinnert das Motiv an die
vorgehängten Glasfassaden der klassischen Moderne,
v. a. an Prototypen von Walter Gropius, und verweist
damit auf die Maßstäbe, an denen die Architektur sich
orientiert. Auch die U-förmige Struktur im Binnenbereich des Hofes erinnert mit ihren breit gelagerten,
durch schlanke Sprossen geteilten Fenstern und dem
ruhigen Achsenrhythmus an Bauhaus-Vorbilder. Den
Architekten gelingt es, mit zurückhaltenden kompo-
sitorischen Mitteln und einem feinen Gespür für
Material eine hervorragende, auch städtebaulich
überzeugende, mehrfach preisgekrönte Anlage zu
schaffen.

Das 5-geschossige Gebäude schließt eine Blockecke. Es enthält 1- und 2-Zimmer-Apartments in
drei unterschiedlichen Größen. Der Typ eines Apartmenthauses war als großstädtische Wohnform für
eine beruflich stark beanspruchte Bewohnerschaft
ohne Familie gedacht. Scharoun baute wenig später
am Hohenzollerndamm (Nr. 387), ebenfalls mit
Georg Jakobowitz, ein weiteres Haus dieses Typs.
Die aufwendig ausgestatteten Wohnungen bieten
durch die geschickte Anordnung der Wohnteile für
ihre relativ geringe Wohnfläche erstaunlich viel Platz.
Im DG befinden sich Ateliers, z. T. mit Dachgarten,
darüber wurde eine Sonnenterrasse angelegt. Im EG
sind verschiedene Läden untergebracht, eine geplante Gaststätte zur Versorgung der Bewohner
wurde nicht realisiert. Die Fassade wird durch die
großen, mit Austritten versehenen Fensteröffnungen
bestimmt. Sie stehen in belebendem Kontrast zu
den versetzt angeordneten Fenstern der Treppenhäuser und zu den winzigen Küchenfenstern. Trotz
der „modernen" Form mit Flachdach nimmt der Bau
Rücksicht auf die älteren Nachbargebäude, deren
Steildach zunächst aufgenommen wird; die Überleitung zum leicht überstehenden Flachdach erfolgt
durch einen mauerartigen Vorbau.

313
Großturn- und Sporthalle
Schloßstraße/Otto-Grüneberg-Weg
1988
Inken und Hinrich Baller

314
Gardekasernen des Regiments „Garde du Corps"
Schloßstraße 1, 70
1852–59
August Stüler

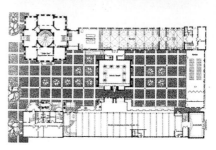

Westliche Kaserne (oben),
Grundriss Ägyptisches Museum 1987 (unten)

Auf dem verhältnismäßig kleinen Grundstück sollte eine Doppelturnhalle untergebracht werden. Die Architekten lösten dieses schwierige Problem, indem sie die Turnhallen übereinander anordneten. Die Transparenz – die Geschosse sind weitgehend verglast – und vor allem die Gliederung mit Balkonen sowie Vor- und Rücksprünge lassen nicht auf die Funktion des Gebäudes schließen. Der 3-geschossige Stahlbetonbau wurde aufgeständert, so dass im EG ein offener, regengeschützter Bereich entstand. Im 1. OG befindet sich die kleinere Halle, darüber wurde eine olympischen Normen entsprechende Sporthalle untergebracht. Die Umkleideräume befinden sich an der Schmalseite des Gebäudes. Weitere Nebenräumlichkeiten werden auch an den Fassaden sichtbar: so tritt das Treppenhaus als verglaster Erker über die Baufluchtlinie, und die Geräteräume kragen auf der Gebäuderückseite heraus. Ein Stahlbeton-Verbundtragewerk ermöglicht ein allseitiges Überkragen des oberen Geschosses sowie eine Spannweite von 20,40 m. In der oberen Halle ist die Holzbinder-Konstruktion offen sichtbar und soll zusammen mit den Zugverspannungen und den Abhängungen für die Sportgeräte an Zirkuskuppeln erinnern, Hauptgestaltungsmerkmale dieses Baus, wie auch aller anderen Bauten der Architekten Baller, sind neben dem gewölbten Dach mit seiner schwingenden Dachtraufe die filigranen, türkisfarbenen Balkongitter, deren dekoratives Moment die Leichtigkeit des Gebäudes unterstreicht (siehe z. B. auch in unmittelbarer Nähe das Wohnhaus Schloßstraße 45–47).

Die beiden Bauten bilden den architektonischen Auftakt der hier beginnenden Schloßstraße. Die 3-geschossigen Gebäude erheben sich über einem quadratischen Grundriss. Jede Schauseite ist durch einen dreiachsigen Mittelrisalit betont, den wiederum ein Dreiecksgiebel bekrönt. Über dem hohen, rustizierten Sockelgeschoss wurden die Fassaden mit kannelierten Kolossalpilastern gegliedert und mit einer breiten Attika abgeschlossen. Weithin sichtbares Merkmal sind die hohen, runden Dachaufsätze, die vom Motiv her an griechische Rundtempel erinnern. Sie können auch als Zitat der Kuppeln des Französischen und des Deutschen Doms (Nr. 82) angesehen werden. Nach Beseitigung der Kriegsschäden wurde 1956–58 die westliche Kaserne von Karl Heinz Wuttke zum Antikenmuseum, die östliche 1966–67 durch Wils Ebert zum Ägyptischen Museum umgebaut. Ralf Schüler und Ursulina Schüler-Witte gestalteten 1976 zusammen mit Helge Sypereck die Schatzkammer des Antikenmuseums. Von ihnen stammt auch der 1987 fertiggestellte Anbau am Ägyptischen Museum, bei dem in Gebäudedisposition wie auch in Einzelformen, u. a. den blechernen Dach-Akroteren, antike Formenelemente aufgenommen wurden. Seit 1996 beherbergt der westliche Bau die Kunstsammlung Berggruen. Die Antikensammlung wird im Zuge der Neuordnung der Staatlichen Museen Preussischer Kulturbesitz in den Komplex der Museumsinsel integriert werden.

314
Luisenkirche
Gierkeplatz
1712–16; 1823–26
Philipp Gerlach, Martin Böhme; Karl Friedrich Schinkel

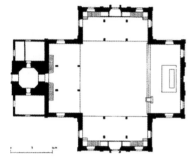

Zustand um 1950 (oben)
Grundriss Neugestaltung 1956 (unten)

Die von Gerlach und Böhme entworfene einfache, 2-geschossige Pfarrkirche mit dem Grundriss eines griechischen Kreuzes wurde von Schinkel 1823–26 grundlegend erneuert und im Sinne des Klassizismus umgebaut. Er ließ an den westlichen Kreuzarm einen quadratischen Turm anbauen, dessen drei Geschosse durch breite, verzierte Gurtgesimse voneinander abgesetzt sind. Das EG des Turms mit dem Stufenvorbau nimmt die Eingangshalle auf. Auch der Innenraum des Gotteshauses wurde vollständig im Geiste des Klassizismus umgestaltet. Die dünnen Pfeiler, welche die Flachdecke trugen, ließ Schinkel ebenso wie die Emporenpfeiler in korinthische kannelierte Säulen umwandeln. Nach beträchtlicher Kriegsbeschädigung wurde die Kirche 1950–56 unter der Leitung von Hinnerk Scheper wiederaufgebaut und ihr ursprüngliches Äußeres bis auf den ursprünglich spitzen Turmhelm und die Attika über den Kreuzarmen wiederhergestellt. Im Inneren nahm man jedoch eine völlige Umgestaltung vor. Der nüchterne Innenraum mit seiner flach gespannten Betondecke, den Sichtbetonpfeilern und den hellen Bodenplatten ließ nichts mehr von dem ehemals feierlich-klassizistischen Raumeindruck erkennen. 1987 wurde eine entfernt an Schinkel angelehnte Innenraumdekoration hergestellt.

316
Schinkel-Pavillon
Schloss Charlottenburg, Schlossgarten
1824–25
Karl Friedrich Schinkel

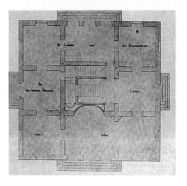

Das kleine, kubische Haus, östlich des Schlosses gelegen, ist in das Achsensystem der barocken Gartenanlage einbezogen. Auf Wunsch des Königs Friedrich Wilhelm III. sollte eine italienische Villa als Vorbild für seine „Privat-Wohnung" genommen werden. Das kompakte Gebäude hat jeweils zwei gleich gestaltete Fassaden, ohne direkte Betonung einer Eingangsseite. Charakteristisch ist der den gesamten Bau umlaufende, auf Konsolen gelagerte gusseiserne Balkon. Die kräftige Attika, hinter der das Dach verborgen liegt, und der Balkon unterstützen die breitgelagerte Form des 2-geschossigen Baus. Die architektonischen Gliederungselemente Pilaster, Säulen, Fensterrahmen und Gesimse heben sich durch weißen Anstrich von den Putzflächen ab. Basen und Kapitelle sind aus Sandstein. Mit den Kapitellformen nahm Schinkel Bezug auf antike Vorbilder vom „Turm der Winde" in Athen (1. Jahrhundert v. Chr.). Der Klarheit des Äußeren entspricht die Raumanordnung im Inneren. Die quadratischen Zimmer sind um das in der Mitte liegende Treppenhaus gruppiert. Aufgrund der umfassenden Dokumentation aus der Entstehungszeit konnte nach kriegsbedingter Beschädigung 1956–66 auch die Innendekoration des klassizistischen Baus wiederhergestellt werden. Heute ist im Gebäude ein Museum eingerichtet, dessen Sammlung einen Überblick über die Kunst der Schinkel-Zeit gibt.

317
Schloss Charlottenburg
Luisenplatz 1
1695–99; 1701–13; 1740–46; 1787–91
Arnold Nering, Martin Grünberg; Eosander von Goethe; Wenzeslaus von Knobelsdorff; Carl Gotthard Langhans

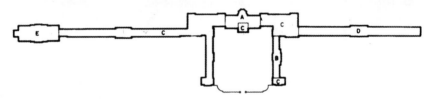

Als Sommersitz für die Kurfürstin Sophie Charlotte war nach Nerings Plänen bis 1699 ein elfachsiger Bau mit vierachsiger Mittelrücklage entstanden (A). Die Gartenseite wurde – wie heute noch sichtbar – mit einem aus der Fassade hervortretenden, ovalen Saal akzentuiert, dessen Wandflächen zwischen den Halbsäulen leicht einschwingen. Ab 1701 erweiterte Eosander von Goethe das Schlösschen zu einer repräsentativen Dreiflügelanlage und fügte westlich bis 1713 den 1-geschossigen Orangerie-Bau an (C). Zu den weiteren Umbaumaßnahmen zählte der 48 m hoch aufragende Kuppelturm, den Eosander in den Mittelteil des Nering-Baus eingliederte. Die Gartenfront erhielt durch jeweils zwei östlich und westlich des ovalen Saales vorspringende Risalite eine einheitliche Gliederung, wobei das System der Hauptfront wiederholt wurde. Unter Friedrich II. errichtete Knobelsdorff bis 1746 den östlichen „Neuen Flügel" (D). Knobelsdorff nahm wiederum Elemente des vorhandenen Schlossbaus mit Rustikaband im EG und pavillonartiger Mittelbetonung des langen Flügels auf. Die zierlichen Schmuckformen an Balkongittern, Kapitellen und Kandelabern kennzeichnen den vor allem von Knobelsdorff vertretenen Stil des „friderizianischen Rokoko", eine an Frankreich orientierte und mit klassizistischen Anklängen verwobene, strenge Variante des Rokoko. Langhans schloss 1787–91 an den westlichen

Orangerie-Flügel einen Theater-Bau an. Bei diesem Baukörper verband Langhans wie beim Belvedere (Nr. 245) Formen des Barock mit Elementen des frühen Klassizismus. Das im Zweiten Weltkrieg stark beschädigte Schloss sollte abgerissen werden. Dank des engagierten Einsatzes der späteren Direktorin der Schlösser und Gärten, Margarete Kühn, wurde der Wiederaufbau eingeleitet. Die Innenausstattung des Schlosses wurde weitgehend rekonstruiert und gibt einen Überblick über die herrschaftliche Wohnkultur vom Rokoko über Klassizismus zum Biedermeier. Freie Neuschöpfungen wie die Deckengemälde im Weißen Saal von Hann Trier (1972/73) und in der Orangerie (1977) von Peter Schubert, die Attikafiguren der Gartenfront (1977–78) und die Fortuna auf der Schlosskuppel von Richard Scheibe ergänzen das Gesamtbild. Das unmittelbar am Schloss gelegene Gartenparterre wurde nach Entwürfen des Franzosen Jaques Blondel, der es 1737 angelegt hatte, rekonstruiert. Diesem dekorativen Ziergarten folgt im Norden ein mehrfach umgestalteter Landschaftsgarten, dessen Vorbilder in holländischen Anlagen liegen. Im Garten befindet sich das Mausoleum der Königin Luise, das von Heinrich Gentz 1810–15 entworfen, 1828–29 von Karl Friedrich Schinkel, dann von Ferdinand Hesse 1841–42 nochmals umgebaut und schließlich von Albert Geyer 1890–91 wiederum erweitert wurde.

318

Belvedere
Schloss Charlottenburg, Schlossgarten
1789–90
Carl Gotthard Langhans

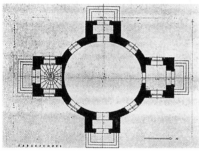

Das 3-geschossige Belvedere liegt abseits der
Hauptachse der barocken Gartenanlage im Bereich
des englischen Landschaftsgartens. Langhans entwickelte die Grundrissform aus einem Oval, an das
vier Rechtecke angeschoben sind. Im Aufriss wechseln daher geschwungene Wandkompartimente mit
geraden, erst das Dach zeichnet das im Grundriss
vorgegebene Oval nach. Jeweils zwei der „Anbauten" wurden identisch gestaltet: Pilaster zieren geschlossene Wandflächen, zwei loggienartige Balkone wurden mit einem flachen Mittelrisalit, die beiden
anderen mit einem Dreiecksgiebel bekrönt. Einen
besonderen Akzent erhielten die OG durch hermen-
artige Atlanten, die paarweise in die Fensterlaibun-
gen eingestellt sind. Das Verschleifen der Gebäudeecken durch Eckpilaster und das Verschmelzen der
Raumformen (Oval und Rechteck) entspricht barocker Formensprache. Der sparsame Fassadenschmuck, die architektonische Gliederung durch
Architrave und Vollsäulen sowie die Verbindung der
Fensterstürze mit den Dreiecksgiebeln zeigen hingegen Merkmale des beginnenden Klassizismus. In
diesem Stil errichtete Langhans später seine bedeutendsten noch erhaltenen Bauten, das Brandenburger Tor (1798) und den Theaterbau am Schloss
Charlottenburg (Nr. 317). Die Fassade des schwer
kriegsbeschädigten Belvedere konnte nach vorhandenen Stichen rekonstruiert werden. Die Innendekoration der drei übereinanderliegenden Säle wurde
nicht gemäß dem Originalzustand wiederhergestellt.

319

Siedlung Charlottenburg Nord-Ost
Heilmannring 59–78
1957–60
Hans Scharoun, Werner Weber, Hans Hoffmann

Bauteil Scharoun

Die Siedlung schließt unmittelbar an die „Ringsiedlung" (Nr. 320–326) an, an der Scharoun ebenfalls
beteiligt war. Für die Gemeinnützige Siedlungs- und
Wohnungsbaugesellschaft (GSW) errichteten die
Architekten 3- bis 8-geschossige Wohnhäuser, die
paarweise oder zu Gruppen zusammengefasst entlang des Heilmannrings angeordnet sind. An der
Goebelstraße verlängerte Scharoun 1956–57 die
Zeile (Nr. 323), die Otto Bartning 1929–31 errichtet hatte, mit einem gestaffelten Anbau. Des weiteren gestaltete Hans Scharoun vier Wohnhaustypen,
die sich durch die Staffelung der Baukörper voneinander unterscheiden. An den Gelenkpunkten der
leicht versetzt angeordneten Bauteile befinden sich
die Treppenanlagen. Von dort werden die Wohnungen über Laubengänge erschlossen. Die Zeilenenden sind zum Teil fächerartig gestaffelt, so dass dort
die 2- bis 2 1/2-Zimmer-Wohnungen besonders
gut besonnt werden. Werner Webers Bauten bilden
drei ovale „Höfe", die vom Heilmannring durchschnitten werden. Auch in diesem Bereich sind, wie
bei den Bauten Hoffmanns südlich des Hecker-
damms, zumeist 2- bis 2 1/2-Zimmer-Wohnungen
untergebracht, Östlich des Kurt-Schumacher-
Damms setzten 1960–65 Wils Ebert und Fritz
Gaulke mit der „Paul-Hertz-Siedlung" das Wohngebiet fort.

320
„Ringsiedlung"
Jungfernheideweg, Goebelstraße
1929–31
Otto Bartning (3), Fred Forbat (5), Walter Gropius (2),
Hugo Häring (4), Paul Rudolf Henning (6),
Hans Scharoun (1)

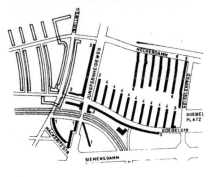

„Eingang" vom Siemensdamm aus (oben)

Die „Ringsiedlung" in der Siemensstadt begründete
einen neuen Siedlungstyp, der im Gegensatz zu den
Großsiedlungen in Britz (Nr. 579–581) und in
Zehlendorf (Nr. 767, 768) nur aus Wohnungen
besteht, die in Stockwerksbauten untergebracht
sind. Die Mitglieder der progressiven Architekten-
vereinigung „Der Ring" – daher der Siedlungsname
– sowie Forbat und Henning wurden von Stadtbaurat Martin Wagner für die Siedlungsgestaltung berufen. Scharouns Entwurf bildete die städtebauliche
Grundlage für die 1379 Wohnungen und 17 Ladengeschäfte, die in drei Bauabschnitten errichtet
wurden. Ziel war es, für die bei Siemens Beschäftigten, vor allem für die Angestellten, angemessenen
Wohnraum zu schaffen. Die meisten Zeilen wurden
zur optimalen Belichtung und Besonnung der Wohnungen in Nord-Süd-Richtung angeordnet, wobei
die nördlichen Zellen durch ihre geringere Geschosszahl zum Jungfernheidepark überleiten. In den einzelnen Siedlungsbereichen typisierten die Architekten jeweils Fenster, Türen und Grundrisse der zumeist aus 2 bis 2 1/2 Zimmer bestehenden Wohnungen. Der Gartenarchitekt Leberecht Migge gestaltete die Freiflächen als durchgängiges, öffentli-
ches Grün ohne Mietergärten. Die Siedlung ist gestalterisch einer der Höhepunkte des Neuen Bauens
in Berlin. Technische Neuerungen hingegen, wie die
Stahlskelettbauweise, die z. B. von den Brüdern
Luckhardt auf den Wohnungsbau übertragen wurde
(Nr. 750), fanden keine Anwendung.

321
„Ringsiedlung"
Jungfernheideweg
1929–31
Bauteil Hans Scharoun

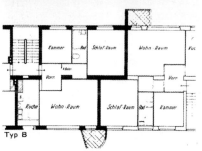

Typ B

Durch Scharouns Zeilen-Anordnung erhielt die
„Ringsiedlung" einen Hauptzugang, der trichterförmig auf die schmale S-Bahn-Unterführung zuführt.
Weil die gestaffelten Balkone der linken Zeile mo-
dellierend in den Straßenraum eingreifen und der
Bau zusätzlich mit schiffsartigen Aufbauten, Deckstaffelung, Bullaugen und Schlitzfenstern versehen
ist, erhielt er von den Berlinern den Namen „Panzer-
kreuzer". Die Hauseingänge sind hier alternierend
zur Straßen- und zur Gartenseite gesetzt, so dass
die Wohnungsgrundrisse ineinander verschoben
sind. Die formal als selbsttragende Elemente ausgebildeten Balkone, die wie aus einer stählernen
Schiffswand ausgeschnitten erscheinen, sind nur
aus Putz und Drahtgeflecht. Der vorgezogene Bau
an der Ecke zur Mäckeritzstraße wurde 1952 aufgestockt und der Eckladen vereinfacht wiederhergestellt. An der Mäckeritzstraße verschleiern die Treppenhäuser mit den „angehängten" Balkonen den
Schwung des Gebäudes, das dem Straßenverlauf
folgt. Die 2- bis 2 1/2-Zimmer-Wohnungen besitzen zwischen 40 und 69 m² Wohnfläche. Die Ab-
trennung zwischen Schlaf- und Wohnbereich mittels
Zwischenflur hat Ähnlichkeit mit den Grundriss-
lösungen von Scharouns Apartment-Häusern am
Kaiserdamm (Nr. 312) und Hohenzollerndamm
(Nr. 387). Die Wohnungen des Blocks Jungfernheideweg 4–14 überzeugen durch ihre unkonventionelle Raumdisposition: dem Wohnraum ist eine
Essecke angegliedert, neben der direkt die Küche
liegt. Scharoun wohnte selbst jahrelang in dieser
Siedlung, im Jungfernheideweg 4.

322
„Ringsiedlung"
Jungfernheideweg
1929–32
Bauteil Walter Gropius

323
„Ringsiedlung"
Goebelstraße
1929–31
Bauteil Otto Bartning

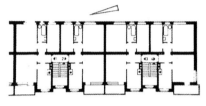

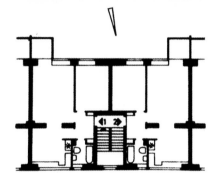

Zustand um 1950 (oben)

Die Hälfte der parallel zum Jungfernheideweg liegenden Zeile wurde zusammen mit dem Ladenbau
und dem daran anschließenden Laubengang-
wohnhaus im ersten Bauabschnitt der „Ringsiedlung" (Nr. 320) errichtet. Gegenüber der langen
Front liegt eine ebenfalls von Gropius gestaltete
kürzere Zeile, hinter der nach Osten die Zeilen von
Hugo Häring (Nr. 324) anschließen. Die Fassaden
dieser Wohnblöcke sind von Gropius mit gleichen
Elementen, aber dennoch differenziert gestaltet.
Vertikale Fensterbänder teilen die Front am Jungfernheideweg in einzelne Kompartimente. Auf der
Gartenseite sind die paarweise zusammengefassten
Loggien über die Fassadenflucht hinausgezogen.
Das Laubengangwohnhaus wird durch einen einge-
schossigen Ladenbau mit der langen Zeile verbun-
den. Die Fenster sind jeweils durch dunkelviolette
Klinkerstreifen zu größeren Einheiten zusammen-
gefasst. Ein wichtiges gestalterisches Element sind
die Sonnenterrassen auf den Dächern, die sich im
Anschluss an die zurückgestuften DG befinden und
mittels durchlässiger Gitter abgeschlossen sind. Die
Wohnungen besitzen 43, 55 und 69 m² Wohnfläche.

Bei der Errichtung einer Zeile entlang einer leicht
gekurvten Straße gelangten Bruno Taut in Zehlendorf (Nr. 766), Bruno Ahrends in der Weißen
Stadt (Nr. 593) und Otto Bartning in der „Ringsiedlung" zu ähnlichen Lösungen. Der geschwungene Baukörper ist jeweils durch einen quergestellten
Bau „gebunden". Bartnings bezeichnenderweise
„Langer Jammer" genannte Zeile schirmt mit entgegengesetzter Bewegungsrichtung die Siedlung zur
einschwingenden S-Bahn-Linie ab. In dem so entstandenen trichterförmigen Freiraum wurde von
Bartning eines der ersten Berliner Siedlungskraft-
werke errichtet. Ein 2-geschossiger Wohnblock am
Jungfernheideweg bildet den Auftakt zu dieser fast
ebenmäßigen, 25 Hauseinheiten umfassenden Zeile. In gleichmäßiger Folge wurden querrechteckige
Fenster und vertikale Treppenhausbänder zur Wandgliederung eingesetzt. Küchen- und Badfenster sind
durch Ziegelstreifen – ähnlich wie bei den Bauten von
Gropius in dieser Siedlung (Nr. 322) – optisch zu
einer Einheit zusammen-gefasst. Aus der flächigen
Wand treten nur die überkragenden Dächer der
Hauseingänge hervor. An der Gartenfront staffeln
sich die weit vorstehenden, verklinkerten Trennwände, an denen die Balkone „eingehängt" sind. Diese
erscheinen, bei entsprechendem Blickwinkel, als
durchgehende Wand, die durch die hellen, hölzernen Balkonbrüstungen horizontal strukturiert wird.
Scharoun fügte im Zuge des Siedlungsbaus „Charlottenburg Nord-Ost" (Nr. 319) 1957 einen stark
gestaffelten Baukörper an diese Zeile an.

324
„Ringsiedlung"
Goebelstraße
1929–31
Bauteil Hugo Häring

325
„Ringsiedlung"
Geißlerpfad
1929–31
Bauteil Fred Forbat

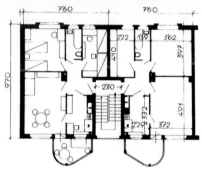

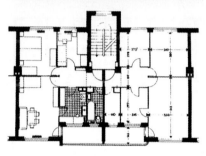

Auffallendstes Merkmal dieser zur „Ringsiedlung" (Nr. 320) gehörenden Zeilen sind die nierenförmigen Balkone, die der Fassade eine wellenartige Oberflächenstruktur verleihen. Hellbrauner Anstrich und Materialsichtigkeit der gelb-bunten Ziegel setzen die Zeilen von den übrigen Siedlungsbauten ab. Die Treppenhäuser bestimmen indirekt den Fassadenrhythmus, da an ihnen die ausschwingenden Balkone verankert scheinen und im OG dort die Rechteck-Balkone unterbrochen sind. Die breiten, verklinkerten DG geben den Bauten einen etwas kopflastigen Abschluss. Die flachen Fronten stehen den spannungsgeladenen Südfronten gleichsam als „Ruhepol" gegenüber. Die achte und letzte Zeile der Reihe, in der Kleinwohnungen mit 48 und 58 m² Wohnfläche untergebracht sind, unterscheidet sich von den anderen Zeilen. Die Fassade wurde hier durch unterschiedlich große, rechteckige Balkone aufgelockert, die paarweise gestaffelt angeordnet sind. Der äußere Originalzustand der Zellen konnte, trotz Problemen mit durchgerosteten Balkonstützen und heute nicht mehr zulässigen Balkonbrüstungsstärken, erhalten bleiben. Lediglich in den DG mussten Stahlkonstruktionen eingezogen werden. Diese Zeilen zählen zu den wichtigsten Arbeiten Härings. Wie auch bei seinem Hauptwerk, dem Gut Garkau bei Scharbeutz (1924–25), überzeugt hier die Verbindung von geschwungenen Formen mit einer strengen, klaren Gliederung.

Die beiden Zeilen von Fred Forbat schließen die „Ringsiedlung" (Nr. 320) nach Osten ab. Sie beziehen sich auf die Bauten von Hugo Häring (Nr. 324) und von Paul R. Henning (Nr. 326), indem sie deren Zeilenlänge aufnehmen. Ein 1-geschossiger Ladenbau schließt zwei Zeilen optisch zusammen. Variantenreich werden die verschiedenen Möglichkeiten der Loggien- und Treppenhausgestaltung vorgeführt. Die Wandebenen staffeln sich in feinen Schichten, manchen Zeilen sind kubische Treppenhäuser und Balkone angefügt. Die abgerundet vorspringenden Balkonbrüstungen, die an einer senkrechten Ziegelschicht gebrochen werden, finden ihre Entsprechung in der Wandgestaltung der nördlichen Zeile. Dort sind die vorgezogenen Wandscheiben abgerundet und laufen in das senkrechte Ziegelband, das durch die Fensterbänder der Treppenhäuser optisch breiter erscheint. Durch vorspringende Treppenhäuser, welche an die „Rote Front" in Britz (Nr. 579) erinnern, werden die flachen Fassaden strukturiert. Der halbrund vorkragende Ladenbau – ein wiederkehrendes Motiv in der Architektur der 20er Jahre – wird mittels durchgehender Verklinkerung des EG in die Zeile eingebunden. Die nördliche Zeile hat als einzige der Siedlung verschiedene Grundrisstypen unter einem Dach vereint. Die unterschiedlichen Wohnungsgrößen sind hier auch an der Fassade durch schmal vortretende kleine Balkone (8 m²) und langgestreckte Loggien (68 m²) sichtbar gemacht.

326
„Ringsiedlung"
Heckerdamm
1930–31; 1933–34
Bauteil Paul Rudolf Henning

327
Kirche Maria Regina Martyrum
Heckerdamm 230–232
1960–63
Hans Schädel, Friedrich Ebert

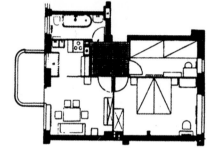

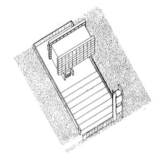

Paul Rudolf Henning war hauptsächlich ein, dem Expressionismus verpflichteter Bildhauer. Seine wenigen Bauten zeichnen sich jedoch durch sachliche Strenge aus. Die 3-geschossigen Bauten knicken leicht ab und leiten durch Herabsetzung der Geschosshöhe zum Jungfernheidepark über. 1933–34 erfolgte eine Erweiterung mit zwei spiegelbildlich angeordneten Zeilen, die an die frühere Bebauung anschließen, und einer einzelnen Zelle am Geißlerpfad. Bei den Wohnhäusern von Henning lassen sich gestalterische Ähnlichkeiten zu den anderen Architekten der Siedlung feststellen. An Härings Bauten (Nr. 324) erinnern das verklinkerte, breite Sockel- und Dachgeschoss sowie die ausgreifenden Balkone, deren Schattenbildung den Reiz der Fassaden erhöht. Mittels Kieselwaschputz wird jedoch, anders als bei Häring, der Eindruck einer homogenen, in Beton gegossenen Oberfläche vorgetäuscht. Die verklinkerten Terrassenwände erzeugen einen ähnlichen Effekt wie diejenigen bei Bartnings Bau (Nr. 323). Auch das Einschwingen der Fassade zu den tiefergelegenen Fenstern scheint von Tauts „Peitschenknall" (Nr. 767) in Zehlendorf bekannt zu sein. Die größten Wohnungen befinden sich in den leicht einspringenden südlichen Zeilenenden, deren Wohnzimmer durch große Fensterbänder belichtet werden. Am gleichen Treppenhaus sind mit 48 m² die kleinsten Wohnungen dieses Abschnittes untergebracht. Alle übrigen 2 1/2-Zimmer-Wohnungen besitzen rund 62 m² Wohnfläche.

Eine hohe Betonmauer trennt den terrassenförmig abgetreppten Kirchenbezirk von der Außenwelt. Betreten wird dieser Vorhof durch ein Tor des an der südwestlichen Hofecke aufragenden Glockenturmes. Quer zum Hofraum ist gleich einem Riegel der rechteckige Kirchenbau gelagert. Er ist als Doppelkirche konzipiert; die auf Stützen gestellte Oberkirche überspannt wie eine Brücke die Begrenzungsmauer und die etwas tiefer liegende, kryptaähnliche Unterkirche. Eine Freitreppe führt quer zum Kirchenraum auf die Taufkapelle zu. Die kubischen Baukörper sind aus z. T. freistehenden, z. T. ein- und vorgehängten Mauerflächen aufgebaut. Diese großflächigen, hohen Mauerscheiben verleihen der Anlage einen monumentalen Charakter, der sich auch im Innenraum fortsetzt. Die Oberkirche besitzt einen einschiffigen, schlichten Kirchenraum. Die Betonwände wurden schalungsrau belassen, die indirekte Lichtquelle mildert deren Härte. An der Altarwand befindet sich ein Fresko von Georg Meistermann. An der östlichen Hofmauer wurden Bronzeskulpturen von O. H. Hajek zu den 14 Stationen des Kreuzwegs aufgestellt.

328
Gustav-Adolf-Kirche
Herschelstraße 14–15
1932–34 Otto Bartning

329
Landgericht III
Tegeler Weg 17–20
1901–06
Erich Petersen, Rudolf Mönnich, Paul Thoerner

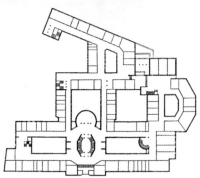

Die Kirche aus Stahlbetonrahmen und Klinkermauerwerk erhebt sich über einem fächerförmigen
Grundriss. Ein schlanker, rechteckiger Glockenturm
wächst aus der Spitze des gestaffelten Baukörpers
empor. Der Eingang zum Kirchenraum befindet sich
an einer niedrigen Halle an der dem Turm gegenüberliegenden Breitseite. Zwei kleine Kapellen flankieren diese Vorhalle. Ein Gemeinde- und ein
Schwesterhaus, die einander gegenüber an den
Ecken des Grundstücks liegen, werden durch Pergolen mit der Kirche verbunden. Der durch einen
Stufenvorbau erhöhte Altar an der Spitze des Saales
ist durch das Fehlen eines Chores – ganz im Sinne
einer Predigtkirche – eng mit dem Gemeinderaum
verbunden. Auf die Altarzone laufen strahlenförmig
fünf gestaffelte Kirchenschiffe zu. Sie werden durch
Längsbinder, die mit fächerförmigen Pultdächern
gedeckt sind, gegliedert und zur Mitte hin in die
Höhe gestaffelt, was dem Raum eine große Dynamik verleiht. Engstehende Fensterbänder an der
Längsseite der Schiffe tauchen den gesamten Innenraum in ein helles Licht. Die Kirche wurde im
Zweiten Weltkrieg schwer beschädigt. Der Erbauer
der Kirche begann 1950 mit ihrem Wiederaufbau,
bei dem u. a. die Fenster an den Schmalseiten der
Mittelachse vermauert wurden. Trotz dieser Veränderungen in ihrem Innern blieb der großartige Gesamteindruck der Kirche erhalten.

Die langgestreckte Straßenfront des mächtigen
Gebäudekomplexes wird durch einen Mittelrisalit mit
hohem Dreiecksgiebel bestimmt. In der Gestaltung
der Fassade lehnt sich das Gebäude an die deutsche und norditalienische Romanik an; das EG und
die OG weisen Rundbogenfenster mit eingestellten
Säulen in verschiedenen Gruppierungen auf, den
Zugang zur Treppenhalle bildet ein großes, zwei-
türiges Rundbogenportal. Durch die Blockhaftigkeit
des unbehauenen Werksteins und die wehrhafte,
burgenartige Erscheinung löst das Gebäude beim
Betrachter eine – beabsichtigte – Ehrfurchtshaltung
aus. Die Wahl romanisierender Formelemente für
die Fassade eines Gerichtsgebäudes war zu jener
Zeit ungewöhnlich. Üblich war die Anlehnung an
den Barockstil, wie z. B. beim Kriminalgericht in
Moabit (Nr. 320), an dessen Planung ebenfalls
Rudolf Mönnich mitgewirkt hatte. Aber auch beim
Landgericht III lassen sich, etwa in dem repräsentativen, durch seine Größe einschüchternden Treppenhaus, in der Fassadengliederung durch einen
Mittelrisalit oder in der Anlage mehrerer Lichthöfe
barocke Architekturelemente erkennen.

330
Kraftwerk Charlottenburg
Am Spreebord 5–8
1899–1900; 1987–89
Georg Klingenberg; Walter Henn

331
Wohn- und Geschäftshaus
Haubachstraße 33
1981–1985
Johannes Uhl

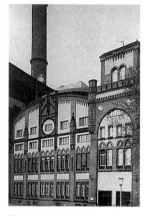

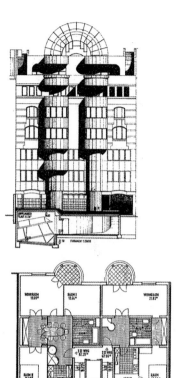

Zustand um 1900 (oben)
Heutiger Zustand (unten)

Zeichnung der Fassade, Hofseite (oben)

Das Kraftwerk Charlottenburg ist einer der zahlreichen Kraftwerksbauten, die Klingenberg in Berlin und Umgebung errichtet hat. Sein bekanntester Bau ist das 1924–26 entstandene Großkraftwerk Klingenberg im Bezirk Lichtenberg (Nr. 667). Beim Kraftwerk Charlottenburg wurde, wie es zu der Zeit üblich war, der funktionale Charakter hinter einer reich verzierten Fassade versteckt. Die roten Ziegelbauten wurden mit hellen Putzeinlagen und Schmuckformen im Stil der märkischen Backsteingotik verziert. Die turmartig erhöhten Gebäudeecken waren ehemals von hohen Kegeldächern abgeschlossen. An der Ostseite der Halle schließt ein Beamtenwohnhaus an. Das westlich angrenzende Kesselhaus wurde 1954 durch einen blockartigen, verklinkerten Stahlbetonskelettbau ersetzt. Das Kraftwerksgelände dokumentiert, wie auch das in Moabit (Nr. 213), auf engstem Raum ein Stück Berliner Industriebaugeschichte. Der 1928 erstellte Backsteinschornstein ist 125 m hoch und gehörte damals zu den höchsten Schornsteinen Europas. Durch zahlreiche Modernisierungs- und Umbaumaßnahmen sowie Anbauten wurde die Kraftwerksanlage dem heutigen Stand der Technik angepasst, wobei jedoch die Backsteinhalle von Klingenberg erhalten blieb. Der mächtige Block der Rauchgasentschwefelungsanlage von Walter Henn bildet den westlichen Abschluss des Ensembles.

Mit dem Wohn- und Geschäftshaus wurde eine schmale, ungünstig geschnittene Baulücke geschlossen. Zur Straße hin wurde die Baufluchtlinie aufgenommen, während auf der Hofseite die unterschiedlichen Haustiefen durch einen Erkerbau, der zum schmaleren Bauteil einschwingt, geschickt ausgeglichen wurde. Große Fenster, deren Rundbogen von dunkelgelben Ziegeln nachgezeichnet werden, sowie die Kombination von hellgelben, gelben und dunklen Ziegeln erinnern an die Fassaden alter Berliner Gewerbehöfe. 4. und 5. OG sind als horizontale Fensterfläche aufgefasst und verklammern optisch die drei Bereiche der unteren Geschosse. Den Gebäudeabschluss bilden zwei horizontale Streifen mit eigentümlich gestalteten Fenstern: Seitlich des in der Mitte liegenden Atelierfensters befinden sich zwei kleine Erkerchen, deren Fensterfläche ebenso wie die der beiden flankierenden Fenster konkav ausschwingt. Das Erkermotiv wurde auf der Hofseite übernommen, die beiden halbrunden Erker- bzw. Balkontürme dienen dem großen Segmentbogen, der das Gesamte überfängt, als optischer Gegenpol. In den drei unteren Etagen befinden sich Büros.

332
Wohnbebauung am Luisenplatz
Luisenplatz, Eosanderstraße, Charlottenburger Ufer
1988
Andreas Brandt, Wolfgang Böttcher; Horst Hielscher, Georg-Peter Mügge; Philipp Kahl, Kai-Michael Koch,
Andreas Uffelmann; Hans Kollhoff

Normalgeschoß

Bauteil Kollhoff

Modell der Gesamtanlage (unten)

Bauteil Kollhoff (oben und unten)

Das Konzept für diese Wohnanlage basiert auf einem 1982 erarbeiteten städtebaulichen Entwurf der
Architektengruppe Brandt, Böttcher & Asisi. Die
Wohnanlage wurde in mehrere Bereiche gegliedert:
ein freistehendes 3-geschossiges Wohn- und Geschäftshaus von Brandt & Böttcher, zwei an vorhandene Brandmauern gesetzte Zeilen von Kollhoff,
eine Blockrandbebauung von Brandt, Böttcher,
Hielscher und Mügge entlang des Charlottenburger
Ufers sowie ein Wohnhaus von Kahl, Koch und
Uffelmann, mit dem eine Baulücke in der Eosanderstraße geschlossen wurde. So wurde der Luisenplatz mit dem Wohn- und Geschäftshaus von Brandt
& Böttcher begrenzt und die Eosanderstraße vom
pulsierenden Straßenverkehr abgeriegelt. Die Fassade wurde durch ein kräftiges Raster strukturiert, das
sich im EG zu Kolonnaden öffnet, während die Pfei-
ler-Zwischenräume in den OG mit hochformatigen
Fenstern ausgefüllt sind. Mit Achsenreihung, Symmetrie, Schlichtheit der Strukturierung und Proportionierung wurde eine ruhige, fast klassizistisch zu
nennende Architektur geschaffen, die sich gegenüber dem benachbarten Schinkel-Pavillon (Nr. 316)
und dem Schloss Charlottenburg (Nr. 317) selb-
ständig behauptet.
Die Brandmauerbebauung von Kollhoff ist markantester Bauteil der Wohnanlage. Über vier Geschosse
reichende, leicht vorgezogene Glasfassaden, hinter
denen Wintergärten liegen, werden rahmenartig von

blaubunten Klinkerstreifen eingefasst. Den eigenwilligen Gebäudeabschluss bilden weiße, auf Wandscheiben gelagerte „Flugdächer", deren weicher
Schwung an Traditionen der Moderne, u. a. an Le
Corbusiers Entwürfe, anknüpft. Diese „Flugdächer"
sollten ursprünglich über offenen Dachterrassen
schweben, mit dem Einbau von Ateliers konnte aber
eine für alle Seiten – Bauherren, Architekten und
Bewohner – gute Lösung gefunden werden. Weniger gut gelöst wurde der Anschluss des nördlichen
Abschnittes der durch den Altbau unterbrochenen
Zeile. Hier wird die lichte Glasfassade allzu sehr vom
Altbau verschattet, der in einem schrägen Winkel an
den Neubauteil anstößt.
Die Blockrandbebauung am Charlottenburger Ufer
besteht aus sieben „Einzelhäusern", die im Wechsel
von den Architektengruppen Brandt & Böttcher
sowie Hielscher & Mügge gestaltet wurden. Einheitlicher Klinkersockel und leicht zurückspringendes 5.
OG sowie ein durchgehendes Satteldach und große
hochrechteckige Fenster sind die Gemeinsamkeiten,
während insbesondere die Hauseingänge deutlich
die Handschrift der einzelnen Architekten erkennen
lassen: eingestellte Säulchen im EG und 5. OG markieren die durchgehenden Treppenhausfenster bei
den Bauten von Brandt & Böttcher. Hielscher &
Mügge gestalteten breitgelagerte Fenster, die von
einem in den Dachbereich einschneidenden Segmentbogen überfangen werden.

333
Trafo-Station
Zauritzweg 13–15
1922; 1979–80
Georg Klingenberg, Werner Issel; Helge Pitz

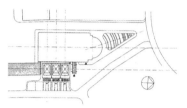

Lageplan

334
Stadtbad
Krummestraße 9–10
1896–1898
Paul Bratring

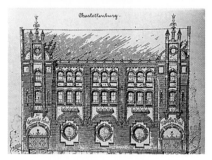

Aufriss ursprünglicher Zustand

Der ab 1979 entstandene Stationsneubau besteht aus drei einzelnen Transformatorenhäuschen. Die rechteckigen Stahlbetonkuben verjüngen sich zu mit Zinkblech verkleideten Türmchen. Die Vertikalstruktur der Fassaden, die mit dunklen Eisengittern im Unterbau beginnt und von den Zinkverkleidungen aufgenommen wird, ist wirkungsvoll durch die querliegenden Lüftungslamellen abgeschlossen. Das Trafogebäude ist nicht nur aus formalen, sondern auch aus funktionalen Gründen von dem Altbau abgesetzt. Durch das Abrücken des Gebäudes wurde eine übermäßige Schallübertragung auf die angrenzende Wohnbebauung vermieden. Die neue Station übernimmt städtebaulich eine Vermittlerposition zwischen dem nahegelegenen, 5-geschossigen Wohnhaus und der alten Trafo-Station. Gleichzeitig entwickelt sie genügend architektonische Eigenständigkeit, ohne als Fremdkörper zu wirken. Den rechteckigen Altbau, der in eine „Apsis" ausläuft, hatten die Kraftwerk-Spezialisten Klingenberg und Issel 1922 errichtet. Die Außenwandgliederung mit Pilastern und mit Klinkerornamenten in Form von Festons und Girlanden erinnert an Fest- oder Schlossarchitekturen des 18. Jahrhunderts. Der technische Charakter des Baus wird hier noch verschleiert, während die Architekten 1924 ein großes, funktional durchgestaltetes Kraftwerk im Stil der Neuen Sachlichkeit im Bezirk Lichtenberg (Nr. 667) errichteten.

In das Gebäude wurde neben einem Schwimmbad mit den dazugehörigen Einrichtungen eine Gemeindeschule integriert. Die schmuckreich in Formen der märkischen Backsteingotik gestaltete Fassade des Stadtbades ist symmetrisch gegliedert. Schul- und Badeeingang liegen in den Seitenrisaliten, die ursprünglich über den langgezogenen Erkern hohe, filigrane Aufbauten besaßen. Drei große runde Fenster unterscheiden den Bau von einem gewöhnlichen Wohnhaus, während die Gestaltung des OG mit Loggien, Säulchen und kleinen Fenstern der eines Wohnhauses sehr ähnlich ist. 1925 entstand auf der Seite des Badeeinganges das Beamtenwohnhaus, in dem sich heute das Bäderamt befindet. Der mit Oberlichtern versehene Hallenraum, dessen stählerne Dachkonstruktion offen sichtbar ist, wird auf halber Höhe durch eine Galerie gegliedert. Eine von zwei Kreisfenstern flankierte Rundbogenfenstergruppe wurde 1970 zugemauert und 1974 mit einem Wandgemälde von Rudolf Laube versehen. Es erinnert an Landschaftsbilder des 19. Jahrhunderts, auf denen der Mensch im Einklang mit der Natur dargestellt wurde. Ebenfalls 1974 wurde ein standardisierter Schwimmbad-Neubau auf dem daneben liegenden Grundstück errichtet. Das vom Abriss bedrohte alte Bad steht seit 1982 unter Denkmalschutz. Bei der anschließenden Modernisierung wurde das Halleninnere leicht verändert. Die Fassade des Stadtbades wurde 1988 nach alten Plänen durch das Architektenbüro Kuldschun rekonstruiert.

335
Rathaus Charlottenburg
Otto-Suhr-Allee 100
1899–1905
Heinrich Reinhardt, Georg Süßenguth

336
Müllverlade-Bahnhof
Helmholtzstraße 42
1936–37
Paul G. R. Baumgarten

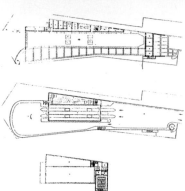

Zustand um 1950 (oben)
Grundrisse untere Halle, obere Halle, Obergeschoss
(unten)

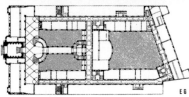

Zustand um 1950 (oben)

Das Gebäude wurde auf einem tiefen, aber relativ schmalen, trapezförmigen Grundstück errichtet. Es besteht aus fünf Flügeln und einem Verbindungstrakt, der drei Höfe schließt. Die Hauptschauseite, die Straßenfront zur Otto-Suhr-Allee, wird von dem 86 m hohen, stadtbildprägenden Turm überragt. Ursprünglich war eine gotisierende Fassadengestaltung vorgesehen. Ausgeführt wurde der mit Sandstein verkleidete Bau dann jedoch in zu jener Zeit modernen Jugendstilformen. Die Grundrissorganisation stimmte aber mit der gleichzeitiger Bauten überein. Das Gebäude besaß eine aufwendige Ausstattung mit Plastiken, Ornamenten, Wandmalereien und Mosaiken. Die Einfügung eines so repräsentativen Bauwerks zwischen einfache Wohnhäuser scheint gerade für diese auf äußeren Glanz bedachte Zeit erstaunlich. 1911–15 fügte Heinrich Seeling einen Erweiterungsbau an. Im Zweiten Weltkrieg wurde das Rathaus zur Hälfte zerstört. Die Fassade ist im ursprünglichen Zustand wiederhergestellt worden.

Der Müllverlade-Bahnhof ragt weit in den Spreekanal hinein. Die Verlade-Anlage setzt sich aus zwei Funktionsebenen zusammen: Der von den Lastwagen angefahrene Müll wurde in der Wagenhalle abgeladen, wobei vier Müllfahrzeuge gleichzeitig vorfahren konnten. Unter der Abladestelle nahmen Spreekähne den Müll auf und transportierten ihn vor die Tore der Stadt. Dort diente der Hausmüll zur Urbarmachung sumpfiger Flussniederungen – ein Verfahren, das Ende der 30er Jahre als sehr wirtschaftlich und nutzbringend angesehen wurde. Das Stahlbetonskelett der flachen, rechteckigen Entladehalle ist bis auf halbe Höhe mit Klinkern ausgefacht. Ein umlaufendes Fensterband, das bis zum Dachansatz reicht, belichtet das Halleninnere. Insbesondere die hohe Brüstungsverkleidung der Plattenkonstruktion, auf der die Wagenhalle steht, gibt dem Verladebahnhof einen schiffsähnlichen Charakter. Dieser Industriebau überzeugt durch die Verbindung technischer Notwendigkeiten mit künstlerischer Durchgestaltung. In der Halle ist jetzt ein Architektenbüro untergebracht. Der funktionale Charakter des Müllverlade-Bahnhofs veranschaulicht, dass sich neben der offiziellen, monumentalen Architektur der NS-Zeit gerade im Industriebau Elemente des Neuen Bauens behaupten konnten. Ein weiteres Beispiel hierfür in Berlin ist das Fabrikgebäude der Auergesellschaft in der Torfstraße (Nr. 214) von Egon Eiermann.

337
Produktionstechnisches Zentrum
Pascalstraße 8–9
1983–86
Gerd Fesel, Peter Bayerer, Hans-Dieter Hecker und
Roland Ostertag

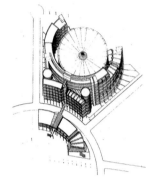

Ansicht von Norden (oben)

338
Zwietusch-Werk
Salzufer 6–7
1923–24; 1925–26; 1976
Hans Hertlein; Fritz Pöhlmann

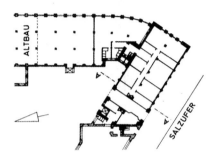

Der Gebäudekomplex vereint die Bereiche der
Grundlagenforschung des TU-Instituts für Werk-
zeugmaschinen- und Fertigungstechnik und des
Fraunhofer-Instituts für Produktionsanlagen- und
Konstruktionstechnik zu einem Doppelinstitut. Hierbei schufen die Architekten eine neue Organisationsform; während bislang bei deutschen Univer-
sitätsbauten im naturwissenschaftlichen Bereich eine
hierarchische Trennung von hohen Bürobauten für
die Forschung und flachen Hallen für die Versuchs-
und Produktionsanlagen vorherrschte, sieht hier die
Konzeption eine Zusammenlegung der beiden Bereiche von Mittelpunkt des Komplexes ist die 14 m
hohe, rundum verglaste Versuchshalle, die zwei
umlaufende Kräne aufweist und als stützenfreier
Kreis mit einem Durchmesser von 64 m angelegt
ist. Zwei Drittel dieser Halle sind von einem abgetreppten, 3- bis 6-geschossigen Gebäudegürtel
umgeben. In ihm sind Laboratorien und Arbeitsräume der Wissenschaftler untergebracht; sie besitzen
einen direkten Zugang zur Halle. Ein der Halle und
dem Gürtel konkav entgegengesetzter Gebäudeteil
in der Form eines Kreissegments nimmt Verwaltungsräume auf. Durch einen gebogenen Platzraum
abgetrennt schließt sich der als paralleles Bogen-
segment ausgebildete Hörsaal- und Seminartrakt
an. In seiner vorbildlichen Raumorganisation und der
signifikanten Bauform ist der blendend weiße Baukörper ein herausragendes Beispiel für einen huma-
nen und doch effizienten Industrie- und Forschungs-
bau.

Das Gebäude ging aus dem Umbau der Telefon-
apparate-Fabrik E. Zwietusch hervor, die Siemens
1925 übernommen hatte. Der leitende Architekt der
Siemens-Bauabteilung, Hans Hertlein, verband die
vorhandenen Altbauten am Salzufer (1901) und an
der Privatstraße (1923–24) mit einem winkelförmi-
gen, leicht geschwungenen Stahlbetonskelettbau.
Neues Gestaltungselement dieses mit roten Klinkern
verkleideten Gebäudes, im Vergleich zu Hertleins
übrigen Siemens-Bauten (Nr. 622–624), ist die
Staffelung der drei oberen Geschosse. Sie wird am
Giebel nachgezeichnet, dessen monumentale Front
mit Terrakottaköpfen von Joseph Wackerle und
einer Uhr dekoriert ist. Die Seitenfassaden werden,
wie auch bei anderen Industriebauten der Siemens
AG, durch vorgezogene Stützen senkrecht gegliedert. Wesentliche Elemente des späteren Schalt-
werkhochhauses (Nr. 624) – wie das Zurückspringen des OG und die riesige Giebelfront – sind hier
bereits angedeutet. Anstelle des alten Traktes von
1901, der im Zweiten Weltkrieg zerstört wurde,
errichtete Fritz Pöhlmann von der Siemens-Bauabteilung 1976 am Salzufer einen Neubau. Dabei
nahm er u. a. mit der senkrechten Fassadengliederung Bezug auf die Hertlein-Bauten. Heute befinden sich im Gebäude Abteilungen der Gebiete Bauelemente, Daten-, Energie-, Installations- und Nach-
richtentechnik der Siemens AG.

339
Telefunken-Hochhaus
Ernst-Reuter-Platz 3
1958–60
Paul Schwebes, Hans Schoszberger

340
Schiller-Theater
Bismarckstraße 100
1905–06; 1936–37; 1950–51
Jacob Heilmann, Max Littmann; Paul Baumgarten;
Rudolf Grosse, Heinz Völker

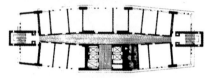

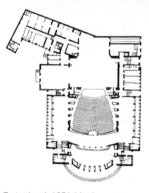

Zustand um 1955 (oben)

Ausgangspunkt für den Bau war 1955 ein Wettbewerb für die Neugestaltung des Ernst-Reuter-Platzes. Der Sieger, Bernhard Hermkes, löste die Platzwände auf, indem er an den kreisrunden Platz einzelne und zu Gruppen zusammengefasste Hochhausscheiben platzierte. Das bildet den Hauptakzent
dieser Gestaltung des Telefunken-Hochhauses.
Geschosszahl und Abmessungen der quer zum
Platz gestellten Hochhausscheibe waren durch den
städtebaulichen Entwurf vorgegeben. Schwebes
und Schoszberger entwarfen das 22-geschossige
Hochhaus als Mittelgang-Typ. Die Längsseiten des
Gebäudes schwingen leicht aus, so dass sich bei
gleichbleibender Raumtiefe der Büros der Flur an
seinen Endpunkten verjüngt. Während sich die Auf-
zugsanlagen in der Gebäudemitte befinden, wurden
die Treppenanlagen an den Gebäudeschmalseiten
eingeschoben und zeichnen sich als geschlossene
Türme am Außenbau ab. Auffälligstes Gestaltungselement sind die vier Stützen an den Gebäude-
längsseiten, die sich nach oben stark verjüngen. Die
Darstellung der statischen Kraftverhältnisse wird
durch die waagerecht verlaufenden vorkragenden
Gesimse betont, die unterhalb der mit grünen Glas-
mosaiken verkleideten Fensterbrüstungen ansetzen.
Dieser plastisch gestaltete Fassadenbereich wird
jeweils von einer dunklen Seitenwange begrenzt. An
dieser wurde die Reklameschrift angebracht, die
dem „Haus der Elektrizität" den Namen „Telefunken-
Haus" gab.

Zustand nach 1951 (oben)

Dem Westteil der Stadt fehlte nach Kriegsende ein
repräsentatives, zentral gelegenes Theater. Die
Sieger des Wettbewerbs zur Wiederherstellung des
Schiller-Theaters 1948 errichteten unter Einbeziehung der vorhandenen Gebäudereste einen kubischen Mauerwerksbau mit Stahltragewerk. Aus der
glatten Travertin-Fassade schwingt eine segmentförmige Fensterfront, deren eloxierte Aluminium-
Rahmung unvermittelt aus der Wand hervorspringt.
Den ursprünglichen Bau hatten 1905–06 Heilmann
und Littmann als „Volkstheater" erbaut. Der mit
Jugendstilformen reichhaltig ausgeschmückte Theaterbau besaß einen Zuschauerraum mit steil anstei-
gendem Parkett und einem „Oberring". Diesen unkonventionellen, 1450 Plätze fassenden Theaterraum hatte Paul Baumgarten d. Ä. 1936–37 in ein
traditionelles Zwei-Rang-Theater umgebaut. Den
Gedanken des Reformtheaters mit seinem rang-
losen Zuschauerraum nahmen Völker und Grosse
1950–51 nicht auf. Sie gestalteten den Zuschauerraum mit Parkett (722 Plätze) und einem Rang
(363 Plätze) als eine Kompromisslösung. 1980
wurde der Theaterraum umgestaltet. Trotz dieser
Veränderungen ist der Bau zusammen mit seinen
zur gleichen Zeit geschaffenen Kunstwerken ein
wichtiger Vertreter der Architektur der 50er Jahre in
Berlin. Aufgrund von Einsparungen im Kulturbereich
wurde das Theater 1993 als Spielstätte der Staatlichen Schauspielbühnen Berlin geschlossen.

341
Architekturfakultät der Technischen Universität
Straße des 17. Juni 152
1966–68
Bernhard Hermkes

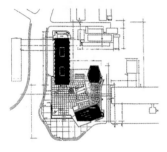

Bernhard Hermkes hatte 1955 den Wettbewerb für die Neugestaltung des Ernst-Reuter-Platzes gewonnen. Aufgrund dieser Planung entstanden dort Verwaltungsgebäude wie das Telefunken-Hochhaus (Nr. 339) von Schwebes und Schoszberger und das Osram-Haus (1956–57) von Hermkes, die – einem Gedanken von Mies van der Rohe folgend – als Solitäre platziert sind und in keinem Bezug zu der runden Platzform stehen. Das Wasserspiel in der Mitte dieses Verkehrsknotenpunktes gestaltete Werner Düttmann. Eine Neugestaltung des Platzes ist derzeit in Planung. Der 5-geschossige Bau der Architekturfakultät ist einer der interessantesten Bauten aus der Zeit der ausgehenden 60er Jahre in Berlin. Das Gebäude ist zur optimalen Belichtung in Nord-Süd-Richtung platziert und wendet somit seine Schmalseite zum Platz. Die Fassaden werden durch raumgreifende, schräg gestellte Erker, die mit roten Metallplatten akzentuiert sind, strukturiert. Ein weiteres Merkmal sind die außen liegenden Jalousien-Führungen, die den Gebäudeumriss beleben. Der angrenzende Anbau stammt von Hans Scharoun aus den Jahren 1967–69. Auf der großen Freifläche vor dem Gebäude befindet sich die Plastik „Flamme" (1963) von Bernhard Heiliger, die als Erinnerungsmal für den von 1948–53 Regierenden Bürgermeister von Berlin(-West), Ernst Reuter, aufgestellt wurde. Nach umfassender (Asbest-)Sanierung konnte das Gebäude Ende 1993 wieder bezogen werden.

342
Institut f. Mathematik u. EDV-Grundausbildung der TU Berlin
Straße des 17. Juni 122–128
1976–83
Georg Kohlmaier, Barna von Sartory

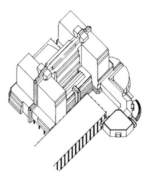

Dieses Institutsgebäude kann als gelungenes Beispiel für ein Büro-Glashaus des 20. Jahrhunderts gelten. Das Energiesparkonzept basiert auf optimaler Sonnenausnutzung durch möglichst viele Glasflächen, verbunden mit der Wärmespeicherung im Inneren des Gebäudes durch intensiv Wärme speichernde Einbauten. Die dem Stahlbetonskelettbau vorgehängte Fassade wird durch die charakteristischen Glasflächen mit den feingliedrigen, farbigen Stahlkonstruktionen der Fensterputzbalkone wirkungsvoll gegliedert. In dem geschossweise zurückgestaffelten Hochhaus befinden sich die Seminar- und Arbeitsräume. Zwei Treppenhäuser zeichnen sich als „gläserne Gänge" an den Fassadenschmalseiten ab und fassen der horizontal gegliederte Hochhausfassade ein. Der H-förmige Grundriss nimmt formal Bezug auf das TU-Hauptgebäude (Nr. 343) und bezieht den alten Hörsaal der Elektrotechnik (Architekt Ochs, 1960–63) ein. Da ein Teil der Straßenfront durch den Flachbau für Kerntechnik (Architekt Sand, 1959–65) verstellt wird, wurden vier der Hörsäle als eigenständige Baukörper bis an die Straße herangeschoben und über einen Gang mit dem Hochhaus verbunden. Die kompakten Halbkreissegmente der Hörsäle, die wie auf das verglaste EG „gesteckt" scheinen, bilden so eine ansprechende Rahmung des Haupteingangs.

343
Hauptgebäude der TU Berlin
Straße des 17. Juni 135
1878–1884; 1961–65
Richard Lucae, Friedrich Hitzig, Julius Raschdorff;
Kurt Dübbers, Karl-Heinz Schwennicke

344
Institut für Kirchenmusik
Hardenbergstraße 36
1902–03
Anton Adams, Paul Mebes

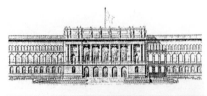

Aufriss für den Mittelbau, 1878 (oben)
Neubau 1961–65 (unten)

Im Jahre 1876 wurde Richard Lucae beauftragt, für die neu gegründete „Polytechnische Hochschule", in der die Bau- und die Gewerbeakademie zusammengefasst wurden, ein repräsentatives Gebäude zu gestalten. Lucaes Entwurf sah zwei parallele, durch Querflügel verbundene Gebäudetrakte vor, die fünf Höfe umschlossen, von denen der mittlere mit einer Glaskuppel bekrönt werden sollte. Die Seitenflügel waren weit vorgezogen und mit Kopfbauten versehen, so dass sich ein Cour d'honneur zur Berliner Straße – heute Straße des 17. Juni – ergab. Friedrich Hitzig führte nach dem Tode Lucaes 1877 die Planungen weiter. Dabei wurde die von Lucae entworfene Grundrissdisposition beibehalten, die Gebäudeproportionen wurden jedoch verändert. Hitzig gestaltete den Bau mit Anklängen an die Italienische Hochrenaissance. Der Mittelrisalit wird durch eine Kolossal-Pilasterordnung gegliedert, ein breites Attikageschoss schließt den Bau ab. Das umfangreiche Skulpturenprogramm stellte bedeutende Künstler und Handwerker dar. Als Hitzig 1881 starb, war der Bau bis auf die Innenausstattung fertiggestellt. Diese führte dann Julius Raschdorff aus. Im Zweiten Weltkrieg wurde das Gebäude schwer beschädigt. 1961–65 wurde anstelle des Eingangsbaus eine funktionale, 10-geschossige Hochhausscheibe in die noch bestehenden, teilweise erneuerten Seitenflügel eingefügt. Kurt Dübbers und Karl-Heinz Schwennicke errichteten die kubisch geschlossene Aula, die vor dem Hochhaus liegt.

Das Institutsgebäude behauptet sich zwischen den neuen Stahl- und Glasbauten der Technischen Universität durch sein kompaktes, trutziges Äußeres. Das 3-geschossige, rote Sandsteingebäude ist an der Gebäudeecke turmartig erhöht, Ein hohes Zeltdach unterstreicht wirkungsvoll diese Eckbetonung. Die Fassaden wurden mit Rundbogen sowie eingestellten Säulchenreihen gegliedert, die entfernt an romanische Kirchenportale erinnern. Die Verwendung romanischer Stilelemente war um die Jahrhundertwende durchaus gängig, wie u. a. die Gedächtniskirche (Nr. 254) von Franz Schwechten veranschaulicht. Das Institutsgebäude dient noch heute Unterrichtszwecken. Im 1. und 2. OG sind insgesamt sieben Unterrichtsräume untergebracht. In der 140 Plätze fassenden Aula befinden sich noch Reste der 1903 entstandenen Wandmalereien.

345
Renaissance-Theater
Hardenbergstraße 6
1926–27
Oskar Kaufmann

346
Hochschule der Künste
Hardenbergstraße 32
1897–1902
Heinrich Kayser, Karl von Großheim

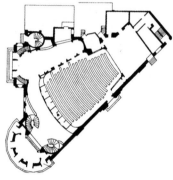

Ursprünglicher Zustand (oben)
Hauptgebäude heute (unten)

Der Theaterbau ging aus dem 1902 von Konrad
Reimer & Friedrich Körte errichteten „Motiv-Haus"
hervor, an dem bereits 1907, 1919 und 1920
Umbauten vorgenommen worden waren. Ein halbrunder, 2-geschossiger Erker bildet den Eingangsbereich des auf einem Eckgrundstück gelegenen
Hauses. Schmale, ebenfalls halbrund abschließende
Glastüren brechen das Rund des Vorbaus in einzelne Segmente auf. Kaufmanns Vorliebe für konkave
und konvexe Formen, wie sie beim Hebbel-Theater
(Nr. 427), der Volksbühne (Nr. 125), der Komödie
am Kurfürstendamm (1970 abgebrochen) und insbesondere bei der Villa Konschewski (Nr. 376) zum
Ausdruck kommen, hat sich hier versachlicht. Die
Fassade des Renaissance-Theaters wird nur durch
die schmalen Fenster sowie durch ein Leuchtschrift-
band oberhalb des 2. OG betont. Im Inneren befindet sich ein kleines Einrangtheater mit 568 Plätzen,
das schmuckvoll mit Holzintarsienarbeiten, die von
Cesar Klein entworfen wurden, und Wandmalereien
ausgestaltet ist. 1936/37 wurde das Theater umgestaltet. Der kriegsbeschädigte Bau wurde durch
Helmut von Lülsdorff 1946 vereinfacht instandgesetzt. Den ursprünglichen Zustand des Kauf-
mann-Baus stellte Michael Lindenmeyer 1985 wieder her. Dabei wurden die von Hella Santarosa entworfenen blauen Glasfenster eingesetzt.

Von der einst glanzvollen Anlage ist heute nur noch
das Haupteingangsgebäude sowie dessen Pendant
an der Fasanenstraße erhalten. Das Eingangsgebäude flankierten 2-geschossige Eckpavillons, die
über rückwärtige Flügel mit dem Hauptbau verbunden waren. Die Pavillons, mit Portiken betont und
von Rundkuppeln bekrönt, dienten als großzügige
Eingangsfoyers zu den dahinter anschließenden
Konzertsälen. Heute steht an deren Stelle auf einer
Seite der Konzertsaal (Nr. 347) von Paul G. R.
Baumgarten und auf der anderen Seite die von
Werner Düttmann 1965–67 errichtete Mensa der TU.
Kayser und von Großheim hatten für die Gestaltung
des Hochschul-Gebäudes auf barocke Schmuckformen zurückgegriffen, die bei zahlreichen Verwaltungsbauten der Zeit, u. a. dem Oberverwaltungsgericht in der Hardenbergstraße (Nr. 350) Verwendung gefunden hatten. Der Hochschul-Bau wurde
im Krieg stark beschädigt und in leicht veränderter
Form wiederaufgebaut. Dabei wurden das DG ausgebaut und der Ost- und der Westflügel durch eine
gläserne Galerie miteinander verbunden. 1975
wurden die Institutionen – Hochschule für bildende
Künste und Hochschule für Musik – als Hochschule
der Künste in diesem Gebäude zusammengefasst.
Schon bei dem Wettbewerb für den Hochschul-Bau
im Jahre 1896 war dieser Zusammenschluss geplant gewesen.

347

**Konzertsaal der Hochschule für Musik und
Studiobühne**
Hardenbergstraße 32
1953–55; 1971–75
Paul G.R. Baumgarten

348

Industrie- und Handelskammer
Hardenbergstraße 16–18
1954–55
Franz Heinrich Sobotka, Gustav Müller

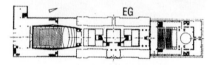

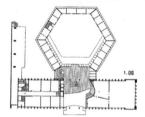

Grundriss des abgerissenen Börsensaales von 1955

Der Konzertsaal war eine der ersten größeren öffentlichen Bauaufgaben nach dem Krieg in West-Berlin. Der Stahlbetonbau wurde auf den Fundamenten des kriegszerstörten Saales errichtet, den Kayser und Großheim zusammen mit der Hochschule der Künste (Nr. 346) 1902 erbaut hatten. Dem Konzertsaal ist an der Schmalseite zur Hardenbergstraße das 2-geschossige Foyer vorgelagert, das durch große Fensterflächen sehr transparent wirkt. Die sichtbare Stützenkonstruktion verdeutlicht die konstruktive Gestaltung. Dem Verlauf der inneren Saaldecke folgt die geschwungene äußere Dachform. Der Saal hat 1360 Plätze. Die Wände sind zur Verbesserung der Akustik über den Emporen auf Höhe der Querachse derart nach außen gezogen, dass sich daraus ein rautenförmiger Grundriss ergibt. Der schlichte, weiße Saalinnenraum bildet eine sachliche „Hülle" für die Konzert-Aufführungen. Das große Wandbild im Rangfoyer stammt von Theodor Werner, die Plastik von Hans Uhlmann. Paul G. R. Baumgarten entwarf 20 Jahre später die Studiobühne der Hochschule der Künste, die an der Fasanenstraße direkt an den noch erhaltenen Altbauteil anschließt. Auch dieser 1971–75 entstandene Bau nimmt Bezug auf die vorgegebenen Altbauproportionen. Die Gebäudeform und der Grundriss sind im Gegensatz zum leicht schwingenden Konzertsaal streng geometrisch gestaltet.

Der 6-geschossige Stahlbetonskelettbau ist ein typisches Beispiel für die in den 50er Jahren vorherrschende Architekturauffassung von einem repräsentativen Verwaltungsbau. Seine langgestreckte Fassade ist mit edlem italienischen Travertin verkleidet; breite Pfeiler an den Gebäudeecken tragen zur Monumentalisierung bei. Charakteristisch ist die rasterförmige Gliederung der Fassade durch dünne, enggestellte Pfeiler, die bis zum oberen Stockwerk durchlaufen. Diese „Rasteritis" ist bei zahlreichen Verwaltungsbauten aus jener Zeit, wie z. B. bei dem Verwaltungsgebäude der Allianz (Nr. 260) zu beobachten. Kennzeichnend ist auch das zurückspringende Dachgeschoss, welches hier Nebenräume und einen teils überdachten Dachgarten aufnimmt, sowie das dünne, vorkragende Dach, das gewissermaßen den „Deckel" des Gebäudes bildet. An der Rückseite des Hauptbaus schließt sich ein niedriger Sitzungsflügel an. Ein ebenfalls von Sobotka und Müller 1954–55 errichteter hexagonaler Börsen-Saal an der Rückseite des Gebäudes wurde im Zuge des Neubaus des Ludwig-Erhardt-Hauses (Nr. 349) abgerissen.

349
Ludwig-Erhard-Haus
Fasanenstraße 83–84
1994–97
Nicholas Grimshaw & Partner

350
Ehem. Oberverwaltungsgericht
Hardenbergstraße 31
1905–07
Paul Kieschke, Eduard Fürstenau

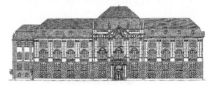

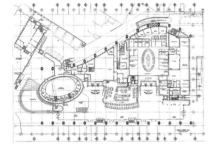

Grimshaws Entwurf vermittelt zwischen dem Altbau
der IHK (Nr. 348) und Sehrings „Theater des Westens" (Nr. 351) bzw. dem Delphi-Kino; darüber
hinaus bildet er ein markantes Gegengewicht zu
Kleihues' rational-geometrischem „Kantdreieck"
(Nr. 352). Paraboloide Bögen bilden das konstruktive Grundgerüst, von dem die OG abgehängt sind.
Die Fläche der EG-Bereiche konnte dadurch weitgehend stützenfrei gestaltet werden. Die zur Gebäudemitte hin ansteigende Höhe der Bögen und die
bewegte Grundrisslinie der rückwärtigen Fassade
verleihen dem Haus seinen spezifisch zoomorphen
Charakter, der die populäre Bezeichnung des Baus
als „Gürteltier" begründete. Zur Fasanenstraße ist
der spektakulären Konstruktion eine transparente
lineare Front vorgelagert, die, entsprechend der
städtebaulichen Richtlinien des Senats, die Blockkante unter Einhaltung der Traufhöhe von 22 m
schließt. Konzipiert als Erweiterungsbau der IHK
integriert das Gebäude zusätzlich einen Ersatz für
den alten Börsensaal sowie Räume für den Verein
Berliner Kaufleute und Industrieller. Zwei gebäudehohe Atrien garantieren ein Höchstmaß an Tageslicht für die Innenräume; doppelschichtige Glasfassaden und steuerbare Sonnenschutzlamellen
zeichnen das ökologische Konzept des Projekts aus.
Grimshaws Bau stellt in seiner Verbindung von ex-
pressiver Konstruktion und ökologischem High Tech
eine der gelungensten Planungen der 90er Jahre
für die West-City dar. Bedauerlich bleibt die teilweise Camouflage der Bogenrundung zur Fasanenstraße als Tribut an die für die 90er Jahre kennzeichnende Berliner Orthodoxie von Blockrand und
Traufhöhe.

Das Gebäude ist um zwei große und einen kleinen
Binnenhof angeordnet. Die Gestaltung der Fassade
orientiert sich, wie z. B. auch beim Kriminalgericht in
Moabit (Nr. 220), an dem bei Justizbauten jener
Zeit weit verbreiteten Neobarock. Die fast 77 m
lange Hauptfront an der Hardenbergstraße ist in elf
Achsen gegliedert, wovon die mittleren risalitartig
vorgezogen sind. Das Sockel- und das EG werden
durch eine kräftige Rustikaquaderung betont. Darüber erheben sich die beiden OG, die durch bis zum
Hauptgesims geführte ionische Pilaster zusammengefasst werden. Sockel und Risalite bestehen aus
Tuffstein, die Hofseite ist verputzt. Über dem repräsentativen Eingang liegen die großen, reich ausgestatteten Sitzungssäle. In dem Gebäude ist heute
das Bundesverwaltungsgericht untergebracht.

351
Theater des Westens
Kantstraße 9–12
1895–96
Bernhard Sehring

352
Turmhaus am Kant-Dreieck
Kantstraße 155
1992–94
Josef Paul Kleihues

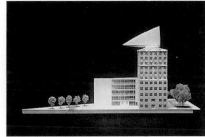

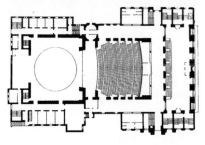

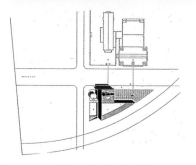

Modellaufnahme (oben), Lageplan (unten)

Der Theaterbau ist ein typischer Vertreter der historistischen Architektur des ausgehenden 19. Jahrhunderts. Die Fassade ist reich mit Bildwerken und Schmuckelementen verziert. Die Straßenfassade wird durch eine Säulenordnung bestimmt, die über der Balkonbrüstung aufsteigt. Die schmucklosen Gebäudeecken sind wirkungsvoll mit hohen Dachlaternen bekrönt. Der Haupteingang lag auf der westlichen Gebäudeseite und war über eine große Freitreppe erreichbar. Er befindet sich heute neben der allegorischen Skulpturengruppe der Städte Berlin und Charlottenburg, die Ludwig Manzel 1896 schuf. Zum architektonischen Kanon eines Theaterbaus des 19. Jahrhunderts gehörte die unterschiedliche Gestaltung von Bühnen- und Zuschauerhaus. Das rote Backstein-Bühnenhaus mit Fachwerk und neogotischer Werksteingliederung erinnert an eine mittelalterliche Burg. Im Zuge des Wiederaufbaus Anfang der 50er Jahre stellten Franz Heinrich Sobotka und Gustav Müller das Innere in vereinfachten Formen wieder her, so dass die Deutsche Oper Berlin bis zum Bau ihres eigenen Hauses (Nr. 275) hier spielen konnte. Bei den ab 1978 durchgeführten Restaurierungsarbeiten erhielt das beliebte Boulevard- und Musicaltheater seine prunkvolle neobarocke Innenausstattung wieder. Des weiteren wurden 1987 die Dachlaternen und die bekrönende Mittelgruppe, die ehemals Gustav Eberlein geschaffen hatte, rekonstruiert.

Nach einer langwierigen und kontrovers diskutierten Vorgeschichte und verschiedenen Wettbewerben, typisch für beinahe jedes größere Bauprojekt der letzten Jahrzehnte im Westteil der Stadt, erhielt schließlich Josef Paul Kleihues den Zuschlag zur Bebauung des Filetgrundstücks im Zentrum der West-Berliner City. Er entwarf einen Gebäudekomplex, der sich auf einem dreieckigen, vom Stadtbahngleis angeschnittenen Areal erhebt. Dieser steht in direkter Achsbeziehung zu den gegenüberliegenden Bauten des Delphi-Kinos und des Theaters des Westens (Nr. 351). Entlang der S-Bahntrasse platzierte Kleihues einen 5-geschossigen, keilförmigen Baukörper. Davor erhebt sich, zur Kantstraße hin, auf einer Grundfläche von 18 x 18 m ein 36 m hohes Turmhaus. Dieses besitzt eine – für Kleihues' Schaffen typische – schlichte, klare Fassade; sie ist in drei Abschnitte untergliedert; korrespondierend mit dem langgestreckten Anbau entstand ein 5-geschossiger, würfelförmiger Sockelbereich, der mit dunklen Platten verkleidet ist. Auf diesen folgt eine optisch abgesetzte 6-geschossige Zone. Blickpunkt ist das abschließende flache Zeltdach: aus diesem ragt etwas unvermittelt ein „Hahnen-Kamm", ein riesiges Gebilde in der Form eines Segels oder einer Wetterfahne aus genietetem Blech. Aufgrund der gedrungenen Erscheinungsform des Komplexes, die u. a. aus dem unglücklichen Proportionsverhältnis zwischen Turmschaft und Segel resultiert, wird eine Erhöhung des Turmhauses erwogen.

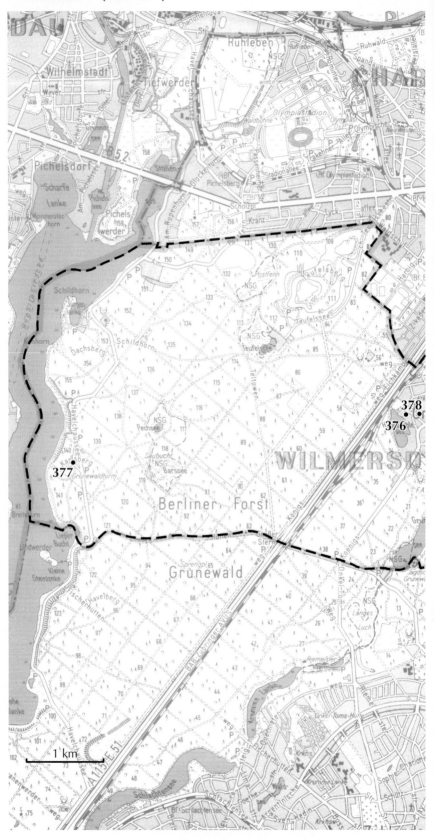

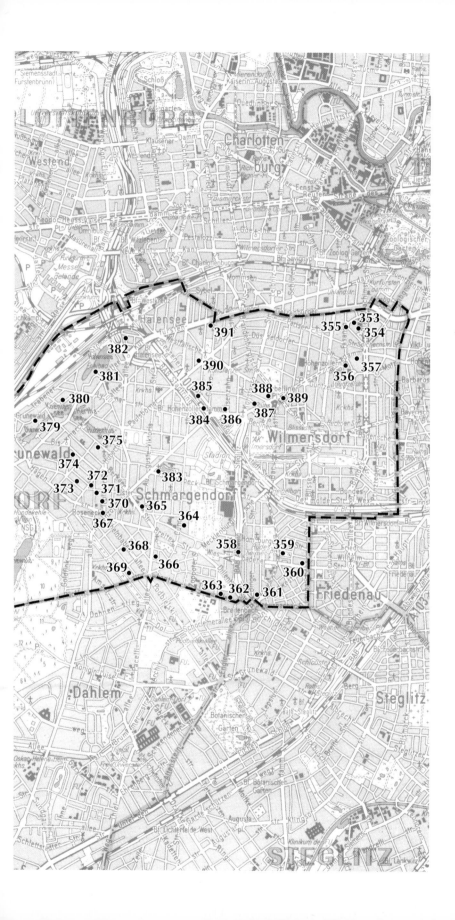

353

Freie Volksbühne
Schaperstraße 24
1962
Fritz Bornemann

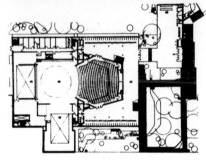

Der Verein für die Freie Volksbühne war 1897 zu dem Zweck gegründet worden, „Minderbemittelten" die Theaterkunst näher zu bringen. Zu Beginn hatte man auf fremden Bühnen aufgeführt, doch schon bald erhielt der Verein seinen eigenen Bau, die Volksbühne (Nr. 125). Nach dem Krieg erhielt der Verein mit dem Gebäude in der Schaperstraße einen neuen Spielort. Die Freie Volksbühne ist der einzige Theaterneubau der Nachkriegszeit im ehem. Westteil Berlins. Fritz Bornemann schuf eine nüchterne Glas- und Stahlbetonkonstruktion, die in einen kleinen Park eingebettet ist. Der Theaterbau besteht aus einem sechseckigen Zuschauerraum und dem anschließenden Bühnenhaus, die von einem großen, 2-geschossigen Gebäuderechteck eingefasst werden. Die 1-geschossige Eingangs- und Kassenhalle wurde als eigenständiger Baukörper dem 2-geschossigen Theaterbau vorgelagert und ist mit diesem über einen verglasten Gang verbunden. Gestaltendes Element des Baus sind die sichtbaren Waschbeton-Platten. Der Theaterraum fasst im Parkett 765, im Rang 282 Plätze. Der Theaterbau bildet, dem Gedanken folgend, dass das Gebäude zuallererst eine dienende Funktion habe, ein nüchternes Gebäude für die Aufführungen. Im Zuge von Einsparungen im Kulturbereich wurde das feste Ensemble der Freien Volksbühne im August 1992 aufgelöst.

354

Joachimsthalsches Gymnasium
Bundesallee 1–12
1876–80
Johann Heinrich Strack; Ludwig Giersberg, Johann Eduard Jacobsthal

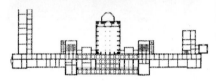

Die lange Straßenfront des ehemaligen Schulgebäudes wurde in mehrere Bereiche gegliedert. Eine besondere Betonung erhält die Front durch die offene, zwischen zwei Risalite eingespannte Arkadenreihe. Diese 13-achsige Reihe, deren Rhythmus die Rundbogenfenster im OG aufnehmen, wird durch einen Mittelrisalit mit bekrönendem Dreiecksgiebel nochmals besonders hervorgehoben. Die Nischenfiguren im Risalit stellen Aristoteles und Platon dar. Im Giebelfeld befindet sich zwischen den Personifikationen von Kunst und Wissenschaft ein imaginäres Porträt des Kurfürsten Friedrich Joachim, der 1607 die Institution des Gymnasiums in Joachimsthal gegründet hatte. Die Architekten Giersberg und Jacobsthal führten mit dem Bau des Gymnasiums einen Entwurf von Johann Heinrich Strack aus, den dieser 1865 erstellt hatte. Johann Heinrich Strack (1805–80), der u.a. das Hauptgebäude der Technischen Universität (Nr. 343) entworfen hatte nahm für die Gestaltung des Gymnasiums Elemente klassizistischer Villen und Palais' zum Vorbild. Ein Rückgriff auf derlei Formen folgt dem von Karl Friedrich Schinkel (1781–1841) geprägten Klassizismus, in dessen Nachfolge sich in Berlin eine ganze Schule entwickelte. Das Joachimsthalsche Gymnasium kann als ein Spätwerk dieser Schinkel-Schule betrachtet werden.

355
Wohnhaus
Fasanenstraße 62
1980
Gottfried Böhm

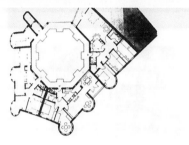

356
Kirche am Hohenzollerndamm
Hohenzollernplatz
1931–32
Fritz Höger

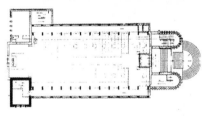

Zustand um 1950

Der 8-geschossige Betonskelettbau liegt in ruhiger, zentrumsnaher Lage an der Kreuzung Fasanen-/ Schaperstraße und bildet am Fasanenplatz einen markanten Eckpunkt. In Bauflucht, Traufhöhe und der Anlage eines Vorgartens bezieht sich das Gebäude auf die Nachbarbebauung aus der Gründerzeit. Die 24 Wohnungen (zwölf 3-Zimmer-Wohnungen, vier 3 1/2-Zimmer-Wohnungen und acht 4-Zimmer-Wohnungen) werden durch umlaufende Laubengänge über einen großen, sechseckigen Innenhof mit Glasdach erschlossen. Unter dem Gebäude wurde eine Tiefgarage angelegt. Charakteristisch für den blockhaften Bau sind die zwei runden, mit einer Kuppel versehenen Ecktürmchen und die vier halbrunden überwölbten Erker. Sie verleihen dem Haus einen burghaften Charakter. Einige der Turmfenster sind aus nutzungstechnischen Überlegungen blind und wurden aus fragwürdigen ästhetischen Gesichtspunkten nur aufgemalt. Die Fassade ist hellbeige verputzt und durch Rustikastreifen gegliedert. Die beiden unteren Geschosse wurden formal zusammengefasst und mit Zinkblech verkleidet. An der Fassade ist zur Begrünung ein Rankgerüst angebracht.

Der mächtige Bau ist eine der eindrucksvollsten Kirchen aus der Zeit vor dem Zweiten Weltkrieg in Berlin. Der hoch aufstrebende, kubische Baukörper mit dem schlanken, hohen Turm ist in Stahlskelettbauweise ausgeführt; charakteristisch ist die Verkleidung der Wandflächen mit einer z. T. ornamentierten Klinkerhaut, ein für Höger typisches Baumaterial. Trotz der kubischen, kompakten Form verzichtete Höger, der Hauptvertreter des norddeutschen Backsteinexpressionismus, auch bei diesem Bauwerk nicht auf Stilmittel des Expressionismus; ein Beispiel hierfür ist der überhöhte, spitzgieblige Eingang über der monumentalen Freitreppe. In starkem Gegensatz zu der stereometrisch gegliederten Fassade steht die Gestaltung des Kirchenraums; 13 steile, gotisierende Spitzbogen aus Stahlbeton – die Höger konstruktiv begründete – sorgen für einen himmelwärts gewandten, geradezu mystischen Raumeindruck. Hierin zeigt sich eine Verwandtschaft zu der benachbarten Kreuzkirche von Ernst und Günther Paulus (Nr. 383). Zu dem Kirchenkomplex gehört noch ein Gemeindehaus und das Pfarrerwohnhaus. Die Kirche wurde im Zweiten Weltkrieg stark beschädigt. Die reiche Innenausstattung wurde bei ihrem Wiederaufbau nicht mehr rekonstruiert.

357
Pumpwerk, Museum im Wasserwerk
Hohenzollerndamm 208
1905–06; 1993–94
Bauabteilung der Entwässerungswerke;
Kurt Ackermann & Peter Jaeger

358
Autobahnüberbauung
Schlangenbader Straße
Schlangenbader Straße 12–36
1976–81
Georg Heinrichs, Gerhard und Klaus Krebs

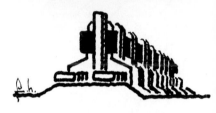

Die Fassadengestaltung des alten Pumpwerkes
lehnt sich mit Putzspiegeln, Zinnen und stilisierten
Konsolen an Formen der märkischen Backsteingotik
an. Die mächtigen, breitgelagerten Giebelfronten
werden durch Rundbogenfenster gegliedert, die
unter einem Triumphbogenmotiv zusammengefasst
sind. Auch das Halleninnere wurde sorgfältig verziert. Farbige, glasierte Ziegel fassen die Fenster ein
und betonen auch die Gesimse. Das zur Anlage
gehörende Beamtenwohnhaus zeigt gestalterische
Ähnlichkeiten mit dem Pumpwerk, jedoch erinnern
die Fachwerkgiebel an die zu jener Zeit verbreitete
Gestaltung der Häuser im Landhausstil. In den frühen Pumpwerken befanden sich Dampfmaschinen
und Pumpen ebenerdig. In den heutigen Pumpwerken sind die technischen Anlagen unterirdisch untergebracht. Kurt Ackermann, dessen Klärwerk Gut
Marienhof in München 1989 fertiggestellt wurde,
und Partner Peter Jaeger erhielten bei dem beschränkten Wettbewerb für den Pumpwerk-Neubau
den 1. Preis. Die Technik wird in einer freistehenden, verglasten 2-geschossigen Halle untergebracht, die alte Halle erhält einen Anbau, in dem
sich Sozialräume u. ä. befinden. Im Altbau ist das
Museum der Berliner Wasserbetriebe untergebracht.

Die Architekten planten diese groß dimensionierte
Anlage für ca. 4.000 Bewohner. Die Autobahn-
trasse ist mit einem Terrassenhaus, auf das Hochhausscheiben gesetzt sind, überbaut. Die Tunnelein-
fahrten werden von flacheren Hauszeilen flankiert,
die dem Schallschutz der angrenzenden Wohnbebauung dienen sollen. Zur Schlangenbader Straße
sind dem Terrassenhaus mehrgeschossige Zeilen
vorgelagert, in denen auch Ladengeschäfte untergebracht wurden. Die mit leuchtend gelben und
weißen Eternit-Platten verkleidete Autobahnüber-
bauung ist in sieben Kompartimente untergliedert,
deren Gelenkpunkte die hochaufragenden, grauen
Treppentürme bilden. Die Straßentrassen, unter
denen zwei Parketagen liegen, sind in einem Hohl-
kasten geführt, um die Vibrationsbelastung für die
Wohnungen möglichst gering zu halten. Von den
2200 Wohnungen sind 800 1-Zimmer-, 100
1 1/2-Zimmer und 400 3- bis 4-Zimmer-Woh-
nungen. Die Wohnungsgrundrisse sind ungewöhnlich. So ist die Küche mit einem Esstresen zum
Wohnraum hin offen, das Badezimmer sowohl vom
Flur als auch vom Schlafzimmer zugänglich. Zur Versorgung der Großwohnanlage dienen 20 000 m²
Gewerbeflächen. Bereits während der Bauzeit begann sich das Terrassenhaus, bedingt durch den
weichen Baugrund, zu senken und konnte nur unter
sehr hohem Kostenaufwand gesichert werden.

359
„Rheinisches Viertel"
Rüdesheimer Platz
1910–14
Paul Jatzow

360
Internationales Begegnungszentrum der Wissenschaften (IBZ)
Wiesbadener Straße 18–23
1980–83
Otto Steidle, Sigwart Geiger

Grundriss 1. OG (Ausschnitt)

Rund um den Rüdesheimer Platz entstand als einer der wichtigsten Beiträge zum Wohnungsbau in Berlin vor dem Ersten Weltkrieg eine „Gartenterrassenstadt". Vor den Wohnhäusern, die als Blockrandbebauung errichtet wurden, liegen schmale, leicht ansteigende Grünflächen, die sogenannten Gartenterrassen. Bauherr war die Terraingesellschaft Südwest, die bereits das „Bayerische Viertel" (ab 1909) um den Bayerischen Platz in Wilmersdorf errichten ließ. Im Mittelpunkt des Rheinischen Viertels liegt der von Emil Cauer d. J. 1911 künstlerisch gestaltete Rüdesheimer Platz mit einer Brunnenanlage. Die 4-geschossigen Miethäuser sind aufgrund der Vorgabe des Architekten Paul Jatzow und der Terraingesellschaft in Anlehnung an englische Landhäuser mit Fachwerk und Putzverzierungen gestaltet. So erhielt die gesamte Wohnanlage trotz verschiedener Architekten doch ein gleichmäßiges und einheitliches Aussehen. Den Großteil der Häuser entwarf Jatzow. Beteiligt waren außerdem unter anderen Victor Wolf (Ahrweiler Str. 32) sowie Carl P. J. Horst (Offenbacher Str. 6, 7; Laubacher Str. 35). Die einzelnen Häuser enthalten großbürgerliche Wohnungen mit fünf und mehr Zimmern. Die Wohnungen im Haus Aßmannshauser Straße 10a–12, die 410 m² hatten, erstreckten sich sogar über zwei Etagen. Hier waren wie bei einer Villa die Repräsentations- und Wirtschaftsräume im unteren und die Wohn- und Schlafräume im oberen Geschoss untergebracht.

Das IBZ soll Gastwissenschaftlern, die semesterweise in Berlin arbeiten, Wohn- und Kommunikationsort sein. Die Vorgabe des beschränkten Wettbewerbs von 1978 umfasste weiterhin die städtebauliche Einbindung in das charakteristische „Rheinische Viertel" (Nr. 359) sowie Energiesparmaßnahmen. Otto Steidle nahm die quartierstypische Einzelhausbreite und -form mit vierzoniger Stockwerkseinteilung und Gebäudehöhe auf. Da die Einzelhausstruktur im Widerspruch zum gewünschten kommunikativen Charakter zu stehen schien, erhielt die Hausrückseite ein laubengangartiges Treppensystem „angehängt", über das alle Wohnungen erschlossen werden können. Die hausinternen Treppenhäuser haben daher nur zweitrangige Bedeutung. Ein von Erich Wiesner entworfenes Rankgerüst sowie der verglaste Aufzugturm steigern die filigrane Struktur der Hausrückseite. Die Straßenfassade wird durch den Wechsel von geschlossenen, gelb verputzten Wandflächen und transparenten Glaszonen der Fenster und Wintergärten bestimmt. Vorgehängte Stahlbalkone und ein Spalier im EG lösen die Wand zusätzlich optisch auf. Das nach Süden verglaste Steildach dient als „Luftsonnenkollektor" für die Heizung und die Warmwasserbereitung sowie als Gartenhaus. Die Anlage stellt ein differenziertes Angebot an Wohnungen – von 1-Zimmer-Apartments mit separaten Gemeinschaftsküchen über 2 1/2-Zimmer-Wohnungen im 2. und 3. OG bis zu 4-Zimmer-Maisonettes im EG und 4. OG – zur Verfügung.

361
Reichsknappschaftshaus
Breitenbachplatz 2
1929–30
Max Taut, Franz Hoffmann

362
Elektronenspeicherringanlage „Bessy"
Lentzeallee 100
1978–81
Gerd Hänska, Bernd Johae

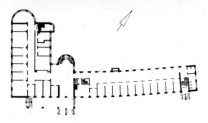

Grundriss EG

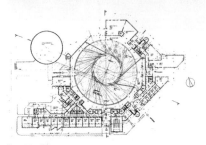

Grundriss EG

Das L-förmige Gebäude besteht aus einem überhöhten, würfelförmigen Mitteltrakt, an den sich zwei 3-geschossige Seitenflügel anschließen. Charakteristisch für den blockhaften Flachbau im Stil der Neuen Sachlichkeit ist seine äußere Gestaltung; die Konstruktion wird nicht hinter einer Fassade versteckt, sondern wie bei zahlreichen Bauten Tauts nach außen hin sichtbar gemacht. Die horizontalen und vertikalen Bänder der Stahlträger sind mit violetten Keramikplatten verkleidet und werden so bewusst zur Fassadengestaltung eingesetzt. Die Zwischenfelder sind mit rötlichen und bläulichen Klinkern verkleidet. Beachtenswert ist das verglaste, halbrunde Treppenhaus an der Gartenseite, das die beiden Gebäudeflügel wie ein Gelenk verbindet. Seine Form wird von dem ebenfalls halbrund abschließenden Querflügel aufgegriffen. Der Sitzungssaal und das Treppenhaus im Mitteltrakt wurden nach dem Zweiten Weltkrieg stark verändert. Die beiden Seitenflügel nehmen Büros auf. Das Gebäude wird heute von der Freien Universität genutzt.

Der Beiname „Bessy" ergab sich aus dem Namen des Bauherren, der „Berliner Speicherring für Synchrotonstrahlung GmbH". Die Elektronenspeicherringanlage dient der Grundlagenforschung und der industriellen Entwicklung elektronischer Bauelemente. Untersucht werden mit dem „Synchroton", einem zum Kreis geschlossenen Elektronenspeicher, die erzeugten Energien wie infrarotes und sichtbares, violettes Licht sowie weiche Röntgenstrahlung. Wegen dieses Ringes war die Kreisform des Gebäudekerns eine unabdingbare technische Vorgabe. Im Keller darunter ist der Elektronenbeschleuniger untergebracht. Dieser Hauptfunktionsteil ist mit einer flachen, kupfergedeckten Kuppel, die als Holzbinderkonstruktion erstellt wurde, überdeckt. Ihm sind Labors, Werkstätten, Büros und Anlieferungsbereich zugeordnet. Jede der Abteilungen hat ihren eigenen Eingang, der durch halbrunde, turmartige Treppenhäuser und vorgezogene Flachbauten markiert ist. Die bis zu 2-geschossigen Gebäude sind in Mischbauweise aus Beton und Mauerwerksteilen errichtet und mit Eternit-Glasalplatten verkleidet. Den Architekten gelang es, die funktionalen Gegebenheiten unter einer ansprechenden, unkonventionellen Hülle zusammenzufassen und den Bau durch die Gebäudeproportionierung in die Umgebung einzupassen.

363
Max-Planck-Institut für Bildungsforschung
Lentzeallee 94
1972–74
Hermann Fehling, Daniel Gogel

364
Wohnsiedlung Kolberg-Süd
Reichenhaller/Friedrichshaller Straße
1982
Henry Nielebock & Partner, Büro Horst Zeil

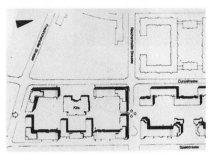

Die unterschiedlichen Räumlichkeiten des Max-Planck-Institutes wie Bibliothek, Arbeitszimmer der Wissenschaftler, Institutsräume sowie Mensa wurden in einzelnen Gebäudesträngen untergebracht. Diese sind – ähnlich wie die Flügel einer Windmühle – um einen Mittelpunkt angeordnet. Von den Flachdächern steigen expressiv geknickte Dachflächen zum schräg abgeschlossenen, zentralen Bereich an, in dem die Treppenanlage untergebracht ist. Das Institut wirkt zunächst durch die schalungsrau belassenen und grau gestrichenen Betonaußenwände etwas unnahbar. Im Eingangsbereich wurden die Betonwände derart angeordnet, dass sie trichterförmig auf die kleine, hölzerne Eingangstür hinführen. Dahinter liegt die großzügige Eingangshalle, deren Raumgefüge am Außenbau durch die aufgefalteten Dachflächen sichtbar gemacht wurde. In der Halle steigen drei Treppenläufe auf, um sich auf unterschiedlicher Höhe zu verbinden und von einer Galerie aus weiter aufzusteigen. Diese Treppenhalle ist ein besonders gelungenes Beispiel eines großzügigen Entrees, das zum Verweilen einlädt. Nicht zuletzt klingen hier im Inneren des seit 1965 geplanten Institutes Gestaltungselemente an, wie sie von Hans Scharoun z. B. im Foyer der Philharmonie (Nr. 169) verwirklicht worden sind.

Mit der Bebauung des südlichen Geländeabschnittes wurde die städtebauliche Lücke auf dem ehemaligen Schrebergartengebiet „Kolberg" geschlossen. Die leuchtend roten Putzbauten bilden einen großen, rechteckigen Wohnhof, in den zwei Hausflügel hineinragen. In der Mitte der Straßenfront unterbricht der Flachbau der Kindertagesstätte die 4- bis 5-geschossige Wohnbebauung. Die Wohnhäuser von Kolberg-Süd sind durch große, gerasterte Fensterflächen und lichte, graue Stahlkonstruktionen oberhalb der Loggien gekennzeichnet. Trotz strenger geometrischer Gestaltung verzichteten die Architekten nicht auf postmodernen Zierat. Einige Fenster und Türen wurden mit wulstigen Zierbändern gerahmt, die Rundbogen- und Dreiecksformen ausbilden. Die Wohnungen sind ca. 120 m² groß. Die EG-Wohnungen können direkt über Stahltreppen von außen erreicht werden. Acht Wohnungen wurden behindertengerecht, 22 als Maisonettes gestaltet, wobei 67 der 152 Wohnungen im Rahmen des Sozialen Wohnungsbaus gefördert wurden. Die Anlage kann als gelungenes Beispiel für ein Umdenken im innerstädtischen Wohnungsbau angesehen werden, das weg von überdimensionierten Schlafstädten, hin zu überschaubaren, durchgrünten Wohnanlagen führt. Damit werden Strukturen wieder aufgenommen, wie sie bereits bei der gegenüber liegenden „Reichsbank-Siedlung" (1925–26) von Werner March beispielhaft sichtbar geworden waren.

365
Rathaus Schmargendorf
Berkaer Platz
1900–02
Otto Kerwien

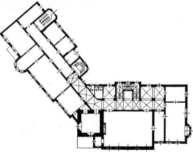

Grundriss 1. OG

Das Rathaus wurde, wie auch das wenig zuvor errichtete in Steglitz (Nr. 726), in den Formen der märkischen Backsteingotik erbaut. Die Stadtväter der damals noch selbständigen Stadt Schmargendorf wollten sich so in die Tradition einer Blütezeit der deutschen Stadt im Mittelalter stellen. Der phantasievoll gegliederte Bau wurde in Verblenderbauweise aus roten Backsteinen im Wechsel mit hellen Putzflächen errichtet; der Sockel besteht aus Granit. Ein runder, mit einem Zinnenkranz versehener Turm, der von einer ziegelgedeckten Spitze überhöht wird, sorgt so für den damals bei Rathausbauten obligatorischen städtebaulichen Blickpunkt. Stufengiebel und reicher Wappenschmuck tragen zusätzlich zur Belebung des Gebäudes bei.

366
Haus Schopohl
Warnemünder Straße 25
1936
Fritz Schopohl

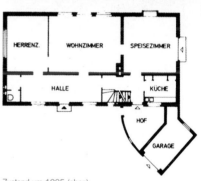

Zustand um 1935 (oben)
Grundriss Erdgeschoss (unten)

Der weiß geschlämmte, breit gelagerte Backsteinbau ist mit einem Walmdach gedeckt. Dem schlichten, rechteckigen Baukörper ist in einem spitzen Winkel eine Garage zugeordnet, die zu einem weiteren von Schopohl entworfenen Einfamilienhaus an der Warnemünder Straße 25a überleitet. Der Grundriss des Hauses ist von großer Einfachheit und Klarheit, wenngleich das Raumprogramm den Wohnbedürfnissen eines erfolgreichen Architekten jener Zeit entsprechend großzügig gestaltet ist. Eine Mittelwand trennt das EG in einen engeren Nordteil, der die Wirtschaftsräume enthält, und einen breiten Südteil mit den Wohnräumen. Die Fassade des Hauses ist ebenfalls einfach und unauffällig gestaltet. In seiner demonstrativen Handwerklichkeit und Schlichtheit kann das Wohnhaus Schopohls als ein typisches Beispiel für den Einfamilienhausbau während des Nationalsozialismus betrachtet werden. Trotzdem lassen sich bei einigen Details, wie z. B. den bündig in der Fassade sitzenden Fenstern oder dem Verzicht auf Fensterläden, gewisse Abweichungen gegenüber der offiziellen Architekturauffassung feststellen.

367
Wohnhochhaus am Roseneck
Hohenzollerndamm 105-110
1954–55
Franz Heinrich Sobotka, Gustav Müller

368
Wohnhäuser
Heydenstraße 18
1980–82
Oswald Mathias Ungers

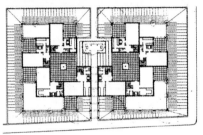

Grundriss, EG der Wohnungen

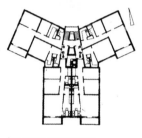

Grundriss Normalgeschoss

Mit dem 15-geschossigem Hochhaus wurde am Ende des Hohenzollerndamms ein städtebaulicher Bezugspunkt geschaffen. Der Stahlbetonbau besitzt eine Außenhaut aus Ziegelsplitt und Gasbetonplatten. Diese neuartige Verkleidung wurde unter Beobachtung des Bundesministeriums für Wohnungsbau erstellt und für gut befunden, so dass danach neue Richtlinien über die Schüttbauweise für Hochhäuser aufgestellt wurden. Aufgrund dieser Bauerfahrung mit dem aus Trümmerschutt gewonnenen Ziegelsplitt entstanden in jener Zeit zahlreiche Bauten. Im Wohnhochhaus am Roseneck besitzt durch den Y-förmigen Gebäudegrundriss jede Wohnung ein nach Süden gelegenes Zimmer. Im Schnittpunkt der drei Achsen liegen die Treppenhäuser, Aufzüge und die technischen Einrichtungen. 90 Wohnungen, pro Flur je zwei 1-, 2 1/2- und 3-Zimmer-Wohnungen mit 32, 76 und 81 m² Wohnfläche, wurden übereinandergestapelt. Bis auf die 1-Zimmer-Wohnungen haben alle Wohnungen Wintergärten. Die Küchen sind funktionale Wirtschaftsräume, die beim 3-Zimmer-Typ durch Öffnen der Schiebetüren in den Wohnraum einbezogen werden können. Der Austausch der originalen Fenster hätte aus dem typischen 50er-Jahre-Bau einen Allerweltsbau gemacht, bliebe nicht das auf Stützen gestellte, sich aufwölbende Flachdach – ein Charakteristikum für die Architektur der 50er Jahre.

Mit den kompakten, 2-geschossigen Mehrfamilienhäusern nahm Oswald Mathias Ungers Bezug auf die umliegende Villen-Bebauung. Die Häuser sind um einen gemeinsamen Eingangshof angeordnet, in den eine Eingangspergola hineinleitet. Jedes Wohnhaus besteht eigentlich aus vier kleinen „Einfamilienhäusern" mit winkelförmigem Grundriss, die um einen überdachten Innenhof gebaut sind. Die zweistöckigen, zentralen Eingangshallen werden durch Spitzdächer belichtet und bilden in Anlehnung an großbürgerliche Villen weiträumige Entrees. Im EG liegen Küche und Wohnzimmer, im OG befinden sich ein Schlaf- und zwei Kinderzimmer sowie das Bad. Der strenge, geometrische Aufbau der Grundrisse spiegelt sich in der Gestaltung der Außenfassaden wider. Dunkler Putz im EG, heller Putz im OG sowie ein horizontales Gesims unterstreichen die Zweigeschossigkeit. Das hohe EG wird durch großflächige Fenster- und Spalierfelder gegliedert. Die dadurch entstandene symmetrische Struktur aus senkrechten, schmalen Putzstreifen und waagerechten, breiten Putzflächen, die gegen das OG abgrenzen, erinnert an eine Arkadenstellung. Den geschlossenen Gesamteindruck verstärken die verklinkerten, kompakten „Winkelendstücke", die einen wirkungsvollen Kontrast zu den gleichmäßig gerasterten Zonen bilden.

369
Haus Scharf
Miquelstraße 39a, b
1938
Hans Scharoun

370
Zwei Mehrfamilienhäuser
Teplitzer Straße 11, 13
1981–82
Manfred Pechtold, Hans-Jürgen Ruprecht, Wolfgang Schlicht, Jakob Schulze-Rohr (= PRSSR)

Grundriss Haus 39a

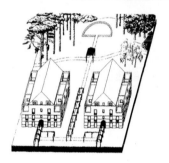

Das Äußere des Gebäudes wird an der Straßenseite durch die drei kleinen Dreiecksfenster in der Dachzone sowie zwei breit gelagerte, aneinander angrenzende Giebel bestimmt. Gedeckt ist das Doppelhaus durch das im „Dritten Reich" von der Baubehörde vorgeschriebene Steildach. Während die rechtwinklig angelegte Straßenfront des Gebäudes geschlossen erscheint, ist die Gartenseite, wie auch bei vielen anderen Häusern Scharouns, freier gestaltet; die schräg vorspringenden Glasflächen des Wintergartens und des abgewinkelten Wohnzimmererkers öffnen den Wohnbereich zum Garten hin. Auch im Innern wird die Polarität zwischen Straßen- und Gartenfront sichtbar; während die im Norden untergebrachten Wirtschaftsräume streng geometrisch angelegt sind, weist der Wohnbereich einen – für Scharoun typischen – freier gestalteten Grundriss auf. Diese Trennung der Funktionsbereiche wird durch um ein halbes Geschoss gegeneinander verschobene Raumebenen verstärkt; die Räume liegen im Norden zu ebener Erde und im 1. OG, die nach Süden orientierten in den Zwischengeschossen. Als Bindeglied fungiert eine durch zwei Geschosse reichende Halle. Das Haus wurde nach dem Zweiten Weltkrieg im Innern leicht verändert.

Die beiden nebeneinander liegenden Mehrfamilienhäuser sind gleich gestaltet und gliedern sich durch ihre äußeren Abmessungen mit einer Grundfläche von 17 x 15m in das Grunewalder Villengebiet ein. Durch die extreme Farbigkeit erhalten sie aber eine Sonderstellung im Villengebiet: über die ziegelrot verputzten Mauerwerkskuben sind spitze, türkisgrüne Metalldächer gesetzt, die den Hausmittelteil überdecken. Die Proportionierungen der rechteckigen Häuser, die durch schmale Bandritzung noch breiter gelagert erscheinen, und der prismenförmigen Dächer stehen in einem deutlichen Missverhältnis. Die Ecken der symmetrisch gestalteten Kuben sind loggienartig eingeschnitten und nach oben offen. Hinter den Rahmungen liegen großzügige Terrassen. Die symmetrische Anordnung der Fenster hat schlecht belichtete Zimmer im Inneren zur Folge. Die Grundrisse sind schematisch und in möglichst quadratische Räume geteilt. Im EG und 1. OG befinden sich vier 3-Zimmer-Wohnungen. Im 2. OG wurden zwei 5-Zimmer-Maisonettes untergebracht, die jeweils zwei Terrassen besitzen.

371
Haus Andreae
Kronberger Straße 7–9
1912–13
Alfred Breslauer, Paul Salinger

372
Mehrfamilienvilla
Taunusstraße 12
1981–82
Christine Jachmann

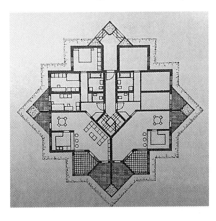

Das grau verputzte Backsteinhaus ist eines der größten erhaltenen repräsentativen Landhäuser aus der Zeit vor dem Ersten Weltkrieg in Berlin. Anders jedoch als die von englischen Vorbildern beeinflussten Landhäuser von Hermann Muthesius, des berühmtesten deutschen Architekten jener Zeit auf diesem Gebiet, orientiert sich dieses Gebäude in seiner Anlage und dem dekorativen Werksteinschmuck an Bauten der italienischen Renaissance. Das tiefe Rechteck des Baus umschließt einen quadratischen Innenhof, an den an einer Seite eine Loggia angebaut ist. Im Zentrum des Atrium-Hofes befindet sich ein runder Brunnen. Der Eingangsbereich wird durch einen Säulenportikus akzentuiert. Die Raumaufteilung ist großzügig und übersichtlich angelegt. Über den oval ausgebildeten Gartensaal erreicht man eine überdachte, mit Rundbogen versehene Veranda, von der aus man in den parkartigen Garten gelangt. Die Wohnzimmer wie Speisezimmer, Saal, Bibliothek und Musikzimmer sind ebenerdig angelegt, die Schlafräume liegen im OG. Das Gebäude ist, nach kriegsbedingter Restaurierung, in fast unveränderter Form erhalten.

In der äußeren Gestaltung des kompakten, voluminösen Hauses lassen sich Anklänge an benachbarte herrschaftliche Grunewaldvillen erkennen, wenn auch in abgewandelter Form. Übereinstimmend ist die Orientierung des Hauptbaukörpers zur Straße hin. Das EG mit dem Eingangs- und Gartenzugangsbereich ist besonders hervorgehoben. Die weiß verputzte Fassade des Gebäudes wird durch mehrere Giebel-, Erker- und Anbauten sehr abwechslungsreich gestaltet. An der Hauswand sind zahlreiche Spaliere für Rankpflanzen angebracht. Die originelle Ansicht des Hauses wird durch seine Grundrissdisposition bestimmt, die aus der Großform zweier um 90 Grad gegeneinander verdrehter Quadrate besteht. Die Wohnungen sind trotz der Zwänge, die aus dieser Grundrissform erwachsen, gut geschnitten und sehr wohnlich. Die Disposition der einzelnen Stockwerke wurde zentral oder symmetrisch organisiert. Die Mehrfamilienvilla nimmt acht Wohnungen auf, vier 4-Zimmer-Wohnungen mit großen Wintergärten und vier Maisonette-Wohnungen im DG.

373
Haus Meyer
Seebergsteig 23
1897–98
Arnold Hartmann

374
Drei Wohnhäuser
Furtwängler Straße 1
1983–85
Finn Bartels, Christoph Schmidt-Ott

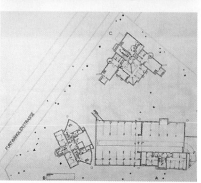

Zustand 1990 (oben)

Der Putzbau ist in seiner Anlage ein Beispiel für den Architekturtyp einer Villa; auf ein Sockelgeschoss, in dem die Küche und die Zimmer für das Personal untergebracht waren, folgte ein Wohn- und ein Schlafgeschoss, darüber das abschließende Dachgeschoss. Loggia, Wintergarten und eine in den Garten führende Veranda stellen den Bezug zur Natur dar. In seinem phantastischen Äußeren unterscheidet sich das Gebäude von vielen vergleichbaren Villen jener Zeit in Berlin. Typisch ist zwar die Verwendung verschiedener Architekturstile, die jedoch bei dieser Landvilla auf die Spitze getrieben wurde; die reich gegliederte Fassade besteht aus einer gewagten, fast grotesken Mischung aus Stilen der unterschiedlichsten Epochen. Als Hauptrichtung treten z.B. im Maßwerk der Fenstereinfassungen und in der Verwendung von Fialen gotisierende Architekturelemente auf, die dazu noch mit Jugendstileinflüssen verbunden werden. Daneben lassen sich aber auch noch neobarocke und klassizistische Vorbilder erkennen. Die verglaste Spitze des Zeltdaches, die als Oberlicht die durch zwei Geschosse reichende Diele belichtet, besaß ehemals, gewissermaßen als Krönung, eine ornamentale Laterne. Heute ist das Innere des Gebäudes in mehrere Wohnungen unterteilt.

Die Architekten entwickelten an diesen Häusern ihren Villen-Prototyp weiter, den sie 1982–83 in der Hubertusallee 7 erbaut hatten. Bereits dort wurde die Tradition der alten Grunewald-Villa wieder aufgenommen, die durch die Gliederung in ein hohes Sockel- und ein Wohngeschoss sowie ein hohes Dachgeschoss gekennzeichnet ist. Diese Struktur wurde auch hier durch eine differenzierte Fassadenschichtung nachgezeichnet. Die vordere, geschossübergreifende Ebene erscheint als ein tragendes Gerüst aus Pfeilern und Gesims, die hintere Ebene ist aufgelöst in große, gerasterte Fensterflächen. Die Kupferdächer werden kreuzförmig von Terrassen durchschnitten und schließen gerade ab. Dachgesimse, Erker und Eckstützen sind, an jedem Haus unterschiedlich, einmal blaugrau, dann fliederfarben und schließlich beige gestrichen. Trotz einheitlicher Fassadengestaltung bilden die Häuser unterschiedliche Grundrissformen aus, so dass sich in den Häusern 24 individuelle Wohnungen befinden. Haus A kommt in seinem Aussehen dem Kubus des Prototyps in der Hubertusallee am nächsten. Dagegen schwingt Haus B auf der Gartenseite halbkreisförmig aus und Haus C zeigt einen dreiecksförmigen Umriss. Die „Kleinvillen" sind ein überzeugender Versuch, aus einem Haus-Typ individuelle Bauten und Wohnungen zu entwickeln und diese gelungen in das Grunewalder Villengebiet einzufügen.

375
Haus Vollberg
Delbrückstraße 29
1939–42
Egon Eiermann

Zustand um 1940 (oben)

Das Haus Vollberg ist eines der wenigen Einfamilienhäuser, die während der Kriegszeit und der damit
verbundenen Beschränkung der zivilen Bautätigkeit
entstanden sind. Wie bei allen Einfamilienhäusern, die
Eiermann während des „Dritten Reichs" gebaut hat,
wurde es, wie z. B. auch das Haus Steingroever
(Nr. 295), mit einem – wenn auch nur flach geneigten – Satteldach versehen. Der eingeschossige,
verklinkerte Baukörper hat einen langgestreckten,
T-förmigen Grundriss. Charakteristisch für die Einfamilienhäuser Eiermanns ist die klare Aufteilung ihres
Grundrisses in die Bereiche Wohnen, Schlafen und
Wirtschaftsteil. Der Eingang erfolgt hier im Schnittpunkt dieser drei Bereiche. Der Wohnbereich liegt
im Süden des Gebäudes, an seiner Nordseite befinden sich die Wirtschaftsräume und die Garage.
Durch die Anlage verschiedener Raumhöhen und
durch große Fensterflächen wird die Strenge der
geometrischen Grundrissform gemildert. Ein Hauptmerkmal des Komplexes ist die Einbeziehung des
Gartens in den Wohnbereich; durch große Glasflächen und hofartige Freiräume wie Spielplatz, Eingangshof, Vorplatz, Terrassen und Grünflächen
gehen Wohnbereich und Garten ineinander über
und werden so zu einer Gesamtheit verbunden.

376
Villa Konschewski
Gottfried-von-Cramm-Weg 33–37
1922–23
Oskar Kaufmann

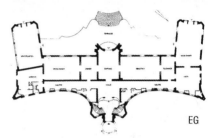

Zustand um 1925 (oben)

Dieses Gebäude hebt sich von allem ab, was bis zu
diesem Zeitpunkt in Berlin an Wohnhäusern gebaut
worden war. Der zweigeschossige, ocker geputzte
Backsteinbau mit Mansarddach und den plastischen
Schmuckelementen aus Kalkstein erinnert in seiner
äußeren Gestalt eher an ein Rokoko-Schlösschen
als an eine Bankiers-Villa aus der Zeit der Weimarer
Republik. Der Baukörper und das Dach sind in barocker Weise geschwungen, die Mittelachse der
Straßenfront und der Gartenseite sind betont. Auch
die zum Ufer des Hundekehlesees abfallende Gartenseite wird durch das architektonische Vokabular
des Rokoko in Form einer weit ausladenden, elegant
ausschwingenden Terrasse, einer symmetrischen
Freitreppe in der Mittelachse und von Terrassenan-
lagen geprägt. Im Inneren hatte das „Schlösschen"
eine große Anzahl aneinandergereihter Raum-
fluchten. Heute ist die Villa in mehrere Wohnungen
aufgeteilt. Der ganzen Anlage ist eine gewisse thea-
tralische Inszenierung nicht abzusprechen, was sich
mit der Person des Architekten erklären lässt: Kaufmann war einer der großen Theaterarchitekten der
20er Jahre in Berlin. Von ihm stammen u. a. die
Volksbühne (Nr. 125), das Renaissance-Theater
(Nr. 345) und das Hebbel-
Theater (Nr. 427).

377
Grunewald-Turm
Havelchaussee
1897–99
Franz Heinrich Schwechten

378
Haus Flechtheim
Douglasstraße 12
1928–29
Otto Rudolf Salvisberg

Zustand um 1930 (oben)

Der 55 m hohe Backsteinturm erhebt sich in landschaftlich reizvoller Lage direkt an der Havel. Er wurde 1897 anlässlich des 100. Geburtstages von König Wilhelm I. (ab 1871 Kaiser des Deutschen Reiches) vom Kreis Teltow als Denkmal gestiftet. Aus dem breiten, wuchtigen Sockelgeschoss steigt ein fast geschlossener Turmschaft auf, der in einem hohen Kegeldach endet. Das Sockelgeschoss, das auf einer breiten Plattform lagert, wird von kleinen Türmchen flankiert. Diese sind mit Spitzbogenfenstern gegliedert und werden ebenfalls von spitzen Kegeldächern abgeschlossen. Besonders schmuckreich wurde das OG des Turmes verziert. Halbrunde Türmchen steigen aus den Turmecken auf und flankieren die auf Kragsteinen gelagerten Balkone der offenen Ausguckplattform. Franz Schwechten gestaltete den Turm in Formen der norddeutschen Backsteingotik mit Putzspiegeln, Giebelchen, Spitzbogenfenster und Türmchen. Auch Einflüsse der Kirchenbaukunst des Mittelalters lassen sich, u. a. in der Portalgestaltung, ablesen. Im Inneren des Turmes befindet sich eine Marmorstatue Kaiser Wilhelms I., die von Ludwig Manzel stammt. Erst nach 1945 erhielt der Bau den Namen Grunewald-Turm, vorher hieß er, wie auch die Inschrift besagt, „König Wilhelm I. – Gedächtnisturm".

Dem 2-geschossigen Wohnhaus ist rechtwinklig zur Straße ein niedriger Wirtschaftsflügel vorgelagert, der mit dem rechteckigen Baukörper des Haupttraktes einen Eingangshof bildet. Ebenso einfach und klar wie die äußere Erscheinung ist auch der Grundriss ausgebildet. An der Gartenseite sind im EG mit dem Gartenzimmer, dem Speisezimmer und dem Herrenzimmer drei große Wohnräume angelegt, die durch breite Schiebetüren miteinander verbunden sind und so eine flexible Raumnutzung zulassen. Eine große Gartenterrasse mit Pergola bezieht den Garten in den Wohnbereich im EG mit ein. Die Fassade des Hauses ist mit Klinkern verkleidet, der Eingangsbereich und die Pfeiler der Pergola bestehen aus Travertin. Das repräsentative Wohnhaus besticht durch seine Sachlichkeit und Eleganz. Salvisberg gelang es, traditionelle Architekturelemente, wie z. B. das Walmdach, welches hier jedoch flach und ohne Überstand ausgebildet ist, mit Elementen des Neuen Bauens wie z. B. den zu waagerechten Bändern zusammengefassten Fenstern harmonisch zu verbinden.

379
Haus Noelle
Winklerstraße 10
1901
Hermann Solf, Franz Wichards

380
„Eternit-Gästehaus"
Wißmannstraße 12a
1955
Paul G.R. Baumgarten

Grundriss Wohngeschoss

Das 2-geschossige Haus gilt als Beispiel des Bautyps einer naturverbundenen Landvilla um die Jahrhundertwende. Es unterscheidet sich in seiner Disposition von der herkömmlichen herrschaftlichen Villa in der Stadt; das Sockelgeschoss ist niedrig gehalten, so dass die Beletage mit den Wohnräumen nur wenig über dem Gartenniveau liegt. Da das Grundstück an der Gartenseite zum Diana-See hin abfällt, werden die rückwärtigen Räume des Sockelgeschosses durch eine vorgelagerte Terrasse mit Blick über den See in die Natur einbezogen. Auch in der Grundrissanlage unterscheidet sich die Land- von der Stadtvilla; bei dieser stand die gesellschaftliche Repräsentation im Vordergrund, was ein festgelegtes Raumprogramm mit eng aufeinander bezogenen Räumen zur Folge hatte. Beim Haus Noelle ist dagegen eine Tendenz zur Individualisierung der einzelnen Räume festzustellen; sie haben keinen direkten Zusammenhang untereinander und werden durch unterschiedliche Grundrisse, verschiedene Fensterformen, Erker und sonstige Anbauten als selbständige Raumgebilde kenntlich gemacht. Die reich gegliederte Werksteinfassade spiegelt diese Grundrissdispositionen auch nach außen wider. Sie ist, dem Zeitgeschmack entsprechend, in einem historischen Baustil, der deutschen Renaissance, gestaltet, zu erkennen besonders an dem verzierten Giebel.

Das Gästehaus wurde an einem zum Königsee abfallenden Hang errichtet und ist deshalb an der Hangseite 2-geschossig ausgeführt. Es besticht durch seinen einfachen, übersichtlich gegliederten Grundriss. Das EG mit der eingeschossigen Garage neben dem Eingang enthält die Nebenräume, das OG nimmt zwei Wohnräume mit durchlaufendem Balkon, Küche und Nebenräume auf. Die Hausmeisterwohnung befindet sich im Untergeschoss. Die Wohnräume sind nach Süden hin mit großen Fenstern versehen; eine weit vorkragende Dachverkleidung schützt vor zu starker Sonneneinwirkung. Der Architekt versuchte mit diesem Gästehaus der Eternit AG, die Anforderungen an ein Wohnhaus mit den Repräsentations- und Selbstdarstellungsbedürfnissen eines Industrieunternehmens zu verbinden. Dies lässt sich an der häufigen Verwendung des Baustoffes Eternit, einem Produkt der Firma, erkennen. Das gestaffelte Pultdach und Teile der Außenwand sind mit Eternit-Wellplatten verkleidet, des weiteren wurden außen und auch innen glatte Eternit-Platten angebracht.

381
Apartmenthaus
Wallotstraße 9
1971
Heinz Schudnagies

Grundriss 1. OG

Das Gebäude liegt in reizvoller Lage inmitten eines alten Baumbestandes direkt am südlichen Ufer des Halensees. Bei der Konzeption dieses Apartmenthauses orientierte sich Schudnagies am Maßstab der traditionellen Grunewaldvilla vom Ende des 19. Jahrhunderts; diese ist aus Sockelgeschoss, Beletage, einem weiteren Vollgeschoss sowie einem ausgebauten Dachgeschoss aufgebaut. Der Architekt sah seine Aufgabe darin, die Strukturen dieser traditionellen Bebauung aufzunehmen und den heutigen Bedürfnissen anzupassen; um den ortstypischen Maßstab annähernd beizubehalten, war die Bebauung – unter Berücksichtigung der heutigen niedrigen Geschosshöhen – nur als Mehrfamilienhaus vorstellbar. Entstanden ist ein reizvolles Gebäude, das 12 luxuriöse Apartments aufnimmt. Die einzelnen Apartments zeichnen sich durch ihre phantasievoll geschnittenen Grundrisse aus; die Wohnungen in den zwei Hauptgeschossen wurden in leicht versetzten Ebenen angeordnet. Im Kellergeschoss ist ein kleines Hallenbad sowie Sauna und Solarium untergebracht. Die charakteristische Staffelung des Baukörpers erlaubt – wie es beim benachbarten, ebenfalls von Schudnagies 1968 erbauten Wohnhaus (Wallotstraße 7, 7a) durch sägeschnittartig angelegte Grundrisse erreicht wurde – allen Wohnungen den Blick zum Halensee. Das Apartmenthaus ist aus dicken, energiesparenden Porotonziegeln erbaut.

382
Bürohaus am Halensee
Halenseestraße/Kronprinzendamm
1994–96
Hilde Léon, Konrad Wohlhage

Grundriss Normalgeschoss

Ähnlich wie bei dem Wohnhaus an der Seesener Straße (Nr. 385) stellte auch dieses Grundstück das Problem des Bauens an emissionsbelasteten Verkehrsschneisen; das Gelände grenzt unmittelbar an die Stadtautobahn am Halenseegraben. Léon und Wohlhage definierten ihren Entwurf nicht nur als Konzept für ein lärmisoliertes Bürogebäude, sondern auch als schützenden Puffer zu der rückwärtig anschließenden gründerzeitlichen Wohnbebauung. Der aufgeständerte linsenartige Baukörper hebt sich mit seinen sieben transparenten OG von einem granitverkleideten Sockelbau ab, der das Grundstück einerseits von der Autobahn abschirmt und andererseits als Tiefgarage dient. Doppelglasfassaden, deren innere Schicht durch Schiebetüren individuell zu öffnen ist, garantieren den Büroräumen eine lärm- und schmutzfreie Belüftung. Die Krümmung des Körpers ermöglicht den angrenzenden Altbauten einen weitgehend unverstellten Blick auf Halensee und Grunewald. Gleichzeitig wirkt der mit seiner Westspitze schräg in den Straßenraum hineinragende Bau als aufsehenerregende architektonische Plastik. Mit seinen funktionell bedingten, aber auch künstlerisch inszenierten Gegensätzen zwischen massiver Basis und transparentem Hauptbau sowie zwischen der Filigranität der Stützen und dem Volumen der expressiven Großform stellt das Gebäude eines der herausragendsten Beispiele Berliner Architektur der 90er Jahre dar.

383
Kreuzkirche
Hohenzollerndamm 130
1927–29
Ernst und Günther Paulus

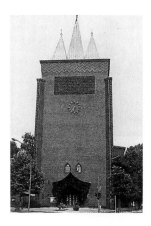

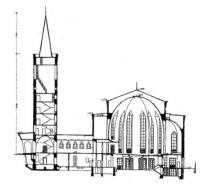

Das mächtige, von drei Spitzen bekrönte Turm-
massiv steht vorgezogen am verkehrsreichen
Hohenzollerndamm und schirmt mit seiner quer
gestellten, geschlossenen Westwand das Kircheninnere gegenüber dem Verkehrslärm ab. Dieser
kuppelüberwölbte Saal besitzt den Grundriss eines
gedrückten Achtecks. Mit dem Turm wird er durch
einen langen, niedrigen Kreuzgang verbunden. Trotz
dieser zentralisierten Grundrissanlage des Kirchenraums springt die für den protestantischen Kirchenbau ungewöhnlich stark hervorgehobene liturgische
Achse der Kirche ins Auge. Der „Prozessionsweg"
führt von der als Sammlungsstätte dienenden Braut-
halle im Sockelgeschoss des Turmes über den
Kreuzgang in den Gemeinderaum bis hin zur Altarnische. In ihrer äußeren Erscheinung gilt die Kirche
als herausragendes Beispiel expressionistischer
Backsteinarchitektur. Gedrehte Klinkersäulen, Klinkermauerwerk mit „schwimmender Fuge" sowie
spitze und zackige Elemente kennzeichnen die Fassade. Charakteristisch ist das glasierte, pagoden-
artige Portal. Die Säulenfiguren wurden von Felix
Kupsch geschaffen, der übrige bildhauerische
Schmuck stammt von Max Esser.

384
S-Bahnhof Hohenzollerndamm
Hohenzollerndamm 48
1908–10
Heinrich Thiering

Der Bahnhofsbau besteht aus einem dreigeschossi-
gen Hauptgebäude, das durch einen verglasten
Eisenfachwerksteg mit einer turmartigen Treppen-
vorhalle verbunden ist. An den mit geschwungenen
Giebeln verzierten Treppenturm, der auch einen
Zugang zur Straße aufweist, schließt sich ein langer,
überdachter Treppenabgang zu den Gleisen an.
Seinen unteren Abschluss bildet ein ebenfalls mit
geschweiften Giebeln versehener Baukörper. Auf die
Fassadengestaltung der Anlage wurde wegen des
Namens des Bahnhofs, der auf die Familie des
Kaisers verwies, besonderer Wert gelegt. Der gesamte Bahnhofskomplex ist mit Muschelkalkplatten
verkleidet. Der untere Bereich des repräsentativen
Hauptgebäudes weist eine kräftige Rustikaquaderung auf. Das Motiv der Korbbogenportale in seinem
EG wird in der Gestaltung des Eisenfachwerkstegs
aufgenommen. Die Fenster im OG des Hauptbaus
werden durch senkrecht durchlaufende Blenden zu
Dreiergruppen zusammengefasst, die Brüstungen
sind mit figürlichen Reliefs geschmückt. Charakter-
istischer Bauteil des Hauptgebäudes ist sein mächtiger, geschwungener Giebel, an dessen Spitze eine
Skulptur des Reichsadlers thront.

385

Wohnbebauung Seesener Straße
Seesener Straße 70 a–f
1992–94
Hans Kollhoff, Helga Timmermann

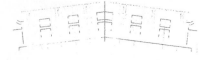

Grundriss 1.–3. OG

Das Wohnhaus reagiert auf eine städtebaulich äußerst schwierige Ausgangssituation. Direkt nördlich des S-Bahn-Grabens der Südringstrecke und der Autobahn gelegen hatten sich die Architekten dem Problem gravierender Lärm- und Emissionsbelastung zu stellen. Kollhoff und Timmermann entwarfen einen langgestreckten Bau, der das rückwärtig gelegene Hofgrundstück abschirmt und gleichzeitig als kraftvolle architektonische Figur eine selbstbewusste Front zur Verkehrsschneise bildet. Ein Knick teilt den Bau in zwei symmetrische Abschnitte, deren Winkel den hangständigen Baumbestand einfasst. Die abstrahiert dreizonale Fassadengliederung weist im Sockelbereich großflächig verglaste Maisonettewohnungen auf. Den Wohnungen im ersten bis dritten OG sind schallisolierende Wintergärten vorgelagert, deren auffällige Faltung das Motiv des Einknickens der Großform wiederholt. Ein weitgehend geschlossener Klinkerrahmen umgreift die weiten Glasflächen, kleine quadratische Fenstereinschnitte schließen den Bau nach oben ab. Im Gegensatz zu dieser Hauptansicht bestimmt eine unauffällige Lochfassade die Hofseite. Es sind v. a. die günstigen Grundrisse und die weite optische Öffnung der Wohnungen durch die Wintergärten sowie eine mit Klinkerverkleidung und Holzfenstern ausgesprochen solide Bauausführung, die das Gebäude zu einem überzeugenden Beispiel zeitgenössischen Wohnungsbaus machen. Darüber hinaus setzt die große skulpturale Geste des Entwurfs einen ausdrucksstarken Akzent neben dem malerischen Jugendstil des S-Bahnhofs Hohenzollerndamm (Nr. 384).

386

**Bürohochhaus der
Bundesversicherungsanstalt für
Angestellte**
Hohenzollerndamm 47
1973–77
Hans Schäfers, Hans Jürgen Löffler, Baudezernat der BfA

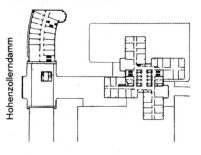

Das Hochhaus gehört zu einem Verwaltungskomplex der Bundesversicherungsanstalt für Angestellte, zu dem die ehemals verstreut liegenden Abteilungen rund um den Fehrbelliner Platz zusammengefasst wurden. Das 23-geschossige Hochhaus ist in ein flaches, 3-geschossiges Gebäude eingebunden, das die Lücke in der Blockrandbebauung am Hohenzollerndamm schließt. Dieser Bereich, in dem sich der Haupteingang befindet, ist gegenüber der Nachbarbebauung durch hohe Wandsegmente abgegrenzt. Die mit Aluminium-Platten verkleideten Wandscheiben ragen über das benachbarte, 5-geschossige „Margarine-Haus" hinaus, das Carl Brodtführer 1938–39 errichtet hatte. Das Bürohochhaus besteht aus vier rechteckigen Stahlskelettbauten, die winkelförmig um einen Kern herum angeordnet wurden. In dem Mittelbereich befinden sich die Aufzugs- und Treppenanlagen. Die Fassaden wurden mit hell glänzenden Aluminium-Platten verkleidet. Auffälliges Merkmal des Hochhauses ist die Untergliederung des Baukörpers: Auf halber Höhe und unterhalb des OG wurde jeweils ein „Leergeschoss" eingefügt. Durch die scharfe Schattenbildung dieser beiden Geschosse wird die Höhe des Hauses optisch gemildert.

387
Apartmenthaus
Hohenzollerndamm 35–36
1929–30
Hans Scharoun, Georg Jacobowitz

388
Bürohaus der Bundesversicherungsanstalt für Angestellte
Fehrbelliner Platz 5
1970–73
Jan und Rolf Rave, BfA-Baudezernat

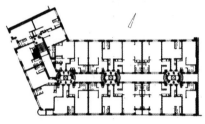

Grundriss OG

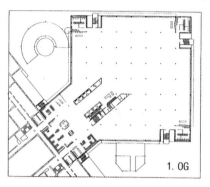

1. OG

Der Bau dieses 6-geschossigen Apartmenthauses erfolgte kurz nach der Fertigstellung von Scharouns Haus gleichen Typs am Kaiserdamm (Nr. 312). Das Gebäude ist aus zwei parallelen Apartmentflügeln aufgebaut, die gegeneinander um ein halbes Geschoss versetzt sind. Die beiden Flügel werden durch einen Lichthof, in den runde, verglaste Treppenhäuser eingestellt sind, getrennt. Das Wohnhaus enthält für jene Zeit ausgesprochen luxuriöse 1-Zimmer-Apartments mit Bad und Küche in der Größe von 35 bis 75 m². Im DG des hinteren Flügels sind Ateliers untergebracht, im Hofkeller befindet sich eine Garage. Die flächige, weiß geputzte Fassade wird durch den reizvollen Wechsel zwischen den winzigen Fensterschlitzen der Badezimmer und den großen Wohnzimmerfenstern belebt. Ein Backsteinsockel lockert die Front an der Mansfelder Straße auf. Der Anschluss an die Nachbarbebauung ist hier ebenfalls in Backstein ausgeführt. Sehr gelungen ist die dynamische Ecklösung des Apartmenthauses; durch die halbkreisförmig vorspringenden Balkone werden die beiden Straßenfronten miteinander verbunden. Den Dachabschluss des Flachbaus bildet eine vorkragende Platte.

Mit dem kubischen Bürohaus wurde die letzte Baulücke des in den 30er Jahren als Halbrund angelegten Platzes geschlossen. Über den Kolonnaden des EG befinden sich vier Büroetagen, mit deren Höhe die Trauflinie der Platzbebauung aufgenommen wurde. Die zurückgestaffelten 5. und 6. OG erreichen die Firstlinie der umliegenden Steildächer und sind zur Unterstreichung des Dachcharakters dunkelbraun eloxiert. Die horizontalen Fensterbänder münden in massive Sichtbetonecken ein. Verglaste Treppenhäuser springen aus der Bauflucht hervor und verklammern die Geschosse miteinander. Die Fassadendetails sind im Farbton aufeinander abgestimmt: kastanienrot sind die Fensterputz-Balkone, dunkelbraun die Fensterrahmungen der OG. Eine eigentliche Schauseite besitzt der Stahlskelettbau nicht, lediglich die Gebäudeecke am Schnittpunkt von Platz und Straße ist etwas niedriger und bildet somit eine geringfügige Unregelmäßigkeit in diesem gleichmäßig gestalteten Gebäude. Das Bürohaus ist über Eck mit einem Altbau verbunden. An dieser Nahtstelle liegen, zusammen mit den Funktionselementen wie Lift- und Treppenanlagen, repräsentative Eingangsfoyers zu den Großraumbüros.

389
Dienstgebäude des Senators für Inneres
Fehrbelliner Platz 2
1935–36
Otto Firle

390
Wohnblock
Nestorstraße 18, Paulsborner Straße 17–20
1930
Bruno Buch

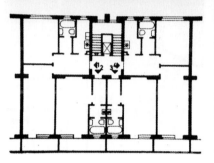

Der 5-geschossige Stahlbetonskelettbau wurde für die Nordstern-Lebensversicherung entworfen. Er bildete den Anfang für den geplanten Ausbau des Fehrbelliner Platzes, für den Firle auch einen – nur zum Teil verwirklichten – Gesamtbebauungsplan entworfen hatte. Das Gebäude bildet in seiner markanten Schwingung den Maßstab für die weitere Bebauung. Es ist an seinen Schmalseiten auf Pfeiler gestellt und über die angrenzenden Gehwege geführt, so dass eine weitgehend geschlossene Platzrandbebauung entsteht. Durch die geschwungene Fassadenfront wird dem blockhaften Baukörper viel von seiner Strenge genommen. Ein geometrisches Ornament verschiedenfarbiger Steinplatten versucht die Fassade zusätzlich aufzulockern. Aber dennoch lassen sich in dem wuchtigen, monumentalen Erscheinungsbild des Gebäudes Elemente der NS-Architektur feststellen. Die über den Pfeilern angebrachten Reliefs stammen von Waldemar Raemisch; der plastische Schmuck des NS-„Staatsbildhauers" Arno Breker ist nicht mehr vorhanden.

Dieser Block ist einer der wenigen Wohnbauten Bruno Buchs. Der Architekt gestaltete vornehmlich Industriebauten, so u. a. die Fahrzeugfabrik Dittmann (Nr. 606) in Reinickendorf oder die Groterjan-Brauerei im Wedding. Der 6-geschossige Wohnblock liegt an der Ecke Paulsborner und Nestorstraße und erhielt in diesem Bereich eine besondere Betonung. Senkrechte, vorgezogene Klinkerbänder gliedern die Hausecke vertikal, während die Fassaden durch die zu Bändern zusam-mengefassten Balkonbrüstungen horizontal unterteilt werden. Dadurch bekam das Wohnhaus zwei starke gegenläufige Akzente, die unter einem leicht über-kragenden Flachdach zusammengefasst wurden. Der Architekt verband hier Elemente des Neuen Bauens wie die flächigen Fassaden und das Flachdach mit einer expressionistischen Gestaltung, die vor allem in den Backstein-„Strebepfeilern" sichtbar wird. Als Vierspänner-system sind die zwei 2-Zimmer- (1,4) mit je 65 m² und zwei 1-Zimmer-Woh-nungen mit je 40 m² Wohnfläche kombiniert. Die unterschiedlichen Wohnungsgrößen zeichnen sich am Außenbau durch die verschieden langen Balkone ab, wobei im Anschluss an die kürzeren Balkone die größeren Wohnungen liegen. Im EG sind zusätzlich Ladengeschäfte untergebracht.

391
„Woga"-Komplex
Kurfürstendamm 153–163
1927–31, 1976–81
Erich Mendelsohn; Jürgen Sawade

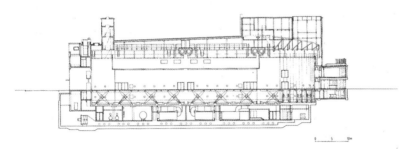

„Schaubühne am Lehniner Platz", nach 1981 (oben)
Schnitt, nach 1981 (unten)

Dieses Bauten-Ensemble der „Woga", der Wohnhausgrundstücksverwertungs-AG, ist ein bedeutendes Zeugnis der Architektur der 20er Jahre. Die Gesamtkonzeption mit Kino, Läden, Kabarett, Apartmenthotel, Wohnhausblock und Tennisplätzen war für diese Zeit in Berlin neu. Durch dynamische Formgebung wurden die den unterschiedlichsten Funktionen dienenden Gebäude zu einer ästhetischen Einheit zusammengefasst. In den Komplex ist eine 1926–27 entstandene Blockrandbebauung von Jürgen Bachmann integriert. In den verklinkerten Kopfbauten des Mendelsohn-Bauteils waren das „Kabarett der Komiker" und das „Universum-Kino" untergebracht. Das ehemalige Kinogebäude besticht durch die zu den schwingenden Halbrundformen kontrastierend gesetzte aufwärts strebende Mauerfläche. Den Wohnblock an der Cicerostraße 56–63 rhythmisieren ausschwingende Klinkerbänder und

helle Putzstreifen. Das „Kabarett" wurde in den 50er Jahren von Sobotka & Müller leicht verändert und mit neuer Nutzung wieder aufgebaut. Das ruinöse „Universum" wurde von Jürgen Sawade 1976–81 rekonstruiert und von ihm für die Unterbringung der „Schaubühne" umgebaut. Erhalten blieb die von Mendelsohn gestaltete äußere Hülle, während im Inneren ein stützenfreier Theaterraum variable Spielmöglichkeiten durch modernste Technik möglich macht. Durch den Einsatz von Hubpodien und Rolltoren kann der Raum sowohl als Arena, Amphitheater als auch als Guckkastenbühne – bei bis zu drei parallelen Aufführungen – umgestaltet werden. Die ehemalige Ladenzone wurde zum Foyer und zur Kassenhalle umgebaut. Gleichzeitig errichtete Sawade den verglasten Studio-Bau des Theaters am Durchgang zum ehemaligen Apartmenthotel.

Kreuzberg (392-460)

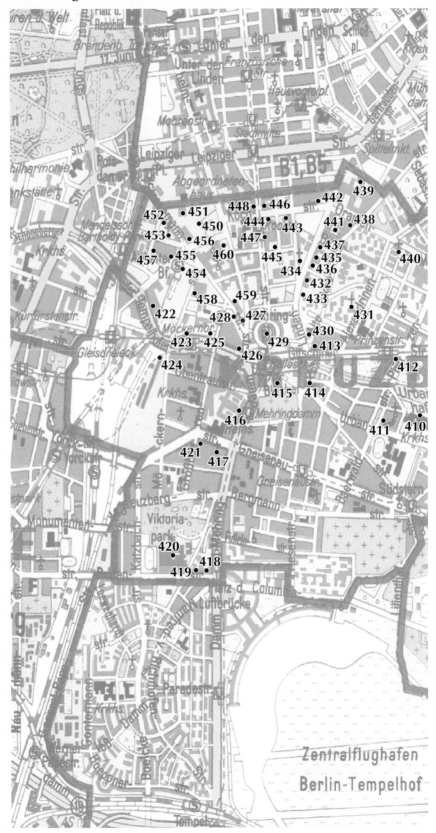

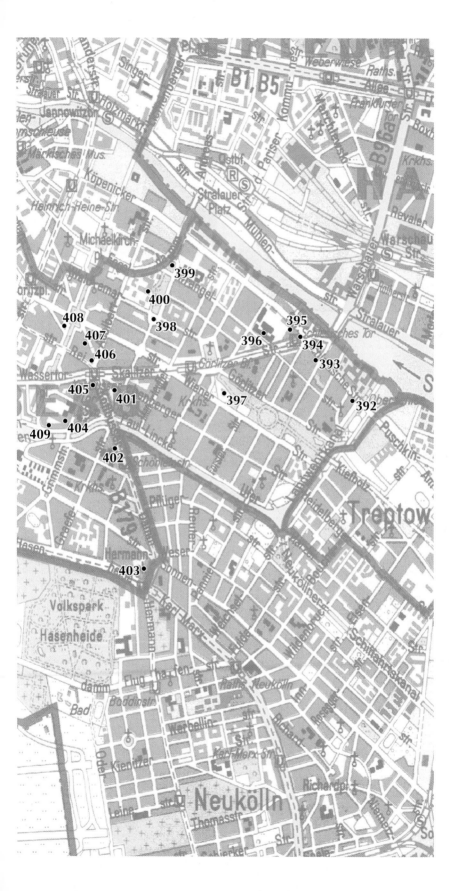

392
Wohn- und Geschäftshaus
Schlesische Straße 22, Taborstraße 1–2
1992–94
Hilde Léon, Konrad Wohlhage

393
Wohnhaus „Bonjour Tristesse"
Schlesische Straße 1–8
1982–83
Alvaro Siza Vieira

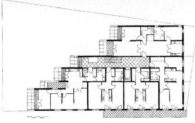

Grundriss Normalgeschoss (2. OG)

Grundriss Normalgeschoss

Das Haus bietet nicht nur einen hohen Standard im sozialen Wohnungsbau, sondern repräsentiert auch anregende Ansätze für das Bauen in einem heterogenen Kontext. Während das Grundstück an der Taborstraße auf die Brandwand eines Gründerzeithauses stößt, schließt sich an der Schlesischen Straße ein von der Straßenflucht zurückweichender Wohnungsbau der 60er Jahre an. Die Architekten verzichteten darauf, den Block vollständig zu schließen; die offenen Anschlüsse zu den Nachbarbauten bieten Zugänge zu einem rückwärtig gelegenen Gartenbereich. Die Front an der Taborstraße orientiert ihre Traufhöhe an der Nachbarbebauung, grenzt sich jedoch mit einem schrägen Fassadenabschluss von den anschließenden Häusern ab. Gleichzeitig bildet der Bau zur Straßenecke hin einen dominierenden Akzent mit zwei weiteren, leicht zurückgesetzten OG, deren Wellblechverkleidung deutlich vom hellrosa Putz des Kernbaus abgegrenzt ist. Asymmetrisch zur Ecke hin versetzte Balkone sowie Unregelmäßigkeiten der Fensterfolgen tragen zu der spannungsreichen Komposition bei. Im Gegensatz zu den Straßenseiten überrascht der Gartenbereich mit einer abgestuften Folge von Wintergärten, die mit ihren schrägen Glaswänden einen optimalen Lichteinfall garantieren. Die Wohnungsgrundrisse zeichnen sich durch ein hohes Maß an Flexibilität aus, das v. a. durch Schiebetüren erreicht wird. Insgesamt gelang Léon und Wohlhage ein Bau, der die Brüche des architektonischen Umfeldes aufgreift und gleichzeitig ein Beispiel kreativer Stadtreparatur darstellt.

Das umstrittene, im Rahmen der IBA errichtete Gebäude schließt die Ecklücke eines Blocks. Es nimmt 46 Wohnungen auf, von denen zehn als Seniorenwohnungen angelegt sind. Im EG befinden sich ein Restaurant und ein Laden. An dem preisgekrönten Entwurf des Architekten wurden zahlreiche Veränderungen vorgenommen; so erhöhte man das Gebäude um ein Geschoss und vereinfachte die Fassade. Vor allem aber wurde die innere Struktur des Gebäudes verändert; um die Förderungsrichtlinien des Sozialen Wohnungsbaus zu erfüllen, sind statt der geplanten vier großen Wohnungen jetzt sieben Kleinwohnungen pro Geschoss untergebracht, die Zahl der Treppenhäuser wurde von vier auf zwei reduziert. Auch musste man auf geplante soziale Einrichtungen wie einen Altenclub verzichten. Trotz dieser zahlreichen Eingriffe ist eine Architektur entstanden, die sich in die vorhandene Bebauung einfügt, ohne auf ihre eigenwillige Gestalt zu verzichten. Ein Merkmal des Gebäudes ist die kompromisslos uniforme Lochfassade. Das harte, fast brutale Fensterraster wird durch die leichte Schwingung des Baukörpers und der hochgezogenen „Attika" an der markanten Rundung im Eckbereich leicht gemildert. Das Anbringen der Aufschrift durch einen vom tristen Fensterraster inspirierten Witzbold wurde vom Architekten mit gesundem Humor aufgenommen; „Bonjour Tristesse" fungiert so jetzt quasi als offizieller Name des Eckgebäudes,

394
Hochbahnhof Schlesisches Tor
Skalitzer Straße
1899–1901
Hans Grisebach, August Georg Dinklage

395
Seniorenwohnhaus
Köpenicker Straße 190–193
1985–87
Otto Steidle, Peter Böhm, Roland Sommerer

Zustand um 1901 (oben)
Zustand 1989 (unten)

Der Bahnhof wurde diagonal über einem engen,
lang gestreckten Platz angelegt. Durch seine vor
dem Bau der Mauer verkehrswichtige Lage nahm er
eine Sonderstellung unter den Bahnhofsbauten der
Oststrecke der Hochbahn ein, was sich auch an
seiner aufwendigen Gestaltung ablesen lässt; so ist
er, abweichend von den übrigen Stationen dieser
Strecke, als massives Gebäude ausgebildet. Der 2-
bis 3-geschossige Mauerwerksbau lässt nur wenig
von seiner Zweckbestimmung erkennen. Auf einem
unregelmäßigen Grundriss erhebt sich eine malerische Baugruppe mit Vor- und Anbauten und einem
runden Treppenturm. Stilistisch lehnt sich das Bahn-
gebäude mit seinen großen Arkadenöffnungen im
EG und den galerieartigen Bogenfenstern im OG an
Formen der deutschen Renaissance an; der reiche
plastische Werksteinschmuck an den Portalen lässt
Anklänge an die Architektur der Spätgotik erkennen.
Der Hochbahnhof zeigte in seinem Inneren eine für
die damalige Zeit neuartige Konzeption; neben den
für den Bahnbetrieb notwendigen Räumlichkeiten
nahm er eine Konditorei und drei Läden auf; Ziel
war es, den Bahnhof in das soziale Umfeld des
angrenzenden Wohnbezirks einzubeziehen. Ein Café
sowie ein Restaurant für die von hier startenden
Spreeausflügler kamen hinzu. Das Gebäude ist ein
bedeutendes Beispiel des Historismus und gilt zugleich als einer der schönsten Bahnhöfe Berlins. Er
ist bis auf kleinere Veränderungen in seiner äußeren
Gestalt erhalten geblieben. Im Innern jedoch wurden
größere Umbauten vorgenommen.

Die Wohnanlage gehört zu den reifsten Entwürfen,
die mit Hilfe der IBA entstanden sind. Ihre Planung
wurde in intensiver Zusammenarbeit mit den künftigen Bewohnern abgestimmt. Kennzeichnend für
den Entwurf ist die Einbeziehung des angrenzenden
Altbaus in die Gesamtplanung. Die drei Hauptbau-
körper des Neubaus wurden nicht direkt an der
langgezogenen Brandwand des Nachbarhauses
platziert, sondern von dieser um ca. acht Meter
abgerückt. Der Zwischenraum wurde mit einem
Glasdach versehen. Entstanden ist eine lichtdurch-
flutete, begrünte Halle, die mit ihren Rampen für
Behinderte und den laubengangartigen Fluren einen
Begegnungsort der Bewohner mit „Kurgarten-Atmo-
sphäre" darstellen soll. Am inneren Spazierweg
wurden Aufenthaltsplätze angelegt. Die Senioren-
wohnanlage besitzt 65 1-Zimmer-Apartments sowie
13 2-Zimmer-Wohnungen im modernisierten Altbau. Darüber hinaus wurden dort 34 Familienwoh-
nungen wiederhergerichtet. Die einzelnen Apartments haben eine Wohnfläche von 45 m². Die Neubebauung wird durch ein „Torhaus" an der Köpenicker Straße komplettiert. Durch das Offenlassen
einer kriegsbedingten Baulücke entstand ein begrünter öffentlicher Freibereich. Die leichte, fast
provisorisch erscheinende Fassade erinnert mit ihren
Holzlatten, Spalieren und Laubenelementen an
Schrebergartenarchitektur; Steidle greift darin
Gestaltungselemente seiner Buga-Häuser (Nr. 586)
auf. Eine dezente Farbgebung rundet das ansprechende Erscheinungsbild der Anlage ab.

396
Oberstufenzentrum Handel
Wrangelstraße 97–99
1974–79
Ivan Krusnik, Oskar Reith

397
Sport- und Freizeitbad
Spreewaldplatz
1984–87
Christoph Langhof Architekten – Christoph Langhof,
Thomas M. Hänni, Herbert Meerstein

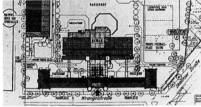

Altbau (oben)

1 Halle mit der goldenen Konstruktion, 2 Erdhügel über
den blauen Räumen, 3 Eingangsblock, 4 Spreewaldplatz,
5 Sonnenterrasse, 6 Emmauskirche, 7 Lausitzer Platz,
8 U-Bahnhof, 9 Wiener Straße, 10 Görlitzer Stadtpark

Dank der Initiative der Wettbewerbssieger Krusnik
und Reith wurde eine über 100 Jahre alte
Kasernenanlage, die beim Wettbewerb keine Rolle
gespielt hatte, in den Schulneubau einbezogen. Den
symmetrischen, gelben Backsteinbau hatten 1874–
78 Heimerdinger und Schönhals für das „3. Garde-
Regiment zu Fuß" errichtet. Seine lange Straßenfassade wurde durch zwei vorgezogene Türmchen
und Eckrisalite gegliedert. In die Struktur des Altbaus griffen die Architekten nicht ein. Lediglich beschädigte Bauteile wurden rekonstruiert und neue
Fenster eingesetzt. Den Neubau ordneten Ivan
Krusnik und Oskar Reith parallel zum Altbau im Hof
an und verbanden beide Bauten über vier Stege,
wobei sie die betonte Altbau-Mittelachse übernahmen. Das Thema „Rationalisierung und Standardi-
sierung", das dem Wettbewerb der geplanten 20
berufsbildenden Oberschulen zugrunde gelegen
hatte, spielte auch hier eine Rolle. Das architektonische Design des Stahlbetonbaus beschränkt sich
auf gleichförmige Fensterbänder, abgeschrägte
Gebäudeecken und das sichtbare Raster der sand-
farbenen Betonschalung. Mit roten Sonnenlamellen-
Halterungen und roten Papierkörben wurden wenige
Farbakzente gesetzt. Bemerkenswert an diesem
Oberstufenzentrum ist die Verbindung von alt und
neu sowie die Einbeziehung und Umnutzung der
Kaserne in den Schulbau, die auf hervorragende
Weise gelöst wurde.

Das Schwimmbad befindet sich auf dem Gelände
des ehemaligen Görlitzer Bahnhofs (1866–68;
Architekt August Orth; 1952 stillgelegt, in mehreren
Etappen bis 1976 abgerissen). Es besteht aus zwei
unterschiedlichen Bauteilen. Am Spreewaldplatz, der
im Rahmen der IBA umgestaltet wurde, erhebt sich
ein blockhafter, weiß verputzter Baukörper, der
Foyer, Umkleideräume und die sanitären Einrichtungen aufnimmt. Der Schwimmbereich mit Sport-
becken, Sprungbecken, Lehrschwimmbecken, einer
Sauna sowie einem Gymnastikraum wurde – von
außen kaum sichtbar – ins teilweise aufgeschüttete
Erdreich versenkt. Darüber wurde ein Teil des Stadt-
parks angelegt, der das ehemalige Bahnhofs-
gelände umfasst; durch die Absenkung des Neubaus sollte auf die großzügigen stadträumlichen
Proportionen des Parks Rücksicht genommen werden. Der von einer goldfarbenen Stahlkonstruktion
überspannte Schwimmbereich öffnet sich über eine
große, verglaste Wand einem mit Granit belegten,
terrassierten Vorplatz. Die transparente Halle mit
ihren eigenwillig geformten, sich nach oben und
unten verjüngenden Dachstützen legt die Konstruktion und die betriebstechnischen Teile offen und
bezieht diese in die Raumgestaltung ein. Das Kreuzberger Sport- und Freizeitbad zeigt, dass es möglich
ist, trotz beschränkter finanzieller Mittel ein architektonisch ansprechendes Bad zu konzipieren, das
darüber hinaus bei der Bevölkerung großen Anklang
findet.

398
Sanierungsgebiet Kreuzberg-Nord
Mariannenplatz
1975–81
Dietmar Grötzebach, Günter Plessow, Reinhold Ehlers; Hans Heidenreich, Michael Polensky, Reinhard Vogel, Helmut Zeumer; Ralf Dieter Dähne, Helge Dahl; Ernst Gisel; Anton Schweighofer; Hansrudolf Plarre; Schwarz, Gutmann, Schupbach, Gloor

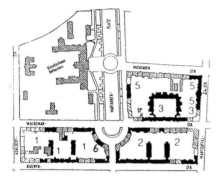

Um die Innenstadtbezirke wieder aufzuwerten, wurden vor allem im Wedding und in Kreuzberg die alten Mietskasernenblöcke der Jahrhundertwende entkernt, instandgesetzt und modernisiert. Am Mariannenplatz wurden die 5-geschossigen Neubauten in die noch bestehende, um 1850 entstandene Blockrandbebauung eingepaßt. Die Fassadenstruktur der Altbauten mit Erkern, hohem EG und Satteldach wurde aufgenommen. Im Block von Heidenreich, Polensky, Vogel und Zeumer (1) blieb ein altes Ballhaus und ein Gewerbegebäude bestehen. Grötzebach, Plessow und Ehlers platzierten nur zwei Neubauten in einen Hof (2). Dagegen nutzte Plarre den Platz im Blockinneren mit einem U-förmigen Haustrakt (3) weitgehend aus. Die von Gisel gestalteten Häuser Waldemarstraße Nr. 85 und 95 heben sich durch ihre plastischen Erkerbauten von den flacheren Fassaden der Nachbarbebauung ab. Schweighofers Bau (4) zeichnet sich durch einen vorschwingenden Mittelteil aus, der sich von den streng rechtwinklig gegliederten Bauten Dähnes und Dahls (5) unterscheidet. Das Wohnhaus Mariannenplatz 5 (6; 1984–85) mit seinen charakteristischen negativen Erkerzonen stammt von der Schweizer Architektengemeinschaft Schwarz, Gutmann, Schupbach, Gloor. Der Mariannenplatz erhielt durch Grötzebach, Plessow und Ehlers in Anlehnung an Peter Josef Lennés Gestaltung von 1853 sein heutiges Aussehen.

399
St. Thomas
Mariannenplatz
1865–69
Friedrich Adler

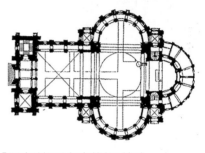

Entwurfszeichnung des Architekten (oben)

Die Kirche bildet mit ihrer prägnanten Form am Mariannenplatz einen städtebaulichen Bezugspunkt. Sie besitzt ein kurzes Langhaus mit zwei halbrund endenden Querschiffen und einen ebenfalls halbrund geschlossenen Chor. Über der Vierung erhebt sich ein kreisrunder Turm, dessen flaches Kegeldach mit einem spitzen Türmchen bekrönt wird. Die imposante Eingangsfront am Mariannenplatz wird von zwei hohen Türmen flankiert. In der Verwendung der Zweiturmfassade, der Kleeblattform von Chor und Querhaus und in der Anlage von Zwerggalerien griff der Architekt auf Formen der rheinischen Romanik zurück. Diese verband er mit klassizistischen Stilelementen der Schinkelschule wie der Anlage von Portalgiebeln, der Verwendung von Backstein, der Ornamentik aus Terrakotta und dem runden Vierungsturm. Die im Zweiten Weltkrieg schwer beschädigte Kirche wurde durch Werner Retzlaff und Ludolf von Walthausen, wieder instand gesetzt. Während hierbei das Äußere in seiner ursprünglichen Form wiederhergestellt wurde, erfuhr das Innere der Kirche größere Veränderungen: Altar und Kanzel wurden in die Vierung vorgezogen und so mehr in den Mittelpunkt der Gemeinde gerückt, die frühere Apsis zur Empore für Orgel und Chor umgebaut. Des weiteren entfernten die Architekten die Emporen der Querschiffe; ihre gusseisernen Säulen blieben als Gliederungselemente erhalten.

400

Krankenhaus Bethanien

Mariannenplatz 1–3
1845–47
Theodor Stein

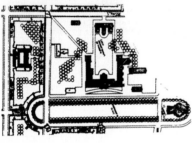

Das ehemalige Diakonissen-Krankenhaus liegt an einer großzügigen Platzanlage, deren Form in Anlehnung an den 1853 von Peter Josef Lenné gestalteten Platz 1979–80 (Nr. 398) wiederhergestellt wurde. Hauptmerkmal des Hauses sind die beiden schlanken, achteckigen, mit spitzen Kegeldächern abgeschlossenen Türme, die den Haupteingang flankieren. Als Vorbild diente ein Entwurf von Ludwig Persius. Das 2-geschossige Vestibül mit Achteckpfeilern, neogotischen Kapitellen und Reliefmedaillons von Friedrich W. Dankberg sowie neoromanische Säulen und Maßwerkarkaden in der jetzt weiß gestrichenen Krankenhauskapelle zeigen einen auf Sparsamkeit ausgerichteten Stil der Nach-Schinkel-Schule. Die Inneneinrichtung des Hauses galt lange Zeit als vorbildlich für Berliner Krankenhausbauten. Nach Beseitigung der Kriegsschäden durch Karl Wilhelm Ochs diente das Gebäude noch bis 1970 als Krankenhaus. Das bis zur Auflösung vollständige Kircheninventar wurde auf verschiedene Berliner Kirchen verteilt. Nachdem der geplante Abriss von einer Bürgerinitiative verhindert werden konnte, wird das Hauptgebäude heute als „Künstlerhaus Bethanien" unter der Regie des Bezirks Kreuzberg genutzt.

401

Wohnbebauung Beichenberger- / Mariannenstraße

Reichenberger-/Mariannenstraße
1983–85
Wilhelm Holzbauer

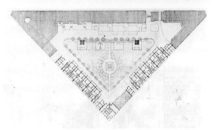

Die im Rahmen der IBA entstandene winkelförmige Blockrandbebauung besteht aus zwei lang gestreckten Gebäuderiegeln, die einen dreieckigen Innenhof begrenzen. Zwei bereits vorhandene Gebäude wurden in die Wohnanlage integriert. Bei der Planung griff der Wiener Architekt auf sein Wohnungsbauprojekt „Wohnen heute" zurück, das er im gleichnamigen österreichischen Wettbewerb 1974–79 im 15. Wiener Bezirk verwirklicht hatte. Das Wiener Konzept wurde an die städtebauliche Situation in Kreuzberg mit seiner spezifischen Blockstruktur angepasst. Die geschlossenen Straßenfronten werden durch die Öffnungen der Treppenhäuser sowie die Untergliederung mittels breiter Betonpfeiler vertikal untergliedert. Charakteristisch sind die auskragenden Laubenganggeschosse, deren horizontale Betonung durch ein über die gesamte Hausfront verlaufendes Betonband noch gesteigert wird. Ein grün gestrichenes Metallgitter mit geometrischem Muster vor den Laubengängen, an dem Pflanzen empor ranken sollen, mildert die strenge Monumentalität der Fassade. Die Ziegelwände des Eckhauses werden durch blau glasierte Fliesenmuster hervorgehoben. Die verputzte Gartenseite der Wohnanlage ist in der Höhe zurückgestaffelt und nimmt Bezug auf den ruhigen Binnenhof. Insgesamt wurden 102 Wohnungen im Sozialen Wohnungsbau errichtet, davon eine 1-Zimmer-, eine 1 1/2-Zimmer-, 26 2-Zim-mer-, 37 3-Zimmer- und 37 4-Zimmer-Wohnungen sowie zwei Läden. Unter dem Hof wurde eine Tiefgarage angelegt.

402
Wohn- und Geschäftshaus
Kottbusser Damm 2–3
1910–11; 1978–80
Bruno Taut, Arthur Vogdt; Hinrich und Inken Baller

403
Warenhaus Karstadt
Hermannplatz 10
1927–29; 1950–51; 1954–59; 1976; 1998–2000
Philipp Schaefer; Alfred Busse

Zustand vor der Kriegszerstörung (oben)
Ansicht nach der Sanierung (unten)

Hofseite (oben)
Straßenseite (unten)

Dieses Wohn- und Geschäftshaus gehört zusammen mit dem schräg gegenüberliegenden Haus Nr. 90, Ecke Bürknerstraße 12–14, zu den frühesten Arbeiten Bruno Tauts. Bei beiden gestaltete er die Fassaden, Bauherr und Architekt Arthur Vogdt die Grundrisse. Die Front ist entgegen der traditionellen Gliederung (Sockel-Beletage-Mezzanin) in zwei Zonen, bestehend aus Gewerbe- und Wohngeschossen, geteilt. Taut interpretierte auf subtile Weise den traditionellen Formenapparat der Jahrhundertwende – Erker, Rundbogen, Lisenen und Achsenbetonung – neu. So sind die Lisenen aus Klinkerstreifen gebildet, die in große Rundbogen einmünden. Das Haus war, nach schwerer Kriegsbeschädigung, mehr als 30 Jahre eine vom Abriss bedrohte Ruine. Mit dem Entwurf des Architekten-Ehepaares Baller wurde die alte Straßenfassade weitgehend wiederhergestellt, wobei die Dachgauben frei gestaltet wurden. Der Altbau blieb um eine Zimmerbreite bestehen, an die dann der Neubau angefügt wurde. Die Wohnungen erhielten dadurch zwei unterschiedliche Höhen, da der Neubau 5-geschossig, der Altbau dagegen 4-geschossig ist. Die Hoffassade wird durch dynamisch vorschwingende Wandkompartimente und Balkone belebt. Diese sind ebenso wie die filigranen, an Jugendstilornamente erinnernden Balkongitter ein Gestaltungsmerkmal der Architekten.

An dieser Stelle stand bis 1945 der Vorgängerbau, der 1927–29 von Philipp Schaefer errichtet worden war. Es war das größte Warenhaus der Weimarer Republik, beeindruckend durch sein Erscheinungsbild und die technische Ausstattung. Der 7-geschossige Stahlbetonskelettbau wurde am Hermannplatz von zwei mächtigen Türmen flankiert, die durch zwei 15 m hohe Lichtsäulen bekrönt wurden. Die Attraktion war ein 4000 m² großer Dachgarten mit Restaurant. Die Fassadenverkleidung bestand aus fränkischen Muschelkalkplatten. Ihre starke vertikale Gliederung erinnerte an gotisierende amerikanische Hochhausbauten der 20er Jahre. Durch einen direkten Anschluss an einen unterirdischen Kreuzungsbahnhof, für Europa zu jener Zeit einzigartig, wurden optimale Verkehrsverbindungen geschaffen. Der Wiederaufbau des zu 95 % zerstörten Gebäudes erfolgte, um acht Achsen erweitert, als 4-geschossiger Stahlbetonskelettbau. 1954–55 wurden die oberen Geschosse ausgebaut, Erweiterungen erfolgten 1959 und 1976. Nur die drei erhalten gebliebenen Achsen an der Hasenheide vermitteln noch einen schwachen Abglanz des imposanten Vorgängerbaus. Der Umbau von 1998–2000 versucht, durch Verkleidung und Bausilhouette das Bild des Originalbaus ansatzweise nachzuzeichnen.

404
„Wohnregal"
Admiralstraße 16
1984–86
Kjell Nylund, Christof Puttfarken, Peter Stürzebecher

405
Wohnhausgruppe
Kottbusser Straße 2
1955–56
Wassili und Hans Luckhardt

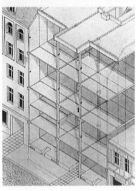

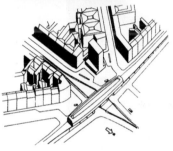

Das in der Fachwelt viel beachtete experimentelle Selbstbauprojekt entstand im Rahmen der IBA und wurde durch Mittel für den Sozialen Wohnungsbau und die Bundesregierung gefördert. Der 7-geschossige Neubau beherbergt 12 Wohnungen mit insgesamt 1050 m² Wohnfläche. In einem ersten Bauschritt wurde ein weitmaschiges Gerüst aus Stahlbetonfertigteilen, das Dach, das Treppenhaus sowie Ver- und Entsorgungseinrichtungen von Firmen gebaut. In der zweiten Bauphase wurden nun von den zukünftigen Mietern in Zusammenarbeit mit den Architekten in die nackten „Regale" in Selbstbau 2-geschossige, individuell geschnittene Wohnungen in Holzskelettbauweise eingebaut. Das Dach ist begrünt und trägt ein Glashaus, das als Gewächshaus nutzbar ist. Der Fassade ist ein Rankgerüst vorgelagert. Das „Wohnregal" gilt als nachahmenswertes Beispiel für die Schaffung preiswerten, auf die Bedürfnisse der Bewohner zugeschnittenen Wohnraums mit ansprechender äußerer Gestaltung.

Der Gebäudekomplex war der erste wichtige Beitrag zum innerstädtischen Wiederaufbau Kreuzbergs. Die schwierige städtebauliche Aufgabe – die Bebauung einer spitzen Blockecke und die Einfügung in eine bereits vorhandene Bebauung – wurde im Sinne der 50er Jahre vorbildlich gelöst. Die Hausgruppe besteht aus drei Bauteilen. Zwei 7-geschossige Flügelbauten wurden vor die vorhandenen Brandwände der noch erhalten gebliebenen Straßenrandbebauung gestellt, während ein 11-geschossiger Baukörper in Nord-Süd-Stellung die Spitze der Bebauung bildet. Die vorgezogene Ladenzone im EG faßt die drei Bauteile zusammen. Eine breite, überdachte Passage trennt die einzelnen Baukörper voneinander und sorgt für ihre ausreichende Durchlüftung und Belichtung. Durch großzügige Flächen zu beiden Seiten des Hochhauses entstand ein weiträumiger Freiraum. Die stark gerasterten Fassaden der Gebäude sind nüchtern und klar gegliedert; die Struktur der Betonskelettbauten wird hierin sichtbar gemacht. Tief eingeschnittene Loggien und die Verwendung von Farbe lockern die Fassaden auf. Die Wohnbauten enthalten 1-, 2- und 3-Zimmer-Wohnungen, die bis auf die 1-Zimmer Wohnung eine Loggia besitzen.

406
Neues Kreuzberger Zentrum
Kottbusser Tor
1969–74
Wolfgang Jokisch, Johannes Uhl

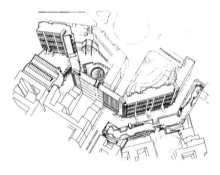

Der Bau des Neuen Kreuzberger Zentrums (NKZ)
war Teil der geplanten Sanierung des gesamten
Wohngebietes, die u. a. den Bau einer Stadtautobahn vorsah. Die Wohnbebauung sollte dabei, wie
auch die Wohnanlage am Mehringplatz (Nr. 429)
als „Puffer" zur Autobahntangente wirken. Das Zentrum war eines der ersten Bauvorhaben in diesem
Sanierungsgebiet. Es besteht aus einem 12-ge-
schossigen, halbkreisförmig geführten Hochhaus,
dem beiderseits 2- bis 3-geschossige Flachbauten
vorgelagert sind. Im Gesamtkomplex befinden sich
367 Wohnungen, zwei Parkhäuser und 15 000 m²
Fläche für Ladengeschäfte, Arztpraxen und Büros
sowie ein Mehrzweckbereich mit Jugendclub, Kino
und Stadtbücherei. Das Zentrum, das von einer privaten Bauherrengesellschaft finanziert wurde, musste bis
1974 fertiggestellt werden, damit gemäß Berlinförde-
rungsgesetz die größtmögliche Kapitalmenge abge-
schrieben werden konnte. Dies führte zum Teil zu
rigorosen „Entmietungsmethoden", um die Mieter
aus den zum Abriss bestimmten Häusern zu vertrei-
ben. Doch auch nach der Fertigstellung häuften sich
die Probleme. Ein Großteil der Gewerbeflächen
konnte nicht vermietet werden, die Fluktuation der
Bewohner ist immer noch sehr hoch. 1987 wurden
von der IBA, Bereich „Stadterneuerung", Vorschläge
zur Umgestaltung des Wohnumfeldes, insbesondere
des Erschließungssystems und der Fassaden sowie
zur Verbesserung der Infrastruktureinrichtungen
erarbeitet. Ein erster Schritt dazu war die 1988
fertiggestellte Kindertagesstätte (Nr. 407) in der
Dresdner Straße.

407
Kindertagesstätte
Dresdener Straße 128, 130
1985–87
Dieter Frowein, Gerhard Spangenberg

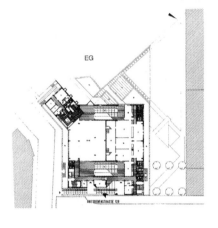

EG

Der Umbau eines ehemaligen Parkhauses in eine
Kindertagesstätte stellt die radikalste Umsetzung des
IBA-Leitsatzes von der „Stadtreparatur" dar. Das
Parkhaus wurde 1971–74 als Teil des Neuen
Kreuzberger Zentrums (Nr. 406) errichtet, jedoch
nie genutzt und galt somit jahrelang als Symbol
einer verfehlten innerstädtischen Sanierung. Nachdem ursprünglich sein Abriss geplant war, entwickelte die IBA 1980 Ideen für eine Umnutzung des
Parkhauses. Die wichtigsten Maßnahmen waren
eine Entkernung des Gebäudes, die Hinzufügung
einer „zweiten Haut" sowie eine ökologisch orientierte Gestaltung des Innern. Aus dem kompakten Baukörper ragt der transparente Kern eines Glashauses
hervor, das einen Innenhof überdeckt. Dieser neue
Bauteil bildet zusammen mit dem begrünten Dachgarten den wesentlichen Bestandteil des ökologischen Konzepts. Die Kindertagesstätte ist in den
oberen 4 der insgesamt 7 Halbgeschosse des
Stahlbetonbaus untergebracht. Durch ein offenes
Raumkonzept wurde eine große Nutzungsflexibilität
gewährleistet. Die Gruppenräume, denen eine große
Terrasse vorgelagert ist, liegen an der Außenseite
des Gebäudes. Zur entgegengesetzten Seite öffnen
sie sich einer Spiel- und Mehrzweckzone. Der Be-
tonklotz wurde mit einer Ziegelfassade verblendet,
davor legte man Rankgerüste an.

408
Kaufhaus der Konsumgenossenschaft
Oranienplatz 4–10
1932
Max Taut

409
Wohnbebauung Fraenkelufer
Fraenkelufer
1982–84
Hinrich und Inken Baller

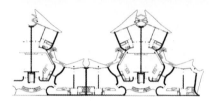

Innenhof (oben)
Grundriss der Innenhofbebauung (Ausschnitt) (unten)

Max Taut hatte das Gebäude 1932 als Kaufhaus für die Konsumgenossenschaft errichtet. Als solches wurde es nur wenige Jahre genutzt und diente danach als Bürogebäude. Der 5- bis 9-geschossige, L-förmige Stahlbetonskelettbau ragt aus der Fassadenflucht der Oranienplatz-Bebauung heraus. Diese Anordnung wird von dem vorgezogenen Haupttreppenhaus unterstrichen, dessen Front großzügig verglast ist. Die Verkleidung mit Muschelkalk-Platten und die strenge Anordnung der Fenster gibt dem Bau ein sachlich nüchternes Aussehen. Das EG besitzt zwischen den schmalen Stützen große Fensterflächen, die wie auch die übrigen Glasflächen von schmalen Stahlrahmen eingefasst werden. Die Geschosse sind bis auf das EG gleich hoch. Von daher hätte sich das Gebäude auch von Anfang an für die Unterbringung einer Fabrikation oder von Büros geeignet. Die Inhalte der sachlichen Gehäuse sind austauschbar geworden, es gibt Ende der 20er Jahre keinen spezifischen, nur einer Funktion zuzuordnenden Gebäudetypus. So befinden sich in dem stilistisch ähnlichen „Berolina- und Alexanderhaus", das Peter Behrens 1930–32 am Alexanderplatz (Nr. 121) errichtete, Büros.

Die Bebauung am Fraenkelufer stellt ein Musterbeispiel der von der IBA propagierten „behutsamen Stadterneuerung" dar und verleiht dem Gebiet durch seine außergewöhnliche Architektur eine unverwechselbare Gestalt. Die Architekten schlossen zwei Baulücken am Fraenkelufer mit „Torhäusern", die je 20 Wohnungen enthalten. Über die Durchgänge in der EG-Zone gelangt man in einen begrünten Gartenhof. Dessen rückwärtigen Abschluss bildet ein Wohnblock, der an eine hohe Brandwand angebaut wurde. Die Neubebauung wird durch ein an der Admiralstraße gelegenes Eckhaus mit 16 Wohnungen komplettiert. Die den Torhäusern benachbarten Altbauten wurden umfangreich saniert. Die schwungvolle, dynamische Gestalt der Neubauten mit den expressiven, vorspringenden Balkonen, den spitzen Dachgauben und den schräg gestellten Betonstützen aus der Formenwelt des Jugendstils, des Expressionismus und der anthroposophisch orientierten Architektur zeigt die unverwechselbare Handschrift des Architekten-Ehepaares Baller. Ebenso abwechslungsreich und phantasievoll wie die Fassade ist auch das Innere der Gebäude gestaltet. Die 2- bis 6-Zimmer-Wohnungen sind z. T. als Maisonettes ausgebildet oder besitzen Wintergärten und Terassen. Die Wohnungsgrößen betragen zwischen 55 und 167 m^2.

410

Krankenhaus „Am Urban"
Urbanstraße 138–150
1887–90; 1963–70
Hermann Blankenstein; Peter Poelzig

411

Stadtbad
Baerwaldstraße 64–68
1896–1901; 1916
Ludwig Hoffmann

Erweiterungsbau 1916, Eingang Baerwaldstraße

Die gelben Backsteinbauten des alten Krankenhauses waren 1887–1890 von Hermann Blankenstein errichtet worden. Die einzelnen 2-geschossigen Pavillons besitzen 3-geschossige Kopfbauten und sind zum Teil untereinander verbunden. Die Mittelachse der Anlage wird auf der Westseite von einem Verwaltungsbau, auf der Ostseite von einem Wirtschaftsgebäude begrenzt. Zwischen beiden befindet sich u. a. ein Bau, der ursprünglich einen Operationssaal aufnahm, welcher sich als Halbrund auf der östlichen Gebäudeseite abzeichnet. Für den Krankenhaus-Neubau wurde das Areal des alten Krankenhauses „Am Urban" durch Umlegung der Dieffenbachstraße und durch Zuschütten des alten Urbanhafens vergrößert. Der von Peter Poelzig gestaltete Neubau für ca. 750 Betten besteht aus einem 2-geschossigen Flachbau, über dem sich ein V-förmig angelegter, 9- bis 11-geschossiger Bettentrakt erhebt. Der Flachbau besitzt ein Stahlbetonskelett mit Stahlbetonwandscheiben zwischen den einzelnen Bauteilen, das Hochhaus wurde in Stahlbetonschotten-Bauweise errichtet. In der Mittelachse des Flachbaus befindet sich der Haupteingang, an den eine große Verteilerhalle anschließt. Westlich wurde die Unfallaufnahme, östlich der Personaleingang angelegt. Die Dächer des Flachbaus sind durch ihre Begrünung in die umgebende Parklandschaft eingebunden.

Hoffmann, der 1896 Stadtbaurat geworden war, gestaltete seine erste Badeanstalt in der Art eines italienischen Renaissance-Palastes. Der 3-geschossige Bau ist in zwei Bereiche, ein hohes rustiziertes Sockelgeschoss und eine glattverputzte, durch erhabene Fensterrahmen belebte Zone geteilt. Der Rustikabereich wird durch kleine Rechteck- und große Rundbogenfenster gegliedert, deren Wölbungen das Bossenwerk kräftig nachzeichnen. Darüber liegen eng beieinander kleine quadratische Fenster, hinter denen sich das zweite Geschoss mit den Wannenbädern verbirgt. Das plastische Säulen-Portal wird von allegorischen Figuren bekrönt, die auf das Baden und die Hygiene Bezug nehmen. Die Architekturformen des 1916 entstandenen Erweiterungsbaus zur Wilmsstraße erinnern an Bauten der italienischen Spätrenaissance. Dies ist bezeichnend für den Stilpluralismus der Entstehungszeit, wobei aber Hoffmann die unterschiedlichen historischen Formen umdeutete und nicht kopierte. Der bildhauerische Schmuck in der von Arkaden flankierten Schwimmhalle und am Außenbau wurde – wie bei den wenig später von Hoffmann errichteten Bädern in der Kreuzberger Dennewitzstraße (1903) und in der Weddinger Gerichtstraße (1910) – von einem bekannten Künstler gestaltet. Hier war es Otto Lessing, bei den beiden anderen Bädern Georg Wrba.

412
Regionalstellwerk
Prinzenstraße
1985
Wolf-Rüdiger Borchardt

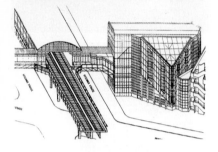

413
Ehem. Patentamt
Gitschiner Straße 97–103
1903-05
Hermann Solf & Franz Wichards

Das 4-geschossige Gebäude steht an exponierter Stelle an der Kreuzung Prinzen-/Gitschiner Straße in unmittelbarer Nähe zum Hochbahnhof Prinzen-straße. Das Regionalstellwerk der BVG erfüllt zwei unterschiedliche Aufgaben: Das EG des blockhaften Baukörpers nimmt den U-Bahn-Fahrgastverkehr auf und leitet diesen über eine Treppenanlage in das 1. OG und von dort über eine Fußgängerbrücke zum Hochbahnhof; die anderen Teile des Gebäudes enthalten technische Räume für die Funktion eines Stellwerkes. Bemerkenswert ist der Aufriss des Stahlbetonbaus; er setzt sich mit seiner Grundriss-projektion aus einem Rechteck als Gebäudetrakt, einem gleichschenkligen Dreieck und einem 2-geschossigen Keil als Verbindung zum benach-barten Parkhaus zusammen. Die auf Stützen gestell-te, aus dem kompakten Baukörper vorgezogene Eingangsfront ist in einer dynamischen, schräg nach oben weisenden Rautenform ausgebildet, welche den Treppenaufgang zum Bahnhof nach außen hin nachzeichnen soll. Die Vorhangfassade aus glänzen-den Aluminium-Elementen unterstreicht den techni-schen Charakter des Funktionsbaus.

Zentraler Bezugspunkt der Anlage ist der Kopfbau an der spitzwinkligen Ecke gegenüber der Waterloo-Brücke, von dem beidseitig Büroflügel abgehen. Diese sparsam durch Giebel gegliederten, langen Gebäudetrakte wirken in ihrem extremen Ausmaß geradezu hilflos und sprengen jeden archi-tektonischen Maßstab. Das Gebäude verlangte als Sitz einer wichtigen Reichsbehörde eine angemes-sen repräsentative Fassadengestaltung. So wurden Stilanklänge an die deutsche Renaissance gewählt, besonders an dem reich geschmückten, von zwei Türmchen flankierten Ziergiebel der Eingangsfront. Die schmückenden und gliedernden Fassadenteile bestehen aus Sandstein, der Sockel aus Granit. Das Gebäude wurde im Zweiten Weltkrieg schwer be-schädigt und danach vereinfacht wiederaufgebaut.

414
Kirche zum Hl. Kreuz
Blücherplatz
1885–88
Johannes Otzen

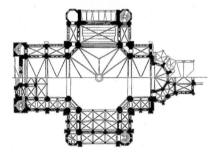

Weithin sichtbares, stadtbildprägendes Bauteil der
Backsteinkirche ist ihr mächtiger, 81 m hoher
Kuppelturm. Dieser über der Vierung errichtete
Turm wird von vier kleineren, mit spitzen Helmen
gedeckten Türmen flankiert. Zwei Türmchen, die
das Eingangsportal rahmen, betonen die Westfront
des Baus. Weitere Fassadenmerkmale der unter
Verwendung gotischer Formen erbauten Kirche sind
die großen Fensterrosen sowie Blendarkaden in den
darüber liegenden Giebelfeldern. Die Kirche besitzt
den Grundriss eines griechischen Kreuzes. Sie bot
in ihrem Mittelschiff, in den Kreuzarmen sowie auf
den drei Emporen Platz für insgesamt 1500 Menschen. Im Zweiten Weltkrieg erlitt sie schwere Schäden; die Kuppel brannte aus und die Gewölbe stürz-
ten ein. Auch die prunkvolle Innenausstattung wurde
zerstört. Nachdem ursprünglich Pläne für ihren
Abriss bestanden hatten, begann Erich Ruhtz 1951
mit dem vereinfachten Wiederaufbau des Gebäudes; die hohe Spitze der Zentralkuppel wurde nicht
wiederhergestellt. Nach dem Bau der Mauer wurde
das Gotteshaus in eine Randlage gedrängt; es war
für die nun kleinere Gemeinde zu groß. 1986 begann man mit umfangreichen Renovierungsmaß-
nahmen. Das Innere wurde durch die Architektengemeinschaft Wassertorplatz instand gesetzt und für
die offene Gemeindearbeit umgebaut.

415
Amerika-Gedenkbibliothek
Blücherplatz
1952–54
Gerhart Jobst, Willy Kreuer, Hartmut Wille, Fritz
Bornemann

EG

Zustand 1955 (oben)

Die von den Vereinigten Staaten gestiftete Bibliothek öffnet sich in einer leichten Schwingung zum
Blücherplatz hin. Der 6-geschossige Baukörper –
wird teilweise von 1-geschossigen Flachbauten
umschlossen; ihm seitlich vorgelagert ist das Foyer
und ein Vortragssaal, der mit dem Lesesaal an der
südlichen Längsseite durch einen schmalen Trakt
verbunden ist. Im Rücken des Vortragssaales ist im
UG ein Atrium angelegt, das die Berlin-Abteilung
und die Kinderbibliothek aufnimmt. Die Rasterkon-
struktion des Stahlskelettbaus wurde zur Fassadengliederung sichtbar gelassen; während die Rückansicht regelmäßig durchlaufende Fensterreihen besitzt, ist bei der Front zum Blücherplatz nur jedes
zweite Feld des quadratischen Rasters mit einem
Fenster versehen. Die Wandflächen sind mit kleinteiligen Keramikplatten verkleidet. Durch die leichte
Schwingung des Baukörpers wird der langgezogenen Fassadenfront viel von ihrer Strenge genommen. Die 1-geschossigen Bauteile mit ihren großen,
transparenten Fensterflächen und Dachabschlüssen
aus aneinandergereihten Kreissegmenten tragen
ebenso zur Auflockerung bei. Die Hauptmerkmale
des Innenraums sind Transparenz – die Bibliothek
ist nur durch Glaswände gegliedert, die freien Blick
nach außen gestatten –, dezentrale Aufstellung der
Lesesaalbestände sowie größtmögliche Übersichtlichkeit; so wurden sämtliche Benutzerräume im EG
angelegt. In den darüber liegenden 5 Geschossen
sind Magazin- und Arbeitsräume untergebracht.

416
Ehem. Garde-Dragoner-Kaserne
Mehringdamm 20–25
1850–53
Wilhelm Drewitz

417
Kirche und Miethausgruppe St. Bonifatius
Yorckstraße 88, 89
1906–07
Max Hasak

Das lang gestreckte, 3-geschossige Gebäude wurde zur Unterbringung des königlichen Garde-Drago-
ner-Regiments erbaut. Seine Raumorganisation war,
wie bei Kasernenbauten üblich, nüchtern und
zweckmäßig angelegt. Die einzelnen Räume lagen
in einer Reihe entlang eines langen Ganges. Ein
Normalgeschoss bot in zehn Zimmern Platz für 70
Soldaten. Dazu kamen u. a. noch separate Räume
für Verheiratete und Offiziere sowie zwei Arrestzel-
len. Speisesaal, Küche und Vorratsräume waren im
Kellergeschoss untergebracht. An der Gebäuderückseite wurden vier Stallflügel angelegt, die drei
Höfe einschlossen, von welchen die beiden äußeren
Reiter-, der mittlere Fußexerzitien diente. Die Pfer-
deställe sind zum Teil noch erhalten und werden zu
gewerblichen Zwecken genutzt. Um die Monotonie
der langen Straßenfront aufzulockern, wurde bei der
Fassadengestaltung auf die Architektur mittelalterlicher Kastellbauten Bezug genommen; die Ecken
der Kaserne werden durch zwei zinnenbekrönte
Türme betont. Zwei weitere, aus der Fassade herausragende Zinnentürme flankieren das hohe
Durchfahrtsportal in der Mitte des Gebäudes und
sorgen so für einen weiteren Akzent. Die Fassade
wird zusätzlich durch eine Reihung paarweise angeordneter Rundbogenfenster gegliedert. Sie ist mit
einem Zementputz verkleidet, dessen tief eingeschnittene Quaderung der Wand ein reliefartiges,
plastisches Aussehen vermittelt. In dem Gebäude ist
seit 1920 ein Finanzamt untergebracht.

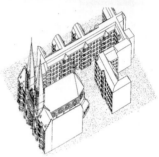

Zustand 1955 (oben)

Das Ensemble ist harmonisch in die Nachbarbebauung eingefügt und besticht durch seine bauliche
Geschlossenheit. Zentraler Bezugspunkt sind die
zwei hohen, schlanken Türme der in die Straßenfront eingepassten Backsteinkirche. Diese ist als
einschiffige Wandpfeiler-Hallenkirche in neogotischen Formen erbaut. Die Decke des breiten, stützenlosen Innenraums ist mit einem Sternengewölbe
versehen. Die Wandfläche der Langhausseite wird in
zwei Geschosse unterteilt, deren oberes als Fensterzone ausgebildet ist. Auch bei der filigranen Fassade
der Kirche wurden, etwa bei den übergiebelten
Spitzbogenportalen, den hohen Blendfenstern und
der großen Fensterrose, gotische Formenelemente
verwandt. Der abgetreppte, durchbrochene Ziergiebel sowie die je vier achteckigen feingliedrigen
Fialtürmchen an den schlanken, mit Schallöffnungen
versehenen Türmen gliedern die Fassadenfront
vertikal und lockern sie auf. Das Ensemble wird
durch eine 5-geschossige Miethausgruppe komplettiert. Je ein Wohnhaus flankiert die Zweiturmfassade der Kirche, die Bebauung setzt sich auf
einem Binnengrundstück hinter der Kirche fort. Die
Hausgruppe im Innenhof beinhaltet 83 Wohnungen
mit zwei bis vier Zimmern. Sämtliche Wohnungen
sind querbelüftet. Im Stil wurden die Backsteinhäuser dem gotischen Charakter der Kirche angepasst.

418
Ehem. Verbandshaus der Deutschen Buchdrucker
Dudenstraße 10
1924–26
Max Taut, Franz Hoffmann

419
Wohnhäuser
Dudenstraße 12–20
1954–55
Max Taut

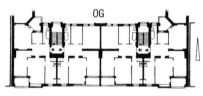

Zustand 1926 (oben)

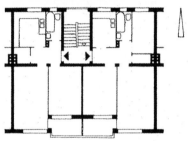

Grundriss OG

Der Gebäudekomplex besteht aus einem an der Straße gelegenen Wohnhaus und dem dahinterliegenden 5-geschossigen Druckereigebäude. Beide Bauten werden durch zwei niedrige Seitenflügel miteinander verbunden und umschließen so einen großen, nahezu quadratischen Hof. Die Nachteile, wie z. B. schlechte Besonnung und die Ausrichtung eines Teils der Wohnungen auf den Gewerbehof, werden durch die Größe des Innenhofs und die niedrige Anlage der Seitenflügel gemindert. In den einzelnen Geschossen des Wohnhauses sind 18 Wohnungen mit jeweils mehr als 100 m² untergebracht. Auffällig ist die betont nüchterne Erscheinung des Gebäudes. Die blockhafte Fassade des flach gedeckten Mauerwerkbaus wird durch tief eingeschnittene Loggien und leicht vorspringende verglaste Lauben horizontal gegliedert. Eine starke Farbigkeit der Fassade durch die Verblendung mit gelben und roten Klinkern sowie schwarzer Keramik trägt zu ihrer Belebung bei. Das Druckereigebäude ist als Stahlbetonskelettbau ausgeführt. Die Architekten setzten die Konstruktion aber auch bewusst als künstlerisches Gestaltungsmittel ein; die Betonrahmen wurden sichtbar belassen und dienten somit zur Gliederung der Fassade. Durch die Verjüngung dieser aus der Wand ragenden Stützen bekommt die nüchterne, sachliche Front des Druckereigebäudes eine dynamische, vertikale Betonung. Einen reizvollen Kontrast zu dem Sichtbeton bildet die Ausfachung der Felder mit gelben Backsteinen.

Die Wohnhausgruppe besteht aus einem 4- bis 6-geschossigen Baukörper an der Dudenstraße, in dessen EG Ladengeschäfte untergebracht sind, und einem 10-geschossigen Wohnhochhaus an der Methfesselstraße. Dabei schließt der 6-geschossige Bauteil direkt an das 1925 von Max Taut errichtete Verbandshaus der Buchdrucker (Nr. 418) an und nimmt dessen Gebäudehöhe auf. Der Stahlbetonbau ist dann 4-geschossig weitergeführt und ihm ist an der Straßenecke ein 1-geschossiger, halbrund vorspringender Bereich vorgelagert, in dem die Stadtbücherei untergebracht ist. Durch diese Abstufung der Gebäudehöhen wurde eine wirkungsvolle Überleitung von der 6-geschossigen Straßenrandbebauung zu dem freistehenden Hochhausblock geschaffen. Zwischen den Wohnhäusern und dem Verbandshaus gibt es gestalterische Ähnlichkeiten, obwohl es sich bei dem einen um zwei freistehende Baukörper, bei dem anderen um eine Blockrandbebauung handelt. Die Fassaden werden durch Licht- und Schattenwirkung der paarweise zusammengefassten Balkone belebt. Die großflächige, durch die Balkonbrüstungsbänder horizontal strukturierte Hochhausfassade wird durch die vorgezogenen, turmartig überhöhten Bereiche, hinter denen die Wohnzimmer liegen, in ähnlicher Weise gegliedert wie das Verbandshaus. Max Taut nahm hier die von ihm beim Verbandshaus formulierten Gestaltungsprinzipien wieder auf und brachte sie mit einer zeitgemäßen, freien Platzierung der Baukörper in Verbindung.

420

Viktoria Quartier
Methfesselstraße
1999–2002
Frederick Fisher (Masterplan); Einzelprojekte:
Becker, Gewers, Kühn & Kühn; Frederick Fisher;
Ortner & Ortner; Jessen & Vollenweider; Reichen &
Robert; Rob Krier und Christoph Kohl; Jo. Franzke

Projektansicht (Oben), Lageplan (unten

Mit dem Umbau der ehem. Schultheiss-Brauerei
entstand einer der größten innerstädtischen Kon-
versionsstandorte ehem. Betriebsgelände und
gleichzeitig ein ambitioniertes städtebauliches und
stadtkulturelles Konzept. Neben der Ansiedlung
moderner Dienstleistungsbetriebe und Wohnungen
wird hier in den ehem. Brauereikellern des sogenannten „Tivoli-Quartiers" – einem nach der ersten
Brauerei auf dem Geländes und einem Ausflugslokal
benannten Teilstück – die Berlinische Galerie nach
ihrem Auszug aus dem Martin-Gropius-Bau ein
neues Domizil finden. Basierend auf einem Masterplan des aus Los Angeles stammenden Architekten
Frederick Fisher werden die teilweise bis in die Mitte
des 19. Jahrhunderts zurückgehenden denkmalgeschützten neogotischen Backsteinbauten des
Brauereigeländes erhalten, umgebaut und durch
zahlreiche integrierte Neubauten ergänzt. Eine neu
angelegte Terrassenanlage verbindet das Areal mit
dem von Schinkel 1818–21 errichteten Denkmal
für die Befreiungskriege, das die Spitze des angrenzenden Berges krönt. Die Terrassen korrespondieren dabei mit der nach der Nordseite des Viktoria-
parks von Hermann Mächtig angelegten Kaskade
und runden damit die gartenkünstlerische Gestaltung
der Anhöhe ab. Fisher übernahm auch die Sanierung der Tivoli-Gebäude und entwarf einige der
neuen Wohnbauten. Das zum Viktoriapark hin orientierte „Park Quartier" wird vorwiegend durch Wohnungen von Ortner und Ortner bebaut, das nach
Süden abschließende „Kesselhaus Quartier" wird
von Becker, Gewers, Kühn & Kühn geplant. Reichen und Robert bauen das „Schmiedehof Quartier"
um, das „Platanen Quartier" und das „Barth'sche
Quartier" werden vorwiegend von Jessen &
Vollenweider, von Jo. Franzke und von Krier und
Kohlbecker bebaut bzw. saniert.

421

Riehmers Hofgarten
Yorckstr. 83–86, Großbeerenstr. 56–57,
Hagelberger Str. 9–12
1881–1900
Wilhelm Riehmer, Otto Mrosk

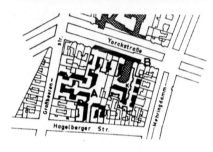

Die Baugruppe aus rund 20 5-geschossigen Wohnhäusern erstreckt sich über die gesamte Tiefe eines
Häuserblocks. Sie ist für jene Zeit fortschrittlich und
zukunftsweisend organisiert; im Gegensatz zu den
damals vorherrschenden Mietkasernen sind die
Häuser hier um einen hellen, parkartigen Innenhof
angelegt, der durch eine ruhige Wohnstraße erschlossen wird. Die Unterscheidung zwischen einer
aufwendigen Schauseite und bescheidener ausgeführten Hinterhäusern wurde – zumindest in den
Fassaden – aufgehoben. Alle Gebäude sind im EG
mit einer kräftigen Streifenquaderung versehen, in
den OG wurde prunkvoller eklektizistischer Schmuck
angebracht. Während die in der ersten Bauphase
errichteten Häuser an der Hagelberger Straße noch
sparsamere spätklassizistische Formen aufweisen,
wurden die übrigen Gebäude mit reichem Schmuck
im Renaissance-Stil versehen. Der Eingang zu der
Privatstraße an der Yorckstraße ist durch ein prunk-
volles Rundbogenportal hervorgehoben. Die großen,
herrschaftlichen Wohnungen wurden, wie auch bei
den gängigen Mietkasernen, zu den Straßen ausgerichtet, die kleineren Wohnungen liegen im Hofbereich zur Privatstraße. 1983/84 wurde Riehmers
Hofgarten umfassend modernisiert, Fassaden und
Gartenanlagen wurden weitgehend originalgetreu
rekonstruiert, im Hof bauten Bernhard Binder und
Bernd Richter ein modernes Kinogebäude.

422
Pumpwerk
Hallesches Ufer 78
1873–76
James Hobrecht

Das erste Berliner Abwasserpumpwerk entstand aufgrund des „Hobrecht-Planes" von 1861, der die katastrophalen Zustände der Abwasserentsorgung beseitigen sollte. In diesem Zusammenhang wurden mehrere Pumpwerke errichtet, die die Abwässer weit vor die Tore der Stadt leiteten. Das Pumpgebäude am Halleschen Ufer wurde aus Backsteinen errichtet und mit historistischen Schmuckelementen aus Werksteinen verziert. Rustikaquaderung, von Akroteren bekrönte Gesimse und Triglyphen-Abschlussgesims am Dachansatz stehen in Schinkelscher Tradition. Der achteckige Schornsteinumriss, der sich aus einem viereckigen Grundriss entwickelt, war für diese Zeit eine architektonische Besonderheit. Das Beamtenwohnhaus ist nicht mehr erhalten. War die Verschleierung des technischen Innenlebens bei technischen Bauten der Zeit durchaus üblich, fällt hier die besonders sorgfältige Durchformung der Schmuckelemente auf. Seit 1980 wird das stillgelegte Pumpwerk unter Regie des Landeskonservators als Lapidarium genutzt, in dem u. a. zahlreiche Denkmäler aus dem Tiergarten untergebracht sind. Im Innern ist noch eine der ehemals drei Dampfturbinen als Schauobjekt erhalten. Die Um- und Anbauten fallen zwar aufgrund des gewählten Materials – Stahl und Glas – auf, sie fügen sich aber in das Gesamtbild der Anlage optisch gut ein.

423
Familiengericht
Hallesches Ufer, Möckernstraße
1993–95
Oswald Mathias Ungers

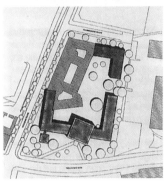

Unmittelbar westlich neben dem Hochhaus der Postgirobank (Nr. 425) gelegen, können sich kaum größere Gegensätze als Prosper Lemoines Hochhausscheibe einerseits und Oswald Mathias Ungers' aus geometrischen Grundformen heraus entwickelter Neubau für das Familiengericht andererseits denken. Ungers konzipierte eine Blockrandschließung, die den Altbau des Gerichts an der Möckernstraße integriert und sich an dessen Traufhöhe orientiert. Durch den Verzicht auf eine vollständige Bebauung der Grundfläche konnte am Halleschen Ufer ein kleines Gebäude für einen Kindergarten eingefügt werden. Ein L-förmiger Abschnitt an der Kleinbeerenstraße und ein dreiflügliger Bau am Landwehrkanal bilden einen rechtwinkligen Blockrand, der von der trapezförmigen Grundstücksfläche abweicht und in einem stumpfen Winkel an die südliche Brandwand des Altbaus stößt. Regelmäßige Lochfassaden mit quadratischen Fenstereinschnitten und heller Steinverkleidung unterstreichen das für Ungers typische rationale Grundkonzept der Neubauten. Gleichzeitig bricht ein turmartiger Kubus am Halleschen Ufer durch asymmetrisch versetzte Fenster mit dem strengen Raster und reflektiert mit seiner leichten Linksdrehung die Fassadenflucht des Altbaus an der Möckernstraße. Durch die Überlagerung zweier Blockgrundrissfiguren entsteht eine spannungsreiche Komposition, die im effektvollen Gegensatz zu der Gleichförmigkeit der Fassadenkonzeption steht. Eine Würfelskulptur von Sol Le Witt vor dem Hauptzugang korrespondiert mit der Geometrie der Architektur.

424
Erweiterungsbau Deutsches Technikmuseum Berlin
Tempelhofer Ufer, Trebbiner Straße
1996–2000
Helge Pitz, Ulrich Wolff

425
Postgiroamt Berlin-West
Hallesches Ufer 40–60
1965–71
Prosper Lemoine

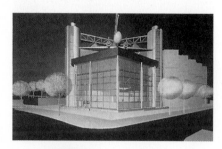

Simulation (oben), Grundriss 3. OG (unten)

Das spektakuläre Projekt verlängert die Enfilade ambitionierter Architekturbeispiele am Landwehrkanal vom Shellhaus (Nr. 172) über das Daimler-Benz-Projekt am Potsdamer Platz (Nr. 159) nach Kreuzberg. Direkt neben dem ehemaligen Anhalter Güterbahnhof gelegen ergänzt der Bau den auf dem umgebenden Bahngelände untergebrachten Museumsbereich und rekonstruiert gleichzeitig die Blockkante zum Kanal hin. An den Altbau an der Trebbiner Straße schließt sich ein verklinkerter Bauteil mit „Fassaden-Zickzack" und Sheddach an. Ein von zwei runden Treppentürmen flankierter transparenter Körper stößt spitz zur Kanalseite vor, auf seiner Dachterrasse wird ein originaler „Rosinenbomber", der von Stahlgitterträgern abgehängt ist, direkt auf der Höhe der unmittelbar vorbeigeführten Hochbahn als Wahrzeichen des Museums ausgestellt. Ein nach Süden ausgerichteter Annex schwebt teilweise, von monumentalen Trägern getragen, über den ehemaligen Gleisanlagen und nimmt v. a. Verwaltungsräume auf. Die Baukonstruktion garantiert weite ungeteilte Innenräume, die flexibel zu nutzende Ausstellungszonen ermöglichen. Darüber hinaus zeichnet sich das Projekt durch ökologische Energiekonzepte wie beispielsweise den Einbau von Solarzellen, flexiblen Sonnenschutzelementen oder Tageslichtreflektoren aus. Der Neubau überzeugt mit seiner der Funktion angemessenen Konstruktion, die ihrerseits als „Exponat" des Museums demonstrativ inszeniert wird.

Der 29-geschossige Hochhausriegel ist nicht nur aufgrund seiner Höhe, sondern auch wegen seiner Lage am Landwehrkanal ein weithin sichtbarer städtebaulicher Bezugspunkt. An die Hochhausscheibe schließt westlich das 2-geschossige Rechenzentrum an. Ein schmaler, ebenfalls 2-geschossiger Bau verbindet im Osten das Hochhaus mit der quadratischen Schalterhalle. Ein 6-geschossiger, U-förmiger Block, der separat nördlich hinter dem Hochhaus steht, nimmt Werkstätten, Heizkraftwerk und drei Dienstwohnungen auf. Im Hochhaus ist die Konten-Verwaltung untergebracht. Das sichtbare Stahlbetonskelett der Flachbauten setzt sich im Sockelgeschoss des Hochhauses fort. Ab dem 4. OG ist der Hochhausscheibe eine grau eloxierte Aluminiumfassade vorgehängt. Durch die dunklen Brüstungen im Wechsel mit den Fensterbändern ergibt sich eine horizontale Betonung der Hochhauslängsseiten. Die Verbindung von Flachbauten und Hochhausscheibe sowie die horizontale Fassadengliederung erinnert u. a. an das 1963–65 errichtete „Europa-Center" (Nr. 251). Die gärtnerische Gestaltung des großen Platzes vor dem Gebäude lag in den Händen von Helmut Bournot. Auf dem zum großen Teil betonierten Platz vor dem Gebäude wurden Skulpturen, ebenfalls aus Beton, von Gottfried Gruner aufgestellt.

426
Wohn- und Geschäftshaus
Hallesches Ufer 24–28
1968
Hermann Fehling, Daniel Gogel

427
SPD-Bundeszentrale „Willy-Brandt-Haus"
Wilhelmstraße, Stresemannstraße
1993–96
Helge Bofinger

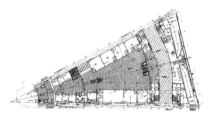

Grundriss Erdgeschoss

Das Wohn- und Geschäftshaus besteht aus zwei Gebäudeteilen. Der eine ist 6-geschossig und schließt an die parallel zum Halleschen Ufer stehende Wohnbebauung an. Der andere Bauteil wölbt sich mit seinen 13 Geschossen halbrund zur Straßenecke vor und wurde 7-geschossig entlang der Wilhelmstraße weitergeführt. Beide Bauteile sind nicht miteinander verbunden und stehen durch diese „Lücke" in einer spannungsvollen Beziehung. Während bei dem niedrigen Gebäudebereich die Balkone loggienartig in die Fassaden eingeschnitten sind, kragen sie bei dem Hochhausbauteil halbrund hervor. Die Wohnungen werden durch Laubengänge auf der Gebäuderückseite erschlossen, die über runde Treppenhäuser zugänglich sind. Das Auftürmen der Baumassen, die wie aus Stahlblech ausgeschnitten wirkenden Balkone sowie die Terrassenüberdachungen an der Wilhelmstraße lassen den Bau wie einen Ozeandampfer erscheinen. Dieses Gestaltungsprinzip steht ebenso in der Tradition von Hans Scharoun wie auch die differenzierte Anordnung der Baukörper zueinander, durch die Platzräume geschaffen wurden. Das „Dampfer-Motiv" findet sich in abgewandelter Form auch beim Institut für Hygiene und Mikrobiologie (Nr. 740), das die Architekten 1970–74 errichtet haben.

Die heutige Bebauung basiert auf Bofingers Planungen für die IBA, die darauf abzielten, den durch Kriegseinwirkung und Autobahnplanung der Nachkriegszeit zerstörten Stadtgrundriss des barocken Dreistrahls am Mehringplatz, dem ehemaligen Rondell (Nr. 429), ansatzweise wieder nachvollziehbar zu machen. Gleichzeitig sollte ein städtebauliches Pendant zu Erich Mendelsohns IG-Metall-Haus an der Lindenstraße (Nr. 430) realisiert werden. Das Gebäude akzentuiert mit großer Geste das lang gestreckte und spitzwinklige Grundstück. Die Baumassen drängen zur Blockspitze hin und kumulieren an der abgestumpften Ecke in einem Spiel konvexer und konkaver Körper, das die entsprechende Figuration des Mendelsohnbaus zitiert. Schräg aus den Seitenfassaden vorstoßende Erker im fünften OG bilden einen reizvollen Kontrast zu den ein- und ausschwingenden gläsernen Volumen. Eine helle Kalksteinverkleidung rahmt mit einem großformatigen Raster die weitgehend transparenten Fassaden mit ihren horizontalen Glaslamellen. Eine durch gläserne Eingangslaibungen hervorgehobene Passage verbindet im rückwärtigen Gebäudeteil die beiden flankierenden Straßen. Von hier aus ist auch das vollständig verglaste dreieckige Atrium des Hauses mit einer Skulptur Willy Brandts von Rainer Fetting betretbar. Bofingers Bau setzt in dem heterogenen Stadtraum ein ordnendes Zeichen, das darüber hinaus mit seiner Neuinterpretation der Stromlinien-Ästhetik und Dampfermetaphorik der 30er Jahre überzeugt.

428
Hebbel-Theater
Stresemannstraße 29
1907–08
Oskar Kaufmann

429
Stadtquartier am Mehringplatz
Mehringplatz
1968–75
Werner Düttmann

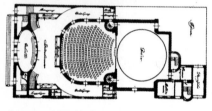

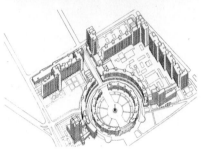

Zustand um 1950 (oben)

Der 5-geschossige Mauerwerksbau ist mit Muschelkalkplatten verkleidet. Wichtigster Fassadenakzent ist die hohe, segmentförmige Wandnische, aus der sich ein Fensterfeld hervorwölbt. Durch die Rustikaquaderung, die bis ins 5. OG geführt ist, weicht Kaufmann von der gebräuchlichen Verwendung des Bossenwerkes ab, das üblicherweise nur für das EG oder niedrige Eckbetonung angewandt wurde. Zusammen mit dem glattverputzten Giebel erhält der Bau eine gewisse Wehrhaftigkeit. Bei seinem ersten Theaterbau in Berlin nahm Kaufmann mit den geschwungenen Wandflächen und den Schmuckelementen barocke Gestaltungselemente auf. Auch seine anderen Bauten, u. a. die Villa Konschewski (Nr. 376), kennzeichnet ein Hang zu barocken und rokokohaften Stilelementen. Der Innenraum des Theaters ist repräsentativ mit Mahagonivertäfelung, Wandbespannungen aus Seide und Kristallüstern ausgestattet. Mit der traditionellen Einteilung in Parkett und zwei Ränge setzte sich der Bau von den Bestrebungen des Reformtheaters ab, die sich im amphitheaterähnlichen Sitzschema des Schiller-Theaters (Nr. 340) kurz zuvor manifestiert hatten. Kaufmann wurde zu einem der wichtigsten Theater-Architekten im Berlin der 20er Jahre. Sein bekanntester Bau ist die 1913–14 entstandene „Volksbühne" (Nr. 125, Bezirk Mitte), die in vereinfachter Form nach dem Zweiten Weltkrieg wiederaufgebaut wurde.

Die Anlage basiert auf einem städtebaulichen Gutachten (1962–63) von Hans Scharoun für das kriegszerstörte Gebiet um den Mehringplatz. Dieses orientierte sich an der um 1730 im Zuge der barocken Stadterweiterung entstandenen runden Platzform, sah jedoch die Abriegelung des Straßenverkehrs vor, Werner Düttmann gestaltete zwei parallele Häuserringe, die den als Fußgängerzone auch nach Süden abgeriegelten Platz umschließen. In der Platzmitte befindet sich heute wie einst die Friedenssäule mit der Victoria von Christian Daniel Rauch (1843). 10- bis 17-geschossige Hochhausscheiben umfassen den Häuserring im Norden und begrenzen das Wohngebiet gegen die damals projektierte Stadtautobahn, für deren Bau eine Umgestaltung Gesamt-Kreuzbergs vorgesehen war. Düttmann setzte zwar mit den zum Kreis geschlossenen Gebäuden ein städtebauliches Zeichen, die Dimensionen gerieten jedoch teilweise aus dem Maß. Die „Rondell"-Bauten werden von massigen, über das Flachdach ragenden Treppentürmen gegliedert, die dazwischen liegenden Bauteile stehen auf Stützen. Die in Stahlbetonbauweise errichteten Hochhäuser sind gleichmäßig gerastert. Vor den Küchen liegen Loggien, die, schmaler weitergeführt, die gesamte Schottenbreite einnehmen. Das Angebot der ca. 1550 Wohnungen der Gesamtbebauung ist abgestuft in 1 1/2- (48 m²) 2- (59 m²) 2 1/2- (70 m²) und 3-Zimmer-Wohnungen (72–75 m²).

430
Ehem. Haus d. Dt. Metallarbeiterverbandes
Alte Jacobstraße 148–155
1929–30
Erich Mendelsohn, Rudolf Reichel

431
St. Agnes
Alexandrinenstraße 118–121
1964–66
Werner Düttmann

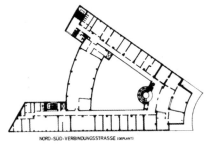

Grundriss Normalgeschoss

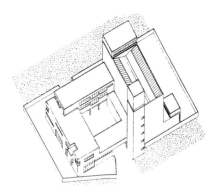

Das ungünstig geschnittene, spitzwinklige Grundstück bot für die Architekten die Chance zum Entwurf eines außergewöhnlichen Gebäudekomplexes. Sein Zentrum bildet ein konkav geschwungener, 5-geschossiger Kopfbau, der die Verwaltung aufnimmt. Das überhöhte obere Geschoss macht nach außen hin die Sitzungsräume sichtbar. Der große Sitzungssaal wird zusätzlich durch einen halbrunden Glaserker mit Fahnenmast pointiert. Edle Materialien wie Bronze für Türen und Fenster und Travertinplatten für die Fassade heben die besondere Stellung dieses Kopfbaues hervor. An seiner Hofseite befindet sich das runde, verglaste Treppenhaus, das zur Hälfte aus der Wandfläche herausragt. Von dem Kopfbau gehen die beiden spitzwinklig auseinanderlaufenden 4-geschossigen Büroflügel aus. Um die horizontale Gliederung hervorzuheben, wurden die Sohlbänke der Fenster durchgehend verbunden. Zwischen diesen beiden langgestreckten Flügeln ist der 2-geschossige, leicht gerundete Verbindungsbau der Druckerei eingespannt. Bei dem Haus des Deutschen Metallarbeiterverbandes wurden Elemente des Stils der Neuen Sachlichkeit (stereometrischer, blockhafter Baukörper, Betonung der Horizontale, Flachdach) mit expressiven Elementen wie der konkaven Anlage des Kopfbaus oder dem spitzwinkligen Auseinanderstreben der Seitenflügel zu einer homogenen und spannungsvollen Einheit verbunden. Das Gebäude wird heute von der IG Metall genutzt.

Die Kirche ist Teil einer Gebäudegruppe und umschließt zusammen mit Gemeindehaus und Kindergarten einen Innenhof. Am Eingang zu diesem nahezu quadratischen Hof liegt der Glockenturm. In der Verlängerung der Bauflucht ist eine niedrige, quadratische Kapelle angefügt. Der gesamte, in Stahlbetonbauweise errichtete Gebäudekomplex ist aus einfachen, schmucklosen Kuben aufgebaut und mit Rauputz verkleidet. Der blockartige Kirchenbau ist von außen kaum als sakrales Gebäude erkennbar; er wirkt durch das Fehlen jeglicher Seitenfenster beinahe abweisend. Dem stark überhöhten rechteckigen Kirchenraum schließen sich zu beiden Seiten niedrige Seitenschiffe an, die durch Pfeiler vom Mittelschiff getrennt sind. Der Raum wirkt so in seiner Disposition als moderne Umsetzung des Bautyps der dreischiffigen Basilika. Der eingezogene, rechteckige Chor ist durch Stufen gegenüber dem Kirchenraum erhöht. Belichtet werden die nüchternen, mit Rauputz und Klinkern verkleideten Schiffe durch zwei Reihen breiter Oberlichtbänder.

432
Berlin Museum
Lindenstraße 14
1734–35
Philipp Gerlach

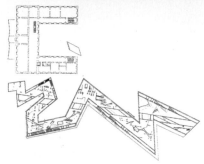

Grundriss 1. OG mit angrenzendem Jüdischen Museum von Daniel Libeskind

433
Jüdisches Museum
Lindenstraße 13
1993–99
Daniel Libeskind

Modellphoto (oben), Grundriss 2. OG (unten)

Das ehemalige Kammergericht wurde als erstes großes Verwaltungsgebäude in der Regierungszeit Friedrich Wilhelms I. in der südlichen Friedrichstadt errichtet. Die kompakte, 2-geschossige Dreiflügelanlage wird von einem mächtigen Mansarddach überspannt. Den einachsigen Mittelrisalit, der durch einen Balkon gegliedert wird, bekrönt ein Dreiecksgiebel. Das Giebelfeld mit dem preußischen Staatswappen flankieren – die ursprüngliche Gebäudenutzung versinnbildlichend – die allegorischen Figuren der Caritas und der Justitia. Wandvorlagen fassen jeweils die beiden letzten Gebäudeachsen ein und kennzeichnen an der Schaufassade die Breite der rückwärtigen Flügelbauten. Trotz vieler Umbauten Mitte des 19. Jahrhunderts und schwerer Zerstörung in Zweiten Weltkrieg blieb das barocke Äußere erhalten. Für die Unterbringung des Berlin Museums wurde das Haus 1963–69 von Günter Hönow wiederaufgebaut und im Inneren umgestaltet. Von den flankierenden Tordurchfahrten zum Garten ist nur die nördliche erhalten geblieben. Mit der angrenzenden Neubebauung „Wohnpark am Berlin Museum" (Nr. 436) soll dieses, durch die Kriegszerstörung seiner Umgebung bezugslos gewordene Gebäude eine neue städtebauliche Einbindung erhalten. Dazu zählt auch die Neugestaltung des Gartens, die als eine „zeitgemäße Interpretation eines Barockgartens" nach einem preisgekrönten Entwurf von Hans Kollhoff und Arthur Ovaska entstanden ist.

Unter den 165 Einsendungen für den Neubau des Jüdischen Museums ging Daniel Libeskind als Wettbewerbssieger hervor. Die Architektur von Libeskind lässt sich am ehesten mit dem Begriff Dekonstruktivismus fassen: Geometrische Elemente werden zerlegt und zu widersprüchlichen Formen zusammengeführt, die fragmentarisch bleiben können. Diese Merkmale zeigt auch Libeskinds Entwurf für die Neugestaltung des Alexanderplatzes (1993). Für das Museum entwickelt Libeskind seinen intellektuellen Entwurf aus einem die ganze Stadt durchdringenden, abstrahierten Netz von geschichtlichen Ereignissen. Der unregelmäßig gezackte Baukörper bildet einen unsichtbar gemachten Ausschnitt aus dieser mit den Juden in Berlin verzahnten Geschichtlichkeit. Gebrochen bleibt auch das Innere des Gebäudes: Einzelne Baukörper durchdringen sich und führen zu Irritationen des Besuchers oder in eine Leere. Raumelemente verstellen den Weg und brechen die Geradlinigkeit des Durchganges. Diese vom Architekten als *voids* bezeichneten, nicht zu begehenden Leeren reichen z. T. durch alle Geschosse und meinen die vergangene Jüdische Geschichte. Die außerhalb des Hauptbaukörpers geplanten *voids* wie auch die extreme Schrägstellung der gesamten Außenwände mussten aus Kostengründen modifiziert werden. Auch die ursprüngliche Grundrissform des UG, die sich nicht mit den darüber liegenden Geschossen deckte, wurde vereinfacht. Der Zugang zum Museum erfolgt unterirdisch von der Halle des Berlin Museums aus. Im Bau von Libeskind findet die Geschichte der Juden in Berlin eine einzigartige architektonische Manifestation.

434
Wohnhof
Lindenstraße 81–84
1984–86
Hermann Hertzberger

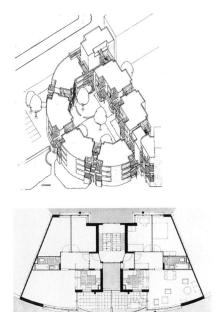

435
Ehem. Verwaltungsgebäude der Victoria-Versicherung
Lindenstraße 20–25
1906–13
Wilhelm Walther

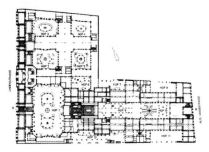

Plan: ursprünglicher Zustand der Gesamtanlage

Der Wohnhof ist eine der gelungensten Wohnanlagen der IBA. Er schließt eine offene Blockrandbebauung aus den 60er und 70er Jahren und leitet durch seinen halbkreisförmigen Abschluss zu der an der Grundstücksspitze gelegenen Jerusalems- und Neuen Kirche über. Der Wohnhof nimmt nur am Übergang die Blockhöhe der bestehenden Bauten auf, um dann in eine 3-geschossige Bauweise überzugehen. Im Zentrum der Anlage liegt der halbkreisförmige, begrünte Innenhof. Dieser freundliche, helle Kommunikations- und Freizeitbereich wird durch sieben Durchgänge an den Treppenhausbereichen erschlossen. Die in die Mauerflächen eingeschnittenen transparenten Treppenhausbereiche mit den Balkonen, den großen Fensterflächen und den charakteristischen schlanken, vor die Fassade gestellten Betonsäulen untergliedern den Wohnblock in acht Hausteile. Der hell verputzte Mauerwerksbau beinhaltet 48 Wohnungen mit Wohnflächen zwischen 61 m² für eine 2-Zimmer-Wohnung und 110 m² für eine 5-Zimmer-Wohnung. Die Grundrisse sind klar gegliedert und doch phantasievoll angelegt. Auf Betreiben der Mieter wurden Gemeinschaftsräume und eine Kindertagesstätte eingerichtet. Die Wohnanlage wurde unter Mitarbeit der Mieter erbaut, wodurch eine Senkung des Mietpreises erreicht werden konnte. Auf die Planung der Wohnungen hatten die Bewohner, im Gegensatz zum „Wohnregal" (Nr. 404), jedoch keinen Einfluss.

Der 1902–04 erbaute Gebäudekomplex der Victoria-Versicherung erstreckte sich ursprünglich auf einem großflächigen Areal zwischen der Linden- und der Alten Jakobstraße. Der riesige Verwaltungstrakt war um 12 Lichthöfe angelegt; in ihm arbeiteten mehr als 3 200 Personen. Nach schweren Kriegszerstörungen besteht nur noch der vereinfacht wiederaufgebaute Erweiterungsbau an der Lindenstraße von 1906–13 mit Teilen der Querflügel, die früher zwei Höfe einschlossen. Die Bauaufgabe verlangte in der Zeit des Historismus eine prunkvolle Gestaltung der Gebäude; Fassaden, Treppenhäuser, Vestibüle und die Räume für den Publikumsverkehr wurden mit Reminiszenzen an verschiedene, als repräsentativ angesehene Stilformen ausgestattet. Für die Gestaltung des 5-geschossigen Mauerwerksbaus an der Lindenstraße wählte der Architekt Stilelemente des Barock. Die Fassade ist mit Muschelkalk und Basaltlava verkleidet. Die beiden unteren Geschosse sind mit einer Rustikaverkleidung versehen. Das abschließende Geschoss ist durch ein stark profiliertes Hauptgesims abgesetzt. Schwierig war es, die wuchtige, über 130 m lange Straßenfront zu gestalten. Walther gliederte die Fassade durch einen stark betonten, mit reichem Figurenschmuck versehenen Mittelrisalit, zwei geschlossene Eckrisalite und zwei weitere Vorbauten. Mit dem IBA-Projekt „Wohnpark am Berlin-Museum" (Nr. 436) wurde versucht, das Gebäude in einen städtebaulichen Gesamtrahmen einzubinden.

436
Wohnpark am Berlin Museum
Lindenstraße 15–19
1984–86
Hans Kollhoff, Arthur Ovaska (Gesamtplanung); Werner Kreis, Ulrich Schaad, Peter Schaad; Horst Hielscher, Georg-Peter Mügge, Franz C. Demblin, Jochem Jourdan, Bernhard Müller, Sven Albrecht; Stavoprojekt Liberec – John Eisler, Emil Prikryl, Jiri Suchomel; Dieter Frowein, Gerhard Spangenberg; Arata Isozaki

„Stadtvillen" im Blockinneren, Blick in Richtung Lindenstraße (oben)
Kopfbau an der Lindenstraße, rechts: Berlin Museum; links: Bauteil Kollhoff/Ovaska (unten)

Ziel dieser Bebauung, die im Rahmen der IBA konzipiert wurde, ist die städtebauliche Neuordnung und Belebung des Gebiets zwischen dem Berlin Museum (Nr. 432) und dem Restgebäude der ehemaligen Victoria-Versicherung (Nr. 435). Das Areal ist das Ergebnis der Zusammenarbeit von acht Architekten und Architektengruppen. Errichtet wurden 311 Wohnungen überwiegend im Sozialen Wohnungsbau. Durch drei Seniorenhäuser und 15 rollstuhlgerechte Wohnungen soll die Integration alter und behinderter Menschen erleichtert werden. Einzelne Läden und Dienstleistungsbetriebe sind in den EG-Zonen eingerichtet. Dem massiven, verklinkerten Kopfbau an der Lindenstraße der Architekten Werner Kreis, Peter und Ulrich Schaad fällt die schwierige Aufgabe zu, eine Überleitung zwischen dem barocken Berlin Museum und dem schmalen Neubau an der Brandwand der ehemaligen Victoria-Versicherung zu schaffen. Das Gebäude nimmt aber auf die es flankierenden Gebäude wenig Rücksicht, sondern übernimmt die Monumentalität der Victoria-Fassade und droht durch die große Höhenausdehnung und die eigenwillige Kreissegmentform das Berlin Museum zu erschlagen.
Hinter diesem Bau wurden 12 axial angelegte „Stadtvillen" (Architekten: Horst Hielscher, Georg-

436
(Fortsetzung)

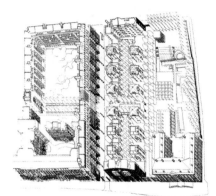

Isometrie der Gesamtanlagen

Peter Mügge; Franz C. Demblin; Jochem Jourdan; Bernhard Müller, Sven Albrecht) errichtet. Die nördlich des Fußwegs angeordneten Häuser sind durch 2-geschossige Verbindungstrakte zu einer durchlaufenden Zeile zusammengefasst, die zum Park liegende Reihe steht frei. Dem pathetischen Charakter der breiten Mittelachse dieser Grünzone steht die bescheidene Dimensionierung der zu eng gestellten Häuser entgegen. In ihrer kompakten äußeren Form erscheinen sie wie Mini-Ausgaben der „Stadtvillen" an der Rauchstraße (Nr. 197). Ihre Fassade ist durch postmoderne Architekturdetails sowie dezente farbliche Behandlung sorgfältig gestaltet; die Grundrisse sind jedoch sehr bescheiden bemessen.
Zur Alten Jakobstraße wird die Achse durch einen sperrigen Riegel (Stavoprojekt Liberec – John Eisler, Emil Prikryl, Jiri Suchomel) geschlossen.

Seine Fassade wird durch einen architektonisch reizvollen, aber funktionslosen Eckbau und einen gerundeten Vorbau im DG aufgelockert.
Nördlich davon schließt direkt an die ehemalige Victoria-Versicherung eine 170 m lange Wohnzeile von Hans Kollhoff und Arthur Ovaska an. Ihre kantige Fassade wird in zwei Schichten aufgebaut; einem zurückliegenden, weiß verputzten Bauteil ist ein verklinkerter Baukörper mit Balkonen und Wintergärten vorgelagert. Formal soll der Bau an großstädtische Architekturformen der 20er Jahre in Berlin erinnern.
Der Block wird nach Norden und Osten durch eine Randbebauung von Dieter Frowein und Gerhard Spangenberg geschlossen. Halbrunde Ausbuchtungen der gläsernen Treppenhäuser rhythmisieren die schlichte, kompakte Straßenfront, ein verglastes Treppenhaus fungiert an der Straßenecke als „Scharnier". Die Bebauung zeichnet sich durch klare, helle Wohnungsgrundrisse aus, an der Hofseite sind Loggien angebracht.
Verborgen hinter der ehemaligen Victoria-Versicherung erhebt sich als Hofabschluss das skurrile, in grellen Farben gehaltene Gebäude von Arata Isozaki. Es kann als extremes Beispiel des postmodernen Bauens gelten, bei dem historistische architektonische Vokabeln zitiert und verfremdet werden. Auffälligstes Beispiel hierfür ist der große, sich über 2 Geschosse verengende Eingangsbereich, der durch das Versatzstück eines ruinösen Portals betont wird. Trotz mangelnder infrastruktureller Einrichtungen und mancher Schwächen bei der Grundrissaufteilung ist das Ensemble ein wichtiger Beitrag für eine vielseitige, innerstädtische Bebauung der 80er Jahre.

437
Wohnbebauung Ritterstraße Süd
Ritterstraße 61–65
1979–81
Horst Hielscher, Georg-Peter Mügge (Lindenstraße 28, 28 a; Ritterstraße 62, 65); Gruppe 67 (Lindenstraße 26, 27; Ritterstraße 61, 66); Planungskollektiv Nr. 1 (Lindenstraße 29; Alte Jakobstraße 122, 123); Rob Krier (Ritterstraße 63, 64)

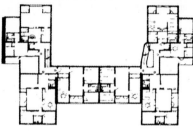

Rob Krier: Straßenseite (oben),
Grundriss Normalgeschoss (unten)

Die Wohnanlage entlang der Linden-, Ritter- und Alten Jakobstraße hatte die Reparatur des zerstörten Stadtraums durch die Schließung eines Blockrands zum Ziel. Für das städtebauliche Gesamtkonzept zeichnete, wie auch bei der Ritterstraße Nord (Nr. 441), Rob Krier verantwortlich. Aber im Gegensatz zu jener homogeneren, ruhigen Bebauung sind hier bei der Fassadengestaltung die individuellen Handschriften der Architekten stärker in den Vordergrund gerückt. Am deutlichsten sticht der H-förmige Bauteil Kriers ins Auge. Durch die symmetrische Anordnung dieses Baukörpers versucht der Architekt, die heterogene Bebauung zusammenzufassen, und schafft einen Achsenbezug zu der gegenüberliegenden – später ausgeführten – Wohnanlage der Ritterstraße Nord. Der Vorplatz des Gebäudes wird, ebenso wie der Bauteil Kriers an der Rauchstraße (Nr. 197) durch einen gewölbten Durchgang mit einem Binnenhof verbunden. Der Bogen soll Assoziationen an den Karl-Marx-Hof von Karl Ehn (1927) in Wien wecken. Er ist mit einer Plastik Kriers geschmückt. Im Unterschied zum städtebaulichen Konzept der Stadtreparatur ist das Äußere, v. a. des Mittelbauteils, wegen seiner postmoderner Spielereien unter Architekturkritikern umstritten.

438
Ehem. Reichsschuldenverwaltung
Oranienstraße 106–109
1919–24
German Bestelmeyer

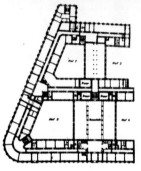

Grundriss EG

Der 5-geschossige Bau besticht durch seine monumentale Schlichtheit, welche durch die straff gegliederte Baumasse sowie die imposante, abgerundete Hausecke hervorgerufen wird. Hauptmerkmal der Fassade sind die ornamentierten Risalite, welche den Baukörper in regelmäßigen Abständen gliedern. Die starke vertikale Ausrichtung des Gebäudes wird durch das horizontale Hauptgesims sowie das leicht zurücktretende DG aufgefangen. Trotz des für jene Zeit fortschrittlich zu bezeichnenden Verzichts auf historisierende Elemente bei der Fassadengestaltung bleibt die Konzeption des Gebäudes konventionell; die Anlage von geschlossenen Höfen, die Verwendung von Ornament und Bauplastik (nach Entwürfen von Hugo Lederer) und die vertikale Gliederung des Baukörpers mögen dies belegen. Deutliche Anklänge an expressionistische Architektur lassen sich an der Verwendung von Backstein, an der Fassadengestaltung sowie an den extrem spitzen Fenstergiebeln erkennen. Das Gebäude der ehemaligen Reichsschuldenverwaltung ist heute in eine geschlossene Blockrandbebauung integriert, die im Rahmen der IBA-Planung (Nr. 441) zur stadträumlichen Wiederherstellung der südlichen Friedrichstadt konzipiert wurde.

439
Erweiterung der Bundesdruckerei
Kommandantenstraße 15
1993–96 (1. Bauabschnitt)
BHHS & Partner (Bayerer, Hanson, Heidenreich,
Martinez, Schuster)

Ansicht (oben)
Lageplan (unten)

440
St. Jacobi und Pfarrhäuser St. Jacobi
Oranienstraße 132–134; Jacobikirchstraße 5–6
1844–45; 1979–82
August Stüler; Dieter Frowein, Gerhard Spangen-
berg

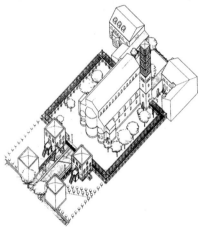

St. Jacobi mit Pfarrhäusern im Vordergrund (oben)
Isometrie der Gesamtanlage (unten)

Der Neubau erweitert ein Bauensemble, dessen
Einzelelemente im Kern von der Gründerzeit bis in die
50er Jahre reichen. Die Neubaumaßnahmen kon-
zentrieren sich auf die Flächen entlang der Kommandantenstraße in Richtung des ehemaligen
Grenzstreifens; funktionelle Erweiterung der Produk-
tionsräume und markante städtebauliche Intervention gehen dabei Hand in Hand. Das Projekt wurde in
drei Bauabschnitte gegliedert; mit dem Wertdruck-
gebäude entlang der Kommandantenstraße wurde
eine lange straßenbegleitende Zeile errichtet, deren
bestimmendes Element eine großflächige Doppel-
verglasung bildet. Ein leichter Knick reflektiert die
historische Linie der ehemals hier verlaufenden
Zollmauer, aber auch des Grenzstreifens. Ein zweiter
Bauabschnitt wird die Lücke zur Alten Jakobstraße
schließen, der dritte Abschnitt komplettiert den
Block an der Lindenstraße. Die Architektur besticht
durch durch ihren reizvollen Gegensatz zwischen
plastisch wirkenden Klinkerfassaden, großen Glasflächen sowie zusätzlichen, graphisch wirkenden kleinen Fenstereinschnitten. Besonders im Eingangsbereich bildet der Bau durch schräge Einschnitte und
ausgewogene Materialkontraste eine attraktive
Volumenkomposition, die an dieser Stelle einen
souveränen städtebaulichen Akzent setzt.

Die aus einfachen stereometrischen Grundformen
aufgebaute Backsteinbasilika wird von dem alten
Pfarrhaus (1857–59) und dem Predigerhaus
(1865–66) eingerahmt. Sie ist durch ein quadratisches Atrium mit dreiseitiger, kreuzgangartiger Arkadenhalle von der Straße zurückgesetzt. Beherrschender Bauteil ist der seitlich frei neben der Kirche
stehende Glockenturm. Formal lehnt sich die Kirche
an frühchristliche Architekturformen an. Im Zweiten
Weltkrieg wurde das Gebäude schwer beschädigt.
Sein Wiederaufbau erfolgte 1954–57 durch Paul
und Jürgen Emmerich. Das Kircheninnere stellt sich
heute als schlichter heller Raum mit geschlämmten
Backsteinwänden und -pfeilern dar. Eine hohe
Bogenstellung ersetzt die Emporen der Seitenschiffe. Das Ensemble wurde 1979–82 von Dieter
Frowein und Gerhard Spangenberg um zwei die
Kirchenapsis flankierende Pfarrhäuser ergänzt. Die
Traufhöhen der beiden Häuser stimmen exakt mit
denen der Kirchenseitenschiffe und der beiden alten
Pfarrhäuser an der Oranienstraße überein. Vor allem
bei der Materialwahl, rötlichgelben Ziegeln, wurde
auf die Kirche Bezug genommen.

441
Wohnanlage Ritterstraße-Nord
Ritterstraße 55–60b
1982–83; 1986–88
Rob Krier (Gesamtplanung); Dietrich Bangert, Bernd Jansen, Stefan Scholz, Axel Schultes; Barbara Benz-
müller, Wolfgang Wörner; Axel Liepe, Hartmut Steigelmann; Eckhard Feddersen, Wolfgang von Herder;
Joachim Ganz, Walter Rolfes; Urs Müller, Thomas Rhode

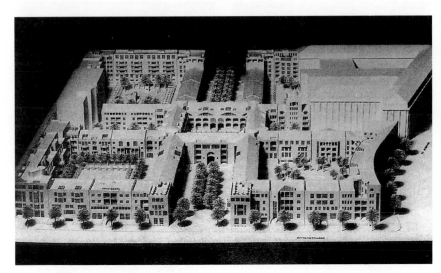

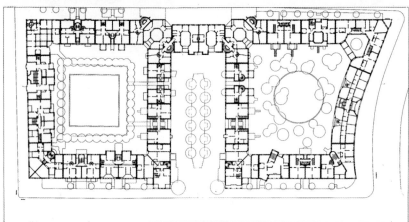

Modell der Gesamtanlage von Süden (oben)
Grundriss Normalgeschoss, 1. Bauabschnitt (unten)

Die Bebauung ist eines der größten ausgeführten
Projekte der IBA. Entstanden sind 35 Mehrfamilienhäuser mit insgesamt 315 Wohnungen, dazu 12
Läden. Die städtebauliche Grundkonzeption wurde,
wie auch schon bei den Stadtvillen in der Rauchstraße (Nr. 197) und bei der benachbarten Bebauung Ritterstraße Süd (Nr. 437), von Rob Krier entwickelt; für den Entwurf der einzelnen Häuser waren
neben Krier sechs Architektenbüros zuständig. Ziel
der Planung war es, die ehemals vorhandene Blockstruktur wiederherzustellen. Die Blockrandbebauung
wird von der Linden-, Ritter-, Alten Jakobs- und
der Oranienstraße begrenzt. Die Solitärbauten der

ehem. Reichsschuldenverwaltung (Nr. 438) und des
ehem. Kaufhauses Merkur wurden in die Bebauung
integriert. Während die zu den Nebenstraßen gelegenen Baufluchten 4-geschossig ausgeführt sind,
weisen die an der Linden- und Oranienstraße gelegenen Blöcke 5 Geschosse auf und sind mit Klinkern verblendet. Die Wohnanlage setzt sich aus vier
um je einen Innenhof gruppierten Blöcken zusammen. Die Höfe sind untereinander durch Torhäuser
verbunden, als Zentrum der Anlage fungiert der
„Schinkelplatz". Die Innenhöfe sind als ruhige Freiräume mit privaten Terrassen und Kleingärten am
Rand angelegt, ihr Zentrum soll gemeinschaftlich

441
(Fortsetzung)

Westlicher Innenhof, Wohnbebauung am Schinkelplatz
(Rob Krier)

Bauteil Alte Jacobstraße (Ganz & Rolfes)

genutzt werden. Die einzelnen Hausfluchten sind in individuell gestaltete Einzelhäuser aufgegliedert. Trotzdem wirkt die Wohnanlage – im Gegensatz zu der benachbarten Bebauung Ritterstraße Süd – harmonisch und geschlossen. Im Blockinnenbereich wurden diverse postmoderne Elemente verwendet, die zum Teil, wie etwa im Falle eines großen vorgestellten Portalbogens, der die dahinterliegenden Wohnungen verschattet, auf Kosten der Wohnqualität gehen. Es wurde sogar eine komplette Schinkel-Fassade imitiert; Krier gestaltete eine Fassadenseite eines Torhauses in Anlehnung an das sich ehemals ungefähr an dieser Stelle befindliche Backsteinhaus des Fabrikanten Feilner (Feilnerstr. 2a). So übernahm er dessen Stockwerkseinteilung sowie die hochrechteckigen Fenster, verputzte den Bau jedoch. Die andere Seite des Hauses weist einen monumentalen Torbogen auf, der über den offenen Durchgang einen Achsenbezug zu dem monumentalen Brückenhaus auf der anderen Seite der Ritterstraße herstellt, das ebenfalls Krier erbaute.

Die Wohnungsgrundrisse weisen eine große Bandbreite auf und zeigen die individuellen Handschriften der einzelnen Architektengemeinschaften. Die Wohnungstypen reichen von konventionellen Zweispännern bis zu einer ausgefallenen, um einen achteckigen Zentralraum gruppierten Wohnung. Die Wohnungen wurden im Rahmen des Sozialen Wohnungsbaus gefördert, für die Wohnungsgrößen wurden Sonderkonditionen eingeräumt.

Außerdem gab es für dieses Prestigeobjekt Sonderzuschüsse des Bonner Bauministeriums in Höhe von 50 000 DM pro Wohneinheit, was sich hauptsächlich in aufwendigen Treppenhäusern und Eingangsbereichen sowie Loggien und Maisonette-Wohnungen niederschlägt; die finanziellen Normen des üblichen Sozialen Wohnungsbaus konnten so um 20% überschritten werden. Diese Blockrandbebauung markiert eine Wende in der Berliner Baupolitik der Nachkriegszeit; sie weicht von den bislang gebräuchlichen großstädtischen Bauformen – Zellenbau und Hochhausbau – ab und kehrt zu der Blockrandbebauung als übergeordneter städtebaulicher Organisationsform zurück. Die Nachteile dieses städtebaulichen Konzepts, etwa die mangelhafte Besonnung einzelner Wohnungen, sollen durch andere Qualitäten wie der Schaffung eines funktionsfähigen, überschaubaren und kommunikationsfreudigen Stadtquartiers von hohem Wohnkomfort kompensiert werden.

442
Verlagshaus Axel Springer
Kochstraße 50
1961–66; 1992–94
Melchiorre Bega, Gino Franzi, Franz Heinrich
Sobotka, Gustav Müller; Gerhard Stössner

443
**Erweiterungsbau der
GSW-Hauptverwaltung**
Kochstraße 22
1995–98
Matthias Sauerbruch, Louisa Hutton

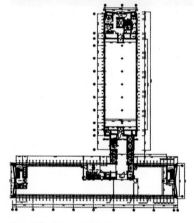

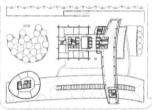

Grundriss Normalgeschoss

Zustand bis Frühjahr 2000 (oben)
Grundriss Normalgeschoss (unten)

Das Verlagshaus wurde mitten im ehemals um die
Koch-, Charlotten- und Markgrafenstraße gelegenen
berühmten Berliner Zeitungsviertel errichtet, das im
Zweiten Weltkrieg zerstört worden war. Der nüchtern gestaltete Gebäudekomplex ist in drei Teile
gegliedert. Beherrschender Bauteil der Anlage ist
das schlanke, 19-geschossige Hochhaus an der
Ostseite des Grundstücks. Das Hochhaus beherbergt Redaktionen, Geschäftsleitung, Anzeigenab-
teilung und Verwaltung. Es ist als Stahlskelettbau
konstruiert. Charakteristisch ist seine vorgehängte
Fassade aus bronzefarbenen, glänzenden Aluminiumplatten. Die quer zur Straße angeordnete
Hochhausscheibe mit ihrer Höhe von 68 m wurde
vom Verleger als weithin sichtbares politisches
Signal direkt an der damaligen Mauer zwischen dem
West- und Ostteil der Stadt platziert. Die Hochhausscheibe wurde 1992–94 nach Plänen von Gerhard
Stössner durch einen sich östlich im rechten Winkel
anschließenden vollständig verglasten Flügel erweitert.

Das Projekt integriert verschiedene historische Bezüge in eine markante Architekturcollage, die der
südlichen Friedrichstadt einen aufsehenerregenden
neuen Schwerpunkt verleiht. Dem von der Kochstraße zurückgesetzten Punkthochhaus von 1961
wird ein 2-geschossiger und leicht konvex einge-
schwungener Riegel vorgelagert, der das Vorkriegs-
profil der Straße wiederherstellt. Ein aufgesetzter 3-
geschossiger Bauteil mit organischem Grundriss akzentuiert mit einer grün-grauen Wellblechverkleidung
den östlichen Teil des Riegels. Der Altbau der GSW
bleibt insgesamt auch in der neuen städtebaulichen
Fassung als solitäres Objekt erkennbar. Gleichzeitig
wird ihm an der Westseite mit einer konvexen Hochhausscheibe ein Äquivalent an die Seite gestellt, das
durch seine Stellung quer zur Straße mit der entspre-
chenden Figurationen des Springer-Hochhauses
(Nr. 442) sowie mit den Hochhäusern an der Leipziger Straße (Nr. 101) korrespondiert, während
seine eingeschwungene Form und das Flugdach
Motive der 50er Jahre zitieren. Eindeutig in die 90er
Jahre datiert das Energiekonzept des Neubaus, das
mit einer transparenten und doppelschichtigen Kon-
vektionsfassade sowie mit bewegbaren Metall-
Lamellen an der Westseite eine optimale Energiebilanz garantiert. Gleichzeitig bedingen die bunten
Lamellen eine reizvolle, sich beständig verändernde
Fassadenansicht. Das Konzept von Sauerbruch und
Hutton steht für eine anspruchsvolle Reflexion unterschiedlicher städtebaulicher Schichten, aus der eine
gelungene unkonventionelle Synthese resultiert.

444
Redaktionsgebäude der „tageszeitung"
(taz)
Kochstraße 19
1990–91
Gerhard Spangenberg

445
Wohnanlage mit Atelierturm
Charlottenstraße 96–98
1986–88
John Hejduk, Moritz Müller

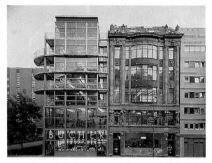

Lageplan, Grundriss EG und 1. OG (unten)

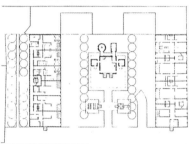

Grundriss 1. OG

Die Nachkriegsplanungen dieses Areals sahen eine breitere Straße und somit eine zurückgestufte Bauflucht vor. Davon zeugen die Nachbarbauten des Grundstücks Nr. 19. Dann wurde der seine geschichtlichen Wunden offenbarende Altbau Kochstraße 18 von 1906 mit seiner ausschwingenden, verglasten Mittelfront und den Atlanten unter Denkmalschutz gestellt. 1989, nachdem in diesem Gebäude während der Bauausstellung (IBA) die Wettbewerbsmodelle ausgestellt waren, zog die Redaktion der „tageszeitung" (taz) ein. Für die Erweiterung plante Spangenberg einen Neubau, der mit 22 m Traufhöhe und 4,10 m Geschosshöhe sowie einer Grundfläche von 12 x 16 m ungefähr die Maße des Altbaus aufnimmt. Selbst das Motiv des ausschwingenden Mittelrisalites mit den flankierenden Seitenrisaliten spiegelt sich, umgesetzt in moderne Formen und Materialien, im Neubau wider. Transparenz und Materialsichtigkeit sind oberstes Gebot: die Stahlverbundbauweise ist zum Teil mit hellen Sandsteinen ausgefacht und überbrückt stützenfrei die Räume. Dadurch erhielten die Redaktionsräume in allen Etagen geschosshohe Fenster. Auf dem Dach befindet sich zurückgesetzt ein kleiner Konferenzraum, der durch eine interne Wendeltreppe zugänglich ist. Erschließung und sanitäre Anlagen sind im hinteren Bauteil untergebracht, wobei sich die Treppenanlage als gläserne Schlange am Außenbau abzeichnet und einen leichten Übergang zur direkt anstoßenden Nachkriegsbebauung schafft.

Dieser Gebäudekomplex ist eines der wenigen realisierten Projekte des amerikanischen Architekten, der vor allem durch seine architekturtheoretischen Schriften bekannt geworden ist. Die Bebauung ist Teil der von der IBA geplanten Neustrukturierung der Südlichen Friedrichstadt. Sie besteht aus zwei 5-geschossigen Wohnhausflügeln sowie einem aus der Straßenflucht zurückgesetzten 14-geschossigen Atelierturm, der dem Gebiet eine neue städtebauliche Identität verleihen soll. Die Wohnanlage ist nach Süden geöffnet und stellt so eine Verbindung zu dem südlich der Besselstraße geplanten Naherholungsgebiet „Besselpark" her. Aus dieser Gebäudeanordnung ergibt sich ein halböffentlicher Garten-Freiraum, in dessen Mitte sich der Turm erhebt. In ihm sind sieben Maisonette-Atelier-Wohnungen für Stipendiaten des Deutschen Akademischen Austauschdienstes (DAAD) untergebracht. Das gewendelte Treppenhaus und der Fahrstuhlschacht zeichnen sich als eigenständige Baukörper an der rückwärtigen Seite deutlich ab. Die seitlichen Anbauten nehmen Bäder, Küchen und Abstellräume auf. Die beiden Wohngebäude nehmen die Traufhöhe der benachbarten älteren Gewerbebauten auf. Sie bilden mit ihren nach innen geneigten Dachflächen charakteristische Giebelformen, die sozusagen eine Negativform des herkömmlichen Dachgiebels darstellen. Die östliche Straßenbebauung nimmt 16 4-Zimmer-Wohnungen und vier Dachwohnungen mit „durchwohnbarem" Grundriss auf. Das westliche Gartengebäude beinhaltet 24 1 1/2- bis 3-Zimmer-Wohnungen sowie vier Dachwohnungen.

446
Wohn- und Geschäftshaus
Kochstraße 62–63
1985–86
Peter Eisenman, Jaquelin Robertson

447
Wohn- und Geschäftshaus
Friedrichstraße 32–33
1986–87
Raimund Abraham

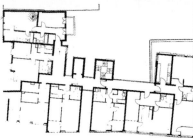

Grundriss Normalgeschoss

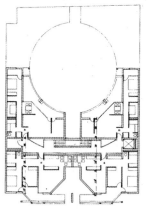

Modell, 1983 (oben)
Grundriss 2.–4. OG

Das 8-geschossige Eckhaus in unmittelbarer Nähe zum ehemaligen Grenzübergang Checkpoint Charlie ist im Rahmen der IBA entstanden. Es soll, wie auch die übrigen IBA-Projekte in der Umgebung, das Gebiet Koch-/ Friedrichstraße, vor dem Krieg ein pulsierendes Zentrum Berlins, aufwerten und wiederbeleben. Die amerikanischen Architekten verbanden bei dem Gebäude ein wesentliches Ziel dieser „Stadtreparatur", nämlich die Wiederherstellung des Straßenraums und der Blockecke, mit einer eigenständigen, eigenwilligen Architektur. Der Baukörper folgt in großen Teilen den vorhandenen Straßenfluchten. Die Strenge der blockhaften, kubischen Fassade wird aber durch eine Verschiebung von Teilen des Baukörpers gegen die Bauflucht aufgebrochen. Die Fassade ist z. T. mit einem quadratischen Muster versehen, rote Bänder sollen zur Auflockerung beitragen und die Verschiebung des Baukörpers nachzeichnen. Das Gebäude nimmt 37 Wohnungen im Sozialen Wohnungsbau auf; davon sind zehn rollstuhlgerecht angelegt und elf als Seniorenappartements. Das EG und der größte Teil des 1. OG dienen v. a. zur Erweiterung des Museums „Haus am Checkpoint Charlie". Die darüber liegenden Wohnungen wurden der besseren Besonnung wegen zur Straße ausgerichtet und aus Lärmschutzgründen mit Schallschutzfenstern und Wintergärten ausgestattet.

Das im Rahmen der IBA von dem amerikanischen Architekten Abraham erstellte Gebäude schließt eine ca. 27 m breite Baulücke zwischen zwei Altbauten und stellt so den historischen Straßenraum wieder her. Die reizvoll gegliederte Fassade verleiht dem Gebäude seinen spezifischen Charakter und vermittelt zugleich horizontal und vertikal zwischen den unterschiedlichen Flucht- und Trauflinien der Nachbargebäude. Die Rückfront ist halbrund ausgebildet, der Hofraum wurde kreisförmig angelegt. Im EG und 1. OG des aus Mauerwerk und Beton konstruierten Baus sind Gewerbeflächen eingerichtet. In den darüber liegenden fünf Geschossen liegen jeweils vier im Rahmen des Sozialen Wohnungsbaus geförderte 3-Zimmer-Wohnungen von ca. 80 m, die über eine großzügige Treppenanlage erschlossen werden. Sie sind entweder nach Westen zur Friedrichstraße oder nach Osten auf den ruhigen, begrünten Hof ausgerichtet. Die Wohnungen weisen unkonventionell geschnittene Grundrisse auf. Das Dach ist teilweise als Sonnenterrasse angelegt.

448
Blockrandbebauung
Wilhelmstraße, Kochstraße, Friedrichstraße, Zimmerstraße
1989–92
Office for Metropolitan Architecture (OMA): Matthias Sauerbruch, Elia Zenghelis (1); Oriol Bohigas,
David Mackay, Josep Martorell (2, 3); Peter Faller, Christian Muschalk, Hermann Schröder (4);
Jean Flammang, Burkhard Grashorn, Aldo Licker (5); Herbert Pfeifer, Christoph Ellermann (6);
Joachim und Margot Schürmann (7); Ernst Fin Bartels, Christoph Schmidt-Ott (8)

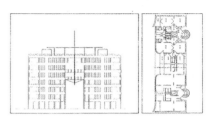

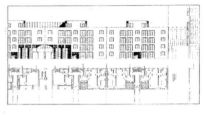

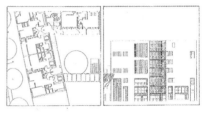

Bauteil OMA, Zustand vor dem Umbau 1992 (oben),
Bauteil Pfeifer und Ellermann (unten)

Bauteil Pfeifer und Ellermann (oben), Bauteil Schürmann
(Mitte), Bauteil Bartels und Schmitt-Ott (unten)

Den städtebaulichen Plan der Blockrandbebauung
erstellten die Spanier Bohigas, Martorell und
Makkay im Rahmen eines 1982 durchgeführten
IBA-Wettbewerbes. Die Gestaltung der Wohneinheiten orientierte sich an den vor dem Mauerfall gegebenen Verhältnissen: die Kochstraße war eine relativ
stark befahrene Ost-West-Verbindung, wohingegen
die Wilhelmstraße als Sackgasse endete, die Friedrichstraße Grenzübergang war und die Grenzmauer
von der Zimmerstraße nur einem schmalen Fußweg
Raum ließ. Den spektakulärsten Bau errichteten die
Architekten von OMA (1) am ehemaligen Grenzübergang der Alliierten, dem Checkpoint Charlie.
Das ursprünglich ausgehöhlte, 1992 durch einen
konventionellen Stahlrahmenbau verunstaltete EG,
diente als Park- und Wendemöglichkeit für die Fahrzeuge der Alliierten. Ein gelber Zollpavillon ragte
oberhalb des EG über den Fußweg. Von Bohigas,
Mackay und Martorell stammen die schmalen, in die
Tiefe des Blockes hineinragenden Bauten (2, 3) mit
den halbrunden, verklinkerten Giebeln, die von kan-
tig aufragenden, verglasten Türmen begleitet werden. Markantes Detail sind hier die 11 m über dem
Bürgersteig auf dicken grünen Rohren gelagerten
Laubengänge, die die eingeschobenen Zeilen von
Faller, Muschalk und Schröder (4) erschließen.

Deren Zeilen zeigen mit Stahlrahmenfenstern, Bullaugen und weißer Fassade Anklänge an die Bauten
der Klassischen Moderne. In der verklinkerten, vorgelagerten Schicht sind Wintergärten untergebracht.
Küchen und Bäder sind zur Straße, Wohn- und
Schlafräume zum Hof platziert. Der abgerundete
Eckbau (5) ist mit seinen blassgrünen Klinkern und
den quergelagerten Fenstern in der Manier der Berliner Gewerbebauten der 20er Jahre gestaltet. Im
Norden schließt der Bau von Pfeifer und Ellermann
(6) an, dessen Balkone seitlich ausschwingen und
dessen Mitte sich als großes Tor zum Hof öffnet.
Hier wurde eine elegante Variante der Klassischen
Moderne mit Schiffsmetapher und Flugdach verwirklicht. Wenig gelungen erscheint die Bauausführung des Entwurfs von Margot und Joachim
Schürmann (7), Das ursprünglich filigrane Stahlträ-
gersystem, das die Fassade überzog, wurde nur in
rudimentärer Form ausgeführt. Im Hof, abgerückt
von der Zimmerstraße, stehen die Bauten von
Bartels und Schmidt-Ott (8), deren EG-Wohnungen
Gärten zugeordnet sind. Die nüchtern gerasterten
Hausreihen werden durchbrochen von sich halbrund
an der Fassade abzeichnenden Treppenhäusern, die
auf den Dächern als Rotunden enden.

449
Wohn- und Geschäftshäuser
Wilhelmstraße 36–38, Kochstraße 1–4
1986–88
Aldo Rossi, Gianni Braghieri

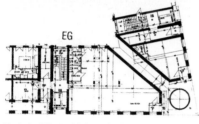

Blockecke Wilhelm-/Kochstraße (oben)

Die strenge, 7-geschossige Blockrandbebauung ist die Umsetzung des ersten Bauabschnittes des preisgekrönten Entwurfs eines IBA-Wettbewerbs zum Thema „Wohnen und Arbeiten in der Südlichen Friedrichsstadt". Die langgestreckte Fassadenfront wird wirkungsvoll gegliedert; eine Kolonnadenzone im EG, welche Läden, Gemeinschaftsräume und Durchgänge zum halböffentlichen Gartenhof aufnimmt, sorgt für eine horizontale Ausrichtung. Vertikal werden die Gebäude durch die schmalen gläsernen Zwischenstücke der Aufzugs- und Treppenhäuser mit ihren charakteristischen überhöhten Giebelabschlüssen unterteilt. Die dadurch entstehenden sieben Baukörpersegmente nehmen den Maßstab der im Zweiten Weltkrieg zerstörten ursprünglichen Bebauung auf. Zum markanten Blickpunkt des Komplexes wird die Blockecke: Durch den tiefen Einschnitt und die mächtige Ecksäule soll an die Tradition der Berliner Eckhäuser des 19. Jahrhunderts erinnert werden. Die 83 Wohnungen variieren einen Grundtyp, bei dem Küche, Essplatz und Wohnraum einen Zusammenhang bilden. An der Gartenhofseite sind großzügig bemessene Loggien, auf der Straßenseite Wintergärten zum Lärmschutz und als Energiepuffer angebracht. Die Bebauung Rossis, des Hauptvertreters der sog. „Rationalen Architektur", ist ein gelungenes Beispiel für eine eigenständige Architektur, die sich in historische Raumgefüge einzupassen vermag.

450
Stiftung Topographie des Terrors
Niederkirchnerstraße 8
1997–2001
Peter Zumthor

Modell (oben), Umgebungsmodell (unten)

Das bis in die 80er Jahre des 20. Jahrhunderts brach liegende und verwilderte Gelände weist bedrückende Spuren der dunkelsten Kapitel deutscher Geschichte auf. Ein Teil des Areals war bis zu den Kriegszerstörungen durch das 1832 von Schinkel umgebaute Palais Prinz Albrecht bebaut. Die Anlage wurde zusammen mit den benachbarten Gebäuden des Prinz-Albrecht-Hotels und der ehem. Kunstgewerbeschule ab 1933 von der Gestapo und dem Sicherheitsdienst der SS genutzt. Hier befanden sich die Kommandozentralen des NS-Terrorregimes. Die kriegszerstörten Gebäude wurden in den 50er Jahren abgetragen, nach dem Mauerbau wurde auf dem Gelände ein Verkehrsübungsplatz eingerichtet. Erst in den 80er Jahren begann die Rückbesinnung auf die Geschichte des Ortes, Teile der erhaltenen Fundamente und Kellerräume wurden als Zeugnisse der Vergangenheit freigelegt und durch ein provisorisches Dokumentationszentrum ergänzt. Für die durch ihre wissenschaftliche Arbeit renommierte und für die Ausstellung zuständige „Stiftung Topographie des Terrors" wurde in den 90er Jahren ein permanenter Neubau auf dem Gelände beschlossen; ein 1996 entschiedener Wettbewerb sah die Ausführung des prämierten Entwurfes von Peter Zumthor vor. Zumthors Konzept für das Verwaltungs- und Dokumentationszentrum besteht aus einem einfachen langgestreckten Riegelbau, der südöstlich des Martin-Gropius-Baus (Nr. 451) das Gelände markiert. Ein System eng parallel nebeneinander gestellter Betonstelen mit verglasten Zwischenräumen bildet die Konstruktion und vermittelt gleichzeitig den für den Entwurf kennzeichnenden stabwerkartigen Charakter. Aufgrund von konstruktionsbezogenen Schwierigkeiten – das ursprünglich vorgesehene innovative Klebeverfahren kann nur bei bestimmten Außentemperaturen durchgeführt werden – und der daraus resultierenden erheblichen Kostensteigerung wurde der Bauprozess dieses sowohl bezüglich seiner architektonischen Geste als auch seiner inhaltlichen Aufgaben hoch bedeutenden Projektes erheblich behindert.

451
Martin-Gropius-Bau
Stresemannstraße 110
1877– 81
Martin Gropius, Heino Schmieden

452
Wohnhof
Stresemannstraße
1993–94
Zaha Hadid

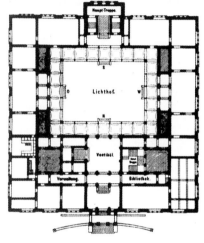

Grundriss (ursprünglicher Zustand)

Das ehemalige Kunstgewerbe-Museum gehört zu den bedeutendsten Bauten der Schinkel-Schule. Die Architekten lehnten sich mit fast quadratischer Umrissform, Geschosseinteilung, dreigeteilten Fenstern, Hermen als Fensterpfosten und Ziegelverwendung an die Bauakademie an, die Karl Friedrich Schinkel 1836 errichtet hatte (Berlin-Mitte, 1961 abgebrochen). Darüber hinaus lassen sich Anklänge an italienische Renaissance-Baukunst erkennen, die dem Bau einen palazzoartigen Charakter geben. Das ikonographische Programm und die Materialauswahl sollten einen Überblick über die Abteilungen des Museums sowie über die Zielsetzung der Kunstgewerbeschule geben. Daher wurden damals bekannte Künstler und Kunsthandwerker – u. a. Gustav Eberlein (Figuren der Fensterbrüstungen), Otto Lessing (Wappen der deutschen Städte), Ernst Ewald (Mosaiken) – mit der Dekoration beauftragt. Die Nordseite des Gebäudes ist durch einen 2-geschossigen Portikus als repräsentative Eingangsfront gekennzeichnet. Die Raumfolge Vestibül-Lichthof-Haupttreppe erlebt man heute in umgekehrter Reihenfolge, da beim 1979–81 erfolgten Wiederaufbau der Haupteingang aufgrund der damaligen Mauernähe auf die Südseite verlegt werden musste. Die Rekonstruktion des stark kriegsbeschädigten Baus lag in den Händen von Winnetou Kampmann und Ute Weström.

Zaha Hadid war bisher nur über ihre spektakulären und phantasiereichen, aber schwer lesbaren Entwurfszeichnungen hervorgetreten. Die ehemalige Schülerin der berühmten Londoner Architectural Association School und zeitweise Mitarbeiterin im Büro von OMA (Office for Metropolitan Architecture) gilt als eine der Hauptvertreterinnen des Dekonstruktivismus. Für sie besitzt Architektur den Kontext des Fragmentarischen. 1993 setzte sie mit dem Bau des Feuerwehrhauses für die Firma Vitra in Weil am Rhein ihren ersten Entwurf in die Realität um und sorgte aufgrund der spektakulären Form für Aufsehen: spitz wie ein Pfeil schiebt sich das Gebäude auf das Gelände. Schräge Wand- und Fensterflächen revolutionieren die Seh- und Gleichgewichtsgewohnheiten des Betrachters. Ähnlich, wenn auch stark abgeschwächt, verhält es sich mit dem Bau in der Stresemannstraße: der spitz zur Straßenecke vorstoßende 8-geschossige Baukörper bildet sich aus unterschiedlich zueinander geneigten Wandpartien. Diese sind mit bronzefarbenen Metallplatten belegt, deren leichte Unebenheiten eine schuppenartige Fassadenstruktur ergeben. Dieser wie ein himmelwärts strebender Keil wirkende Eckbau ist mit einer 3-geschossigen Gebäudezeile verbunden, in der Läden, Büros und ebenfalls Wohnungen untergebracht sind. Die Grundrisse der nach Richtlinien des Sozialen Wohnungsbaus geförderten Wohnungen sind dagegen wenig spektakulär.

453
St. Lukas-Kirche
Bernburger Straße 3–5
1859–61
Gustav Möller

Zeichnung des ursprünglichen Zustandes (oben)

Die Kirche geht auf einen Entwurf des Schinkel-
schülers August Stüler zurück. Sie war der erste
Kirchenbau Berlins, der vollständig in eine Straßenfront eingefügt wurde. Heute ist freilich von diesem
städtebaulichen Gefüge aufgrund kriegsbedingter
Baulücken nicht mehr viel zu sehen. Der Ziegelbau
wird von dem Pfarr- und dem Küsterhaus eingerahmt. Dem Kirchenraum vorgelagert ist eine fünfachsige, rundbogige Arkadenhalle, die weitgehend
original erhalten ist. Überragt wird die Kirche von
einem hohen Glockenturm. Dessen Lisenengliederung und die rundbogigen Öffnungen in seinem
oberen Teil deuten – ebenso wie die Arkadenhalle
– auf italienisch-romanische Vorbilder. Die Kirche
wurde im Krieg zerstört und 1954 unter Georg
Thoeférn in stark vereinfachter Form wiederaufgebaut; dieser reduzierte die seitlichen Flügel entlang
der Straßenfront um ein Geschoss, die mit Rosetten
verzierten Giebel wurden weggelassen und statt
dessen ein durchlaufendes Traufendach angebracht.
Der früher mit einem spitzen, steilen Helm bekrönte
Turm wurde mit einem flachen Zeltdach versehen,
was dem ursprünglichen Entwurf Stülers näher-
kommt.

454
Anhalter Bahnhof
Askanischer Platz 6–7
1876–80
Franz Heinrich Schwechten

Südansicht 1881 (oben); Ruine des Portikus (unten)

Heute erinnert nur noch der Überrest des Portikus
an den riesigen Kopfbahnhof. Sein Äußeres wurde
durch die 170 m lange und 62 m breite Bahnsteighalle bestimmt. Sie wurde von einer kühnen Dachkonstruktion aus Eisen und Glas überwölbt. Mehrere
Gebäudeteile, weiche u. a. Dienstleistungen und
Warteräume enthielten, fassten die Halle U-förmig
ein. Besondere Bedeutung kam dem am Askanischen Platz gelegenen Hallenvorbau mit dem Eingangsbereich zu, der von zwei Ecktürmen eingefasst wurde. Dem überhöhten Mittelrisalit war ein
dreiachsiger Portikus vorgelagert, heute der einzige
noch vorhandene Bauteil. Der Hallenscheitel wurde
von einer den Weltverkehr symbolisierenden Sta-
tuengruppe bekrönt. Der Bahnhof wurde in Schinkelscher Tradition als Ziegelrohbau errichtet, als
Schmuck dienten in reichem Maße Formsteine und
Terrakotten. Bestimmendes Merkmal der Fassade
war die häufige Verwendung von Bogenformen,
beginnend mit dem alles überragenden Segment
des Dachs der Bahnsteighalle bis zu den streng
gereihten Arkaden des Hallenvorbaus und des Portikus. 1945 wurde der Bahnhof schwer beschädigt;
1961 sprengte man das in seiner Substanz erhaltene Gebäude. Als fragwürdige Konzession an seine
große Bedeutung wurde der Portikus inmitten einer
leeren Fläche, welche auch heute noch die gewalti-
gen Ausmaße des Bahnhofs erkennen lässt, stehen
gelassen. Im südlichen Teil des Areals wird das „Tem-
podrom", eines der erfolgreichsten multikulturellen
Unternehmen Berlins, nach Plänen von Gerkan, Marg
und Partner einen festen Veranstaltungsort erhalten.

455
Wohn- und Geschäftshaus Askanischer Platz
Askanischer Platz 4
1996–98
HPP Hentrich-Petschnigg & Partner/Rüdiger Baumann

Ansicht Askanischer Platz (oben)
Grundriss 6.0G Wohnungen (unten)

Das Gelände am Askanischen Platz trägt trotz der zahlreichen Baumaßnahmen, die vor allem in Zusammenhang mit der IBA realisiert worden waren, immer noch deutliche Spuren der kriegsbedingten Fragmentierung und der durch die während der Teilung der Stadt entstandenen Randlage. Nach der Wende wurde die historische Vernetzung des Gebietes mit dem unmittelbar benachbarten Potsdamer Platz und der alten Berliner Mitte wieder greifbar. Das Wohn- und Geschäftshaus ist eine der Maßnahmen, die die sukzessive Aufwertung der Stadtlage seit Mitte der 90er Jahre verdeutlichen. Das Haus besetzt eine bis dahin brach liegende Blockecke gegenüber der Portalruine des ehem. Anhalter Bahnhofs. Dadurch wurde ein wichtiger Baustein zur Rückgewinnung der Platzfigur sowie zur Urbanisierung des Gebietes gelegt. Mit seiner Höhenentwicklung im Kernbereich schließt sich der Bau den Trauflinien des nachbarschaftlichen Kontexts an, entwickelt jedoch durch seine elegante Natursteinfassade einen eigenständigen und selbstbewussten Ankerpunkt. Während die Front zur Schöneberger Straße mit ihrer Rasterfassade den Rhythmus des Nachbargebäudes aufnimmt, zeigt sich das Haus zum Platz hin mit einer durchgehenden Stahl-Glaskonstruktion, die durch horizontale Holzlamellen reizvoll strukturiert wird. Die 5 Hauptgeschosse nehmen flexibel teilbare Büroflächen auf. In den oberen beiden Etagen wurden Wohnungen, z. T. als Maisonettes angelegt. Mit der kubischen Differenzierung der einzelnen Wohneinheiten und den dadurch gebildeten scharfen Einschnitten für die dazwischen liegenden Dachgärten wurde ein markantes und überzeugendes architektonisches Spiel von Volumen und Freiraum, von Fläche und Plastizität erreicht, das maßgeblich zur Wiedergewinnung eines spannungsreichen Stadtraumes beiträgt.

456
Bundesministerium für wirtschaftliche Zusammenarbeit und Entwicklung
Stresemannstraße 92
1926, 1931, 1999–2000
Bielenberg und Moser; Otto Firle; Wolfgang Schäfer

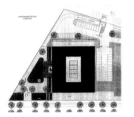

Ansicht (oben)
Lageplan (unten)

Der Berliner Dienstsitz des Ministeriums für wirtschaftliche Zusammenarbeit und Entwicklung wurde im sogenannten „Europahaus" untergebracht. Es ist zusammen mit dem benachbarten „Deutschlandhaus" Teil eines bedeutenden städtebaulichen Ensembles der Weimarer Republik, das den stadträumlichen Kontext des anliegenden Askanischen Platzes maßgeblich prägt. Das Projekt geht zurück auf einen städtebaulichen Wettbewerb von 1924, den das Architekturbüro Bielenberg und Moser für sich entscheiden konnte. 1926 begann die Umsetzung des Vorhabens, zunächst mit dem durch seinen reduziert expressionistischen Baudekor auffallenden Bau des „Deutschlandhauses" an der Ecke Stresemannstraße/Anhalter Straße. Das 4-geschossige Haus wurde durch eine 2-geschossige, 1935 aufgestockte Ladenpassage nach Norden verlängert. Die Komplettierung des Ensembles wurde jahrelang verzögert, da die notwendigen Genehmigungen für den hier vorgesehenen Hochhausbau am nördlichen Abschluß nicht erteilt wurden. Erst 1931 konnte Otto Firle seinen formal und aufgrund seiner Stahlskelettbauweise auch konstruktiv hochmodernen Hochhausentwurf realisieren. Das 11-geschossige „Europahaus" gehörte damit zu den ersten Hochhäusern Berlins, seine Planungsgeschichte reflektiert die für die Stadt typische Ambivalenz gegenüber der zwar als großstädtisch empfundenen, doch letztlich häufig abgebremsten „Amerikanisierung" der Stadt. Mit seiner gestreiften Fensterglederung, dem Dachgarten und der heute nicht mehr vorhandenen großflächigen Lichtreklame-Installation wurde es zu einem – in seiner heutigen reduzierten Fassung nur noch teilweise nachvollziehbaren – Emblem der Metropole.

457
Blockrand- und Brandwandbebauung
Bernburger Straße 26; Dessauer Straße 9–10
1985–87
Jan und Rolf Rave

458
Briefverteileramt SW 11
Möckernstraße 135–138
1933–36
Werner, Kurt Kuhlow

EG

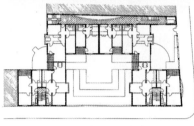

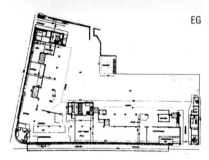

Dessauer Straße

Das Ensemble besteht aus drei Hausteilen, die entlang der Dessauer Straße vor- und zurückspringen. Die beiden an die Bauflucht reichenden 5-geschossigen Gebäude sind als symmetrische Kuben angelegt. Charakteristisch sind die großen quadratischen Öffnungen im 4. und 5. Geschoss, hinter denen Maisonette-Wohnungen liegen. Der dritte Baukörper ist von diesen Gebäuden eingerahmt und von der Straße zurückgesetzt an eine Brandwand platziert. Das Ensemble wird durch zwei schmale Hausteile verbunden. Diese weisen nach Süden Loggien, im vierten OG Terrassen auf. Im Sockelgeschoss sind offene Durchgänge angelegt. Die Gebäude werden von einem flachgewölbten Tonnendach aus einer Kunststoff-Folie überdeckt. Sie beinhalten 35 gut geschnittene Wohnungen, davon 13 mit 2, 16 mit 3 sowie 6 mit 4 oder 5 Zimmern. Von den Architekten eingeplant ist die Möglichkeit der Wohnungsvergrößerung durch vorkonstruierte Wohnungsdurchbrüche. Die Häuser sind Teil eines ebenfalls von Jan und Rolf Rave im Rahmen der IBA entworfenen Blockkonzeptes mit dem Ziel der Wiederherstellung des Stadtraumes entlang der Bernburger und Dessauer Straße. Entstanden sind sechs Hauseinheiten mit insgesamt 106 Wohnungen im Sozialen Wohnungsbau. Im Innern des Blocks wurde ein begrünter Hof mit einer Pflanzenkläranlage zur dezentralen Abwasserversorgung angelegt.

Das Postgebäude besteht aus zwei lang gezogenen Flügeln von je ca. 170 m Länge, die, ähnlich wie beim Gebäude der Reichsschuldenverwaltung (Nr. 371), an einer Straßenecke in einem abgerundeten Angelpunkt zusammenlaufen. Das Briefverteileramt wurde für die Bearbeitung der riesigen Zahl von 2,9 Mio. Sendungen täglich konzipiert, was eine rationelle Organisation und Raumaufteilung erforderlich machte. In den drei unteren Geschossen wurde die mechanische Abwicklung der Briefverteilung untergebracht, im 3. OG die Geschäfts- und Verwaltungsräume. Das 4. OG nahm v. a. Dienstwohnungen auf. Im DG mit Dachgarten wurde die Kantine eingerichtet. Zur raschen Beförderung der Briefsendungen war das Postamt über einen unterirdischen Tunnel mit dem benachbarten Anhalter Bahnhof (Nr. 454) verbunden. Das Gebäude ist in Stahlskelettbauweise konstruiert und mit Ziegeln ausgefacht. Seine monumentale Fassade ist im Geschmack der dreißiger Jahre mit Travertin verkleidet. Die lang gestreckten Straßenfronten werden bis zum 3. OG mittels durchlaufender Pfeiler senkrecht gegliedert, die Felder zwischen den Hauptpfeilern sind zusätzlich durch Lisenen unterteilt. Bis zum umlaufenden kräftigen Kranzgesims aufragende Pfeiler betonen den Haupteingang an der Rundung des Gebäudes.

459
Stresemann-Mews
Stresemannstraße 42–46,
Wilhelmstraße 131–133
1989–91
Jasper Halfmann, Klaus Zillich

Die Wohnzeile geht auf Planungen der IBA zurück
und wurde in Zusammenhang mit der von Helge
Bofinger und Partner entworfenen Bebauung an der
Stresemannstraße als Rekonstruktion eines zerstörten Blocks konzipiert. Das von Halfmann und Zillich
vorgelegte städtebauliche Grundkonzept ging davon
aus, auf eine vollständige Blockrandbebauung zu
verzichten und anstatt dessen eine Grünpassage
zwischen der Stresemannstraße und der Wilhelmstraße anzulegen, die von 4-geschossigen Zeilenbebauungen flankiert wird. Im Laufe der Planungen
wurde auf die südliche Zeile verzichtet, der Bau der
nördlichen Zeile konnte zusammen mit der Schließung des Blockrandes an der Stresemannstraße
Ende der 80er Jahre in Angriff genommen werden.
Die langgezogene Fassade mit ihrem leuchtend
blauen Verputz wird durch regelmäßige Fenstereinschnitte und Treppenhausverglasungen gegliedert.
Geböschte und steil gekrümmte Wintergärten ragen
markant aus der Flucht heraus. Das weiß verputzte
vierte OG springt zurück und nimmt penthouseartige
Wohnungen auf. Die Anlage zeichnet sich durch
differenzierte Grundrisse aus, einige Wohnungen
sind über drei Stockwerke angelegt. Es bleibt bedauerlich, dass das städtebauliche Konzept lediglich
als Fragment realisiert werden konnte und dadurch
der Eindruck der für Berlin untypischen „mews" mit
ihrer im Blockinneren gelegenen Zeilenbebauung
lediglich teilweise nachvollziehbar ist. Dennoch demonstriert der Bau, wie mit minimalen Eingriffen aus
dem Repertoire der klassischen Moderne immer
wieder überzeugende Architektur gelingen kann.

460
Selbstbauterrassen und Wohnhochhaus
Wilhelmstraße 119–120
1986–88
Dietrich von Beulwitz; Pietro Derossi

Terrassen (unten)

Die Bebauung ist Teil eines überarbeiteten städte-
baulichen Entwurfs, den die spanische Architekten-
gruppe „2C" als Sieger eines IBA-Wettbewerbs
konzipierte. Die Planung sieht die städtebauliche
Neugliederung des Blockes 9 zwischen Anhalter-,
Wilhelm-, Hedemann- und Stresemannstraße vor.
Der Block wurde hierbei in zwei Teile untergliedert.
Als Blickpunkt fungiert das 12-geschossige Wohnhochhaus von Pietro Derossi. Es ist zusammen mit
dem von Salvador Tarrag Cid an der Ecke Anhalter/
Wilhelmstraße errichteten Klinkerturm und dem
Atelierturm (Nr. 445) eines der drei im Rahmen der
IBA in der südlichen Friedrichstadt als stadtbildprägende Orientierungspunkte errichteten Hochhäuser. Charakteristisch ist das durchbrochene grüne
Zeltdach mit der verspielten Skulptur aus Lanzenspit-
zen, Kugeln und Windrad. Halbrunde Balkone an der
Nord-West-Wand sowie Loggien am Süd-Ost-Teil
vermitteln den Eindruck einer dynamischen Drehbe-
wegung der Fassade. Das Turmhaus nimmt elf
Sozialwohnungen mit je 3- bis 3 1/2-Zimmern
sowie zwei Läden auf. An den Wohnturm schließen
entlang der neu entstandenen Blockerschließungs-
straße drei gleich gestaltete, schlichte 5-geschossi-
ge Terrassenhäuser von Dietrich von Beulwitz an.
Ihnen vorgelagert sind 30 m² große Terrassen.
Diese können wahlweise als Garten, Wohnraum
oder energiesparender Wintergarten genutzt werden. Der Innenausbau der Wohnungen erfolgte, wie
auch beim „Wohnregal" (Nr. 404), unter tatkräftiger
Mithilfe der Bewohner. Durch diese Selbsthilfe der
Mieter konnten die Baukosten beträchtlich gesenkt
werden; so war es möglich, die in den Förderungsrichtlinien des Sozialen Wohnungsbaus festgelegten
Wohnungsgrundrisse um bis zu 25% zu vergrößern.

Friedrichshain (461-476)

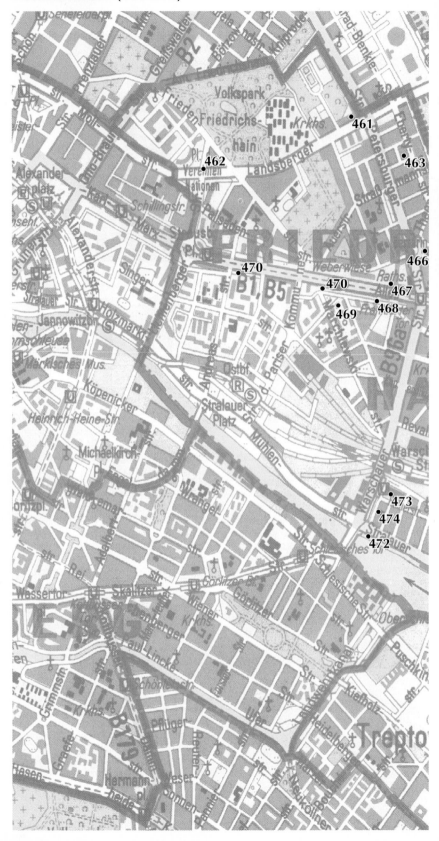

461
Sport- und Erholungszentrum (SEZ)
Landsberger Allee 77/Danziger Straße
1978–81
Bernd Fundel, Günter Reiß, Klaus Tröger, Otto Patzelt

462
Wohnkomplex
Platz der Vereinten Nationen (ehem. Leninplatz)
1968–70
Hermann Henselmann, Heinz Mehlan

Henselmanns Vorentwurf (unten)

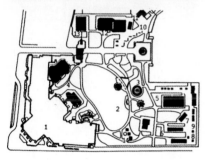

Lageplan (unten): 1 Gebäudekomplex, 2 Liegewiesen, 3 Kinderspielplatz, 4 Schwimmbecken, 5 Bolzplatz, 6 Kegeln, 7 Stockschießen, 8 Tischtennis, 9 Shuffleboard, 10 Minigolf, 11 Federball, 12 Volleyball, 13 Basketball, 14 Schach, Dame, Mühle

In dem 1846–48 nach einer Idee von Peter Joseph Lenné und Plänen von Gustav Meyer angelegten Volkspark Friedrichshain entstand 1978–81 das Sport- und Erholungszentrum. Mit ihm sollte eine Vielzahl unterhaltender und gesundheitsfördernder Angebote unter einem Dach vereinigt und für alle zugänglich gemacht werden. Kernstück ist der Badebereich mit Wellenbecken, Strahlenbecken, Schwimm- und Sprungbecken, Freiluftbecken und einer Kaskade, die den Niveauunterschied im Gebäude nutzt. Außerdem gibt es Kunsteispisten, Bowlingbahnen, Turn-, Sport- und Gymnastikhallen, Saunen, Räume für Fitness-Training, aber auch einen Klubsaal, Mal- und Zeichenräume, Fotolabors, Gaststätten und Freianlagen. Das Gebäude ist so angelegt, dass die sportlichen Bereiche von Besuchern einsehbar sind. Dies soll zum Mittun anregen. Darüber hinaus aber bietet es Möglichkeiten für ungewohnte räumlich-architektonische Beziehungen, für das Ineinanderfließen von Räumen. Da man im Durchschnitt 10–15 000 Besucher pro Tag erwartete, wurde auf pflegeleichte Materialien und solide Ausführung wert gelegt. Der Bau gliedert sich in drei Teile und ist an der Ecke Landsberger Allee/Danziger Straße mehrfach gebrochen angelegt. der Einsatz von viel Glas schafft Transparenz. Fachwerkartige Stahlkonstruktionen in eigenen Glasgehäusen überspannen als außen sichtbare plastische Glieder die großen Räume.

Am Volkspark Friedrichshain erhebt sich eine gestufte, von 17 auf 24 Geschosse ansteigende Wohnhochhaus-Gruppe. Sie gehört zu der einheitlich geplanten Umbauung dieses Platzes. Grundlage war ein Wettbewerbsentwurf von Hermann Henselmann. Nach ihm entwickelten Mehlan und sein Kollektiv das schließlich ausgeführte Projekt. Zwei 11-geschossige Wohnhauszeilen – die eine an die Bebauung der Lichtenberger Straße, die andere an die der Landsberger Allee anschließend – formieren im konvexen bzw. im konvex-konkaven Schwung einen offenen Platzraum, der sich zum Park hin zu einem annähernd halbrunden, doch asymmetrisch begrenzten Platz schließt. Nach Henselmanns Vorstellung sollte dort die dynamische Bewegung zu einer abstrakten plastischen Form spiralförmig emporsteigen. Bei der Ausführung hatte man dort ein Lenindenkmal vom sowjetischen Monumentalbildhauer Nikolai Wassiljewitsch Tomski aufgestellt, das 1992 abgebrochen worden ist. Die Wohnhausscheiben sind Plattenbauten des weiterentwickelten Typs P2 mit trapezförmigen Deckenelementen, die die kurvige Führung ermöglichten. Durch Wechsel in den Brüstungselementen der Loggien und in ihrer Anordnung, dazu durch Einsatz farbiger Keramikplatten und Emaillierung einzelner Elemente wurde in Verbindung mit der Krümmung erstmalig ein lebendigeres Fassadenbild bei Plattenbauten erreicht. die Hochhausgruppe wurde anders ausgeführt als geplant. Sie ergibt zum Platz hin eine konkave Krümmung, die ein vorgelagerter Flachbau mit Gaststätte zusätzlich verstärkt.

463
Wohnanlage „Weisbachgruppe"
Weisbachstraße, Ebertystraße, Ebelingstraße
1899/1900, 1903–05
Alfred Messel

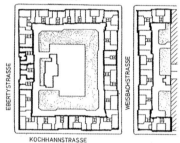

464
Wohnanlage
Proskauer Straße, Schreinerstraße, Bänschstraße
1897/98
Alfred Messel

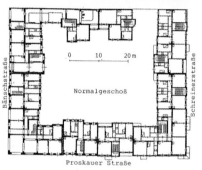

Zustand um 1900 (oben)

Bauherr war der 1888 gegründete „Verein zur Verbesserung der kleinen Wohnungen in Berlin". Das Bauland hatte sein Aufsichtsratsvorsitzender Valentin Weisbach aus eigenen Mitteln erworben. Zweck des Pionier-Projekts war es, „unbemittelten Bürgern, welche durch ihre Beschäftigung an das Weichbild von Berlin gebunden sind, auch innerhalb desselben für mäßige Miete geeignete Wohnung zu bieten" (Weisbach). Der im Arbeiterwohnungsbau erfahrene Alfred Messel teilte das Gelände in einem ersten Entwurf (1894) durch eine Straße in eine Häuserzeile und einen nahezu quadratischen Block, der um insgesamt elf unterschiedlich große Höfe gruppiert war. In der Ausführung war die spätere Weisbachstraße etwas nach Osten verschoben, um an die sechs Häuser der Zeile seitlich noch zwei anfügen zu können, und der gesamte Innenhof des großen Blocks von 4800 m² blieb frei. Außerdem wurden statt der ursprünglich geplanten Vierspänner nur Dreispänner und einige Zweispänner gebaut. Fast alle etwa 400 Wohnungen hatten Küche mit Speisekammer, Innentoilette und Balkon. Die berüchtigten Berliner Zimmer der Mietskasernen wurden vermieden. Im EG befanden sich mehrere Läden und im Hof ein 1906 errichtetes Wohlfahrtshaus mit Badeanstalt. Beim Außenbau bemühte sich Messel darum, durch unterschiedliche Dachhöhen und Giebel die „Öde der typischen Wohnkaserne" fernzuhalten. Teile der Anlage wurden im Krieg zerstört, andere verändert.

Die Mietwohnanlage mit Arbeiterwohnungen des Berliner Spar- und Bauvereins (heute Berliner Bau- und Wohnungsgenossenschaft von 1892) ist für die Reform des Mietshausbaus von großer Bedeutung. Sie wurde in zwei nahezu symmetrischen Abschnitten in Blockrandbauweise errichtet, zunächst Proskauer-/Schreinerstraße (erhalten), dann Proskauer-/Bänschstraße (im Krieg teilzerstört und anders aufgebaut), beide mit jeweils 5 5-geschossigen Häusern und einem Haus im Garten, das sich an die ältere Bebauung anlehnt. Sie enthielten, vorwiegend im Zweispänner-System, 116 Kleinwohnungen mit 1-, 1 1/2- und 2-Zimmer-Wohnungen. Alle hatten Innentoilette und waren quer belüftbar. Den meisten Wohnungen in den oberen Geschossen standen Loggien oder Balkone zur Verfügung. Beachtenswert sind Messels Grundrisse in den Eckhäusern, wo er ein Dreispännersystem anwendete und das berüchtigte Berliner Zimmer vermied. Zum Raumprogramm der Genossenschaft gehörten ein Veranstaltungsraum, eine Bibliothek und ein Kindergarten, außerdem eine Bäckerei, vier Läden (Konsum) und zwei Gaststätten. Im Hof befand sich ein Spielplatz für Kinder. Das Äußere des Putzbaus ist über die einzelnen Häuser hinweg variantenreich zu einheitlicher Form gebracht. Giebel unterschiedlicher Art, teilweise bandartige Balkone, Loggien und turmartiger Eckerker sind nicht auf die einzelnen Häuser, sondern auf den Gesamtbau bezogen. Auf der Weltausstellung 1900 in Paris wurde die Anlage mit einer Goldmedaille ausgezeichnet.

465
Büro- und Geschäftshaus „Quasar"
Frankfurter Allee, Voigtstraße
1993–94
Shin Takamatsu

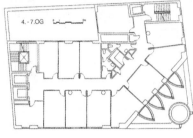

Das markante Eckgebäude setzt einen starken Akzent an der vorwiegend durch Gründerzeitbebauung, unauffällige Neubauten aus der späten DDR-Zeit und konventionelle Geschäftsbauten der 90er Jahre gekennzeichneten Frankfurter Allee. Gerahmt von 7-geschossigen Baukörpern mit zurückhaltenden Lochfassaden überrascht der komplexe Aufbau der Ecklösung. Einem 2-geschossigen verglasten und konkav einschwingenden Eingangsbereich folgt ein zylindrischer Metallkörper mit großer Fensteröffnung im zweiten OG, der von Fassadenbändern mit polierter schwarzer Granitverkleidung, Edelstahlrohren und lagernden Fensterformaten eingefasst wird. Ab dem dritten OG wird die Ecke diagonal angeschnitten und bildet bis zum sechsten OG eine geschlossene Folie für vier ellipsoide Leuchtstoffröhren, die mit ihren paarweise angesetzten Stahlspitzen deutlich über die Gebäudehöhe hinausragen. Neben ihrer Funktion als Entlüftungskanäle dienen die Röhren v. a. als Erkennungsmerkmal des Baus, der das Motiv der Lichtarchitektur der 20er und 30er Jahre adaptiert. Großflächig verglaste Wandflächen mit auskragendem Fassadenabschluss leiten von der Gebäudeecke zu den einfach gestalteten Anschlussbauten über. Mit seinen glänzenden Materialien, stromlinienförmigen Rundungen und dem Einsatz von Licht als Gestaltungselement stellt das Gebäude eine Verbindung von Art-Déco-Elementen und technoidem Science-Fiction-Pop dar.

466
Umbauung des Bersarinplatzes
1985–87
Fritz Ungewitter, Georg Timme

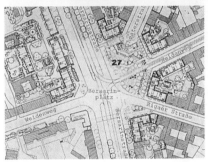

Lageplan mit künftiger Verkehrsführung (unten)

Der sternförmige Platz liegt am inneren Ring der Hobrechtschen Planung. Von ihm gingen ursprünglich – neben der Ringstraße – weitere fünf Straßen ab. Zwei davon wurden geschlossen. Die Bebauung ist ein Beispiel für die in den achtziger Jahren unternommenen Versuche, im innerstädtischen Bereich mit dem abgewandelten System der Plattenbauserie WBS 70, hier mit der in Magdeburg entwickelten WBS 70-Ration, Lösungen zu finden, die sich der Altbaustruktur anpassen. Das Planungsgebiet war zuvor Gegenstand eines internationalen Entwurfsseminars und Wettbewerbs gewesen. Im Unterschied zu der dort vorgeschlagenen kreis- oder halbkreisförmigen Platzfassung entschloss man sich zu einer lockeren Umbauung, die den alten Baufluchten folgt. Die Ausführung war an die beschränkten Möglichkeiten des starren Plattenbausystems gebunden, das jedoch von der damaligen politischen Führung gefordert wurde. Verbliebene Lücken zwischen den Plattenbauten schloss man traditionell. Es entstand eine 8-geschossige Bebauung mit Läden und Lokalen im EG. Der Zugang zu den drei oberen Geschossen führte über einen durch Fahrstuhl erreichbaren Verteilergang im 6. OG. Hauptbauelemente waren die Eckelemente der WBS 70-Ration und der aus der Loggienfassade des gleichen Systems entwickelte verglaste 3-m-Erker. Da die Platten zwischen den Erkern zu kleine Fenster hatten, streckte man sie optisch notdürftig durch Keramikbrüstungsfelder. Ein wesentlicher Gewinn war die abgestimmte Farbpalette mit Keramikplatten und Anstrichfarben. Die Höfe zu den Altbauten wurden als Grünräume gestaltet. Äußerst unbefriedigend blieben die Wohnungsgrundrisse.

467
Filmtheater Kosmos
Karl-Marx-Allee
1960–62
Josef Kaiser, Herbert Aust

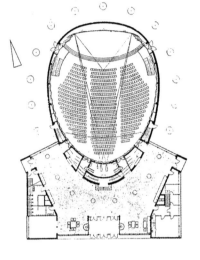

Der Kinobau wurde in eine dafür offen gelassene
Lücke der einheitlichen neohistoristischen Bebauung
der ehemaligen „Stalinallee" (Nr. 470) eingefügt.
Seine Front blickt zur Allee. Er sticht wegen seiner
Modernität wohltuend von den wenige Jahre vorher
fertiggestellten Nachbarbauten ab. Das Kino besteht
aus dem eiförmigen Zuschauerraum und dem 1-
geschossigen hohen Foyer-Vorbau, der um dessen
Spitze gelagert ist. Das Rund des Saalbaus ragt
über diesen flachen Foyerteil hinweg. Seine Wände
wurden weitgehend in Glas aufgelöst, und zwar
nicht nur an der Eingangsseite, sondern auch in der
Bewegungsrichtung der Besucher beiderseits des
Zuschauerraums – dort mit Blick in Grünräume der
„Kosmoswiese". Trapezförmig geschlossene Bauteile mit Büroräumen und Toiletten ergänzen die koni-
sche Form des Foyer-Raums annähernd zu einem
Rechteckkörper. Seine Wände sind mit weißen
Keramikplatten und darin eingelagerten gelben,
blauen und hellgrauen Platten verkleidet. Die Innen-
wände wurden blau gestrichen, Decke und Pfeiler
dagegen weiß. Der Zuschauerraum mit 1000 Plätzen besteht aus dem ovalen Saal und einem kleinen
steilen Rang.

468
Laubenganghäuser
Karl-Marx-Allee 102/104 und 126/128
1949/50
Hans Scharoun, Ludmilla Herzenstein ; Karl
Brockschmidt, Helmut Riedel

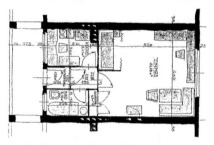

Grundriss-Skizze einer 1-Zimmer-Wohnung (unten)

Die alte Wohnbebauung beiderseits der Ausfallstraße
nach Osten (Frankfurter Allee–Stalinallee–Karl-Marx-
Allee) war im Krieg bis zum Frankfurter Tor vollständig
zerstört worden. Deshalb betrafen die ersten Aufbau-
planungen diesen Straßenzug. 1949 hatten Hans
Scharoun und Ludmilla Herzenstein dafür Pläne in
offener Siedlungsstruktur entwickelt, die vom Büro der
ausführenden Genossenschaft „Heimstätte Berlin"
unter Leitung von Karl Brockschmidt erheblich abgewandelt wurden. Gebaut wurden zwei Laubenganghäuser entlang der Allee und südlich davon sieben
in Grünanlagen gebettete Zeilen nach Entwurf Helmut Riedels. Danach stoppte die Parteiführung der
SED das Projekt. Der weitere Ausbau des zur
„Stalinallee" umbenannten Straßenzuges erfolgte
von 1952 an als repräsentative Prachtstraße. Die
beiden Bauten wurden hinter dichten Pappelreihen
versteckt. Die 5-geschossigen Laubenganghäuser
sind im sachlichen Stil der 20er Jahre gehalten. Am
östlichen Gebäude ist die Mitte leicht vorgestuft. Die
Laubengänge liegen der Allee zugewandt. Sie bilden mit den Öffnungen der einzelnen Segmente
zwischen den Pfeilern ein strenges Raster. An dieser
Seite befinden sich die Küchen und Bäder. Die
Wohnräume sind nach Süden orientiert. Es handelt
sich um 1- und 2-Zimmer-Wohnungen, teilweise
mit Loggien. Diese sind in dreiachsigen Loggienan-
bauten der Rückfront vorgesetzt. In die westliche,
am U-Bahnhof Marchlewskistraße gelegene Zeile
wurden im EG Läden integriert.

469
Hochhaus an der Weberwiese
Weberwiese
1951/52
Hermann Henselmann

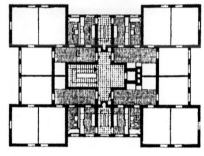

Grundriss 1.–7. OG

Die ersten Entwürfe aller an den Planungen für den Bereich „Stalinallee" (heute Karl-Marx-Allee) beteiligten Architekten waren im Stil der Moderne gehalten. Die Staatsführung verwarf sie und forderte drei Architektenkollektive (Hermann Henselmann, Hanns Hopp und Richard Paulick) auf, innerhalb von acht Tagen neue Pläne vorzulegen, die den nationalen Traditionen Rechnung trugen. Der Magistrat von Berlin (Ost) wählte im August 1951 den Entwurf der Gruppe Henselmann aus, der stilistisch dem Berliner Klassizismus Schinkelscher Prägung folgte. Das Hochhaus ist ein rechteckiger Körper mit symmetrischer Grundrissordnung beider Achsen. Jedes der acht Obergeschosse enthält vier um ein innen liegendes Treppenhaus gruppierte 3-Zimmer-Wohnungen von 96 m² mit Einbauküche und Abstellkammer. Die Symmetrie beider Achsen zeichnet sich am Außenbau ab. Verputzte Eckausbildungen fassen den eigentlichen, rippenartig gegliederten Körper ein. Seine mit Meißener Keramik verkleideten Flächen treten im 8. OG ringsum frei hervor. Darüber folgen die Balustrade der Dachterrasse und ein mittiger laternenartiger Aufbau, der von Eckakroteren bekrönt ist. Konstruktiv handelte es sich um einen Mauerwerksbau. Das Hochhaus war der erste für die gesamte Stalinallee programmatische Bau des vom Zentralkomitee der SED im November 1951 verkündeten Nationalen Aufbauwerks. Über dem Eingang sind Worte Berthold Brechts angebracht.

470
Ehem. „Stalinallee"
Karl-Marx-Allee, Frankfurter Allee
1951–60
Hermann Henselmann, Richard Paulick, Egon Hartmann, Kurt W. Leucht, Hanns Hopp, Karl Souradny

Bauabschnitt Hanns Hopp (oben); Lageplan (unten); Strausberger Platz links, Frankfurter Tor rechts

Der 1,7 km lange Abschnitt entstand nach schwerer Kriegszerstörung 1952–58 auf der Grundlage des 1950 erlassenen Aufbaugesetzes und des so genannten „Nationalen Aufbauwerks", das im November 1951 verkündet worden war. Die Straße wurde auf 90 m verbreitert, mit 100–300 m langen 7- bis 9-geschossigen Wohnblöcken – im EG, teilweise auch 1. OG mit vorgezogenen Ladenzonen – einheitlich bebaut und mit Baumalleen (besonders auf der Nordseite) bepflanzt. Räumliche Akzentuierung erfuhr der Straßenzug durch den Platz mit den beiden Rundtürmen am Frankfurter Tor (1957–60 von Henselmann) und durch den Strausberger Platz mit den zwei vom 7.–13. Geschoss gestalteten Hochhäusern, Haus Berlin und Haus des Kindes (1951–53, ebenfalls von Henselmann, Rolf Göpfert, Emil Leibold). Im Haus Berlin wurden in den beiden unteren und den beiden oberen Geschossen Gaststätten eingebaut. Das Haus des Kindes enthielt in den drei unteren Geschossen ein Spezialkaufhaus für Kinder. Die übrigen Geschosse dienten Wohnzwecken. Die Bauten zwischen Andreas- und Koppenstraße stammen aus späterer Zeit. Die architektonischen Ordnungen und ornamentalen Details folgen klassizistisch-eklektizistischen Vorbildern. Sie sind zur Mitte hin in die Höhe gestaffelt, springen vor und zurück, bilden Risalite, Sockelgeschosse und Kranzgesimse aus. Die Sockelgeschosse wurden meist mit Werkstein, die Obergeschosse mit Keramikplatten verkleidet. Die Wohnungen sind großzügig bemessen und von anspruchsvoller Ausstattung.

471
Wohnanlage „Helenenhof"
Simplonstraße 41–51, Holteistraße 17–22,
Sonntagstraße 28–33, Gryphiusstraße 1–8
1904–06
Erich Köhn

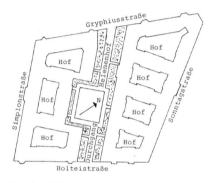

Lageskizze „Helenenhof"

Diese Wohnanlage des genossenschaftlichen Beamten-Wohnungs-Vereins mit 442 Wohnungen,
4 Läden und einigen Büros ist durch eine mittig zu
einem Platz erweiterte Wohnstraße, den „Helenenhof", in zwei Baukomplexe aufgeteilt. Der südwestli-
che umfasst drei, der nordöstliche vier Innenhöfe.
Die Fassaden der 5-geschossigen Putzbauten zeigen verschiedene Putzarten, Wandgliederungen,
Fensterformen, Loggien, Einzel- oder Doppelbalkone, Erker und Giebel. Partielle Symmetriemotive
wechseln mit betonten Asymmetrien. Entsprechend
der von den Wohnungsbaugenossenschaften mit-
getragenen Wohnreform sah Köhn neben der besseren Wohnungsausstattung auch in der gestalterischen Vielfalt ein Mittel gegen die Monotonie übli-
cher Mietskasernen des damaligen Mietwohnungs-
baus privater Bauunternehmen. Er teilte die Fassade
über dem Muschelkalksockel in eine 2-geschossige
Unter- und eine 3-geschossige Oberzone. An einzelnen mittelbetonten Bauteilen zog er das Muschel-
kalkmauerwerk über die beiden unteren Geschosse
nach oben. Einige Wandflächen und Lisenen nutete
er. Die Giebel über Risaliten haben barocke Umris-
se, die gusseisernen Brüstungen der teils eingezogenen, teils vorgehängten Balkone dagegen zeigen
klassizistische Formen. Trotz größerer Kriegsschäden an der Simplonstraße ist die Anlage in ihrer
historischen Substanz erhalten. Durch eine Bau-
analyse wurde die originalgetreue Rekonstruktion
vorbereitet.

472
Osthafen/Spreespeicher
Stralauer Allee 1–16
1907–13; 1928–29; 1999–2001
Friedrich Krause; Oskar Pusch; Reinhard Müller

Projektperspektive Spreespeicher
Lageplan

Der Hafen bildet das östliche Pendant zum Westhafen (Nr. 212), der ebenfalls von Krause 1914–
27 errichtet wurde. Das Ensemble mehrerer Spei-
cher- und Kontorgebäude zieht sich eindrucksvoll
zwischen nördlichem Spreeufer und Stralauer Allee
von der Oberbaumbrücke in Richtung Elsenbrücke.
Der Großteil der Klinkerbauten zeichnet sich durch
einen schweren, vor allem an den Giebelfronten
bereits abstrahiert wirkenden Klassizismus aus. Besonders bemerkenswert ist das direkt an der Oberbaumbrücke errichtete ehem. Eierkühlhaus von
Oskar Pusch, ein rechteckiger Kubus, dessen Klinkerfassaden mit einem eigenwilligen Rautenmuster
gegliedert sind. Das Gebäude wird zusammen mit
dem benachbarten ehem. Getreidespeicher zu einem modernen Büro- und Dienstleistungskomplex,
dem „Spree-Speicher", umgebaut. Unter Federführung von Reinhard Müller werden die Gebäude
saniert und durch die Herrichtung einer Uferpromenade zur Spree hin erschlossen. Die Maßnahmen
bilden damit einen weiteren Bestandteil zur urbanen
Rückgewinnung der innerstädtischen Wasserfronten,
hier quasi eine kleine Berliner Variante der Londoner
„Docklands", und werten gleichzeitig das Gebiet an
der Oberbaumbrücke, zusammen mit dem Projekt
der „Oberbaum-City" (Nr. 473), auf.

473
Oberbaum-City
Warschauer Platz, Ehrenbergstraße, Rotherstraße
ab 1906, 1993–2001
Wilhelm Walther, Theodor Kampffmeyer, Hermann
Dernburg, WEP Effinger & Partner, Schweger +
Partner, Reichel & Stauth, Schuh & Humer

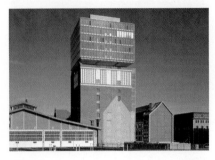

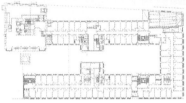

Ansicht Turmaufstockung (oben), Grundriss (unten)

474
Ehem. Höhere Weberschule
Warschauer Platz 6–8
1910–14
Ludwig Hoffmann

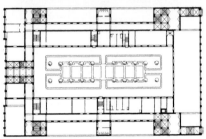

Ansicht (oben), Grundriss EG (unten)

Mit der „Oberbaum-City" wurde seit Mitte der 90er
Jahre des 20. Jh. eines der wichtigsten innerstädtischen Konversionsprojekte ehemaliger Industrie-
flächen realisiert. In unmittelbarer Nähe zum Ost-
hafen und zur S-Bahntrasse sowie zum Endbahnhof
der U-Bahnlinie 1 hatte sich seit Anfang des 20. Jh.
ein bedeutender Standort elektrotechnischer Industrie
entwickelt. Wilhelm Walther, Theodor Kampffmeyer
und Hermann Dernburg entwarfen ab 1906 die monumentalen Fabrikgebäude für die ehem. Deutsche
Glühlicht AG (ab 1919 OSRAM, ab 1969 Narva).
Die Gesamtanlage reflektiert die typische innerstädtische Struktur der Umgebung mit offen zugänglichen
Straßenerschließungen und Blockrandbebauungen.
Ein Großteil der Anlagen wurde als Backsteingebäude mit klaren Rasterfassaden und großen Fensterflächen realisiert, deren Reiz vor allem durch Sachlichkeit und den gliedernden Materialwechsel sowie,
vor allem bei dem Bauteil nördlich der Rotherstraße,
durch die barockisierenden Schmuckgiebel erzeugt
wird. Nach der Stillegung des Narvawerkes 1992
wurde die Konversion des Areals zu einem Dienstleistungsstandort betrieben, der vor allem durch die
Ansiedlung des Internationalen Design-Zentrums
und einiger IT-Unternehmen neue Impulse in ein
vom Strukturwandel besonders hart betroffenes
ehemaliges Arbeiterquartier bringen soll. Markantester Teil der Sanierungs- und Umbaumaß-nahmen
ist die Aufstockung des Turmes an der Rotherstraße, die nach Plänen von Schweger + Partner
realisiert wurde. Die Architekten ergänzten den historischen Turmschaft durch einen 5-stöckigen Glaskubus, der mittels des verblüffenden Effekts der
Gegensatz-Dramaturgie auf der Altbausubstanz zu
schweben scheint.

Das heute von der Fachhochschule für Technik und
Wirtschaft genutzte Gebäude ist eines von zahlreichen Schulgebäuden, die Hoffmann in seiner Position als Berliner Stadtbaurat errichtete (Nr. 482, 491).
Die 4-geschossige Vierflügelanlage wird mit einem
Mansardenwalmdach abgeschlossen, die Straßenfronten sind leuchtend rot verklinkert. Die Front zum
Warschauer Platz weist mit ihren 17 Achsen eine
starke Vertikalgliederung mit profilierten Wandpfeilern auf. Dreiteilige Fenster mit Kleeblattabschluss
und reichem Blenddekor lösen die stereotype Fas-
sadenentwicklung filigran stabwerkartig auf. Der
großdimensionierte Bau erhält dadurch eine reiche
plastische und durch die schlanken Proportionen
der Einzelelemente ungewöhnlich leichte Wirkung.
Mit diesem gotisierenden Ansatz – ähnlich auch bei
seinen Schulbauten in der Dunckerstraße 64 und in
der Christburger Straße 7 anzutreffen – entfernte
sich Hoffmann von seinen neobarocken Tendenzen.
Vielmehr verwies er hier auf einen, für die Berliner
Architektur der Zeit vor dem Ersten Weltkrieg immer
wieder anzutreffenden frühen rationalen, das serielle
der späten Schinkelschule und die gotisierende
Wandauflösung weiterverarbeitenden Duktus.

475
Umspannwerk
Markgrafendamm
1928
Richard Brademann

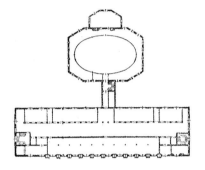

476
Dorfkirche Stralau
Tunnelstraße
1464; 1823/24; 1936–38

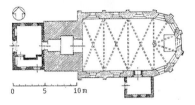

Bei der 1924–30 durchgeführten Elektrifizierung der Stadt- und Ringbahn wurde der ankommende elektrische Strom durch die Umspannwerke Halensee und Markgrafendamm von 30 000 Volt Drehstrom auf 800 Volt Gleichstrom umgewandelt und über ein 350 km langes bahneigenes Netz zu zahlreichen Kleingleichrichterwerken geführt. Leitender Architekt der Bauten war Brademann. Das Hochspannungshaus des Schaltwerks Markgrafendamm besticht durch die straffe Ordnung der zur Bahnlinie gerichteten (und von dort sichtbaren) Front mit den in Batteriestellung gereihten elf Entlüftern der Transformatorenzellen. Da sie im Unterschied zu dem Halenseer Werk Brademanns und auch zu dem Neuköllner Grenanders nicht aus dem Dach herauswachsen, sondern schon weiter unten halb aus der Wand hervortreten, werden sie zu wirksamen Gestaltungselementen. Der beschränkte Bauplatz zwang zu einer Zweiteilung der Anlage in das 4-geschossige Hochspannungshaus und das 3-geschossige achteckige Schalthaus. Beide stehen symmetrisch zueinander. Brademann wollte mit der architektonischen Form die Elektriker in ihrem Bemühen unterstützen, durch Reihung, Symmetrie und Rhythmus eine gute Übersichtlichkeit der elektrischen Anlage zu erreichen. Beide Bauten sind mit roten Klinkern verkleidet und flach gedeckt. Auf dem Dach des Schalthauses unterstreicht ein flacher laternenartiger Aufsatz die zentrierte Grundform.

In dem Ende des 17. Jahrhunderts verfassten „Chronicon Berolinense" des Korrektors Posthius ist verzeichnet; „Anno 1464. Ist die Kirche zu Strahlo gebaut und der Turm gefertigt worden ..." Sie ist ein Putzbau über Feldsteinsockel. Ihr Mauerwerk ist aus Feld- und Backstein gemischt. Das Langhaus schließt im Osten fünfseitig mit angesetzten Strebepfeilern. Die hochsitzenden gotischen Fenster sind breit und spitzbogig und enthalten Reste spätgotischer Glasmalerei. Der Turm im Westen ist gegenüber dem Schiff nur wenig schmaler. Sein massiver Unterbau stammt ebenfalls noch aus dem 15. Jahrhundert. Wohl wegen häufiger Brände wurde der ursprünglich hölzerne Turm 1823/24 von Friedrich Wilhelm Langerhans neogotisch umgestaltet. Er trägt ein steiles Pyramidendach und vier niedrige Ecktürmchen. 1935 war der Turm baufällig. Er wurde abgetragen, wobei man feststellte, dass der inzwischen verrottete Fachwerkturm einfach einschichtig mit Backsteinen ummantelt war. Er wurde 1936–38 in gleichen Formen massiv wieder hochgezogen. Die gleichzeitig angefügte Vorhalle ist in ihrer Dachform dem steilen Dach des Altbaus angeglichen. Der nach Bombenschäden 1949 wiederhergestellte Innenraum wird in drei Jochen von Kreuzgewölben, im Chor von einem fünfteiligen Gewölbe überdeckt. Die Birnstabrippen sitzen auf Konsolen auf, die als Menschenköpfe ausgebildet sind. Der Kalkstein-Taufstein ist älter als die Kirche. Der Flügelaltar aus dem Anfang des 16. Jahrhunderts wurde 1962 aus einer Kirche bei Finsterwalde hierher versetzt.

477
Rummelsburger Bucht
Halbinsel Stralau/Alt-Stralau; Rummelsburger Ufer/Hauptstraße
seit 1996
Städtebau: Klaus Theo Brenner (Stralau-Dorf, Rummelsburg West); Herman Hertzberger (Stralau-Stadt)
Projektarchitekten:
Stralau-Stadt: Winfried Brenne; Arnold & Bezzenberger; Bartels & Wittwer; Braun & Voigt und Partner;
Bremmer-Lorenz-Frielinghaus; Herman Hertzberger; O & S Architektem; J.Wiechert; Werner Lehmann &
Partner; Inken Baller; Albert de Reus; Vollmer & Larisch
Stralau Dorf: Faskel & Becker; Müller & Keller; Winfried Brenne; Enzmann & Ettel; Klaus Theo Brenner; Horst
Eckel; Birke & Partner
Rummelsburg West: Klaus Pudritz und Bernd Paul; Alsop & Störmer

Lageplan, städtebauliches Gesamtkonzept

Den Anstoß für die Projektplanung gab die Olympia-Bewerbung Berlins 1992, das Areal an der Rummelsburger Bucht war für das Olympische Dorf vorgesehen. Nach dem Scheitern der Bewerbung 1993 wurde das Gebiet – neben dem Großprojekt Wasserstadt Oberhavel (Nr. 628) – eines der größten städtebaulichen Entwicklungsgebiete Berlins nach der Wende. Trotz der reizvollen Lage der Halbinsel mit ihren zahlreichen Grünflächen und dem an der Inselspitze erhalten gebliebenen dörflichen Charme bot sich das Gebiet Anfang der 90er Jahre des 20. Jahrhunderts als äußerst problembelastet an. Zahlreiche Industriebrachen, vor allem im westlichen Bereich nahe der S-Bahntrasse sowie eine erhebliche Boden- und Seegrundkontamination mit Industrierückständen erschwerten die Erschließung für Wohn- und moderne Dienstleistungszwecke. Gleichzeitig konnten denkmalgeschützte Objekte, etwa der expressionistische Turnhallenanbau der Grundschule an der Straße Alt-Stralau von 1927/

28, vom Magistratsoberbaurat Meurer, aber auch Teile der alten Industrieanlagen erhalten und in die Neuplanungen integriert werden. Besonders bemerkenswert ist hierbei der Flaschenturm der Stralauer Brauerei nahe der S-Bahnlinie, der 1929/30 von Bruno Buch erbaut wurde und nach seiner Sanierung als Gewerbe- und Wohnobjekt neu genutzt werden soll; eine entsprechende Mischnutzung ist auch für den 1881 von Albert Diebend erbauten Palmkernölspeicher am Nordufer der Halbinsel zum Rummelsburger See vorgesehen. Der 1993 entschiedene Wettbewerb für die städtebauliche Gebietsentwicklung wurde von Klaus Theo Brenner gewonnen; Herman Hertzberger, der als weiterer Preisträger aus dem Verfahren hervorging, wurde mit der Entwicklung des Teilstücks Stralau-Stadt betraut. Während die Bebauungen auf der Halbinsel in Stadtnähe sowie am Rummelsburger Ufer vor allem als in Nord-Süd-Richtung langgestreckte Zeilenbauten vorgesehen sind, wurden zur dörfli-

Wohnhäuser

Wohnbebauung am Rummelsburger Ufer

chen Inselspitze und am Südufer der Halbinsel weitgehend kleinere Einheiten und Stadtvillen realisiert. Der erste Projektabschnitt wurde am Nordufer der Rummelsburger Bucht bis 1997 realisiert. Dem städtebaulichen Konzept Brenners folgend entwarfen Pudritz und Paul zur Hauptstraße hin U-förmig geschlossene Baukörper, die das Areal von der Straße abschirmen und zum Wasser hin öffen; Zeilenbauten schließen sich den jeweiligen U-Achsen an und verlängern die Bebauung bis zur Uferfront. Ein langgestreckter U-Riegel schließt die Bebauung nach Westen ab. Die dunkel verklinkerten Bauten mit ihren großzügig zu den Hofgärten und zum Wasser hin öffnenden Balkonen erzeugen durch ihre formale Einheitlichkeit ein geschlossenes städtebauliches Bild. Östlich der Wohnbebauung folgte 1998 der Bau einer Kita nach Plänen von Alsop und Störmer, deren Wandschrä-gen und graphisch wirkende Fenstereinschnitte einen expressiven Kontrapunkt zu der rationalen Gleichförmigkeit der Nachbarbebauung setzt. Im Bereich Stralau-

Stadt setzte die Entwicklung schwerpunktmäßig im Bereich Wohnpark Stralau am Nordufer ein. Die beteiligten Architekten folgten hier ebenso den städtebaulichen Vorgaben der quer zum Ufer stehenden Zeilen; die Einzelrealisierungen erweisen sich indes, bedingt durch die zahlreichen beteiligten Büros als heterogener als am gegenüber liegenden Ufer. Am Palmkernöl-Speicher wurde ein Stadtplatz errichtet, der durch einen halbrund ein-geschwungenen Bauteil von Hertzberger eine intime Raumsituation bildet. An der Inselspitze löst sich die Bebauung in kleinteilige Strukturen auf; die Grünzonen wurden weitgehend beibehalten und durch die Anlage weiterer Uferwege ergänzt. Insgesamt stellt das Projekt einen ehrgeizigen Versuch dar, das Wohnen am Wasser als innerstädtische Alternative zur Stadtrandsiedlung zu propagieren. Der städtebauliche Entwicklungsansatz sowie die ökologisch vorbildliche Konversion ehemaliger Industriebrachen machten das Areal zum größten Berliner Projekt für die Expo 2000.

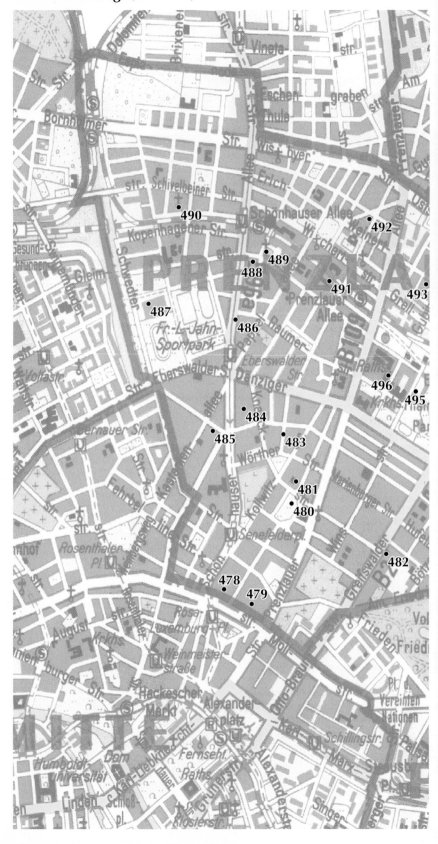

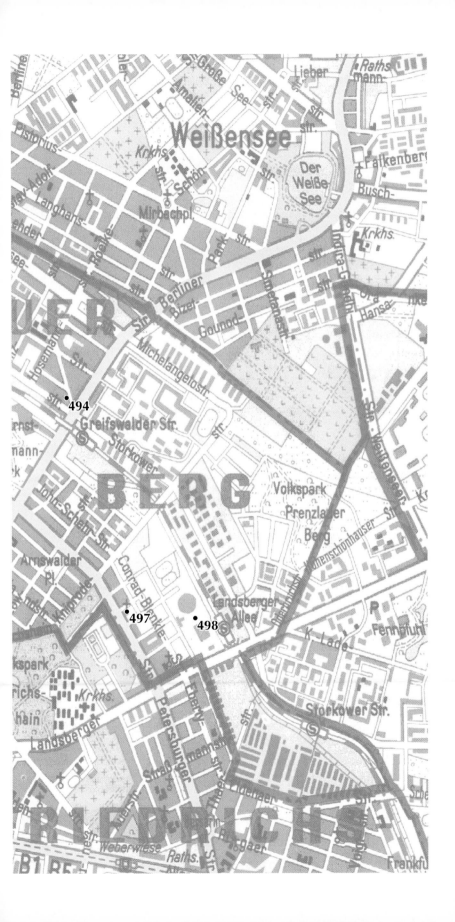

478
Wohnhäuser der Berliner Gemeinnützigen Baugesellschaft
Torstraße 85/87
1849–52
Carl Wilhelm Hoffmann

479
Wohnanlage des Berliner Beamten-Wohnungs-Vereins
Torstraße 3–7
1903–05
Erich Köhn

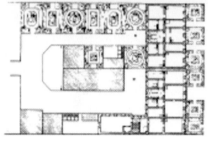

Grundriss Normalgeschoss

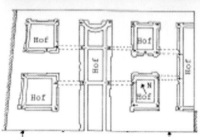

Skizze der Wohnlage (unten)

Mit Zunahme der Industrialisierung entstand schon vor der Mitte des 19. Jahrhunderts in Berlin eine bedrückende Wohnungsnot. Die Stadtordnung legalisierte bereits 1853 die Kellerwohnung und die dichte Hinterhofbebauung. Der christlich-staatskonservative Victor Aimé Huber, der die katastrophalen Wohnverhältnisse englischer Arbeiter kannte, propagierte als Ausweg die „genossenschaftliche Selbsthilfe der arbeitenden Klassen durch innere Ansiedlung". 1848 wurde als erstes gemeinnütziges Wohnungsbauunternehmen in Deutschland die „Berliner Gemeinnützige Baugesellschaft" gegründet. Huber wurde ihr Schriftführer. Früheste Zeugnisse ihrer Tätigkeit sind die beiden Häuser nach Typenentwurf des Mitaktionärs Hoffmann. Haus Nr. 85 entstand 1849/50, Haus Nr. 87 wenig später. Es sind 4-geschossige Häuser in Klinkerverkleidung (heute überstrichen), gegliedert durch einfache, aus der Mauertechnik gewonnene Gesimse. Sechs Achsen sind um ein weiteres Geschoss erhöht und mit Pfeilervorlagen als Risalit behandelt. Im Unterschied zu sonstigen Mietshäusern gab es keine Keller- und Hinterhofwohnungen. Die einzelnen Wohnungen bestanden meist aus Stube, Kammer, Küche, mit Toilette auf dem Hof. Dort lagen außerdem Flachbauten als Werkstätten und Schuppen. 1914 wurde ein Seitenflügel mit bemerkenswerten Portalen angebaut. Weitere Häuser der Gesellschaft stehen in der Zehdenicker Straße 26/27 und in der Schönhauser Allee 58 A, 59 B. Sie alle sind an einem Terrakottasignet mit umlaufendem Schriftband und Kranz zu erkennen. Das benachbarte Wohnhaus Nr. 53 stammt aus dem gleichen Zeit (1851/52).

Dieser Komplex gehört zu den insgesamt zehn Wohnanlagen, die Erich Köhn von der Gründung des Beamten-Wohnungs-Vereins 1900-06 errichtet hat. Köhn zählte als Postbausekretär selbst zu den Gründungsmitgliedern der Genossenschaft. Im Gründungsaufruf vom 29. Juni 1900 ist als Ziel genannt: „Es sollen den Mitgliedern ... gesunde und bequeme und in gewissen Grenzen unkündbare Wohnungen in Berlin und den Vororten zu mäßigen, keiner Steigerung unterworfenen Preisen geboten und ihnen dadurch die Annehmlichkeiten und Vorteile verschafft werden, die sonst nur das Hauseigentum gewährt." Die Wohnanlage umfasste 205 Wohnungen, 8 Läden und einen Gemeinschaftsraum. Sie wurde speziell für Lehrer gebaut. Köhn reduzierte die Hinterhöfe durch einen zur Straße offenen tiefen Wohnhof, und die verbleibenden Höfe legte er möglichst groß an. Die 5-geschossige Anlage ist mit einem hohen Dach abgedeckt und mit Loggien unterschiedlicher Art, an der Verkehrsstraße mit Erkern und Giebeln durchgegliedert. Nach Kriegsschäden wurde der östliche Teil vereinfacht und mit flacherem Satteldach wiederhergestellt. Der Sockel besteht aus Tuffstein. Die Fassaden sind verputzt. Bemerkenswert ist die Symmetrie des Grünhofes mit gesondertem Giebel und mittigen Doppelloggien am hinteren Haus und die nach oben stärker zu ihm hin geneigten Nachbarloggien. Ursprünglich war eine Erweiterung auf das Grundstück Nr. 1 geplant. Es ist 1923 verkauft und 1928 mit dem Kaufhaus Jonas bebaut worden.

480
Wasserversorgungsanlage mit Wasserturm
Knaackstraße 29
1853–56; 1877
Henry Gill; Wilhelm Vollhering

481
Synagoge „Friedenstempel"
Rykestraße 53
1903/04
Johann Hoeniger

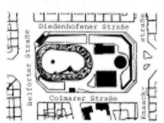

Querschnitt

Wasserturm (oben links), Standrohrturm (oben rechts),
Lageplan um 1900 (unten)

Der Wasserturm erhebt sich auf der nach Süden abfallenden Anhöhe des Barnim-Plateaus, wo bis Mitte des 19. Jahrhunderts mehrere Windmühlen standen. 1853–56 wurden hier von der in London gegründeten Berlin Waterworks Co. unter der Leitung Henry Gills die Speicher für die erste zentrale Wasserversorgung Berlins gebaut. Dazu gehörten ein offener, später überwölbter Tiefbehälter von 3000 m³ und ein schlanker Standrohrturm. 1874 übernahm die Stadt Berlin die Anlage und erweiterte sie 1877 zur Versorgung auch höher gelegener Stadtteile durch ein Maschinenhaus als Zwischenpumpwerk und einen Wasserturm mit Hochbehälter nach Entwurf von Vollhering. Im Turm hat man Wohnungen eingebaut. 1888 entstanden zusätzlich ein noch größeres Reinwasserbecken und ein zweites Maschinenhaus. In dieser Form war die Anlage bis 1914 in Funktion. Der Hochbehälter wurde erst 1952 außer Betrieb gesetzt. Der Wasserturm ist gotisierend gestaltet. Über hohem geböschten Sockel steigt 5-geschossig der Zylinderschaft auf. Er ist durch Blenden zweifach gegliedert und in der tiefsten Schicht von gekoppelten Fenstern durchbrochen. Oben folgen ein Kranz schmaler Fensterschlitze, ein Rundbogenfries und ein kräftiges Kranzgesims. Auf dem Dach erhebt sich ein schmalerer, polygonaler Schaft, der von einem Kegeldach abgedeckt wird. Der Standrohrturm ähnelt einem Minarett.

Die von der liberalen jüdischen Gemeinde für 2000 Besucher errichtete dreischiffige Synagoge mit flachem Satteldach steht quer an einem Hinterhof. Das Vorderhaus, das ursprünglich neben Wohnungen eine Schule mit Aula enthielt, ist in die 4-geschossige Wohnbebauung der Straße eingebunden. Zwei Durchgänge im Mittelrisalit des Hauses führen zum Hof. Die architektonischen Formen sind, wie meist bei Synagogen, neoromanisch. Hoeniger lehnte sich an den von Cremer und Wolffenstein entwickelten Synagogen-Typ an. Über zwei übergiebelten zweitürigen Portalen liegen zwei dreigliedrige Rundbogenfenster mit erhöhtem mittleren Bogen. Das Giebelfeld wird von einer gestuften Arkade ausgefüllt. In der Mitte sitzt eine Fensterrosette. Die Portale, getrennt für Frauen und Männer, führen (typisch für die liberale Synagoge) in ein gemeinsames Vestibül und von da zu den Emporen für die Frauen und zu dem nach Nordosten, also nach rechts orientierten EG für die Männer. Gedrungene romanische Säulen mit Würfelblock-Kapitellen stützen Segmentbögen unter den Emporen. Die Kapitelle an den Säulen der oberen Arkade sind frei geformt. In den Seitenschiffwänden sitzen die gleichen dreigliedrigen Fenster wie in der Fassade. Der Almemor als Ort der Thoralesung war im Osten auf der Estrade mit dem Vorbeterpult vereinigt. Diese Estrade war optisch durch einen Triumphbogen vom Mittelschiff geschieden.

482
Schulgebäude und Straßenzug
Greifswalder Straße 25
1913/14
Ludwig Hoffmann, Mitarbeiter Matzdorff, Stiehl

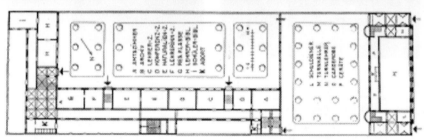

Straßengebäude (oben) und Grundriss EG (unten) der
Schule

Die als Oberlyzeum gebaute Schule liegt an der seit
1800 zur Chaussee ausgebauten Verkehrsstraße
nach Weißensee und Bernau nahe dem Königstor.
Rücksichten auf den Verkehrslärm und auch auf
Bodenpreise führten zu der besonderen Anlage, bei
der die eigentlichen Schulräume auf schmalem
Grundstück weit hinter ein repräsentatives Straßengebäude und einen mit Bäumen bepflanzten Platz
zurückverlegt wurden. Die Straßenfront besteht aus
dem breiten siebenachsigen Risalit mit ionischen
Dreiviertelsäulen in Kolossalordnung und den zwei
nur einachsigen „Reststücken" der eigentlichen
Fassade. Die Mansarddächer sind analog geteilt. Im
Sockelgeschoss befinden sich seitlich die Durchgänge. Am Risalit ist dieses Sockelgeschoss in
einen genuteten unteren und in einen durch Gesims
getrennten, gleichfalls genuteten oberen Abschnitt
gegliedert, letzterer durch schwache Pfeilervorlagen
schon auf Säulen bezogen. Zwischen den Säulen
sitzen, wie oft bei Hoffmann, Balusterbrüstungen.
Das Innere stand im Widerspruch zur äußeren Repräsentation. Im EG liegt die Turnhalle, darüber die

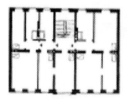

Straßenzug Greifswalder Straße 9–19 (oben)
Grundriss 1. und 2. OG (unten)

Direktoren- und die Hausmeisterwohnung und im 2.
OG zwei Lehrerwohnungen. Das einhüftig im Winkel
angelegte Schulgebäude ist samt Schulhof durch
eine Mauer abgetrennt. Es enthält Aula, Musikraum,
Physikraum, Zeichensaal mit Modellraum, 21 Klassen, Direktoren-, Konferenz-, Lehrer-, Lehrerinnen-
zimmer, Naturalien-, Sammlungsraum und die
Schüler- und Lehrerbibliothek. Das Vordergebäude
steht in einer nahezu einheitlichen historischen Häuserfront. Die Häuser Nr. 9–12 baute 1879 Maurermeister Wilhelm Koch, die siebenachsigen spätklassizistischen Häuser Nr. 15–19 entstanden zwischen 1860 und 1865. Ähnliche Straßenzüge gibt
es in den nach Westen abgehenden Straßen.

483
Wohnbebauung Husemannstraße
Husemannstraße
um 1890; 1985–87

484
Ehem. Schultheiß-Brauerei
Schönhauser Allee 36–39
1891; 1998–2000
Franz Heinrich Schwechten; Weiß + Faust

Die Bebauung des 1920 gebildeten Stadtbezirks Prenzlauer Berg stammt innerhalb des S-Bahn-Rings fast ganz aus dem 19. Jahrhundert. Ihr lag der Hobrecht-Plan von 1862 mit seiner schematischen Aufteilung der Flächen zwischen den (bestehenden) Hauptverkehrswegen und den angelegten zwei Ringstraßen (heutige Dimitroffstraße und Wisbyer Straße) zugrunde. Die Quartiere waren sehr groß gehalten und dicht mit Hinterhöfen überbaut. Einzelne eingestreute Plätze lockerten das Häusermeer notdürftig auf. Bei der Anfang der 70er Jahre einsetzenden Sanierung wurden die schlimmen sanitären Zustände behoben, das Innere der Quartiere entkernt und als Grünhöfe gestaltet (Beispiele: Lottumstraße, Arnimplatz). Im Bereich Kollwitzplatz versuchte man zusätzlich, die ursprüngliche Architektur der Fassaden zu rekonstruieren und Läden, Beschriftungen usw. im Stil der Zeit um 1900 zu halten. Die Husemannstraße (ehemals Hochmeisterstraße) war um 1890/1900 im Ganzen von einem Deutsch-Holländischen Actienverein unter Verwendung genormter Deckenbalken, Ornamentstücke, Balkonbrüstungen und anderem errichtet worden. Das ergab bei Variabilität der Details eine Einheitlichkeit des Straßenraums. Traditionelle Handwerke, das Friseurmuseum mit Teilen des von Henry van de Velde 1901 entworfenen Frisiersalons Haby und das Museum „Berliner Arbeiterleben um 1900" bereichern das historische Milieu. Am Kollwitzplatz, wo Käthe Kollwitz wohnte, steht ihr Denkmal von Gustav Seitz und die Plastik „Mutter mit zwei Kindern" nach Entwurf der Künstlerin (1950 gefertigt von Fritz Diederich).

Die 1842 in der Neuen Jacobstraße gegründete Lagerbier-Brauerei wurde 1864 an die Schönhauser Allee verlegt. Parallel dazu wurde dort die Dampfkraft eingeführt, die eine rasche Expansion des Betriebs ermöglichte. Der entscheidende Ausbau erfolgte 1886–91 durch Franz Heinrich Schwechten (u. a. Anhalter Bahnhof Nr. 454, Kaiser-Wilhelm-Gedächtniskirche Nr. 254, Romanische Häuser). Dazu gehört das Restaurationsgebäude, dessen Eingang sich in einem über Eck gestellten hohen Turm an der Schönhauser Allee befindet, weiterhin das nördlich anschließende Comptoirgebäude und die Gärhäuser und Lagerkeller an der Ecke Sredzkistraße und Knaackstraße, die ebenfalls mit einem schweren quadratischen Turm besetzt sind. Wie beim Kirchenbau verwendete Schwechten auch hier historisierende, als staufische Romanik verstandene Stilformen und gab dem Ganzen einen burgartigen Charakter, weil dies tiefe Burgkeller als Lagerstätten guten Biers suggeriert. Fast alle Gebäude bestehen aus einem Ziegelrohbau. Zur Anlage gehörten zwei Wohngebäude an der Schönhauser Allee für Beamte, eine Badeanstalt mit Brause- und Wannenbädern und das Kinderheim für die Kinder der Brauereiarbeiter. Zwei Diakonissinnen gaben ihnen „Spiel- und Strickunterricht". Im zweiten Jahr nach dem Ausbau betrug der Bierabsatz 427 000 hl. Täglich wurden 30–40 000 Flaschen abgefüllt. Die Brauerei gehört zu den wenigen fast vollständig erhaltenen Industriebauten des 19. Jahrhunderts in Berlin. Sie wird als multikulturelles Zentrum des Stadtbezirks genutzt.

485
Stadtbad
Oderberger Straße 57/59
1899–1902
Ludwig Hoffmann

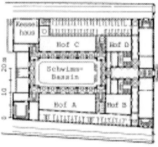

Ursprünglicher Zustand (oben), Grundriss EG (unten)

486
Hochbahnanlage („Magistratsschirm")
Schönhauser Allee
1911–13
Alfred Grenander und Johannes Bousset

U-Bhf. Dimitroffstraße (oben), „Magistratsschirm" (unten)

Für den „Verein für Volksbäder", der seit Mitte der achtziger Jahre des 19. Jahrhunderts die hygienischen Zustände in den Mietskasernenvierteln durch den Bau von Bädern verbessern wollte, errichtete Hoffmann insgesamt vier solcher Bäder, das erste in der Baerwaldstraße (Nr. 411), das zweite hier. Beide haben ein annähernd gleiches Raumprogramm, wobei die Wannenkabinen mit kleineren Fenstern in den 3-geschossigen Frontbau gelegt waren. Doch kleidete er jedes der Gebäude in einen anderen Stil. Für die Oderberger Straße wählte er deutsche Renaissance mit Zwerchhäusern auf dem Dach. Die im üblichen Fassadenprogramm schwer einzugliedernden kleinen Fenster verknüpfte er zu einem Ornamentband mit Balustern. Es schließt die Sandsteinflächen des EG zu den Putzflächen der Obergeschosse ab. Der Eingang wurde mit einem typischen Renaissanceportal, wie man sie an Rathäusern findet, umrahmt, darin ein Relief mit einem von Nixen gebadeten Bären. Den plastischen Schmuck außen und innen fertigte Otto Lessing. Der Komplex ist um vier Lichthöfe gruppiert und rationell organisiert: zu beiden Seiten des Eingangs Büro oder Kasse und Warteräume für Frauen und Männer, geradeaus zwischen zwei Treppenhäusern der Gang zur überwölbten Schwimmhalle. Insgesamt gab es wegen der Trennung der Geschlechter neun Treppen. In den Seitentrakten lagen die Brausebäder, oben die Auskleidekabinen. Seit einigen Jahren ist das Bad wegen Schäden am Becken außer Betrieb.

Die Anlage entstand als Abschnitt der Untergrundbahnstrecke vom Potsdamer Platz bis Pankow. Am Senefelderplatz wird sie auf die Hochbahntrasse empor geführt. Zwei Bahnhöfe sitzen auf dem Viadukt. Ursprünglich war sie auch weiter als Hochbahn konzipiert. Doch erzwangen Widerstände einflussreicher Pankower Bürger wiederum eine Tunnelführung. Die Entwürfe für den Viadukt einschließlich der Bahnhöfe Dimitroffstraße und Schönhauser Allee schufen Grenander und Bousset. Seit Anfang des Jahrhunderts hatte sich der aus Schweden stammende Grenander zum bedeutendsten Vertreter der Berliner Industriekultur neben Behrens entwickelt. Die Anlage ist unverändert erhalten. Die Viaduktstützen sind damals und später wegen ihrer technischen Eleganz stark beachtet worden, weil sie (nach Friedrich Naumann) „in ihrer freien Wuchtigkeit besser wirken als Salomonis Sprüche". Die gleiche funktionale Sachlichkeit bezeugen auch die Bahnhofshallen. Die Führung der genieteten Bögen, ihre Längsverbindungen und kreuzförmigen Verstrebungen bleiben sichtbar. Dort, wo das Lichtdach aufsitzt, ist die Bogenoberkante mit Bezug auf dieses horizontal abgeschnitten. An der Stirn tritt in der Logik dieser Form das Oberlicht als Dreieck hervor.

487

Max-Schmeling-Halle

Friedrich-Ludwig-Jahn-Sportpark,
Cantianstraße 24
1993–96
Joppien-Dietz Architekten (Albert Dietz,
Anett-Maud Joppien, Jörg Joppien)

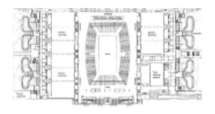

Grundriss EG

Ebenso wie das Sportzentrum an der Landsberger
Allee (Nr. 498) resultiert die Max-Schmeling-Halle
aus den Berliner Olympia-Planungen für das Jahr
2000. Die Halle ergänzt den bereits vorhandenen
Komplex des Jahn-Sportparks und grenzt östlich an
die große Freifläche des „Mauerparks". Der Bau ist
dreischiffig angelegt und integriert neben einer zentralen Arena drei Dreifach-Sporthallen und ein Leis-
tungszentrum für Tanz, die in den flankierenden
Seitenschiffen untergebracht sind. Großteile des
Komplexes sind in die jeweils seitlich ansteigende
und begehbare Hügellandschaft eines überwachse-
nen Trümmerberges versenkt, in die große Zugänge
zu den kleineren Hallen und deren Nebenräume
eingeschnitten sind. Lediglich das äußerst plastisch
wirkende Metalldach der Arena ragt als eigenständiges architektonisches Element aus der Hügeltopo-
graphie heraus. Unterirdische Belüftungsschächte
und teilweise steuerbare Sonnenschutzlamellen
garantieren eine optimierte Energiebilanz. An der
Nordseite zeigt sich sowohl die Dimension als auch
die Dreiteilung der Anlage. Großformatige Verglasungen öffnen die breite Front mit ihrer angerun-
deten Umrisslinie; das überkragende und angeschrägte Dach der Haupthalle erinnert durch sein
kraftvolles Volumen an den skulpturalen Expressionismus des späten Le Corbusier. Neben seiner außergewöhnlichen ästhetischen und funktionellen Konzeption überzeugt die Anlage vor allem durch ihren
Beitrag zu einer attraktiven Parkanlage, die zusammen
mit dem nördlich anschließenden Falk-platz und dem
„Mauerpark" eine grüne Verbindung zwischen den
Bezirken Prenzlauer Berg und Wedding bildet.

488

Wohnanlage

Stargarder Straße/Ecke Greifenhagener Straße
1899/1900
Alfred Messel

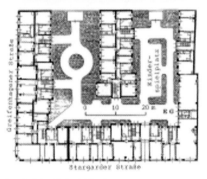

Ursprünglicher Zustand (oben)

Nach dem Bau in der Sickingenstraße 1893 (Nr. 211)
und der Proskauer Straße 1897 (Nr. 464) war dies
ein weiteres Reformprojekt, das Messel für die kulturell aktive Genossenschaft „Berliner Spar- und
Bauverein von 1892" baute. Da gegen Ende des
Jahrhunderts wegen Mietpreissteigerungen ein
Mangel an Kleinwohnungen bestand, wählte man
einen Dreispännertyp mit Ein- und Zweiraumwoh-
nungen, Küche und Toilette. Die Anlage enthält in
5 Geschossen 119 Wohnungen, einen Gemein-
schaftssaal mit angeschlossener Bibliothek, eine
Gaststätte und fünf Läden. Sie umgreift mit drei
Flügeln einen Hof. Ein Schenkel stößt an ein etwas
später (1904) gebautes Schulgebäude von Ludwig
Hoffmann an. Der andere besteht nur aus einer zum
Hof orientierten Hälfte. Ein weiterer, so genannter
Gartenhausflügel fand im Hof seinen Platz. Messel
hatte sich intensiv mit Problemen des Arbeiterwoh-
nungsbaus beschäftigt. Er war Gründungsmitglied
dieser Genossenschaft gewesen. Sein erstes Ziel
war es, die engen Höfe und das stupide Fassaden-
raster der Mietskasernen zu vermeiden. Durch
rhythmische Gestaltung der Außenfronten mit Balkonen, Giebeln, Erkern, Türmchen, zurückgesetzten
Segmenten, unterschiedlichen Gliederungen und
Putztexturen, zum Teil farbig, erreichte er ein lebendiges Architekturbild. Zwischen dem gesprengten
Giebel eines Portals ist ein Flachrelief angebracht,
das einen Bienenkorb als Symbol genossenschaftli-
cher Selbsthilfe zeigt.

489
Gethsemanekirche
Stargarder Straße 77
1891–93
August Orth

490
Katholische Augustinuskirche
Dänenstraße 17/18
1927/28
Josef Bachem und Heinrich Horvatin

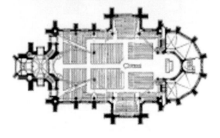

Die Kirche, ein roter Klinkerverblendbau in neogotischem, von frühgotischen Formen abgeleitetem Stil, steht auf einem quadratischen Platz an der Kreuzung Stargarder Straße und Greifenhagener Straße. Sie ist eine kreuzförmige Hallenkirche mit einem hohen Turm, der an seinen vier Ecken (wie bei der Elisabethkirche in Marburg) von je zwei turmhohen (Strebe-)Pfeilern eingefasst wird und dessen achtseitiger Helm zwischen Eckfialen und Giebeln einen kupfernen Helm trägt. Der Eingang ist zur Straßenkreuzung gerichtet. Der Innenraum überrascht durch seine erstaunliche Leichtigkeit, Lichtheit und Weite. Bündelpfeiler tragen die feingliedrigen Rippen eines Kreuz- und Sterngewölbes, die als filigranes Netz den weißen Gewölbeflächen aufliegen. Eigentlich handelt es sich um eine dreischiffige Halle mit polygonalem Chor und Chorumgang. Doch wird die erlebbare Raumform von dem eingeschriebenen Oktogon einer Emporenanlage bestimmt und zum Zentralraum verwandelt. Diese Emporen beziehen auch die Kreuzarme ein. Ihre steinernen Brüstungen werden von weitschwingenden Korbbögen getragen. Wo sie an die Pfeiler anbinden, sind deren Dienste durch Schaftringe knotenartig verstärkt. An der Rück- und Eingangsseite schwingt sich eine zweite Empore, die Orgelempore, über die gesamte Schiffbreite. Die Orgel ist ein neueres Werk der Firma Sauer, Frankfurt a. d. O. Die Gethsemanekirche ist im Herbst 1989 als Sammel- und Gesprächsort oppositioneller Gruppen bekannt geworden.

Die klinkerverblendete Kirche steht mit ihrem Turmaufbau in der Straßenflucht einer 5-geschossigen Mietshausfront. Ihre wuchtige expressive Fassade gliedern seitliche Risalite mit Attikageschoss. In der Sockelzone öffnen sich zwei Spitzbögen zu einer Vorhalle. Auf den Bogenscheiteln erheben sich Terrakottafiguren der Schutzpatrone Augustinus und Monica. Im oberen Feld sitzt eine große Fensterrosette mit Kreuz. Sie ist in ein giebelartig gestuftes Rahmenfeld eingebunden. Der zurückgesetzte zweigliedrige Turm ist an seinen Ecken stufig abgekantet und mit einem kupfernen Pyramidendach abgedeckt. An der Stirn trägt er ein weithin sichtbares vergoldetes Kreuz. Kräftige Gesimse gliedern die gesamte Fassade horizontal. Nach Osten bindet das dazugehörige, in den Obergeschossen verputzte Pfarrhaus an. Der Innenraum zeugt von großer gestalterischer Intensität. Da das bischöfliche Amt die von Bechern verfochtene moderne Form ablehnte, stand er unter dem Druck, einen Raum so ausdrucksstark zu gestalten, dass er in seiner Würde die üblichen neogotischen übertraf. In der südöstlichen Ecke liegt die dreistufig vertiefte, indirekt beleuchtete und mit Nischen in Parabelform umgebene Taufkapelle. Den quadratischen Kirchensaal überdeckt ein flaches Kuppelgewölbe mit zentralem Oberlicht. Seine Wände sind durch Blendbögen über Pfeilern mit kelchförmig gestuften Kapitellen gegliedert. In den Ecken sitzen Altarnischen. Der schmalere Chorraum liegt bühnenartig erhöht, was für die seit 1964 gültige Liturgie ungünstig ist. Seitliche schlanke Arkaden wirken wie Attribute der Erhabenheit. Der Altaraufbau im Stile der Art déco besteht aus blauglasierter Keramik.

491
Schulbauten
Dunckerstraße 64; 65/66
1913/14; 1899/1900
Ludwig Hoffmann

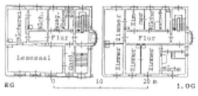

An der Dunckerstraße liegen beiderseits des Einschnitts der S-Bahntrasse (Nordring) zwei Schulkomplexe verschiedener Bauzeit von Hoffmann. Die ungewöhnliche Lage auf schmalem Baugrund ergab sich aus der damaligen Bodenpolitik, die wegen der spekulativen Überteuerung von Bauland die Bauten für gemeinnützige Zwecke der Volksbildung oft auf Rest- oder Hinterhofflächen verwies. Hoffmann gelang es dennoch, seinem Programm gemäß, auch diese öffentlichen Bauten zur Inszenierung eines eindrucksvollen Stadtbildes zu nutzen. Die Grundrisse organisierte er klar und rationell. Die architektonische Erscheinung aber bestimmte er nach der Lage und einem dafür gewählten Stil. Bei der südlich gelegenen Schule waren dies Formen der niederländischen Renaissance aus Klinkern mit Sandsteinrahmungen und -bändern, bei der anderen, ebenfalls aus Klinkern, adaptierte er Formen der Gotik. Beide sind als „Doppelschulen" gebaut, das heißt, sie besaßen eine Mädchen- und eine Jungenabteilung. Bei beiden liegt der Schultrakt entlang der Bahnlinie. Die Gebäude an der Straße enthielten Rektorenwohnungen und im EG Bibliotheken und Volkslesehallen. Beim südlichen Schultrakt blickten alle Räume zur Bahn. Dahinter verläuft der Erschließungsgang und verbindet die Treppenhäuser, die in den rechteckigen Ausbuchtungen und im Turm sitzen. Im Mittelrisalit befanden sich unten Amtszimmer und im 2. OG die Aula. Entscheidend für die Wirkung ist neben Erkern und Giebeln der hohe Turm mit einem dreifach gekuppelten Helm. Beim nördlichen Schulbau sind alle Bauteile einheitlich durch stark profilierte Pfeiler gegliedert. Dazwischen sitzen Drillingsfenster mit Kleeblattbögen, die ebenfalls vertikal durch Stabwerk verbunden sind.

492
Wohnanlagen Dunckerstraße
Gudvanger Straße, Prenzlauer Allee,
Erich-Weinert-Straße und Wisbyer Straße
1926–28
Paul Mebes, Paul Emmerich; Eugen C. Schmohl;
Braun & Gunzenhauser u.a.

Bauteil Mebes und Emmerich (oben), Lageplan (unten)

Das Wohngebiet zeigt in insgesamt sechs Blöcken das Nebeneinander verschiedener Stile aus der gleichen Zeit. Es war von der „Berlinischen Boden Gesellschaft" (Haberland) vorbereitet und von den Baugesellschaften „DeGeWo", „Heimat" und „Roland" mit 1400 Wohnungen bebaut worden. Braun & Gunzenhauser (4), aus historistischer Tradition kommend, erzeugten mit vorspringenden Loggienkörpern und einer dreifachen Staffelung in der Dachzone einen Massenrhythmus, und Eugen C. Schmohl (2) versah seine Loggien mit gekrümmten Seitenwangen, die er über den Dachansatz hinwegführte. Mebes und Emmerich hingegen wählten bei ihren beiden Blöcken für die DeGeWo (1, 3) sachlichere Lösungen. Der nördlich gelegene mit scheibenförmigen Loggienwangen bildet ein unregelmäßiges Fünfeck. Durch die diagonal verlaufende Krügerstraße waren dreieckige Flächen entstanden, die bei der Bebauung zusätzlich an den Ecken beschnitten wurden, um die von der neuen Bauordnung geforderte geringere Baudichte (4/10 statt 6/10) zu erreichen. Aus gleichem Grunde erhielt der sechste Block (Architekt unbekannt) einen zweiseitig offenen Grünhof. Er ist der architektonisch straffste. Die – auch heute oft wieder bevorzugte – Bebauungsstruktur der Blockbildung galt zur Bauzeit als konservativ, weil sie nur wenig Grünfläche im öffentlichen Raum beließ. Bruno Taut entwickelte jenseits der Prenzlauer Allee eine alternative Form der Bebauung (Nr. 493).

493
Wohnstadt „Carl Legien"
Erich-Weinert-Straße, Sült- und Gubitzstraße
1928–30
Bruno Taut mit Franz Hillinger

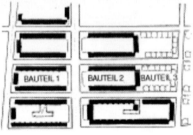

494
Wohnanlage Grellstraße
Grellstraße, Rietzestraße
1927/28
Bruno Taut

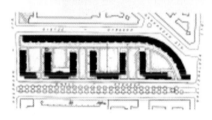

Der Begriff „Wohnstadt" ist von der gewerkschaft-lich-genossenschaftlichen Gehag (Gemeinnützige Heimstätten-, Spar- und Bau-Aktiengesellschaft) mit Bedacht gewählt worden. Er weist auf ein wesentliches Merkmal hin: Im Unterschied zu Britz (Nr. 579) oder Zehlendorf (Nr. 767) war hier wie für das gesamte Terrain nahe dem S-Bahn-Ring großstädtische Verdichtung gefordert. Taut gelang es, auch diese kompakte Anlage als grüne Oase zu gestalten. Er brachte die 1140 1- bis 3-Zimmer-Wohnungen in 4- bis 5-geschossigen flachgedeckten Blöcken unter. Diese öffnete er U-förmig zu der durch Grünstreifen erheblich verbreiterten Straße. Ihr Grün wuchs mit dem der geräumigen Gartenhöfe zusammen. Für die architektonische Lösung der Hoffronten griff er auf eine Idee J. J. Pieter Ouds zurück. Oud hatte bei der Siedlung „Tusschendyken" in Rotterdam zum Hof hin durchlaufende Loggien angebracht. Taut baute sie zu einem über alle Geschosse reichenden eigenständigen Loggiensystem aus, das er nun ringsum dem eigentlichen Baukörper vorlagerte. Wie an der Parchimer Allee in Britz war es von diesem farbig abgesetzt. Farbdrucke haben die Farbigkeit (Reste vorhanden) überliefert. Loggien in lichtem Gelb standen vor grünem, blauem oder rotem Hintergrund. Andere Hoffronten waren durch gekoppelte erkerartige Loggien gegliedert. Besonders eindrucksvoll sind die höheren Kopfbauten mit Doppelloggien, Eckfenstern und über Eck gezogenen abgerundeten Balkonen. Sie lenken den Blick vom Straßenraum zu den Gartenhöfen. Im östlichen Bereich der Erich-Weinert-Straße ist eine 1-geschossige Ladenzeile angefügt.

Als Baugelände stand der Gehag (Gemeinnützige Heimstätten-, Spar- und Bau-Aktiengesellschaft) ein schmaler Streifen inmitten gründerzeitlicher Miets-häuser zur Verfügung. Er verlief von der Greifswalder Straße (als Radialstraße) in westlicher Richtung. Taut setzte an die verkehrsreiche Straße einen Kopfbau mit Loggien und mit einem Laden. Er wirkt wie ein Signal für die gesamte Anlage. An ihn schloss Taut, anfangs in einem Bogen, dann gradlinig entlang der Rietzestraße verlaufend, eine lange Zeile von 24 Häusern an. Sie erhielten Flachdächer. Die Straßen-front beließ er glatt, staffelte sie aber leicht entspre-chend dem ansteigenden Terrain. Die Rückseite dagegen besetzte Taut mit Doppelbalkonen, die er zu prägnanten Figuren von Vierfachkreuzen zusammenfasste. Um auch der sie tragenden Verti-kalen Substanz zu verleihen, baute er hier die Be-senschränke ein. Die so figurierte gekrümmte Rück-front gehört zu Tauts eindrucksvollsten Architektur-motiven. Auf dem restlichen Terrain errichtete er zwei L- und zwei U-förmige Blöcke mit breiten Log-gien in konischen Vertiefungen. Taut hielt die Putz-flächen des Baues ganz in Weiß, um damit im Kon-trast zu den großen Altbauten seine lichte Bauidee zu propagieren, ließ dafür aber alle Holzteile, also Türen, Fenster und Dachgesimse stark farbig strei-chen. Sie sind ockergelb, rot und schwarz. Dieses Farbkonzept hat er in den letzten Berliner Jahren mehrfach angewendet. In der Rietzestraße ist der Originalzustand wiederhergestellt.

495

Bezirksamt Prenzlauer Berg
Prenzlauer Allee 63–67/Diesterwegstraße
1886–89
Hermann Blankenstein

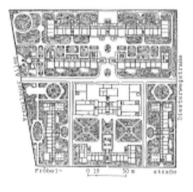

Der heute vom Bezirksamt genutzte Komplex entstand Ende des 19. Jahrhunderts für soziale Dienste
der Stadt. Er zeigt den kargen strengen Stil, in dem
der Stadtbaurat Hermann Blankenstein mehrere
Krankenhäuser errichtete, z. B. das heutige Fach-
krankenhaus Herzbergstraße (1889–92) in Lichtenberg und das Wilhelm-Griesinger-Krankenhaus
(1890–93) in Marzahn. Die Gebäude entlang der
Prenzlauer Allee und der Diesterwegstraße dienten
als Hospital, die quer dazu zwischen beiden Straßen
verlaufenden Gebäude als Siechenhaus. Der Acht-
eckbau, der von der Prenzlauer Allee her zugänglich
ist, war die Leichenhalle. Der nördlich davon gelegene 4-geschossige Bau ist 1896 von Dylewski
hinzugefügt worden. Von diesem stammt auch die
Erweiterung des ehemaligen Obdachlosen- und
heutigen östlich benachbarten Krankenhauses.
Blankenstein pflegte seine großen Anlagen symmetrisch zu ordnen. Hier verlief die Symmetrieachse
von der Mitte der Fröbelstraße aus nordöstlich. Die
ursprünglichen Verwaltungs- und Wirtschaftsgebäude wurden im Krieg teilweise zerstört. Die langgestreckten 2- und 3-geschossigen Gebäude haben
weit vorgeschobene Mittelrisalite und Seitenflügel.
Sie sind mit gelben Klinkern verblendet und durch
kräftige Gesimsbänder oder Friese aus roten und
blauen Terrakotten horizontal gegliedert.

496

**Zeiss-Großplanetarium und Wohnanlage
Ernst-Thälmann-Park**
Prenzlauer Allee, Greifswalder Straße
1985–1987
Gottfried Hein (Planetarium); Marianne Battke, Diet-
rich Kabisch, Dorothea Krause, Eugen Schröter,
Helmut Stingl (Wohnanlage)

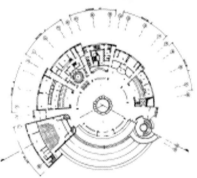

Grundriss EG

Auf dem Gelände des von 1893 bis 1981 betriebe-
nen Städtischen Gaswerks wurde nach Abbruch der
Kokerei ein Wohnpark mit 1350 Wohnungen in 8-
geschossigen Scheiben des Typs WBS 70 und vier
12–18-geschossigen Punkthäusern errichtet. Zum
Bauprogramm gehörten Kultureinrichtungen, u. a.
ein Haus der Volkskunst und ein Jugendklub mit
Theatersaal, beide in umgenutzten Gebäuden des
Gaswerks, außerdem als Neubau das Zeiß-Groß-
planetarium mit 292 Plätzen im NW des Bauge-
biets. Das bautechnische Projekt dafür entwickelte
ein Jenaer Baubüro zusammen mit dem Carl-
Zeiß-Werk Jena. Generalprojektant war Gottfried
Hein. Eröffnet wurde nach zweijähriger Bauzeit am
9. Oktober 1987 zur 750-Jahr-Feier Berlins. Die
Projektkuppel von 23 m Durchmesser besteht aus
einem mit perforiertem Blech verkleideten Zeiß-
Stabnetz. Sie wird von einer freitragenden Beton-
schalenkuppel umhüllt, die sich über den Kugel-
äquator hinaus nach unten fortsetzt. Keilförmige
Funktionsräume umfassen – einschließlich eines
Kinos – spiralig gestaffelt das zentrale Foyer unterhalb des Planetariums. Die Treppe liegt in einem
eigenen zylindrischen Treppenturm mit bekrönendem Glasdach.

497
Wohnanlage
Paul-Heyse-Straße, Heinz-Bartsch-Straße
1926/27
Bruno Taut

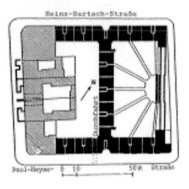

Bei der 4- und 5-geschossigen Anlage vermied
Taut die einfache Blockumbauung. Stattdessen
wählte er eine H-Form. Die Gebäude sind in der
Substanz erhalten, in den Oberflächen aber verdor-
ben. Die Gehag baute sie für die Wohnungsfürsor-
gegesellschaft. Sie enthalten etwa 120 kleine und
mittelgroße Wohnungen mit Balkonen. Taut band
den Bau mit zwei seiner Schenkel an ältere Bebauung an. Dazwischen blieb ein kleiner Innenhof. Die
beiden anderen Schenkel umfassen an der Ernst-
Fürstenberg-Straße einen abgesenkten, mit Pappeln
im Halbrondell bepflanzten Vorhof. Taut hatte hier
die Klinkerflächen an den Wänden und den Log-
gienbrüstungen kontrastiv gegen weiße Putzflächen
gesetzt. Zu einprägsamen Motiven gestaltete er die
seitlichen Eingänge in Höhe des Verbindungsflügels.
Sie greifen in ganzer Bauhöhe streng symmetrisch,
mit beiderseits abgerundeten Logienkörpern, Rücksprüngen und Schrägen tief in den Baukörper ein.
Hinzu kamen ursprünglich die Farbkontraste. Ein
dunkler (blau-grüner) Ton, mit dem die Drempel-
zone von der weißen Fassade abgesetzt war,
sprang auf die rückwärtigen Wandteile über und
wurde zum Hintergrund für die Loggien, die das
Weiß bis zum Eingang weiterführten.

498
Schwimm- und Radsporthallen
Landsberger Allee, Paul-Heyse-Straße
1993–97
Dominique Perrault

Simulation Gesamtanlage (oben), Zustand 1997 (unten)

Die Sportanlage an der Landsberger Allee geht,
entsprechend der Max-Schmeling-Halle (Nr. 487)
auf die gescheiterte Berliner Olympia-Bewerbung für
das Jahr 2000 zurück. Die beiden Hallen bilden
einen zusammenhängenden Komplex, dessen Gesamtanlage konzeptionell und ästhetisch so überra-
schend wie überzeugend erscheint. Der größte Teil
der Baumasse wird unter das Straßenniveau verla-
gert, lediglich die Oberkanten der Baukörper werden
nach außen sichtbar. Perrault bettete das Rund der
Radsporthalle und das Rechteck der Schwimmhalle
in ein großes, mit Apfelbäumen bepflanztes Park-
plateau ein, geböschte Einschnitte lassen die mit
schimmernden Metallplatten verkleideten Bauten
erkennen. Erschlossen wird das Sportzentrum einerseits über Treppenanlagen, die am Rand des Pla-
teaus 17 m tief auf das Niveau der Hallenböden
führen; andererseits ermöglichen Tunnel und Brücken direkte Zugangsmöglichkeiten von der benachbarten S-Bahnstation aus. So unauffällig der
Komplex von außen wirkt, so spektakulär erscheinen die vollkommen stützenlosen Innenräume mit
ihren freitragenden Stahlfachwerken und variieren-
den Gitterstrukturen. Die einfache Geometrie der
Grundkonzeption, die elegante Konstruktion sowie die
Materialästhetik des glänzenden Metalls vermitteln den
Bauten einen futuristischen Charakterzug, der jedoch
trotz der Dimensionen letztlich nicht monumental
wirkt und sich zusammen mit der Dominanz der
Gartenanlage zu einem surrealpoetischen Bild fügt.

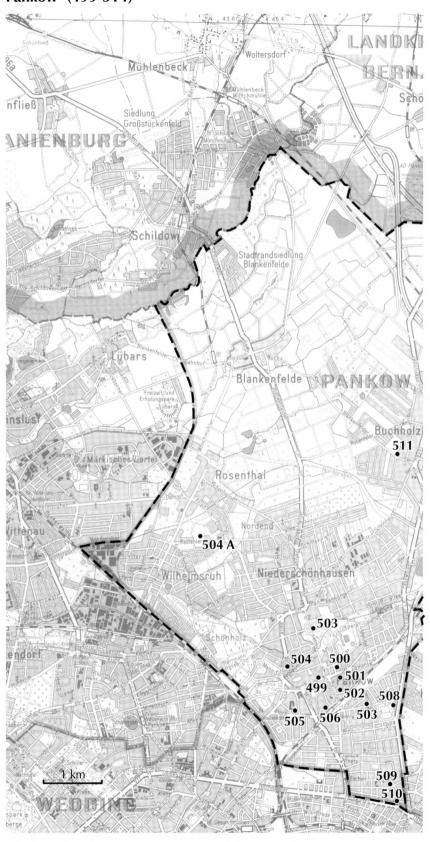

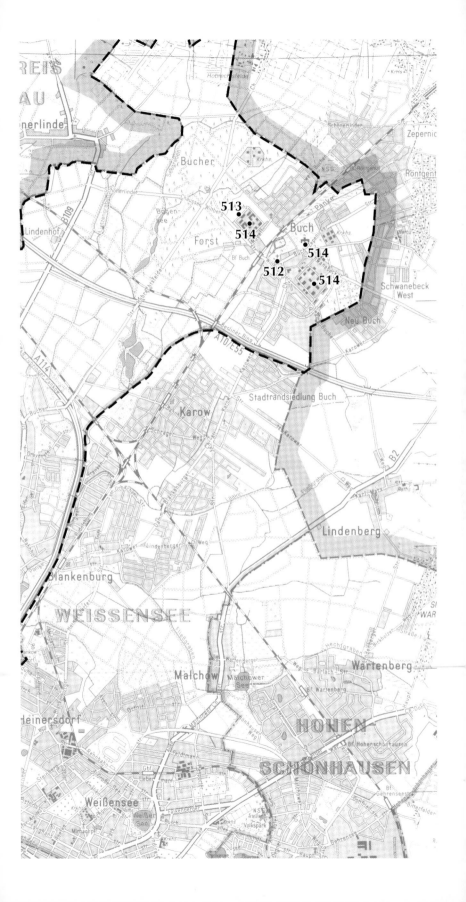

499
Pfarrkirche Pankow
Breite Straße
15. Jahrhundert; 1858/59; 1908
u. a. Friedrich August Stüler

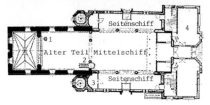

1 Taufstein, 2 Kanzel, 3 Sakristei, 4 Konfirmandenraum

Die Pfarrkirche steht auf dem lang gestreckten Anger, der vermutlich mit der Gründung des Dorfes um 1230 angelegt worden ist und heute mit der Umbauung des 19. und 20. Jahrhunderts in seinem Umfang noch besteht. Der Ursprungsbau der Kirche ist der heutige Ostteil. Er stammt aus dem 15. Jahrhundert. Der rechteckige Feldsteinbau ist mit Fialen aus Backstein besetzt. In seinem Ostgiebel befinden sich, von Backstein ummauert, drei Zwillingsblenden, eine Nische und zwei gotische Spitzbogenfenster. 1858/59 erweiterte Friedrich August Stüler, der Hofarchitekt Friedrich Wilhelms IV., den Kernbau nach Westen durch einen neogotischen Backsteinbau mit einer dreischiffigen Halle und zwei schlanken achteckigen Glockentürmen, die spitze Helme tragen. Die drei Schiffe erhielten gesonderte Satteldächer. Diese ergaben an der West- und Eingangsseite, an welcher die Seitenschiffe etwas zurückgesetzt waren und das Mittelschiff ein Rosettenfenster im Giebel trug, ein eindrucksvolles Motiv. Der Anbau einer Westvorhalle 1908 hat diese Wirkung gemindert. Im Innern ist der Altbau von einem Sternrippengewölbe überwölbt. Der Bau Stülers erhielt eine flache Holzdecke.

500
Wohnanlage „Amalienpark"
Amalienpark 1-8, Breite Straße 2/2a
1896/97
Otto March

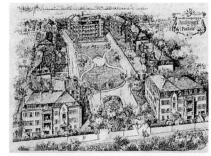

Spätklassizistisches Haus (unten links)
Portal Amalienpark 2 (unten rechts)

Die Wohnanlage zwischen Breite Straße und Wolfshagener Straße baute March für die Landhaus-Baugesellschaft Pankow, deren Direktor er war. Die Gruppe von ursprünglich neun landhausartigen Miethausvillen liegt auf einem 100 m breiten und 160 m tiefen ehemaligen Privatgrundstück. Die Häuser sind wenige Meter an die seitliche Grundstücksgrenze herangerückt, so dass in der Mitte ein kleiner, zur Hauptstraße offener Park entstanden ist. Den Eingang flankieren zwei winklig angelegte Häuser. Den hinteren Abschluss bildet ein größeres Doppelhaus. Die 2- und 3-geschossigen Häuser, teilweise mit ausgebauten Mansarddächern, enthalten große 4- oder 5-Zimmer-Wohnungen mit Küche, Bad und einer vorstehenden größeren Laube. Einige Wohnungen sind durch innere Treppen noch größer. Die Eingangsrisalite, teilweise auch die Lauben, haben barockisierende Giebel. In ihrem Habitus jedoch ähneln sie den spätklassizistischen Nachbarhäusern. Ebenfalls neobarock sind die Portale mit seitlichen Säulen und übergiebelten Oberlichtern.

501
Kavalierhaus (ehem. Hildebrandsche Villa)
Breite Straße 45
Mitte 18. Jahrhundert

502
Ehem. Zigarettenfabrik Garbaty
Hadlichstraße 44
1930/31
Fritz Höger

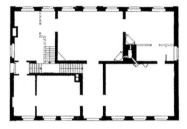

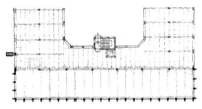

Das 1-geschossige siebenachsige Haus mit Krüppelwalmdach und Dachgaupen ziert nur ein schmaler genuteter Portalrisalit. Die vermutlich noch originale Flügeltür zeigt Formen des Rokoko aus der Mitte des 18. Jahrhunderts. Die geschwungenen Eingangsstufen und Wangen, ursprünglich mit schmiedeeisernem Geländer, sind von Sitzen flankiert. In der Mittelachse liegen Flur und Gartensaal. Alle Räume sind untereinander verbunden. Ihre Türen haben Segmentbögen. Das ganze Haus ist unterkellert und im Dachgeschoss ausgebaut. Vor der Straßenfront stehen vier Sandsteinputti, die nach Mimik und Gestik die vier „Temperamente" darstellen (1960 durch Kopien ersetzt, Originale im Bodemuseum, Nr. 30). Sie wurden stilistisch dem Dresdener Bildhauer Gottfried Knöffler zugeschrieben. Quellen gibt es nicht. Doch hatte Knöffler 1730–32 bei Glume in Berlin gearbeitet, so dass weitere Verbindungen anzunehmen sind. Rückwärtig ist ein parkartiger Garten erhalten. Auch die Geschichte des Hauses ist unklar. Der Name „Kavalierhaus" geht auf die Version zurück, Friedrich II. habe es, als er 1740 seine Gemahlin nach Schloss Niederschönhausen verbrachte, für Kavaliere des Hofes erbauen lassen. Die Putti soll er 1757 bei Knöffler bestellt haben. Neuere Nachforschungen (Ch. Schneidereit) ergaben, dass hier 1685 ein Kossätenhof wüst lag, der 1695 durch Kurfürst Friedrich III. dem Hugenotten Henry Noé überlassen wurde. Das Haus könnte stilistisch schon Anfang des 18. Jahrhunderts entstanden sein. Auch andere nachweisbare Besitzer waren Bürgerliche – bis hin zur Familie Hildebrand, die es 1865 übernahm. 1991 wurde das Haus, das sich in einem desolaten Zustand befindet, dem Kunstverein Pankow zur Nutzung übergehen.

Der Kernbau ist 1906 nach einem Entwurf von Paul Überholz in leicht in Richtung Jugendstil abgewandelten neoklassizistischen Formen erbaut worden. 1930/31 ließ die Firma daran nach Osten einen 21-achsigen, 5-geschossigen Flügel mit einer Länge von 56 m und einer Breite von 9 m anbauen. Er enthält Lagergeschosse. Mit der Rückseite schließt er sich in ganzer Länge an den Altbau an. Seine architektonische Gestaltung zeigt eine bei Höger selten anzutreffende Modernität und konstruktive Sachlichkeit. Die Stützen der eisernen Rahmenbinder in der Fassade sind mit weißgelben mattglasierten Klinkern verkleidet. Sie stehen gleich Lamellen vor der eigentlichen Wand und laufen oben in einigem Abstand vom weit vorspringenden Flachdach frei aus. Die Geschosse mit ihren Brüstungen wirken wie daran angehängt. An den Ecken stoßen die beiden Pfeiler der angrenzenden Fassaden im Winkel zusammen. Auf der Eingangsseite scheidet ein weitvorspringender Pfeiler diesen neuen Teil vom Altbau. Die Form der Pfeiler wird dadurch nuanciert, dass sie sich durch beiderseits in Fugen sitzende schwarze Eisenklinker in etwa 6 cm Stärke (Viertelstein) optisch zusätzlich von der Wand zu lösen scheinen. Mit dem verwendeten hellen Steinmaterial wurde eine Angleichung an den ebenso hell verblendeten Altbau gesucht.

503
Schloss und Park Niederschönhausen
Ossietzkystraße
1664;1693;1704
Johann Arnold Nering; Johann Friedrich Eosander von Göthe

Ansicht der Gartenfront

Das erste Schloss ließ 1664 Gräfin Dohna nach Plänen, die ihr Gemahl, ein General-Feldzeugmeister, gezeichnet haben soll, als bescheidenes Herrenhaus in Hufeisenform nach holländischem Muster anlegen. 1691 kaufte es Kurfürst Friedrich III., der spätere König Friedrich I. Er ließ es 1693 durch Nering und von 1704 an durch Eosander zu einer größeren Schlossanlage mit Park um- und neugestalten. Dabei erhielt das Schloss eine neue Gartenfassade, eine barocke Ausschmückung im Innern und statt des ursprünglichen Mansarddaches ein Satteldach. Seitdem hieß es „Amt Niederschönhausen". 1740 schenkte es Friedrich II. seiner Gemahlin „ad dies vitae" für ihr vom Hofe abgesondertes Leben. Nach Verwüstungen durch Kosaken 1760 erfolgte 1763/64 nach Plänen von J. Boumann ein erneuter Auf- und Ausbau zur heutigen Gestalt. Dabei wurde an der Stelle des Ehrenhofes eine zweiarmig geschwungene Treppe in Formen des Rokoko errichtet. An der Südseite entstanden neue Galerien im Rokoko-Stil. Im 19. und frühen 20. Jahrhundert lag das Gebäude unbenutzt und verwahrloste. 1831 gestaltete P. J. Lenné den südöstl. Bereich des Schlossparks als Landschaftspark. 1935–36 wurde es von der Preußischen Schlossbauverwaltung von Grund auf nach dem

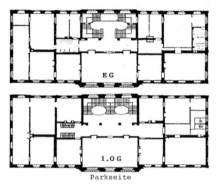

Zustand von 1764 rekonstruiert. Zusätzlich wurden zwei Decken aus dem abgebrochenen „Hohen Hause" in der Klosterstraße eingebaut. Nutzer war nach Fertigstellung die damalige „Reichskammer der bildenden Künste". In der DDR diente es anfangs als Sitz des Präsidenten, später als Gästehaus für hohe Staatsgäste. Dabei erfuhr es mehrfach Veränderungen. Seit dem 3. Oktober 1990 ist es im Besitz des Bundes. Noch ist unklar, ob es Besuchern zugänglich sein wird.

504
Wohnanlage
Grabbeallee 14–26, Paul-Franke-Straße
1908/09
Paul Mebes

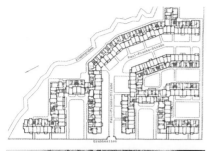

Lageplan (oben), Blick in die Paul-Franke-Straße (unten)

Die Anlage gehört zu den bedeutendsten Werken, die
Mebes im Rahmen der Wohnreform als Architekt des
Beamten-Wohnungs-Vereins geschaffen hat. Das
architektonische Programm und das Baumaterial
(Rathenower Handstrichziegel) zeigen – wie die
Mietwohnanlage Steglitz II (Nr. 728) – Mebes' Absicht, durch Rückgriffe auf einfache Formen bürger-
lich-klassizistischer Baukunst um 1800 den gründerzeitlichen Historismus und den Gegensatz von Fassade und Hinterhof zu überwinden. Der Komplex umfasst 174 Wohnungen in 27 3-geschossigen Häusern. Das Grundstück bildet ein Dreieck zwischen der
Hauptverkehrsstraße und dem Zingergraben. Mebes
erschloss das Gelände bis in die Tiefe durch eine im
Bogen geführte Privatstraße, die spätere Paul-Franke-
Straße, die zur funktionalen und räumlichen Mitte
wurde, weiterhin durch drei Wohnhöfe, die sich zur
Straße oder zum schmalen Erschließungsweg entlang
der Südgrenze des Geländes öffnen. Die so entstandene Planfigur in halboffener Bauweise übergreift
spinnennetzartig das gesamte Terrain. Alle Häuser
bieten gleiche Wohn-bedingungen, und alle Wohnräume der 2- bis 5-Zimmer-Wohnungen haben Sonnen-
lage. Zugleich ist das einzelne Haus gestalterisch
unlösbar in die Einheit der Wohnanlage eingebunden.
Die Giebel über den Doppelloggien markieren nicht
das Einzelhaus – denn sie gehören zu zwei Häusern –
, sondern dienen der Rhythmisierung der Hausreihe.
Verschiedentlich sind steinerne oder hölzerne Lauben
vorgebaut. Vier Hausreihen stoßen an die Straße.
Obwohl sich an die beiden äußeren noch einmal Flügel anschließen, und alle mit Giebeldreiecken bekrönt.
Eine behutsame Symmetrie verweist auf den Zugang
zur Erschließungsstraße. Ein Turm zeigt die räumliche
Mitte an. Auf allen Freiflächen stehen Kiefern. Der
rückwärtige Bereich um den Bach blieb unberührte
Natur. Dort hinein legte Mebes Kinderspielplätze.

504 A
Wohnanlage Winkelwiesen
Kastanienallee 47–49
1993–94
Jutta Schattauer & Constanze Tibes; Liepe &
Steigelmann; Eble & Kalepky; Thomas Schindler

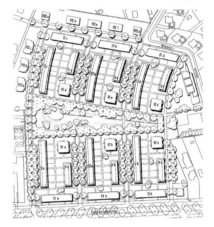

Lageplan: I, II Bauteil Schattauer & Tibes; III, IV Bauteil
Liepe & Steigelmann; V Bauteil Eble & Kalepky; VI, VII,
VIII Bauteil Schindler

Auf der Grundlage des städtebaulichen Wettbe-
werbskonzepts von Schattauer & Tibes entstand
diese Siedlung im Rahmen des Sozialen Wohnungsbaus. Um die konisch sich weitende Freifläche
der „Winkelwiese" gruppieren sich sechs U-förmige
Wohnhöfe, die aus verschieden langen, leicht ein-
geschwungenen Zeilen und jeweils einem Stadt-
villen-Typus zusammengesetzt sind, Schattauer &
Tibes entwarfen die aus je zwei Zeilen zusammen-
gesetzten Eckbebauungen des Areals, auf Schindler
gehen die Stadtvillen sowie die nördlich der eigentlichen Siedlungsfigur angelagerten Häuser zurück,
Eble & Kalepky bauten die kleinen Zeilen der Wohnhöfe, alle weiteren Bauten stammen von Liepe &
Steigelmann. Die Kernbebauung der Siedlung weist
vier OG auf, die das Gebiet nördlich und südlich
abschließenden Häuser leiten mit ihren drei OG zu
der Höhe der anschließenden Nachbarbebauung
über. Mit ihrem zurückhaltenden Farbkonzept und
den einfachen Fassaden, die v.a. durch den Wechsel von regelmäßigen Fensterfolgen und tiefen Balkoneinschnitten bestimmt werden, verweisen die
Einzelbauten deutlich auf das Vorbild des Neuen
Bauens und schaffen ein ruhiges in sich ausbalan-
ciertes Ensemble.

505
Schulanlage
Görschstraße 43/44
1909/10
Karl Fenten, Rudolf Klante, Eilert Franzen

506
Gesundheitshaus
Grunowstraße 8–11
1926–28
Eilert Franzen

Außenansicht um 1910 (oben); Treppenhausturm, Innenansicht 1990 (unten)

Dieser ausgedehnte Schulkomplex – der größte in
Berlin aus dem Anfang des Jahrhunderts – liegt mit
mehreren Gebäudeflügeln um einen trapezförmigen
Hof. Die 3- und 4-geschossige Straßenfront des
Hauptgebäudes, der „Carl-von-Ossietzky-Ober-
schule", ist winklig um einen begrünten Vorplatz
angelegt und durch einen Treppenhausturm im
Winkel der beiden Flügel, durch einen turmartigen
Eckerker und mächtige Schaugiebel geschmückt.
Der größte Giebel an der längeren Front ist 4-ge-
schossig gestaffelt. An seiner Basis sind Puttenpaare angebracht, und auf seiner Spitze sitzt eine
Minervastatue. Alle Bauglieder und Details der über-
dekorierten Fassade zur Straße und zum Hof haben
die deutsche Renaissance zum Vorbild. Den reichen
bildhauerischen Schmuck fertigten Hans Schmidt
und Franz Pristel. Vor dem Keller- und Erdgeschoss
wurde die Wand rustiziert. Das 3. OG erhielt eine
zusätzliche Gliederung durch Dreiviertelsäulen, die
auf Konsolen sitzen. Der untere Teil ihres Schafts ist
mit Beschlagwerkornamentik verziert. Der Treppenhausturm erscheint im Winkel beider Gebäude als
Viertelrund. Den Zugang zu ihm eröffnet ein Portal
mit Doppelsäulen und gesprengtem Giebel. Über
dem Dach tritt er als ein mit Zwerchgiebeln besetzter Achteckturm in Erscheinung. Die innere Treppe
führt jeweils mit Doppelläufen bis zum Podest und
dann einläufig weiter. Renaissancedoppelsäulen mit
Kompositkapitellen bilden das Tragsystem.

Der langgestreckte 3-geschossige Klinkerverblendbau ist durch ein Mittelrisalit mit Durchfahrt und
durch zwei Seitenrisalite gegliedert. Das EG mit
Rundbogenfenster wurde durch ein Gesims von den
Obergeschossen abgesetzt. Die Risalite sind durch
ein Attikageschoss erhöht. Im Mittelrisalit befindet
sich über der Durchfahrt ein schmiedeeisernes
Balkongitter. Die darüber angeordneten Fenster, die
im Unterschied zu den meisten anderen hochforma-
tig sind, sitzen in einer annähernd quadratischen
Blende mit Zickzackband in der Mitte. Seinen besonderen Charakter erhielt der Bau durch die hier
verwendeten stark dekorativen spätexpressionis-
tischen Formen. Die Pfeiler stehen spitz vor. Die
ebenso geformten Pfeilervorlagen an den Seitenrisaliten tragen Figuren. Die kleinen Portale mit ent-
sprechenden Gewändepfeilern werden von spitz-
zackigen expressionistischen Bogenmotiven und
Dekor bekrönt. Die vom nördlichen Portal aus er-
reichbare Innentreppe ist im originalen Zustand
erhalten. Ihre Wände sind mit farbigen glasierten
Kacheln – vorwiegend in Gelbtönen – verkleidet.

507
Wohnbebauung
Kissingen-, Neumann-, Stubnitz-, Granitzstraße, Miltenberger Weg; Sellinstraße
1925/30
Paul Mebes mit Paul Emmerich; Jacobus Goettel

Bauteil Stubnitzstraße (1)

Der organisch gewachsen wirkende Straßen- und Platzraum um den Kissingenplatz ist, abgesehen von einigen vorhandenen Altbauten, einheitlich von Mebes und Emmerich für zwei Wohnungsbaugenossenschaften, den Beamten-Wohnungs-Verein Neukölln und die Baugenossenschaft Steglitz, bebaut worden. Die Ausführung lag in der Hand einer Baufirma (Richter und Schädel). Auch die folgenden Blöcke nördlich der Kissingenstraße bis zur Prenzlauer Promenade schufen die beiden Architekten, gemeinsam mit Jacobus Goettel. Überall kam eine Blockrandbebauung entlang der Straßen zur Anwendung. Dennoch entstand ein gegliedertes, offenes Siedlungsbild mit Enge und Weite, raumbegleitender Bepflanzung und wechselnden architektonischen Motiven. An der Südseite der Stubnitzstraße (1) dominieren winklig vorstehende Treppenhauserker mit expressivem Gestus am Dach. Die Zickzacklinie ist durch Bänderung gesteigert. Die Ostseite der Neumannstraße (2) ist durch die typischen Mebes'schen Doppellauben gegliedert. Am Kissingenplatz (3) setzen sich Rücksprünge für die Loggien im Dach fort. Am Miltenberger Weg (4) bilden Eingangs- und Treppenhausmotive plastische Durchdringungsformen. Ein kräftiger gelbweißer Kellenputz ergab eine hautartige Textur. Fenster und Türen waren farbig. Die Treppenhäuser sind eng und die Wohnungen sehr klein. Doch wurde jeder eine Loggia, meist auf der Hofseite, zugebilligt. Auf der Südseite liegen zwischen Gerichtsgebäude und

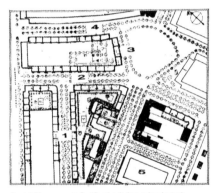

Bauteil Neumannstraße (2, oben), Lageplan (unten)

Schule beiderseits der Sellinstraße zwei streng gefasste Blockbebauungen (5) mit großen Innenhöfen, die Langkeit von der Entwurfsabteilung der Gagfah entworfen hat. Die Fronten sind durch breite, farbig abgesetzte Risalite (grau vor grün) gegliedert. In der Mitte der Sellinstraße befinden sich zwei rundbogige Durchgänge zu den Innenhöfen. Die Doppelbalkon-Brüstungen im Hof wurden durch Nutung glatter Edelputzflächen kräftig strukturiert. Der Block zwischen Neumann- und Forchheimer Straße entstand um 1930 nach Plänen Hans Krafferts.

508
„Zeppelinhäuser"
Kissingenstraße, Prenzlauer Promenade,
Retzbacher Weg
1929–31
Walter Borchard, Georg Thoféhrn

509
Wohnanlage
Thulestraße, Talstraße, Hardangerstraße,
Eschengraben
1925–27
Erwin Gutkind

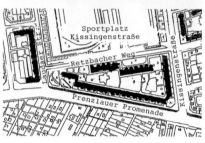

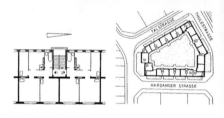

Fassade Talstraße (oben)

Die im Volksmund „Zeppelinhäuser" genannten Wohnhäuser entlang der Prenzlauer Promenade erhielten ihren Namen aufgrund der korbbogenartig geformten Dächer. Bei ihnen handelt es sich um Tonnenschalen, also eine Schalenbauweise, bei der 4 cm dicke Schalen durch Stege auf dem Dach randversteift sind. Hergestellt wurden sie von der Betonfirma Dyckerhoff und Widmann, die das Patent für diese Konstruktion gemeinsam mit dem Carl Zeiss Werk, Jena, besaß. Bauherr war die firmeneigene „Dywidag Wohnungsbaugesellschaft". Es war das einzige Mal, dass die Schalenbauweise in diesem Umfange – die Dachlänge beträgt insgesamt einen halben Kilometer – im Wohnungsbau angewendet worden ist. Als dies geschah, lag ihre Erfindung gerade sechs Jahre zurück. 1923 war sie im Carl Zeiss Werk im Zusammenwirken von Ingenieuren des Gerätebaus mit Betonbauern entwickelt worden, um eine ideale Projektionskuppel für das Zeiss-Planetarium zu erhalten. Die 4-geschossigen Wohnhäuser mit Doppelkern sind, da das Schalungsmaterial nur gerade geführte Tonnen zuließ, etwas steif durch Winkelbildung räumlich gruppiert. Der erste Block südlich der Laudaer Straße zwischen Obernburger Weg und Prenzlauer Promenade war noch traditionell gedeckt. Danach erst hat man sich vermutlich entschlossen, die neue Dachform für den Wohnungsbau zu erproben. Geplant war auch eine Umbauung des Sportplatzes, die jedoch unterblieb.

Den 3- und 4-geschossigen Block baute die Deutsche Gartenstadt-Gesellschaft. Er umgreift als unregelmäßiges Fünfeck einen Grünhof und enthält 90 2- und 3-Zimmer-Wohnungen. Seine markante Erscheinung erhält er durch den Kontrast weißer Putzflächen mit dunkelroten Verblendklinkerflächen, vor allem aber durch die Eckausbildungen. Das schiefwinklig geführte Treppenhaus an der Ecke Talstraße und Eschengraben ist verglast und mit stumpfwinkligen Betonlamellen strukturiert. Die Treppenhauszone an der gegenüberliegenden Ecke Hardanger- und Talstraße wurde dagegen turmartig ausgebildet und weiß verputzt. Gutkind verwendete sehr niedrige, liegende Fenster, deren Charakter durch gleichfalls horizontal verlaufende (heute meist nicht mehrvorhandene) Sprossen unterstrichen wurde. Er verband sie zusätzlich durch weiße Putzflächen. Dem Klinkermauerwerk nahm er die Schwere, indem er das EG ringsum weiß strich. Der Drempel ist, wie immer bei Gutkind, überhöht und stark betont. In ihm sitzen winzige Bodenluken. Hier sollte er zugleich die Brüstung für die geplanten Dachterrassen bilden. Doch ist die Ausgestaltung des Daches mit Dachgarten, Pergolen, Sitzecken und Spielplätzen für die Bewohner nicht zur Ausführung gekommen. Während des Zweiten Weltkrieges wurden Teile am Eschengraben zerstört und primitiv wiederaufgebaut.

510
Wohnanlage Pankow I und ehem.
Lehrerinnenwohnheim Pankow III
Wisbyer Straße 41–44, Max-Koska-Straße 6,
Talstraße 7–11, Spiekermannstraße 27/29
1909/10
Paul Mebes

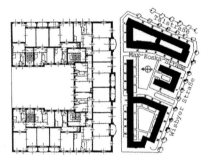

Grundriss Lehrerinnenheim, Lageplan

511
Jugendfreizeitzentrum Buchholz
Blankenfelder Straße 50
1998
Barkow Leibinger Architekten

Ansicht (obben), Grundriss (unten)

Die beiden benachbarten Anlagen wurden gleichzeitig errichtet, hatten aber unterschiedliche Bauherren.
Pankow I mit 165 Wohnungen baute der Beamten-
Wohnungs-Verein als 5-geschossige Randbebauung mit zwei Innenhöfen zwischen Talstraße und
heutiger Max-Koska-Straße. Die zweite, als „Lehrerinnenheim" konzipierte Anlage entstand im Zusammenhang mit der öffentlichen Diskussion um
das Einküchenhaus als einer neuen Wohnform, –
eines Mietshauses mit Restauration zur Versorgung
vorwiegend Alleinstehender. Für berufstätige Frauen
war es damals schwierig, angemessene Unterkunft
zu finden. Deshalb schlossen sich Lehrerinnen zu
einem Spar- und Bauverein zusammen und übertru-
gen Paul Mebes die Planung eines Hauses mit 50
Wohnungen. Später übernahm es der Beamten-
Wohnungs-Verein. Mebes entwarf eine U-förmige
Anlage mit offenem Wohnhof und Gartenplatz zur
inneren Straße. Die Wohnungen bestanden aus
1 1/2–3 Zimmern, überwiegend aber aus 2 Zimmern von 60 m² Grundfläche. Alle hatten eine kleine Küche, ein Bad, eine Loggia und eingebaute
Wandschränke. Im EG lagen Gemeinschaftsräume,
vor allem die Speiseräume. Der Baukörper blickt
symmetrisch zur Wisbyer Straße. Die Fassaden sind
dreigeteilt: Keller und EG bilden die Sockelzone.
Das 4. OG ist als Attikazone abgesetzt. Medaillons
auf den Brüstungen, die Frauenköpfe darstellen,
weisen auf die ursprüngliche Bestimmung hin.

Ein buntes, erfrischendes und seiner Funktion völlig
gerecht werdendes Gebäude entwarfen die deutsch-
amerikanischen Architekten Regine Barkow und Frank
Leibinger für das Buchholzer Jugendfreizeitzentrum.
Mit einem markanten Knick löst es bereits im Grundriss jegliche Starre auf, schwenkbare Fensterläden tun
ein übriges, die Architektur in ein leichtes und offenes
System zu verwandeln. Der Entwurf geht zurück auf
einen 1994 ausgelobten Wettbewerb, der die Aufgabe einer flexiblen Struktur vorsah, die – variiert – für
sechs verschiedene Kitas verwendet werden konnte.
Barkow und Leibinger gewannen das Verfahren und
konnten ihr System an zwei Beispielen, dem Jugendzentrum und einer Kita an der Mazetstraße/Nante-
straße, umsetzen. Ausgehend von einer – quer durch
Buchholz gedachten – Zickzacklinie, die sich mit der
städtebaulichen Struktur des Viertels kreuzt, sollten an
bestimmten Kreuzungspunkten die Kitas entstehen.
Der die ausgeführten Projekte kennzeichnende Knick
ist ein Reflex dieser Grundsatzüberlegung. Das 2-
stöckige Gebäude des Jugendzentrums ist eine Holz-
rahmenkonstruktion, in die Eternit- und Glasplatten
sowie Holzfenster mit lasierten Rahmen eingehängt
wurden, an der Nordfassade dominiert eine Lärchen-
holzverschalung das Bild. Hintereinander gestaffelte
raumschichten mit unterschiedlichen Funktionen – von
den Gruppenräumen im Süden bis zu den Sanitär-
räumen im Norden – vermitteln dem Konzept eine
funktionelle Plausibilität. Es ist aber vor allem der warme Klang der von leuchtend rot bis grau-blau reichenden Farbpalette der in die Rahmenkonstruktion eingehängten Elemente, die neben der ebenso klaren
wie spannungsvollen Gesamtfigur überzeugen.

512
Schlosskirche Buch
Alt-Buch
1731–36
Friedrich Wilhelm Diterichs

513
Zentralinstitut für Herz-Kreislaufforschung
Wiltbergstraße 50
1954–56
Franz Ehrlich

Ansicht des Innenhofes

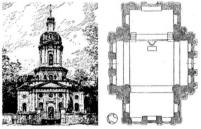

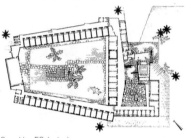

Grundriss EG (unten)

Zustand 1990 (oben), 1934 (unten links)

Die Kirche ist ein Rest des Gutes, dessen ausgedehnter Park noch immer den Charakter dieses im nordöstlichen Zipfel Pankows gelegenen ehemaligen Dorfes bestimmt. 1898 kaufte die Stadt Berlin die Ländereien des Gutes und ließ Heil- und Pflegeanstalten darauf anlegen. Diterichs baute die Kirche 1731–36 im Auftrage des damaligen Besitzers, des Ministers Adam Otto von Viereck, an der Stelle der alten Dorfkirche. Als Landkirche wurde sie mit ungewöhnlicher barocker Pracht ausgestattet. Sie ist eine Kuppelkirche über ostwestlich gestreckter Kreuzform. Die Kuppel bildet ein Achteck. Über ihr erhob sich auf einem Unterbau ein hoher, im Krieg 1943 zerstörter achteckiger Zentralturm mit Haube und Laterne. Erhalten blieb jedoch der Unterbau des Turms. 1950–53 sind die übrigen Kriegsschäden beseitigt worden. Der reich gegliederte Außenbau erhielt an der Eingangsseite einen Portikus mit vier toskanischen Halbsäulen, Giebel mit Tympanon und darüber eine Attika. Die übrigen Seiten sind durch jeweils vier Pilaster gegliedert. In den Winkeln der Flügel sitzen an der Vorderseite Pfeiler mit Pilastern. Säulen und Pilaster tragen über schmalem Architrav einen Triglyphenfries, der um das gesamte Gebäude herumläuft. Die barock gerahmten Fenster sitzen in zwei Geschossen. Das Innere ist heute an der Stelle der hohen Turmkuppel flach überdeckt. Die reichen Deckengemälde sind verloren. Die heutige Orgel stammt aus Prenzlau. Von der alten Ausstattung ist lediglich das Marmor-Epitaph des Ministers von Viereck aus dem Jahre 1763 vom Schlüter-Schüler Johann Georg Glume erhalten.

Im Westen des Medizinischen Bereichs I des Klinikums liegt ein Gebäudekomplex, der in eine eigens für ihn geschaffene Umgebung eingebettet ist. Er wurde als Institut für kortiko-viszerale Pathologie und Therapie gebaut und diente unter anderem der Schlaftherapie. Seine Anlage folgt Prinzipien des organischen Bauens, wie sie Hugo Häring in den zwanziger Jahren verfochten hat. Ehrlich, ein ehemaliger Bauhausschüler, verteidigte sein Planungskonzept mit therapeutischen Argumenten, mit den psycho-physischen Bedürfnissen der Kranken. Dies zu einer Zeit, als andere – und er selbst bei anderen Projekten – unter ideologischem Druck im Stil der sogenannten „nationalen Traditionen" neohistoristisch bauten. Die Planungsgrundlagen entwickelte er gemeinsam mit Professor Baumann. Ehrlich wollte Räume bilden, die von wohltuendem Einfluss auf die Kranken sind und durch gute Schallisolierung keine äußeren Störungen eindringen lassen. Die Anlage legte er unter Vermeidung rechter Winkel um zwei Binnenhöfe. Die in Stahlrahmen gefassten Fenster und Glaswände lassen in allen Räumen diese Natur gegenwärtig sein. Inmitten des Gebäudes, dem räumlichen Knotenpunkt benachbart, befindet sich ein dicht bewachsener kleiner Grünhof mit einer Plastikgruppe „Bruder und Schwester" von Waldemar Grzimek. Der organischen Bauform entspricht eine ebenso lebendige Raumform. Die üblichen Krankenhaus-Korridore wurden vermieden. Statt dessen weiten und engen sich die Gänge entsprechend dem Umfang des Verkehrs zu lebendigen Raumbildern. Einige Fenster treten als plastische Akzente schräg aus den Außenwänden hervor.

514
Klinikum Berlin-Buch
Karower Straße 11, Alt Buch, Wiltbergstraße 50
1899–1915
Ludwig Hoffmann und Mitarbeiter

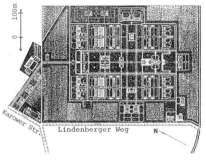
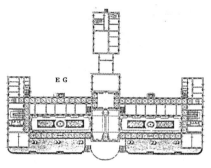

Bereich II, Karower Straße (Zustand 1906, oben),
Lageplan (unten)

Die fünf in sich geschlossenen Komplexe des heutigen Klinikums Buch mit früher etwa 6000 Betten
entstanden jeweils nach einheitlichem planerischen
und stilistischen Konzept. Hoffmann erwies sich an
ihnen als strategisch entwerfender Organisator ausgedehnter Bauanlagen, dem die große Ordnung
wesentlicher war als die architektonischen Details.
Diese wählte er nach Bedarf aus dem historischen
Repertoire. Die Gebäude sind im Pavillonsystem
symmetrisch zueinander gestellt und in großzügige
Parkräume eingebettet. 1899–1906 baute
Hoffmann den heutigen Bereich II an der Karower
Straße (ehemaliges Hufeland-Krankenhaus). An
einer schräg geführten Zufahrtstraße ordnete er das
einstige Direktorenhaus und einige Wohngebäude
an. Zur großen, symmetrisch angelegten Gebäudegruppe der Krankenanstalten gelangt man über eine
bereits in der Achse der Gesamtanlage liegende
Straße. Sie führt zu einem niedrigen Torbau und
weiter zum 3-geschossigen Verwaltungsbau. An
ihm vorbei sind über zwei parallele Alleen die
Bettenhäuser zu erreichen. Alle Gebäude wurden im
Stil des holländischen Barock mit Klinkern verblendet und mit Sandstein untergliedert. Seitenflügel,

Bereich IV, Alt Buch 74 (oben), Grundriss (Mitte),
Bereich 1, Wiltbergstraße (unten)

Erker und geschweifte Giebel unterteilen die Baukörper. Nach dem Teilabbruch des Rudolf-Virchow-
Krankenhauses (Nr. 283) ist dies die imposanteste
und durch den warmen Ziegelton auch schönste
Krankenhausanlage Hoffmanns. 1901–03 folgte
der heutige Medizinische Bereich IV (Alt Buch 74)
als Heimstätte für Lungenkranke mit einem breiten,
barock wirkenden Hauptgebäude. Nahe am Bahnhof Buch wurde der heutige Medizinische Bereich I
1910–14 als Kinderkrankenhaus errichtet. Die
Pavillons sind Putzbauten mit Werksteingliederung
im klassizistischen Stil. Das 2-geschossige Verwaltungsgebäude hat einen breiten Risalit mit erhöhtem
Dach und Kuppelturm. Von ihm geht, begleitet von
seitlichen Alleen, eine Raumachse aus, die im Westen auf die zur Vorhalle geöffnete Tempelfront der
Kirche stößt.

Weissensee (515-523)

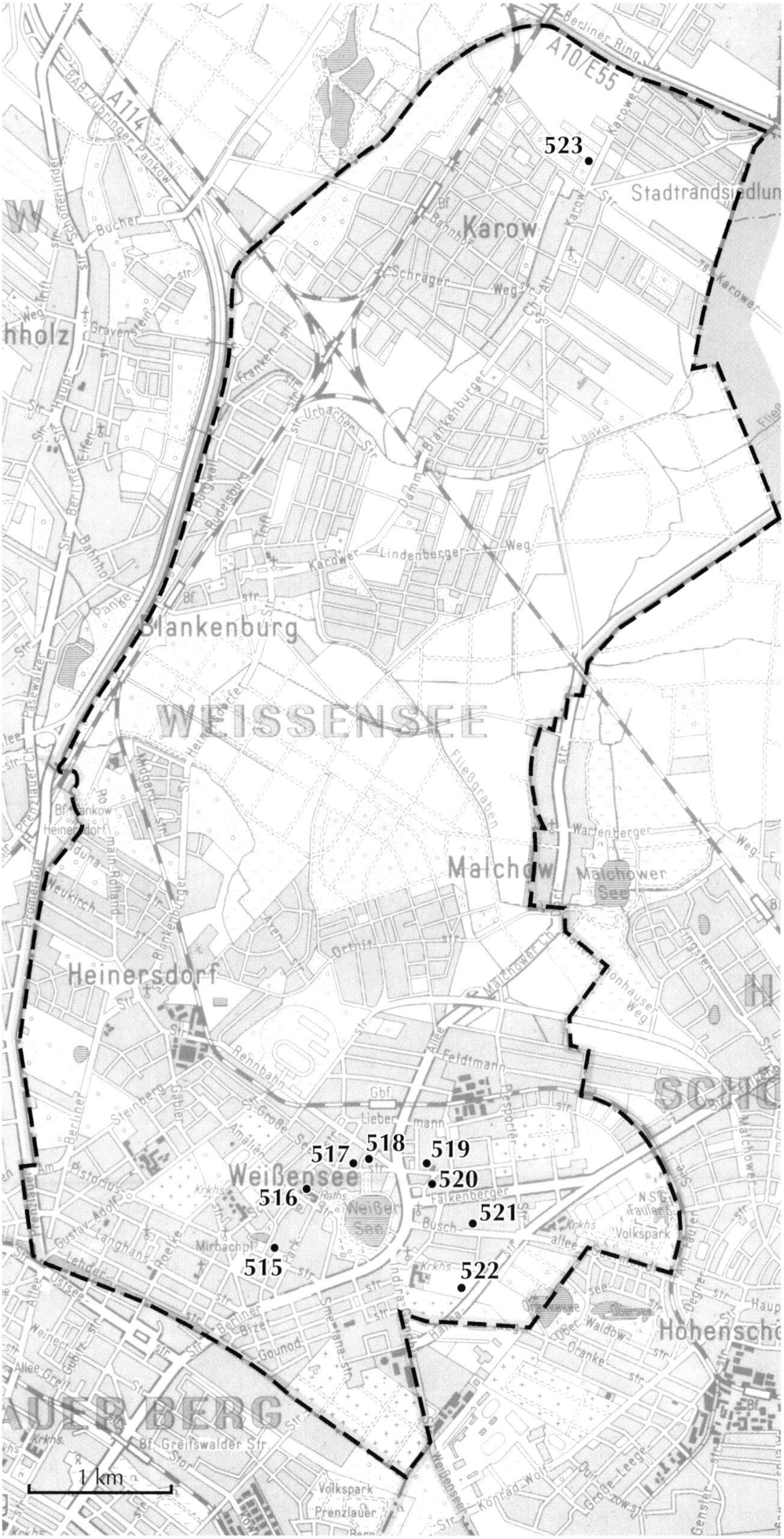

515
Gemeindeforum Weißensee mit Schule
Tassostraße, Pistoriusstraße, Woelckpromenade
1908–12; 1925–28
Carl James Bühring; Joseph Tiedemann

Ehemaliges Ledigenheim (C, oben)
Wohnbauten Woelckpromenade (A, unten)

Die großzügig angelegte, aber unvollendet gebliebene Anlage ist der Initiative des Bürgermeisters Woelck zu danken. Bühring, damals Stadtarchitekt von Weißensee, gestaltete sie (schrittweise) zu einer Folge eindrucksvoller Architekturmotive. Sie beginnt im Süden beiderseits der Tassostraße mit Putzbauten und findet ihre räumliche Mitte in einem kleinen Park mit Teich (Kreuzpfuhl) an der Pistoriusstraße. Südlich davon liegen ein Pumpwerk der Abwasserentsorgung und ein Verwaltungs- und Wohngebäude. Ihm gegenüber befand sich ursprünglich eine im Krieg zerstörte Fest- und Turnhalle. In einem Reststück ist heute ein Kindergarten untergebracht. 4-geschossige Wohnbauten begrenzen den Grünraum nach Osten (A) und Westen. Im Norden steht als geknickter Riegel die Paul-Oestreich-Schule (B). Daran schließen unmittelbar weitere Wohnhäuser an, unter ihnen ein Trakt mit ehemaligen Altenwohnungen. Bei dem überwiegenden Teil handelt es sich um Backsteinbauten. Die Schule erhielt einen nicht klar begrenzten Sockel aus Bruchsteinen. Bewundernswert ist die Vielfalt der architektonischen Formen, die aus einheitlichem, eigenständigem Formengestus entwickelt sind und unter Zusatz keramischer Formsteine und figürlichen Schmucks

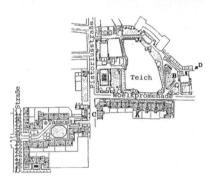

Paul-Oestreich-Schule (B, oben), Bauteil Tiedemann (D, Mitte), Lageplan (unten)

(von Hans Schellhorn) allein dem Backstein abgewonnen wurden. Die Fassaden einschließlich der Dächer sind mit Laubengängen, Loggien und polygonalen Erkern plastisch durchgestaltet. Diese Erker sind im EG als Lauben geöffnet und bilden im 3. OG einen Balkon. Am Eingang zur Woelckpromenade steht das ehemalige Ledigenheim (C) (Pistoriusstraße 17 und Woelckpromenade 1) mit stattlichem Schaugiebel und einem Portalvorbau, der eine Laube und einen Balkon einschließt. Die nordöstliche Fortsetzung (D) bis zur Amalien-straße baute Joseph Tiedemann 1925–28 ebenfalls mit Verblendklinkern in historisierenden Formen, etwa in der Art des holländischen Viertels in Potsdam.

516
Schulgebäude
Amalienstraße 6, Parkstraße 82
1930/31
Reinhold Mettmann

Straßenseite (oben), Hofseite (unten)

Das Schulgebäude besteht aus zwei einhüftigen 4-
geschossigen Klassentrakten, die im Winkel um den
Schulhof gelegt sind. An der Stelle, an der beide
zusammentreffen, erhebt sich – mit zwei schmalen
hohen Fenstern zum Hof hin und mit einem zum
Uhrturm erhöhten quaderförmigen Überstand über
dem Dach – das Treppenhaus. Die Hoftreppe ist
samt Überdachung als Viertelkreis eingefügt. Der
Hauptzugang erfolgt außen von der Parkstraße her.
Dort bildet in der südlichen Ecke des Klassenflügels
eine im EG über Eck ausgesparte Nische den überdachten Eingang. Gegenüber dem 4-geschossigen
Flügel schließt zurückgesetzt ein niedrigeres Gebäude an. In ihm befindet sich die Aula. Durch die Abrundung der erhöhten Ecke und durch einen halbrunden Abschluss zum Hofeingang hin hebt es sich
architektonisch von den übrigen Bauten ab. Der
andere Klassenflügel endet im Westen in einem
fünffenstrigen großen Treppenhaus. Daran setzt im
stumpfen Winkel der Turnhallenbau an. In ihm liegen zwei Hallen übereinander. Das Dach ist als
Gymnastikplatz nutzbar. Der gesamte Komplex wurde mit roten Klinkern verblendet und – bei wenig
strukturalem Dekor – im Stile der Neuen Sachlichkeit gestaltet. Dabei sind die schmalen Fenster
durch Gesimse oben und unten zu langen Fensterbändern zusammengeschlossen. Strukturell gemauerte Pfeiler zwischen den Öffnungen unterstützen
diese Wirkung. Analog dazu ergaben sich lang
durchlaufende Brüstungsbänder. An der Dachkante
sitzt ein schmales Gesims, das jedoch, da es auch
an Seitenkanten weiterführt, eher als Rahmung von
Flächen denn als reduziertes Kranzgesims verstanden sein will. Zur Anlage gehört auch das Haus
Amalienstraße 8.

517
Amtsgericht Weißensee
Parkstraße 71
1902–06
Paul Thoemer, Rudolf Mönnich

Die Erbauer der meisten Berliner Gerichtsgebäude,
Thoemer und Mönnich, pflegten den Charakter ihrer
Bauten dem der Stadtteile anzupassen. Weißensee,
das auch heute noch ländliche Züge trägt, sollte
deshalb ein Gerichtsgebäude „mit einem mehr
kleinstädtischen Zug" erhalten. Durch die Nähe zu
Park und See erinnert es an ein Landschlösschen
der Renaissance. Hohe Neorenaissance-Giebel,
steile Dächer und ein angesetzter Treppenturm an
der Ecke bestimmen dieses Bild. Die Putzflächen
der einfachen Fassaden sind durch Werkstein-
gesimse gegliedert. Besonderen Schmuck erhielt
ein Freitreppenerker, der sich von einem Querflügel
aus seitlich weiter nach vorn schiebt. In ihm liegt der
Eingang mit vorgelagerten, laubenartig überdachten
Treppen. Der Giebel findet seinen Abschluss in einer
Justitia-Figur. Die vielfältigen Asymmetrien des
Außenbaus erfahren im Innern eine weitere Steigerung in den bewegten Rippengewölben des EG und
in den mit Ranken und buntem Laubwerk bemalten
Zellengewölben über den Treppenläufen. Diese
Ausschmückung ist wiederhergestellt. Der Schöffen-
saal ist in seiner ursprünglichen Täfelung und Be-
stuhlung erhalten.

518
Siedlung Große Seestraße
Große Seestraße, Rennbahnstraße, Lemgoer Straße
1930/31
Paul Mebes und Paul Emmerich

519
Schule und Wohnanlage
Bernkasteler Straße, Caseler Straße
um 1914
Carl James Bühring

Schule um 1914 (oben)
Lageplan EG der Wohnanlage (unten)

Die Siedlung besteht aus schlichten 3- und 4-geschossigen verputzten Häusern mit Satteldach. Ihre besondere Qualität beruht auf der städtebaulichen Anlage. Das Baugelände bildete ein Dreieck. Im östlichen Teil der Großen Seestraße war es bereits teilweise mit älteren Häusern besetzt. An der Ecke Große Seestraße/Parkstraße wurde ein unregelmäßig viereckiger Hof nahezu geschlossen umbaut. Nur an der Stelle, wo die zentrale Heizung liegt, blieb er offen. Das übrige Terrain bis zur Rennbahnstraße wurde mit einfachen Zeilen bebaut. Zwischen diesem Komplex und einer 4-geschossigen Zeile, die im Bogen entlang der Lemgoer Straße von der Großen Seestraße bis zur Rennbahnstraße verläuft, blieb ein breiter Grünstreifen frei. Er wurde zum räumlichen Rückgrat der kleinen Siedlung. An der Rennbahnstraße verläuft eine weitere Zeile bis zur Spitze des Quartiers. Die Häuser sind durch flache Treppenhausrisalite und die teils offenen, teils geschlossenen Lauben gegliedert. Die Doppellauben mit mittlerer Scheidewand wirken verkompliziert. Die Balkongondeln sind dem Augenschein nach zwischen seitlich durchbrochenen Wangen eingehängt.

Die Schule liegt im alten Ortsteil Weißensee. Auffällig an ihr sind die intensive Plastizität des Baukörpers, die betonte Asymmetrie und die unkonventionelle Formbehandlung ohne jegliche Repräsentation. Der Grundriss zeigt Verwandtschaft mit den Konzepten organischer Funktionalisten, besonders in der Art, wie der Vorplatz vom öffentlichen Raum abgegrenzt und die mittlere Treppe in ein konisches Treppenhaus eingesetzt ist. Die Anlage besteht aus drei Bauteilen: Aus dem Flügel mit Turnhalle und Aula, an dem die beiden Eingänge und Treppenhäuser mit zugehörigen Halbtürmen sitzen; aus dem angebauten Flügel entlang der Bernkasteler Straße, der ursprünglich kürzer war, dann erweitert wurde, jedoch nicht so weit, wie der Plan vorsah; schließlich aus dem voluminösen rückwärtigen Baukörper mit erhöhtem pyramidalem Mansarddach. Der zur Bernkasteler Straße blickende Giebel des Aulatraktes erscheint als reine Schnittform des steilen Mansarddaches. Wandvorlagen fassen die versetzten Treppenhausfenster ein. Sie bilden mit einem halbkreisförmigen Fenster oben ein eigenständiges Motiv, das an der Basis von zwei seitlichen Nischen akkordiert wird. Gesimse, die der Proportionierung dienten, reliefartige Strukturierungen am oberen Geschoss und die Uhr mit breitflächiger Umrahmung sind verloren gegangen. Ebenso sind die Eingänge verfälscht. Bühring baute mit seinem Mitarbeiter Erich Oszewsky noch 1917, als er bereits Stadtarchitekt in Leipzig war, in unmittelbarer Nähe die körperlich-räumlich gestaltete Baugruppe Caseler Straße mit einem Brückenbau über die Straße hinweg.

520
Wohnzeile
Trierer Straße
1925/26
Bruno Taut

Straßenseite (oben), Gartenseite (unten), beide um 1926

Bauherr der Anlage war die gewerkschaftlich-ge-
nossenschaftliche Gehag (Gemeinnützige Heimstät-
ten-, Spar- und Bau-Aktiengesellschaft). Die 4-
geschossige Zeile unterteilte Taut durch zwei zurückgesetzte schmalere, weiß gestrichene Häuser
mit vorspringenden polygonalen Treppenhaus-
erkern. Sie enthalten Kleinstwohnungen. Die übrigen
Hauseinheiten ließ er geschossweise unterschiedlich
farbig streichen. Die Treppenhausfenster sitzen auf
den Trennlinien der Farben und verzahnen dadurch
die Farbfelder. Die farbige Bänderung überzog nicht
nur die Fassadenflächen, sondern auch die Seiten
an den Rücksprüngen und an den beiden Giebeln.
Dort bewirken sie gestalterisch eine Aufteilung des
Hauskörpers in zwei Bestandteile – der hintere Teil
ohne, der vordere farbige Teil mit Dachüberstand.
Bei den beiden eingeschobenen Häusern ist es
umgekehrt. Dort liegt der Dachüberstand an der
Rückseite, das heißt, flache Pultdächer sind gegenläufig angeordnet. Die Wohnzeile Trierer Straße ist
zweifellos der Bau mit der intensivsten Architektur-
farbigkeit. Taut soll hier einen 1919 von Karl
Schmidt-Rottluff gemachten Vorschlag verwirklicht
haben. Die heutigen Farben entsprechen nur annähernd den originalen. Auf der Rückseite versuchte
Taut die Organisierung von Balkon- und Loggien-
systemen durch Mehrfachkreuze (ursprünglicher
Zustand). Sie waren als farbige Figurationen bloß
aufgemalt. Bei einer Renovierung ist die feine Differenzierung verwischt worden. Die kürzeren Abschnitte sind vorherrschend in Rotbraun, die längeren in Weiß gehalten.

521
Wohnbebauung
Gartenstraße, Buschallee
1925–29
Bruno Taut

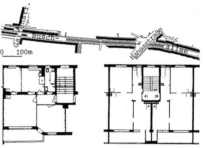

Lageplan und Grundriss Buschallee 25–29 (links),
Haus Nr. 96 (rechts)

Der im Winkel angelegte Block an der Gartenstraße
entstand 1925/26. Grober Zementputz macht seine Form heute fast unkenntlich. Die an den Ecken
abgerundeten Doppelloggiensysteme mit Abstell-
kammern an den Seiten standen ursprünglich weiß-
gelb vor der farbigen Wand. Die über einen Kilometer lange beidseitige Bebauung der Buschallee
(1928/29) gehörte zu Tauts herausragenden Anlagen. Sie ist stark beschädigt. Die Dachböden wurden zu Wohnungen ausgebaut und die Drempel mit
großen Fenstern durchbrochen. Bestimmende Motive der 3-geschossigen Zeilen sind durchlaufende
Loggiensysteme. Sie waren 1925 für die Wohnstadt „Carl Legien" (Nr. 493) entwickelt, doch wegen deren Bauverzögerung hier erstmalig angewendet worden. Ursprünglich hoben sich sie in einem
lichten Ocker von den dunkelroten Baukörpern ab.
Die Rückseiten der Gebäude waren grün verputzt.
Beide Farben begegneten sich an den Giebeln und
vermittelten dort den Eindruck von ineinander ver-
schränkten Körpern. Die langen Zeilen sind haus-
weise in Segmente aufgeteilt. Doch werden die
Hausgrenzen von den Klinker-Scheidwänden markiert und nicht von den breiten vertikalen Bauele-
menten in den Loggien. In ihnen befinden sich, von
den Küchen her zugänglich, Speisekammern. Neben den gestaffelten und gestuften Blockenden mit
ihren Farbkontrasten waren die Häuser an der Kreuzung Buschallee/Kniprodeallee gestalterisch heraus-
gehoben. Bauherr war die gewerkschaftlich-
genossenschaftliche Gehag. Die farbliche und bauliche Rekonstruktion erfolgt seit 1993 durch Winfried
Breune.

522
Wohnanlage Hansastraße
Hansastraße 65–149
1993–94
Feddersen, von Herder & Partner

Lageplan

523
Karow Nord
Bucher Chaussee, Karower Chaussee, Achilles-
straße
1994–97
Städtebaulicher Rahmenplan: Charles Moore, John
Ruble, Buzz Yudell. Realisierung: Moore, Ruble,
Yudell; Baesler & Schmidt; Hielscher; Höhne &
Rapp; Hoidn & Santos; Liepe & Steigelmann;
Pankrath & Boege; Pinardi & Mai; Schäfers;
Schmidt-Thomsen; Schulz; Bangert & Scholz;
Brandt & Böttcher; Burgmaier; Casa Nova; Dámosy;
Dörr, Ludolf, Wimmer;
ENSS (Eckert, Negwer, Sommer, Suselbeck); Eyl &
Partner; Faskel & Becker; Feddersen, von Herder &
Partner; Ferdinand, Gerth; Fissler, Ernst; Fritzsche,
Heuels; GEHAG; Hermann, Valentiny; Hierholzer, v.
Rudzinski; Hilmer und Sattler; Lunetto, Fischer;
Kammann, Hummel; Krüger, Schuberth, Vandreike;
Neumeyer; Schönfeldt; Nielebock & Partner; Ramin;
Rave; Seidel; Siedtmann, Grenz; Sieverts;
Schulze-Rohr; Ruprecht; Schlicht; SÜBA Consult;
Wiechers, Beck; Wiesermann; Williams; Wolf

Bauteil Moore: Achtrutenberg Block 8

Gesamtansicht

An der Ausfallstraße überrascht inmitten eines durch
Großplattenbauten, Brachflächen, Kleingarten-
kolonien und dem Friedhof der Auferstehungs-
gemeinde geprägten Gebietes eine elegante, langgezogene Zeilenbebauung. Sie schirmt die dahinter
gelegene Siedlung ab, die durch einen gebäudehohen Durchgang erschlossen wird. Kleinere, zu
kammartigen Strukturen zusammengefasste Hauseinheiten umfassen eine, vom Tor abgehende interne Fußgängerstraße, die auf der Rückseite des
Grundstücks durch drei quergestellte Doppelhäuser
mit einem Durchgang zu dem anschließenden Gelände des St. Josefs-Krankenhauses abgeschlossen
wird. Weitere hohe Durchgänge ermöglichen eine
Querverbindung zwischen den auf der Rückseite der
Kammbauten gelegenen Stadtvillen. Die Gebäudehöhe ist von dem sechsstöckigen Straßenriegel zu
den 4-geschossigen Stadtvillen sukzessive reduziert. Die gesamte Anlage vermittelt mit ihrem weißen Putz, den schlichten und regelmäßigen Fassaden mit tiefen Balkoneinschnitten, einem zurückgesetzten OG und markanten gelb gestrichenen Dachüberständen ein zurückhaltend modernes Bild, dessen Homogenität durch die verschiedenen Haustypen aufgelockert wird. Im Gegensatz zu dem ruhigen und begrünten Binnenbereich bildet die Stra-
ßenzeile eine dynamische Front. Mit ihren gegeneinander versetzten Fensterbändern, dem die Tordurchfahrt überschreibenden Balkon und v. a. mit
dem aufgewölbten Flugdach setzt sie das Fließen
des Straßenverkehrs in ein eindrucksvolles architektonisches Bild um.

Karow Nord stellt eines der ersten realisierten großen Stadterweiterungsprogramme Berlins nach der
Wende dar. Unter dem Leitbegriff der „Neuen Vorstadt" sollte in Karow Nord exemplarisch eine Abkehr von der großmaßstäblichen Zeilenbebauung
der peripheren Großsiedlungen der DDR-Zeit zugunsten einer kleinteiligen und dichten Bebauung
demonstriert werden. Teilweise als sozialer Wohnungsbau gefördert und teilweise frei finanziert entstanden in zwei großen Baufeldern beiderseits der
Bucher- bzw. Karower Chaussee ca. 5000 neue
Wohnungen sowie Schulen, Kitas und Geschäfte als
infrastrukturelle Folgeeinrichtungen. Der Gewinner
eines städtebaulichen Workshops, das Büro Moore,
Ruble, Yudell, legte 1992 einen Rahmenplan vor,
der eine um öffentliche und halböffentliche Plätze

523
(Fortsetzung)

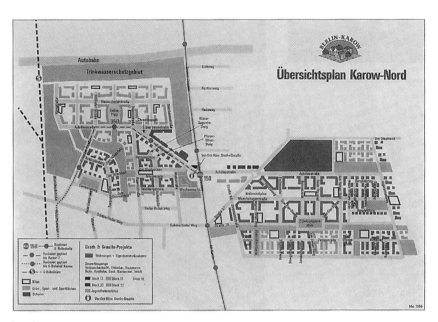

Lageplan

gruppierte Wohnanlage mit klar definierten Haus-typologien und einen differenzierten Gestaltungs-katalog beinhaltete. Orthogonale Straßenraster mit diagonalen Durchbrüchen und geometrisch gefass-ten Platzanlagen orientieren sich explizit an den Vorbildern der gründerzeitlichen Vorstädte, bei-spielsweise an Lichterfelde (Nr. 741) oder dem Rheinischen Viertel in Wilmersdorf (Nr. 359). Neben Blockrandbebauungen mit Durchwegungen, sog. „Agrarhäusern" mit langen Zeilenbebauungen sowie Stadtvillen wurden v. a. die „Karow Courts" – hof-artige Konstellationen von L-förmigen Baukörpern und quadratischen Häusern – kennzeichnend für die „Neue Vorstadt". Darüber hinaus weisen die 3- bis 5-geschossigen verputzten Neubauten grundsätzlich geneigte Dächer auf. Die Gestaltungssatzung gab Details zu Vorgärten, Einfriedungen und Fassaden-vorgaben vor, die analog zum städtebaulichen Kon-zept eine klare Gegenposition zum „Neuen Bauen"

und seiner Fortentwicklung verdeutlicht. Durch diese formalen und typologischen Festlegungen entstand trotz der Beteiligung zahlreicher Architekten ein sehr geschlossenes Ensemble, aus dem sich lediglich einige teilweise sehr originelle Schul- und Kitabauten sowie die eigentümlichen kielbogenartigen Dach-konturen der Wohnhäuser von Höhne & Rapp an der westlichen Achillesstraße abheben. Aufgrund seiner differenzierten Wohnungsgrundrisse, der starken Durchgrünung und der kleinteiligen Bebau-ung muss Karow Nord als gelungene Alternative zu anonymen und seriellen Großsiedlungsstrukturen gewertet werden, auch wenn die Stadterweiterung angesichts großer innerstädtischer Verdichtungs-potentiale problematisch erscheint. Gleichzeitig wirkt das der Postmoderne der frühen 80er Jahre ver-pflichtete Gegenprogramm zur klassischen Moderne heute bereits wieder merkwürdig anachronistisch.

524
Tauentzienpalast
1928–31
Nürnberger Straße 50–55
Richard Bielenberg, Josef Moser

525
Kaufhaus Peek und Cloppenburg
Tauentzienstraße 19
1994–95
Gottfried Böhm, Peter Böhm

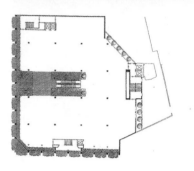

Das 5-geschossige Geschäftshaus in Stahlskelett-bauweise wurde für die Reichsmonopolverwaltung für Branntwein errichtet. Seine über 150 m lange Fassadenfront ist mit Travertinplatten verkleidet. Sie wird durch mehrere abgerundete Erker sowie zwei überhöhte, risalitartige Treppenhaustürme wirkungs-voll gegliedert. Einen zusätzlichen Akzent setzen die gläsernen Risalitabschlüsse. Durchlaufende, z. T. farbig abgesetzte Brüstungsbänder unterstützen zu-sammen mit den durch Wülste zu Bändern zusam-mengefassten Fenstern die horizontale Ausrichtung der langgestreckten Fassade. Neben der edlen Fassa-denverkleidung war es die noble Ladenfront aus Messing, die dem Gebäude einen repräsentativen Ausdruck verlieh. In seiner klaren Gliederung und dem zurückhaltenden Äußeren gilt der Tauentzien-palast, ehemals Femina-Palast, als einer der gelun-gensten Geschäftbauten der 20er Jahre in Berlin.

Mit dem Neubau des Kaufhauses wurde ein wichti-ger Akzent für die architektonische Neustrukturie-rung des Tauentziens gesetzt. Während, abgesehen vom KaDeWe (Nr. 526) und dem Neubau des Salamanderhauses von Gerkan, Marg und Partner von 1990–92 an der Ecke zur Marburger Straße, noch vorwiegend die Bebauung der ersten Wieder-aufbauphase der 50er Jahre dominiert, begann nach der Wende ein sukzessiver Umbau- und Neu-bauprozess an der zentralen Einkaufsstraße des Berliner Westens. Böhms Bau grenzt direkt an den Tauentzienpalast (Nr. 524) aus den späten 20er Jahren, hebt sich aber durch seine Fassaden-gestaltung deutlich von ihm ab. Monumentale Be-tonpfeiler definieren die Straßenflucht und werden auf Traufhöhenniveau durch einen gebälkähnlichen Abschluss zusammengefasst. Darüber knicken die Pfeiler ab und vollziehen die Kontur eines zweistö-ckigen Walmdaches nach. Hinter dieser Gliede-rungssystematik wird der eigentliche Gebäudekern mit seinen transparenten Fassaden sichtbar. Böhm entwarf hier eine ungewöhnliche Variante des Curtain-Wall, der nach unten schräg ausgestellt wird und in wellenartigen Bewegungen zwischen den Pfeilern vorschwingt. Eine zweite, dahinter gelegene Glasfassade schließt den Innenraum bündig ab. Durch Gebäudehöhe, klare Achsengliederung und abstrahiertem Walmdach setzt sich Böhm mit dem durch das benachbarte KaDeWe gegebenen tradi-tionellen Kontext auseinander. Gleichzeitig versucht er, die konventionelle Typologie des großstädtischen Kaufhauses durch eine expressive, wenn auch et-was bieder wirkende Note zu bereichern.

526
Warenhaus KaDeWe
Tauentzienstraße 21–24
1906–07; 1950
Johann Emil Schaudt; Hans Soll

527
U-Bahnhof Wittenbergplatz
1911–13
Alfred Grenander

Erster Bauzustand (oben), Zustand 1993 (unten)

Renovierte Schalterhalle

Das Gebäude hat als einziges der großen Berliner Warenhäuser den Zweiten Weltkrieg überstanden. 1906–07 errichtete Johann Emil Schaudt das Warenhaus als einen 5-geschossigen Mauerwerksbau inmitten eines Wohngebietes. Das Gebäude passte sich dieser Wohngegend an, indem es durch seine geschlossene, einheitliche Fassade selbst den Charakter eines Wohnhauses annahm. Schaudt rückte dazu von dem beim Warenhaus bis dahin üblichen System vertikal durchlaufender Frontpfeiler ab und verwendete eine kleinere, einem normalen Haus ähnliche Fenstereinteilung. Im Inneren wurde auf den bislang üblichen repräsentativen Lichthof verzichtet. Die Innenausstattung war luxuriös und modern, der Entwurf der Bogenlampen z. B. stammte von Peter Behrens. Schaudt selbst baute das Warenhaus 1929–30 um, wobei er u. a. das Gebäude um zwei Geschosse aufstockte. 1945 erlitt das Warenhaus schwere Schäden. den Wiederaufbau führte 1950 Hans Soll durch. Dabei behielt er bei den unteren Geschossen weitgehend die Fassadengestaltung von 1929–30 bei. Das 5. und das 6. OG wurden zurückgesetzt und wie die Seitenfronten in schlichter Form gestaltet. Auf das Walmdach verzichtete Soll zugunsten eines Flachdachs. 1967–77 erfolgten mehrere Um- und Ausbauten. 1993 wurde in einem weiteren Ausbauschritt über der 7. Etage eine T-förmige Glaskuppel (Architekten: H. Ströming, Ernsting & Partner) errichtet, die ein Restaurant überspannt. Das hohe Walmdach erinnert an den Bauzustand der 20er Jahre.

Der Wittenbergplatz sollte wegen der raschen ökonomischen Entwicklung des Berliner Westens zu einem Verkehrsknotenpunkt ausgebaut werden. Die Planung sah deshalb eine Umgestaltung der Platzanlage sowie die Errichtung eines repräsentativen Empfangsgebäudes in der Platzmitte vor. Dieses Empfangsgebäude weist einen kreuzförmigen Grundriss auf; von einem überhöhten, durch ein Zeltdach gedeckten Mittelbau gehen nach allen vier Seiten niedrige, giebelbekrönte Querarme ab. Der Zugang erfolgt über die beiden Querbauten der Ost-West-Achse. Die beiden Querarme an der Nord- und Südseite bilden zusammen mit dem von Oberlichtern beleuchteten Mittelbau die großzügige Eingangshalle. Durch die kreuzförmige Verteileranlage wird eine klare Trennung zwischen den verschiedenen Verkehrsbereichen erreicht, eine für einen Umsteigebahnhof dieser Größe wichtige konzeptionelle Überlegung. Die drei Bahnsteige wurden nebeneinander auf einer Ebene angeordnet. Der monumentale Bau aus Eisenfachwerk ist mit Muschelkalkplatten verkleidet. In seiner klaren Gesamtform, der sparsamen Gliederung durch Pilaster und der Verwendung von Ziergiebeln weist die Fassade neoklassizistische Architekturformen auf. Das Empfangsgebäude wurde im Zweiten Weltkrieg stark beschädigt und 1951 in vereinfachter Form wiederaufgebaut. 1983 rekonstruierte Wolf-Rüdiger Borchardt die Bahnhofshalle und stellte ihren ursprünglichen repräsentativen Gesamteindruck wieder her.

528
Dorland-Haus
An der Urania 20–22
1964–66
Rolf Gutbrod, Horst Schwaderer, Hermann Kiess

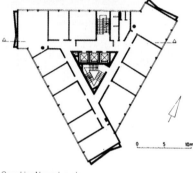

Grundriss Normalgeschoss

529
Haus der Deutschen Bauindustrie
Kurfürstenstraße 129
1996–98
Schweger + Partner

Ansicht Kurfürstenstraße
Grundriss 4. OG

Durch die markante Form und seinen stadtbildprägenden Standort stellt das 13-geschossige Bürogebäude einen wichtigen Beitrag zum Hochhaus-
bau der 60er Jahre in Berlin dar. Der im EG auf
Stützen gestellte Stahlbetonskelettbau ist in seiner
Konstruktion ein Mittelkern-Haus; an einen dreieckigen Kern, der die Windkräfte ableiten soll und das
Treppenhaus enthält, schließen sich die drei
Gebäudeflügel mit jeweils leicht überstehenden
Stirnwänden an. Die Vorhangfassade besteht aus
glänzenden Edelstahlplatten, die Fenster werden zu
durchlaufenden Bändern zusammengefasst. Die
Stirnwände der Flügel und der Turmaufsatz sind in
Sichtbeton belassen. Im Innern des Gebäudes be-
finden sich Büros, die individuell unterteilbar sind.

Neben dem „Haus der Deutschen Wirtschaft"
(Nr. 19) in Mitte realisierten Schweger und Partner
mit diesem Bau eine weitere Verbands-Repräsen-
tanz in der Hauptstadt. Innerhalb eines bis in die
späten 80er Jahre des 20. Jh. noch von Brachen
und großzügigen Solitären der Nachkriegszeit
gekennzeichneten Gebiet bildet das Projekt einen
weiteren Baustein, der zusammen mit den IBA-
Planungen rund um den Lützowplatz eine kleinteilige
Neufassung der historischen Straßen und Platz-
fluchten unternimmt. Gleichzeitig unterscheidet sich
das Haus mit seiner strengen und klaren Fassade
vom stilistischen Potpourri zahlreicher, während der
80er Jahre realisierter Entwürfe der Umgebung.
Sowohl der klare Grundriss mit seinen um einen
Lichthof herum gruppierten Büroräumen als auch
die Fassadengestaltung sprechen eine rationale
Sprache, die weniger der formalen Extravaganz
sondern der Materialwertigkeit und der sorgfältigen
Detailausarbeitung den Vorrang gibt. Die mit grün-
grauen Betonelementen ausgeführte Fassade weist
ein regelmäßiges Rastersystem mit elegant gelagerten Fensterflächen auf, deren bündig gesetzte sowie
individuell zu öffnende Horizontallamellen auf ebenso einfache wie effektvolle Art die Straßenfront beleben.

530
U-Bahnhof Nollendorfplatz
Nollendorfplatz
1925–26
Alfred Grenander

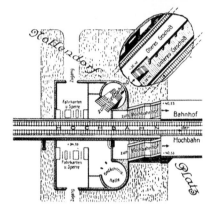

Das Eingangsgebäude ist ein blockartiger Flachbau, der in der Verlängerung des 1902 von Cremer & Wolffenstein errichteten Hochbahnhofs angelegt ist. Bestimmendes Bauteil dieses Hochbahnhofs war die mächtige, im Zweiten Weltkrieg zerstörte Kuppel aus Eisen und Glas. Der gedrungene Baukörper des U-Bahngebäudes ist mit einem kräftigen, überstehenden Gesims sparsam verziert. Der Eingang erfolgt von Norden und Süden über breite Portale, die jeweils von einem Medaillonfries umrahmt sind. Von den dahinterliegenden, symmetrischen Eingangshallen gehen seitlich zwei kreisrunde, von einer flachen Glaskuppel überwölbte Hallen ab. Der südliche Rundraum ist als Gedenkhalle für Kriegsgefallene gestaltet. Der nördliche dient als Treppenhaus zu den Bahnsteigen, die wegen der geringen Breite der Motzstraße, unter der sie verlaufen, in zwei übereinanderliegenden Geschossen angeordnet wurden. Zwischen den beiden Rundräumen erfolgt der Aufgang zum Hochbahnhof. Auffällig bei der Innengestaltung ist die starke Betonung des Funktionellen; auf Schmuckelemente wurde verzichtet. Glatte grüne Fliesen, quadratische, fliesenverkleidete Pfeiler und eine flache Putzdecke verleihen dem Innenraum eine nüchterne und sachliche Atmosphäre.

531
„Metropol"
Nollendorfplatz 5
1906
Albert Fröhlich

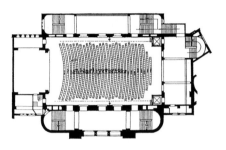

Das Gebäude wurde 1906 von Albert Fröhlich als Theater errichtet. Das „Neue Schauspielhaus" ist eine winkelförmige Anlage, in der ein Theatersaal, ein Konzertsaal und zwei Nebengebäudeflügel mit Gaststätten und Wohnungen sowie Büros untergebracht wurden. Der 5-geschossige Mauerwerksbau mit seinem massigen Kalksteinsockel ist mit einer großen Giebelfront zum Nollendorfplatz gewendet. Das Mittelfenster wird von zwei Pfeilern eingefasst, halbrund schwingt die Wandfläche zurück zu den hohen, mit Laternen bekrönten Ecktürmen. Wichtigstes Element der Fassadengestaltung sind die Skulpturen, die als Relief oder Vollplastik gestaltet wurden. An den beiden Mittelpfeilern befinden sich Reliefplatten mit überlebensgroßen Figuren, im Mittelfeld wurden zwei Atlanten und zwei antikische Frauenstatuen platziert, über dem Mittelpfeilern vor dem großen Giebel standen einst zwei Wagenlenker von Hermann Feuerhahn. Werden am Außenbau u. a. in der Gliederung des Baukörpers Elemente der beginnenden Moderne sichtbar, zeigt die Innenraumgestaltung vor allem Jugendstil-Elemente. Die zum Teil filigranen und zierlichen Wandmotive stammen von Albert Klingner, Hermann Katsch, Joseph Rummelsbacher, Otto Marcus, Sebastian Lucius und Richard Gerschel. Das Gebäude wurde nach dem Krieg in veränderter Form wiederhergestellt, u. a. wurde das Fensterfeld in der Mitte vermauert, das die halbrunden Gebäudebereiche abschließende, aus Fenstern und Säulen bestehende Halbgeschoss abgetragen und die Sandsteinlisenen-Gliederung abgenommen. Heute beherbergt das Gebäude u. a. eine Diskothek mit Namen „Metropol".

532

Fernsprechamt I
Winterfeldstraße 19–23
1923–29
Otto Spalding, Kurt Kuhlow

533

Kathreiner-Hochhaus
Potsdamer Straße 186
1929–30
Bruno Paul

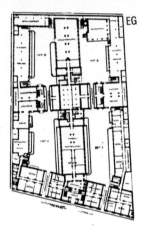

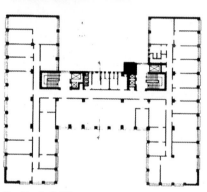

Grundriss 2.–6. OG

Der ausgedehnte Gebäudekomplex wurde als 7-geschossige Blockrandbebauung um vier Innenhöfe angelegt. Mit seinen rund 8000 Beschäftigten beherbergte er das zu jener Zeit größte Fernamt Europas. Im EG wurde die zentrale Kabelführung und -verteilung untergebracht, im 1. OG die Verwaltungsräume und eine Kantine. In den darüber liegenden Geschossen befinden sich die Betriebssäle. Bei der Gestaltung der mit Klinkern verkleideten Fassade wurden expressionistische Stilelemente verwandt; in der Mitte der Straßenfront erhebt sich das risalitartige, überhöhte Treppenhaus, das durch schmale Fensterbänder vertikal betont wird. Über diesen Fensterbändern thront eine Plastik des Reichsadlers. Seitlich an den Treppenhausblock schließen sich zwei symmetrische Gebäudeflügel mit je sechs Fensterachsen an. Diese werden vom 1. bis zum 3. OG durch Blenden zusammengefasst. Das 4. und 5. sowie das 6. OG sind staffelweise zurückgesetzt und werden durch schmale Ziegelrippen senkrecht gegliedert. Das Gebäude wurde im Lauf der Jahrzehnte in seinem Innern mehrfach umgebaut und an die veränderten Bedürfnisse angepasst. 1985–1989 errichtete die Architektengemeinschaft Bassenge, Puhan-Schulz, Heinrich und Schreiber den benachbarten Neubau der Zentralen Vermittlungsstelle.

Das imposante Verwaltungsgebäude erhebt sich über einem doppel-T-förmigen Grundriss, bei dem ein 12-geschossiger Mitteltrakt quer zwischen zwei 6-geschossigen Flügelbauten eingeschoben ist. Die Fassade des Stahlskelettbaus ist mit Travertin verkleidet. Durch z. T. sogar über die Gebäudeecken geführte Fensterbänder wird eine starke Horizontalgliederung des Gebäudes erzielt, die sich in den beiden obersten Geschossen des Mittelbauteils noch verstärkt. Den Gegenpol dazu bildet der in die Höhe strebende Mitteltrakt, dessen Vertikalausrichtung durch das senkrechte Fensterband an seiner Schmalseite sowie die hoch aufragende Fahnenstange zusätzlich betont wird. Auffällig ist die Bezugnahme des Gebäudes auf die benachbarten, durch Carl von Gontard 1977–80 errichteten Königskolonnaden, die 1910 aus verkehrstechnischen Gründen von der Königstraße (jetzt Rathausstraße, Bezirk Mitte) an den Kleistpark versetzt wurden. Der Haupteingang des Kathreiner-Hauses liegt nicht an der Verkehrsstraße, sondern ist seitlich von dieser den Kolonnaden zugewandt. Der Architekt erreichte so eine reizvolle Beziehung zwischen diesem bedeutenden Beispiel der Architektur der Neuen Sachlichkeit und einem barocken Architekturteil.

534
Ehem. Kammergericht
Elßholzstraße 30–33
1909–13
Paul Thoemer, Rudolf Mönnich

535
Apostel-Paulus-Kirche
Akazienstraße
1892–94
Franz Heinrich Schwechten

Straßenseite (oben), Parkseite (unten)

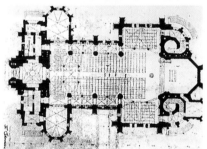

Grundriss EG, 1892

Das langgestreckte Gebäude liegt an der Westseite
des Kleistparkes und wird von den 1910 an die
Potsdamer Straße versetzten Königskolonnaden von
Carl von Gontard (1777–80) wirkungsvoll eingerahmt. Bestimmendes Element der neobarocken,
mitfigürlichem Schmuck versehenen Fassade ist der
stark hervorspringende Mittelrisalit. Dieser reich
verzierte Mittelbauteil, der für barocke Schloss- und
Palastanlagen kennzeichnend war, wurde ursprünglich von einem mächtigen Turm bekrönt. Das Innere
des mit dem Sockelgeschoss 5-geschossigen Gebäudes nimmt über 500 Räume auf. Imposant ist
die große, durch sämtliche Stockwerke reichende
Haupttreppenhalle. Dieser auch auf barocke Vorbilder zurückgehende Bauteil war bei Gerichtsbauten
jener Zeit sehr verbreitet und fand seinen Kulminati-
onspunkt in der Treppenanlage des ehem. Land-
und Amtsgerichts 1 (Nr. 18), an dessen Entwurf
Rudolf Mönnich ebenfalls beteiligt war. Über dem
Hauptportal an der Parkseite liegt der prunkvolle
Sitzungssaal. In diesem Sitzungssaal fand der Pro-
zess gegen eine Reihe von Widerstandskämpfern
des 20. Juli 1944 statt. An seiner südlichen Seite
schließt sich die ehemalige Wohnung des Kammer-
gerichtspräsidenten an, deren Gesellschaftsräume
von Bruno Paul ausgestattet wurden. Bis 1990
diente das Gebäude als Sitz des Alliierten Kontrollra-
tes für Deutschland und der Alliierten Luftsicher-
heitszentrale für Berlin.

Schwechten entwarf diese Kirche etwa zeitgleich mit
der Kaiser-Wilhelm-Gedächtnis-Kirche (Nr. 254). Im
Gegensatz zu jenem imposanten, stadtbildprägenden Bauwerk in rheinisch-romanischen Formen
orientierte sich der Architekt hier an Bauten der
märkischen Backsteingotik. Die Kirche besitzt den
Grundriss eines lateinischen Kreuzes mit einem
fünfseitigen Chorabschluss im Süden. Im Norden
erhebt sich der 85 m hohe Glockenturm. Die massive und flächige Fassade wird durch große Öffnungen in Turm und Querhaus aufgebrochen. Der dreischiffige Kirchenraum ist mit einem Backstein-
gewölbe versehen. In den Seitenschiffen sind Emporen eingezogen. Im Zweiten Weltkrieg ebenfalls
schwer beschädigt, wurde der Kirchenbau im Gegensatz zur Kaiser-Wilhelm-Gedächtnis-Kirche vollständig wiederaufgebaut und konnte schon 1949
erneut geweiht werden. 1961 erfolgte eine gründliche Renovierung.

536
Paul-Gerhardt-Kirche
Hauptstraße 47–48
1961–62
Daniel Gogel, Hermann Fehling

537
Rathaus Schöneberg
John-F.-Kennedy-Platz
1911–14
Peter Jürgensen, Jürgen Bachmann; Kurt Dübbers

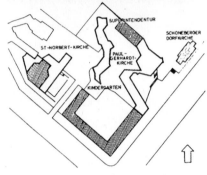

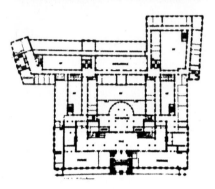

Zustand 1978 (oben), Grundriss Erdgeschoss (unten)

Die anstelle des im Zweiten Weltkrieg zerstörten Vorgängerbaus errichtete Kirche bildet zusammen mit der St.-Norbert-Kirche und der Schöneberger Dorfkirche aus dem Jahre 1764–66 einen platzartigen Kirchenbezirk. Die Kirche ist zur einen Seite durch Gemeindesäle, Jugendräume und eine Pfarrwohnung mit der bestehenden Blockrandbebauung verbunden; auf der anderen Seite öffnet sie sich durch ein großes Fenster zur barocken Dorfkirche, mit der sie einen eindrucksvollen Kontrast bildet. Kennzeichnend für den Innenraum ist die starke plastische Ausbildung, die durch den terrassenförmig gestaffelten Fußboden und eine stark gegliederte Decke betont wird. Der Kirchenraum wirkt durch den Lichteinfall von drei Seiten hell und transparent. Trotz seiner Bewegtheit strahlt der verwinkelte Raum Ruhe und Geborgenheit aus. Aus dem inneren Aufbau wird die äußere Gestalt der Kirche entwickelt. Die Fassade ist stark verschachtelt; unterschiedliche Fensterformen beleben sie zusätzlich. Ein kräftiger Rauputz betont die Plastizität der Fassade. Auffälligster Bauteil der Kirche ist der expressionistisch gezackte, spitz in den Himmel ragende Glockenturm. Eine ähnliche architektonische Gestalt zeigt die benachbarte St.-Norbert-Kirche. Sie wurde kurz zuvor von den selben Architekten unter Verwendung des beschädigten Vorgängerbaus erbaut.

Das Gebäude steht, anders als etwa das Rathaus in Charlottenburg (Nr. 335), nach allen Seiten frei an einer großzügigen Platzanlage. Alle Gebäudeteile sind, ähnlich wie z. B. in Spandau (Nr. 633), zu einem großen Block zusammengefasst. Die 4-geschossige Platzfront wird von einem heute 70 m hohen, stufenförmig abgesetzten Turm überragt, für den Kurt Dübbers 1950 einen neuen Abschluss geschaffen hat. Die repräsentativen Räume liegen zum John-F.-Kennedy-Platz, die Verwaltungsräume in den rückwärtigen Gebäudeteilen. Die flächige und schlichte Putzfassade ist mit sparsamen barockisierenden Formelementen aus Sandstein geschmückt; der Sockel besteht ebenfalls aus Sandstein. Das Rathaus wurde nach dem Krieg verändert wiederhergestellt. Der innere Umbau stammt von der Architektengemeinschaft Rave und Partner. Bis zum 2. Dezember 1990 beherbergte das Gebäude u. a. das Abgeordnetenhaus von West-Berlin und war Sitz des Regierenden Bürgermeisters.

538
Verwaltungsgebäude der Nordstern-Versicherung
Badensche Straße 2
1913–14
Paul Mebes, Paul Emmerich

539
Wohnanlage
Innsbrucker Platz
1927–28; 1950
Paul Mebes, Paul Emmerich

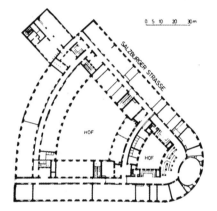

Grundriss 2. OG

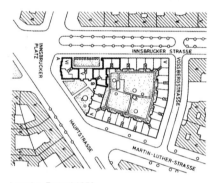

Lageplan, Zustand 1950

Der 5-geschossige Stahlbetonskelettbau folgt in einer langgezogenen, markanten Rundung der Kurve der Salzburger Straße und vermeidet dadurch die Monotonie einer langgestreckten Straßenfront. In Proportionierung und Gliederung unterscheidet sich das Gebäude von den zu jener Zeit noch gebräuchlichen eklektizistischen Fassadengestaltungen. Auf damals geläufige Risalite zur Gliederung wird verzichtet, die spärlichen Schmuckelemente wie z. B. die Pilaster im 2. OG sind flächig gehalten und vermeiden so jedes Pathos. Hauptmerkmal der mit Travertinplatten verkleideten Fassade ist ihre deutliche Horizontalgliederung; die einzelnen Geschosse werden durch Gesimsbänder voneinander abgesetzt. Ein weit vorspringendes, breites Gurtgesims trennt das überhöhte Hauptgeschoss von den beiden untersten Geschossen. Durch seine übersichtliche, zweckmäßige Grundrissgestaltung war das Versicherungsgebäude auch in seinem Inneren zukunftsweisend. Die großen Arbeitssäle können als Vorläufer der Großraumbüros angesehen werden. Das Gebäude wurde 1982 an den Senat von Berlin verkauft.

Die Wohnanlage besteht aus einer 4-geschossigen Blockrandbebauung entlang der Martin-Luther-, Vossberg- und Innsbrucker Straße. Dieser war zum Innsbrucker Platz ein 5-geschossiger Kopfbau vorgelagert. Die Bauten waren kriegsbeschädigt und wurden von den Architekten 1950 wieder instandgesetzt. Der ehemals 5-geschossige Wohnblock am Innsbrucker Platz musste der Straßenverbreiterung weichen. Die Architekten stellten jedoch die ursprüngliche städtebauliche Situation mit dem Bau eines nun 8-geschossigen Wohnhochhauses wieder her, das näher an die Zeilenbauten herangerückt wurde. Dieses 1950 entstandene erste Berliner „Hochhaus" nach dem Krieg wurde mit einem dunkelroten, ornamentalen Schmuckband unterhalb des DG verziert. Die Blocks hatten die Architekten in ähnlicher Weise gestaltet wie die Bauten in der Reichsforschungssiedlung Haselhorst (Nr. 627): Die flachen Fassaden werden durch verglaste Loggien-Türme gegliedert. Die Bauten sind durch schwarzgrau gestrichene Dach- und Sockelzonen horizontal zusammengefasst. Das Äußere der Wohnanlage am Innsbrucker Platz zeigt, bis auf wenige Veränderungen, den Zustand von 1927–28, während das Innere dem Wohnungsstandard der 50er Jahre angepasst wurde. Im Hochhaus sind 1- bis 3-Zimmer-Wohnungen mit 40, 66 und 100 m^2 Wohnfläche untergebracht.

540
Wohnanlage „Ceciliengärten"
Ceciliengärten
1924–28
Heinrich Lassen

541
„Roxy-Palast"
Hauptstraße 78–79
1929
Martin Punitzer

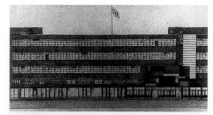

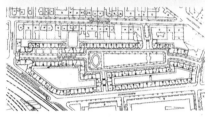

Zeichnung des ursprünglichen Zustandes (oben)

Das Kernstück der Siedlung, die für die Gemeinnützige Heimstättengesellschaft der Berliner Straßenbahn errichtet wurde, ist ein schmaler, rechteckiger Platz, den 3-geschossige Häuserzeilen säumen. Das städtebauliche Grundkonzept geht auf einen von Stadtbaurat Wolf 1912 vorgelegten Entwurf zurück. Der Eingang in die „Ceciliengärten" wurde wirkungsvoll mit einem turmartigen Torbau markiert. Expressionistische Details wie spitze Erker und Dachgauben an den Häuserzeilen wurden mit traditionellen, kleinstädtischen Formen verbunden. An diese erinnern insbesondere Rundbogen-Durchgänge, Fledermausgauben und Terrakottamedaillons. Der von Kastanienbäumen gesäumte Platz mit einem großen Springbrunnen und Georg Kolbes Frauenskulpturen „Der Morgen" und „Der Abend" (1926) erhielt 1986 seine ursprüngliche, an barocke Gartengestaltung erinnernde Fassung zurück. Paul Mebes und Paul Emmerich setzten die Blockrandbebauung auf der östlichen Seite der Rubensstraße 1927–28 fort. Mit 1- bis 2-geschossigen, zum Teil flachgedeckten Zeilen schlossen sie an die Bebauung an, die Lassen zeitgleich mit den „Ceciliengärten" entlang der Eisack-Straße errichtet hatte.

Mit zunehmender Beliebtheit der Kinos in den 20er Jahren entwickelte sich eine spezielle Architektursprache für diese Bauaufgabe. Durch die Einbeziehung der Leuchtreklame als Gestaltungselement erhielten die Fassaden am Abend ein zweites Erscheinungsbild und erstrahlten als regelrechte Lichtleitsysteme. Zu diesen mit Leuchtreklame versehenen Bauten zählten der „Titania-Palast" (Nr. 633) und vor allem Punitzers „Roxy-Kino". Die lang gestreckte Fassade des Stahlskelettbaus wird durch Fensterbänder im Wechsel mit dunkelroten Brüstungsstreifen gegliedert. Hinter den gleichmäßig gerasterten Stahlrahmenfenstern versteckt sich eine zweite, unregelmäßige Fensterfolge. Die Horizontalen werden durch die längsrechteckige Lichtreklamefläche wirkungsvoll unterbrochen. Diese Platte diente dem Kino als Ankündigungsfläche für die Filme und konnte durch Wechselschaltung in geometrische, farbige Lichtfelder aufgelöst werden. Leicht versetzt zu dieser Reklamefläche befindet sich ein senkrechtes, von einem Türmchen flankiertes Lichtband. Der im Stil der Neuen Sachlichkeit gestaltete Bau, der auch ein Kaufhaus aufnahm, ist neben der Maschinenfabrik Herbert Lindner (Nr. 482) die bedeutendste erhaltene Arbeit des Architekten Punitzer. Im mehrfach umgebauten „Roxy" befindet sich heute u. a. ein Tapetenmarkt. Die Fassade wurde 1987 rekonstruiert.

542
Wohnanlage am Grazer Damm
Grazer Damm 127–167
1938–40
Carl Cramer, Ernst Danneberg, Richard Pardon,
Hugo Virchow

Auf dem ehemaligen Schöneberger Südgelände
entstand das größte zusammenhängende Wohngebiet der NS-Zeit in Berlin. Die über 2000 Wohnungen gehörten zu den vom Generalbauinspektor
Albert Speer geplanten Ausbau Berlins zur Welthauptstadt „Germania". Dabei wurden die in einem
Erlass von 1935 festgelegten Maßstäbe für die
„Volkswohnung" baulich umgesetzt. Diese sahen
billige Mietwohnungen in 1- oder mehrgeschossiger
Bauweise vor, „die hinsichtlich Wohnraum und Ausstattung äußerste Beschränkung aufweisen" sollten.
Gleichzeitig sollten überwiegend große Wohnungen
für kinderreiche Familien entstehen. Die 5-geschos-
sigen Wohnhäuser sind als Blockrandbebauung auf
insgesamt 1,3 km Länge beiderseits des breiten,
vierspurigen Grazer Damms angelegt. Die gleichförmigen Hausfronten wurden durch Einrücken des
Gebäudemittelteils schematisch untergliedert. Gemeinsam sind den Bauten auch die durch massive
Stützen gegliederten EG-Zonen, die mächtigen
Walmdächer, kleine Fenster und die schematische
Anordnung der Wohnungsgrundrisse. Die Bauten
am nördlichen Siedlungseingang gestaltete Hugo
Virchow, die anschließende Blockrandbebauung
Richard Pardon. Die Wohnhäuser südlich des Grazer Platzes stammen von Carl Cramer und die Bauten, die nur östlich der Straße fortgeführt wurden,
errichtete Erich Danneberg.

543
Siedlung „Lindenhof"
Arnulf-Straße 1–38
1918–21
Martin Wagner, Bruno Taut

Plan 1981, Altbauteile dunkel

Die Siedlung war eine der ersten Anlagen, die Martin Wagner in seiner Funktion als Stadtbaurat von
Schöneberg plante. Die 127 Vier- und 75 Einfamilienhäuser entstanden – im Unterschied zu einer
Gartenstadtanlage mit Einzelhäusern wie z. B. bei
der Gartenstadt Staaken (Nr. 636) – als Blockrandbebauung. Jeder Wohnung war ein 80 m² großer
Garten zugeordnet, der die Selbstversorgung der
Mieter ermöglichen sollte. Genormte Wohnungsgrundrisse und die Verwendung von nur zwei Haustypen ermöglichten eine kostensparende Serienbau-
weise, die vorbildlich für spätere Großsiedlungen,
u. a. für die Hufeisen-Siedlung (Nr. 579) in Britz
werden sollte. Trotz der Beschränkung auf wenige
Gestaltungsvarianten wirken die Bauten nicht mono-
ton, da die Wohnhäuser unterschiedlich gestaltete
Erker und Loggien sowie Vorbauten erhielten. Ca.
70% der Siedlung, die noch heute nach den Grund-
sätzen der 1920 gegründeten Genossenschaft
„Lindenhof" verwaltet wird, wurden im Krieg zerstört.
Einige Häuser erhielten bei der Wiederherstellung
DG-Wohnungen, und im Laufe der 50er Jahre wurden von den Hausbesitzern zahlreiche Modernisie-
rungen und Umbauten vorgenommen. Die Freiflächen bebauten Franz Heinrich Sobotka und Gustav
Müller ab 1953 ohne Beachtung der städtebaulichen Vorgaben mit mehrgeschossigen Zeilen-
häusern. Auch die von den beiden Architekten
1967–68 errichteten Hochhäuser an der Röbling-
straße nehmen keinerlei Bezug auf die ursprüngliche
Siedlungsform.

Tempelhof (544-561)

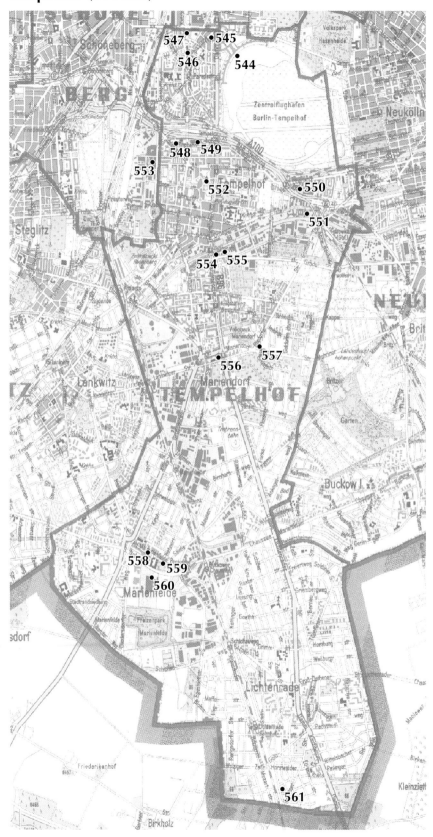

544
Flughafen Tempelhof
Platz der Luftbrücke
1936–41
Ernst Sagebiel

545
Wohn- und Geschäftshäuser
Dudenstraße 9; Kaiserkorso 155
1912–13
Bruno Möhring

Zustand 1968 (oben)
Modellaufnahme (unten)

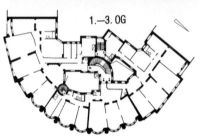

Haus Kaiserkorso 155 (oben)
Grundriss Dudenstraße 9 (unten)

Der ehemalige „Weltflughafen Tempelhof" ist in drei Großformen gegliedert. Erschlossen wird er vom heutigen Platz der Luftbrücke, um den halbkreisförmige Verwaltungsbauten angeordnet sind. Sie führen auf die 100 m lange Abfertigungshalle zu, die als Verbindungsglied zu den quer angeordneten Flugsteigen fungiert. Diese sind entgegengesetzt zu den Verwaltungsbauten geschwungen. Sie bestehen aus der 400 m langen Flugsteighalle, die durch eine moderne Stahlkragbinderkonstruktion stützenfrei überdacht wird; konkav geschwungene Hangars setzen die gebogene Form der Flugsteige an beiden Seiten zu einem 1200 m langen Band zusammen, das durch Treppenhaustürme in 70 m Abstand gegliedert wird. Die Dächer sind als Zuschauerterrassen angelegt. Die riesenhafte Anlage ist in der Formensprache der nationalsozialistischen Staatsarchitektur gehalten; die Stahlbetonskelettbauten sind mit braungelben Natursteinplatten verkleidet, eine strenge Reihung der Fensterachsen, lange Arkadenreihen sowie die betont symmetrische Anordnung der einzelnen Baukörper tragen zur Monumentalisierung des Komplexes bei. Eine geplante städtebauliche Einbindung des Flughafens wurde wegen des Beginns des Zweiten Weltkrieges nicht ausgeführt. Der Komplex wurde im Krieg stark beschädigt. 1959–62 erfolgten mehrere Um- und Anbauten. Ab 1975, der Eröffnung des Flughafens Tegel (Nr. 621 A), war der Flughafen Tempelhof für den öffentlichen Flugverkehr weitgehend gesperrt und wurde von den Alliierten genutzt. Heute wird hier ein kleiner Teil des innerdeutschen Flugverkehrs nach Berlin abgewickelt.

Die beiden Eckbauten bilden den Anfang einer engen, 5-geschossigen Bebauung des Tempelhofer Feldes (Nr. 546), die nach dem Ausbruch des Ersten Weltkrieges nicht weitergeführt wurde. Sie nehmen eine wichtige städtebauliche Funktion wahr, indem sie als Torbauten auf das neue Wohngebiet hinführen. Gemäß ihrer bedeutenden städtebaulichen Aufgabe sind die beiden 5-geschossigen Gebäude auch entsprechend anspruchsvoll gestaltet; durch ihre aufragende, abgerundete Form mit den hohen Dächern, von denen eines einen turmartigen Aufbau besitzt, erzielen sie eine monumentale Wirkung. Ihre Fassaden sind ähnlich gestaltet: Über einem einfachen, schmucklosen Ladengeschoss erheben sich drei Hauptgeschosse. Diese werden mittels durchlaufender Kolossalsäulen stark vertikal gegliedert. Die dazwischenliegenden Wandsegmente sind leicht gewölbt. Die Verwendung reduzierter barockisierender Stilformen wird in dem darauffolgenden kräftigen Gesims, welches das 4. OG absetzt, fortgesetzt. Die einzelnen Geschosse enthalten großzügige 5- bis 7-Zimmer-Wohnungen. Sie sind z. T. ungünstig geschnitten, da sie der markanten, dynamisch abgerundeten Hausform angepasst werden mussten. Die Grundrisse stammen von Michael Loewe (Dudenstraße) und Hermann Speck (Kaiserkorso).

546
Siedlung auf dem Tempelhofer Feld
Manfred-von-Richthofen-Straße
1920–28; 1930; 1932–34
Fritz Bräuning; Ernst und Günther Paulus;
Eduard Jobst Siedler; Walter Borchardt

547
Oberstufenzentrum
Dudenstraße 23–55
1977–79
Dietrich Bangert, Bernd Jansen, Stefan Scholz,
Axel Schultes

Evangelische Kirche (oben) Gesamtplan (unten)

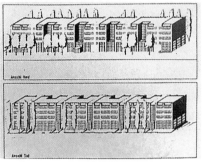

Ansicht des Entwurfs

In Anlehnung an englische Gartenstädte war bereits 1911 das Straßenmuster mit den halbkreisförmig geführten Straßen und dem Parkgürtel auf dem ehemaligen Exerzierfeld entstanden. Von einem mehrfach modifizierten Bebauungsplan, der eine enge, mehrgeschossige Straßenrandbebauung vorgesehen hatte, wurden bis 1912 nur die Wohnhäuser an der Ecke zum Tempelhofer Damm von Bruno Möhring (Nr. 545) ausgeführt. Bräuning behielt die 5-geschossige Randbebauung bei, platzierte jedoch 2-geschossige Eigentumshäuser in die innere Zone. Zentrale Bezugspunkte in der Symmetrieachse der Siedlungsmitte, des Adolf-Scheidt-Platzes, sind eine Schule und ein Krankenhaus, 1927–28 von Ludwig Hoffmann gestaltet. Die verstreut in der Siedlung liegenden, scheinbar gewachsenen Plätze zitieren kleinstädtische Strukturen. Dazu zählt auch die evangelische Kirche, für die Bräuning einen Rundbau errichtete, dessen schlanke Spitzbogenarkaden sich zur Straße hin öffnen. Das spitze Kegeldach der Kirche wurde mit einer hohen, neogotischen Laterne aus Stahlblech auffällig betont. Die Gesamt-Siedlungsanlage wurde nie vollendet. Eduard Jobst Siedlers Bauten entlang des Tempelhofer Damms (1927–28/ Ib), die Wohnhäuser von Vater und Sohn Paulus (1930–34/ Ic1, Ic2) sowie das Häuserkarree von Borchardt (1924–25 I/IIa) an der Ecke zur Dudenstraße passen sich aufgrund ihrer Gestaltung in den Komplex von Bräuning ein. 1956–1968 wurden die Freiflächen mit Wohnhauszeilen bebaut.

Das Oberstufenzentrum für die Bereiche Reise, Spedition und Steuer wurde entlang des Blockrandes errichtet. Die lang gestreckte Front wird in fünf Kompartimente gegliedert. Diese vorgezogenen Gebäudeteile wirken wie „Einzelhäuser", die im EG durch Wintergärten miteinander verbunden sind. Die einzelnen Hauskompartimente werden durch die lisenenartigen Vorlagen der Aluminium-Fassadenverkleidung vertikal gegliedert und gerahmt. Zwischen diesem „Pfeiler-Gerüst" liegen jeweils hochrechteckige Fenster und die geschlossenen, ebenso hohen Brüstungsfelder. Die zarten Pastellfarben – Graugrün, Grünbeige, Graublau, Flieder – der „Häuser" sind ein Gegenakzent zu den nüchternen, streng geometrischen Architekturformen. Vor dem Haupteingang, der zwischen dem zweiten und dritten Kompartiment liegt, wurde 1981 als Ergebnis eines Kunst-am-Bau-Wettbewerbs eine filigrane Stahlrohrpyramide von Christian Hage errichtet, die im Sommer durch ihren Pflanzenbewuchs ein „grünes Dach" bildet.

548

Ehem. Reichspostzentralamt
Ringbahnstraße 130
1925–28
Karl Pfuhl

549

Hauptwerkstatt der Berliner Stadtreinigung
Ringbahnstraße 88–124
1970–74; 1977–80
Josef Paul Kleihues

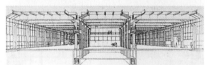

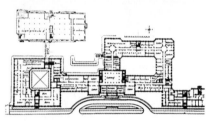

Zustand um 1930 (oben)
Grundriss EG

Die langgestreckte Straßenfront des 5-geschossigen Gebäudekomplexes wird durch vorspringende Flügelbauten sowie zwei vorgezogene 7-geschossige Turmbauten wirkungsvoll belebt. Das Gebäude weist zwei Lichthöfe auf, von denen besonders der 4-geschossige, durch Pfeiler gegliederte Lichthof im EG des Mittelbaus mit seiner Verkleidung aus türkisblauen Keramikplatten Beachtung verdient. Die mit Klinkern verblendete Fassade im Stil des Expressionismus ist durch verschiedene Ziegelmuster, flache Lisenen und Zackenrahmungen abwechslungsreich und lebhaft gestaltet. Kennzeichnend ist ihre vertikale Ausrichtung mittels Wandpfeilern, die vom EG bis unterhalb des zurückgesetzten 4. OG reichen. Dachbekrönungen in der Form aufragender, umlaufender Spitzbogenattiken an den Turmaufsätzen unterstützen die vertikale Betonung der Fassade. In der textilartigen Flächengestaltung und den expressionistischen Architekturelementen ist das Gebäude mit Bauten Fritz Högers, wie z. B. dem Scherk-Haus (Nr. 747), oder dem Fabrikgebäude der Firma Schwarzkopf (Nr. 553) von Carl Mackensen verwandt. Der Gesamteindruck des Gebäudes wird durch den Einbau neuer, moderner Fenster geschmälert. Heute beherbergt das ehemalige Reichspostzentralamt verschiedene Abteilungen der Deutschen Bundespost.

Das Werkstattgebäude, nach einem 1969 preisgekrönten Wettbewerbsentwurf, wurde in zwei Bauabschnitten im Tempelhofer Industriegebiet direkt an der Stadtautobahn errichtet. Um einen teilweise 2-geschossigen, rechteckigen Werkstattkern sind die Werkhallen angeordnet und halbkreisförmig um die Gebäudeschmalseiten herumgeführt. Eine formale Entsprechung dieser apsidialen Form ist im Osten als Verwaltungsgebäude geplant. Bei der Gestaltung der Hauptwerkstatt war ein einheitliches Ordnungsprinzip maßgebend. Sämtliche Elemente sind einem Raster von 12,5 x 12,5 cm unterworfen. Die Fassaden werden durch Außenstützen in einzelne Kompartimente gegliedert, in denen die hohen, verglasten Rolltore liegen, wobei Wand- und Glasflächen in einzelne Segmente unterteilt sind. Der Stahlbetonbau ist nicht nur ästhetisch ansprechend. Auch die Organisation der Werkstatt ist hervorragend gelöst: die Arbeitsplätze befinden sich im „Mittelschiff", um das beiderseits die Reparaturplätze für die Fahrzeuge der Stadtreinigung angeordnet sind. Die technischen Leitungen wurden zwischen den Doppelstützen untergebracht. Verglaste Galerien unterteilen optisch die Halle und dienen auch dem Lärmschutz. Leider wurden am Außenbau nicht die vom Architekten geplanten Lampen angebracht, die das Gesamtbild vervollkommnet hätten.

550
Fabrik Gillette-Roth-Büchner
Oberlandstraße 75–84
1936–37
Paul Renner

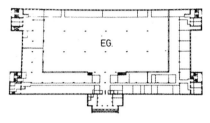

EG.

Das Fabrikgebäude, das seit 1945 zur Firma Gillette Deutschland gehört, ist eine breitgelagerte Dreiflügelanlage. Diese umschließt eine flache Halle, die durch Sheds belichtet wird. Die lange, nüchterne Straßenfront des verklinkerten Stahlskelettbaus wird durch einen Vorbau bestimmt. Dessen Pfeiler bestehen aus Sandstein, in dem auch das Traufgesims ausgeführt wurde. Die Vorhalle mit ihren hohen Pfeilern und das mächtige Traufgesims wirken etwas überdimensioniert. Monumentalisierte klassizistische Architekturelemente stilisieren die Fabrik zu einem „Tempel der Arbeit". Es besteht eine Diskrepanz zwischen kulissenhaft vorgeschobenem, repräsentativem Eingangsbereich und anschließendem Fabrikgebäude. Der Fabrikbereich besitzt einen funktionalen Grundriss, wie er sich z. B. auch bei früheren Siemensbauten (Nr. 622) finden lässt. Durch die Umfassung der Maschinenhalle mit Büros und Werkstätten wurden die Bereiche produktionstechnisch zweckmäßig miteinander verbunden.

551
Fabrikgebäude der Sarotti AG
Teilestraße 13–16
1912; 1922
Hermann Dernburg; Bruno Buch

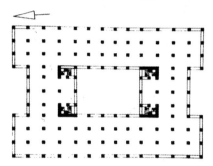

Grundriss Normalgeschoss

Hermann Dernburg hatte 1912 für die Sarotti AG ein Fabrikationsgebäude erbaut, das mit seinen vier Flügeln einen schmalen Hof umschloss. Nach einem Brand baute Bruno Buch 1922 das Fabrikgebäude wieder auf und erweiterte den Bau auf seine heutige Größe. Er verlängerte die Gebäudeflügel und schloss diese im Süden mit einem Querriegel zusammen, so dass ein weiterer Hof entstand. Diese Anordnung entspricht einem Grundriss-Ausschnitt des Wernerwerkes II der Siemens AG (Nr. 623). Die Fassaden werden durch die regelmäßige Folge der vorgezogenen Stützen gegliedert. Der Bau, dessen fünftes OG zurückgestaffelt ist, schließt mit einem Flachdach ab. Die Stahlbetonskelettkonstruktionen sind mit Muschelkalkplatten verkleidet. Markisen schützen an der Ost- und an der Westseite vor zu starkem Sonneneinfall und sind ein gestaltendes Element der Fassaden dieses sachlich nüchternen Gebäudes. Das Gebäude betritt man durch eine repräsentative Eingangshalle, an die eine großzügige, zweiläufige Treppenanlage anschließt. Von Buch stammen u. a. die Fahrzeugfabrik Dittmann (Nr. 606), die Radialbohrmaschinen-Fabrik (1914–15) in der Holzhauser Straße 121 in Reinickendorf und die mit expressionistischen Backsteinbändern versehene Malzbrauerei Groterjahn (1928–29) in der Prinzenallee 78–80 in Wedding.

552
Dorfkirche
Reinhardtplatz
13. Jahrhundert

553
Parfümeriefabrik Schwarzkopf
Alboinstraße 36–42
1928–30
Carl Mackensen

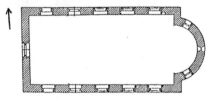

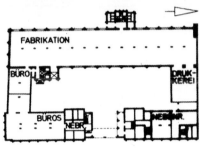

Zustand vor 1956 (unten)

Zustand um 1940

Die ehemalige Templerordenskirche liegt etwas abseits des alten Dorfangers auf einer kleinen Anhöhe in der Nähe der ehemaligen Komturei der Tempelritter. Sie wurde auf den Trümmern eines Vor-gängerbaues errichtet, dessen Turmfundamente in Form eines quergestellten Westwerks – ähnlich dem der Dorfkirche Marienfelde (Nr. 558) – 1952 ergraben wurden. Ihre heutige Form mit ihrem regelmäßigen Mauerwerk aus behauenen Granitfindlingen geht wahrscheinlich auf die Mitte des 13. Jahrhunderts zurück. Die Kirche, die größte der mittelalterlichen Dorfkirchen Berlins, ist als rechteckiger Saalbau mit eingezogener, runder Apsis angelegt. Das schlitzartige Schartenfenster in der Apsismitte zeigt noch die ursprüngliche Form der Entstehungszeit und belegt die Funktion der ehemaligen Wehrkirche als Zufluchtsort der Dorfbevölkerung in Kriegszeiten. Im Jahr 1848 wurde das Gebäude umfangreich restauriert und umgebaut; so wurden u. a. die meisten Spitzbogenfenster eines Umbaus von 1500 mit Rundbogenschlüssen versehen. Die Kirche wurde 1944 stark beschädigt. In den Jahren 1954–56 wurde sie vereinfacht wiederaufgebaut und umgestaltet. So wurde u. a. das Westportal neu geschaffen und man legte an der Südseite eine Sakristei an, die sich durch ihr Mauerwerk aus Feldsteinen dem alten Bau anpasst. Anstelle des zerstörten Fachwerkturms von 1751 wurde der mit einem Pyramidendach gedeckte Turm in historisie-render Fachwerkbauweise neu errichtet.

Das Fabrikgebäude wird durch einen Turmbau wirkungsvoll hervorgehoben. Zwei niedrigere, winkelförmige Verwaltungsflügel sind diesem Bereich vorgelagert, so dass ein großer rechteckiger Hof entstand. Der Fabrikbereich weist im Gegensatz zu den Büroflügeln breitere Abstände der Wandvorlagen und größere Fenster auf. Das Stahlskelett wurde hinter einer expressionistischen Backsteinfassade versteckt. Dabei wurde das Stützenraster durch die spitz vorstoßenden Wandvorlagen nachgezeichnet. Rautenförmige Fenster – ein gängiges Gestaltungsmittel innerhalb expressionistischer Architektur – finden sich u. a. auch bei der Scherk-Fabrik (Nr. 747) von Fritz Höger in Steglitz. Jedoch befinden sich beim Verwaltungstrakt der Symmetrie willen in den Hofecken schlecht belichtete Räume. Darin zeigt sich, dass für Mackensen die Beziehung der Bauteile zueinander und die Fassadengestaltung nicht von der Funktion des Baues abhängig war, sondern aus künstlerischen Gesichtspunkten gewählt wurde. Die Büroflügel wurden 1936 aufgestockt und erhielten ein Walmdach. So ging der ursprünglich wohlproportionierte Eindruck verloren. Ebenso erhielt der Turm 1936 einen mehrfach gestuften gläsernen Aufsatz, an dem das Firmensignet – ein weiblicher Kopf im Profil – angebracht wurde.

554
Ullstein-Druckhaus
Mariendorfer Damm 1–3
1925–26
Eugen Schmohl

555
Gewerbezentrum am Ullsteinhaus
Ullsteinstraße, Hafen Tempelhof
1991–94
Johanne Nalbach und Gernot Nalbach

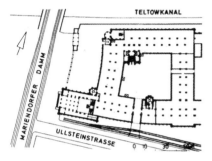

Das Ullstein-Druckhaus umschließt mit 6- bis 7-geschossigen Gebäudeflügeln einen fast quadratischen Hof. Aus diesem ragt ein 77 m hoher Turm auf. Weitere Akzente wurden mit dem vorgezogenen, 8-geschossigen Verwaltungsgebäude und dem Pavillon gesetzt, auf dem das von Fritz Klimsch gestaltete Firmensignet – die „Ullstein-Eule" – thront. Das Druckhaus war der erste in Beton „gegossene" Hochhausbau in Berlin. Diese technische Innovation wird jedoch nicht sichtbar, da die Fassaden mit dunkelroten Backsteinen verkleidet wurden. Die aufwendige Gestaltung – allein ca. 10% der Bausumme wurden für Steinmetzarbeiten ausgegeben – zeigt, dass hier architektonisch die besondere Bedeutung des Unternehmens unterstrichen werden sollte. Die starke Vertikalausrichtung, die Abfolge der einzelnen Wandsegmente, vor allem aber die Turmgestaltung und die Bauskulptur erinnern an gotische Backsteinkirchen und lassen diesen Bau als eine „Industrie-Kathedrale" erscheinen. Der Turmbau steht in unmittelbarer Nachfolge zu dem 1922–24 ebenfalls von Schmohl errichteten Borsig-Turm (Nr. 620). Obwohl das Druckhaus auf einem freien Grundstück entstand, lehnt sich der Grundriss an die u. a. von der AEG-Fabrik in der Ackerstraße (Nr. 246) bekannte Blockranddisposition an, die typisch für die engen innerstädtischen Grundstücke war. Die Gesamtanlage wurde nie vollendet. Der Flügel an der Ullsteinstraße, der nur bis zum 2. OG ausgeführt war, wurde 1956–57 erhöht. Östlich schließt sich entlang des Teltowkanals ein Erweiterungskomplex nach Plänen von Nalbach und Nalbach (Nr. 555) an.

Der mächtige Komplex erweitert die Anlage des denkmalgeschützten Ullstein-Druckhauses von 1925–26 (Nr. 554) entlang der Ullsteinstraße und nimmt damit Planungen, die bereits von dem Architekten des Altbaus, Eugen Schmohl entwickelt worden waren, wieder auf. Nalbach & Nalbach entwarfen drei Kuben, die sich an der Höhe der Eckbebauung des Altbaus orientieren und auf einem gemeinsamen 3-geschossigen Sockel entlang der Ullsteinstraße aneinander gereiht sind. Ihre Rasterfassaden reflektieren das Vorbild des Altbaus ohne jedoch dessen Lisenengliederung zu übernehmen. Besonders markant erscheinen die herausgegliederten Treppenhäuser mit ihren leicht angeschrägten Volumina an der Nordseite der Kuben, die der Hafenfront neben dem Turmhaus des Altbaus selbstbewusste neue Akzente hinzufügen. Der Südseite der Kuben sind leicht konkav geschwungene Reflektionsschilde vorgeblendet, die Zenitlicht auf die Eingangsbereiche spiegeln, wodurch auf konventionelle Außenbeleuchtungen verzichtet werden konnte. Alle weiteren Fassaden sind mit rot eingefärbtem Betonwerkstein verkleidet. Zum Tempelhofer Hafen wurde eine 5-geschossige Gewerbehalle mit drei koppelbaren Einheiten vorgelagert. In die Anlage ist heute das Modezentrum Berlin integriert. Gleichzeitig garantiert die Variabilität der Grundrisse zahlreiche weitere Nutzungsmöglichkeiten.

556
Dorfkirche
Alt-Mariendorf 37
1. Drittel 13. Jahrhundert

557
Siedlung Mariendorf Ost
Rixdorfer Straße 165
1955–56
Wils Ebert

Grundriss Hochhaus Normalgeschoss

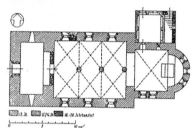

Die aus regelmäßigen Granitquadern errichtete Kirche besteht aus mehreren abgestuften Baukörpern; die halbrunde Apsis im Osten ist der niedrigste Bauteil, an sie schließen sich in der Höhe gestaffelt ein quadratischer Chorraum, der Gemeindesaal und, als höchster Bauteil, der Glockenturm an. Der Bau steht in der Nachfolge der Dorfkirche Tempelhof (Nr. 552) und ähnelt auch in seiner Anlage der Dorfkirche Marienfelde (Nr. 558). Eine Ausnahme bildet hierbei der Turm; dieser ragt nicht wie in Marienfelde als massive Westwand über die gesamte Breite des Langhauses, sondern wird in seiner Höhenent-wicklung abgestuft, was ihn leichter erscheinen lässt. Wie alle anderen Dorfkirchen wurde auch diese im Laufe der Jahrhunderte mehrfach umgestaltet. Mitte des 16. Jahrhunderts erfolgte der Umbau des Gemeindesaals; er wurde durch eine Säulenreihe in zwei Schiffe unterteilt. Anstatt der flachen Holzbalkendecke erhielt er wie auch der Chor ein Kreuzgratgewölbe. Der spätgotische Sakristeianbau an der Nordseite des Chorquadrates wurde im 18. Jahrhundert nach Osten erweitert. Auch die kleinen Rundbogenfenster der ehemaligen Wehrkirche wurden im 18. Jahrhundert vergrößert und umgebaut. 1953 vermauerte man das romanische Nord-Portal, im gleichen Jahr erfolgte die Umgestaltung des spitzbogigen West-Portals in ein rundbogiges Stufenportal. Trotz dieser zahlreichen baulichen Veränderungen blieb der einheitliche, ansprechende Charakter der Kirche erhalten.

Die im Sozialen Wohnungsbau errichtete Wohnsiedlung Mariendorf Ost war die bis dahin größte Neubausiedlung in West-Berlin nach dem Krieg. Sie entstand in landschaftlich reizvoller Lage am Volkspark Mariendorf. Geplant wurde sie für 7000 Bewohner als eigenständige Bebauung mit eigener Grundschule, zahlreichen Versorgungseinrichtungen sowie Kino und Restaurant auf dem Grünzug in der Mitte der Siedlung. Wie das ungefähr zur gleichen Zeit entstandene Hansa-Viertel (Nr. 201) wurde auch diese Siedlung als Mischbebauung konzipiert; der Ostteil des Areals wird von flachgedeckten Einfamilienhäusern mit 87 m² Wohnfläche und Garten überzogen. Von den Erschließungsstraßen werden sie durch 3-geschossige Zeilenbauten abgeschirmt. Blickfang der Siedlung ist das 8- bis 9-geschossige Hochhaus an der Rixdorfer Straße. Es enthält 121 1-Zimmer- und 15 2-Zimmer-Apartments. Das auf Pfeiler gestellte EG nimmt verschiedene Dienstleistungen auf. Das Hochhaus ist von Nord nach Süd gerichtet; die Wohnungen liegen zu beiden Seiten eines Mittelganges und öffnen sich nach Süden; dies lässt sich auch an den schräg gestellten Fensteröffnungen ablesen. Die gestaffelte Fassade ist mit einem Muster aus weißen Platten verkleidet. Gedeckt ist das Hochhaus, wie auch die übrigen Gebäude der Siedlung, mit einer dünnen, vorkragenden Dachplatte.

558
Dorfkirche Marienfelde
Alt-Marienfelde
um 1220

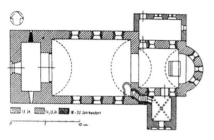

Der als Templer-Ordenskirche errichtete Bau ist die älteste Dorfkirche in Berlin und ist somit ein bedeutendes Beispiel spätromanischen Kirchenbaus in der Mittelmark. Sie wurde wahrscheinlich um 1220 errichtet, ist also älter als die vom Typ her vergleichbare, nahegelegene Buckower Dorfkirche (Nr. 589). Der Bau war wie viele Kirchen des Mittelalters als Wehrkirche angelegt und diente als Fluchtburg der Dorfbevölkerung vor räuberischen Überfällen. Dies lässt sich auch heute noch an ihrem trutzig-wehrhaften Äußeren erkennen. Das Chorquadrat und die halbrunde Apsis sind die ältesten Bauteile der aus regelmäßigen Findlings-Granitquadern errichteten Kirche. Zeitlich daran anschließend folgen das Langhaus und der mächtige, der gesamten Breite des Langhauses vorgelagerte Turm. Die Kirche wurde im Laufe der Jahrhunderte mehrfach umgebaut. Schon im 14. und 15. Jahrhundert erfolgten zu beiden Seiten des Chores Anbauten; am südlichen Teil entstand die Sakristei, am nördlichen die Herrschaftsloge. Ende des 19. Jahrhunderts vergrößerte man die Fenster des Langhauses und des Chores und zerstörte so den ursprünglichen Charakter der Kirche. 1921 renovierte Bruno Möhring die Kirche und baute sie um. Er ersetzte die vorhandene Balkendecke des Langhauses und des Chores durch ein Holztonnengewölbe. Auch baute er an die westwerkartige Turmfront eine giebelbekrönte Vorhalle an, welche sich an die spätromanischen Formen des Westportals anlehnt.

559
Gutshaus Marienfelde
Alt-Marienfelde 17
1850–60

Das Herrenhaus geht wie auch die Gutshäuser in Britz (Nr. 584) und Lichterfelde (Nr. 741) auf einen einfacheren Vorgängerbau zurück. Dieser wurde um 1850 umgebaut und erweitert. Dabei wurde dem niedrigen, 1-geschossigen Gutshaus ein 3-geschossiger Turm angefügt. Der mit klassizistischen Formen sparsam verzierte Bau erhielt einen portikusähnlichen Vorbau. Dieser schließt mit einem Dreiecksgiebel ab, dessen Höhe im umlaufenden Putzband aufgenommen wird. Kleine Rundmedaillons zieren dieses architravähnliche Putzband. Der den Turmbau abschließende Zahnschnittfries wiederholt sich auch am Giebelchen. Auffälliges Gestaltungselement am gerade abgeschlossenen Turm sind die hochrechteckigen, jeweils zu Paaren zusammengefassten Schlitzfenster. Die schmucklosen Wirtschaftsgebäude wurden in Backsteinbauweise ausgeführt. Das Gut, das 1929 in den Besitz der Stadt Berlin überging, beherbergt heute Institute der FU Berlin.

560
Bürogebäude der IBM
Nahmitzer Damm 12
1987
Jürgen Sawade

561
Haus Mohrmann
Falckensteinstraße 10
1939
Hans Scharoun

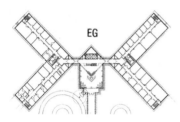

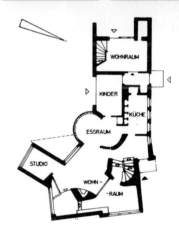

Grundriss Erdgeschoss

Das 6-geschossige Bürogebäude der IBM-Nie-
derlassung in Berlin ist den bereits vorhandenen,
1- bis 2-geschossigen Produktionshallen, die von
den Architekten Henschker und Partner stammen,
als Solitär vorgelagert. Der Stahlbetonskelettbau
wurde in drei Baukörper gegliedert, die aus Recht-
ecken und Quadraten gebildet sind. Dem in der
Mitte liegenden rechteckigen Baukörper ist ein auf
die Spitze gestelltes Quadrat eingeschrieben, in dem
sich die Treppen- und Aufzugsanlage befindet. Die
beiden anderen Baukörper stoßen mit ihren spitzen
Winkeln an den Mittelteil an und sind über einen
verglasten Zwischentrakt mit ihm verbunden. Auch
diesen beiden rechtwinkligen Bauteilen – hier befinden sich die Büros – sind zwei Quadrate eingeschrieben. Diese erheben sich ebenso wie der mittlere Kubus turmartig über dem Baukomplex. Der
Haupteingang auf der Südseite wurde durch eine
kreisrunde Überdachung betont, die nur auf einer
Stütze aufliegt. Diese einzige Kreisform steht in wir-
kungsvollem Kontrast zu den rechteckigen Gebäu-
deumrissen. Dem strengen Aufbau der Grundriss-
dispositon aus Quadrat und Rechteck entspricht die
nüchterne Gliederung der Fassaden. In die gerasterte Vorhangfassade aus grau eloxierten Aluminiumblechen sind die Fenster gleichmäßig eingeschnitten. Der Mittelbau ist ebenso wie die turmartig über
das Gebäude ragenden Kuben der Bürotrakte geschlossen. An ihm ist das Firmensignet angebracht.

Der 1-geschossige, teilweise verputzte Ziegelbau
gehört zu den 15 Privathäusern, die Scharoun während des „Dritten Reiches" gebaut hat. Wie bei vielen seiner in dieser Zeit entstandenen Häuser fällt
auch hier die Polarität zwischen der eher konventionellen, geschlossenen Straßenfront und einer freier
gestalteten, durch große Fensterflächen zur Natur
offenen Gartenseite auf. Kennzeichnend für Scharoun ist auch die lebendige, unkonventionelle
Grundrissgestaltung des Einfamilienhauses. Ver-
deckte Lichtquellen, ein halbrund verglaster Essraum und individuell verschiebbare Faltwände sorgen für eine organische Raumsituation, die durch
verschieden hoch angelegte Raumebenen noch
gesteigert wird.

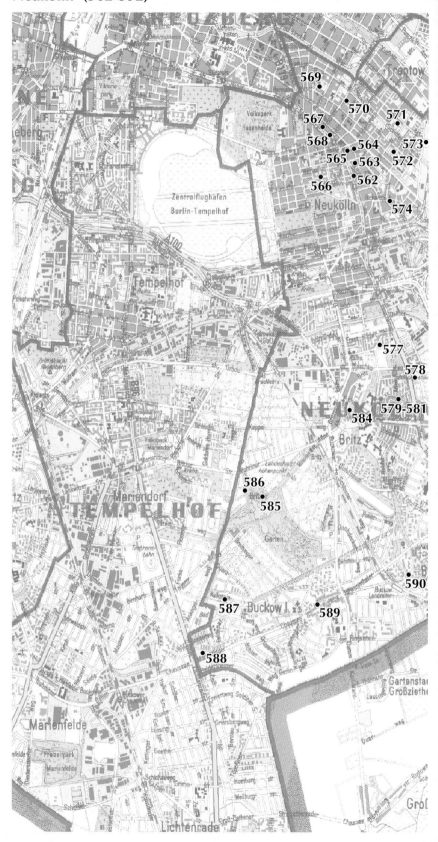

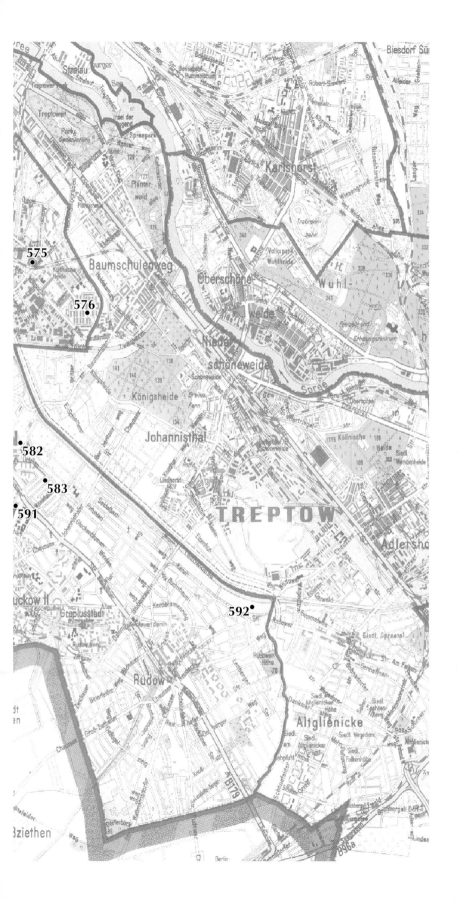

562
Passage Karl-Marx-Straße
Karl-Marx-Straße 131–133
1909–10
Reinhold Kiehl

563
Stadtbad Neukölln
Ganghofer Straße 3–5
1912–14
Reinhold Kiehl

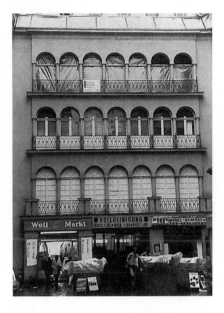

Große Schwimmhalle

Innenhof mit Durchgang zur Richardstraße

Die Bebauung erstreckt sich auf einem langen, schmalen Grundstück zwischen Karl-Marx-Straße und der parallel dazu verlaufenden Richardstraße. Zwischen zwei 5-geschossigen Flügelbauten wurde eine öffentliche Ladenpassage mit zwei Höfen angelegt. Charakteristisch für diese damals in Berlin einmalige Anlage sind die beiden schmalen, hohen Miethäuser, die den Eingang der Passage an der Karl-Marx-Straße markieren. Sie werden durch einen von der Straße zurückgesetzten 2-geschossigen Brückenbau, der so das Eingangstor zur Passage bildet, miteinander verbunden. Das Motiv des Torhauses taucht bei einigen Entwürfen Kiehls auf; so sollte nach einer ursprünglichen Planung auch das ebenfalls vom Rixdorfer Stadtbaurat entworfene Rathaus Neukölln (Nr. 568) durch einen Brückenbau mit dem gegenüberliegenden Haus an der Erkstraße verbunden werden. Die Fassade der Passagenbebauung ist flächig gehalten, Schmuckelemente werden nur sehr sparsam verwandt. Auffälligstes Gestaltungselement sind die halbrunden Balkönchen sowie kräftige Gesimse, welche das oberste Geschoss von den spitzen Giebeln absetzen. Nach jahrelanger Verwahrlosung wurde das bedeutende Baudenkmal Neuköllns teilweise renoviert und durch den Einzug eines Kinos und der „Neuköllner Oper" wiederbelebt.

Das Stadtbad gehörte in seiner Entstehungszeit mit einer täglichen Besucherzahl von bis zu 10 000 Personen zu den größten Anlagen dieser Art in Deutschland. Seine lang gestreckte Fassadenfront, aus welcher der Erschließungsturm mit der Haupttreppenhalle herausragt, wird durch Pilaster mit eingestellten Rundbögen sparsam gegliedert. Das Gebäude beinhaltet zwei unterschiedlich große Schwimmhallen, von denen die kleinere ursprünglich den Frauen, die größere den Männern vorbehalten war. Im 2. OG wurde eine russisch-römische Badeanlage eingerichtet, zu der u. a. ein Ruhe- und Leseraum und der zentrale Brauseraum, ein Kuppelbau mit Oberlicht und rundem Tauchbecken gehören. Als weitere Einrichtungen waren u. a. Brause- und Wannenbäder sowie eine medizinische Abteilung vorhanden. Auffallend ist die kostbare Ausstattung des Stadtbades mit edlen Materialien wie Marmor und Travertin sowie Mosaiken. Die beiden Schwimmhallen wurden in der Form dreischiffiger Basiliken mit antiker Säulenstellung angelegt; die russisch-römischen Bäder wirken mit ihrer antikisierenden Gewölbe- und Kuppelarchitektur wie eine freie Nachbildung der Thermen von Pompeji. Die Lage dieses „Badetempels" inmitten eines Arbeiterbezirks lässt auf einen hohen sozialen Anspruch des Stadtbaurats von Rixdorf (Neukölln) schließen. Für dieses Engagement spricht auch die Angliederung einer Volksbibliothek, die mit dem Bad durch einen Atriumhof verbunden ist. In diesem Gebäude ist heute das Heimatmuseum untergebracht. Nach einer längeren Renovierungszeit wurde das Bad 1984 wiedereröffnet.

564
Wohnanlage
Innstraße 20–23
1926–27
Paul Mebes, Paul Emmerich

565
Postamt Berlin 44
Karl-Marx-Straße 97, 99
1905–07
Struve

Neue Schalterhalle im OG

Die Wohnanlage wurde, wie auch der von denselben Architekten entworfene „Werra-Block" (Nr. 572), vom Gemeinnützigen Beamten-Wohnungs-Verein Neukölln errichtet. Sie ist als 5-geschossige Blockrandbebauung entlang der Kurve einer Straße angelegt und nimmt 61 Wohnungen auf. Der Hof ist, wie bei vielen vergleichbaren Anlagen, als ruhiger Gartenbereich angelegt. Das Äußere des Gebäudes ist im Gegensatz zu anderen Wohnanlagen dieser Architekten, wo sie zur Gestaltung der Fassade auf architektonische Stilformen aus dem Expressionismus („Werra-Block"; Nr. 572) zurückgriffen, kompromisslos modern gestaltet; das Gebäude besitzt ein Flachdach, die blockhafte Putzfassade ist schmucklos. Ihre fast abweisende Strenge wird durch den dynamischen Schwung, den die Straßenkurve hervorruft, gemildert. Gegliedert wird die Fassade durch Balkone sowie tief eingeschnittene Loggien, die in Rücksprünge der Fassade eingepasst sind. Auch die Ausstattung der Wohnanlage war für die damalige Zeit hochmodern; so wurde z. B. die Waschküche als eine der ersten in Berlin mit elektrischen Waschmaschinen ausgestattet.

Der 3-geschossige Mauerwerksbau erhebt sich an verkehrstechnisch günstiger Stelle, an der Hauptgeschäftsstraße Neuköllns in Sichtnähe zum Rathaus Neukölln (Nr. 568). Das Postgebäude ist als spitzwinklige Zweiflügelanlage angelegt. Dem EG vorgelagert erstreckt sich ein abgerundeter Vorbau; sein Portal, das 1950–51 durch Alois Meyer umgebaut wurde, war ursprünglich von einem zwiebelförmigen Aufbau bekrönt. Die Fassade ist in den Formen der deutschen Renaissance gehalten; besonders reizvoll sind die drei von Obelisken bekrönten Ziergiebel gestaltet. Das Sockelgeschoss ist mit einer Rustikaquaderung versehen, die schmükkenden und gliedernden Fassadenteile sind aus Sandstein. Trotz dieses auf einen historischen Baustil zurückgreifenden Äußeren zeigt das Postgebäude in seiner ausgewogenen Abstimmung zwischen Baukörper und Fassadengestaltung fortschrittliche Tendenzen und steht somit in der Tradition der Bauten des Stadtbaurats von Berlin, Ludwig Hofmann. Im Krieg wurde das Gebäude stark beschädigt. Durch den Anbau eines klobigen Warenhauses wurde die Wirkung des Gebäudes stark beeinträchtigt. In den Jahren 1980–82 erfolgte eine gründliche Sanierung und Modernisierung des Gebäudes sowie eine Erweiterung im rückwärtigen Bereich.

566
Sanierungsgebiet Rollberge
Werbellinstraße
1974–77
Rainer Oefelein, Bernhard Freund, Reinhard Schmock

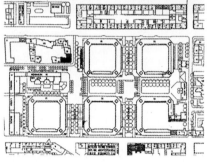

567
Amtsgericht Neukölln
Karl-Marx-Straße 77–79
1899–1901
Paul Thoemer

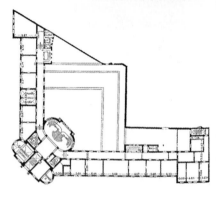

Das Gebiet zwischen Hermann-, Werbellin-, Morus- und Kopfstraße war um 1875 mit Mietskasernen dicht bebaut worden. Da die Bausubstanz der ca. 5 800 Wohnungen schlecht war – 78% der Altbau- wohnungen besaßen Podest- und Hoftoiletten, 87% keine Bäder – wurde 1963 ein Stadterneuerungs- programm ausgearbeitet. Es entstanden 1.921 Neubauwohnungen unterschiedlichster Größe durch die Wohnungsbaugesellschaft „Stadt und Land" im Sozialen Wohnungsbau. Die Sieger des Wettbe- werbs von 1971, Oefelein, Freund und Schmock, platzierten in das abgeräumte Gebiet fünf große, jeweils zum Ring geschlossene Häuserblöcke, die an einer gemeinsamen Grünzone liegen. Die Innen- höfe der Häuserringe dienen dem ruhigen Wohnen, während die Grünzone Spielplatz und Kommunika- tionspunkt der Bewohner sein soll. Bei den 6-ge- schossigen Bauten mit den 60 x 60 m großen In- nenhöfen befinden sich die Treppenanlagen jeweils in den abgeschrägten Gebäudeecken. Von dort führen Laubengänge um das Gebäude, die 28 un- terschiedliche Wohnungstypen, von der 1-Zimmer- Wohnung mit 40 m² bis zur 5-Zimmer-Wohnung mit 108 m² Wohnfläche, erschließen. Durch Vor- und Rücksprünge der Bauteile vor allem im Bereich der Treppenhäuser sowie den sich dunkel absetzen- den Laubengängen wurde die Blockhaftigkeit der großen Häuserringe gemindert. Entlang der Fußgän- gerzone liegen Gemeinschaftseinrichtungen, u. a. eine Kindertagesstätte, ein evangelisches Gemein- dezentrum und mehrere Ladengeschäfte, die diese Wohnanlage zu einer kleinen „Stadt in der Stadt" machen.

Das Gerichtsgebäude liegt an zentraler Stelle, einer Kreuzung der Hauptgeschäftsstraße Neuköllns. An der Straßenecke erhebt sich der repräsentative Eingangsbereich. Dieser Bauteil ist mit einem ver- zierten Giebel versehen, der zu beiden Seiten von runden Türmchen flankiert wird. Daran schließen sich zwei stumpfwinklige Flügel an. Das Gerichtsge- bäude ist im Stil der deutschen Renaissance gehal- ten, zu sehen besonders in der Ausformung des Schmuckgiebels. Die langgestreckten Gebäude- flügel werden durch unterschiedlich gestaltete Fens- terformen aufgelockert; die Fenster im EG haben Rundbogen, im OG sind sie als waagerechte Qua- der ausgeführt und z. T. mit baldachinartigen, drei- eckigen Verzierungen versehen, darüber sind in regelmäßigen Abständen kleine Giebel angebracht. Die Rahmungen der Fenster des ansonsten verputz- ten Gebäudes bestehen aus Sandstein, der Sockel aus Bruchstein. Die Eingangshalle mit der Treppen- halle ist, im Vergleich zu den anderen Gerichtsge- bäuden aus jener Zeit, bescheiden und zweckmäßig ausgeführt.

568
Rathaus Neukölln
Karl-Marx-Straße 83–85
1905–09
Reinhold Kiehl

Grundriss Erdgeschoss

Der Rathauskomplex ist optisch und funktional in zwei Teile gegliedert; schlichte, an ruhigen Neben-straßen gelegene Flügel nehmen Büros und Verwal-tung auf, während der eigentliche Rathausbau sich an der Hauptverkehrsstraße befindet. Dieser 4- bis 5-geschossige repräsentative Baukörper mit gestaf-feltem Giebel ist mit monumentalisierenden Werk-steinplatten verkleidet. Die Betonung der Rathäuser der damals noch selbstständigen Städte durch hohe, stadtbildprägende Turmbauten ist bei vielen, wie z. B. beim wenig früher errichteten Rathaus Charlottenburg (Nr. 335) zu beobachten. Die Funk-tion der Räume des eigentlichen Rathausteils wird auch nach außen hin sichtbar gemacht; die Bogen-fenster im EG deuten die Kassenräume an, während die langgestreckten Fenster des ersten und zweiten Geschosses die Sitzungssäle zu erkennen geben. Hinter dem Erker im ersten Geschoss befand sich der Saal des Bürgermeisters. Die Konzeption von Stadtbaurat Kiehl, Repräsentations- und Verwal-tungsgebäude in gesonderten, auch architektonisch unterschiedlich behandelten Gebäudeteilen unterzu-bringen, war für Rathausbauten der damaligen Zeit neu; in der Grundrisskonzeption blieb er jedoch bei der konventionellen Anlegung geschlossener Innen-höfe. Die Erweiterungsbauten des Verwaltungsteils wurden 1910–12 ebenfalls von Kiehl erbaut. 1950 und 1952–53 erfolgten weitere Anbauten durch Hans Eichler bzw. Hans Freese.

569
Kindertagesstätte
Weserstraße 198
1986
Horst Hielscher, Georg-Peter Mügge

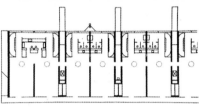

Mit Hilfe eines „Sofortprogrammes" wurden in Neu-kölln innerhalb eines Jahres fünf Kindertagesstätten geplant und gebaut. Durch enge Zusammenarbeit von Hochbauamt, Architekten und Generalbau-unternehmern gelang es im Rahmen dieses Modell-vorhabens, den Zeit- und Kostenplan einzuhalten und fünf architektonisch anspruchsvolle Bauten zu schaffen: in der Fleischerstraße 33 (Ganz & Rolfes), in der Neuhofer Straße 35 (Radtke, Götz und Part-ner), am Neudeckker Weg 33 (Nielebock & Partner) und in der Weserstraße 106 (Pfitsch) sowie Haus-Nr. 198. Hielscher und Mügge entwarfen ein 3-geschossiges, langgestrecktes Gebäude, das von einem gekrümmten Dach überfangen wird. Da das Grundstück unter Straßenniveau liegt, wurde ein Zugang aufgeschüttet, der direkt in das mittlere Geschoss führt. Dort sind die großen Spiel- und Turnräume sowie Personalzimmer untergebracht. Im Sockelgeschoss liegen technische Räume sowie zwei überdachte Spielflächen. Das OG ist kleinen Gruppenräumen vorbehalten, die entsprechend der Altersgruppen (Krippe, Kindergarten, Hort) ausge-stattet sind. Über interne Treppen sind die Bereiche jeweils separat erschlossen sowie durch eine Balkon-Galerie direkt mit dem Außenspielraum ver-bunden. Auch vom Hauptgeschoss führen langge-zogene Stahltreppen in den Garten. Dieses durch-dachte Erschließungssystem, bei dem insbesondere mit den Stahltreppen Assoziationen an Schiffsauf-bauten hervorgerufen werden, ist neben der stren-gen Geometrie des Baus und der dezenten Farbge-bung der größte Pluspunkt dieses gelungenen Stahlbetonbaus.

570
Wohnanlage
Ossastraße 9–16a
1927–28
Bruno Taut

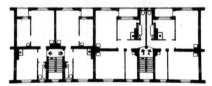

Grundriss Normalgeschoss Ossastr. 13, 14

Taut errichtete hier zur Schließung einer Baulücke
an der Ossastraße eine 5-geschossige, durchlaufende Hauszeile, an die sich zwei kurze Flügel an
der Weichsel- und Fuldastraße anschließen. Im
Innern konzipierte er einfache, aber gut geschnittene
1-Zimmer-Wohnungen mit ca. 42 m² und 2-Zim-
mer-Wohnungen mit ca. 72 m² Wohnfläche. Während die Treppenhäuser zur Straße hin angelegt
sind, liegen die Wohnräume an der sonnenzuge-
wandten, ruhigen Gartenseite. Jede Wohnung besitzt eine geräumige Loggia. Die Blockrandbebauung ist in ihrer schlichten, klaren Form, in der Anlage eines Flachdaches und den bündig in der glatten
Putzfassade sitzenden Wohnungsfenstern dem Neu-
en Bauen zuzuordnen. Durch die dem Straßenverlauf angepasste leichte Schwingung wird der
langgezogenen Hausfront eine dynamische Wirkung
verliehen. Tief eingeschnittene Loggien an den
Gebäudeecken, sowie rotbraun geputzte Laibungen
an den leicht zurückgesetzten Treppenhäusern beleben und rhythmisieren die Fassade.

571
Filmfabrik Geyer
Harzer Straße 39/46
1928
Otto Rudolf Salvisberg

Zum Gebäudekomplex der Filmfabrik Geyer gehört
neben einem älteren, 4-geschossigen Bau auch
dieses dunkelrote, 3- bis 4-geschossige Backsteingebäude. Salvisberg grenzte seinen Anbau zum
einem mit einem erhöhten Bauteil gegen den Altbau
ab. Zum anderen band er den im älteren Bauteil
liegenden Haupteingang durch eine vorkragende,
L-förmige Wandscheibe wirkungsvoll in seinen
Gebäudebereich ein. Dieser Eingangsbereich ist mit
horizontalen Backsteinstreifen verziert, auf denen in
wiederkehrender Reihenfolge der Firmenname
steht. Darin könnte man eine Versinnbildlichung von
Filmstreifen sehen, auf denen sich gleiche Bild-
sequenzen hintereinander gereiht sind. Die sachlich
strenge Fassade mit den bündig sitzenden Holzfenstern wird durch schmale, helle Klinkerstreifen
abgeschlossen, der Turmriegel durch vier vertiefte,
waagerechte Streifen oberhalb der schmalen Fenster optisch in seiner Höhe gemindert. Bei der Filmfabrik Geyer zeigt Salvisberg gestalterische Elemente der Neuen Sachlichkeit. Auch beim Bürogebäude
der Deutschen Krankenversicherung in der Innsbrucker Straße 26–27 in Schöneberg (1929–30;
heute stark verändert) wurden die Fenster mittels
Backsteinstreifen zusammengefasst und schmale,
senkrechte Wandscheiben zur Abgrenzung gegen
die Altbebauung verwendet.

572
Wohnanlage „Werra-Block"
Rosegger-, Werra-, Inn-, Weserstraße
1925–26
Paul Mebes, Paul Emmerich

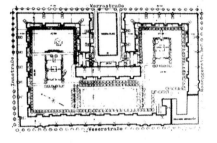

573
Wohnheim
Teupitzer Straße 36–42
1928–29
Karl Bonatz

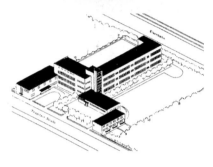

Die Wohnanlage besteht aus 36 4-geschossigen Gebäuden mit insgesamt 306 Wohnungen. Sie wurde als Blockrandbebauung angelegt. Auf diese Organisationsform wird gerade in letzter Zeit wieder verstärkt zurückgegriffen, wie z. B. die Bebauung der Ritterstraße in Kreuzberg (Nr. 440) zeigt. Die langgezogene Straßenfront an der Werra-Straße wird durch einen Freiraum, den Werra-Platz, aufgelockert. Dieser wird durch Seitenflügel und einen vorgelagerten Querriegelbau begrenzt. Es entstand so ein großer, vom Verkehrslärm abgeschirmter Innenraum. Dieser ist in drei Bereiche gegliedert; die beiden äußeren Höfe sind als Spielflächen für Kinder angelegt, der langgestreckte mittlere Bereich ist für die Erholung und zur Begegnung älterer Bewohner gedacht. Die Wohnungsgrößen variieren von der 1-Zimmer-Wohnung bis zur 4-Zimmer-Wohnung mit zwei Kammern. An der Hofseite wurden geräumige Lauben angebracht. Bei der Wohnungsdisposition achteten die Architekten auf eine möglichst günstige Besonnung. Der „Werra-Block" besticht durch seine fortschrittliche, auch heute noch vorbildliche Gesamtanlage. In den einfachen, flach gedeckten Baukörpern lassen sich Einflüsse des Neuen Bauens erkennen. Bei der Fassadengestaltung verwandten die Architekten jedoch dekorative Elemente; die verputzte Fassade wird durch z. T. gegeneinander versetzt angebrachte Klinkenbänder belebt. In den spitzgiebligen Treppenhausfenstern, dem ornamentalen Klinkergesims und den gezackten Erkern lassen sich Anklänge an den Expressionismus erkennen.

Das ehemalige Obdachlosenheim wurde zur Unterbringung von 450–480 Männern konzipiert. Aufgrund der hohen Fluktuation war eine rationale Raumaufteilung erforderlich. Das Heim wurde deshalb in mehrere zusammenhängende Baukörper untergliedert, welche die einzelnen Abteilungen aufnehmen. Die Bauteile wurden so angeordnet, dass zur Teupitzer Straße hin ein rechtwinkliger, offener Vorhof entsteht. Dieser wird zur linken Seite von dem Küchenflügel, rechts von einem freistehenden Wohnhaus für Bedienstete eingefasst. Die Rückseite des Hofes bildet ein Gebäude für Ess- und Aufenthaltsräume, an das sich der niedrige Aufnahmeflügel mit einer Jugendabteilung anschließt. Rechtwinklig dazu ist der langgezogene Schlafsaalflügel angeordnet. Mit dem Hofflügel wird er durch ein hoch aufragendes, als Verkehrsmittelpunkt gekennzeichnetes Treppenhaus verbunden. Die verputzte Fassade ist klar und schlicht gestaltet, Teile des Treppenhauses sowie der Sockel sind mit Backsteinbändern sparsam verziert. In seinen einfachen kubischen Formen sowie dem programmatischen Flachdach ist das Heim ein gelungenes Beispiel des sachlich-rationalen Bauens der 20er Jahre in Berlin. Das Innere wurde mit zweckmäßigen, für die damalige Zeit hochmodernen technischen Einrichtungen ausgestattet. Auffälligstes Gestaltungsmittel war eine kräftige, von Stockwerk zu Stockwerk unterschiedliche Farbgebung.

574
Bethlehemskirche
Richardplatz
Anfang 15. Jahrhundert

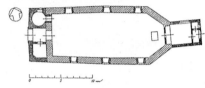

575
Arbeitsamt
Sonnenallee 262
1931–32
Leo Lottermoser

Die Dorfkirche befindet sich am Rand des Richardplatzes auf der ehemaligen Dorfaue und ist heute von hohen Brandwänden umgeben. Die Feldsteinkirche wurde während des 30jährigen Krieges niedergebrannt. Von dem spätmittelalterlichen, einschiffigen Bau ist noch die Sockelzone des Kirchenschiffes sowie der dreiseitige Chorabschluss erhalten. Ebenso wurden bei ihrem Wiederaufbau die Mauerhöhe und die Fensterachsen übernommen. 1755 erfolgten mehrere barocke Umbauten; so wurde der hohe Dachturm mit einer geschweiften Haube und einer niedrigen Laterne versehen. Während des 19. Jahrhunderts kamen weitere Umbauten hinzu. Ihre heutige Gestalt erhielt die Kirche in den Jahren 1939–41. In diese Zeit fiel der Anbau der Fachwerksakristei sowie die Verbreiterung der Vorhalle. Des weiteren wurde das Dach vorgezogen, so dass der Turm jetzt wie ein zu groß geratener Dachreiter wirkt. Auch die Innenausstattung der Kirche stammt vorwiegend aus jener Zeit. Der Kirchenraum mit der Orgelempore wurde restauriert und farblich gestaltet, womit der dörfliche Charakter der Kirche betont werden sollte. 1985–87 wurde eine weitere gründliche Renovierung der Kirche unter Beibehaltung der Gestaltung von 1939–41 vorgenommen.

Das Arbeitsamt ist ein 4-geschossiger, 140 m langer, mit Backsteinen verkleideter Stahlskelettbau. Wichtigstes gliederndes Element sind die vier verglasten Treppenhäuser, die an der straßenabgewandten Seite aus dem langgestreckten Baukörper herausragen. Die bündig in der Fassade sitzenden Fenster liegen dicht nebeneinander und wirken so bandartig zusammengefasst, was die horizontale Ausrichtung des Gebäudes zusätzlich betont. Vom Grundriss her betrachtet besteht der Bau nur aus den Umfassungsmauern, wenigen baupolizeilich vorgeschriebenen Trennwänden und den vier gleichmäßig auf das Gebäude verteilten Treppen. Die übrigen Raumunterteilungen sind variabel aufstellbar und konnten so auf die Bedürfnisse, die sich aus dem Betrieb eines auf große Besucherzahlen ausgerichteten Arbeitsamtes ergaben, abgestimmt werden. Der flachgedeckte Bau stellt sich außen wie innen äußerst funktional und nüchtern dar. Durch seine unrepräsentative Backsteinfassade erinnert er, ähnlich wie das Rathaus Wedding (Nr. 233), eher an ein Fabrikgebäude.

576
SON-Highdeck-Siedlung
Sonnenallee
1973–75
Rainer Oefelein, Bernhard Freund

577
Kolonie „Ideal"
Pintschallee
1912–19; 1925–30; 1936–37
Richard Deute, Bruno Paul, Karl Bücklers;
Bruno Taut; Walter Fuchs

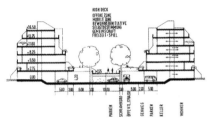

Bauteil Bruno Taut

Nach einem Wettbewerb 1970 entstand diese 4-
bis 6-geschossige Wohnanlage für ca. 8.500 Bewohner, deren Zeilen zur optimalen Belichtung und
Besonnung nach Nord-Süd ausgerichtet sind. Die
Besonderheit dieser Wohnanlage ist die Doppel-
nutzung der Straßenräume. Die Autostraßen liegen
auf Höhe der Kellergeschosse der Wohnbauten, die
zum Teil als Garagen dienen. In der Straßenraum-
mitte befinden sich jeweils aufgeständerte Fußgän-
gerterrassen, die „Highdecks", die der Siedlung
ihren Namen gaben. Diese sind durch Rampen von
der Hauptstraße sowie von den Grünanlagen aus
zugänglich und untereinander verbunden, so dass
die Versorgungs- und Gemeinschaftseinrichtungen
bequem erreicht werden können. Folge des Fertig-
teil-Bausystems waren geringe Deckenspannweiten,
Beschränkung auf wenige Haustypen, alternierend
Waschbeton- oder Sichtbetonaußenwände und
konstruktive Probleme beim Aufbau der Terrassen.
Um zu einer autarken „Stadt in der Stadt" zu werden, erhielt die Siedlung 1977 eine Ganztagsschu-
le, eine Kindertagesstätte, ein Einkaufszentrum sowie eine Sportanlage. 1982 wurde ein Seniorenwohnhaus am Michael-Bohnen-Ring 52–53 mit
124 Wohnungen und 1984 ein weiteres Seniorenwohnhaus in der Heinrich-Schlusnus-Straße erbaut.
Das Eingangstor der Siedlung, ein über die Sonnenallee geführtes Brückenhaus, hatten Oefelein und
Freund 1982 errichtet.

Das Besondere an der Anlage ist nicht nur die Kombination von 2-geschossigen „Kleinhäusern" mit
einer mehrgeschossigen Straßenrandbebauung,
sondern auch die gelungene Integrierung von modernen sachlichen Bauten in eine Vorkriegsbebauung. Von der ursprünglich 7 ha großen Siedlungs-
fläche wurde in mehreren Bauabschnitten von 1912
bis 1919 nur ein kleiner Bereich, 1,5 ha, mit Einfamilienhäusern und 3-geschossigen Miethäusern
bebaut. Den südlichen Abschnitt der von der Baugenossenschaft „Ideal" errichteten Siedlung planten
Richard Deute und Bruno Paul. Die Blockrandbebauung an der Ecke Pintschallee/Franz-Körner-
Straße gestaltete Karl Bücklers. In diesem Siedlungsbereich wurden in den 2- bis 3-geschossigen
Häusern 210 Wohnungen und sechs Läden untergebracht. Traditionelle Formen wie Erker, Loggien
mit Rundbogen, Dachgauben, kleinteilige Sprossenfenster sowie Holzbalkone kennzeichnen diesen bis
1919 entstandenen Bereich. 1925–30 erweiterte
Bruno Taut die Siedlung mit flachgedeckten Zeilenbauten. Zur besseren Belichtung und Besonnung
ordnete er diese in Nord–Süd-Richtung an und
versah sie zum Teil mit Kopfbauten, so dass ruhige
Wohnhöfe entstanden. Für die gemeinnützige Wohnungsbaugesellschaft Gehag erweiterte Walter
Fuchs 1936–37 die Siedlung nördlich der Franz-
Körner-Straße mit gleichförmigen Zeilenbauten.

578
Johanniterhaus Britz
Buschkrugallee 131
1985
Jan und Rolf Rave

579
„Hufeisen-Siedlung"
Fritz-Reuter-Allee, Buschkrugallee, Parchimer Allee
1925–31
Bruno Taut, Martin Wagner

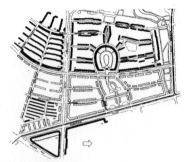

Lageplan (oben)
Die „Rote Front" (unten)

Bei dieser Wohnanlage, die aus zwei parallelen 3-geschossigen Häuserreihen besteht, wurde vorrangig an die Belange behinderter Bewohner gedacht. Von daher wurden nicht nur 23 der insgesamt 63 Wohnungen sondern auch das Wohnungsumfeld behindertengerecht angelegt. Die Treppen- und Aufzugshalle liegt im Mittelpunkt der Anlage und verbindet stegartig die beiden Häuserreihen. Über den zentralen Aufzugturm sind die Verbindungsgänge zu erreichen, die als offene Stahlkonstruktionen laubengangartig die einzelnen Stockwerke erschließen. Die Wohnungen sind zur günstigen Besonnung nach Ost-West ausgerichtet, wobei die Wohnräume zu den Innenhöfen, die mit Schallschutzfenstern der Klasse V ausgestatteten Schlafräume zur stark befahrenen Buschkrugallee liegen. Auffällig ist die Farbigkeit der Außenfassaden. Die Mauerwerksbauten sind in kräftigem ochsenblutrot gestrichen, wobei die zurückliegenden Mauerteile weiß gefasst sind. Der Hauptzugang, den zur Straßenseite ein Dreiecksgiebel betont, ist ockerfarben gestrichen. Der weiß gehaltene Innenhof weist als Anklang an die nahegelegene „Hufeisen-Siedlung" (Nr. 579) ein blau gestrichenes OG auf. Die unprätentiös gestaltete Anlage überzeugt aufgrund des durchdachten Erschließungssystems und der klaren architektonischen Durchgestaltung.

Die Hufeisen-Siedlung ist die erste Großsiedlung, die unter der Regie von Stadtbaurat Martin Wagner entstand. Die städtebauliche Gesamtkomposition dieser von der Gemeinnützigen Heimstätten AG (Gehag) errichteten Siedlung wird von einer hufeisenförmig angelegten Häuserreihe (Nr. 580) bestimmt, die den Mittelpunkt des Siedlungskomplexes bildet. Das „Hufeisen" wird von 3-geschossigen Baublöcken stadtmauerngleich eingefasst. Die insgesamt 1000 Wohnungen wurden in Stockwerksbauten und Einfamilienhäusern untergebracht. Die Beschränkung auf vier Grundrisstypen, Rationalisierungsmaßnahmen im Baubetrieb sowie der Zusammenschluss der Bauunternehmen zur „Deutschen Bauhütte" sollten die Baukosten der Mauerwerksbauten senken. Trotzdem waren die Mieten höher wie bei den Altbauten und anstatt der projektierten Zielgruppe – Arbeiterfamilien – zogen vorwiegend Beamte und Angestellte in die Wohnungen. Bruno Taut formte hier Ideen der Gartenstadtbewegung um, wie sie in Deutschland erstmals von Richard Riemerschmid in Dresden-Hellerau (1901–10) verwirklicht wurden. Diese spiegeln sich in den Gemeinschaftseinrichtungen, den Mietergärten sowie der Gestaltung des „Außenwohnraums" wider. Die Anwendung der Farbe als „billigstes Gestaltungsmittel" zur Individualisierung der Hauseinheiten ist ein Charakteristikum für die Bauten von Bruno Taut.

580

„Hufeisen-Siedlung"
Lowise-Reuter-Ring 15
1925–27
Bruno Taut

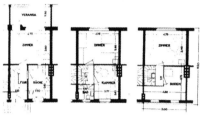

Innenrund des „Hufeisens" (oben)
Grundriss Einfamilienhaus Fritz-Reuter-Allee (unten)

Das „Hufeisen" stellt das zentrale, raumbildende
Architekturelement der Großsiedlung Britz (Nr. 579)
dar. In ihm manifestieren sich Tauts Ideen von
„Stadtkronen" und „Volkshäusern". Seine Vorstellung war, dass sich in deren Bauformen sowohl die
soziale Gleichheit und Gemeinschaft der darin Woh-
nenden widerspiegeln als auch verwirklichen sollte.
Das Hufeisen-Rund wird, entgegen der starken
Farbgebung der übrigen Siedlungsbauten, nur von
einem blau gestrichenen Band unterhalb des Daches eingefasst. Die spiegelbildlich angeordneten
Hauseinheiten wurden nur sparsam durch Ziegelbänder gegliedert. Im „Hufeisen" sind 172 2- und
3-Zimmer-Wohnungen mit 60 m² und 80 m²
Wohnfläche untergebracht. Alle Wohnungen hatten,
wie auch bei anderen Mietshäusern üblich, Kachel-
öfen und Küchen mit Kochmaschine und Speise-
schrank unter dem Fenster. Die rot, blau oder gelb
gestrichenen Wohnraumwände mussten bald „richti-
gen" Tapeten weichen, da diese Gestaltung von den
Bewohnern nur als Übergangslösung aufgefasst
worden war. Heute lässt sich die Gartengestaltung
Leberecht Migges nur zur Kirschblütenzeit erahnen,
da die Mietergärten im Inneren des Hufeisenrunds
fehlen und sich der Wasserspiegel des Teiches,
bedingt durch den U-Bahn-Bau, abgesenkt hat.

581

„Hufeisen-Siedlung"
Stavenhagener Straße 4–32
1925–27
Bauteil Martin Wagner

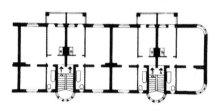

Martin Wagner, der bereits von 1918 bis 1920
Stadtbaurat von Schöneberg gewesen war, wurde
1926 Stadtbaurat für Groß-Berlin. Er gehörte zu
den Mitbegründern des ersten gewerkschaftseige-
nen Wohnungsbauunternehmens, der „Deutschen
Wohnungsfürsorge AG". Eine Tochtergesellschaft
dieser AG, die Gehag, war Bauherrin der „Hufeisen-Siedlung". Unter Wagners Regie entstanden
auch die anderen Großsiedlungen in Zehlendorf
(Nr. 767), in Reinickendorf (Nr. 593) und in Siemensstadt (Nr. 320). Der Wohnhausblock in der
Staven-hagener Straße ist der einzige von Wagner
gestaltete Bau innerhalb dieser Großsiedlungen. Die
lange Zeile bildet die nördliche Begrenzung der
„Hufeisen-Siedlung". Zwei vorgezogene, dunkel-
gelbe Eckbauten spannen die lange weiße Gebäu-
defront ein, die von halbrund ausschwingenden
Treppenhäusern rhythmisiert wird. Die querrechteckigen Fenster der Treppenhäuser bilden einen
wirkungsvollen Kontrast zu den größeren Wohnungsfenstern und zu den kleinen, quadratischen
Dachluken. Die Zeile wird von einem überkragenden
Pultdach eingebunden. Die Idee, halbrunde Treppentürme mit einer glatten Fassade zu kombinieren,
hatte u. a. Bruno Taut schon früher bei dem Ledigenheim in der Lindenhof-Siedlung (Nr. 543) verwirklicht, wobei Bauleitung und Gesamtgestaltung
der Lindenhof-Siedlung bei Martin Wagner gelegen
hatte. In der Britzer Zeile sind nur 2-Zimmer-Woh-
nungen mit jeweils 48 m² Wohnfläche untergebracht.

582
Wohnhaus für Behinderte
Parchimer Allee 6
1983–85
Eckhard Feddersen, Wolfgang von Herder & Partner

583
Wohnanlage
Ortolanweg
1990–92
Axel Liepe, Hartmut Steigelmann

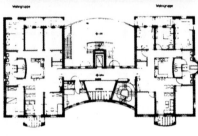

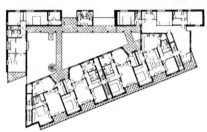

Die Architekten wollten mit diesem Wohnhaus für 36 körperlich und geistig Behinderte einen Gebäudetypus schaffen, der sich nicht von einem gewöhnlichen Wohnhaus unterscheidet. Jede Annäherung an einen internats- oder anstaltsähnlichen Bau sollte vermieden werden. Dies war die Grundvoraussetzung für die Gliederung des Wohnhauses in einzelne Wohnbereiche. Fünf Wohnungen bieten für sechs Personen, zwei Wohnungen für drei Personen Platz, wobei Küche, Gemeinschaftszimmer und Bäder den einzelnen, abgeschlossenen Wohnbereichen zugeordnet sind. Die beiden Hauskuben werden durch einen geschwungenen Mittelteil zusammengefasst, in dem Treppenhaus, Aufzüge sowie Gemeinschaftsräume untergebracht sind. Die Architekten, die zeitgleich in der Harbigstraße 12 in Charlottenburg eine Tagesstätte für Schwerstbehinderte errichteten, formten hier wie dort den Bau nach in einer strengen Ordnung. Der Grundrissgeometrie folgt der symmetrische Aufbau der Fassaden. Leicht geschwungene Formen wie vorgewölbte Loggien und der ein- und ausschwingende Mittelbereich stehen in beziehungsvollem Kontrast zur kubischen Gesamtform.

Modellaufnahme eines „Gemeinschaftshauses" (oben), Grundriss 1. OG (unten)

Das städtebauliche Konzept der Wettbewerbssieger Liepe und Steigelmann umfasst ein im Rahmen des Sozialen Wohnungsbaus errichtetes Gebäudeensemble mit insgesamt 120 Wohneinheiten. Unter dem Motto „Wohnen in der Gemeinschaft" konzipierten sie drei 3- bis 4-geschossige „Gemeinschaftshäuser", ein 5-geschossiges Einzelgebäude, eine Hauszeile sowie drei um quadratische Wohnhöfe angeordnete Gebäude; die beiden südlichen „Atriumhäuser" entlang des Ibisweges mit 21 Wohnungen entwarf der zweite Preisträger Fritz Matzinger. Im Schnittpunkt der Wege der Anlage wurde eine Art Anger angelegt, der als Festplatz der Bewohner fungieren soll. Blickpunkt des Ensembles sind die drei „Gemeinschaftshäuser", die sich durch ihre eigenwillige Form von den übrigen Bauten absetzen. Diese leitet sich aus der inneren Organisation der Häuser her; die je 20 als Zweispänner angelegten Wohnungen ordnen sich um eine dreiflüglige, zentrale Halle. Die Erschließung der Wohnungen erfolgt zweifach, von der glasbedeckten, begrünten Halle und über herkömmliche Treppenhäuser. Durch die dreieckförmige Anordnung der Gebäude verschafften die Architekten den Wohnungen eine reine Ausrichtung nach Süden. Bauherr des Ensembles war die „Berliner Bau- und Wohnungsgenossenschaft von 1892 e. G.". Mit dieser vorbildlichen Wohnanlage am Ortolanweg wurden die sozialreformerischen Ideale aus der Gründungszeit dieser Genossenschaft wiederbelebt und weiterentwickelt: das Zusammenleben verschiedener Generationen, die wohnliche Integration Behinderter und nicht zuletzt die Anlage zahlreicher Gemeinschaftseinrichtungen.

584
Gutshaus Britz
Alt-Britz 79–81
1860; 1881–83
Carl Busse

585
Café am See
Stadtpark Britz (ehem. Buga-Gelände)
1983–84
Engelbert Kremser

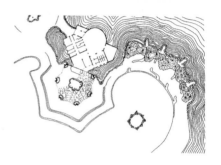

Gutshaus (oben); Wirtschaftsgebäude (unten)

Das Gutshaus Britz entstand um 1860 durch die Erweiterung eines bereits 1706 erbauten Gebäudes. Carl Busse gliederte den langgestreckten, 2-geschossigen Bau mit einem dreiachsigen Mittelrisalit und gestaltete die Fassaden mit sparsamen klassizistischen Formen. Auf der Gartenseite wird das Gutshaus durch einen 4-geschossigen Turm betont, den eine geschwungene Gaube abschließt. Horizontale Gesimse und Reliefs im Bereich des Mittelrisalits bilden den unauffälligen Schmuck des Hauses. Das Gutsgebäude, die Scheunen und Ställe wurden zu einem malerischen Ensemble innerhalb eines großen Gutsparks angeordnet. Die Wirtschaftsgebäude, 1870–80 entstanden, wurden in Anlehnung an italienische Landhäuser in Ziegelbauweise ausgeführt. Die verschieden hohen Baukörper wurden asymmetrisch zusammengefügt und durch einen Turm besonders akzentuiert. Dieser von Karl Friedrich Schinkel geprägte „Villenstil" war in der zweiten Hälfte des 19. Jahrhunderts in Berlin besonders häufig anzutreffen. Die Parkanlage wurde 1988, zurückgehend auf einen um 1900 belegten Zustand, wiederhergestellt. Innerhalb des Gartens befindet sich die Büste des früheren Gutsbesitzers Rüdiger von Ilgen, die – geschaffen von Rudolf Siemering – zu einer Gruppe von 32 Standbildern und 64 Büsten gehörte, die, um 1900 aufgestellt, bis Kriegsende in der „Siegesallee" im Tiergarten gestanden hatte.

Das Café wurde auf dem Gelände der Bundesgartenschau, die 1985 in Berlin stattfand, errichtet. Es liegt am Ende einer Landzunge direkt an einem künstlich angelegten See. Das Gebäude besitzt eine ungewöhnliche Form; mit seinem phantasievollen, biomorph geformten Kuppeldach aus Spritzbeton erinnert es an Bauten des spanischen Architekten Antonio Gaudi (1852–1926), etwa dessen Park Güell (1900–1914) oder die Casa Milà (1905–10), beide in Barcelona. Das Café wurde in sog. „Erdbauweise" errichtet, d. h. die Form für den Beton entstand aus aufgeschütteter Erde und geformtem Sand. Nach dem Abbinden des Stahlbetons wurde die Erde entfernt, übrig blieb der Abguss der Sandform. Der konventionell gebaute Wirtschaftsteil des Cafés wurde mit Erde bedeckt und begrünt. Zu dem Ensemble gehört des weiteren eine künstliche Insel, die auf vier Betonpfeilern ruht. Diese neuneckige „Seebühne" ist mit Keramikmosaiken verziert. Eine Reminiszenz an historische Gartenanlagen bilden die sogenannten „Quellenpavillons" inmitten einer hügeligen Landschaft mit Quellen und Bachläufen. Diese Pavillons sind aus pilzförmigen, mit floralen Reliefs verzierten Stahlbetonstützen aufgebaut. Sie erinnern in ihrer eigenwilligen, bizarren Form an Grottenarchitekturen der Renaissance und des Barock.

586
„Grüne Häuser"
Am Irissee
1982–85
Bernd Faskel, Thomas Herzog, Erich Schneider-Wessling, Otto Steidle, Peter Stürzebecher

Lageplan

Im Zusammenhang mit der Bundesgartenschau 1985 wurde für das nördliche Ende des Geländes ein Wettbewerb für eine Gruppe von Musterhäusern ausgeschrieben, die beispielhaft die Verbindung von Garten und Wohnen verdeutlichen sollten. Darüber hinaus war eine Demonstration der neuesten Erkenntnisse im Bereich der Klimatechnik und Ökologie im Wohnungsbau vorgesehen. Thomas Herzog entwarf eine Häuserreihe, die sich an den das Buga-Gelände abschließenden Erdwall anlehnt. Die neun „Hanghäuser" werden durch die Dächer der aufgesetzten Glashäuser geprägt, die sich über einem kleinen Innenhof erheben. Die Gebäude sind aus zwei Teilen aufgebaut; ein Massivbauteil nimmt Eingang, Küche und den Wohnbereich auf. Die anderen Räume liegen in einem stützenfreien Leichtbauteil und sind dadurch individuell unterteilbar.

Erich Schneider-Wessling konzipierte eine 2-geschossige Reihenhausgruppe. Die Wohn- und Schlafräume sind um einen glasgedeckten Hof angeordnet. Glas-Schiebelemente ermöglichen im Sinne eines geplanten „kommunikativen Wohnens" eine gemeinsame Nutzung der Innenhöfe. Das passive Energiekonzept besteht, ähnlich wie bei der Hausgruppe Herzogs, hauptsächlich in der teilweisen Eingrabung in den Hang und in der Begrünung der Dachflächen.
Den Mittelpunkt dieser kleinen Siedlung aus Eigentumshäusern bildet die Baugruppe von Otto Steidle. Die Gebäude sind symmetrisch um einen Platz angeordnet. Sie sind aus einem einfachen Holzständerfachwerk errichtet, das mit einer waagerechten Dielenverkleidung versehen ist; die Konstruktion wurde hierbei bewusst als ästhetisches Mittel zur Fassadengestaltung eingesetzt.

586

(Fortsetzung)

Otto Steidle
Grundriss Obergeschoss

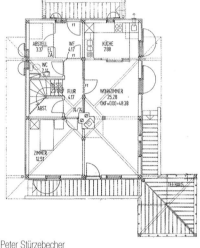

Peter Stürzebecher
Grundriss Erdgeschoss

Auffälligstes Merkmal der Häuser sind die weitgehend verglasten Laternen. Deren dreieckiger, bepflanzter Innenraum fungiert als temperierter Zwischenbereich, als interner Erschließungsbereich und zur zusätzlichen Belichtung der einzelnen Zimmer. Entlang der Straße und der Wege sind pergolaartige Holzkonstruktionen aufgereiht, die individuell, so z. B. als Geräteschuppen, Gewächshaus, Garage, oder auch als Hühner- oder Ziegenstall genutzt werden können. Diese Zwischenbauten sind ebenso wie die Hausfassaden begrünt. Entstanden ist so eine laut Steidle „architektonisch kultivierte Schrebergartenarchitektur".

Bernd Faskel konzipierte ein „Back-to-Back"-Haus. Die vier Wohnungen in Massivbauweise sind Rücken an Rücken zu einem kompakten Baukörper verbunden. Die so erreichte Reduzierung der Außenflächen wirkt sich positiv auf den Energieverbrauch aus. Zentraler Bauteil der Hausgruppe ist ein begrünter Wintergarten, der als thermische Pufferzone mit eigenem Kleinklima funktioniert. Auf diesen sind alle angrenzenden Räume ausgerichtet. Faskel baute auf dem Gelände noch ein kleineres Haus

dieses Typs. Peter Stürzebecher plante eine Reihe von kleinen, freistehenden Gebäuden, die in kostengünstiger reiner Holzbauweise konstruiert wurden. Wie auch bei dem TITANIC-Kiosk am Breitscheidplatz (1983) oder dem „Wohnregal" (Nr. 403) zeichnen sich auch diese Häuser durch ihren experimentellen Charakter – eine wesentliche Zielsetzung der Arbeit des Architekten – aus. Die „Stadtvillen" weisen in ihrem Innern ein flexibles Nutzungsangebot auf; die Verwendung eines einheitlichen Maßes bei der Holzskelettkonstruktion soll spätere An- und Umbauten durch die Bewohner erleichtern. Bei der äußeren Gestaltung der Gebäude griff der Architekt auf das Formenvokabular des historischen Bautyps der Villa zurück. Zeltdach, Balkon, Freitreppe, Dachgaube und Erker sorgen zusammen mit der Bemalung für ein lebendiges Äußeres. Die aufgeständerten Leichtbauhäuser weisen ein umfangreiches Grünkonzept auf; die flachgedeckten Randbereiche des Daches sind als Hitzeschutz begrünt, die Wintergärten haben Erdanschluss und können so als „grüne Zimmer" in den Wohnbereich integriert werden.

587
Siedlung Spruch
Kalksteinweg 17 a
1993–95
Wolfgang Engel, Klaus Zillich

588
Siedlung am Schlierbacher Weg
Schlierbacher Weg, Sandstein-, Grauwackeweg
1991–92
Stadtwerkstatt; Baufrösche Kassel

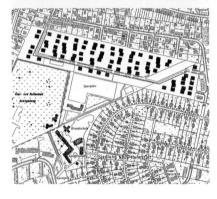

Lageplan

Lageplan

Engel und Zillich gelang mit der Siedlung Spruch eine ungewöhnliche Synthese urbaner Verdichtung und vorstädtisch lockerer Bebauung. Auf einer lang gezogenen Fläche reihen sich neun Hofstrukturen aneinander, die von sechs bis elf Einzelhäusern umbaut sind. Jede Einheit wird durch einen leicht erhabenen Sockel zusammengefasst. Innerhalb der Gruppen wechseln Einzelhäuser und Reihenhäuser ab, die unregelmäßig gegeneinander versetzt angeordnet sind. Die Architekten entwickelten als gemeinsame Grundtypologie für alle Häuser einen 4-geschossigen und weiß verputzten Kubus, der dann durch die unterschiedlichen Konstellationen, aber auch durch differenzierte Rücksprünge, Ausbauten, Balkone und Wintergärten variiert wird. Ein von Oskar Putz entwickeltes Farbsystem für die vom Grundtyp abweichenden Flächen unterstützt mit seiner Skala verschiedener Gelb- und Blautöne das reizvolle Spiel mit Thema und Variation. Die Variation kubischer Haustypen und der Einsatz von Farbe als Gestaltungsmittel geht unmittelbar auf eine Auseinandersetzung mit den Vorbildern der klassischen Moderne, wie etwa Le Corbusiers Siedlung Pessac bei Bordeaux von 1925, zurück; gleichzeitig stellt die Anlage hinsichtlich ihrer Qualität, innerhalb bestehender vorstädtischer Bebauungsstrukturen Möglichkeiten der Nachverdichtung aufzuzeigen, eine herausragende Antwort auf aktuelle städtebauliche Problemstellungen dar.

Die heutige Anlage präsentiert sich als Umbau einer 1952–53 errichteten Siedlung, die Kleinwohnungen mit niedrigem Wohnstandard aufwies. Ziel der Sanierungs- und Umbaumaßnahmen war es, auf der Grundlage ökologischer Prinzipien sowie unter Beteiligung der Mieter qualitätsvollen Wohnraum zu schaffen und gleichzeitig den Charakter der offenen und durchgrünten Bebauung beizubehalten. Nach jahrelangen Auseinandersetzungen über Abriss und Erhalt der Siedlung wurde 1990 die „Arbeitsgemeinschaft (Arge) Schlierbacher Weg" bestehend aus der AG Stadtwerkstatt, den Baufröschen Kassel und Vinzenz v. Feilitzsch mit der Umbauplanung beauftragt. Neben Grundsanierung und Wohnungsvergrößerungen zeichnet sich die Siedlung heute v. a. durch die markante Holzkonstruktion der Dachaufbauten aus, die durch ihren grauen Anstrich deutlich von der gelben bzw. roten Farbigkeit der alten Bausubstanz abgesetzt werden. Während die auskragende Aufstockung an den Gartenseiten eine durchgehende Linie bildet, wird an den Eingangsseiten durch eine regelmäßige Folge von Terrassenrücksprüngen ein lebhaft bewegter Rhythmus erzeugt, der durch die weit vorspringenden Überdachungen der Treppenhäuser noch gesteigert wird. Angehängte große Balkone beleben die Fassaden der Kernbauten. Durch weitgehende Wiederverwendung funktionsfähiger alter Bauteile und dem Einsatz natürlicher Baustoffe konnte die Sanierung kostensparend und umweltfreundlich durchgeführt werden. Die Siedlung stellt heute ein ebenso originelles wie vorbildliches Beispiel für überzeugende Alternativen im Umgang mit vernachlässigter Bausubstanz dar.

589
Dorfkirche Buckow
Alt-Buckow 34–38
um 1220

590
Britz-Buckow-Rudow „Gropiusstadt"
Johannisthaler Chaussee
1962–72
Gesamtleitung: Wils Ebert; Wolfgang Dommer,
Klaus H. Ernst; Rolf Gutbrodt, Hans Bandel

Gehag, Geschosswohnungsbau, Johannisthaler Chaussee

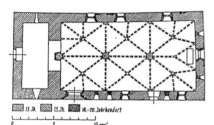

13. Jh.   15. Jh.   18.–20. Jahrhundert

0   5   10 m

Der aus regelmäßigen Granitquadern errichtete Kirchenbau ist, ähnlich der wenig später erbauten Dorfkirche Britz (Backbergstraße 40; 2. Hälfte 13. Jahrhundert), direkt am Dorfteich gelegen. Er ähnelt in seinem Erscheinungsbild der etwas älteren Marienfelder Dorfkirche (Nr. 558); an das Langhaus mit annähernd rechteckigem Grundriss schließt in Breite des Kirchenschiffes ein mächtiger, wehrhafter Turm an. Die Kirche wurde im Lauf der Jahrhunderte mehrfach umgebaut. So wurden die Fensteröffnungen des Langhauses der ehemaligen Wehrkirche, wegen der besseren Schutzfunktion ursprünglich nur als schmale Fensterschlitze ausgebildet, im Barock verändert. Die beiden äußeren Fenster der Ost-Wand sind als vermauerte Nischen noch erkennbar. Das Spitzbogenportal aus Backsteinen stammt aus dem 15. Jahrhundert. Im 16. Jahrhundert unterteilte man den ehemals mit einer flachen Holzdecke versehenen Kirchenraum mittels dreier Säulen in zwei Schiffe mit Kreuzgratgewölbe. In den Gewölbefeldern wurden zu Beginn dieses Jahrhunderts spätgotische Malereien freigelegt.

Für die zu erstellenden 17.000 Wohnungen hatte Walter Gropius 1960 einen Bebauungsplan vorgelegt, der jedoch nicht ausgeführt wurde. Dieser hatte eine netzartige Anordnung der Hauszeilen vorgesehen, die durch drei große, im Rund angelegte Hochhäuser aufgelockert werden sollte. Das Siedlungsgebiet wurde in drei Zonen unterteilt. In der ersten, BBR-Nord, errichtete die Gehag (1) nach einem städtebaulichen Plan von Wils Ebert 2041 Wohnungen in 3- bis 8-geschossigen Zeilen und 14-geschossigen Punkthochhäusern. Auch für die mittlere Siedlungszone, BBR-Mitte, hatte die Planung in den Händen von Wils Ebert (4) gelegen, wurde jedoch nach einem städtebaulichen Gutachten 1963 von Wolfgang Dommer (7) und Klaus H. Ernst (11, 12) fortgeführt. In dieser Zone entstanden unter Regie der Gehag 1400 Wohnungen in 16-geschossigen Punkthäusern, 9-geschossigen Scheibenbauten und 3- bis 6-geschossigen Zeilen. Die in Fertigteilbauweise errichteten Hochhäuser und Einfamilienhäuser sind mit grauen Waschbetonplatten verkleidet. Die übrigen Gebäude sind Mauerwerksbauten. Für die östliche Siedlungszone, BBR-Ost, bildete das Konzept von Rolf Gutbrod und Hans Bandel die Grundlage für den Bau der 4500 Wohnungen und 40 Einfamilienhäuser. Während der Planungsphase wurde jedoch eine Verdichtung und Erhöhung der Bauten vorgenommen. Im Gegensatz zu den starr angeordneten Zellen der Siedlungsabschnitte Nord und Mitte entstanden hier vor allem gestaffelte Baukörper. Die Beteiligung zahlreicher Architekten trug zu einem differenzierten, abwechslungsreichen Bild bei. Von Walter Gropius stammt das 17- bis 18-geschossige, halbrund angelegte Wohnhochhaus (14) – ein Relikt seiner ersten Planungen für das Gesamtgebiet – und ein 31-geschossiges Punkthochhaus sowie mehrere locker gruppierte, 9-geschossige Häuserzeilen. Die weiteren Bauten stammen von Heinz

590
(Fortsetzung)

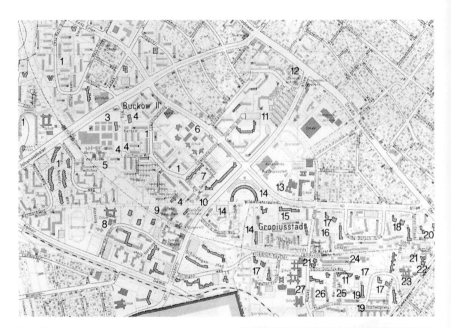

Gesamtlageplan

Viehrig (15) und Erich Böckler (16) der auch die Einfamilienhäuser gestaltete. Die vier gestaffelten 10- bis 12-geschossigen Wohnhäuser (17) schuf Rolf Gutbrod, die 4- bis 8-geschossige „Kammbebauung" aus KSL-Sichtmauerwerk (19) stammt von Josef P. Kleihues und Heinrich Moldenschardt, ebenso die 3- bis 4-geschossigen Wohnbauten im Horst-Caspar-Steig. Das Ensemble von 3-geschossigen Sichtbetonhäusern konzipierte die Bauabteilung der Degewo (18). Hans Bandel gestaltete eine Nord-Süd-Zeile (20). Zwei 28-geschossige Punkthochhäuser (21) errichtete Manfred J. Hinrichs. Die paarweise angeordneten Zeilen sind von Willy Kreuer (26). Die Grundschulen stammen von Dietrich Schaefer und Matthias Boye (22), Kurt Brohm und Wilhelm Kort (27), von Gerd und Maria Hänska (13), von Wolf von Möllendorff (8) sowie von Norman Braun (2). Die Gesamtschule (6), die sich aus pavillonartigen Bauten zusammensetzt, gestaltete Walter Gropius. Die Kindertagesstätte stammt von Dietrich Schaefer und Thomas Sieverts. Das 1969 von Erich Ruhtz provisorisch in einem Fertigteilbau untergebrachte Gemeindezentrum erweiterte Wolf von Möllendorff 1970–72. Die Ladenzentren planten Hans Bandel (24) und Wils Ebert (3). Das Mehrzweckhaus (9) stammt von Anatol und Ingrid Ginelli. Die evangelische Dreieinigkeitskirche gestaltete Reinhold Barwich, das Kirchenzentrum mit der Martin-Luther-King-Kirche errichtete Karl Otto.

Walter Gropius TAC, Gesamtschule (Mitte) und Geschosswohnungsbau (unten), Fritz-Erler-Allee

591
Krankenhaus Neukölln
Rudower Straße 47
1977–86
Josef Paul Kleihues, Jürgen König

592
Fabrikanlage der Eternit AG
Kanalstraße 117–155
1930; 1956–58; 1961, 1964
Paul G.R. Baumgarten; Bauabteilung der Eternit AG

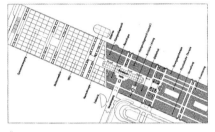

Übersicht Ebene 0

Paul G. R. Baumgarten, Sozialgebäude (oben)

Der Erweiterungsbau mit 686 Betten liegt neben dem alten städtischen Krankenhaus, das 1907–13 von Reinhold Kiehl erbaut wurde. Die Sieger des Wettbewerbs von 1972 griffen auf die, bereits von ihren früheren Bauten, wie der Hauptwerkstatt der Stadtreinigung (Nr. 549), bekannte Grundrissdisposition zurück. Das rechteckige Gebäude ist dreischiffig ausgebildet und sollte ursprünglich an den Schmalseiten halbrunde Abschlüsse erhalten. Über dem Sichtbeton-Sockelgeschoss, das die technischen Einrichtungen aufnimmt, liegen zwei Basisgeschosse. Ein Zwischengeschoss vermittelt zu den beiden 2-geschossigen Bettentrakten, die nur an den Treppenfestpunkten miteinander verbunden sind. In der Mitte liegt, abgesenkt, die mit einer Glastonne überdachte 2-geschossige Eingangshalle, deren Wandbilder Markus Lüppertz gestaltete. Eine geschwungene Zufahrt, der halbrunde Cafeteria-Bau und das auf der Nordseite gelegene Bestrahlungszentrum sind dem Rechteckbau attributiv angefügt. Die gerasterte, weißlackierte Aluminiumfassade des Stahlbetonskelettbaus wird von schwarzen, erhabenen Profilen untergliedert. Aus einem zugrunde gelegten Modul bedingten sich Raumgrößen, Fensterbreiten, Fliesenmaße u. v. m. Entstanden ist ein Krankenhaus, das ein ästhetisch gestaltetes Äußeres mit einer technisch modernen, leistungsfähigen Ausstattung verbindet.

Die Fabrikanlage der Eternit AG war bereits 1930 auf dem Gebiet zwischen Teltowkanal und Kanalstraße von der Bauabteilung der Eternit AG angelegt worden. Aus dieser Zeit stammen die beiden 170 m langen Lagerhallen (5) und die daran anschließenden Hallen, in denen die Platten- (2) sowie die Rohrfabrik (3), die Rohrverarbeitung (4) und das Rohstofflager (1) untergebracht sind. Ebenso wurden 1930 die Gebäude für die Plattenschneiderei (6) und die Veredelung (7), ein Werkstattgebäude (11), das Kesselhaus (13), Teile des Pumpenhauses (14), ein Transformatorenhäuschen (16) und eine kleine Halle für die Hartabfallaufbewahrung (18) sowie Teile des Bürogebäudes (20) errichtet. Die Hallen bestehen aus schlanken Stahlkonstruktionen, die zum Teil mit Welleternit-Platten verkleidet sind. Sheds und große Fensterflächen sorgen für eine ausreichende Belichtung der Halleninnenräume. Der von Ost nach West orientierte Produktionsablauf wurde durch die von Paul G. R. Baumgarten 1956–58 errichteten Neubauten verändert. Der Leichtbau-Charakter der Hallen wurde fortgeführt und die Hallen (6–11) auch als Stahlkonstruktionen ausgeführt und mit Eternit-Platten verkleidet. Auch die von Paul G. R. Baumgarten errichtete Rohrstreichhalle (10), der Zementsilo (12) und das Kantinen- und Sozialgebäude (19) überzeugen aufgrund ihrer sachlich konstruktiven Durchgestaltung. Die Fabrikanlage wurde 1961 und 1964 durch die Bauabteilung der Eternit AG erweitert. Im Sozialgebäude ist seit September 1989 das neue Schulungszentrum der Eternit AG untergebracht.

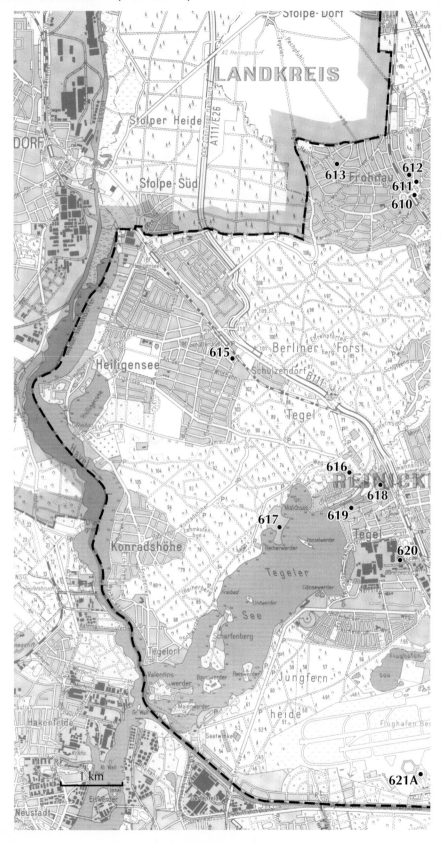

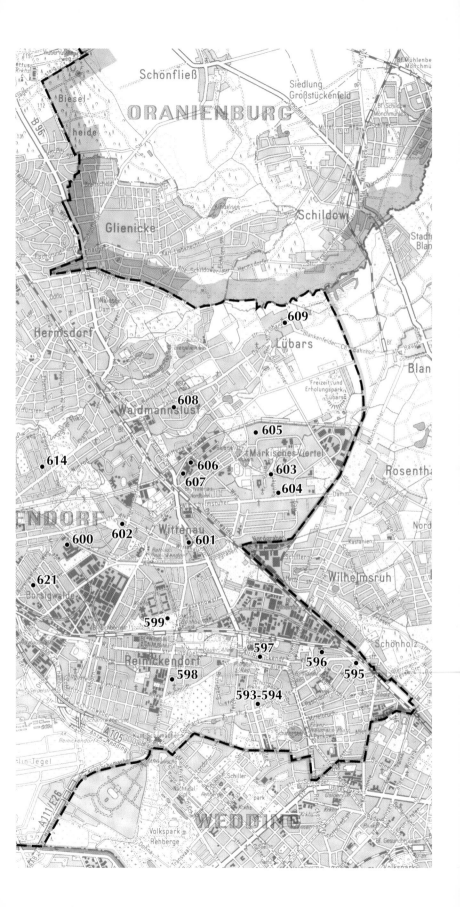

593
„Weiße Stadt"
Aroser Allee
1929–31
Bruno Ahrends, Wilhelm Büning,
Otto Rudolf Salvisberg

594
„Weiße Stadt" – Laubengang-Wohnhaus
Aroser Allee
1929–30
Otto Rudolf Salvisberg

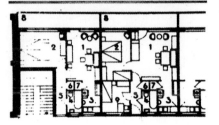

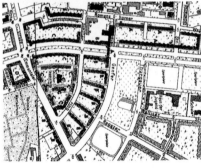

Bauteil Bruno Ahrends, Zustand um 1950 (oben)

Der Name „Weiße Stadt" trifft auf die Siedlung nur
bedingt zu, da die hellweißen Putzflächen der Gebäude mit feinteiligen, farbigen Binnengliederungen
wie Fensterrahmen, Türen, Dachüberständen, aber
auch mit Ziegelmauerwerk und Rabitzelementen
akzentuiert sind. Jeder Architekt gestaltete einen
eigenen Siedlungsteil, wobei die Straßenführung
zum Teil nach einem städtebaulichen Wettbewerb
von 1913 vorgegeben war. Dennoch kam eine
gelungene städtebauliche Gesamtkomposition zustande. Ahrends' vorgezogene Kopfbauten flankieren den Siedlungseingang und steigern die Wirkung
des über die Straße geführten Laubengangwohn-
hauses von Salvisberg (Nr. 594). Bünings Zeilen
sind fächerartig gesetzt. Mit Ausnahme des Lauben-
gangwohnhauses, das in Stahlbetonskelettbauweise
errichtet ist, besteht die Siedlung aus Mauerwerksbauten. Mit 25 Ladengeschäften, einem Ärzte-
Haus, einer Apotheke, zwei Wäschereien, einer
Kindertagesstätte sowie einem Heizkraftwerk war die
Siedlung gut mit Wohnfolgeeinrichtungen ausgestattet. Zeitgleich mit der „Ringsiedlung" (Nr. 320) entstand hier im Stil des Neuen Bauens unter Regie
von Stadtbaurat Martin Wagner ein neuer Siedlungstyp. Die 1286 Wohnungen, die von der Gemeinnützigen Heimstätten Gesellschaft Primus mbH
erbaut wurden, sind anders als in Britz (Nr. 579)
oder Zehlendorf (Nr. 767) nur in Stockwerksbauten
untergebracht und von einer durchgehenden, von
Ludwig Lesser gestalteten Grünfläche umgeben.

Dieses Laubengang-Wohnhaus gilt als Wahrzeichen
der „Weißen Stadt" (Nr. 593). Es ist auf Stützen
quer über die Aroser Allee gestellt und teilt diese
ungefähr auf halber Länge. Die städtebauliche Wirkung des Laubengang-Wohnhauses wird durch die
beiden von Ahrends gestalteten Kopfbauten gesteigert, die das Eingangstor zur Siedlung bilden. Durch
deren Anordnung entstand vor dem Salvisberg-Bau
ein länglicher Platz, ähnlich dem eines Dorfangers.
Das Brückenhaus ist der einzige Betonskelettbau
der Siedlung. Auf der Südseite tritt der Mittelteil in
Balkonbreite zurück und scheint zwischen die beiden 5-geschossigen Seitenbauten eingespannt zu
sein. Im Norden schwingen sich die Laubengänge
aus der Fassade hervor und zeichnen so die Straßenbreite nach. Auf beiden Fassadenseiten angebrachte Uhren sollten den großstädtischen Charakter
der Siedlung unterstreichen. Der weiß verputzte Bau
besitzt eine dezente Binnengliederung, die durch
farbig gefasste Fensterrahmen, Türen und Balkongeländer bewirkt wird. Die 2- und 2 1/2-Zimmer-
Wohnungen haben 45–55 m² Wohnfläche, wobei
den Küchenwirtschaftsräumen die Wohnzimmer
direkt angegliedert sind. Auf dem Dach befindet sich
eine große Sonnenterrasse.

595
Generationenhaus Sommerstraße
Sommerstraße 15–25, Klemkestraße 102–104
1994–97
Günther Grossmann, Zsuzsa Dámosy

Isometrie der Gesamtanlage (unten)

596
Christoph-Kolumbus-Grundschule
Büchsenweg 23a
1967–68
Sergius Ruegenberg

Die Anlage schließt mit einer großzügig geschwungenen Spange die benachbarte Zeilenbebauung zu der östlich verlaufenden S-Bahntrasse ab. Der 240 m lange, 6-geschossige Baukörper integriert neben 100 Wohnungen auch eine Kita im südlichen Bereich und im nördlichen Abschnitt ein Seniorenwohnheim. Jeweils an den Enden des Baus stoßen 3-geschossige Körper in den Hofraum vor, die den beiden Institutionen zugeordnet sind. Grossmann realisierte damit ein bauliches Zeichen gegen die Segregation der unterschiedlichen Altersgruppen und Lebensformen, das er weiterhin durch die regelmäßige Fassadengestaltung der Hofseite mit ihrem ruhigen Wechsel von Fenstereinschnitten und Balkonrücksprüngen zum Ausdruck brachte. Durchgehende Arkaden und hohe Eingangsbereiche öffnen den Bau nach Westen. Die der Bahntrasse zugewandte Seite wirkt durch leichte Vor- und Rücksprünge sowie durch differenzierte Fensterfolgen weitaus plastischer. Innerhalb des Hofbereichs schließen drei weitere Häuser mit drei OG das Ensemble nach Westen ab. Mit ihrer Stellung in der Fluchtlinie der gegenüberliegenden Zeilen sowie durch ihre geringere Höhe vermitteln die Solitäre zwischen der Nachbarbebauung und der aufragenden Spange. Grossmann gelang mit seiner Synthese von Großform und Kleinteiligkeit eine eindrucksvolle städtebauliche Figur, deren klassisch moderne Ausprägung einen Aufsehen erregenden Gravitationspunkt in der Umgebung bildet.

Prägnantes Merkmal der 20-klassigen Grundschule und bezeichnend für die Gestaltungsweise des Architekten ist die freie Gruppierung der Räume. Die Form der unregelmäßigen, fünfeckigen Klassenräume und ihre Anordnung ähneln der Struktur einer Bienenwabe. Dem EG ist zum Teil ein zweites und in einem Bereich ein 3. Geschoss derart aufgesetzt, dass die Flurräume im EG das Abbild der Klassenräume des OG darstellen. Durch diese Struktur bildet jede Klassenzimmerdecke zugleich einen Teil des Daches. Die Dächer sind an den Ecken aufgewölbt und erhöhen dadurch die Dynamik des weißen Ziegelbaus. Der Schulkindergarten ist in einem gesonderten Gebäude eingerichtet, das nahe beim Haupteingang liegt. Nördlich neben den Klassenräumen befindet sich ein großer Mehrzwecksaal, der durch Glasbausteine belichtet wird. Die blauen Fensterelemente unterstreichen durch differenzierte Einteilungen den Charakter des Schulbaus, der in Berlin ohne Nachfolge blieb. Rot gestrichene Rahmen innerhalb der Fenstersegmente und eine expressiv aufstrebende Betonskulptur am Eingang setzen weitere Akzente. In welcher Tradition Ruegenberg steht, zeigt sich in der gestalterischen Nähe zu dem von seinem Lehrer Scharoun in Lünen (1960–62) errichteten Gymnasium. Auch bei diesem sind die Klassenräume im Pavillonsystem aneinandergegliedert und u. a. Dachflächen aufgeknickt.

597
Dorfkirche
Alt-Reinickendorf
Ende 15. Jahrhundert

598
Wohnblock
Ollenhauerstraße 45–96a
1927–28
Erwin Gutkind

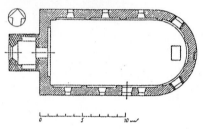

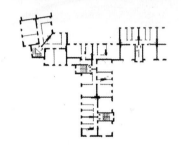

Grundriss Ollenhauerstraße 95a, 96a

Die aus rohen Feldsteinen gemauerte Dorfkirche ist als rechteckiger Saalbau angelegt. Das unscheinbare, kleine Gebäude besitzt jedoch in dem gerundeten Chorabschluss eine Besonderheit in seinem Raumprogramm, die vereinzelt bei märkischen Dorfkirchen vorkommt, jedoch auf Berliner Gebiet einzigartig ist; das Kirchenschiff geht ohne Brechung direkt in den runden Chorbezirk über. Einen Gegenpol zu dem runden Chorabschluss bildet der quadratische Turm von 1713, der vor die Westfassade der Kirche gestellt wurde. Er ist im Gegensatz zum Kirchenschiff verputzt und überragt den Dachfirst des Saals nur wenig. Sein geschwungenes Zeltdach bildet einen reizvollen Kontrast zum spätgotischen Kirchenschiff mit den Spitzbogenfenstern. In den Jahren 1936–38 erfolgte eine gründliche Instandsetzung der Kirche. Sie hat den Zweiten Weltkrieg relativ unbeschadet überstanden.

Die geschlossene Blockrandbebauung besteht aus einer 3-geschossigen Front entlang der Kienhorst-, Waldow- und Pfahlerstraße. Von der verkehrsreichen Ollenhauerstraße ist die hier 4-geschossige Bebauung durch einen großen Vorhof zurückgesetzt; nur die zwei schmalen Trakte, die den Hof einfassen, führen an die Straße heran. Der kompakte, lang gestreckte Baukörper der Anlage wird durch das rot verklinkerte EG und DG gegliedert. In einem herben Kontrast zu der kräftigen horizontalen Gliederung des DG stehen die vertikalen, schmalen Fensterbänder der ebenfalls verklinkerten, an den Gebäudeecken liegenden Treppenhäuser. Diese springen aus dem blockhaften Baukörper hervor und sorgen so für eine zusätzliche Belebung der Fassade. Neben der klaren, attraktiven äußeren Form besticht der Wohnblock durch seine abwechslungsreiche Grundrissgestaltung. Die Wohnflächen betragen zwischen 55 m² für eine 1 1/2-Zimmer-Wohnung und 80 m² für eine 3-Zimmer-Wohnung. Die schräg gegenüber an der Ollenhauerstraße gelegene Wohnanlage stammt ebenfalls von Erwin Gutkind.

599
**Abteilung Forensische Psychiatrie der
Karl-Bonhoeffer-Nervenklinik**
Oranienburger Straße 285
1984–87
Joachim Ganz, Walter Rolfes

600
Humboldt-Krankenhaus
Am Nordgraben 2
1978–85
Ingo Tönies, Ulrich Schroeter & Partner

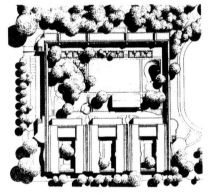

Der Komplex nimmt die Abteilung der Psychiatrie im Strafvollzug auf. Die einzelnen Gebäude orientieren sich wie eine Klosteranlage um einen Hof; die laut Vorschrift geforderte fünf Meter hohe Mauer wird so indirekt durch die Außenwände der Gebäudeteile gebildet. Die drei U-förmigen Wohn- und Therapiegebäude für insgesamt 88 Patienten sind im Süden der Anlage zu einem Block zusammengefasst. Jeweils acht Patientenzimmer einer 2-geschossigen Station gruppieren sich zu einer therapeutischen Wohngemeinschaft. Die vier Wohnungen einer Station orientieren sich zu einer großen, glasgedeckten und begrünten Halle mit den Gemeinschaftsräumen. Zwei lange, rampenartige Gänge verbinden die Wohnräume im Süden mit den Werkstätten im Norden und bilden gleichzeitig die westliche und östliche Begrenzungsmauer der Abteilung. In der Mitte befindet sich ein großer, grüner Freizeitbereich. Zahlreiche Fenster aus Panzerglas sorgen für Transparenz und gewährleisten zugleich die geforderte Abgeschlossenheit. Die sonst üblichen optischen und akustischen Überwachungssysteme werden durch eine wohldurchdachte Raumorganisation mit überschaubaren Einheiten und getrennten Verkehrswegen ersetzt. Auch in ihrer äußeren Erscheinung, die sich in ihrem Ziegelmauerwerk auf die Backsteingebäude der alten Nervenklinik bezieht, ist die Anlage beispielhaft.

Die 600 Krankenhausbetten sind in einer weitläufigen, 2-geschossigen Anlage untergebracht. Die Sieger des Wettbewerbs von 1974 ordneten die Bettenhäuser nicht über, sondern neben dem Behandlungstrakt an. In dem ca. 100 x 100 m langen Komplex sind im EG die Entsorgungseinrichtungen und im OG die Operationssäle untergebracht. Etwas abgesetzt schließt im Süden der Verwaltungtrakt an, in dem sich auch der Hauptzugang für die Besucher befindet. Dieser Bereich ist über aufgeständerte Gänge mit der L-förmigen Bettenstation verbunden. Die Stationen sind in einzelne Pflegebereiche gegliedert, die über begrünte Innenhöfe zusätzlich belichtet werden. Der Stahlbetonbau, dem eine Aluminiumfassade vorgehängt ist, wurde als Haus-in-Haus-Konstruktion ausgeführt, da so die Lärmbelästigungen und das Vibrieren der Lüftungsanlage auf ein Minimum beschränkt werden konnten. Zwei automatische Fördersysteme, eines für Betten, das andere für stationsinterne Kleintransporte, sollen die Angestellten entlasten, die aufgrund der Weitläufigkeit der Gebäudetrakte ansonsten tagtäglich lange Wege zurücklegen müssten.

601
Volksschule Wittenau
Alt-Wittenau 8–12
1931
Jean Krämer

602
Wohnbebauung Alt-Wittenau
Alt-Wittenau, Triftstraße
1993–95
Georg P. Mügge, Lothar Eckhardt

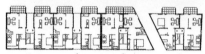

Bauteil Eckhardt (oben); Bauteil Mügge: Grundriss (unten)

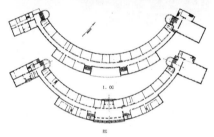

Hofseite (oben), Eingangseite (Mitte)

Der Schulbau liegt auf einem spitzwinkligen, dreieckigen Grundstück, in dem ein halbrund angelegter Schulbau so platziert wurde, dass die Grundstücksspitze als Schulhof dient. Die halbrund ausschwingende Front des 3-geschossigen Backsteinbaus wurde in drei Kompartimente unterteilt, wobei der Mittelteil zurückspringt und über die Seitenteile hinausragt. Die Fenster sind axial angeordnet und werden durch Klinkerstreifen zusammengefasst oder zwischen dunklen Brüstungsstreifen eingefasst. Auf der Hofseite wurden die Fenster dagegen zu Bändern zusammengefasst, die dem Rund der Eckpavillons folgen. Jean Krämer nahm mit den halbrunden Pavillons und den Fensterbändern zwei beliebte Gestaltungsmittel der Architektur der 20er Jahre auf. Gleichzeitig verband er damit eine monumentale Blockhaftigkeit, die sich insbesondere in den versetzt angeordneten Baukörpern und dem mit Sandsteinpfeilern versehenen Eingang bemerkbar macht. Die technische Ausstattung der Schule war für die damalige Zeit sehr umfangreich. An Räume für Werk-, Kunst-, und naturwissenschaftlichen Unterricht war ebenso gedacht worden wie an eine Lehr- und Waschküche. Heute beherbergt das Gebäude eine Oberschule und die Stadtbücherei.

Das Grundstück mit seiner 3-geschossigen Bebauung grenzt an den westlich anschließenden „Triftpark" und vermittelt zwischen den Straßen und den Grünanlagen. Die von Mügge entworfene zeilenartige Bebauung mit überstehenden Tonnendächern aus Wellblech an der Straße Alt-Wittenau ermöglicht durch einen schrägen Einschnitt eine Erschließung der im rückwärtigen Wohnhof gelegenen Bauabschnitte. Zwei ebenfalls von Mügge entworfene Häuser auf quadratischem Grundriss mit flachem Pyramidendach schließen den Hof zur Triftstraße ab. Beide Haustypen zeichnen sich durch einfache Fassadengestaltungen mit einem Wechsel von verputzten und holzverkleideten Flächen aus, großzügige Balkone mit gelb abgesetzten Platten tragen zur Rhythmisierung der Bauten bei. Im Hofinneren umfassen zwei L-förmige Baustrukturen von Eckhardt einen internen Gartenbereich. Analog zu Mügges Bauteil an der Straße Alt-Wittenau werden auch die beiden Baugruppen von Eckhardt durch Einschnitte in vier unterschiedlich große Einzelbauten getrennt, so dass durchgehende Blickachsen von der Tiefe des Grundstücks zu den Straßen möglich werden. Eckhardts Häuser zeichnen sich durch jeweils ein zurückgestuftes OG mit deutlich überkragendem Flachdach aus. Verputzte und geschlossene Wandflächen wechseln mit leicht zurückgesetzten, holzverkleideten Fenster- und Balkonzonen ab. Besonderen Reiz bekommt die Fassadengestaltung durch die leicht angeschrägt verlaufenden Putzflächen, die das Thema der Erschließungsschnitte reflektieren. Die kleine Wohnanlage überzeugt durch ihre gelungene Verbindung der Straßen- und Hofbereiche sowie durch ihre einfachen, aber effektiv eingesetzten Gestaltungsmittel.

603
Märkisches Viertel
Wilhelmsruher Damm
1963–74
Gesamtplanung: Werner Düttmann, Georg Heinrichs, Hans C. Müller

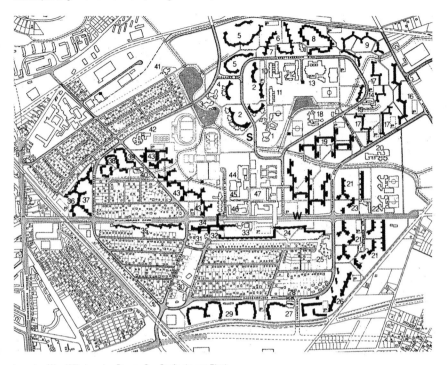

Lageplan (W = Wilhelmsruher Damm, S = Senftenberger Ring)

Die Planung dieser damals als zukunftsweisend angesehenen Wohnanlage geht zurück ins Jahr 1962. Das unter Beteiligung von 35 Architekten gestaltete Viertel für ca. 40 000 Menschen in 17 000 Wohnungen umfasst neben den Wohnbauten 12 Schulen, 7 Kindertagesstätten, ein Kulturhaus, ein Schwimmbad, 27 Ladengeschäfte, zwei Kaufhäuser und vier Gemeindezentren. Strenge geometrische Raster kennzeichnen die zumeist in Großtafelbauweise errichteten Hochhäuser im südlichen Siedlungsareal. Im nördlichen Bereich befinden sich vielfach gestaffelte und bewegte Baukörper, deren Gestaltung an Bauten von Hans Scharoun erinnert. Die Hochhäuser wurden als Mauerwerksbauten (5, 35, 38), als Betonmauerwerksbauten (6, 8, 37, 43) und als Stahlbetonbauten in Großtafelbauweise (2, 9, 16, 17, 19, 21, 26, 29, 32, 34) errichtet. Die Wohnbauten stammen von Finn Bartels und Christoph Schmidt-Ott (7), Chen Kuen Lee (2), Heinz Schudnagies (5; Nr. 480), Peter Pfankuch und Dieter Enke (6), Jo Zimmermann (8), Schadrach Woods (9), René Gagès und Volker Theissen (16, 24), Astra Zarina-Haner, Siegfried Hoffie und Erwin Eickhoff (17), Hans C. Müller und Georg Heinrichs (19), Ernst Gisel (21), Werner Düttmann (26), der DeGeWo-Bauabteilung (29), Ludwig Leo (34), Karl Fleig (35), Herbert Stranz (37), Hansrudolf Plarre

(38), Oswald Mathias Ungers (43; Nr. 479). Die Ladenzentren errichteten Hans Bandel und Waldemar Poreike (14, 22, 28, 39, 47). Für die Gestaltung der Schulen und der Kindertagesstätten waren verantwortlich Stephan Heise (1), Klaus-Rüdiger Pankrath (10, 11), Tilmann Kälberer und Peter Kuhlen (13), Finn Bartels und Christoph Schmidt-Ott (15, 23, 27, 40), Karl Fleig (18), Hasso Windeck (20), Jörn-Peter Schmidt-Thomsen (41), Harald Franke (42), Hasso Schreck (44, 45), das Bezirksamt Reinickendorf (30, 31) und die Terapin-Fertigteilbau GmbH (36). Evangelische Gemeindezentren mit angegliederten Kindertagesstätten planten Bodo Fleischer (4), Günther Behrmann (33), Günter und Ursel Plessow sowie Dietmar Grötzebach und Gerd Neumann (25). Ein Seniorenzentrum plante Gert H. Rathfelder (12). Einen Bau für Gesundheitsfürsorge errichtete Ludwig Leo (32). Das katholische Gemeindezentrum gestaltete Werner Düttmann (46). Das Restaurant mit Hotel stammt von Hans Joseph Schmidt (3). Den später als Kinderbücherei genutzten Informationspavillon gestaltete Fridtjof Schliephacke; er ist 1988 abgebrochen worden. Von der Wohnungsbaugesellschaft Gesobau sind umfassende Wohnumfeldverbesserungen eingeleitet worden. Nach 1995 soll das Viertel einen eigenen U-Bahn-Anschluss erhalten.

604
Märkisches Viertel – Wohnhochhaus
Wilhelmsruher Damm 152–158
1962–67
Oswald Mathias Ungers

605
Märkisches Viertel – Hochhaus
Finsterwalder Straße 72–96
1966–67
Heinz Schudnagies

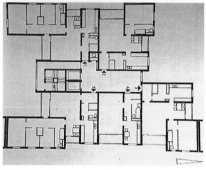

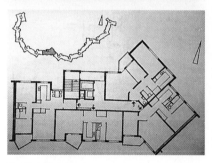

Grundriss: Normalgeschoss

Die Hochhauszeilen wurden im Zuge der Bebauung des Märkischen Viertels (Nr. 603) im Rahmen des Sozialen Wohnungsbaus erstellt. Die 12- bis 14-geschossigen Wohnbauten sind entlang des Eichhorster Wegs hintereinander versetzt angeordnet. Sie setzen sich aus immer gleichen Elementen zusammen, deren Folge sich fortsetzen ließe. Die einzelnen, übereinander gestapelten Wohneinheiten bilden sogenannte Küchen-, Schlaf- und Treppentürme, wobei der Wohnraum winkelförmig mit jeweils zwei Loggien dazwischen eingespannt ist. Diese vorgezogenen „Turmeinheiten" sind durch ihre Massigkeit wichtigstes Gestaltungsmittel der Blöcke, die insgesamt 1305 Wohnungen enthalten. Hier führt Ungers sein für die Wohnbebauung „Neue Stadt" am Asternweg in Köln 1961 entwickeltes Konzept fort, bei dem sich ebenfalls die Gestalt der kubisch geschlossenen Wohnhäuser aus den Positiv- und Negativräumen der „Turmeinheiten" ergab. Im Märkischen Viertel sind die Wohnungen zu beiden Hausseiten ausgerichtet, wodurch einige nur von Nord und West oder von Ost und Nord belichtet werden. Die 2 1/2-Zimmer-Wohnungen sind 92–94 m² (1, 5) groß, die 2-Zimmer-Wohnungen 73 m² (2, 3) und die 1-Zimmer-Wohnungen besitzen 49 m² (4) Wohnfläche. Nordwestlich, oberhalb des Packe-reigrabens, liegt das vom selben Architekten gestaltete Altenwohnheim mit Tagesstätte, dessen Baukörper rechtwinklig um einen Platz angeordnet ist.

Die 8–12-geschossigen Wohnhauszeilen schließen die Siedlung (Nr. 603) nach Norden ab. Die Bauten sind aus kreissegmentförmigen Elementen zusammengesetzt, so dass der gesamte Hochhauskörper mehrfach ein- und ausschwingt. In der bewegten Grundrissdisposition ähneln die Hochhäuser den in unmittelbarer Nähe gelegenen Bauten der Architekten Chen Kuen Lee (2), Peter Pfankuch und Dieter Enke (6) sowie Stephan Heise (1), deren Gestaltung von Scharouns Werk beeinflusst scheint. Dies wird besonders anschaulich im Vergleich mit der am Zabel-Krüger-Damm stehenden Wohnhausgruppe (Nr. 483), die Scharoun 1969–71 errichtete. Die Bauten von Heinz Schudnadies sind durch Farbflächen – rot an den Treppenhäusern, blau an den Balkonbrüstungen – vertikal gegliedert. Charakteristisch für die zumeist nach Süden orientierten Wohnungen sind die spitz vorstoßenden Balkone. In ähnlicher Weise hatte der Architekt 1965–67 zwei Hochhäuser – „Nixe" und „Neptun" – am Tegeler See gestaltet. An jedem Treppenaufgang befinden sich jeweils drei unterschiedlich große Wohnungen: die 2-Zimmer-Wohnungen besitzen 64 m² (2), die 2 1/2-Zimmer-Wohnungen 75–76 m² (1, 3) und die 3-Zimmer-Wohnungen ca. 80 m² Wohnfläche.

606
Fahrzeugfabrik Dittmann
Lübarser Straße 6
1913–14
Bruno Buch

607
Maschinenfabrik Herbert Lindner
Lübarser Straße 8–38
1932–40
Martin Punitzer

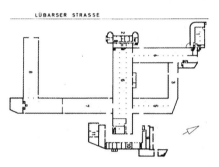

Verwaltungsgebäude (oben)
Durchfahrt (unten)

Die Fahrzeugfabrik Dittmann ist in einzelne Bereiche untergliedert. Das Verwaltungsgebäude und das Pförtnerhaus stehen parallel zur Lübarser Straße und werden durch eine breite Einfahrtstraße getrennt. Die Fabrikationshallen liegen hinter der von der Straße zurückgesetzten Tordurchfahrt. Die Verwaltung ist in einer 2-geschossigen Villa untergebracht, die mit neoklassizistischen Stilelementen repräsentativ gestaltet wurde. Die Straßenfront der Villa schließt ein flacher Dreiecksgiebel, den ein Thermenfenster ziert, wirkungsvoll ab. Die Mittelachse des Baus wird durch eine Wandnische mit eingestellten Säulchen sowie einen auf mächtigen Kragsteinen gelagerten Balkon zusätzlich betont. Die Gestaltung des Pförtnerhauses lehnt sich an Landhäuser an, während die Tordurchfahrt in der Tradition alter Zoll- und Wachhäuser steht. Ein mächtiger Dreiecksgiebel, der die Privatstraße überspannt, verbindet zwei Hallentrakte. Auf ihm befand sich der Firmenname sowie das Baudatum. Über dem in die Durchfahrt eingestellten Säulenpaar, das von einem gewölbten Kupferdach bekrönt wird, war eine Uhr angebracht. Bruno Buch lehnte sich bei den Backsteinfabrikhallen mit strenger Pilastergliederung, gestuften Rahmungen der Hallenfenster sowie einem kräftigen Abschlussgesims an Fabrikbauten von Peter Behrens (Nr. 209, 245) an.

Diese in eine Parklandschaft eingebettete Anlage ist einer der hervorragendsten Berliner Industriebauten im Stil der Neuen Sachlichkeit. Zentraler Bezugspunkt der Anlage ist das 1-geschossige Bürogebäude (2), flankiert von zwei Halbrundbauten mit einer anschließenden, dreischiffigen Halle (6) – dies ist eine Disposition, die durchaus mit Schlossanlagen vergleichbar ist. Mehrschiffige Hallentrakte stoßen an die breite Halle an, so dass ein geschlossener (3–6) und ein großer offener Hof (7–8) entstand. Abgesetzt und U-förmig hinter dem breiten Hallentrakt angelegt, liegen die Werkstätten (9–11). Östlich bildet der abgerundete, 4-geschossige Bau (1), der die Verwaltung aufnimmt, einen überzeugenden Abschluss der 225 m langen Straßenfront. Die Geschossbauten sind mit Fensterbändern, Putz- und Klinkerstreifen horizontal gegliedert, während die flachen Hallenbauten sichtbare Stahlkonstruktionen aufweisen. Durch die großzügige Verglasung – auch der Hallendächer – erhielt die weitläufige Anlage eine außerordentliche Transparenz und Leichtigkeit. Nach Punitzers Emigration, 1939, vollendeten Simon und Hoppe den Bau. 1979 wurden von den Architekten Ferdinand und Reimer ein Hof mit einem Hallenbau geschlossen, der die ehemals lichten Fabrikationstrakte verdunkelte. Die Fabrikation wurde Anfang der 80er Jahre aufgegeben und die Anlage verfiel zusehends. Ab 1987 wurden die Gebäude durch Jürgen Lampeitl restauriert.

608
Wohnsiedlung
Zabel-Krüger-Damm
1966–72
Bernhard Binder; Dieter Fischbach; Gerd und
Magdalena Hänska, Peter Brinkert; Heinrich
Moldenschardt; Jan und Rolf Rave; Hans Scharoun

609
Dorfkirche
Alt-Lübars
1791–94

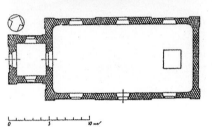

Wohnhaus Scharoun (oben)
Gesamtplan (unten)

Die Wohnsiedlung, die im Auftrag der GSW geschaffen wurde, umfasst 2150 Wohnungen. Zwei
annähernd L-förmige Zellen, die 6- bis 8-geschos-
sig sind und an den Eckpunkten auf 14 OG anstei-
gen, liegen parallel zum Zabel-Krüger-Damm. Diese
von Architekten der Wohnungsbaugesellschaft GSW
(b) errichteten Bauten, die in Mischbauweise entstanden, erhielten eine Verkleidung aus Eternit-
Platten. Südlich dahinter liegen drei U-förmige Baublöcke, deren westliche Flügel Moldenschardt (c)
gestaltete – hier sind auch 149 Seniorenwohnungen untergebracht. Die östlichen Flügelbereiche
stammen von Jan und Rolf Rave (d). Den südlichen
Siedlungsabschluss bilden die von 4 auf 18 OG
ansteigenden Bauten von Brinkert und dem Architekten-Ehepaar Hänska (e) sowie die Wohnhäuser
von Binder (f) und Fischbach (g). Markantestes
Gebäude der Siedlung ist das zerklüftete „Hoch-
haus-Gebirge" von Scharoun (a). Der Stahlbetonbau
setzt sich aus entgegengesetzt schwingenden, kreis-
segmentähnlichen Hausteilen zusammen, die in der
Mitte durch eine Erschließungszone verbunden sind.
Scharoun nahm hier seinen 1961–63 in Stuttgart-
Fasanenhof entwickelten Haus-Typ „Salute" als Vorbild. In Berlin fügte er zwei H-förmige Segmente
des Stuttgarter Baus zusammen. Selbst die Aufteilung der Wohnungen entspricht dem „Salute"-Bau.

Die Kirche wurde nach einem Dorfbrand 1791–94
neu errichtet, wobei teilweise die Grundmauern des
zerstörten Vorgängerbaus verwandt wurden, Sie ist
neben Zehlendorf (Nr. 773) und Stölpchen-See
(Nr. 795) eine der jüngsten Dorfkirchen Berlins.
Dem rechteckigen Kirchenraum vorgelagert erhebt
sich im Westen ein massiver, auf einem quadratischen Grundriss errichteter Turm. Die Fassade ist in
strengen, sparsamen Barockformen gestaltet; das
Langhaus wird in drei Joche unterteilt, die durch Lisenen voneinander getrennt werden. Ein Risalit betont
das mittlere Langhausjoch. Das südliche Seitenportal
wird durch eine geschweifte Verdachung und profilierte Gewände hervorgehoben. Auch der 2-geschossi-
ge, mit einem flachen Zeltdach gedeckte Turm ist
durch Lisenen gegliedert. Das mittlere Langhausjoch wird außen durch einen Risalit betont. Die Kirche wurde im Zweiten Weltkrieg leicht beschädigt
und in den Jahren 1950–56 wiederhergestellt. Sie
zeigt heute weitgehend ihr ursprüngliches Erscheinungsbild.

610
„Gartenstadt Frohnau"
Ludolfinger Platz; Zeltinger Platz
1909–10
Gesamtplanung: Joseph Brix, Felix Genzmer

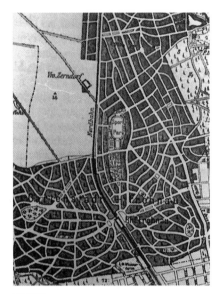

Lageplan

Der Name „Gartenstadt" ist für diese Siedlung irreführend, da es sich nicht um eine genossenschaftlich organisierte Gartenstadt handelt, sondern um einen Villenvorort ähnlich denen in Grunewald oder Zehlendorf. Doch war das von Graf Henckel von Donnersmark zur Verfügung gestellte Terrain wegen der Lage im Norden nicht so begehrt wie die Villenvororte im Süden Berlins, und der Grundstücksverkauf kam nur schleppend voran. Auf der Grundlage der 1908 von Brix und Genzmer erstellten Wettbewerbspläne entstanden die beiden halbrunden Platzanlagen – heute Ludolfinger und Zeltinger Platz – von denen eine Vielzahl geschwungener Straßen in das Siedlungsareal führt. Neben Parkanlagen gehörte auch ein Poloplatz zu der bis in den nördlichsten Zipfel des Bezirks geplanten Ansiedlung. Die beiden Platzanlagen, die der Gartenarchitekt Ludwig Lesser gestaltete, erhielten jeweils städtebaulich bedeutende Bezugspunkte. So entstand 1910 am Ludolfinger Platz als erster großer Bau der Siedlung der S-Bahnhof mit Kasino. Diese von Gustav Hart und Alfred Lesser entworfene Gebäudegruppe wird von einem 35 m hohen Turm überragt, in dem das Kasino untergebracht war. Am Zeltinger Platz, an dem die Anordnung der Backsteinhäuser dem Platzhalbrund folgt, steht die mächtige Backsteinkirche der Brüder Walter und Johannes Krüger (Nr. 486). Unter der Vorgabe, nur Einfamilienhäuser, möglichst unter Verwendung von Fachwerk, zu bauen, entstanden zunächst Villen im Landhausstil. Das Restaurationsgebäude am Poloplatz (1913) und die Wohnanlage „Barbarossa-Höhe" an der Weifenallee (1926–27) stammen von Paul Poser.

Ludolfinger Platz (oben)
„Buddhistisches Haus" (unten)

Die Holzfachwerk-Kirche auf dem Friedhof an der Hainbuchenstraße baute Carl Stahl-Uhrach (1910–11). Eine Besonderheit innerhalb der im Laufe der Zeit entstandenen Bebauung ist das „Buddhistische Haus" am Ende des Edelhofdamms. Max Meyer errichtete 1924 das für einen zum Buddhismus übergetretenen Bauherren bestimmte Haus, bei dem neben fernöstlich anmutenden Schmuckformen auch religiöse Regeln der buddhistischen Lehre, wie z. B. die Anzahl der Treppenstufen und -absätze, zur Ausführung kamen. Einen gänzlich abgeschlossenen Bereich bildet die „Invaliden-Siedlung", die 1938 von der Heeresbauverwaltung auf dem nördlichsten Areal der „Gartenstadt" errichtet wurde. Die an einer zum Oval geschlossenen Straße angeordneten Wohnhäuser erinnern in ihrer äußeren Gestalt an preußische Bauten. Die Reliefs über den Hauseingängen beziehen sich auf Schlachten Friedrich des Großen. In den 2-geschossigen Backsteinhäusern sind 168 Wohnungen untergebracht. Nach dem Zweiten Weltkrieg wurde das einheitliche Siedlungsbild durch überdimensionierte Neubauten und Teilung der Grundstücke erheblich gestört. Zu den Bauten, die sich gelungen in die waldreiche Siedlungsstruktur einfügen, zählen u. a. die Bauten von Heinz Schudnagies am Horandweg 28 (1957), in der Wiltingerstraße 15 (Nr. 612) und an der Benediktinerstraße 81 (1971–72),

611
Johanneskirche
Zeltinger Platz
1935–36
Walter und Johannes Krüger

612
Haus Kersten
Wiltinger Straße 15
1958
Heinz Schudnagies

Grundriss Erdgeschoss

Die Kirche liegt am malerischen Zeltinger Platz, der 1910 mit der Gartenstadt Frohnau (Nr. 610) angelegt wurde. Dem Bau kommt eine wichtige städtebauliche Funktion zu: er wirkt als Blickfang in der Achse der Bahnhofsbrücke. Diese verbindet die beiden Ortsteile miteinander und führt auf die ihr spiegelbildlich zugeordneten runden Anlagen des Ludolfinger- und Zeltinger Platzes. Beherrschender Bauteil der trutzig-wehrhaft wirkenden Kirche ist die mächtige, breitgelagerte Turmfront mit ihrem ausladenden Satteldach. Ihr wuchtiges Erscheinungsbild wird durch die beidseitig angebauten, gedrungenen Pfarr- und Gemeindehäuser noch gesteigert. Die Fassade der Kirche besteht aus rotbraunen Klinkern, welche zur Belebung der Wandfläche eine unterschiedliche Oberflächenstruktur ausweisen. Den erhöht angelegten Kirchenraum betritt man über eine überdachte Freitreppe. Unter dem Kirchensaal ist ein ebenfalls vom Zeltinger Platz aus zugänglicher Gemeindesaal angelegt. Die Holzsäulen des Dachgiebels sind mit den Symbolen der vier Evangelisten verziert. Der Kirchenraum ist als einfacher Saalbau ausgebildet. Überwölbt wird er durch Spitzbögen aus Stahlbeton. Dieser Widerspruch zwischen modernster Konstruktionsweise und einem traditionellen, hier an mittelalterliche märkische Bauten erinnernden Erscheinungsbild ist bei der Architektur im Nationalsozialismus häufig zu beobachten.

Das Gebäude ist, wie z. B. auch das Haus Regel in Frohnau, Horandweg 28 (1957–58), oder das Haus Friedrich in Heiligensee, Alt-Heiligensee 109 (1964–66), eines der zahlreichen Beispiele für die phantasievollen, qualitativ hochstehenden Einfamilienhäuser, die Schudnagies in Berlin gebaut hat. Auch bei diesem Gebäude zeigt sich eine enge Verwandtschaft mit den Häusern seines Lehrmeisters Scharoun. Das 1- bis 2-geschossige Gebäude ist aus Backsteinen und Beton errichtet, Teile der Fassade sind mit Holz verkleidet. Mit dem weit vorspringenden Balkon, den großen Fensterflächen und den gegeneinander versetzten Pultdächern ähnelt es dem Haus Baensch (Nr. 639) von Scharoun. Die hohe Wohnqualität des Hauses wird v. a. durch den frei gestalteten Grundriss mit seinen übergreifenden Raumfolgen bestimmt. Der große, behagliche Wohnbereich erstreckt sich über 2 Geschosse; eine Wendeltreppe führt zum Studio, das als Galerie über dem Wohnraum angelegt ist.

613
Renée-Sintenis-Schule
Laurinsteig 39–45
1994
Hilde Léon, Konrad Wohlhage

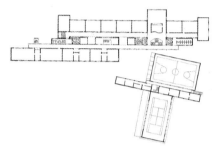

Projektzeichnung (oben), Grundriss 1. OG (unten)

Der Bau erweitert eine Schulanlage von 1957.
Während die bestehende Straßenfront mit ihrer 2-
geschossigen Zeile und dem eingestellten Eingangsbau mit weit überstehendem Dach sowie eine
rückwärtig gelegene, etwas aus der Achse gedrehte
Turnhalle unverändert erhalten wurden, schließen
sich an der Hofseite mehrere neue, ebenfalls 2-
geschossige Bauten für zusätzliche Klassenräume
und eine neue Turnhalle an. Zwei gegeneinander
verschobene Riegel sind dem Schulbau direkt angelagert. Ein dem Garten zugeordneter roséfarben
verputzter Übungsbau setzt sich mit seinem flachen
und bündigen Dachabschluss und den unregelmäßig angeordneten Fenstern von dem Altbau ab,
ohne ihn zu konterkarieren. Der zwischengescho-
bene Verbindungsriegel mit seinen markanten
Sheddächern ermöglicht durch offene Korridore
vielfältige Durchgänge zwischen den beiden Bauteilen. Analog zu diesem strukturellen Prinzip ist auch
den beiden Turnhallen auf der gegenüberliegenden
Hofseite ein langer, aufgeständerter Baukörper als
Verbindungs- und Erschließungselement eingeschoben, der mit weißem Putz und schlanken Stützen
Motive der klassischen Moderne zitiert. Die neue
Halle überrascht durch ihr wellenartig geschwungenes Dach, einer leuchtend roten Innenverkleidung
und unregelmäßig in die Wand eingelassenen Fenstern. Insgesamt überzeugt die Schulerweiterung als
gelungenes Beispiel des Umgangs mit Bausubstanz
der 50er Jahre. Unter Verzicht auf laute Gesten wird
die schlichte Freundlichkeit des Altbaus aufgegriffen
und in eine ebenso selbstbewusste wie zurückhaltende Komposition integriert.

614
Siedlung „Freie Scholle"
Allmendeweg
1924–26, 1929–31
Bruno Taut

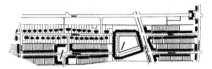

Waidmannsluster Damm (oben)
Gesamtplan (unten)

Zwischen 1895 und 1910 wurden 71 Häuser mit
273 Wohnungen an der Egidystraße und am
Osianderweg vom Architekten Stephanovitz für die
Baugenossenschaft „Freie Scholle" ausgeführt. Für
das zwischen beiden Straßen liegende Areal plante
Taut eine Siedlung aus Ein- und Mehrfamilienhäusern. Im ersten Bauabschnitt wurden 32 Doppelhäuser mit Steildächern am Schollenweg und die zu
kleinen Zeilen zusammengefassten flachgedeckten
Einfamilienhäuser am Allmendeweg sowie die Stockwerksbauten mit 71 Wohnungen am Allmendeweg
errichtet. Das Kernstück der Siedlung, der „Schol-
lenhof", entstand 1926–28 und enthält 103 Wohnungen. Die rechtwinklig um einen Hof angeordneten Wohnhäuser des „Schollenhofes" überspannen
die beiden auf den Waidmannsluster Damm führenden Straßen. Auf der südlichen Dammseite wiederholt sich die Anordnung der Steil- und Flachdach-
häuserreihen. Am Moränenweg befinden sich 74
Einfamilienhäuser, am Steilpfad sind in den Häuserzeilen 68 Wohnungen untergebracht. Wie in der
Großsiedlung Britz das Hufeisen (Nr. 580) ist hier –
wenn auch in kleinerem Maßstab – ein geometrisches Element Mittelpunkt der städtebaulichen Gesamtkonzeption. Die Farbigkeit der einzelnen Häuser, wie sie bei Bauten Tauts typisch ist, lässt sich
heute nur noch erahnen. Ebenso wurde das Aussehen zahlreicher Einfamilienhäuser u. a. durch den
Einbau neuer, ungeteilter Fenster stark verändert.

615
Therapiegebäude des Mädchenheimes im Diakoniezentrum
Keilerstraße 17
1979–80
Finn Bartels, Christoph Schmidt-Ott

616
Schloß Tegel
Adelheidallee 19–21
1820–24
Karl Friedrich Schinkel

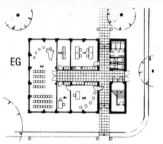

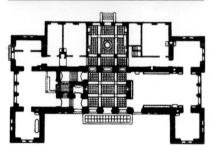

Auffallendes Element des Gebäudes ist der kreuzförmige Erschließungsweg mit seinen verglasten Spitzdächern, der das Haus in einzelne Kompartimente teilt. Diese Trennung versinnbildlicht die Vorstellung der Architekten von drei einzelnen Häusern, die um einen Erschließungsweg gruppiert sind. Die schmalen, fast geschlossenen Kuben des Treppen- und des Sanitärhauses liegen sich im Norden gegenüber. Südlich schließt der U-förmige Therapiebereich an. Die einzelnen „Häuser" sind auch von der Konstruktion her als selbständige Einheiten aufgefasst. Dunkel gerahmte, quer- und hochrechteckige Fenster treten kontrastreich aus der weißen Kalksandsteinfassade hervor. Im EG und im 1. OG sind die Räumlichkeiten des Mädchenheimes wie Hauswirtschaft, Musiktherapie und Gruppenräume untergebracht. Das 2. OG enthält weitere Unterrichtsräume. Mit dem Bau des Therapiegebäudes setzten die Architekten ihre bereits 1968 begonnene Arbeit für das Gesamtgelände des Diakoniezentrums fort: Sie hatten die bestehende Wohnanlage sowie das Verwaltungsgebäude, die Otto Block 1964–68 errichtet hatte, durch weitere Einrichtungen ergänzt. Dabei hatten sie eine Kindertagesstätte, das Mädchenheim sowie ein Gemeinschaftshaus entlang eines „Marktplatzes" und einer Allee angeordnet.

Das aus dem 16. Jahrhundert stammende Gebäude, seit 1766 im Besitz der Familie Humboldt, wurde von Schinkel zu einem repräsentativen Schlösschen umgebaut. Teile des alten Landhauses blieben erhalten, ebenso der 1777–89 von Christian Knuth gestaltete Park. Der Altbauteil im Osten, gleichzeitig Eingangsbereich, ist trotz angeglichener Fensterformate an den beiden halbrunden Erkern und dem hohen Dach zu erkennen. Aus dem Vorbild des südlichen Renaissance-Turmes entwickelte Schinkel drei weitere quadratische Türme an den Gebäudeecken. So entstand eine symmetrische Anlage, deren Hauptcharakteristikum diese mit flachen Kegeldächern abschließenden Türme sind. Der 3-geschossige Bau ist klar und wohl proportioniert gegliedert. Die Wandkompartimente, die zwischen die Türme eingespannt sind, werden von Pilastern im Wechsel mit Fensterflächen und kräftigen, architravähnlichen Gesimsen gegliedert. Diese Elemente wurden, ebenso wie die Reliefs an den Fensterstürzen der obersten Turmgeschosse, antiken Vorbildern entlehnt. Als Vorlage dienten der Werkstatt von Christian Daniel Rauch Reliefs vom Athener „Turm der Winde", der aus dem 1. Jahrhundert v. Chr. stammt. Auch bei der Innenraumgestaltung werden Bezüge zur Antike sichtbar. Sie zeigen sich nicht nur in den zahlreichen Statuennischen und -konsolen, sondern auch im Vestibül, das die gesamte Gebäudetiefe einnimmt und von einer Säulenreihe unterteilt wird.

617
Villa Borsig
Reiherwerder
1911–13
Alfred Salinger, Eugen Schmohl

Die Villa wurde ab 1911 für die Fabrikanten
Friedrich-Ernst und Konrad Borsig in landschaftlich
reizvoller Lage auf der Halbinsel Reiherwerder errichtet. Ihr Großvater August hatte die Eisengießerei
1837 gegründet und war bis 1860 mit über 2 000
Beschäftigten zu einem der größten Arbeitgeber
Berlins geworden. Ab 1896 wurde die Produktion,
die bisher auf drei Standorte verteilt war, in Tegel
auf einem Grundstück konzentriert. Die in der Nähe
der Moabiter Fabrikanlagen gelegene Villa (zerstört),
die 1849 von Johann Heinrich Strack errichtet worden war, wurde aufgegeben und ein neuer Bau
nahe den Tegeler Anlagen errichtet. Damit war wiederum die Präsenz des Unternehmers in der unmittelbaren Nähe der Fabrikanlage gewährleistet. Die
Architekten Salinger und Schmohl gestalteten –
wohl in Anlehnung an die pompöse Moabiter Villa –
einen repräsentativen, 2-geschossigen Bau. Es
entstand ein kleines Landschlösschen mit einem
abgerundeten Vorbau und einer seitlichen Säulenhalle, dessen barocke Formen insbesondere an das
Schloss von Sanssouci (Potsdam; 1745–47, Architekt Wenzelslaus von Knobelsdorff) erinnern. Der
Park, der 1913 von den Gartenarchitekten Körner
und Broderson gestaltet wurde, steht heute unter
Denkmalschutz.

618
Phosphateliminierungsanlage Tegel
Buddestraße
1981–85
Gustav Peichl

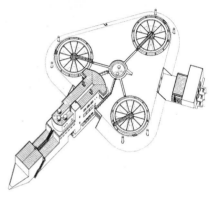

Die Anlage entstand als einziges technisches Bauwerk im Rahmen der IBA und hat das Ziel, den
Phosphatgehalt des Tegeler Sees zu verringern. Die
Hauptaufgabe des österreichischen Architekten
bestand darin, eine Synthese aus der technisch-
funktionellen Konzeption und einer qualitätvollen
architektonischen Gestaltung zu schaffen. Den
Funktionsmittelpunkt der sternförmigen Anlage bilden die drei runden Sedimentationsbassins, zwischen denen der Mischturm platziert ist. Dieser Teil
der Anlage wurde aufgeschüttet und begrünt, so
dass ein dreieckiges Plateau entstand, das in einer
umlaufenden Böschungszone zum übrigen Gelände
hin abfällt. Die umfangreichen technischen Anlagen
wurden unterirdisch angelegt. Am nördlichen Ende
des Komplexes befindet sich das Einlaufbecken mit
dem kubischen Pumpenhaus. Nach der Reinigung
wird das Wasser wieder dem Nordgraben zugeführt
und über eine Grundleitung der neu geschaffenen
Hafenerweiterung (Nr. 619) zugeleitet, Architektonisches Kernstück der Anlage ist das langgestreckte
Betriebsgebäude, welches Labors, die Dosierungs-
anlage sowie Personalräume aufnimmt. Der strah-
lend weiße, z. T. verputzte Baukörper verweist mit
der schiffsrumpfähnlichen Gestalt auf seine Beziehung zum Element Wasser. Auch in vielen Details
bedient sich der Architekt der Symbole einer
Dampferarchitektur. Entstanden ist ein qualitäts-
volles, originelles Bauwerk, das an die bedeutende
Tradition der Berliner Industriebaukultur anknüpft.
Westlich der Anlage, an der Schlossstraße gelegen,
bildet eine ebenfalls von Peichl entworfene Wohnanlage mit ihren drei schiffsbugartigen Baukörpern
einen markanten Kontrast.

619
Bebauung Tegeler Hafen
Am Tegeler Hafen, Karolinenstraße
1985–88
Charles Moore, John Ruble, Buzz Yudell (Gesamtentwurf); Regina Poly, Karl-Heinz D. Steinebach, Friedrich Weber; Robert Stern; Stanley Tigerman, Fugman, McCurry; Paolo Portoghesi; Antoine Grumbach; Dietrich Bangert, Bernd Jansen, Stefan Scholz, Axel Schultes; John Hejduk, Moritz Müller

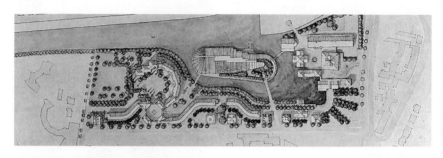

Lageplan, Stand 1984 (oben); Wohnbebauung und
Humboldt-Bücherei von Moore, Ruble, Yudell (unten)

Die unter der Federführung der IBA entstandene Bebauung hat die Aufgabe, das Gebiet um den brachliegenden ehemaligen Tegeler Wirtschaftshafen aufzuwerten. Das Gesamtkonzept für den Wohn-, Kultur- und Freizeitkomplex wurde von den kalifornischen Architekten Moore, Ruble und Yudell erarbeitet. Sie erweiterten das alte Hafenbecken und legten eine repräsentative Uferpromenade an. Eine künstliche Insel soll ein geplantes Freizeitzentrum aufnehmen. Ein von denselben Architekten entworfenes Kulturzentrum nimmt u. a. Volkshochschule, Galerie, Kindertagesstätte und Musikschule auf. Den ersten Bauabschnitt dieses Kulturzentrums bildet die langgezogene Halle der Humboldt-Bücherei an der Karolinenstraße. Charakteristisch ist ihr gewölbtes, mit Zink verkleidetes Dach. Der Eingang an einer verglasten Gebäudeecke, der zu einer zentral angelegten Rotunde führt, wird von zwei freistehenden Portalen gerahmt. Das Stahl- und Betongerüst im Innern wurde sichtbar belassen und so als Gestaltungsmittel eingesetzt. Die Wohnbebauung umfasst einen Komplex von 351 Einheiten. Entlang der Straße Am Tegeler Hafen wurde eine Gruppe von sieben abwechslungsreich gestalteten Einzelhäusern errichtet, die zwischen sechs und zehn Wohnungen aufnehmen. Das Gebäude an der Ecke zur Karolinenstraße (Haus Nr. 18) stammt ebenfalls von Moore, Ruble und Yudell. Es trägt mit seinen Gesimsbändern, Pilastern und dem auffälligen Portal

neoklassizistische Züge. Karl-Heinz D. Steinebach und Friedrich Weber entwarfen das Doppelhaus Nr. 17. Es besteht aus einem kompakten Baukörper, dem zwei Gebäudeflügel angefügt sind. Diese werden von einer hohen Pergola umgeben. Zwei Maisonette-Wohnungen in den Flügeln werden direkt von außen als „Haus im Haus" erschlossen. Im Zentralbauteil sind 2 3-geschossige Penthäuser mit großen Terrassen untergebracht. Robert Stern errichtete das Haus Nr. 16 D. Mit der tief herabgezogenen Dachform und seiner Fassadengestaltung steht das Gebäude in der Tradition herrschaftlicher Villen des 19. Jahrhunderts. Auch das Gebäude der amerikanischen Architekten Tigerman, Fugman und McCurry orientiert sich an historischen Villenbauten. Sie wählten das Haus Perls (Nr. 686) von Mies van der Rohe als Vorbild. Dieser historische Bezug wird aber durch ein umlaufendes rotes Gerüst „gestört". Die phantasievolle Villa Nr. 16 B stammt von Paolo Portoghesi. Die Wohnungen sind im EG 1-geschossig angelegt. Im 1. und 2. OG sind vier Maisonette-Wohnungen untergebracht. Im Gebäudeinneren befindet sich eine Wendeltreppe zur Erschließung der Maisonnettes, über die auch die „altana", die ins Freie führende Plattform, erreichbar ist. Das benachbarte Einzelhaus (Nr. 15 A) entwarf Antoine Grumbach. Es ist als streng geometrischer Baukörper angelegt, der die Durchdringung eines Zylinders mit einem Kubus thematisiert. Diese Gestaltungsabsicht wird durch die Materialwahl – Granit für den kubischen Bauteil, hellblaue Keramikplatten beim

619

(Fortsetzung)

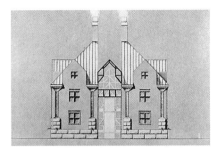

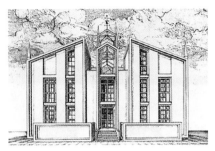

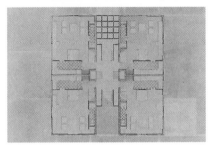

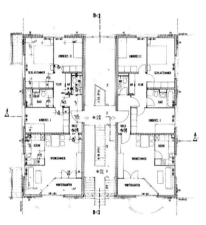

Ansicht und Grundriss Stadtvilla Tigerman

Zylinder – unterstrichen. Das Haus nimmt sieben
Wohnungen auf, von denen vier als Maisonettes
ausgebildet sind. Die Einzelhausbebauung wird an
der Ecke zur Wilkestraße durch die Villa von John
Hejduk und Moritz Müller (Am Tegeler Hafen Nr.
16) komplettiert. Verglaste Treppenzugänge im
Norden und Süden teilen das Gebäude. Die Wohnungen im EG werden von außen erschlossen, was
durch kleine Stahldächer über den Eingängen sichtbar gemacht wird. Die Wohnungen im OG besitzen
großzügige Balkone, die dem Gebäude als Stahlkonstruktion vorgehängt sind. Diese stark individuali-
sierte Einzelhausgruppe wird zur Uferpromenade hin
von wellenförmig angeordneten, schlichten Haus-
reihen eingefasst, die als übergeordnetes Strukturelement der Gesamtanlage fungieren. Die wand-
artigen „Wohnschlangen" Nr. 13–13d und Nr. 15–
15d der Straße stammen von der Architektengruppe Bangert, Jansen, Scholz und Schultes, die Häuserzeile Nr. 14–14 d von der Architektengemeinschaft Poly, Steinebach und Weber. Innerhalb der
Reihenhausgruppe erhebt sich das optische Kernstück der Wohnbebauung, die in einem großen
Bogen angelegte, hoch aufragende Hauszeile von
Moore, Ruble und Yudell. Die Wohnanlage bildet
mit der Wasserfläche des Hafens und der umliegenden Landschaft ein reizvolles Ensemble. Sie staffelt
sich in einer Höhe von drei bis acht Stockwerken
und bildet einen achteckigen Hof, der über vier Tore
erschlossen wird. Die Achse dieses Hofes verläuft
durch zwei Portale und gibt den Blick auf den ehemaligen Hafen frei.

Ansicht und Grundriss Stadtvilla Portoghesi

Das kulissenhafte Äußere der Wohnanlage ist ein
typisches Beispiel für die Architektur der sog. Postmoderne; die verspielte, pastellfarbene Fassade mit
dem rustizierten Mauerwerk im EG, Pilastern, zahlreichen Loggien und Dachfensterchen erinnert an
eine Collage aus historistischen Architekturelementen, die in der Art von Bauklötzchen übereinander
gestapelt wurden. Die repräsentative Fassadengestaltung geht aber auf Kosten der Wohnqualität;
die Grundrisse der Wohnungen werden der Fassade
untergeordnet, die Loggien sind z. T. ungünstig
angelegt. In dem monumentalen „Märchenschloss"
sind 165 Wohnungen im Sozialen Wohnungsbau
untergebracht. Trotz der teilweise ungünstig geschnittenen Wohnungsgrundrisse und der zu eng
bemessenen Hausabstände ist das gesamte Projekt
ein gelungenes Beispiel eines qualität- und phantasievollen Wohnungsbaus in Verbindung mit Kultur-
und Freizeiteinrichtungen. Eine 1990–92 auf der
Südseite der Straße „Am Tegeler Hafen" errichtete
markante Zellenbebauung von Liepe und Steigelmann
sowie von Heinz Schudnagies bilden einen ruhigen
Kontrapunkt zu der gegenüberliegenden Bebauung.

620
Verwaltungsgebäude der Borsig AG
Berliner Straße 35
1922–24
Eugen Schmohl

Grundriss Saalgeschoss

621
Kolonie Borsigwalde
Räuschstraße
1899–1900,1907–09
Bauabteilung der Borsig GmbH

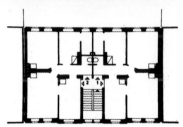

Grundriss Räuschstraße 15, 1. OG

Der 65 m hohe Verwaltungsturm ist das Wahrzeichen der Borsig-Werke in Tegel. Dieser 1977–79 renovierte Bau war das erste „Hochhaus" in Berlin. Der 11-geschossige, verklinkerte Stahlskelettbau entstand aus der praktischen Notwendigkeit, auf geringer Fläche – die Turmgrundfläche beträgt nur 20 x 16 m – die gesamte Werksverwaltung unterzubringen. Das Vierständer-Mittelgangsystem ermöglichte die Einrichtung von sechs fast gleich großen Büros oder einem Großraumbüro pro Geschoss. Für die Gestaltung mag Hertleins Kombination des Siemens-Werkes mit einem Turm (1915; Nr. 623) ebenso ausschlaggebend gewesen sein wie amerikanische Vorbilder. Gleichzeitig manifestierte sich hier der Repräsentationsanspruch des Unternehmens. Die expressionistische Gestaltung des OG mit seinem gezackten Umriss, der geschweiften Dachlaterne und den neogotischen Fenstergewänden bildet einen starken Kontrast zu der strengen Gliederung der unteren Geschosse. Anders als beim wenig späteren, vertikal gegliederten Turm des Ullstein-Druckhauses (Nr. 554) wurden die Bürogeschosse hier durch kräftige Gesimse in Kompartimente geteilt. Das Werksgelände wurde 1995–99 nach einem städtebaulichen Konzept von Claude Vasconi zu einem Wohn- und Gewerbezentrum umgestaltet. Mit zu den wichtigsten Zeugnissen Berliner Industriebaugeschichte gehört das Borsig-Werktor (1898; Reimer und Körte).

Die Kolonie ist eines der wenigen erhaltenen Berliner Beispiele für fabrikeigene Arbeiterwohnhäuser, die um die Jahrhundertwende entstanden sind. Die Borsig GmbH errichtete in unmittelbarer Nähe ihres Werkes 1899–1900 in zwei Bauabschnitten 49 Arbeiterwohnhäuser. Stilistisch lehnt sich die Kolonie mit ihren zumeist 2-geschossigen Häusern an die Architektur deutscher Kleinstädte an. Die Fassaden wurden mit gotischen oder barocken Schmuckformen verziert. Beispielhaft für die Gestaltung ist das Haus in der Räuschstraße 15, das mit seinem wehrturmhaften Portal und weißen Putzspiegeln an Bauten der märkischen Backsteingotik erinnert. Hinter den um Individualität bemühten Fassaden verbergen sich schematische Wohnungsgrundrisse mit Stube, Küche und Kammer. Die Erweiterung der Kolonie 1907–09 mit 3-geschossigen Wohnhäusern brachte einige Verbesserungen mit sich. So wurden Innentoiletten eingebaut und die Schlafstube vom Wohnbereich abgetrennt. Da die Häuser nur als Straßenrandbebauung, ohne Seitenflügel und Gartenhaus, entstanden, konnten in den Höfen Mietergärten angelegt werden.

621 A
Flughafen Tegel
Kurt-Schumacher-Damm
1969–71
Meinhard von Gerkan, Volkwin Marg, Klaus Nickels

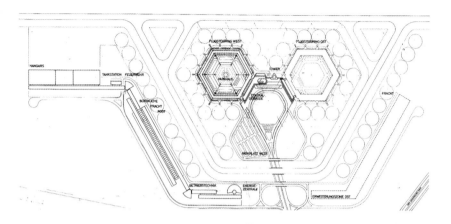

Zentralgebäude innen (unten)

Lageplan mit Ausbauplanung (oben)

Da der Flughafen Tempelhof (Nr. 544) aufgrund seiner innerstädtischen Lage nicht weiter ausbaufähig war, wurde ab 1960 der Flugplatz Tegel Nord, den die französische Militärverwaltung 1948 angelegt hatte, ausgebaut. Die steigenden Fluggastzahlen und nicht zuletzt der Wunsch nach einem repräsentativen „Tor zur Welt" hatte einen internationalen Ideenwettbewerb für den Flughafen-Ausbau 1966 zur Folge. Die Grundlage des preisgekrönten Entwurfes bildet ein „Drive-In-Flughafen". Mit diesem Prinzip, bei dem die Fluggäste mit „Bodenverkehrsmitteln" (Auto, Bus) so nah wie möglich an die einzelnen Flugsteige heranfahren können, wurde in Tegel beispielgebend für die folgenden Flughafenanlagen in Köln/Bonn und Hannover. In Tegel sind die Flugschalter hinter dem Zentralgebäude in einem sechseckigen Bau untergebracht. Die offene Mitte des Sechsecks dient als Parkhaus für Langzeitparker. Ein weiterer sechseckiger Bau wäre auf der Ostseite des Towers möglich, Flugsteigring und Zentralbau sind in Stahlbetonbauweise errichtet. Zum Rollfeld sind an 14 erkerartigen Vorbauten flexible Fluggastbrücken angebracht. Im Inneren des zweigeschossigen Flugsteiges befinden sich neben einer großräumigen Ladenzeile, die durch ein aufgesetztes Glaspyramiden-Dach belichtet wird, Büros und gastronomische Betriebe. Im Bereich der Fluggastabfertigung ist rot die vorherrschende Farbe für Klinkerfußböden und Decken, während gelb als „offizielle" Informationsfarbe für Hinweistafeln u. a. fungiert und grün auf sogenannte Nebendienste wie Banken, Kioske etc. verweist. Der sechseckige Stahlbetonschaft des Flugsicherungsturmes ist in zwei unterschiedlich weit auskragende Kanzeln untergliedert. Die technischen Nebengebäude wie Energiezentrale, Feuerwehr, Frachthalle und Flugzeughangars sind nebeneinander angeordnet. Für diese ein- bis dreigeschossigen Bau wurde ein Container-Bausystem mit einem Stahlskelett als Grundlage gewählt. Orange-braune Alu-Elemente gliedern die Fassaden in einzelne Segmente. Herausragender Bauteil in diesem Bereich ist die Energiezentrale, deren Umriss sich aus einzelnen, um einen zylindrischen Mittelteil angeordneten Kreissegmenten zusammensetzt. Neben dem Rollfeld ragt eine Stahlfachwerk-Konstruktion 40 m auf, deren pyramidenähnliches Gehäuse für Triebwerk-Probeläufe genutzt wird.

Spandau (622-644)

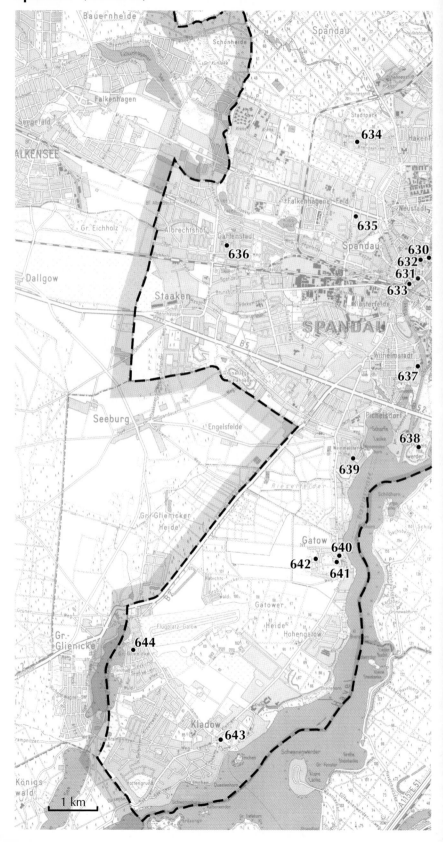

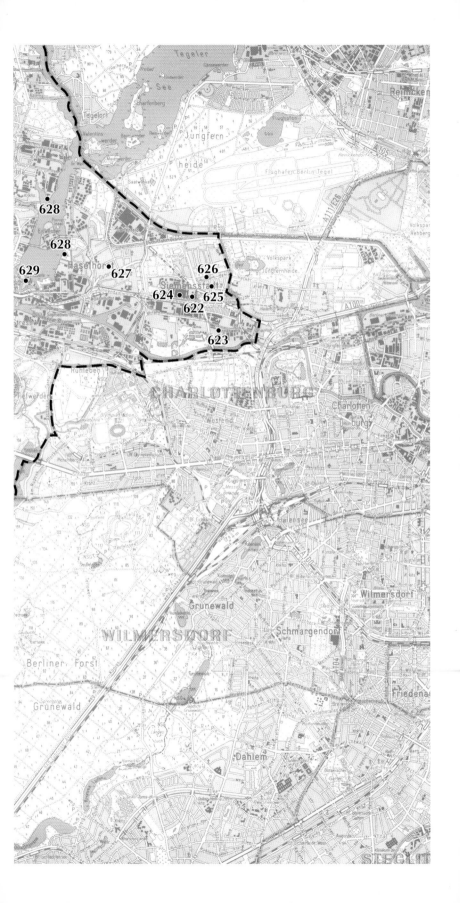

622
Verwaltungsgebäude der Siemens AG
Nonnendamm 101
1910–13; 1922; 1929–30
Karl Janisch, Friedrich Blume; Hans Hertlein

623
Wernerwerk II
Wernerwerkdamm
1914–22
Karl Janisch, Hans Hertlein

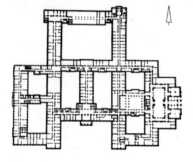

Zustand um 1950 (oben)

Die Architekten der Siemensbauabteilung, Janisch und Blume, gestalteten 1910 mit diesem neoklassizistischen Verwaltungsbau in Verbindung mit dem gegenüberliegenden Dynamowerk eine Art „Industrie-Forum" mit Anklängen an Schloss-Architekturen. So bildet der mehrflügelige Geschossbau einen Ehrenhof (Cour d'honneur) zum Nonnendamm und eine monumentale Giebelfront zum Rohrdamm aus. Diese Hauptansichtsseiten wurden übereinstimmend mit Sandsteinlisenen strukturiert. Die Technikdarstellungen in den Fensterstürzen von Josef Wackerle beziehen sich auf die Firmengeschichte. Neu für Verwaltungsbauten dieser Größenordnung war das Korridorsystem, das aus den Grundrissen der Siemens-Industriebauten entwickelt wurde. Der Verwaltungsbau zeigt heute noch Reste der ehemaligen Innenausstattung: Von der monumentalen Ehrenhalle, deren Gestaltung an den von German Bestelmeyer 1910 geschaffenen Lichthof der Münchner Universität erinnert, sind bis auf die Lichtkuppeln sämtliche Elemente einschließlich des Mosaikfußbodens von Cesar Klein erhalten geblieben bzw. wurden rekonstruiert. 1956–60 gestaltete Hertlein, der 1922 und 1929–30 bereits für den Ausbau des Hauses zuständig gewesen war, den Eingangsvorbau der Ehrenhof-Front neu. Nachdem ein Wettbewerb 1922 ohne Ergebnis geblieben war, wurde die Gedenkstätte für die Gefallenen der Siemenswerke 1933 nach einem überarbeiteten Entwurf von Hertlein ausgeführt. 1970 fügte Karl Heinz Schwennicke dem Mahnmal die sieben kubischen Gedenksteine bei.

Der 170 m hohe Turm und die drei Höfe stellen heute nur noch den Rest der ursprünglichen Anlage dar: 5-geschossige Stockwerksbauten sollten 12 Höfe umschließen. Die unvollständig gebliebene Anlage wurde im Zweiten Weltkrieg teilweise zerstört und 1955–57 verändert wiederaufgebaut. Janisch, bis 1915 führender Architekt der Siemens-Bauabteilung, und sein Nachfolger Hans Hertlein entwickelten keine neuen Grundriss-Möglichkeiten für das freie Werksgelände, das Siemens ab 1899 ständig erweitert hatte. Bis Ende der 20er Jahre blieben die Siemens-Architekten der Bautradition der innerstädtischen Industriebetriebe verpflichtet, wie sie die AEG-Fabrik (Nr. 246) in der Ackerstraße zeigt. Erst mit dem Schaltwerkhochhaus (1926–28; Nr. 624) löste sich Hertlein von dieser traditionellen Blockrandbebauung. Das Äußere ist eine konsequente Weiterentwicklung der älteren Siemensfassaden des Wernerwerks F/I (Ost/Süd-Fassade 1904; 1982 abgerissen) und des Kleinbauwerkes (1905; Abriss 1974), beide von Janisch. Die Struktur der Stützen wird nicht mehr durch Zierat überdeckt, es gibt keine Unterscheidung von repräsentativer Straßenfassade und übrigen Fassaden wie noch bei Wernerwerk F/I. Hertleins Turm enthält den Schornstein des integrierten Heizkraftwerkes sowie einen Wasserbehälter. Städtebaulich ist er insbesondere in Konkurrenz zu den Rathäusern als symbolische Bekrönung der Siemensstadt zu sehen. In der Folgezeit nahmen Borsig (1922; Nr. 620 und Ullstein (1925; Nr. 554) den Turmgedanken ebenfalls zur städtebaulichen Akzentsetzung auf.

624
Schaltwerk-Hochhaus der Siemens AG
Nonnendamm 104–110
1926–27
Hans Hertlein

625
Siedlung „Heimat"
Schuckertdamm
1930–34
Hans Hertlein

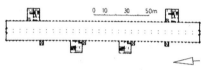

Grundriss Normalgeschoss

Zustand um 1950 (oben)
Gesamtplan (unten)

Das Schaltwerk-Hochhaus ist ein Höhepunkt der Berliner Industriebaugeschichte. Die 10-geschossige, blockhafte Hochhausscheibe erhielt durch die vorgelagerten Treppenhäuser ein massiges Gegengewicht. Neben der praktischen Überlegung, durchgängige Produktionsgeschosse zu erhalten, dienen diese Treppentürme zur konstruktiven Versteifung gegen den Winddruck. Die langgezogenen Fassadenflächen sind durch vorgezogene Stützen gegliedert. Eine solche vertikale Betonung der Fassaden zeigen auch die älteren Siemens-Bauten. Auch die Auslagerung der Treppenhäuser ist ein Prinzip, das bereits beim Siemens-Wernerwerk I (1904; 1974 abgerissen) und II (Nr. 623) angewandt wurde. Hertleins Innovation lag daher nicht in der Grundrissentwicklung und auch nicht in der Idee des Übereinanderschichtens von Produktionsräumen, sondern vielmehr in der Loslösung vom starren Schema der Blockrandbebauung und im Verzicht auf repräsentative Gestaltungselemente. Die Durchgestaltung des Baukörpers im Geiste der Neuen Sachlichkeit, die bis dahin nur bei Bürobauten Anwendung gefunden hatte, übersteigerte Hertlein für diesen Industriebau ins Monumentale. Das Schaltwerk blieb im Industriebau ohne Nachfolge. Lediglich im Wernerwerk-Hochhaus (1928–30) am Siemensdamm 50–54 wiederholte Hertlein selbst die Gestaltungsprinzipien des Schaltwerks.

Der Architekt der Siemens-Bauabteilung, Hans Hertlein, errichtete direkt neben der „Ringsiedlung" (Nr. 320) diese Siedlung aus 2- und 3-geschossigen Zeilenbauten für die bei Siemens beschäftigten Arbeiter und Angestellten. Bei der Gestaltung dieser Wohnsiedlung nahm Hertlein Elemente der angrenzenden „Ringsiedlung" auf. So hat die Zeile, die am Quellweg direkt an den Gropius-Bau (Nr. 322) anschließt, die gleiche Geschosshöhe und auch ein Flachdach. Des weiteren versuchte Hertlein, das von Scharoun angewandte Prinzip, mit geschwungenen und geraden Baukörpern Platzräume zu schaffen, aufzunehmen. Jedoch besitzt die Siedlung „Heimat" ebenso wie die zuvor (1922–29) von Hertlein nördlich des Jungfernheideparks errichtete „Siedlung Siemensstadt" einen betont kleinstädtischen Charakter, der sich durch die Anordnung der Wohnhauszeilen und auch durch die zahlreichen kleinen Wandreliefs ergibt. Die 924 Wohnungen besitzen zumeist zwei Zimmer. Die 66 m^2 großen Wohnungen waren trotz nahegelegenem Heizkraftwerk mit Ofenheizung versehen.

626
Evangelische Kirche Siemensstadt
Schuckertdamm 336–340
1929–31
Hans Hertlein

627
Reichsforschungssiedlung Haselhorst
Gartenfelder Straße
1931–32
Fred Forbat, Paul Emmerich, Paul Mebes

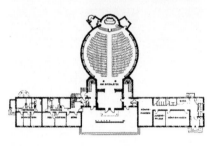

Zustand um 1950 (oben)
Lageplan (unten)

Beherrschender Bauteil der Kirche ist ihr mächtiger
Glockenturm an der Straßenseite. Die 32 m hohe,
massive Turmfront ist bis auf wenige, kleine Fenster
und die in ihrem oberen Bereich eingeschnittenen
schlanken Schallöffnungen fast völlig geschlossen.
Das Dekor des Backsteinturmes ist sehr schlicht;
einziges Schmuckelement ist die Gruppe von drei
Kreuzen aus erhabenen, glasierten Ziegeln über
dem Eingangsportal. Der Turm wird von zwei 2-
geschossigen Nebenbauten flankiert, die Pfarrei-
und Gemeinderäume enthalten. Diese springen
gegenüber dem Turm und den schmalen Verbin-
dungsbauten zur Straße vor und bilden so einen
Eingangshof. Der Gemeindesaal wird durch den
Turmriegel zur Straße hin fast völlig verdeckt. Er ist
in Kontrast zum Turm als Rundbau angelegt. Seitlich
an der halbkreisförmig ausgebuchteten Altarnische
befinden sich zwei Nebenräume. Die sachlich-nüch-
terne Gestaltung der Kirche ähnelt den Gebäuden
der Siemens-Werke (Nr. 623, 624), die ebenfalls
von Hertlein in seiner Funktion als Leiter der Bauabteilung entworfen worden waren. Der enge Bezug
zu Siemens ließ sich auch an den im Zweiten Weltkrieg zerstörten Kirchenfenstern ablesen; sie enthielten neben dem Stadtwappen von Spandau das
Wappen der Familie Siemens. Hertlein hat auch die
Kath. St. Josephs-Kirche in Siemensstadt an der
Goebelstraße errichtet (1934).

Die 1927 gegründete Reichsforschungsgesellschaft
für Wirtschaftlichkeit im Wohnungswesen e. V.
(RFG) hatte 1928 einen Wettbewerb ausgeschrieben. Bei dem Bau einer Siedlung mit 3 000 Wohnungen sollten die Zeilenbauweise, die Wirtschaftlichkeit unterschiedlicher Bauweisen und das Zusammenspiel bei der Bauvorbereitung und -ausfüh-
rung erforscht und dokumentiert werden. Die Wett-
bewerbsjury, der u. a. Otto Bartning, Martin Wagner, Ernst May (Frankfurt) sowie Fritz Schumacher
(Hamburg) angehörten, hatte den konsequenten
Zeilen-bau-Entwurf von Walter Gropius und Stefan
Fischer prämiert. Die von ihnen vorgesehene strenge Zeilenfolge mit 2- bis 12-geschossigen Bauten
wurde jedoch nicht verwirklicht. Zur Ausführung
gelangte der modifizierte Entwurf von Forbat, Mebes
und Emmerich. Sie richteten die Zeilen nicht derart
kompromisslos aus, sondern lockerten die strenge
Nord-Süd-Zeilenanordnung durch quergestellte
Bauten auf. Mebes und Emmerich gestalteten ihren
Siedlungsbereich zwischen Haselhorster Damm und
Damusstraße in ähnlicher Weise wie wenig später in
der „Rauchlosen Siedlung" (Nr. 746). So wurden
die Balkone, die vor die glatten Fassaden „gehängt"
sind, durch vertikale Streben zusammengefasst. Bei
den Bauten von Forbat sind die tiefeingeschnittenen,
rahmenartig zusammengefassten Balkone das mar-
kanteste Gestaltungselement.

628
Wasserstadt Oberhavel
Oberhavel, Eiswerder, Pulvermühlenweg, Maselakeweg
1994–2015
Städtebaulicher Rahmenplan: Hans Kollhoff, Klaus Zillich, Christoph Langhof, Heike Langenbach. Quartier Pulvermühle: Bernd Albers; Hentschel & Oestreich; Nalbach & Nalbach; Theodora Betow; Reimers & Partner; Mayer, Ruhe, Voigt, Wehrhahn; ENSS (Eckert, Negwer, Sommer, Suselbeck); Plessow, Ehlers, Krop; Carola Schäfers; Faskel & Becker; Benedict Tonon; Geske & Wenzel; Jahn & Suhr; Klaus-Rüdiger Pankrath. Quartier Havelspitze: Kees Christiaanse-ASTOC; A&P Suter & Suter GmbH; J.S.K.; Josef Paul Kleihues; Otto Steidle; AG Siat. Quartier Maselake Nord: Liepe & Steigelmann; Grobe Architekten. Quartier Parkstraße: Benedict Tonon; Reichen & Robert; Krüger, Schuberth, Vandreike. Südbrücke: Walter A. Noebel; Nordbrücke: Dörr, Ludolf, Wimmer

Lageplan, links unten Zitadelle Spandau (Nr. 629)

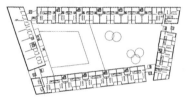

Quartier Pulvermühle, Bauteil Schäfers (oben); Quartier Maselake, Bauteil Christiaanse: Grundriss (unten)

Mit einer Gesamtfläche von 206 ha stellt die Wasserstadt Oberhavel eines der größten städtebaulichen Entwicklungsgebiete Berlins dar. Nördlich der Spandauer Zitadelle soll rund um die Insel Eiswerder der gesamte bis dahin vorwiegend industriell genutzte und teilweise stark mit Schwermetall belastete Uferbereich der Oberhavel für Wohn- und Dienstleistungszwecke umgebaut werden. Das Projekt geht auf Planungen von 1989 zurück und stellt ein ambitioniertes Beispiel ökologischen Stadtumbaus dar. Kollhoff, Zillich, Langhof und Langenbach entwickelten einen Rahmenplan, der die städtebaulichen Zielvorstellungen festschrieb. Die Grundstücke werden mit einer unterschiedlich dichten Mischung aus Blockstrukturen, Zeilen und Einzelhäusern bebaut, die unter weitgehender Einbeziehung der vorhandenen Waldbestände und Ufervegetation grundsätzlich zu den Wasserflächen hin ausgerichtet sind. Denkmalgeschützte Altbauten wie etwa Hans Poelzigs Kabelproduktionshalle von 1929 auf der Halbinsel Maselake werden in die Neubebauung integriert. Für die verschiedenen Areale wurden einzelne Realisierungswettbewerbe durchgeführt, die anschließend unter Beteiligung zahlreicher Teilnehmer die Grundlage für die Ausführung bildeten. Mit dem Bau des Quartiers Pulvermühle am östlichen Havelufer sowie der Halbinsel Maselake wurden die ersten Bauabschnitte bis 1997 fertiggestellt. Unter der Bauherrenschaft der GSW-Wohnungsbaugesellschaft sowie von Siemens wird der Bereich Pulvermühle maßgeblich von Gernot und Johanne Nalbach in Zusammenarbeit mit Bernd Albers dem Büro ENSS sowie weiterer Architekten bebaut. Würfelhäuser oder Zeilen für Wohnnutzungen und dreiflügelige Anlagen für Dienstleistungen beherrschen das vorwiegend als sachlich-rationale Klinkerbebauung realisierte Areal. Für die wiederum von Siemens getragene Bebauung der Inselspitze Maselake legte die holländische Planungsgemeinschaft Kees Christiaanse-ASTOC konisch angelegte Blockbebauung fest, die sich als 5- bis 7-geschossige Terrassentypen mit differenziertem Farbkonzept und unregelmäßig variierten Fensterformaten zum Wasser öffnen. Die 270 m lange und nach einem Entwurf von Walter Noebel 1995–97 gebaute Südbrücke verbindet zusammen mit einer zweiten, von Dörr, Ludolf und Wimmer entworfenen Nordbrücke, Maselake und das östliche Ufer. Noebels Brücke ist v. a. durch massige Klinkerpfeiler mit Aussichtsplattformen und aufgesetzten kubischen Beleuchtungskörpern charakterisiert, die in großem Gegensatz zu der konstruktiven Filigranität der pyramidenförmigen Pfeiler der Nordbrücke stehen. Insgesamt bildet die Wasserstadt eine gelungene Synthese urbaner Verdichtung und naturbezogener Weitläufigkeit, die dem lange Zeit vernachlässigten Gebiet einen großen Reiz verleiht.

629
Zitadelle Spandau
Am Juliusturm
1560–83
Christian Römer; Francesco Chiarmella Gandino;
Graf Rochus v. Lynar

630
St. Marien am Behnitz
Behnitz 9
1847–48
Julius Manger

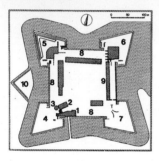

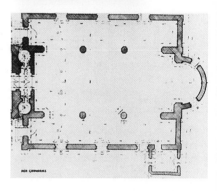

Die Zitadelle war früher eine strategisch wichtige Festungsanlage vor den Toren Berlins. Die ältesten erhaltenen Bauteile – Juliusturm (3) und Palas (2) – stammen aus dem 12. Jahrhundert. In ihrer heutigen Form geht die Anlage größtenteils auf das 16. Jahrhundert zurück und belegt den hohen Standard der Festungsbaukunst jener Zeit. Die von Christian Römer um 1560 begonnenen Ausbauarbeiten wurden ab 1562 von Francesco Chiarmella Gandino weitergeführt und von 1578 bis 1583 von Graf Rochus von Lynar geleitet. Die Festung, die vollständig von Wasser umgeben ist, hat vier pfeilförmige Bastionen. Diese werden seit 1701 König (4), Kronprinz (5), Brandenburg (6) und Königin (7) genannt. Ein Torhaus (1) führt in den durch Magazingebäude (8, 9) begrenzten Hof. Zur Unterstreichung des Festungscharakters besitzt die Torhausfassade, die 1839 erneuert wurde, eine kräftige Rustikaquaderung und ein auf Konsolen gelagertes Gesims. Direkt über der Durchfahrt lag die Kommandantenwohnung, deren repräsentativer Charakter durch einen Balkon und einen mächtigen Segmentgiebel aus Sandstein unterstrichen wird. Der Turm erhielt 1829 durch Karl Friedrich Schinkel einen neuen Zinnenkranz. Zahlreiche Umbau- und Ausbaumaßnahmen veränderten die Anlage bis in die jüngste Zeit. In einem Großteil der restaurierten Räume ist heute das Spandauer Heimatmuseum untergebracht.

Die schlichte Kirche aus gelben Ziegeln wurde von König Wilhelm III. in Auftrag gegeben, der auch den Grundstein legte. Sie ist als dreischiffige Basilika mit halbrundem Chorabschluss im Westen angelegt. Ihre Längsseite wird durch Rundbogenfenster unterteilt, die im Obergaden des Mittelschiffs verkleinert und paarweise angeordnet sind. An den Stirnwänden befinden sich große Fensterrosetten. Die Eingangsfront im Osten wird durch Pilaster gegliedert, welche die beiden niedrigen Seitenschiffe und das vorgezogene Mittelschiff auch von außen optisch trennen. Die gotisierenden Fialtürmchen, welche ursprünglich die Pilaster bekrönten, sind nicht mehr erhalten. Den Dachabschluss bildet ein kleiner, 3-geschossiger Turmaufsatz. Der dreijochige Kirchenraum ist mit Emporen versehen. Gedeckt wird er durch eine flache, mit geometrischen Ornamenten bemalte Holzbalkendecke. Eine an mittelalterliche Stilformen angelehnte Bemalung des Innenraums aus dem 19. Jahrhundert wurde zum großen Teil übermalt.

631
Zwei Wohnhäuser
Lindenufer 32, 36
1980–81
Rob Krier

632
St. Nikolai-Kirche
Reformationsplatz
um 1410/50

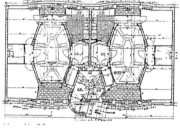

Haus Nr. 36
Grundriss Erdgeschoss

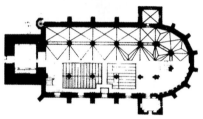

Foto von 1914 (oben)

Mit diesen beiden 4-geschossigen Wohnhäusern wurden zwei Baulücken einer Blockrandbebauung in der Spandauer Altstadt geschlossen. Bei Haus Nr. 36 dominieren die geschlossenen Wandflächen der Seitenwangen und des Mittelteils der Front, bei Haus Nr. 32 wirkt der Gebäudemittelteil geschlossen und wie zwischen die beiderseits angebrachten Balkonpartien eingespannt. Besondere Akzente wurden bei Haus Nr. 36 durch das Herausschwingen der Fensterpartien und die bekrönende gläserne Dachlaterne gesetzt. Kennzeichen für die Bauten sind zwei Gestaltungsmotive: Die Fensterformate werden nicht nur von Geschoss zu Geschoss kleiner, sondern auch jeweils geschossweise vorgezogen. Dadurch wird eine kaum merkliche Unregelmäßigkeit in die Fassade gebracht. Entgegen der Planung wurden die Bauten nicht in Backstein ausgeführt, sondern verputzt. Auch musste auf die großflächigen Fenster, die zum Teil die Geschosse zusammenfassen sollten, verzichtet werden. Auf den fast gleichgroßen Grundstücken kam Krier für die 3-Zimmer-Wohnungen zu zwei unterschiedlichen Grundrisslösungen, die jedoch beide auf der Idee des „Durchwohnens" beruhen. Bei Haus Nr. 36 ist es ein hexagonaler, in der Mitte der Wohnung liegender Raum, im Haus Nr. 32 ein langgestreckter Rechteckraum, der den Wintergarten und Balkon, also Hof- und Straßenseite, miteinander verbindet. Ein weiteres Kennzeichen der Bauten Kriers ist die von ihm gestaltete Bauskulptur.

Die St. Nikolai-Kirche ist der einzige der großen mittelmärkischen Kirchenbauten auf West-Berliner Gebiet. Die dreischiffige Hallenkirche besitzt ein Langhaus mit vier Jochen. Die schmalen Seitenschiffe sind als Umgang angelegt. Das Langhaus geht im Osten in den Chor mit 7/14-Schluss über. Zu beiden Seiten des Chorjoches sind 1-geschossige, quadratische Nebenkapellen angefügt. Im Westen ist dem Kirchenraum ein mächtiger Turm mit quadratischem Grundriss vorgelagert, dessen EG als Eingangshalle ausgebildet ist. Das Glockengeschoss des 1467–68 erbauten Turmes erhielt 1744 einen barocken Abschluss. 1944 wurde das Innere der Kirche und ihr Turm schwer beschädigt. Der Wiederaufbau erfolgte 1946–49 unter der Leitung von Hinnerk Scheper, vollendet wurde er 1957–58 durch Jürgen Emmerich. Durch den Verzicht auf die 1830–39 eingebauten Emporen konnte der ursprüngliche Raumeindruck wiederhergestellt werden. Die Bemalung aus dem 19. Jahrhundert wurde zugunsten einer lichten Oberflächengestaltung mit weißen Putzflächen zwischen roten Formsteingliederungen entfernt. Der Turm erhielt mit dem niedrigen Spitzdach einen dürftigen Abschluss, 1988, zum 450-jährigen Jubiläum der Reformation in Brandenburg, erhielt das Glockengeschoss wieder seine barocke Haube mit Laterne und die 1830–39 durch Schinkel anlässlich einer umfangreichen Restaurierung angefügten gotisierenden Blendarkaden.

633
Rathaus Spandau
Carl-Schurz-Straße 2–6
1910–13; 1957
Heinrich Reinhardt, Georg Süßenguth; Reiner Seidel

634
Doppelwohnhaus
Marwitzer Straße 37, 37 a
1979–81
Johanne und Gernot Nalbach

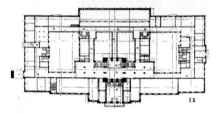

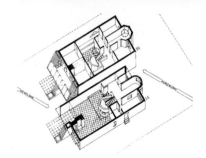

Der mächtige Rathausbau wurde auf einem großzügigen Platz am Rand der Altstadt errichtet. Der rechteckige, durch ein hohes Mansarddach überwölbte Baukörper ist um vier symmetrische Höfe angelegt. Die Fassade des Rathauses ist in sparsam barockisierenden Formen gestaltet. Über einem Sockelgeschoss erheben sich drei hohe OG; den Abschluss bildet ein Mezzanin-Geschoss. Die Fassade an der Carl-Schurz-Straße wird durch sieben Fensterachsen gegliedert, die mittels hoher Kolossalpilaster ionischer Ordnung voneinander getrennt werden. Ein breiter, durch einen Segmentgiebel bekrönter Risalit bildet den Mittelteil dieser Hauptfront. Blickfang ist der hohe Turm über dem rückwärtigen Teil des Hauptflügels. Die Seitenflügel sind um ein Stockwerk niedriger angelegt. Die Sitzungssäle und Repräsentationsräume befinden sich hinter der repräsentativen Hauptfront. Auch im Innern wurde in der großzügigen zweiläufigen Treppenanlage barockisierende Elemente verwandt. Das Rathaus erlitt im Zweiten Weltkrieg schwere Schäden. Die Wiederherstellung erfolgte in vereinfachten Formen; so wurden die beiden ursprünglich den Segmentgiebel flankierenden Türmchen nicht wiederhergestellt. Der ehemals mit einer Haube gedeckte Turm erhielt 1957 durch Reiner Seidel einen neuen Abschluss. 1987/88 wurde die ehemals reich in ornamentalen Jugendstilformen ausgemalte Vorhalle restauriert.

Das 2-geschossige Doppelwohnhaus besteht aus zwei länglichen, flach gedeckten Kuben, die leicht gegeneinander versetzt sind. Charakteristisch für das Gebäude sind die beiden unterschiedlich gestalteten Erkertürmchen an der Straßenseite. Die nach Süden orientierten, steil gestellten Pultdächer sollen als sog. „Energiedächer" fungieren. Der Innenraum der Häuser wird durch eine über beide Geschosse reichende Halle bestimmt, welche die offene Treppenanlage aufnimmt. Bei der Außenraumgestaltung beziehen sich die Architekten auf die frühere Nutzung des Grundstücks; ein Gewächshaus, Pergolen sowie Spalierkonstruktionen sollen auf das ehemalige Schrebergartengelände verweisen.

635
Wohnsiedlung
Zeppelinstraße
1926–27
Richard Ermisch

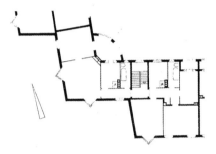

636
Gartenstadt Staaken
Am Heideberg
1914–17
Paul Schmitthenner

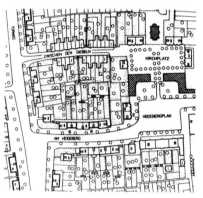

Die Wohnsiedlung an der Zeppelinstraße ist ein bedeutendes Beispiel für einen ekstatischen Expressionismus in Berlin. Blickfang der Siedlung sind die Eckbebauungen an der Kreuzung Zeppelinstraße/ Falkenseer Chaussee. Hier stehen sich vier „Turm-Bauten" gegenüber, von denen mehrfach gestaffelte Spitzhauben aufragen. Farbige Streifen aus Schiefersteinen verstärken die Expressivität dieser Hauben, die 1987 in ihrer ursprünglichen Form wiederhergestellt wurden. Aufschwingende, geschweifte Seitenwände und spitze Erkerchen verbinden sich mit Zickzackbändern, Ziegelmustern und Dreiecksgauben zu einem abwechslungsreichen, dynamischen Gesamtbild. Die Wohnhäuser an der Zeppelinstraße und an der Falkenseer Chaussee sind als Blockrandbebauung ausgeführt. Am Germersheimer Weg und am Germersheimer Platz wird die strenge Straßenrandbebauung durch versetzt angeordnete Hauszeilen aufgelockert. Die Anlage besteht aus ca. 500 Wohnungen unterschiedlicher Größe, beispielsweise 2-Zimmer-Wohnungen mit 73 m² und 3-Zimmer-Wohnungen mit 78 m² Wohnfläche. Andere Wohnhäuser des Architekten zeigen, wie auch das zusammen mit Martin Wagner geplante Strandbad Wannsee (Nr. 792), Gestaltungselemente des Neuen Bauens, während sich seine 1935 errichtete, monumentale Haupthalle auf dem Messegelände (Nr. 289) in den Kanon der offiziellen NS-Architektur einfügt.

Die Siedlung mit 298 Einfamilien- und 148 Mehrfamilienhäusern wurde für die Arbeiter und Angestellten der Spandauer Rüstungsbetriebe noch während des Ersten Weltkrieges errichtet. Im lockeren Verband sind 2-geschossige, verputzte Häuser in eine Gartenlandschaft eingebettet. Die öffentlichen Gebäude wie Schule und Kirche liegen, wie in einem Dorf, an zwei zentralen Plätzen, an denen auch die 20 Ladengeschäfte angeordnet sind. Die gesamte Gartenstadtbewegung, so auch die Gartenstadt Staaken, war durchweg von einem Hang zum Traditionalismus gekennzeichnet, der u. a. in der Verwendung von Erkern, Gauben, Spalieren, Fachwerk und Spitzdächern sichtbar wird. Die Gestaltung der einzelnen Häuser erinnert an norddeutsche Kleinstädte und auch an das „Holländische Viertel" (1732–42) in Potsdam. In Staaken waren auch Gemeinschaftseinrichtungen geplant, diese wurden jedoch nicht ausgeführt. So wurde die Idee des genossenschaftlichen Lebens, das sich mit der Grundkonzeption einer Gartenstadt verband, aufgegeben. Es kam nicht zu einer Anlage, wie sich Richard Riemerschmid (1868–1957) – zurückgreifend auf das von Ebenezer Howard (1850–1928) für England entwickelte Konzept – 1909–10 in Dresden-Hellerau mit Beteiligung Schmitthenners und Tessenows beispielhaft verwirklicht hatte. 1926–29 erweiterte Carl Derleder die Siedlung am Ungewitterplatz. Im Auftrag der Siemens-Werke setzte Hans Hertlein 1932 die Gartenstadt nach Westen fort.

637
Feuerwache Spandau-Süd
Götelstraße 112–116
1962–63
Bodo Fleischer

638
Zentrale der Deutschen Lebensrettungsgesellschaft (DLRG)
Am Pichelssee 25
1969–71
Ludwig Leo

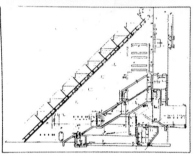

Der Bezirk Spandau war bis zum Bau dieser großen Anlage ein mit Feuerwachen unterversorgter Bezirk. Die vorhandenen Anlagen stammten zumeist noch aus den 20er Jahren, so die Feuerwache Spandau-Nord in der Triftstraße 8–9 von 1925–26, oder liegen in den Außenbezirken Kladow sowie Gatow. So war der Bau einer in Innenstadtnähe gelegenen Feuerwache dringend erforderlich. Die Feuerwache Spandau-Süd ist in unterschiedlich hohe Baukörper untergliedert, die parallel zur Straße platziert wurden. Im Gegensatz zu dem bisher bekannten Feuerwachen-Typus besteht diese Anlage nicht nur als dem Wachhaus und der Wagenhalle. In den 1- bis 3-geschossigen Stahlbetonskelettbauten sind auch Fuhrpark und Werkstätten untergebracht. Die Wache ist in dem 3-geschossigen Bau eingerichtet. An diesen schließt der 5-geschossige, 20 m hohe Trocken- und Übungsturm an, in dem sich auch eine Schlauchwaschanlage befindet. Sichtbeton und Verblendziegel sind die einzigen Gestaltungselemente der nach streng funktionalen Erfordernissen durchgeformten Gesamtanlage. Bereits im Jahr der Fertigstellung, 1963, begann in Charlottenburg unter Leitung von Gerhard Rainer Rümmler der Bau einer weiteren Hauptfeuerwache dieses Typus, deren Ausmaße die Spandauer Anlage jedoch bei weitem übertraf.

Für die Zentrale der DLRG wurde mit dem plastischen „Dreieck", das 30 m über dem Havelstrand aufragt, eine ungewöhnliche Form gefunden. Die Seeseite des Gebäudes setzt sich aus Toren, Klappen, Stahltreppen, Stahlrohren und Glasflächen zusammen. Im Gegensatz zu dieser metallisch glänzenden, abwechslungsreich gegliederten Gebäudeseite zeigt sich die Landseite als massiger, gestaffelter Betonturm, dessen blockartige Front lediglich durch tiefliegende Fenster unterteilt ist. Die Assoziation mit Schiffsarchitekturen, die am deutlichsten der hoch aufragende Sendemast herstellt, hat ihre Berechtigung. Der Bau mit seinen 8 Geschossen hat zahlreiche Funktionen zu erfüllen: Er dient 80 Rettungsbooten als Winterlager, ist technisches Versorgungszentrum der vielen Hilfs- und Rettungsstationen an der Havel, enthält Räume für Schulung und Ausbildung sowie eine Taucher-Lehrstätte. Eine dieser Funktionen wurde mit dem Boots-Schrägaufzug deutlich sichtbar gemacht. Dieser bestimmte mit seiner 45°-Neigung die Gebäudeform, da steilere Liftanlagen einer laufenden TÜV-Überwachung bedurft hätten und kostenintensiver gewesen wären. Über diese Anlage können die Boote in die einzelnen Stockwerke gehievt werden. Auch die Innenausbauten erinnern in ihrer Nüchternheit an Schiffseinrichtungen.

639
Haus Baensch
Höhenweg 9
1934–35
Hans Scharoun

640
Dorfkirche
Alt-Gatow 30–38
um 1320

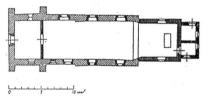

Foto um 1935 (oben)
Grundriss Erdgeschoss (unten)

Der 2-geschossige, verputzte Stahlskelettbau mit
flachgeneigtem Dach weist an der Straßenseite ein
sehr konventionelles Erscheinungsbild auf. Scharoun
beugte sich hierbei den von den Nationalsozialisten
auferlegten restriktiven Bauvorschriften. Die Gartenseite steht jedoch in deutlichem Gegensatz zur geschlossenen, abweisenden Straßenfront. Die Fassade wird hier durch große, z. T. gebogene Fensterflächen, eine asymmetrisch angeordnete Terrasse
und ein vorspringendes OG aufgelockert. Zugleich
wird so der innere Aufbau des Hauses sichtbar gemacht. Der Grundriss des EG ist in Fächerform angelegt, Drehpunkt ist der runde Essplatz. Der große
Wohnraum weist zwei unterschiedlich hohe Raumebenen auf, eine konkav geschwungene, große
Fensterfront bezieht die Havellandschaft und den
Garten mit ein. Die einzelnen Räume des bewegten,
phantasievollen Grundrisses gehen ineinander über
und lassen sich im Bedarfsfall durch Schiebetüren
z. T. voneinander abtrennen. Im OG sind die Schlafräume und das Bad untergebracht.

Der älteste Teil des langgestreckten Gebäudes, das
westliche Drittel, stammt aus dem frühen 14. Jahrhundert und wurde aus unbehauenen Feldsteinen
errichtet. An der Nordseite unterhalb des Turms
befindet sich noch ein schmales Fenster aus der
Entstehungszeit der Kirche. Das massive Westwerk
der ehemaligen Wehrkirche wurde nach dem 30-
jährigen Krieg durch einen Holzturm ersetzt. Ursprünglich war der Bau wohl als flachgedeckte Saalkirche mit quadratischem Chor konzipiert. Im 15.
oder 16. Jahrhundert erfolgte eine Erweiterung, bei
welcher der Chor verbreitert wurde. Aus dieser Zeit
stammen auch die Fenster der Turmhalle und das
spitzbogige Tor an der Südseite des Baues. Die
Funktion der außen nachträglich angebrachten,
deutlich sichtbaren Strebepfeiler lassen sich viel-
leicht als Ablenkung der großen Schubkräfte des
Turmes erklären. Auch könnten sie für eine geplante
Einwölbung des Kirchenraumes gedacht gewesen
sein. 1844 erfolgte der Neubau des Turms, dessen
Form bis heute Bestand hat. Die Fenster wurden bis
auf das westliche der Nordwand vergrößert. 1868
wurde das Langhaus um den quadratischen Altar-
raum verlängert. 1913 erfolgte der Anbau der Sakristei im Osten. Bei umfangreichen Renovierungen
beseitigte man u. a. verschiedene Anbauten; bei der
Instandsetzung 1953 wurde das Innere völlig umgestaltet und strahlt nun eine nüchterne, sachliche
Atmosphäre aus.

641
St. Raphael
Alt-Gatow 46–50
1960–65
Rudolf Schwarz

642
Sportanlage am Windmühlenberg
Am Kinderdorf
1993–95
Benedict Tonon

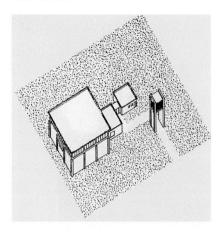

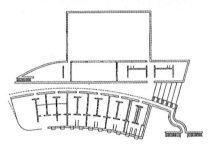

Der Bau ist das letzte Werk des bedeutenden
Kirchenarchitekten und zugleich sein einziges in
Berlin. Die Kirche wurde nach dessen Tod 1961
durch Maria Schwarz und Werner Michalik vollendet. Zentraler Baukörper des Ensembles ist der
schlichte, würfelförmige Flachbau des Kirchenraums. Dessen Wandelemente werden in ein Stahlbetonskelett eingestellt, die senkrechten Mittel- und
Eckträger treten innen wie außen aus der Wand
hervor; die Konstruktion wird so zur ästhetischen
Gestaltung des Bauwerks eingesetzt. Die obere
Zone des Würfels umgibt ein schmales Fensterband, dessen Grisaille-Verglasung von Georg
Meistermann stammt. Dem Baukörper ist als Vorraum ein kleinerer Quader vorgelagert, der eine
Beichtkapelle aufnimmt. Seitlich davon abgerückt
liegt die Sakristei, die ebenfalls einen quadratischen
Grundriss aufweist. Der aus zwei parallelen Wandscheiben zusammengesetzte Glockenturm steht von
der Kirche abgerückt an der Straße und fungiert
zugleich als Eingangstor.

Mit größter Zurückhaltung fügt sich der Komplex in
die baumbestandene Umgebung ein. Aus größerer
Distanz kaum erkennbar, erschließt sich die teilweise versenkte Anlage erst bei näherer Begehung. Die
Turnhalle und ein Bau für Umkleide- und Aufenthaltsräume bilden zwei voneinander unabhängige
Bauteile. Treppen führen zu einem tiefer gelegenen
Weg hinab, der die beiden Elemente miteinander
verbindet. Von oben gesehen erscheint der Um-
kleidebereich vor allem als organische Formation,
die mit einer klaren geschwungenen Kante an den
Hohlweg stößt. Ihre Kontur steht in starkem Gegensatz zu der gegenüberliegenden geradlinigen und
geschlossenen Klinkerwand, die den eingegrabenen
Gebäudekern der Sporthalle abbildet. Aus einem
darüber gelegenen Rasenstück ragt eine Reihe von
acht unverputzten Betonpylonen hervor, die die
Aufhängung der Dachkonstruktion tragen. Die Halle
selbst zeigt sich lediglich in ihrem oberen Teil mit
einer filigranen Stahl-Glas-Konstruktion, deren
Orthogonalität von der spitzwinkligen Konstellation
der Dachstützen überlagert wird. Tonon beweist mit
dem Entwurf der Anlage große Sensibilität für das
Zusammenspiel unterschiedlicher Formen und Materialien, deren reduzierter aber effektvoller Einsatz
kunstvoll inszeniert wird.

643
Gemeindehaus Kladow
Kladower Damm 369
1972–73
Stephan Heise

644
Haus des Architekten
Kurpromenade 6
1960
Sergius Ruegenberg

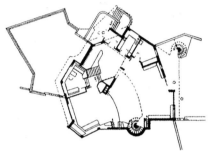

Grundriss Normalgeschoss

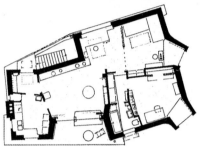

Das Gemeindehaus liegt in der Nähe der Kladower Dorfkirche. Aufgrund der Gestaltung und der Dimensionierung erscheint der Bau wie ein Einfamilienhaus. Wie eine Hülle vollziehen die Außenwände die innere, gestaltete Raumstruktur nach. Diese plastische Gebäudegestaltung wird unterstützt von Balkonen, dem Vordach und der großen Terrasse. Einen besonderen Akzent erhält der Bau durch das flache, teilweise weit vorkragende Dach, das die beiden verschieden hohen Geschosse zusammenfasst. Die sichtbaren Materialien wie Holz, Beton und unverputztes Mauerwerk unterstreichen die differenzierte Fassadengestaltung. Im Inneren liegt ein großer Gemeinderaum, der unterschiedliche Raumhöhen aufweist. Der höhergelegene Saalbereich dient als Bühne und kann, durch eine Schiebewand abgetrennt, auch als Clubraum genutzt werden. Eine Wendeltreppe im Inneren und eine Freitreppe außen führen auf die Empore. Mit der stark gegliederten, lebendigen Raumstruktur zeigt der Bau eine enge Verwandtschaft zu Werken Hans Scharouns, wie z. B. dem Haus Baensch (Nr. 639).

Das 1-geschossige Wohnhaus liegt von der Straße zurückgesetzt. Sein Wohnbereich öffnet sich im Süden durch ein großes Fenster zum Garten. Der Grundriss ist lebendig und doch in sich geschlossen angelegt, auf rechte Winkel wurde verzichtet. In seiner freien Form erinnert er an Entwürfe Hans Scharouns, dessen Schüler Ruegenberg war. Die einzelnen Räume gehen fließend ineinander über. Vom Wohn- und Schlafbereich ist ein separat zugängliches Studio abgetrennt. Die unterschiedlichen Höhenmaße der bis zu vier Meter hohen Raumteile ergeben sich aus dem verkantet konstruierten Dachabschluss. Eine nach Süden vorkragende Dachplatte verhindert im Sommer eine zu starke Besonnung des Wohnbereichs. Die lebendige Fassade wird durch unterschiedliche Fensterformate zusätzlich belebt. Entstanden ist ein intimes Haus von hoher Wohnqualität, wie sie alle Wohnhäuser Ruegenbergs auszeichnet. Trotz der ungewöhnlichen, freien Anlage des Gebäudes bewegte sich der Architekt, was die finanziellen Bedingungen und die Flächenabmessung betraf, innerhalb der Normen des Sozialen Wohnungsbaus.

Lichtenberg (645-668)

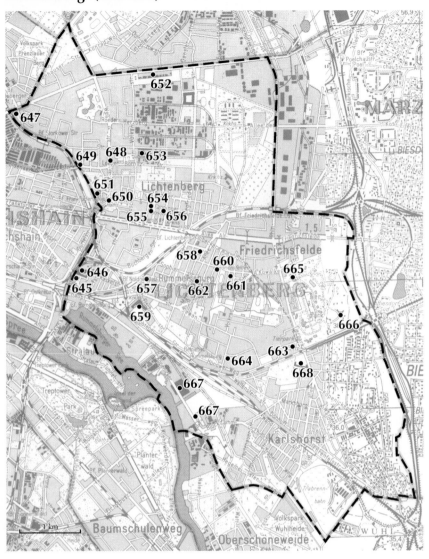

Hohenschönhausen (669-673)

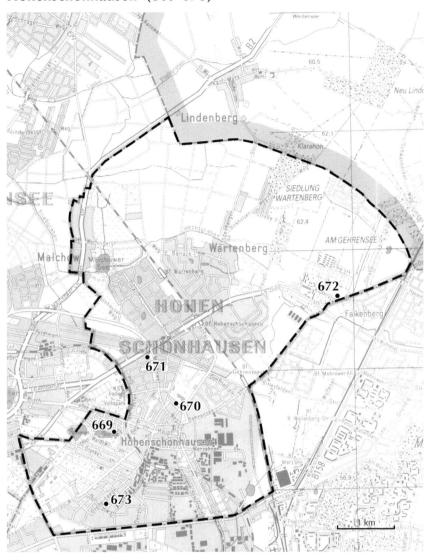

645

**Fabrik- und Verwaltungsbau der ehem.
Knorr-Bremse AG**
Neue Bahnhofstraße 13–17, Hirschbergstraße
1913–16; 1922–27
Alfred Grenander

646

Dienstleistungszentrum Ostkreuz
Hirschberger Straße, Schreiberhauer Straße,
Kaskelstraße
1992–95
J. S. K.

Erweiterungsbau (oben), Stammwerk (unten)

Luftaufnahme Gesamtanlage (oben), links Altbau
Grenander (Nr. 326); Ansicht Nordost (unten)

Der umfangreiche Industriekomplex liegt beiderseits
der vom Bahnhof Ostkreuz nach Norden führenden
Bahntrasse. Das Stammwerk (Mess-Elektronik)
entstand mit mehreren Höfen 1913–17 entlang der
Bahnhofstraße. Die 5-geschossige Front ist in zwei
Teile geschieden. Der südliche, als Verwaltungsgebäude gebaute Teil erhielt im EG eine vorgeblendete
wuchtige Säulenarkade und darüber eine über 4
Geschosse reichende kolossale Pfeilergliederung,
die das Dachgesims trägt. Zwischen den Pfeilern
sind die Fenster tief zurückgesetzt. Ihre Brüstungen
bestehen aus ornamentierten Reliefplatten. Zwischen 1922 und 1927 entstand ein weiterer, durch
einen Tunnel angebundener Komplex mit einem
langen, nach Süden blickenden Flügel und zwei
nach Norden angeschlossenen Seitenflügeln. An
den Ecken und in der Mitte des Haupttraktes erheben sich drei stark verselbstständigte vierachsige
kompakte 8-geschossige Turmbauten, die von
Eckpylonen eingefasst werden und oben zum Achteck übergehen. Zwei sind mit Zeltdach, der dritte
mit einer freien plastischen Form (Wasserspeicher)
überdeckt. Die Flügel dazwischen sind unterschiedlich hoch und verschieden gegliedert – im Wesentlichen mit einer 3- oder 4-geschossigen Wand-
pfeilerstellung über dem EG und einem davon durch
Gesims abgesetzten OG. Zeitgenössische Kritiker
irritierte die Vielgliedrigkeit. Sie scheint bewusst
gewählt zu sein. Der Komplex wurde nach Norden
durch einen Neubau von Perkins & Will (Nr. 646)
erweitert.

Zusammen mit dem Projekt der „Treptowers"
(Nr. 676) und der Erschließung des Gebiets um die
„Rummelsburger Bucht" (Nr. 477) stellt dieser
Komplex einen wesentlichen Bestandteil der Umstrukturierung des Viertels um das Ostkreuz zu einem neuen Dienstleistungsstandort und Wohngebiet
dar. Teilweise brach gelegene ehemalige Industrie-
areale sollen durch Umnutzung aufgewertet werden
und gleichzeitig eine klare Stadtkante bilden. Ausgangspunkt der Planung waren Sanierung und Umbau
des ehemaligen Knorr-Bremse-Werks (Nr. 645) für
Bürozwecke. Ein nördlich anschließender 8-ge-
schossiger Neubau mit kammartigen Querriegeln
setzt die Blockrandbebauung an der Schreiber-
hauerstraße fort und orientiert sich an der Höhe des
Grenanderbaus. Aluminium-Raster-Fassaden mit
eingehängten bandartigen Ziegelpaneelen sowie
eine klare Achseneinteilung integrieren einige formale Aspekte des Altbaus in eine rational-moderne
Architektur. Der nördliche Abschluss des Komplexes
wird durch eine 13-geschossige Hochhausscheibe
gebildet, deren geschwungene Kontur dem Verlauf
der Bahntrasse folgt und gleichzeitig die Kammriegel
einfasst. Durch seine Höhe und prägnante Figur
setzt sich der Bauteil am weitesten vom historischen
Kern des Komplexes ab. Die Vorhangfassade mit
Aluminiumbändern bildet insofern einen Endpunkt
innerhalb des überzeugenden architektonischen
Konzepts einer zunehmenden Auflösung der Baumassen von Grenanders kompaktem Klinkerbau bis
hin zur Transparenz des Hochhauses.

647
Landsberger Arkaden
Landsberger Allee 106
1996–2001
Aldo Rossi, Götz Bellmann & Walter Böhm

648
Dorfkirche Lichtenberg
Loeperplatz
2. Hälfte 13. Jahrhundert; 1792; 1846; 1952/53; 1966

Modellaufnahme

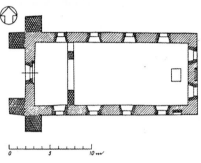

Schräg gegenüber der Schwimm- und Radsport-
hallen von Dominique Perrault (Nr. 498) gelegen,
bildet Aldo Rossis in Zusammenarbeit mit Bellmann
& Böhm konzipierter Büro- und Geschäftskomplex
„Landsberger Arkaden" einen denkbar großen Kontrast zu der futuristischen Ästhetik der Sportanlage.
Ähnlich wie bei dem Quartier in der Schützenstraße
(Nr. 100) gliedern die Architekten auch diesen Bau
in verschiedene Einzelhäuser auf, die neben typisch
rationalistischen Lochfassaden und einer bunten
Farbpalette auch Motive der europäischen Architekturgeschichte integrieren. Ein Turmhaus auf qua-
dratischem Grundriss und mit oktogonalen Aufbau-
ten als Zitat von Rossis „Teatro del Mondo" von der
Biennale in Venedig 1980 bildet eine markante
Komponente an der Ecke zur Storkower Straße.
Drei weitere Turmbauten fassen das von durchgehenden Arkaden begleitete Blockgeviert ein. Die
Flügelbauten zwischen den Ecktürmen weisen klassisch dreizonale Fassaden mit einem profilierten
Hauptgesims und 3 zurückgesetzten OG auf. Ihre
horizontal betonte Gliederung bildet dabei einen
Kontrast zu den Vertikalen der Türme, die teilweise
durch enge Lisenenstellungen besonders betont
werden. Zur Landsberger Allee öffnet ein durch
übereinander gesetzte Säulenstellungen besonders
hervorgehobenes Portal den Zugang zum Innenhof
des Blocks. Der Wechsel von Ziegelverkleidung,
Keramikstreifen und Stahlelementen trägt zum betont eklektizistischen Gesamteindruck des Baus bei.

Die Dorfkirche in einfacher rechteckiger Grundform
entstand in der zweiten Hälfte des 13. Jahrhunderts. Damals war sie auf dem Dorfanger des 1288
erstmalig erwähnten Ortes errichtet worden. Dessen
Grundform ist erhalten. Charakteristisch für die frühe
Bauzeit der Kirche ist der regelmäßig geschichtete
Feldsteinquaderbau. 1792 (die Jahreszahl ist in der
Wetterfahne angegeben) wurde ein Westturm aufgesetzt. Zur Stabilisierung sind vermutlich die klobigen Strebepfeiler angefügt worden. Der Turm trug
eine achteckige Laterne mit Schweifhaube. 1846
wurden die Fenster vergrößert, ohne dass man
dabei die alten Spitzbogen entfernte. Bei der Wiederherstellung der im Zweiten Weltkrieg ausge-
brannten Kirche 1953/53 wurde die frühgotische
Form der Fenster rekonstruiert. Bei einer weiteren
Restaurierung 1966 ist ein einfacher spitzer Turmhelm in gotischer Form aufgesetzt worden. Wert-
vollstes Inventar ist die alte Glocke in Zuckerhutform
aus dem 13. Jahrhundert.

649
Wohnanlage
Scheffelstraße 15/16, Paul-Junius-Straße 2–12
1926/27
Hans Kraffert

650
Rathaus Lichtenberg
Möllendorffstraße/Ecke Rathausstraße
1897/98
Ernst Knippling

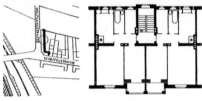

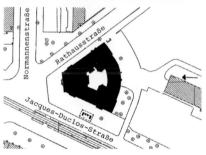

Hans Kraffert wurde als Mitautor einer Schrift über
Berliner Wohnungsbauten aus öffentlichen Mitteln
bekannt. Sein interessantester Bau ist die L-förmige
Anlage in der Scheffelstraße unmittelbar an der
S-Bahn-Brücke, die er für eine Berliner Wohnungs-
baugenossenschaft errichtete. Die Ecke an exponierter Stelle steigerte er mit wenig Aufwand zu
einem signifikanten Motiv im Stadtbild. Die schlichte
Architektur der beiden Schenkel brach er regelrecht
auf, stufte sie auf beiden Seiten doppelt zurück und
erhöhte alle Wangen über die Dachkante hinaus.
Die zwei seitlichen treppe er in die Höhe, die vier
mittleren spitzte er nach vorn zu. Alle Ecken und
Kanten der Putzflächen umbordete er mit Klinker-
bändern. In die entstandenen rechtwinkligen Nischen setzte er beiderseits Balkone und in die Mitte
ein Portal, dessen dreifach zurückspringende Bekrönung er in die Ecke hineindrückte und mit einem
Putto besetzte. In Berlin kann man zahlreiche Beispiele von so genannten negativen Ecklösungen
finden. Diese expressiv übersteigerte gehört zu den
wirkungsvollsten. Dem Formengestus folgen noch
einige Loggien. Das gesamte Raumprogramm und
die einfachen Grundrisse blieben davon unberührt.
Vier Jahre später entstand nach Krafferts Entwurf die
schräg gegenüber gelegene Bebauung Am Stadtpark.

Das neogotische Rathaus steht exponiert am Kreuzungspunkt von fünf Straßen im spitzen Winkel
zwischen Möllendorffstraße und Rathausstraße. Entsprechend diesem Standort erhielt es einen spitzwinkligen Grundriss mit zwei Flügeln an den Straßen
und einem segmentförmigen rückwärtigen Verbindungsflügel. Die zum Kreuzungspunkt der Straßen
gerichtete Spitze ist beschnitten und von einem
dreiachsigen Kopfbau mit Schaugiebel besetzt.
Dahinter befinden sich im EG die kreuzgewölbte
Eingangshalle und im OG der hohe Ratssaal. Der
Staffelgiebel mit Rathausuhr wird von zwei Türmchen flankiert. Das steile Walmdach dahinter erhielt
einen „pittoresken Turmaufsatz" mit „Häuschen",
Laterne und spitzem Helm. Die beiden Längsseiten
werden durch je zwei schmale Risalite mit auskra-
genden Balkonen und durch Ziergiebel gegliedert.
In den Verkehrsräumen im Innern, den überwölbten
Treppenhäusern und Hallen, ist die historische
Wand- und Deckendekoration im wesentlichen
erhalten und 1983/84 restauriert worden. An der
Wand der Eingangshalle befinden sich in sechs
Rundfeldern allegorische Malereien, die Einigkeit,
Gerechtigkeit, Verkehr, Handel, Handwerk, Gewerbe
und Landwirtschaft symbolisieren.

651
**Gebäude der Allgemeinen
Ortskrankenkasse Lichtenberg**
Deutschmeisterstraße/Ecke Parkaue
1927

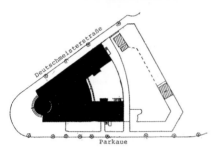

652
Zwischenpumpwerk
Landsberger Allee 230
um 1893
Henry Gill

Das Gebäude zeigt in der Gesamtanlage wie im Detail ausgeprägte Züge jenes Expressionismus, bei dem nach Ende der schöpferischen Phase des Stils dessen formale Elemente als bauliche oder ornamentale Formrudimente den Bauten an- oder eingelagert sind. Dazu gehören hier der zu einem Zickzackband verbundene spitzwinklige Giebel, die in Zickzack-Mustern verlegten Verblendklinker, spitzwinklig vorspringende Balkone und die eigentümlichen, von Vasen in Knospenform bekrönten seitlichen Portale. Bereits das spitzwinklige Grundstück war für eine Anlage im expressiven Gesamtgestus prädestiniert. Zwei 4-geschossige Flügel stehen entlang den beiden begrenzenden Straßen. Ihre aneinander stoßenden Stirnseiten bilden eine konkav eingezogene Grundform. Ein mittig im Halbrund vorgelagerter dreitüriger Portalbau mit Balkon und ein darüber angeordneter, ebenfalls halbrunder 2-geschossiger Erker antworten der konkaven Form mit einer konvexen Gegenbewegung. Im 3. OG bereitet eine vierachsige Loggia (mit konkaver Rückwand) den Ausgleich zu dem gerade angelegten, spitzwinklig übergiebelten Attikageschoss vor. Der überwiegende Teil der Fassaden ist mit Klinkern in wechselnder Musterung verblendet. Nur im Kopfbau wurden einige Flächen grün-grau verputzt. Hinter dem Torvorbau und einem Windfang liegt das kreisrunde, flach überwölbte und von Bogenstellungen umgebene Foyer. In ihm teilen sich die Verkehrsströme zu den beiden Flügeln und zu der mehrläufig angelegten Treppe. Im Winkel der beiden Flügel liegt die Kassenhalle, die mit einem farbig verglasten Oberlicht überdeckt ist. In einem Teil des Parkaue-Flügels befinden sich Wohnungen.

Die ausgedehnte, in ihrer Einheitlichkeit imposante Betriebsanlage an der Landsberger Allee entstand im Zusammenhang mit dem Wasserversorgungssystem Berlins Ende des 19. Jahrhunderts. Sie diente als Zwischenpumpwerk zur Druckerhöhung des aus dem Wasserwerk Friedrichshagen (Nr. 714) gelieferten Reinwassers, das von hier auf große Teile des Berliner Versorgungsgebiets verteilt wurde. Die ersten vier Maschinenhäuser gingen 1893 in Betrieb, die beiden anderen folgten wenig später. Die Wasserbehälter hatten insgesamt einen Nutzinhalt von 70 000 m³. In ihrer Architektur wurden die Bauten dem Wasserwerk Friedrichshagen angeglichen. Die Wohnhäuser haben die gleiche Form. Die Häuser der technischen Anlagen jedoch sind sachlicher gehalten und wirken trotz ihrer historistischen Fassung überzeugend. Alle Bauten wurden einheitlich mit roten Klinkern verblendet und mit dem gleichen gotischen Formenrepertoire – Stufengiebel, drei oder fünfteilige Rund- und Spitzbogenfenster, Dreipass und Rundfenster, teilweise mit weiß verputzten Feldern – gestaltet. An den Torbauten gewann die romantisierende Tendenz Übergewicht. Sie sollte an mittelalterliche Stadt- oder Burgtore erinnern. Eine Treppe wurde in einen Turm eingebaut und mit einem gotischen Helm bekrönt.

653
Verwaltungsgebäude I und
Wohnanlage der Konsum-Genossenschaft
Josef-Orlopp-Straße 32–36
1913/14
Leberecht P. Ehrlich

Verwaltungsgebäude (oben), Wohnanlage (unten)

654
Glaubenskirche
Roedeliusplatz
1903–05
Ludwig von Tiedemann, Robert Leibnitz

GRUNDRISS ÜBER DEN EMPOREN

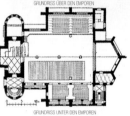

GRUNDRISS UNTER DEN EMPOREN

Die 1899 gegründete Konsum-Genossenschaft Berlin baute seit 1910 an der damaligen Rittergutstraße (Josef-Orlopp-Straße) ihre Zentrale und einige Produktivunternehmen (Großbäckerei, Wurst- und Fleischwarenfabrik). Das repräsentative Verwaltungsgebäude I entstand 1913–14 nach Plänen des Leipziger Architekten L. P. Ehrlich in einer für diese Zeit typischen Mischung von sezessionistischen und neoklassizistischen Stilelementen. Seine Fassade ist symmetrisch gegliedert. In der Mittel- und Eingangspartie tritt ein kräftiger dreiachsiger Risalit mit Segmentbogen hervor. Über dem dreitürigen Eingang sitzt ein Balkon mit Figuren im antiken Stil. Die Fenster der zwei Hauptgeschosse sind im konvexen Bogen ausgestellt. Im 3. OG befinden sich Loggien. Die gesamte Fassade ist strukturell durchgebildet. Sie besteht aus einem Gefüge von Gliedern: abgewandelten Kolossalpilastern, Lisenen, Gebälkstücken, Brüstungselementen, Zwischenpfeilern der Fenster – ohne eigentliche Wandflächen. Im EG lagen neben Windfang, Vestibül und Haupttreppenhaus in der Eingangsachse seitliche (Kassen-)Hallen. Die Nebentreppen führten zu Wohnungen von Vorstandsmitgliedern. Die sezessionistisch geprägten Dachaufbauten sind mit Kupferblech verkleidet. Aus gleicher Zeit und stilistisch verwandt sind das Bäckereigebäude im Hof und fünf Wohnhäuser an der Straße – diese mit Erkern, einseitig angesetzten Balkonen und Kolossalpilastern.

Die Kirche steht beherrschend in der Mitte des Platzes. Ihre Formen sind an die Spätgotik angelehnt. Das für die Wirkung wesentliche hellgraue Kalksteinmauerwerk ist im Sinne des Materialstils bewusst in seinen ästhetischen Qualitäten eingesetzt und in Kontrast zum roten Backstein gestellt. Daraus erklärt sich die Wahl des Bruchsteinmauerwerks. Die unten um eine Kapelle und um das Halbrund zweier Türme mit Kegeldach verbreiterte Turmfront besteht bis zur Höhe des Kirchenschiff-Firsts aus Kalkstein. Einbezogen ist auch der untere Bereich des übergiebelten Portalvorbaus. Dabei schufen die Architekten einen stufenförmigen Aufbau, indem sie die seitlichen Dreieckszwickel des Daches herausnahmen. Dieser gesamte Unterbau ist – durch die Uhr zusätzlich betont – zentriert, der Oberbau jedoch schrittweise dividiert in zwei Türme mit achtseitigen Kupferhelmen. Die Mauerflächen der Glockengeschosse und der Giebel sind mit reichem Blendmaßwerk überzogen. Zwei weitere Türme mit Zeltdächern flankieren den Chorbereich. In den Fenstern sitzt ein kurvig schwingendes Maßwerk. Das Innere der Kirche bildet eine zweischiffige Halle mit ebenfalls zweigliedrigen querschiffartigen Erweiterungen, in denen Emporen eingebaut sind. Darunter befinden sich Seitenkapellen. Rundpfeiler tragen ein Netzgewölbe. Seine roten Formsteinrippen überspannen vor weißen Kappen als lineares Netzwerk den weiten Raum. In der formalen Logik des hier angewendeten dualen Systems schließt auch der Chor zweiseitig.

655
Amtsgericht Lichtenberg
Roedeliusplatz 1/2
1903–06
Paul Thoemer, Rudolf Mönnich

656
Stadtbad Lichtenberg
Hubertusstraße 47–49
1919; 1925–27
Rudolf Gleye, Otto Wels

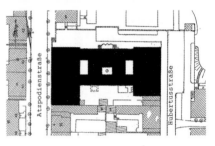

Den schlossartigen 4-geschossigen Putzbau errichtete Mönnich nach einem Vorentwurf von Thoerner. Sein besonderes Merkmal ist der behäbige, in seiner Mitte mit barockem Schwung konkav-konvex vorgewölbte Mittelteil. Er ist durch Kolossalpilaster aus Muschelkalk gegliedert. Die vorgesetzte Rahmung des Nischenportals reagiert mit gegenläufigem Schwung. Über seinem gesprengten Giebel führt ein mit Kartusche bekröntes Fenster die Mittelbetonung weiter, um über dem Kranzgesims noch einmal von einem Aedikulamotiv (vor dem Attikageschoss) aufgenommen zu werden. In ihm saß eine Uhr. Diese neobarocken Formen sind von westfälischen Vorbildern abgeleitet. Im Unterschied etwa zu klassizistischen Gerichtsbauten verdrängen diese Architekten bewusst den „unangenehmen Eindruck ihrer Bestimmung" (Mönnich). Lediglich die überbetonte bossierte Umrahmung der Souterrainfenster erinnert vorsichtig daran. Herzstück des Baues ist auch hier das Treppenhaus. Seine zwei Läufe führen nach gemeinsamem Anlauf an der Rückwand des Mittelbaus entgegengesetzt nach oben. Das Geländer zeigt die heiterste Variante der aus dem österreichischen Barock abgeleiteten Formen (Nr. 220). Zur Gliederung der Innenräume diente lediglich die Farbe. Der Schöffensaal aber war „im Gegensatz dazu" fast farblos gehalten – nur mit einfacher Teilung an der Decke. Zum Gericht gehörte eine Gefängnisanlage, deren Bestimmung aber ebenfalls von außen nicht eindeutig zu erkennen war.

Der 1919 begonnene Bau blieb mehrere Jahre in den Fundamenten liegen. 1925/26 wurde er nach neuen Entwürfen fertig gestellt. Die Eingangsfront ist dreigeteilt in einen mittleren 2-geschossigen Trakt mit Attikageschoss und in zwei als Risalite vorstehende Seitenteile. Hinter ihnen befinden sich die zwei Hallenschwimmbäder, ursprünglich getrennt für Frauen und Männer. Ihre großen Fenster sind durch eine im 1. OG vorgelagerte Pergola verschleiert. Die freie Bildung dieser Pergola-Pfeiler mit verklammernden Laschen am Sockelgesims, die Form der Gesimse und Fenstergewände, vor allem aber die prismatisch verformten vier „Springerfiguren" (L. Isenbeck), die oberhalb des dreitürigen Eingangs zwischen Konsolen und Baldachin eingespannt sind, verweisen auf einen expressionistischen Formengestus. Ähnliche expressive Details finden sich in den Innenräumen, in den Pfeilervorlagen und Polygonalbögen der Hallen und mit orientalischem Einschlag in den Duschen der römisch-irischen medizinischen Abteilung.

657
Wohnanlage
Archibaldweg, Rupprechtstraße, Giselastraße,
Münsterlandstraße
1925–30
Bruno Ahrends

658
Wohnanlage
Irenenstraße, Friedastraße, Metastraße
1931
Adolf Rading

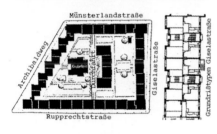

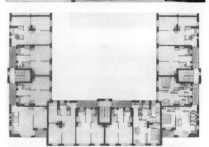

Zustand um 1935 (oben), Grundriss Normalgeschoss
Frieda-/Ecke Metastraße (unten)

Die Wohnanlage, 4- und 5-geschossig mit Flachdach, liegt unmittelbar an der S-Bahn. Dieser wen-
dete Ahrends eine eindrucksvoll gestaffelte Front zu.
Die Staffelung leitete er von der Grundstücksform
ab. Außerdem konnte er dadurch die Wohnräume
voll nach Westen ausrichten und nicht nach Nordwesten, wie es die Lage erfordert hätte. Die horizontale Bänderung der 5-geschossigen Fassade mit
weißen Putzstreifen an den Brüstungszonen und
roten Klinkerstreifen in der Fensterzone verfünffa-
chen die Fassadensprünge. Auch die anderen vier
Fronten dieser geschlossenen Blockrandbebauung
gliederte Ahrends kräftig mit Vor- und Rücksprüngen und durch wechselnde Höhen. An der Südseite
setzte er ein lang durchlaufendes Drempelband als
ruhiges Motiv von den stark strukturierten vier unteren Geschossen ab. Der Ostseite gab er eine klare
Mitte und markierte sie mit einer besonderen
Dominanzfigur. Zu ihr hin stufte er die beiden seitlichen Abschnitte zurück und herunter. Ein weiterer
Block steht frei im Innenhof. Ahrends spannte einen
5-geschossigen Trakt zwischen zwei kräftige 4-
geschossige Kopfbauten, die er aber in der Höhe
zum Mittelbau hin vermittelte. Die Architekturformen
wirken schwer und schadkantig. Vergleicht man
dazu Ahrends Kleinhäuser in Johannisthal und seine
Zeilen der Weißen Stadt (Nr. 593) in Reinickendorf,
wird die Spannweite selbst persönlicher Stile in den
20er Jahren offenbar.

Die Anlage mit 190 Kleinwohnungen und zwei Läden errichtete die Gemeinnützige Baugesellschaft
„Berlin-Ost" im Rahmen des Reichswohnungs-
programms zur Beschaffung von Wohnraum für
Arbeitslose. Sie liegt in U- und S-Bahnnähe. Trotz
der von der Notlage diktierten Sparsamkeit rang
Rading um Wohnqualität und einen hohen Gebrauchswert. Er schuf lichte Wohnungen in einer
aufgelockerten 4-geschossigen Blockbauweise mit
Grünhöfen. Dazu entwickelte er ein modifiziertes
Laubengangsystem. Jeweils vier Wohnungen gehen
von einem Treppenpodest ab. Je zwei, eine 2- und
eine 2 1/2-Zimmer-Wohnung (35 m² und 45 m²),
haben einen gemeinsamen Laubengang, der auch
als Küchenlaube dient. Durch diese Konzeption
konnte die Anzahl der Treppenhäuser halbiert werden. Statt normaler Bäder gab es nur Duschkabi-
nen. Der Wohnraum wurde über die tragende innere Längswand hinweg nach hinten vergrößert, und
die Fensterbrüstungen wurden tiefer gesetzt. Das
ergab mehr Offenheit und Weite. Im Außenbau
schob Rading die relativ geschlossenen Treppenhäuser leicht vor und füllte die Brüstungen der Laubengänge mit lederbraunen Klinkern aus. Beides
zusammen machte er zu den tragenden architektonischen Motiven. Sie gliederten die Blöcke in Segmente und erzeugten einen Massenrhythmus. Nach
dem Krieg war die Wohnanlage schwer beschädigt.
Beim Wiederaufbau 1951 wurden die Grundrisse an
der Irenenstraße erheblich verändert. Das Äußere
aber behielt die Originalform. Zur Zeit ist die Anlage
in einem schlechten Zustand.

659
Schulgruppe
Nöldnerplatz, Schlichtallee, Fischerstraße
1927; 1929–32
Max Taut

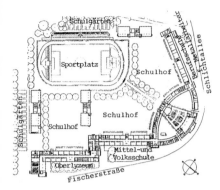

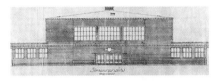

Eingang Berufsschule (oben), Aufriss der Stirnfront mit
zerstörter Aula (unten)

Lageplan (oben), Kopfbau des Lyzeums (unten)

Die ausgedehnte, etwa 500 m lange Anlage entstand nach einem Wettbewerbsprojekt Max Tauts
von 1927 in den Jahren 1929–32. Sie sollte drei
Schulen aufnehmen: eine Berufsschule für Metallar-
beiter an der Schlichtallee, eine Mittelschule an der
Fischerstraße und daran anschließend ein Mäd-
chen-Oberlyzeum. Zugleich war sie als „Bildungs-
stätte und kulturelles Zentrum für die Anwohner"
konzipiert. Diese komplexe Aufgabe bestimmte das
Bau- und Raumprogramm. Im Zentrum lag die (zerstörte) Aula für 1100 Personen mit einem Bühnen-
podium und einer Lichtspielanlage. Sie wird linsen-
förmig eingefasst von zwei segmentförmigen Trakten. Der 1-geschossige (vordere) enthielt mittig das
Foyer und die Garderoben für die Aula und beiderseits Verwaltungsräume der angrenzenden Schulen.
Im 3-geschossigen hinteren Trakt befanden sich
Fachklassen und Experimentierräume für Physik,
Chemie, Zeichnen, Musik und Geographie; dazu ein
Kinosaal, die Bibliothek, Konferenzräume usw. An
den überstehenden Stirnfronten liegen Eingänge.

Hinter dem ehemaligen Mittelschultrakt springt der
Lyzeumsbau 4-geschossig vor, um dann auf 2
Geschosse abzusinken und in einem weiteren Quer-
flügel zu enden. Dort gab es noch einmal Fach- und
Werkklassen, eine kleine Aula und ein Aquarium.
Von den geplanten sieben Turnhallen wurden nur
zwei fertig, der Sportplatz blieb Projekt. Die große
Aula war bemerkenswert konstruiert. Ihre Decke
wurde von sechs radial angeordneten einhüftigen,
teilweise hohlen Betonrahmen getragen, die im
Fundament eingespannt waren und auf denen
Bühnenbinder frei auf Rollen lagerten. Den übrigen
Bauteilen lag ein Pfeilersystem von 4,55 m Achsweite zugrunde, das Raumveränderungen zuließ.
Die gesamte, mit Backstein verblendete Anlage ist
ein Beispiel für Sachlichkeit: klare Körper und Räume, dauerhafte Materialien, rhythmischer Wechsel
von Fenstern und Pfeilern – Sachlichkeit als die „mit
Exaktheiten arbeitende Phantasie", die eine „Notwendigkeit, eine Wirklichkeit gestaltet" (A. Behne).

660

Wohnanlage
Lincolnstraße, Bietzkestraße, Einbecker Straße,
Eggersdorfer Straße
1927–29
Paul Mebes, Paul Emmerich

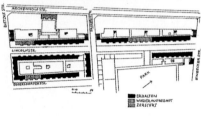

661

„Ulmenhof", „Pappelhof", „Erlenhof"
Kraetkestraße, Ribbecker Straße, Zachertstraße
1929–31
Jacobus Goettel

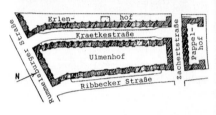

Die Anlage wurde für die städtische Baugesellschaft Heerstraße gebaut und enthält etwa 300 2- bis 3 1/2-Zimmer-Wohnungen. Ihre einzelnen Teile begleiten oder berühren auf 500 m Länge die Lincolnstraße. Ein Block in offener Randbebauung liegt zwischen ihr und der Eggersdorfer Straße. Da auf der Westseite nur jeweils die Hälfte der Karrees zum Baugelände gehört, schließen die Neubauten an vorhandene Bebauung an. Ihre besondere Note erhielt die Anlage durch den Wechsel von 3- und 4-geschossigen Doppellauben vor ebenfalls in der Höhe wechselnden Häusern (mit Flachdach). Durch ihren roten Ziegelton heben sich die Lauben von den glatten, lichtgelb oder graugrün getönten Wandflächen ab. Es hat den Anschein, als wechselten die Haushöhen. In Wahrheit aber liegt der Höhensprung in den Häusern selbst. Jedes hat Anteil an einem höheren Abschnitt mit vier Wohnungen und einem niedrigeren mit drei Wohnungen und einem Bodenraum. Die Staffelung hatte den praktischen Zweck, in der Bauzone, die nur 3 Geschosse zuließ, pro Haus eine Wohnung hinzuzugewinnen. Ästhetisch aber bewirkte dies die Transformierung des einzelnen Hauses in die höhere Einheit der Straße. Darin fand Mebes' Gestaltungsidee der Grabbeallee (Nr. 504) ihre modernere Fortsetzung. Außerdem wurde die Tiefenflucht durchlaufender Dachkanten vermieden und die Wohnstraße statisch beruhigt. T-förmige Motive an den Lauben, die aus der vorgezogenen Scheidwand und der Betonabdeckung gewonnen sind, können als Signets der Raumstatik verstanden werden. Einige Häuser wurden im Krieg zerstört, sind aber 1953 fast original wieder aufgebaut worden.

Von dieser Anlage der „Stadt und Land"-Siedlungsgesellschaft ist der Ulmenhof wegen seiner Hofgestaltung bekannt geworden. Um die ständigen Pflegearbeiten an den üblichen Rasenflächen zu verringern, hatte man den Hof parkartig mit Hügel und Teich angelegt und mit Bäumen und Sträuchern bepflanzt. So ergaben Sparmaßnahmen einen gesteigerten Wohnwert. Als Kontrast zur bewegten Hoffläche wählte Goettel ein geradlinig umlaufendes Dachgeschossband. Die beiden anderen „Höfe" bestehen nur aus Hofsegmenten. Die Häuser enthalten äußerst sparsame Kleinwohnungen nach gleichen Grundrissen wie in der Siedlung Johannisthal. Um so bemerkenswerter ist der Reichtum an architektonischen Motiven. Die lange offene Westseite zum Erlenhof und heutigen Sportplatz hin ist durch die kräftigen Akzente dreieckig vorspringender Doppelloggien aus roten Verblendklinkern (ursprünglich vor gelblichweißem und oben gelbem Putz) gegliedert, in der Mitte unterbrochen durch den dort angebauten Kindergarten. Die innere Wohnstraße erhielt durch Krümmung am Ausgang zur Rummelsburger Straße einen optischen Abschluss. Während die eine Seite im ruhigen Rhythmus der Treppenhauserker durchläuft, ist die andere zu modifizierten Formen des Doppelkreuzes, terrakottarot vor gelbem Putz, aufgebrochen. Desgleichen die Fronten zur Rummelsburger und Ribbecker Straße. Die „Fassade" hat sich zu einer Loggienschicht umgewandelt, deren Körper- und Raumformen sich miteinander verzahnen. Das einzelne Haus wurde Element eines Kontinuums, nämlich der Wohnanlage, und es bedarf des Dialogs mit anderen Elementen, um sein eigenes Bild zu vervollständigen.

662
„Sonnenhof"
Marie-Curie-Allee, Archenholdstraße
1926/27
Erwin Gutkind

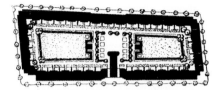

Schematischer Grundriss des Blocks (oben)
Archenhold-/Ecke Delbrückstraße (unten)

Marie-Curie-Allee (oben), Hofseite (unten)

Die Anlage ist in Berlin die kompakteste Blockbebauung der 20er Jahre. Gutkind baute sie für
die „Stadt und Land"-Siedlungsgesellschaft. Sie
enthielt um einen großen Innenhof 264 vorwiegend 2 1/2-Zimmer-Wohnungen. Die langen
Straßenfronten waren im Mittelteil von 4 auf 3 Geschosse zurückgenommen. 1972 sind sie um ein
Geschoss erhöht worden. Weil dabei das mächtige
Backsteinband des Dachgeschosses wegfiel, ging
viel vom ursprünglichen Charakter (siehe Foto) verloren. Die Fronten bauen sich geschossweise aus
drei lang durchlaufenden Schichten auf: ein Fenster-
sturz als Betonband, das durch eine Schräge kon-
solartig wirkt, darüber die Brüstungszone aus rotem
Backstein und schließlich die weiß verputzte
Fensterzone. Die Ecken sind mehrfach gestaffelt
und bilden mit dem sichtbar belassenem Beton-

skelett eindrucksvolle Motive. Im ganzen wirkt das
als Einheit gestaltete Äußere trutzig und abweisend.
Die Hoffronten dagegen sind dem Licht und der
Sonne geöffnet. Balkone bilden mit Treppenhaus-
erkern zusammen Dominanzfiguren, die in der Form
von Doppel- oder Dreifachkreuzen in rotem Backstein vor weißer Wand einen großzügigen Rhythmus
ergeben. Von der Archenholdstraße aus ist ein Kindergarten in den Hof hineingebaut. Ursprünglich war
er stark verglast, mit einem Metallgitter, wie es am
Treppenhaus darüber erhalten ist.

663
Wohnanlage
Sewanstraße, Splanemannstraße, Friedenshorster
Straße
1925/26
Martin Wagner

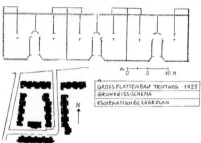

664
Wohnanlage Sewanstraße/Dolgenseestraße
Sewanstraße, Dolgenseestraße, Mellenseestraße
1994–97
Georg Augustin, Ute Frank

Wohnungsbau Lichtenberg Lageplan M 1:5000

Ansicht
Lageplan

Die kleine Siedlung ist bautechnisch von besonderer
Bedeutung, weil hier erstmalig in Deutschland mit
Großplatten gebaut wurde. Für das System war
Martin Wagner verantwortlich. Er ließ einen bereits
fertigen Entwurf von einem anderen Architekten für
dieses Bauverfahren umarbeiten. Die finanziellen
Mittel kamen aus einer Stiftung für Kriegsversehrte.
Die Ausführung übernahm die Soziale Bauhütte. Die
138 1 1/2–3 1/2-Zimmer-Wohnungen, alle mit
Bad und Balkon, wurden in 2- und 3-geschossigen
Reihenhäusern untergebracht. Alle erhielten Vorgärten und rückwärtige Mietergärten. Die Eingangs-
motive sind unterschiedlich. Die meisten Eingänge
springen mit einem erhöhten Treppenhauskörper
polygonal zurück. Der südliche Trakt erhielt Treppenhauserker. Dies und auch Sprünge in der Straßenführung widersprachen der rationalen Baumethode. Wagner übernahm die holländische Okzi-
dent-Bauweise, die dort mehrfach erprobt worden
war. Großplatten von vorwiegend 7,50 m Länge
wurden vor Ort liegend gegossen und dann mit
einem Portalkran aufgerichtet. Die Rahmen für
Fenster und Türen wurden gleich in die Formkästen
eingebracht. Die Außenplatten erhielten eine Außenhaut aus wasserdichtem Kiesbeton, eine Isolier-
schicht aus Schlacke und eine Innenschicht aus
nagelbarem porösem Schlackenbeton. Durch den
großen technischen Aufwand für eine so kleine
Häusergruppe war die Baumethode unwirtschaftlich.
Wagner wollte sie bei großen Baukomplexen öko-
nomischer einsetzen. Er hat den Versuch aber nicht
wiederholt.

Innerhalb eines von Plattenbauzeilen gekennzeichneten Gebiets bildet die Wohnanlage mit ihren 215
Wohneinheiten eine geschlossene bauliche Figur,
die einen identifikationsstiftenden Akzent innerhalb
eines ansonsten städtebaulich eher zerfließenden
Kontextes setzt. Zwei parallel liegende Karrees umschließen großzügige Binnenhöfe und bilden zu den
umliegenden Straßen klare Blockkanten aus. Mit
ihrer mitunter 8-geschossigen, weitgehend jedoch
lediglich 5-geschossigen Höhe bleiben sie deutlich
unterhalb der umgebenden Bebauung, die Bebauung an der Sewanstraße wird durch eine Teil-
nutzung mit Geschäften und Büros als „städtische"
Front der Anlage ausgebildet. Neben der Verbindung von städtebaulicher Stringenz und großzügiger
Weite überzeugt das Projekt durch seine gestalterische Raffinesse, die sich vor allem in einer reizvollen
Fassadenerscheinung äußert. Aufgrund des hohen
Grundwasserpegels wurden die Bauten auf 2 Geschosse hohe Stützen gestellt, in die ein mehrfach
aufgebrochener Sockelbereich integriert ist. Ein
abwechslungsreiches Spiel verschiedener Fensteröffnungen, Holzlamellen und Loggien belebt die
langgezogenen Fronten, die Holzfenster und der
Beton der Stützen kontrastieren spannungsvoll zu
dem in verschiedenen Blautönen gehaltenen Putz.
Insgesamt steht das Projekt neben seiner konkreten
Nachverdichtungsfunktion sowohl als eines der ambitionierten Maßnahmen zur Aufwertung von DDR-
Großsiedlungen als auch als Ausweis für den anspruchsvollen Arbeitsansatz des Büros Augustin und
Frank.

665
Schloss Friedrichsfelde
Am Tierpark
1695; 1719; 1968–81
Johann Arnold Nering; Martin Heinrich Böhme

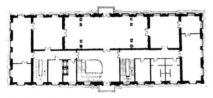

Grundriss EG

Das in den Tierpark Friedrichsfelde einbezogene
Schloss drohte seit dem Bau eines nahen Wasser-
werkes um 1900 durch Verrottung der Holzpfahl-
gründung total verloren zu gehen, bevor es 1968–
81 mit neuen Fundamenten unterfangen, durch
Beseitigung sämtlicher Holzkonstruktionen saniert
und restauriert wurde. Der Kernbau stammt von
1695. 1690 hatte der Holländer Benjamin von
Raulé, Generaldirektor der kurfürstlichen Marine,
Besitzungen in Rosenfelde (1700 umbenannt in
Friedrichsfelde) erworben und vermutlich von J. A.
Nering ein Lustschloss errichten lassen. Dessen
fünfachsige Fassade war durch ionische Kolossalpilaster und einen Portalrisalit mit Balkon gegliedert.
Seit Raulés Sturz 1698 in königlichem Besitz, wurde es 1717 an den Markgrafen Albrecht Friedrich
von Brandenburg-Schwedt verschenkt. Für ihn erweiterte es 1719 der Hofbaumeister M. H. Böhme
beiderseits um drei Achsen mit Seitenrisalit zum
heutigen Umfang. Über der zum Mittelrisalit gewordenen alten Fassade trug es eine Attika mit Figuren,
angeblich von Balthasar Permoser aus Dresden.
1785 erwarb es Herzog Peter von Kurland. Er ließ
die Räume mit Festsaal und Haupttreppenhaus
frühklassizistisch umgestalten. Nach 1800, nun im
Besitz der Herzogin Katharina von Holstein-Beck,
wurde das ursprünglich abgewalmte Satteldach
durch ein Mansarddach mit breitem Schmuckgiebel
über den Mittelrisaliten ersetzt. Von 1816 bis 1945
besaß es die Familie von Treskow. Die Baustufen
lassen sich am Außenbau ablesen. Die Restaurierung des Innern, vor allem des Treppenhauses und
des mit Säulen und Pilastern geschmückten Fest-
saals, orientierte sich am Zustand von 1800, ergänzt durch Raumdekorationen aus anderen Guts-
häusern und Schlössern.

666
Alfred-Brehm-Haus
Tierpark Friedrichsfelde
1956–63
Heinz Graffunder

Tropenhalle (oben), Modellaufnahme (unten)

Im August 1954 beschloss der Magistrat von Berlin
(Ost) die Gründung eines Tierparks. Als Standort
wurde der Friedrichsfelder Schlosspark mit einer
Größe von 160 ha gewählt. Die Projektierung erfolgte in Zusammenarbeit von Zoologen unter Leitung von Heinrich Dathe mit dem Architekten-
kollektiv Graffunder für den Hochbau und Editha
Bendig für die Gartengestaltung. Der Ausbau des
Schlossparks wurde zum zentralen Objekt des damaligen Nationalen Aufbauwerks bestimmt. Erhebliche Mittel kamen aus Spenden der Bevölkerung.
Von Anfang an entschied man sich für eine natur-
nahe Tierhaltung in weiträumigen Freisichtanlagen
ohne Gitter. Das wichtigste neue Bauwerk auf dem
Gelände war das Alfred-Brehm-Haus, ein Mehrzweckgebäude von 5300 m² Fläche für Großkat-
zen, Vögel und Reptilien. Um die Tropenhalle, ein
hohes Gewächshaus für Vögel und Flughunde, ziehen sich niedrigere Tiergehege herum, jeweils mit
Innen- und Außenboxen. Um die Idee des Land-
schaftszoos auch in die Häuser hineinzutragen,
entstanden zwei Freisichtgehege für Löwen und
Tiger in den beiden ausgreifenden Flügeln des
Baus. Sie setzen sich dazwischen unter freiem Himmel fort. Die darüber geschaffenen Felsenhallen
(Karl Panten, Walter Paul) bilden künstlich einen
typischen Geländebruch der afrikanischen Steppe
nach. 10 m breite Wassergräben schirmen das
felsige Plateau für ganze Tiergruppen von den Besuchern ab. Die Überdachung besteht hier aus
schalenrohen Stahlverbunddecken.

667
Heizkraftwerk „Klingenberg"
Köpenicker Chaussee 42–45
1925/26; 1978
Walter Klingenberg, Werner Issel

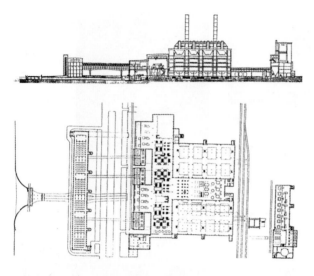

Wohnanlage (unten)

Auf- und Grundriss, ursprünglicher Zustand (oben)
Heizkraftwerk (unten)

Das Großkraftwerk wurde 1925/26 zur Stromver-
sorgung Berlins von der AEG für die Städtischen
Elektrizitätswerke gebaut. In seiner Leistung und in
der baulichen Anlage übertraf es alles Bisherige.
Spiritus rector des Projektes war der Kraftwerkbauer
und AEG-Direktor Georg Klingenberg, dessen Namen es trägt. In der funktionell-räumlichen Organisation wie in der architektonischen Fassung gehört
es zu den Großleistungen des Industriebaus. Präzisi-
on, sichere Proportionierung und eine überlegte
farbige Gestaltung und Differenzierung zeichnete alle
Bauteile und Räume aus. Die rückwärtigen Kessel-
häuser bestanden aus Eisenfachwerk, das mit Klinkern ausgefacht war. Sie sind bei der Umgestaltung
zum Heizkraftwerk 1978 zerstört worden. Erhalten
geblieben sind die Bauten entlang der Straße, die
die Anlage in zwei durch einen Brückenbau verbundene Komplexe teilt. An der Spreeseite liegt das von
acht vorspringenden Treppentürmen skandierte

Schalthaus, auf der Landseite das Hochhaus und
das lange Maschinenhaus. Diese dem öffentlichen
Raum zugekehrten Bauten repräsentieren in ihrer
streng gegliederten Klinkerarchitektur den von Peter
Behrens erstrittenen Kulturanspruch des Industriebaus. Das 11-geschossige Hochhaus, ein mit Klinker verkleideter Stahlskelettbau für die Verwaltung
und „Wohlfahrtseinrichtungen", bildet den Hauptakzent. Das von Pfeilern getragene Portal führt zur
Halle, dem Haupttreppenhaus und den Fahrstühlen.
Die Bürogeschosse lassen sich beliebig aufteilen.
Enge Fensterachsen ermöglichen jede Raumbreite.
Vierkantpfeiler schießen 11 Geschosse hoch und
enden bündig am „Gebälk". Die geschlossenen
Achsen an den Ecken schmückt ein Backstein-
muster. Auf dem Dach sitzt zurückgesetzt ein
12. Geschoss mit spitzbogiger Arkade. Köpenicker
Chaussee 34–39 schließt – ebenfalls in Klinker –
eine Wohnanlage mit Runderkern und drei markanten Schaugiebeln an. Sie wurde zur selben Zeit
(1925/26) von Ernst Engelmann und Emil Fangmeyer gebaut, gehörte jedoch nicht zum Kraftwerk,
sondern zum benachbarten Gaswerk.

668
Schulkomplex Karlshorst
Treskowallee 8, Römerweg
1913/14; 1919/20

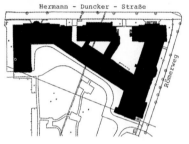

669
Landhaus Karl Lemke
Oberseestraße 56/57
1932
Ludwig Mies van der Rohe

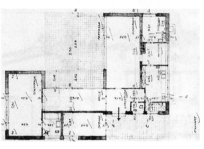

Der umfangreiche Schulkomplex wurde 1913/14 als Realgymnasium und Lyzeum errichtet und 1919/20 durch einen Flügel südlich am Römerweg erweitert. Das Ergebnis war eine komplizierte Grundrissfigur mit drei Blöcken an der Hauptstraße und rückwärtigen Verbindungsflügeln. Die Architektur zeigt ein reiches neoklassizistisches Programm, wie es für die Jahre kurz vor dem Ersten Weltkrieg typisch war. Am 3-geschossigen Hauptbau wurden sieben der dreizehn Achsen als Risalit vorgezogen und mit ionischen Kolossalpilastern gegliedert. Zwischen dem 1. und 2. OG sitzen Relieffelder mit Gelehrtenbüsten. Darüber liegt ein Attikageschoss, dessen Fenster mit Festons gerahmt sind. Das Walmdach wird mittig bekrönt von einem Dachreiter mit quadratischem Unterbau, auf dem sich eine Aussichtsplattform befindet. Der Erweiterungsbau ist in den Formen angeglichen. Der südliche Teil erhielt einen dreiachsigen Risalit und ein ähnliches Attikageschoss. Auch der übrige Baukörper schließt mit einer Attika und ist flach gedeckt. Der mittlere 2-geschossige Bau – vermutlich als Rektorenwohnhaus gebaut – trägt vor der Attika sieben allegorische Figuren.

Das kleine Haus (160 m² bebaute Fläche) steht auf einem Wassergrundstück am Obersee. Es ist ein flacher Winkelbau, der zwischen seinen Schenkeln zum Garten hin eine Terrasse einfasst. Zu ihr öffnen sich in breiten Glasflächen der Wohnraum und ein als Halle bezeichneter Raum (der tiefer gebaut wurde, als im Plan angegeben). An letzteren schließt das Schlafzimmer an, von dem wiederum das Bad abgeht. An der Straßen- und Nordseite sind die Küche, die Anrichte und nach Westen, mit dem Blick zum Garten hin, ein Mädchenzimmer untergebracht. Die Zugänge zur Garage und zum Haus liegen funktionell günstig nebeneinander. Es ist ein sehr einfacher, sparsamer Bau. Das Besondere Mies'scher Architektur und Raumkunst wird nur andeutungsweise an den breiten Türfeldern, die die Wände und damit den Bau ganz öffnen, und an den im Kontrast dazu stehenden unverputzten Backsteinwänden erkennbar. Die Innentüren waren wandhoch. Nach mehrfachen Veränderungen und einer unzulänglichen Rückverwandlung 1979, als das Haus unter Denkmalschutz gestellt wurde, ist jetzt eine originalgetreue Rekonstruktion geplant.

670
Kleinhaussiedlung Hohenschönhausen
Paul-König-Straße
1926
Bruno Taut

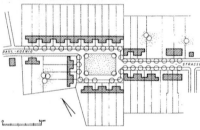

671
Wohnbebauung Malchower Weg
Malchower Weg 117–119, Drossener Straße 1–4
1994
Hans Kollhoff, Helga Timmermann

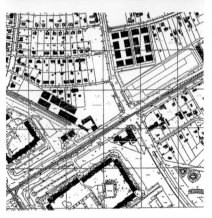

Lageplan

Nach Bruno Tauts Plänen baute die Gehag (Gemeinnützige Heimstätten-, Spar- und Bau-Aktiengesellschaft) für die Stadt Berlin 43 Eigenheime in 2-geschossigen Doppelhäusern unter Satteldach mit verbindenden niedrigen Schuppen und Stallungen. Ein Platzraum entstand auf einfache Weise. Die ankommende Straße mündet seitlich ein, die weiterführende geht mittig ab. Klinkerbänder an den Hauskanten umfassten die Doppelfassaden und die teilweise asymmetrischen Giebel. Sie rahmten einheitliche Farbflächen in dunkelrot an den Platzfronten, blau und gelb an den Giebeln. Bei solcher Dominanz der Farbe konnten die kleinen Fenster in den Giebeln scheinbar locker eingesetzt sein. Fenster und Türen waren weiß gestrichen. Schon in der Zeit des Nationalsozialismus war die Farbe beseitigt worden. Die Einzelprivatisierung dieser einheitlichen Anlagen führte bei baulicher Willkür zu einer fatalen Gesamtwirkung. Nur wenige Häuser haben noch die ursprüngliche Gestalt.

Der Wohnpark bildet eine markante städtebauliche Komposition, die sich von der durch Großtafelbauten und Einzelhausbebauungen gekennzeichneten Umgebung der Hohenschönhauser Peripherie abgrenzt. 16 gleichartige 4-geschossige Bauten sind zu einer quadratischen Gruppe zusammengefasst, wobei jeweils acht Häuser um längsrechteckige Höfe gruppiert sind. Eine Privatstraße erschließt die ansonsten weitgehend introvertierte Anlage. Ein gemeinsamer Sockel unterstreicht die klare Absetzung der Anlage von der umgebenden Stadtlandschaft. Lisenenartige Wandvorlagen, Klinkerverkleidung, stehende Holzfenster und ein weit überkragendes Holzdach bestimmen die Einzelhäuser, die, kennzeichnend für Kollhoff und Timmermann, kraftvolle architektonische Gesten mit solider Materialität verbinden. Gleichzeitig wird der v. a. seit der IBA in Berlin häufig gebaute Typus der Stadtvilla in ein uniformes Ensemble eingebettet, das mit der Ambivalenz von geschlossener städtischer Figur und der Individualität der freistehenden Häuser spielt. Obwohl das Problem einer zu engen Konstellation der Einzelhäuser letztlich der Ästhetik der Gesamtkonzeption nachgeordnet wurde, gelang den Architekten eine weitgehend überzeugende Neuinterpretation urbaner Dichte, die einen Gravitationspunkt innerhalb der disparaten Umgebung darstellt.

672
Barnim-Gymnasium Ahrensfelde
Ahrensfelder Chaussee 41
1995–97
Dietrich Bangert, Stefan Scholz

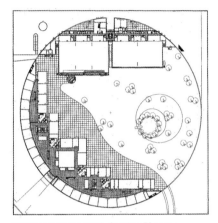

Perspektivzeichnung (oben), Grundriss EG (unten)

Bangert und Scholz realisierten mit dieser Anlage
einen der außergewöhnlichsten Schulneubauten
Berlins der 90er Jahre. Auf einem kreisrunden Areal
mit einem Radius von ca. 82 m werden zwei verschiedene Funktionsbereiche angeordnet. Der zur
Straße gelegene südöstliche Bauteil nimmt die Klassenräume auf, an der Westseite sind zwei Sporthallen angeordnet. Dazwischen öffnet sich zur Umgebung ein entlang der Kreislinie durch Steinsäulen
abgezirkelter Pausenhof. Der 2-geschossige
Klassentrakt folgt mit seiner Straßenfront der geschwungenen Kontur der Anlage. Die Hoffassade
zeigt eine Folge gegeneinander verschobener rechteckiger Bauteile, die Verwaltungs- und Fachräume
sowie die zentrale Pausenhalle aufnehmen. Der
gesamte Bau ist mit hellroten Ziegeln verkleidet und
präsentiert sich zur Straße mit einer vollkommen
regelmäßigen Lochfassade, die lediglich durch den
mittigen Eingangsbereich unterbrochen wird; die
Hoffassaden weisen große Rastergliederungen auf.
Die beiden Sporthallen folgen mit ihren rechteckigen
Körpern der Orthogonalität der Hofbebauung, die in
einem effektvollen Kontrast zu der radialen Grundfigur steht. Durch das einfache Spiel mit geometrischen Formen erzeugen Bangert und Scholz eine
reizvolle architektonische Komposition, die durch die
zurückhaltende Fassadengestaltung prononciert
wird.

673
„Flußpferdhof"
Große Leegestraße, Goeckestraße
1931/32 und 1933/34
Paul Mebes, Paul Emmerich

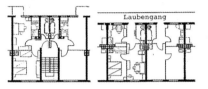

Mit der Siedlung an der Großen Leegestraße schufen die beiden renommierten Wohnungsbauer ihre
letzte mehrgeschossige Anlage in der Tradition des
Neuen Bauens. Von den ursprünglich projektierten
1572 Wohnungen entstanden 1931/32 604 in
den sechs Nordost-Südwest-Zeilen um den
Flußpferdhof. Bauträger war die Gemeinnützige
Wohnungsbau AG Groß-Berlin, ein 1930 von der
Reichsregierung ins Leben gerufenes Organ der
staatlichen Wohnungspolitik, das technische, wirtschaftliche und funktionelle Probleme des Klein-
wohnungsbaus praktisch zu lösen versuchte, zuerst
in Haselhorst, dann hier. Deshalb haben beide Anlagen manche Merkmale gemeinsam, zum Beispiel
die an Metallstützen aufgehängten Balkone und die
Laubenganghäuser. Gebaut wurde unter den rigiden
Bedingungen des „Notprogramms". Die Wohnungen waren sehr klein. Einige hatten nur ein Zimmer
mit Wohnküche und Bad. Am Flußpferdhof wurden
die zwei äußeren Zeilen in der Mitte leicht nach
innen gerückt, wo sie über die freie Zone der mittleren Zeilen hinweg einen zentralen Bereich markieren. Ursprünglich war er zusätzlich mit Bäumen
abgepflanzt. Hier wurde das Planschbecken mit den
zwei Pferden platziert. Beide Zwischenzeilen wurden
als Laubenganghäuser mit gesonderten Treppenhäusern ausgebildet. Im EG befinden sich Durchgänge, Läden und mechanische Waschküchen. Alle
Fassaden sind leicht farbig getönt. Die Zeilen sind
unter Flachdächern 4-geschossig, auch die Laubenganghäuser, die wegen der Gemeinschaftseinrichtungen im EG die anderen um ein Geschoss
überragen.

Treptow (674-700)

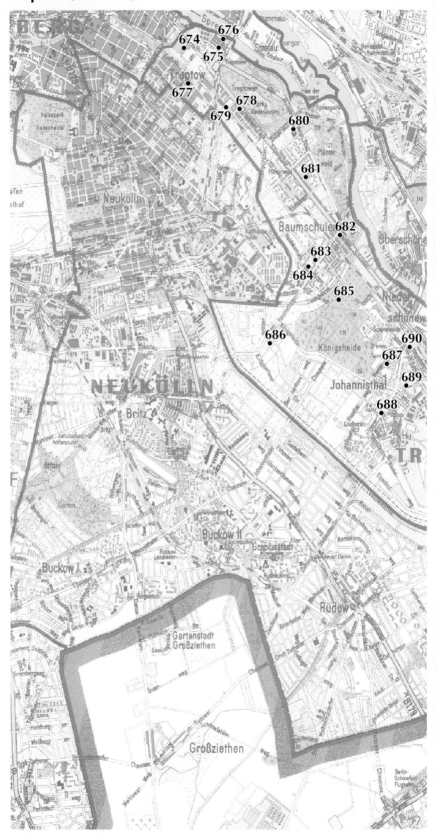

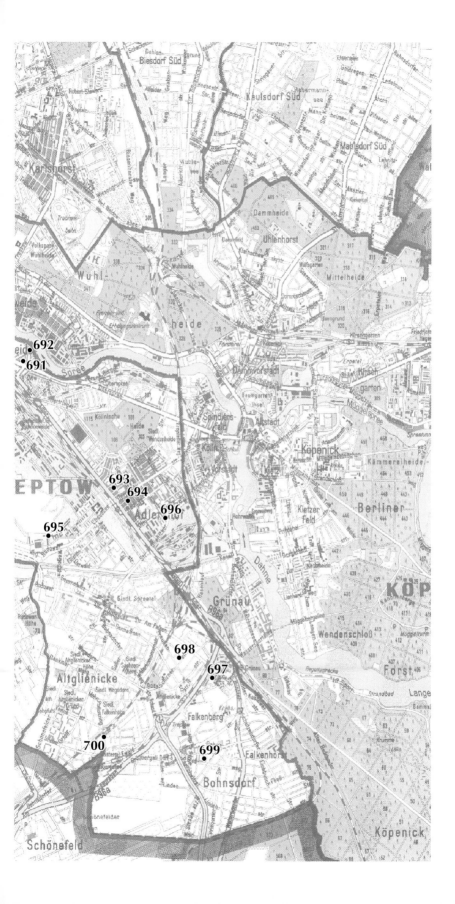

674
BEWAG-Hauptverwaltung
Puschkinallee 52
1993–95
Axel Liepe & Hartmut Steigelmann

Lageplan

Mit dem Neubau der BEWAG-Hauptverwaltung wird
eine klare Stadtkante am ehemaligen Mauerstreifen
zwischen Treptow und Kreuzberg formuliert, die
gleichzeitig das Gebiet des „Schlesischen Busch"
von der nach Südosten anschließenden Bebauung
des traditionellen Gewerbe- und Industriegürtels an
der Spree sowie des Großkomplexes der „Treptowers" (Nr. 676) abschirmt. Eine aus zwei U-förmigen Häusern bestehende Blockstruktur mit einem
schmalen von Arkaden begleiteten Durchgang
schließt das Ensemble zur Straße hin ab. Entlang
einer tief in das Grundstück hineinführenden Er-
schließungsachse öffnen sich zwei weitere U-förmige Baukörper mit ihren verschieden langen Flügeln
nach Nordwesten zu der Parklandschaft. Die 6-
geschossigen Bauten bilden mit ihrer großflächigen
dunklen Verklinkerung und den transparenten, leicht
zurückgesetzten OG einen starken Akzent, der jedoch durch den alten Baumbestand zurückgenommen wird und ein reizvolles Ineinandergreifen von
sehr massiver Architektur und Natur ermöglicht. Mit
der kräftigen Materialwirkung sowie dem Wechsel
von Rasterfassaden und transparenten Flächen
ordnen sich die Baukörper in die Tradition
sachlich-moderner Verwaltungsbauten ein. Die Auflösung der Baumassen zugunsten einer zwar viel-
gliedrigen doch klaren Kamm- und Zeilenstruktur
wirkt in der Nachbarschaft der Grünanlagen überzeugend.

675
Elektro-Apparate-Werke
Hoffmannstraße 15–26
1927/28; 1937
Ernst Ziesel

Der für die AEG gebaute Industriekomplex steht im
Winkel zwischen Spree und Elsenstraße unmittelbar
an der großen Spreebrücke (Elsenbrücke) mit einem
8-geschossigen Fabrikgebäude entlang der Elsenstraße, gipfelnd in einem nur wenig höheren Turmkörper an der Ecke, und dem flachen 4-ge-
schossigen Verwaltungsgebäude an der Hoffmannstraße. Dazwischen stehen einige ältere Gebäude,
zu denen der hohe Fabrikbau durch einen uhrturm-
artigen Riegelbau abgegrenzt ist. Alle Schauseiten
sind mit „rot-violett-gewischten" Verblendklinkern
verkleidet. In ihnen stehen die im Raster sechs- und
achtteilig liegenden Fenster in der Fläche. Die obere
Fensterpartie an der Elsenstraße wurde verfälscht.
Ziesel legte großen Wert auf farbige Durchgestaltung der Fabrik und der Verwaltungsbereiche. Zum
Beispiel bei der Durchfahrt mit halbrund vorspringender Pförtnerloge die Decke lichtblau, alle Eisen-
teile, auch die der Einfriedung emailleblau, die Fenster gebrochen weiß, ihre Profile hellblau. In der
Schalterhalle waren die Wände hellgrün und weiß,
die Schalterfenster schwarz, im Treppenhaus die
Wände elfenbeinfarben, die Geländer rot mit Mes-
singlauf usw. Die Gebäude der ehem. Elektro-Apparate-Werke wurden in die „Treptowers" (Nr. 676)
integriert. Ein von Joachim Härter 1978/79 errichteter Verwaltungsbau fiel dem Neubaukomplex zum
Opfer.

676
„Treptowers"
Elsenstraße, Hoffmannstraße, Eichenstraße
1995–98
Gerhard Spangenberg, Hannes Fehse, Brigitte
Steinkilberg; Schweger & Partner; Reichel & Staudt;
Kieferle & Partner; Wöhrle & Partner; J.S.K.

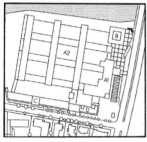

Modellaufnahme Bauteil Spangenberg, Schweger & Partner (oben); Lageplan, östlicher Abschnitt (unten)

677
Bekenntniskirche
Plesser Straße
1930/31
Curt Steinberg

Grundriss des Kirchengeschosses

Gerhard Spangenberg zeichnet zusammen mit Hannes Fehse für das städtebauliche Konzept einer
Umstrukturierung des Geländes der ehem. EAW
(Nr. 675) zu einem Dienstleistungs- und Wohnkomplex verantwortlich. Die Architekten erarbeiteten eine
Folge von Hofstrukturen, die sich entlang der Spree
von der Elsenstraße bis zur Eichenstraße erstrecken.
Direkt an die Gebäude der EAW, die von Reichel &
Staudt saniert wurden, schließen sich drei 10-ge-
schossige Zeilen von Schweger & Partner an, die
zusammen mit drei niedrigeren Querriegeln eine
zum Fluss offene Kammbebauung bilden. An der
Elsenbrücke schließt ein von Spangenberg entwor-
fener schlanker Turm mit 30 OG auf quadratischer
Grundfläche das Ensemble ab. Seine weitgehend
transparente Fassadengestaltung weist im unteren
Drittel eine großformatige Rastergliederung auf, die die
Höhe der benachbarten Riegel andeutet. Nach Nordwesten folgen von Wöhrle & Partner und J. S. K.
konzipierte Wohnhöfe, sowie, an der Eichenstraße
gelegen, ein Bürozentrum nach einem Entwurf von
Kieferle & Partner. Sechs weitere Hochhäuser mit
15 OG bilden eine markante Front zur Spree. Der
Komplex setzt v. a. mit Spangenbergs elegantem
Turm ein dominantes Stadtzeichen am Ostrand der
Berliner Innenstadt und ermöglicht eine reizvolle
Erschließung des Spreeufers; gleichzeitig erscheint
die durch das Stakkato der Hochhäuser besonders
deutliche Konzentration von Baumassen problematisch.

Die Kirche erhielt ihren Namen zum Gedächtnis an
die 400-Jahr-Feier des Augsburger Bekenntnisses
der lutherischen Kirche, das am 25. Juni 1530 Karl
V. auf dem Augsburger Reichstag übergeben wurde. Der gesamte Bau in Klinkermauerwerk mit keramischen Formsteinen wirkt karg und sachlich. Er
steht mit breiter Front in der Straßenflucht. Je drei
Achsen zu beiden Seiten gehören zu Verwaltungs-
und Wohnbauten. Sie sind durch flache, über 5
Geschosse laufende Pfeilervorlagen gegliedert. Die
eigentliche Kirchenfassade hebt sich davon ab
durch beiderseits breite Rahmenfelder um hohe
Treppenhausfenster und durch die engere Stellung
der vier mittleren Fensterachsen, vor allem aber
durch eine große, ebenfalls breit gerahmte Trep-
penvorhalle. Der Kirchenteil ist leicht erhöht und mit
zwei Türmen bekrönt. Da diese zurückgesetzt sind,
haben sie keine direkte Verbindung zur Fassade.
Doch setzen sie deren Vertikaltendenz fort. Bemerkenswert ist, wie es gelang, die breitflächige, horizontal abschließende Front überzeugend vertikal
durchzugliedern. Der Kirchenraum entspricht in der
Gestalttendenz der Fassade. Er besteht aus einem
breiten Saal mit querliegendem rechteckigem Chor
hinter einem spitzbogigen Triumphbogen. Beide
Seitenwände sind zwischen einer strengen Pfeilerstellung farbig verglast. Sie bestehen aus Klinkermauerwerk. Die Empore schwingt auf der Rückseite
in einer sanften Karnieskurve leicht abwärts. Unter
der Kirche liegt im EG ein Gemeindesaal.

678
Miethausvillen
Am Treptower Park
1910–12
Andrée Wischkat; Wilhelm Haupt; Otto Dowe

679
Wohnanlage
Puderstraße 4–6, Stuckstraße 13–16,
Herkomerstraße 7–9
1930
Walter Borchardt

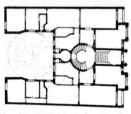

Haus Nr. 45/46 (oben), Grundriss-Skizze (unten)

Die stattlichen Miethausvillen blicken mit ihren Fassaden in den Treptower Park. Dieser Park ist 1876–88 vom ersten Berliner Gartenarchitekten Gustav Meyer als dritter Volkspark Berlins um eine Platanenallee angelegt worden. 1896 fand hier die berühmte Berliner Gewerbeausstellung statt, von der in der Archenholdsternwarte das damals größte Fernrohr der Welt zu sehen ist. Die Straße wurde 1900–12 bebaut. Die Häuser sind 4-geschossig. Das 1910/11 gebaute Eckhaus Nr. 44 von Andrée Wischkat hat im breiten Mittelrisalit über weit geöffnetem Eingang je zwei Loggien und eine weitere an der Seite. Der Architekt des Hauses Nr. 45/46, Wilhelm Haupt, verwendete in den Hauptgeschossen ionische Kolossalpilaster und im OG eine durchlaufende Kolonnade toskanischer Säulen, dazu über dem Eingang einen klassischen Fries. Der Architekt der beiden folgenden Häuser, Otto Dowe, setzte Säulen an die Portale, benutzte aber sonst sezessionistische Gliederungen, um die Fassade zu einem vertikalen Gitterwerk von Pfeilern und steinernen Stäben aufzulösen. Alle Häuser haben innen je zwei Wohnungen pro Geschoss und großzügige Treppenanlagen. Zwei der Architekten, Haupt und Dowe, waren ihre eigenen Bauherren, die sich bei gleichzeitiger Geldanlage ihre Bauträume verwirklichten. Den Häusern gegenüber befindet sich der Zugang zum „Sowjetischen Ehrenmal", der Grab- und Gedächtnisstätte für 5000 der im Jahre 1945 bei Berlin gefallenen sowjetischen Soldaten.

Die Wohnanlage wurde angeblich für eine „Deutsche Baugenossenschaft zu Berlin" errichtet. Als Blockrandbebauung schließt sie in U-Form mit ungleichen Schenkeln an die benachbarte Bebauung an. Die Ecke Puderstraße/Stuckstraße ist abgerundet. Die Hauptfront blickt zur Bahnlinie. Die Anlage enthält 2 bis 4 1/2-Zimmer-Wohnungen. Die großen Wohnungen liegen im Bereich der Abrundung. Die weißen Putzbauten erhalten ihre besondere Note durch flach vorgebaute, ringsum verglaste Doppellauben in kleinteiliger Sprossengliederung. Den Räumen dahinter gibt dies eine anheimelnde Atmosphäre. An der Stuckstraße reichen die Lauben über alle vier Geschosse. An der Puderstraße beginnen sie über dem EG. Zwischen ihnen springen an dieser Fassade die Treppenhausfenster, zweiseitig im stumpfen Winkel ausgestellt, als vertikale Bänder vor.

680
Rathaus Treptow
Neue Krugallee 2/6, Ecke Bulgarische Straße
1909/10
Heinrich Reinhardt und Georg Süßenguth

Grundriss Erdgeschoss

Die beiden Architekten hatten bereits das stattliche Rathaus Steglitz (Nr. 726) als gotisierenden Backsteinbau und das in seinem Bruchsteinmauerwerk geradezu teutonische Rathaus Charlottenburg (Nr. 335) gebaut, als sie 1908 auch den Wettbewerb für das Rathaus in Treptow gewannen. Sie passten den Bau in die heitere grüne Umgebung zwischen Treptower Park und Plänterwald ein. Zwei 3-geschossige Flügel liegen im Winkel an den beiden Straßen. An ihrem Ende werden sie von Querflügeln abgefangen. Eine Pilasterordnung fasst die beiden Hauptgeschosse zusammen. Ein erhöhter siebenachsiger Hauptkörper erhielt auch im 2. OG (vor dem Sitzungssaal) eine Pilastergliederung und zusätzlich eine Attika, mittig geschlossen, seitlich mit Balustern. In der Mitte halten zwei Putten ein Wappenschild. Auf hohem Satteldach sitzt der Uhrturm mit einem Belvedere. Bemerkenswert ist, dass die Gesamtgestaltung die Zentrierung auf dem Dach nicht mitträgt. An drei Stellen treten im Sinne deutscher Renaissancebauten halbrunde Erker hervor, und zwar so, dass sie den gesamten Baukörper in eine asymmetrische Balance bringen. Ein Erker sitzt 3-geschossig seitlich am Giebel, ein zweiter am Südflügel. Dort greift er über der Traufhöhe in das Dach ein. Ein dritter ist nur 2-geschossig, aber voluminöser. Er dient unten als Vorhalle des Haupteingangs und oben als Balkon. An ihm sind vier Plastiken angebracht, die Bürgertugenden symbolisieren. Die Haupträume im Innern, Treppenhallen und Sitzungssaal, sind in ursprünglicher Form erhalten.

681
Afa-Hof
Köpenicker Landstraße 77–207,
Neue Krugallee 56–122, Dammweg 5–117
1929–31
Ladislaus Förster

Köpenicker Landstraße (oben),
Luftaufnahme 1931 (unten)

Eine Luftaufnahme kurz nach der Erbauung zeigt eine weitläufige Anlage. 4- bis 5-geschossige Häuserzeilen begleiten die beiden Ausfallstraßen. Sie sind im Wechsel vor- und zurückgesetzt. Außerdem stehen 2-geschossige Kurzzellen mit gleicher Ausrichtung am Dammweg. Alle Häuser umfassen eine ausgedehnte Kleingartenanlage. Diese wurde später planlos bebaut. Die Straßenfronten blieben davon verschont. An die vorderen Zeilen sind jeweils an einem Ende kurze Flügel angefügt, wobei die offenen Ecken von 1-geschossigen Anbauten für Gaststätten und Läden ausgefüllt sind. An der Kreuzung Köpenicker Landstraße/Eichbuschallee steht das Heizwerk mit Wäscherei. Der südlichste Block schwingt als Abschluss kurvig nach innen. Bauträger der Siedlung war die Wohnungsbaugesellschaft des Afa-Bundes (Bund allgemeiner freier Angestellter). Da diese der Gehag angeschlossen war, kamen deren Wohnhaus- und Wohnungstypen, die Bruno Taut und Franz Hillinger entwickelt hatten, zur Anwendung. Die Planung lag in den Händen von Ladislaus Förster. Auf der Gartenseite ist den Zeilen eine eigenständige Loggienschicht vorgebaut, wie Taut sie an der Buschallee (Nr. 521) oder an der Erich-Weinert-Straße (Nr. 493) entwickelt hatte. Bei zurückgesetzten Zeilen befindet sie sich an der Straßenseite. Auch die Türen und vor allem die Farbgebung entsprechen denen Tauts. Die ursprüngliche Farbe ist auf der Rückseite noch teilweise vorhanden.

682
Wohnanlage Baumschulenstraße
Baumschulenstraße 2–4, Köpenicker Landstraße
210–230, Neue Krugallee 210–230
1929/30
Paul Rudolf Henning

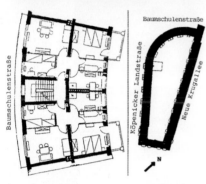

Grundriss OG und Lageplan (unten)

Diese Wohnanlage nahm Adolf Behne, der kritische
Wegbegleiter der Moderne, zum Anlass, vor krisen-
haften Entwicklungen in der neuen Wohnhausarchi-
tektur zu warnen. Hennings Bau bot ihm das positi-
ve Gegenbeispiel gegen eine als „engros-Mentalität"
und „Monumentalisierung des laufenden Bandes"
beschriebene Routine. In ihrer straffen und zugleich
lebendigen Gesamtform gehört die Anlage zu den
beachtenswertesten Leistungen der Zeit. Zwischen
dem südlichen Zipfel des Plänterwaldes im Winkel
zweier verkehrsreicher Ausfallstraßen gelegen, definiert sie in ihrer Großform diese Örtlichkeit. Der
Block besteht aus einem 4-geschossigen, nach
Norden hin kurvig abgerundeten Abschnitt und zwei
3-geschossigen Flügeln an den Parkseiten. Im höheren Abschnitt befinden sich 2 1/2-Zimmer-Woh-
nungen (62 m²), in den niedrigen 1 1/2-Zimmer-
Wohnungen (48 m²). Alle werden von einer eigenen
zentralen Heizung mit Wärme versorgt. Die Loggien
oder Balkone blicken nach Südost oder Südwest.
Die Vertikalbänder der Treppenhausfenster stehen
leicht vor. Mit Ausnahme der Klinker-Sockel und
einiger akzentuierter Wandfelder, z. B. um die Läden und an dem vorspringenden Segment, das die
Krümmung abfängt, sind alle Wände weiß verputzt.

683
Pfarrkirche „Zum Vaterhaus" mit Lyzeum, Gemeinde- und Pfarrhaus
Baumschulenstraße 82/83
1910/11
Heinrich Reinhardt & Georg Süßenguth

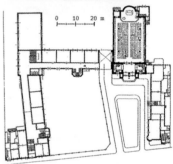

Rückansicht der Kirche mit Übergang zur Schule (oben)
Grundriss Erdgeschoss (unten)

Kirche, Schule, Gemeindehaus und Pfarrhaus sind
zu einem geschlossenen, um einen Vorplatz gruppierten Ensemble zusammengefasst. Ein zusätzliches bindendes Element ist die barockisierende
Formensprache. An der linken Seite des Platzes
steht im Winkel das Schulgebäude als 2- und
3-geschossiger Putzbau. Im Dach, hinter einigen
Ziegellagen, erscheint ein weiteres Geschoss. Am
hinteren Flügel ist ein Treppenturm mit barocker
Haube angefügt. An den Schulflügel bindet im
Nordosten unmittelbar die Kirche an, lediglich abgehoben durch den breiten bogenförmigen Durchgang. Sie hat eine Zweiturmfront und eine vorgelagerte Eingangshalle mit Doppelportal und einem
vierfach gestaffelten hohen Volutengiebel. Die Türme tragen gedrungene barocke Schweifhauben. Die
Kirche ist einschiffig, mit verbrettertem Tonnenge-
wölbe. Sie schließt mit einer runden Apsis ab und
hat beiderseits breite tonnenüberwölbte Nischen, in
denen hölzerne Emporen sitzen. Auf der rechten
Platzseite steht an der Straßenecke das Pfarrhaus.
Es ist mit einem barocken Giebel vor dem Krüppelwalmdach zum Platz gerichtet. Ein polygonaler
Eckerker verstärkt die Eckbetonung. Im Verbindungsbau zur Kirche befindet sich das Gemeindehaus. Die Architekten Reinhardt und Süßenguth
haben als Stilpluralisten ein Stück Architektur aus
dem katholischen Bayern nach Berlin verpflanzt.

684
Bank und Wohnhaus
Baumschulenstraße 92
1927/28
Friedrich Brinkmann; Ottomar Melzenbach

685
Krematorium Treptow
Kiefholzstraße 221
1996–1999
Axel Schultes, Charlotte Frank

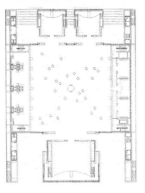

Ansicht
Grundriss EG

Hermesstatue vor dem Eingang (unten)

Die Räume der Bank befanden sich nur im EG.
Heute sind dort Läden untergebracht. Alle 3 Obergeschosse enthalten Wohnungen mit Loggien in
den beiden äußeren Achsen und sehr großen dreiteiligen Kreuzstockfenstern in den mittleren Achsen.
Fast die gesamte Wandfläche ist mit Dekor überzogen. Seine Muster gehören zum Repertoire des Art
deco: Zickzackbänder in der Brüstungszone des 3.
OG, darin zwei Medaillons mit Symbolen des Han-
dels, aber auch Palmettenmotive und Zickzacklinien,
große Vasen in Kelchblütenform und schließlich auf
dem Dach sechs Dreiecksgauben. In der Mitte des
vertieften Eingangs ist auf einem in gleicher Weise
dekorierten Postament die von Walter Kreußel geschaffene Statue eines Hermes, der aus seinem
Füllhorn Münzen ausschüttet, aufgestellt worden.
Die Fassaden sind glatt verputzt und an den Ecken
mit angeputzten Quadern verstärkt.

Mit dem Krematorium wurde – abseits des Baubooms in den Citybezirken – eine der bemerkenswertesten Berliner Architekturen der jüngsten Zeit
realisiert. Am Ende einer breiten Allee erhebt sich
auf rechteckigem Grundriß der Baukörper, dessen
kubische Umrißform durch spiegelsymmetrisch
angelegte tiefe Wand- und Deckeneinschnitte sowie
durch großflächige Verglasungen aufgelöst wird. Die
Architekten verarbeiteten bei diesem Projekt mit
seinen Treppenzugängen, dem Wechsel von geschlossenen Wandflächen und großen Öffnungen
sowie den schlanken Säulen in der Wandelhalle
einmal mehr archaisch anmutende Elemente aus
dem Repertoire der Monumentalarchitektur. Delikat
ausgearbeiteter Sichtbeton steht in einem edlen
Materialkontrast zu den grünlichen Metalllamellen,
die die Glasfronten abschirmen. Drei Zugänge führen über flache Treppenanlagen und begleitet von
schmalen Einschnitten in der Überdachung tief in
den sich verschattenden Gebäudekörper hinein.
Eine große Wandelhalle bildet das Kernstück des
Baus, von hier öffen sich, am Ende des Weg-
programms, die verschieden großen Feiersäle. Das
ökologisch wie logistisch vorbildlich gelöste Funk-
tionskonzept der Anlage mit ihren hochtechno-
logisierten Bereichen im Untergeschoss bleibt dem
Besucher hinter dem dominierenden Architektur-
ereignis verborgen. Mit ihren schlanken, frei kompo-
nierten Säulen und den für Schultes' Arbeiten der
90er Jahre immer wieder typischen „Lichtkapitellen"
präsentiert sich die Wandelhalle als faszinierendes
Raumerlebnis, das der ernsten Würde des monumentalen Konzeptes Aspekte lichter Großartigkeit
hinzufügt.

686
Ehem. Wohnhaus Späth
Späthstraße 80/81
1874,1890

687
Kleinhaussiedlung Johannisthal
Oststraße, Weststraße, Eibenweg, Breiter Weg
1919–27
Bruno Ahrends; Ernst Engelmann,
Emil Fangmeyer; Bruno Taut

Bauteil Engelmann & Fangmeyer (oben)
Bauteil Ahrends, gekoppelte Eingänge (unten)

Das Wohnhaus Späth vertritt den Typ eines heute nur noch selten zu findenden, äußerst schlichten spätklassizistischen Bürgerhauses. Bauherr war der Inhaber der Baumschule, die dem ganzen Stadtteil den Namen gegeben hat. Früher lag die seit dem Anfang des 18. Jahrhunderts bestehende Gärtnerei vor dem Halleschen Tor, später in der Köpenicker Vorstadt. 1864 war sie in die Rudower Wiesen nahe Johannisthal verlegt worden. Zeugnis des langen Wirkens dort ist das benachbarte, seit der Erbauungszeit des Hauses angelegte Arboretum mit alten und seltenen Bäumen. Das Wohnhaus war ursprünglich nur sechs Achsen lang. 1890 wurde es in gleicher Architektur um vier Achsen erweitert. Es hatte einen dreiachsigen, risalitartigen Vorbau am Giebel und zwei zweiachsige Risalite an der Langseite, die oben mit einem Dreiecksgiebel abschließen. Die Fenster der Risalite haben Rundbögen. Die übrigen Fenster sind einzeln mit Dreiecksgiebeln überdacht. Sowohl das flache Satteldach als auch die Giebel haben den Neigungswinkel klassisch-griechischer Tympana.

Die Gartenvorstadtsiedlung der Gemeinnützigen Baugesellschaft Berlin-Johannisthal mit insgesamt etwa 450 Häusern befindet sich in der Nähe des S-Bahnhofs Schöneweide. Sie folgte dem zwischen 1908 und 1923 gültigen Gartenstadtideal. Bruno Ahrends erarbeitete den Siedlungsplan. Nach seinen Plänen entstanden die ersten 120 Häuser am Breiten Weg, an der Oststraße und auf der Ostseite des Eibenwegs. Es sind 1-geschossige Gruppenhäuser unter Krüppelwalmdächern mit Dachgauben oder 2-geschossige, die durch 1-geschossige Zwischenbauten verknüpft sind. Zu ihnen gehören jeweils etwa 400 m² Gartenland und ein Vorgarten. In allen Proportionen und Details bediente Ahrends eine ländliche Kleinhausidyllik. In einem zweiten Bauabschnitt 1924/25 bauten Engelmann und Fangmeyer für die Deutsche Gesellschaft zur Förderung des Wohnungsbaus (DeGeWo) vorwiegend an der Westseite des Eibenwegs und im Anschluss daran am Alten Fenn und am Breiten Weg 60 Einfamilienhäuser teilweise in langen, bis zu 27 Einheiten umfassenden Reihen, die sie durch Vor- und Rücksprünge, vor allem aber durch eingefügte, giebelständige Doppelhäuser gliederten. Die Ecken besetzten sie im EG mit polygonalen Erkern. Den letzten Abschnitt an der Weststraße errichtete die Gemeinnützige Heimstätten, Spar- und Bau-Aktiengesellschaft (Gehag) nach rationellen Typenplänen von Bruno Taut. Die 2-geschossigen Reihenhäuser, je zwei durch gekoppelte Eingänge zusammengefasst, haben Satteldächer, Klinkersockel und -gesimse und in Resten farbigen Putz.

688
Wohnanlage „Johannisthal I"
Mühlbergstraße 2–12, Vereinsstraße
1910/11
Paul Mebes

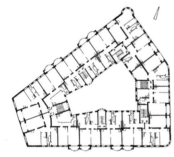

Grundriss 1.–3. OG Mühlberg-/Ecke Vereinsstraße

Diese Mietshausanlage des Beamten-Wohnungs-
Vereins zu Berlin steht am Ende einer Reihe von
acht architektonisch bedeutungsvollen Anlagen, mit
denen Paul Mebes, der ab 1906 leitender Architekt
des Vereins war, eine durchgreifende Reform des
Mietshauses versuchte. Er teilte das dreieckige
Grundstück (7290 m²) durch eine geschwungene
Wohnstraße, die Heinrich-Mirbach-Straße, in zwei
Komplexe und erreichte dadurch eine höhere
Grundstücksausnutzung, allerdings mit dem Nach-
teil, dass die Höfe sehr klein gerieten. Bei der 4-
geschossigen Bebauung konnte er deshalb nur die
Treppen, Küchen und Bäder nach innen legen, alle
Wohnräume dagegen nach außen. Die meisten der
177 Wohnungen haben 2 oder 2 1/2 Zimmer.
Architektonisch prägende Motive sind die Loggien
mit ausbauchenden Metallbrüstungen. Sie sitzen in
einzelnen oder paarweise wandhohen und von
Korbbögen überdeckten Nischen und diese selbst
wiederum in risalitartig vorspringenden Bauteilen.
Eine weitere Durchgliederung erfahren die Blöcke in
den Dachzonen durch Dreiecksgiebel über den
Mittelpartien der Fronten oder durch abgerundete
Ecken und turmartige Erhöhungen. 1937/38 errichteten Mebes & Emmerich im Anschluss daran an
der Vereinsstraße, Mühlbergstraße und Johannes-
Werner-Straße für denselben genossenschaftlichen
Bauträger einen zweiten Bauabschnitt in 3-geschos-
siger offener Randbebauung,

689
Doppelhausgruppe Waldstraße
Waldstraße 25–40
1923/24
N. Soeder, Hans Gerlach

Lageplan-Skizze

Die Doppelhäuser stehen an der nordöstlichen Seite
der Waldstraße, und zwar in versetzter Stellung vorn
oder hinten auf dem schmalen Grundstück. Im ganzen handelt es sich um sieben Doppelhäuser und
zwei Dreifamilienhäuser. Sie wurden im Auftrage
einer „Gesellschaft zur Förderung von Produktiv-
Genossenschaften" errichtet. Die Ausführung lag bei
der „Baugewerkschaft eGmbH Berlin Lichtenberg".
Einige Besonderheiten ihrer expressiven Form lassen sich aus dem angewendeten Bauverfahren,
einer „Ambi-Massiv-Bauweise" genannten Spar-
bauweise, erklären. Dabei wurden nur die Außen-
und Innenmauern der Mauern 5 cm stark massiv hergestellt, der Zwischenraum aber mit Koksasche
ausgefüllt. Zur statischen Sicherung dienten eisen-
bewehrte Rahmen am Dachansatz und vermutlich
auch die Eckverstärkungen. Beide erzeugen einen
expressiven Formengestus. Jeweils zwei der Häuser
sind auch gestalterisch zu einem Hauskörper verbunden. In erster Linie geschieht dies durch die
plastisch gewölbten Walmdächer und durch Doppelbalkone, die seitlich abgerundet sind, schließlich
eben durch diese diagonal an den Ecken sitzenden,
nach oben breiter werdenden Eckverstärkungen.
Die Eingänge befinden sich an den Schmalseiten.
Sie haben dreieckige Überdachungen. Die letzten
Häuser der Reihe erhielten eine vereinfachte Gestalt.

690
Siedlung Johannisthal
Groß-Berliner-Damm, Allmersweg,
Hagedornstraße, Pilotenstraße
1929/30
Jacobus Goettel

691
Postamt
Fennstraße 9/10
1925/26
Willy Hoffmann, Kurt Engel

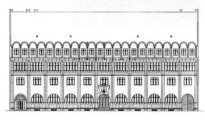

Die Johannisthaler Siedlung der „Stadt und Land"-
Siedlungsgesellschaft entstand unter den schwierigen Bedingungen der Weltwirtschaftskrise. Goettel
bemühte sich, sozial Schwachen durch ausgeklü-
gelte Grundrisse ein Mindestmaß an Wohnqualität
zu garantieren und die üblichen Parameter – Quer-
lüftung, Küche und Bad über Fenster entlüftbar,
Trennung der Kinder nach Geschlecht usw. – einzuhalten. Die Wohnungen haben 33–50 m² Wohnfläche, nur für Wohnungen mit sechs Betten liegen sie
bei 62 m² . Dazu entwickelte Goettel mehrere
Ganghaus-Mischformen mit vier Wohnungen pro
Geschoss, wovon zwei über einen Laubengang
erreichbar sind. Dem äußeren Bild der in sechs
Etappen gebauten Siedlung sind die äußerst sparsam bemessenen Grundrissmaße nicht anzusehen.
Sie umfasst zwei größere Höfe (Lärchenhof,
Kirschenhof), die Hofumbauungen beiderseits der
Wohnstraße Allmersweg und die lange Zeile an der
Ostseite der Hagedornstraße. Die Siedlungsgesellschaft legte Wert auf Wirtschaftlichkeit in der Unter-
haltung (deshalb das Satteldach) und freundliche
Farben: rote, gelbe, hellgelbe, weißgraue Putzflächen, rote Klinker mit schwarzen Fugen für die
Sockel und Gliederungsstreifen, blauschwarze Gesimse und grüne Türen. Die Häuser sind im wesentlichen 3-geschossig, am Groß-Berliner-Damm aber
4-geschossig. Die architektonischen Motive sind
vielfältig: Dreieckig vorspringende Doppelloggien an
der Greifstraße, Dreiecks-Treppenerker an der
Hagedornstraße oder die farbig unterstrichene Ver-
klammerung von vor- und zurückspringenden
Komplementärformen am Grünen Anger.

Im Kern handelt es sich um einen 4-geschossigen
Putzbau unter Satteldach. Doch bewirken die gewählten Fensterformen und die aufgesetzten Gliederungselemente verblüffende Verwandlungen.
Jede Etage erhielt andere Fenster: im EG stehen sie
als Halbkreis auf dem Brüstungsmassiv; im 1. OG
sind sie nahezu quadratisch in die Wandflächen
eingeschnitten; im 2. OG füllen sie als Breitfenster
den ganzen Raum zwischen den Gliederungselementen aus, und im 3. OG haben sie ein schmales, stehendes Format. Dass diese Formen dennoch
an ihrem Ort überzeugen, verdanken sie dem ungewöhnlichen, expressiven Gliederungssystem. Zwischen allen Fensterachsen stehen Pfeiler. Sie haben, wie häufig im Expressionismus, eine dreieckige
Form. Diese bereitet sich schon im flachen Sockel
vor, verbreitert sich an der sockelartigen Brüstungszone, setzt auf ihr neu an und führt über 2 Geschosse bis zu einem kräftigen schrägen Gesimsband, mit dem sie sich verkröpft, um schließlich
über das 3. Geschoss hinweg in ein mächtiges
schräges Kranzgesims einzumünden. Im aufgesetzten Attikageschoss verdoppeln sich die Fensterachsen, und die nun schmaleren Pfeiler tragen als
oberen Abschluss eine Arkade. Die Brüstungszone
und die beiden Gesimse sind in sich wiederum expressiv gemustert. Solche freie Gestaltungsweise
verlangt nach Farbe. Bei der nicht mehr erhaltenen
Innengestaltung geriet der expressive Gestus zum
Modischen.

692
Spreesiedlung
Hainstraße, Britzer Straße, Hasselwerderstraße
1931/32
Paul Mebes, Paul Emmerich

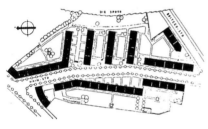

Das Gelände der kleinen Siedlung der „Heimat gemeinnützige Bau- und Siedlungsgesellschaft" liegt
direkt an der Spree. Mebes und Emmerich haben
dafür eine städtebauliche Lösung gefunden, die aus
fast allen Wohnungen den Ausblick über das Wasser möglich machte. Es handelt sich um eine 4-
geschossige Zeilenbauweise, bei der die Zeilen so
gestellt wurden, dass sich ein organisches Siedlungsbild ergeben hat. Indem die Zeile auf der
Westseite der Hainstraße allmählich von der Straße
weg läuft, um dann wieder zu ihr vorzuspringen, ist
auf einfachste Weise eine platzartige Erweiterung
entstanden. Auf der Spreeseite öffnet sich zwischen
vier senkrecht zu ihr angeordneten Kurzzeilen der
Blick zur parkartigen Uferzone und zum Wasser. Die
nördliche Zeile ist an die Bebauung Hainstraße und
Hasselwerderstraße angebunden, mit der sie einen
zum Wasser hin offenen Hof bildet. Der architektonische Rhythmus der Zeilen wird bestimmt von den
breiten Doppellauben und den Breitfenstern der
Treppenhäuser. Der Putz war an Lauben und Wand
abwechselnd ockergelb oder rot eingefärbt. Die
Hauseingänge haben die für Mebes charakteristische TT-förmige Einfassung. Die 384 1 1/2 bis
3 1/2-Zimmer-Wohnungen wurden von einem
siedlungseigenen Heizwerk beheizt und mit Warm-
wasser versorgt. Ihm war auch die Waschküche
angeschlossen.

693
Siedlung Adlershof
Adlergestell 233/255, Anna-Seghers-Straße
1926, 1929–31
Willy Mühlau

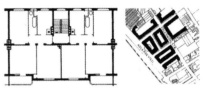

Straßenfront Adlergestell (oben), Anna-Seghers-Straße
(Mitte), Grundriss Adlergestell 239 und Lageplan (unten)

Die ausgedehnte Siedlung baute Mühlau für einen
privaten Bauherrn. Unter den zahlreichen Wohnanlagen des Architekten, vor allem in Oberschöneweide
und Adlershof, ist sie die größte. Es handelt sich um
eine 3-geschossige, teils geschlossene, teils offene
Blockrandbebauung. Der nördliche Block am Adlergestell ist in einem Kreisbogen nach innen geführt.
Die ruhige Anna-Seghers-Straße (ehemals Volks-
wohlstraße) bildet die räumliche Achse. Dort sind
Läden eingebaut. Mühlau hielt seine Architektur in
einem relativ konventionellen Rahmen. Die gelb-
ocker verputzten, langgestreckten Blöcke haben
Walmdächer und sind durch Doppelbalkone, Doppelloggien, winklig vorspringende Treppenhauserker
und rahmende oder unterteilende Klinkerbänder
gegliedert. Der kurvig geführte Block als nördlicher
Abschluss entstand vermutlich später.

694
Wohnanlage „Süßer Grund"
Abtstraße, Anna-Seghers-Straße 118–122,
Weerthstraße
1929/30
Ludwig Hilberseimer

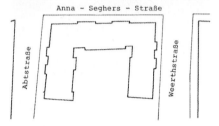

Ludwig Hilberseimer hat sich im Rahmen seiner
städtebaulichen Studien in Berlin und dann als Lehrer am Bauhaus Dessau intensiv mit dem Massen-
wohnungsbau beschäftigt. Die Wohnanlage „Süßer
Grund" in Adlershof ist die einzige, bei der seine
Mitarbeit nachzuweisen ist. Einer der Baupläne trägt
seine Unterschrift. Auftraggeber war die Mechanische Feinweberei Adlershof. Der Block umgreift auf
einem Baugrundstück von 1850 m² mit drei Flügeln
einen Hof. Wo er an die Nachbarhäuser anschließt,
ist er von den laut Bauzonenplan von 1925 zulässigen 3 Geschossen auf 4 Geschosse erhöht worden,
um den freien Giebel der älteren Nachbarbauten zu
verdecken. Er hat ein flaches, nach hinten geneigtes
Pultdach. An der leicht abgestumpften Ecke
Anna-Seghers-Straße/Abtstraße befinden sich Läden. Das Äußere des Baus wirkt sachlich und klar.
Gegliedert wird es von breiten, gekoppelten Balkon-
loggien und dem zu einem besonderen Motiv ausgebildeten oberen Treppenhausfenster. Es läuft über
ein Treppenpodest hinweg. Im 2 m hohen Drempel
sitzen kleine Dachfenster. Die Grundrisse verraten
nichts von Hilberseimers theoretischem Bemühen
um funktionell bessere Wohnungen, die er durch
die Vergrößerung des Wohnraums analog der
Zimmeranzahl zu erreichen suchte. Dennoch haben
die Wohnungen überdurchschnittliche Qualität.

695
Wissenschaftsstandort (WISTA) Adlershof
Rudower Chaussee
seit 1994
Städtebau: Rüdiger und Rüdiger; Jourdan Müller;
Steidle und Partner; Machleidt und Partner
Einzelprojekte: Eisele + Fritz; Brenner und Partner;
CEPEZED; Dörr-Ludolf-Wimmer; Kollektiv Alfred
Kraus; Planungsbüro Burckhardt Fischer; Ortner &
Ortner; Sauerbruch und Hutton; Augustin und Frank

Städtebaulicher Gesamtplan von 1993

Bessy 2

Das ausgedehnte Areal besetzt das Gelände des
ehemaligen Flughafens Johannisthal, dessen Figur,
vor allem aber dessen Rollfeld bis heute als ge-
schützte Wiesenfläche innerhalb des Stadtteils ablesbar sind. Zu DDR-Zeiten wurde das Gebiet als
Standort der Akademie der Wissenschaften sowie,
in Gebäuden in der Nähe des S-Bahnhofes, für den
Fernsehfunk der DDR genutzt. Während in den
Anlagen des ehemaligen Fernsehfunks nach der
Wende die Adlershofer „Media-City" untergebracht
wurde, ging aus der 1991 gegründeten Entwick-
lungsgesellschaft Adlershof 1994 die WISTA
(Wissenschafts- und Wirtschaftsstandort Adlershof
GmbH, mit mehrheitlicher Beteiligung des Landes
Berlin) hervor, deren Aufgabe in der Entwicklung
des Areals für synergetisch kooperierenden
Wissenschafts- und Wirtschaftseinrichtungen be-
steht. Ein wesentlicher Faktor ist dabei die sukzessi-
ve Verlagerung der bisher innerstädtischen naturwis-

695
(Fortsetzung)

WISTA-Business-Center

Innovationszentrum für Informatik

Innovationszentrum Umwelttechnologie

senschaftlichen Institute der Humboldt-Universität an den Standort Adlershof. Abgesehen von den zahlreichen Neubauten konnten einige der denkmalgeschützten Anlagen, wie etwa zwei Hangars und eine Windkanalanlage aus den 30er Jahren, in die Neukonzeption integriert werden. Neben der Ansiedlung der wissenschaftlichen und privatwirtschaftlichen Nutzungen soll das Gesamtgelände mittelfristig als „Stadt in der Stadt" mit einem beträchtlichen Wohnanteil entwickelt werden. Entlang der Volmarstraße, einer Querstraße zur Rudower Chaussee erstreckt sich das U-förmig um einen Hof angelegte Innovationszentrum für Umwelttechnologie von den Architekten Eisele und Fritz. Während die Straßenfront durch einen Wechsel von Holz- und Glasflächen sowie durch schlanke Stützen, die einen breiten Eingangsbereich freihalten, strukturiert wird, sind die Hofseiten weitgehend verglast. Vertikal gesetzte bewegliche Sonnenschutzelemente verleihen den

Fassaden einen reich strukturierten Gesamteindruck. Parallel zur Rudower Chaussee, an der Einsteinstraße liegt „Bessy 2", die Speicherringanlage für Synchrotonstrahlung. Dabei handelt es sich um den zweiten Bau der „Bessy GmbH", die bereits mit ihrem ersten Projekt in Wilmersdorf (Nr.362) aufsehenerregende Wissenschaftsarchitektur realisiert hatten. Der Entwurf von Brenner und Partner zeigt zur Straße hin einen langgezogenen, aufgeständerten Riegel, in dessen weiße Fassade lange Fensterbänder eingeschnitten sind. Auf der Rückseite liegt die spektakuläre, metallverkleidete eigentliche Speicherringanlage, deren dynamische Form die Funktion – die kreisförmige Beschleunigung der Synchrotonstrahlung – nach außen abbildet. Auf der gegenüber liegenden Straßenseite findet sich das Innovationszentrum für Informatik, das von der Delfter Architektengruppe CEPEZED entworfen wurde. Wiederum wurde ein Großteil des Baukubus aufgeständert; die sich nach oben aufspreizenden bilddominierenden Stützen lassen die Struktur indes geradezu als manieristisches Spiel mit Konstruktion und Ästhetik der klassischen Moderne erscheinen. Am westlichen Teil der Rudower Chaussee findet sich das WISTA-Business-Center von Dörr-Ludolf-Wimmer. Die kammartige Struktur folgt mit ihrem leichten Schwung der Straßenführung und setzt mit ihren Fassaden aus bündig gesetzten Fensterbändern, mehrgeschossigen Glasflächen und dunkelroten Tonziegeltafeln einen markanten Akzent. Jenseits der Rudower Chaussee wurde mit dem Max-Born-Institut und dem Institut für Kristall-Züchtung ein Baukomplex aus den 60er Jahren von dem Kollektiv Alfred Kraus erhalten und durch leich-

695
(Fortsetzung)

696
Kleinsiedlung
Nipkowstraße 60/76, Otto-Franke-Straße 53–71,
Glienicker Weg 138–144
1930/31
Werner Berndt

Photonikzentrum (Sauerbruch & Hutton)

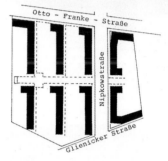

te und elegante Architektur des Planungsbüros Burckhardt Fischer ergänzt. Westlich davon finden sich die beiden Anlagen für das Photonikzentrum. Das aus zwei schräg zueinander versetzten Kuben bestehende Ensemble von Ortner und Ortner wirkt durch seine zurückhaltende Ästhetik des Gegensatzes von einfacher Lochfassade und Glasfassaden mit vorgehängten Sonnenschutzgittern. Spektakulär hingegen die beiden amöbenförmigen Bauten von Sauerbruch und Hutton. Verglaste Doppelfassaden mit geschossweise verlaufenden Schlitzen ermöglichen die Belüftung der Innenräume. Jalousieartig bewegbare Sonnenschutzlamellen in 39 unterschiedlichen Farben tragen zur außergewöhnlichen Attraktivität der Bauten bei. Bis 2001 soll als weiteres ambitioniertes architektonisches Element der Neubau des Physikinstituts der Humboldtuniversität nach Plänen von Augustin und Frank das Gesamtensemble Adlershof anreichern.

Diese kleine, von der „Gesellschaft für Wohnungsbauten in Groß-Berlin" geschaffene Siedlung mit Kleinwohnungen ist zu Unrecht wenig bekannt. Es handelt sich um eine Zeilenbauweise. Die Bebauungsform war gewählt worden, weil es sich um ein sehr tiefes Grundstück handelt, das bei Blockrandbebauung nur unzureichend auszunutzen gewesen wäre. Den ersten Plan entwarf der Architekt der Gemeinnützigen Wohnungsbau Aktiengesellschaft „Eintracht", Julius Schüler. Da er architektonisch nicht befriedigte, wurde mit der endgültigen Planung 1931 Werner Berndt beauftragt. Westlich der Nipkowstraße stehen zweimal drei kurze Zeilen, jeweils mit einem winklig angesetzten Kopfbau, und östlich zwei Zeilen, deren südliche im Winkel abknickt und dabei von 4 auf 3 Geschosse herunterspringt. Ihre Fassaden sind vertikal tief zerklüftet. In den Vertiefungen sitzen, teils bündig, teils nach vorn herausgeschoben, die Balkone. Bei den 3-geschossigen Fassaden läuft die Dachkante über die Vertiefung hinweg glatt durch, bei den 4-geschossigen folgt sie den Vor- und Rücksprüngen, das heißt, die vorgeschobenen Blocksegmente enden oben turmartig frei und steigern dadurch den Massenrhythmus. Tragende Motive sind die vertikalen Bandfenster der Treppenhäuser mit Feldern farbiger Keramikplatten oben wie unten und ebenfalls farbigen Glasursteinen an den Türgewänden, außerdem metallene Balkongondeln an den Ecken, die kurvig über die Seitenfronten hinausschwingen. Sie verliehen den Bauten jene technische Brillanz, die für manche Großstadtbauten um 1930 charakteristisch war.

697
Gartenstadt Falkenberg
Akazienhof, Gartenstadtweg
1913–15
Bruno Taut, Heinrich Tessenow

Akazienhof (oben), Tessenow-Haus (unten)

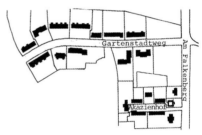

Kleinhausreihe (oben), Haus an der Straße (Mitte)
Lageplan (unten)

Bei dieser im Volksmund „Tuschkastensiedlung" genannten Anlage verwirklichte Taut erstmalig in Berlin seine Idee einer farbigen Architektur. Sie war als Teil einer Gartenstadt geplant, deren Vollendung durch den Ersten Weltkrieg verhindert wurde. Bauherr war die „Gemeinnützige Baugenossenschaft Gartenstadt Groß-Berlin". Taut passte einen voraufgegangenen Plan von Hans Bernoulli besser dem hügeligen Gelände an und bildete intimere Räume aus. Ein solcher Raum ist der Akazienhof. Seine unverwechselbaren Raumqualitäten erhielt er durch Elemente einer asymmetrischen Balance. Die Zufahrt wurde seitlich verschoben und von zwei absichtlich ungleichwertigen Häusern – das eine stammt von Heinrich Tessenow – flankiert. Auf beiden Seiten des Platzes stehen je zwei Gruppen unterschiedlicher Reihenhäuser: links 2-geschossige mit plastisch durchgebildeten Fassaden und mit Pergolen um jeweils zwei gekoppelte Eingänge und rechts zwei Gruppen des damals wirtschaftlichsten Kleinsthauses, bei dem durch Drempel auch das Dachgeschoss fast voll genutzt werden konnte. Für die Platzwirkung war wichtig, wie Taut die eingangs gesetzte Asym-metrie unmerklich weiterführte, indem er die linke Häuserreihe in einem Mietshaus enden ließ, die rechte aber mittig aufbrach, um dort, weit zurückgesetzt, ebenfalls ein Vierfamilienhaus anzuordnen. Es entsteht der Eindruck, als umstünden selbständige Hausindividuen „solidarisch" den gemeinsamen Raum. Die Farben Rot, Gelb, Blau, Schwarz und Weiß unterstützen dies. Am Gartenstadtweg nutzte Taut das hügelige Terrain, um den Straßenraum zu einem organisch wirkenden Siedlungsbild aufzulockern. Die Bewohner, die von 1919 an zum „Berliner Spar- und Bauverein von 1892" gehörten, sind durch ihre reiche Fest- und Gemeinschaftskultur bekannt geworden.

698

Preußensiedlung
Preußenstraße, Germanenstraße
1911–14
Max Bel, Franz Clement; Hermann Muthesius

Bauteil Bel und Clement (oben), Muthesius (unten)

Die kleine Siedlung entstand als Arbeiterkolonie der
Landwohnstättengesellschaft in zwei deutlich unter-
scheidbaren Bauabschnitten. 1911 legten Bel und
Clement zwischen je zwei Häusern an der Preußenstraße kurze Stichstraßen an, die sie mit ländlich
wirkenden Doppelhäusern bebauten. Sie haben
Walmdächer, Balkone und sind durch niedrige Stall-
bauten verbunden. Das Haus Nr. 84/84a war der
Verwaltung zugedacht und deshalb mit einem kleinen Rundturm ausgezeichnet. 1913 beauftragte die
Gesellschaft Hermann Muthesius, in der Tiefe des
Grundstückes einen Wohnhof mit Kinderspielplatz
anzulegen. Muthesius umbaute ihn auf drei Seiten
ganz, auf der vierten teilweise mit Reihenhäusern
nach einem schematischen Grundrissplan. Zu den
Stichstraßen hin sparte er zwei rundbogige Zugänge
aus. Die am Dach erkennbare Einheit des Häuserblocks unterstrich er unten durch ein ringsumlau-
fendes Gesimsband über dem EG, um sie jedoch
oben auf dem Dach durch eng aneinander gescho-
bene, unterschiedlich große, rhythmisch gereihte
Giebel wieder aufzuheben. Gewollt war der Stim-
mungswert von dörflichen Plätzen, von Behaglich-
keit und Wohnlichkeit. Entsprechend seinem Ziele,
die historische Villa durch Anleihen beim englischen
oder einheimischen Landhaus zu überwinden, strebte er beim Arbeiterhaus statt „Proletarierkasernen"
ländliche Hausformen an.

699

Siedlung „Paradies"
Buntzelstraße, Paradiesstraße, Siebweg,
Hundsfelder Straße
1905–32
Fritz Oertel; Bruno Taut

Fünffamilienhäuser (oben);
Lageplan: ☐ Bauteil Oertel, ■ Bauteil Taut (unten)

Die Siedlung wurde von der 1902 gegründeten und
von der Gewerkschaft geförderten Arbeiterbauge-
nossenschaft „Paradies" errichtet. Mit dem Ziel,
„dem wirtschaftlich Schwachen ein menschenwürdi-
ges Heim zu schaffen", erwarb diese 1904 ein 36
ha großes Gelände und errichtete darauf in mehreren Bauperioden etwa 300 Wohnungen in jeweils
anderen Typen. Als erste entstanden 1905 und
1908 Fünffamilienhäuser mit 2-Zimmer-Wohnun-
gen und Bad an der Ecke Buntzelstraße/Paradies-
straße. Auch die 1911–14 gebauten Häuser an der
Ecke Paradiesstraße/Siebertstraße (z. T. kriegszerstört) waren 3-geschossig, die Einfamilien- Gruppenhäuser an der Quaritzer Straße und am Siebweg
dagegen 2-geschossig. Sie sind von Oertel in einem einfachen Neoklassizismus mit kräftigen
Gesimsbändern unter dem Dachansatz und in der
oberen Brüstungszone entworfen worden – desgleichen 1919/20 seine Doppelhäuser. Nach der Infla-
tion wurde der weitere Ausbau der Gehag übertragen, die nach Plänen Bruno Tauts 1925–27 etwa
100 Reihenhäuser im Bereich Dahmestraße,
Leschnitzer Straße und 1929–32 die vorwiegend
2-geschossigen Zwei- und Vierfamilienhäuser an
den Randzonen und Einmündungen Siebweg,
Leschnitzer und Buntzelstraße errichtete. Die Häuser
haben Sattel- oder Flachdächer, gliedernde Klinkerbänder und den für Taut typischen farbigen Putz.

700
Wohnbebauung Altglienicke
beiderseits des südlichen Berliner Außenrings der Fernbahn; nördlich des S-Bahnhofs Grünbergallee; Coloniaallee, Porzer Straße
ab 1993
Städtebaulicher Rahmenplan: Planwerk/Leitplan GmbH; Becker, Giseke, Mohren, Richard; Dörken & Heise; Dähne & Dahl; Realisierungen: Dörken & Heise; Rühle & Partner; Borck, Boye, Schäfer; Ramin; Kennerknecht; Braun, Voigt & Partner; Liepe & Steigelmann; Melk; Findeisen & Partner; Musotter & Poeverlein; Kneffel; HOPRO Bauplanung; Heide, v.Beckerath; Procakis; Pieper & Partner; Yamaguchi & Essig; Plessow, Ehlers, Krop; Pininski; GKK & Partner; Maedebach, Redeleit & Partner; Jeromin; Kny & Weber; Dähne & Dahl; Assmann, Salomon und Scheidt; Schmidt; Grünberg & Partner; Gehrmann & Partner; Mahraun, Kowal, Heieis; Pflitsch

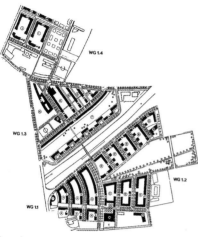

Lageplan

WG 1.2, Bauteil Liepe; Steigelmann (oben); WG 1.1, Bauteil Ramin

Mit der Wohnbebauung wurden Brachflächen unvollendet gebliebener Großsiedlungsplanungen der späten DDR-Zeit, von denen lediglich ein Teilstück an der Schönefelder Chaussee realisiert worden war, aufgegriffen und neu definiert. Das gesamte Areal liegt südlich des Ortskerns von Altglienicke und ist in vier Abschnitte aufgeteilt. Die Wohngebiete (WG) 1.1 und 1.2 liegen östlich der Bahntrasse zwischen Weidenweg und Porzer Straße und werden durch die Coloniaallee voneinander getrennt, WG 1.3 bildet dazu das nordwestliche Pendant zwischen Polluxring und Mohnweg. Nördlich davon schließt WG 1.4 zwischen Mohnweg und Wolfmarsteig die Anlage ab. Direkt nach der Wende begannen für die vier Bereiche des Areals neue Planungen. Grundsätzlich wurde an dem Programm einer Großsiedlung festgehalten und für das 185 ha große Gebiet ca. 5300 neue Wohnungen sowie die notwendigen infrastrukturellen Einrichtungen konzipiert. Ein erster 1990 entschiedener Wettbewerb für WG 1.1 wurde von Dörken & Heise gewonnen; ein 1992 durchgeführtes diskursives Verfahren, an dem neben Dörken & Heise u. a. Dähne & Dahl, Planwerk sowie das Landschaftsplanungsbüro Becker, Giseke, Mohren, Richard beteiligt waren, führte zu den Grundlagenplanungen der Gebiete 1.2 und 1.3. Gleichzeitig entwarfen Dörken & Heise eine Neukonzeption für WG 1.4 und integrierten dabei unvollendet gebliebene Rohbausubstanz der DDR-Bebauung. Unter Beteiligung zahlreicher weiterer Architekten wurde ab 1993 mit der Realisierung der

Baumaßnahmen begonnen. Ganz im Gegensatz etwa zu Karow Nord (Nr. 523) orientiert sich die Neubebauung in Altglienicke eindeutig an den Vorbildern des „Neuen Bauens". WG 1.1 bildet mit konzentrisch hintereinander gestaffelten 5-geschossigen Zeilen eine markante städtebauliche Figur, die durch flach geneigte Pultdächer sowie einer klare Fassadendifferenzierung zwischen gelbem oder weißem Putz und Klinkerflächen gekennzeichnet ist. Besonders der südliche Abschluss des Gebietes bringt die eingeschwungene Figuration mit einer Doppelzeile des Büros Ramin eindrucksvoll zur Geltung. Eine Platzerweiterung mit einem campanile-artigen Wohnturm nach einem Entwurf von Dörken & Heise bildet den Eingang zu WG 1.2, das langgezogene rechtwinklige Blockstrukturen sowie würfelartige Einzelhäuser aufweist. WG 1.3 knüpft wieder an die Zeilentypologie des modernen Wohnungsbaus an. Die Mitarbeit verschiedener Büros gewährleistet eine abwechslungsreiche Architektur, die sich jedoch gleichzeitig diszipliniert an den relativ strengen formalen Vorgaben orientiert. Insgesamt entstand eine eindrucksvolle städtebauliche Figur, die beiderseits der Bahnlinie eine klare Stadtkante an der Berliner Peripherie ausbildet.

Köpenick (701-716)

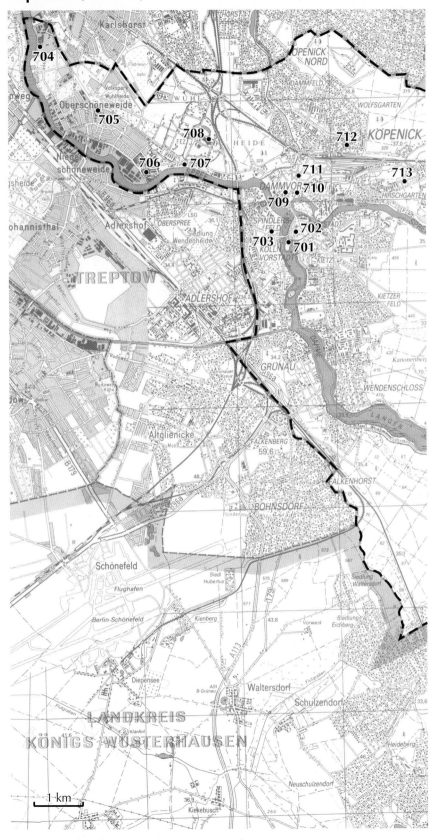

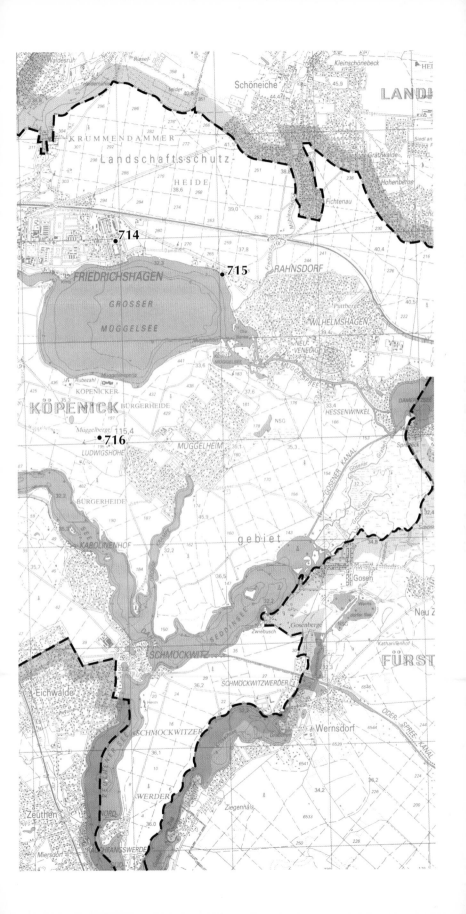

701

Schloss Köpenick
Schloßinsel
1677–81; 1682–85
Rutger van Langevelt; Johann Arnold Nering

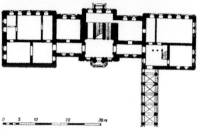

Schloss (oben), Grundriss EG (unten)

Kapelle mit Wirtschaftsgebäuden (oben), Kapelle (unten)

Die Altstadt von Köpenick liegt auf einer Insel zwischen den sich vereinigenden Flüssen Dahme und Spree und dem Kietzer Graben. Der südliche, durch den Wassergraben „Frauentrog" zusätzlich abgetrennte Teil bildet die Schlossinsel. Man erreicht sie über eine Holzbrücke durch das barocke, 1682 von Johann Arnold Nering gebaute Portal. Für das 8./9. Jahrhundert ist hier eine slawische Burg und für die Mitte des 12. Jahrhunderts ein „Jaxa de Copnic" durch Münzfunde nachgewiesen. Um 1240 wurde eine askanische Burg angelegt, die 1300 neu errichtet und 1558–71 von Wilhelm Zacharias zu einem kurfürstlichen Jagdschloss umgewandelt wurde. Das bestehende Schloss entstand 1677–81 für den Kurprinzen Friedrich (König Friedrich I.). Rutger van Langevelt gestaltete es in Formen des holländischen Barock. Der am Wasser stehende Rechteckbau ist der älteste erhaltene Schlossbau im Berliner Raum. 1682–85 schuf Nering auf der anderen Inselseite in der Achse des Schlosses zwischen Wirtschaftsgebäuden die Schlosskapelle mit reichem frühbarocken Dekor im Innern. Ihre Fassade ist mit ionischen Pilastern gegliedert. Das Haubendach wird von einer mit Figuren (vier Evangelisten, Moses, Melchisedek) besetzten Attika eingefasst und von einer breiten überkuppelten Laterne bekrönt. Von Nering stammt auch der 2-geschossige Galeriebau, der ans Schloss anbindet (1688). Geplant und fundamentiert, doch nicht ausgeführt wurde ein Querflügel zwischen Schlossplatz und Park. Das Schloss ist ein 3-geschossiger Putzbau mit dreiachsigen, von Segmentgiebeln überspannten Mittelrisaliten und Seitenrisaliten zur Wasserseite – am Hof mit kurzen Flügeln. Im EG kragt zum Wasser hin auf wuchtigen Konsolen ein Balkon vor. Am Hof rahmt ein Säulenportal mit Balkon den Eingang. Das Dach besteht aus einer Mischform zwischen Mansard- und Terrassendach. Es wird von einer hölzernen Balusterbrüstung bekrönt. Das Innere ist symmetrisch angelegt. In der Mitte liegen die zweiarmige Eichentreppe und prächtige Vestibüle. Die Räume erhielten durch Giovanni Caroveri 1684–92 eine reiche Stuckdekoration in schweren frühbarocken Formen. Im Norden des 2. OG liegt der Hauptsaal (Wappensaal). Seine Wände sind durch Hermendoppelpilaster und brandenburgische Wappenschilde gegliedert. Die Deckenrahmung besteht aus schweren Akanthusranken. In mehreren Räumen sind alte Deckenmalereien erhalten.

702
Rathaus Köpenick
Alt-Köpenick 21
1901–04, 1926/27, 1936–39
Hans Schütte, Hugo Kinzer, Joseph Schewe

Grundriss EG des Kernbaus

Das heutige Rathaus wurde 1901–03 an der Stelle des älteren, aus dem 18. Jahrhundert stammenden Vorgängerbaus errichtet. Danach wurde es noch zweimal erweitert, 1926/27 an der Böttcherstraße und 1936–39 von Rendschmidt und Hennings an der Hauptstraße Alt-Köpenick und am leicht gebogenen Hoftrakt. Der Kernbau in gotischen Formen umgreift mit drei Flügeln einen Grünhof. Der Eingang liegt diagonal an der Ecke. Diese Partie ist durch einen 54 m hohen Turm, der die Silhouette Köpenicks prägt, kräftig betont. Zwei Halbrundtürme flankieren zusätzlich den reich verzierten und mit Wimpergen bekrönten Portalvorbau. Ein dreiachsiger Risalit an der Straße Alt-Köpenick wurde als Schaufront ausgebildet. Die Fensterformen sind in den drei Etagen verschieden. Das große Fenster des 2. OG mit durchwirktem spitzbogigen Maßwerk gehört zum Ratssaal. Vor ihm liegt ein Balkon auf einem ornamentierten, polygonal vorspringenden Loggienerker. Der gesamte Risalit wird von einem fünfgliedrigen gestaffelten Ziergiebel bekrönt. In den Wimpergen hier wie am Eingang sitzen Maßwerkrosetten. Neben dunkelrotem Klinker kamen Form- und Glasursteine zur Anwendung. Das Haupttreppenhaus mit schweren neoromanischen Säulen und schmiedeeisernem Geländer wurde reich ausgestaltet, die Gänge mit floralen Motiven farbig bemalt. 1974 ist das Innere original restauriert worden.

703
Alexander von Humboldt-Schule
Oberspreestraße 173–178, Mentzelstraße
1928/29
Max Taut

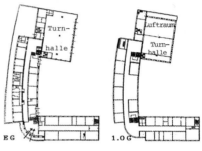

Der Bau des ehemaligen Dorotheen-Lyzeums steht winklig an den beiden Straßen. Er ist flach gedeckt. Der Eingang befindet sich in einem zwischen beiden Flügelstirnen zurückgesetzten „scharnierartigen" (Trost) Viertelrund. Dahinter liegt die mehrläufige Treppe in einem weiten, lichten Treppenhaus. Der 5-geschossige Klassentrakt an der ruhigen Mentzelstraße ist leicht gekrümmt und am Ende zurückgestuft. An ihn schließt zum Hof hin die große, in zwei Hallen aufteilbare Turnhalle an. Sie ist ringsum verglast. Die hohen zehngliederigen Fenster bilden ein strenges Raster. Das Dach war als Gymnastikterrasse ausgebildet. Eine zweite lag über Werkräumen in Höhe des 3. OG. Der Trakt an der Hauptverkehrsstraße war für die Spezialräume bestimmt: Küche, Esszimmer und Hauswirtschaftsräume im EG, Direktorenzimmer, Lehrerzimmer, Konferenzsaal, Bücherei im 1. OG und die große Aula mit Nebenräumen im 2. und 3. OG. Das Trägersystem zeigt Taut, entsprechend seiner konstruktiv-sachlichen Stilhaltung, unverkleidet. Der Außenbau war mit unglasierten graugelben Kacheln verblendet. Bei der Restaurierung 1974 wurde er verputzt. Die wesentlichen Charakteristika, die dunkel gerahmten, liegenden, meist gekoppelten oder zu einem Band verbundenen Fenster in strengem, proportionalem Gefüge blieben erhalten. Links des Eingangs ist ein leicht vergoldetes Keramik-Relief, „Dorothea verteilt Brot an Flüchtlinge", von Rudolf Belling angebracht, das sich thematisch angeblich auf Goethes „Hermann und Dorothea" (nicht auf die Heilige Dorothea) bezieht. Am Hof liegt das 1930 gebaute Direktorenwohnhaus.

704
Ehem. Rundfunkzentrum
Nalepastraße
1951–55
Franz Ehrlich

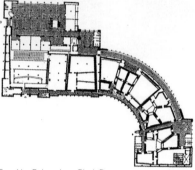

Grundriss Erdgeschoss Block B

705
Siedlung An der Wuhlheide
Roedernstraße, Zeppelinstraße, Fontanestraße
1914, 1919–21
Peter Behrens, Hamacher

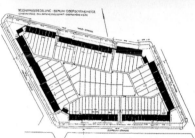

Häuserfront Fontanestraße (oben)

Nach der Teilung Deutschlands war in Ostberlin ein neues Rundfunkgebäude notwendig geworden. Als Standort wählte man das Gelände einer zerstörten Furnierfabrik. Die Pläne erarbeitete Ehrlich gemeinsam mit Gerhard Probst, damals technischer Leiter des Rundfunks. Der erste Bauabschnitt (Block A) wurde für die Verwaltung, die technischen Dienste und die Studiotechnik aus der früheren Fabrik umgebaut. Für die Leitung entstand das angefügte 9-geschossige Turmhaus. Den Klinkerverblendbau gliedern rahmende dienstartige Vorlagen, die am Längstrakt über dem EG jeweils zwei Fensterachsen einfassen, am Hochhaus aber zwischen den Fenstern sitzen. Der Produktionsbereich mit Sendesälen (Block B) steht vom Hauptbau abgerückt auf eigenem Fundament. Ein Gang auf Stützen verbindet beide. Da die Aufnahmeräume nach den Gesetzen der geometrischen Akustik nicht rektangulär, sondern für Musikaufnahmen trapezförmig, für Hörspiele polygonal sein sollten, bot sich die Möglichkeit, sie zu einem Viertelkreis zu reihen und mit ihnen den Baukörper herabzustufen. Die Erschließung für die künstlerischen Mitarbeiter an der Außenseite des Segments konnte weiträumig, die für das technische Personal und das Kabelsystem auf der Innenseite sehr kurz bemessen werden. Außerdem störten sie sich nicht gegenseitig. Auch diese Bauten wurden mit Klinkern verblendet und zurückhaltend neoklassizistisch gegliedert. Beide Gänge sind hinter Rundpfeiler-Stellungen mit durchlaufendem Beton-Balken voll verglast. Den Kopfbau und andere Stirnfronten gliedern dienstartige Pfeiler oder Rundpfeiler. Die Dächer wirken leicht abgehoben.

Peter Behrens als Hauptvertreter einer spezifischen „Industriekultur" wollte diesem Begriff nicht nur Produktionsstätten und Verwaltungsgebäude, sondern auch die Wohnungen der Produzenten zuordnen. Auch sie sollten im Grundtypus mit den Industriebauten übereinstimmen. 1911 entwarf er im Auftrag der AEG für einen Standort in Oberschöneweide solche Häuser als mehrgeschossige Wohnungsbauten mit breiten Terrassen. Sie wurden nicht realisiert. Statt dessen errichtete man von 1914 an mit der zur AEG gehörenden „Gemeinnützigen Bau-Aktiengesellschaft Oberschöneweide" eine 2-geschossige Reihenhaussiedlung mit 170 Wohnungen in Einfamilienhäusern oder Vier- und Sechsfamilienhäusern. In den sparsam bemessenen Grundrissen liegen die Wohnräume nach Süden. Die architektonische Gliederung ist streng, zeigt aber Variationen in den einzelnen Straßenzügen. Behrens beschränkte sich auf einfache proportionale Beziehungen der Fenster, Türen und Gauben zueinander und auf glatte Putzflächen. Gesimsbänder unter den oberen oder über den unteren Fenstern dienen als proportionale Hilfslinien. Wichtig für den Eindruck sind die leicht geschwungenen Dächer der Gauben. Die Häuser der Fontanestraße, der Roedernstraße und jeweils daran anschließend An der Wuhlheide entstanden 1919–21 nach einem überarbeiteten Entwurf des Gemeinde-Baurats Hamacher. Zusammen mit der benachbarten Anlage der „Gilde" gehört der Komplex zur Berliner Bau- und Wohnungsgenossenschaft von 1892.

706

Ehem. Nationale Automobilgesellschaft
Wilhelminenhofstraße/Ecke Ostendstraße
1915–17
Peter Behrens

707

Bootshaus „Elektra"
An der Wuhlheide 192/194
1910
Peter Behrens

Zustand 1990 (oben), Hofseite um 1920 (unten)

Nachdem er bereits die enge Bindung an die AEG gelöst hatte, plante Behrens 1915 die riesigen Anlagen der zur AEG gehörenden Nationalen Automobilwerke im Industriegebiet Oberschöneweide. Sie waren Produktionsstätten für Lastkraftwagen und die auf LKW-Chassis aufgebauten NAG-Omnibusse. Ähnlich der Hochspannungsfabrik im Wedding (Nr. 245) wurden hier 5-geschossige, durch Ausbau des Daches teilweise 6- und 7-geschossige Gebäude gebrochen hufeisenförmig um eine doppelte Maschinenhalle herumgebaut. Dieses Gebäudemassiv mit einer Frontlänge von über tausend Metern wurde durch einen siebzig Meter hohen, in der Blickachse der Wilhelminenhofstraße stehenden Turm und zahlreiche aus dem Gebäude herausgeschobene Treppen- und Fahrstuhlschächte gegliedert. Einige der Fahrstühle konnten vollbeladene Lastkraftwagen bis ins 5. OG heben. Die Architektur erreichte nicht die Kraft der früheren Bauten. Sie verflachte zur neoklassizistischen Schablone, zu einem „Zur Schau-Stellen von Macht und Kraft", Repräsentation der „zunehmenden Machtausdehnung" bei „riesiger Baukostenverschwendung" (H. de Fries). Nahe dem Spreeufer liegen die zuerst entstandenen 2-geschossigen Hallen für die Mechanische Werkstatt und das Reparaturwerk. Der von der Straße aus sichtbare Komplex mit dem quadratischen, mit Travertinplatten verkleideten Turm wurde 1916/17 errichtet. Links daneben liegt das Verwaltungsgebäude. Innen gibt es eine imponierende 4-geschossige Eingangs- und Treppenhalle mit Oberlicht.

Dieses Bootshaus an der Spree in Oberschöneweide baute Behrens für die Rudergesellschaft „Elektra" der AEG-Beamten. Der Grundriss war durch die erforderliche Bootshalle festgelegt. Dieser Raum von 10 x 18 m nimmt zwei Drittel des UG in Anspruch. Daran schließen ein weiterer Bauteil von etwa 10 x 9 m für Vestibül, die Portiersloge und zwei Treppenhallen an. Im 1. OG liegt eine große Diele, zur Straße hin das Vorstandszimmer mit breiter Fünf-Fenster-Front – das Zimmer im 2. OG mit gleicher Fensterfront ist adäquat bemessen –, und über der Bootshalle das Vereinszimmer. An der Wasserseite befindet sich als Hauptraum das quadratische Sitzungszimmer mit einer aus 36 Quadraten gebildeten Kassettendecke. Ihm ist eine breite Veranda mit seitlichen Terrassen vorgelagert, die ebenfalls aus drei plus zwei Quadraten besteht. Mit dieser Veranda war ein landhausartiger Charakter angestrebt. Im Ganzen aber verwendete Behrens selbst bei einer solchen Bauaufgabe strenge Maßordnungen. Dem entspricht die Symmetrie beider Giebelfronten. Das EG ist durch Pfeilervorlagen aus Klinkern gegliedert. Zwischen ihnen sind die Fenster streng eingebunden. Die beiden Obergeschosse erhielten eine Schieferverkleidung. Daraus heben sich zur Straße und an der Seite einheitlich zusammengeschlossene, weiß gestrichene Fensterflächen ab. Das schiefergedeckte Walmdach ist flach geneigt.

708
Freizeit- und Erholungs-Zentrum (FEZ)
An der Wuhlheide
1976–79
Günter Stahn

709
Fachschule für Kindergärtnerinnen
Lindenstraße 1/Ecke Bahnhofstraße
1909/10
Hugo Kinzer

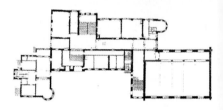

Foyer (oben), Grundriss Zwischengeschoss (unten)

Das FEZ wurde 1976–79 als Pionierpalast „Ernst Thälmann" im Wald des Volksparks Wuhlheide angelegt. Es bot Kindern ein umfassendes Programm für Spiel, Sport, Musizieren, Basteln, Zeichnen, Tanzen, wissenschaftliche Arbeiten oder Experimentieren. Kinderchöre, -orchester, -ensembles und eine Zirkustruppe waren ihm angeschlossen, für alle Beteiligten kostenlos. In dem 213 m langen und 130 m breiten Gebäudeensemble gibt es ein weiträumiges, vielfältig aufgegliedertes Foyer (6), einen großen Saal mit 600 Plätzen (8), und zwei kleinere Säle, 60 Mehrzweckräume, Kabinette oder Werkstätten, eine Sporthalle (1) und eine Schwimmhalle (2) mit acht 50-m-Bahnen, dazu mehrere Außenanlagen. Zum Beispiel schließt an die hinteren Terrassen ein großes Wasserbecken für Schiffsmodell-Sport an. Der Bau ist in Stahlskelettbauweise errichtet. Die Gesamtanlage ist vielarmig locker in das Waldgebiet eingegliedert. Die gesamte Außenwand erhielt eine rustikale Holzverkleidung in einem dunklen warmen Ton oder wurde großflächig in Glas aufgelöst. An der Eingangsseite ragt der Bau über dem EG polygonal vor. Dahinter liegt der große Saal (8). Der Haupteingang befindet sich im stumpfen Winkel. Das Foyer (6) mit geschwungener Treppe als zentralem Raum ist ebenfalls polygonal in 450 Winkeln gebrochen. Nach Westen führt der Weg zu den Sportstätten, nach Osten zu den Kabinetten, die in fingerartig ausgreifenden Flügeln angeordnet sind. Überall ist auf organische Beziehung zur Umgebung Wert gelegt. Im Innern überrascht die geschmeidige Organisation der Raumfolgen und die scheinbar unbegrenzte Weite des zur Rückseite hin voll verglasten zentralen Raums.

Dieses als Realgymnasium errichtete Gebäude an einem gewichtigen Standort Köpenicks bietet ein Beispiel für den malerischen Späthistorismus. Historische Stilformen werden, wie bei Ludwig Hoffmann, zur Inszenierung eines würdigen Stadtbildes beliebig eingesetzt. Hier stehen Formen der Renaissance und der Gotik neben einem behäbigen bürgerlichen Fachwerkstil. Der Bau besteht aus drei Teilen. Der Neorenaissancetrakt in der zurücktretenden Mitte war Klassentrakt. Im EG befand sich rechts vom Haupteingang an der Straße die Wohnung des Hausmeisters. Den Haupteingang rahmt ein typisches Renaissanceportal. Der linke, als Risalit leicht vorgezogene Fassadenabschnitt ist von einem dreistufigen Renaissancegiebel bekrönt. Das links vorgezogene Haus mit Krüppelwalmdach, Fachwerkgiebel und Runderker im EG diente als Rektoren-Wohnung. Im wiederum vorspringenden rechten neogotischen Trakt liegt unten die Turnhalle, oben die Aula. Hohe gotische Maßwerkfenster mit Eselsrücken, die von Fialen und Krabben besetzt sind, fassen beide Geschosse zusammen. Den Giebel stützen Strebepfeiler, die in schlanken Fialen auslaufen. Über dem Dachansatz sitzen achteckige turmartige Dacherker. Zwischen beiden Hauptflügeln erhebt sich hinter dem flachgedeckten Treppenhauskörper ein hoher quadratischer Turm, der oben, vermittelt durch vier gotische Fialen, zum Achteck übergeht und über einem Umgang von einer geschwungenen Doppelhaube bedeckt wird.

710
**Gemeindehaus der
St. Laurentius-Kirchengemeinde**
Am Generalshof 1a
1927/28
Otto Firle

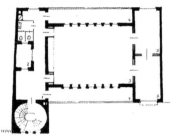

Obergeschoss der Jugendheime

Das Gemeindehaus enthält einen Konfirmandensaal im EG, zwei Jugendheime mit Spiel- und Lesezimmer in den Hauptgeschossen und Wohnungen für kirchliche Beamte im OG. Das flache Dach ist als Dachgarten ausgebildet. Auch den beiden Hauptgeschossen sind Terrassen vorgelagert, und zwar nach vorn über dem EG und nach hinten über dem 1. OG. Auch das Wohngeschoss erhielt über dem 2. OG eine kleine Terrasse. Innerhalb des Baues lässt Firle die Bauflucht zurückspringen. Um die Brandmauer des benachbarten Hauses zu verdecken, schob er das Treppenhaus mit Wendeltreppe auf die alte Fluchtlinie vor. Es wird durch drei hohe, schmale, mit Rundbögen geschlossene Fenster belichtet. Durch die Terrassierung und das turmartig angebaute Treppenhaus sind die beiden Fronten im Sinne des Neoplastizismus aufgelöst. Doch führte dies nur auf der Rückseite zu einer klaren Lösung. Die Straßenfront dagegen wirkt durch die versetzt vermauerten Oldenburger Klinker zwischen den Fenstern und durch Kunstwerksteine überdekoriert. Im Garten liegt, vom Lärm abgeschirmt, als Flachbau der Kindergarten.

711
Wohnanlage
Bahnhofstraße 54–56, Annenallee, Kinzerallee,
Hämmerlingstraße
1925
Willy Wagenknecht, Heinrich Peter Kaiser

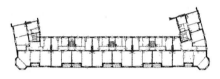

Flügel an der Bahnhofstraße (oben)

Der 1908 gegründete genossenschaftliche Beamten-Wohnungs-Verein Köpenick hatte 1911 seine ersten Wohnungen in der heutigen Hämmerlingstraße 99 gebaut. Von Mitte der 20er Jahre an konnte er sich dank der Hauszinssteuer-Mittel an größere Projekte wagen. Diese Anlage enthält 144 Wohnungen. Sie liegt mit einer Front in der Geschäftsstraße (Bahnhofstraße). Die 4-geschossige Blockrandbebauung umgreift einen rhombischen Hof. Die vier Ecken des Blocks wurden mit behäbig breiten, turmartigen Erkern besetzt. Diese sind aus fünf Seiten eines Achtecks gebildet und mit Schweifhauben überdacht. Ihre Wände ziehen sich leicht konkav ein. Die kleinsten 2-Zimmer-Wohnungen mit Küche und Bad haben 51 m^2, die 4 1/2-Zimmer-Wohnungen an den Ecken mit Erker, Loggia und Diele dagegen 140 m^2. Alle Wohnungen erhielten Loggien, die in der Außenfront mit ihren Segmentbögen in den sonst ungegliederten Putzfassaden als rhythmische Akzente wirken. Heute sind sie verglast.

712
Siedlung Elsengrund und Erweiterung Mittelheide
Stellingdamm, Mittelheide
1919–21, 1921–28; 1928/29
Otto Rudolf Salvisberg

Essenplatz (oben), Türrahmung (unten)

Skizze der Siedlung (oben), Mittelheide (unten)

Die Siedlung Elsengrund folgte dem Gartenstadt-ideal. Sie entstand im Zusammenwirken von Staat, Gemeinde und der städtischen Baugesellschaft Berlin-Ost. Gebaut wurden drei Haustypen von 61, 80 und 113 m² in Form einfacher Reihenhäuser mit Walmdächern und jeweils einheitlichen schmücken-den breiten Türumrahmungen. Im ersten Bauab-schnitt 1919–21 wurde der westliche, von einem Straßendreieck eingefasste Teil mit 153 Häusern fertiggestellt. Der weitere Ausbau bis zum Endstand von etwa 400 Häusern erfolgte vom marktähnlichen Platz aus in Richtung Osten. Der Reiz der Siedlung liegt in der Wiederholung gleicher Haus- und Tür-formen entlang vielgestaltiger offener Straßen- und Platzräume. Jeweils zwei rücken spiegelbildlich aneinander. Wo die vom Bahnhof Köpenick kom-mende Straße (Stellingdamm) die Siedlung erreicht, befinden sich etwa 120 m hintereinander zwei

stadttorartige Bauten mit Arkaden. Durch sie hin-durch erreicht man den Hauptplatz. Das Haus in der Achse ist erhöht und durch einen mit Figuren ge-schmückten Tympanon bekrönt. Die gleiche Bauge-sellschaft ließ durch Salvisberg 1928/29 nördlich davon, und zwar anschließend an gerade fertigge-stellte Häuser von Engelmann und Fangmeyer (1926/27), den „Mittelheide" genannten Straßen-zug beidseitig bebauen. Die 3-geschossigen, im östlichen Bereich 2-geschossigen verputzten Haus-reihen unter flachem Walmdach zeigen die typi-schen Merkmale von Salvisbergs Stil um 1930, nämlich knappe Dachgesimse und zu Bändern gereihte Fenster, die mit Klinkern farbig eingebun-den sind. Mehrfach sind Plätze in die Anlage einge-fügt. Am östlichen Abschluss vor dem Wald ist die Straße torartig überbaut.

713
Siedlung Hirschgarten
Fürstenwalder Damm, Stillerzeile, Marienwerder
Weg, Liebstädter Gang und Gilgenburger Straße
1928–30
Kurt Heinrich Tischer

714
Wasserwerk Friedrichshagen
Müggelseedamm 301–308
1889–93
Henry Gill, Richard Schultze

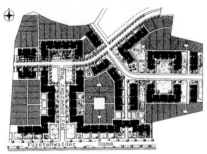

Lageplan

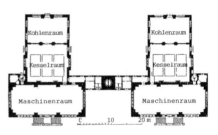

Der Auftraggeber für die Siedlung war die Berliner
Arbeitsgemeinschaft für Wohnungsbau. Das Gelände liegt nahe dem S-Bahnhof Hirschgarten. Es erstreckt sich zwischen dem als Dauergrünfläche aus-
gewiesenen Erpefließ und der Ausfallstraße Fürstenwalder Damm auf einem Terrain von 55.000 m².
Die Straßenführung war durch den Bebauungsplan
des Bezirksamtes vorgegeben. Tischer errichtete
entlang dem Fürstenwalder Damm 3-geschossige
Häuser. Im Innern der Siedlung wechselt die Bauhöhe zwischen vorwiegend 2-geschossiger und
akzentuierender 3-geschossiger Bebauung bei offener und geschlossener Randbebauung. Alle Häuser
haben Walmdächer. Die besondere städtebaulich-
architektonische Leistung liegt in der Raumbildung.
Schon der Lageplan zeigt ein ausgewogenes Verhältnis zwischen den öffentlichen Räumen und den
rückwärtigen, zum Teil für Mietergärten genutzten
Grünflächen. Es gelang eine große Weiträumigkeit
durch die Bildung von Plätzen und durch die Wahl
kurzer Straßenabschnitte, deren Häuserreihen zudem mehrfach unterbrochen wurden, um den Blick
in rückwärtige Grünflächen zu öffnen. Breite Vorgärten und Baumreihen (wieder neu angepflanzt) ziehen Grün in die Straßen. Die Häuser mit großen
liegenden Fenstern, gekoppelten Loggien und Laden-
einbauten an den Ecken zur Hauptstraße haben eine
einfache, traditionell wirkende Architektur. EG-Wohnungen erhielten über die Loggien einen direkten
Ausgang zu den parkartigen Höfen. Im letzten Bauabschnitt wurden oben Zweigeschoss-Wohnungen eingebaut, um auch für größere Wohnungen niedrige
Mieten zu garantieren.

Vom Wasserwerk Friedrichshagen am Müggelsee
wurden seit dem Ende des 19. Jahrhunderts große
Gebiete der Stadt mit Reinwasser versorgt. Es löste
das inzwischen wegen Gesundheitsgefährdung geschlossene Werk Stralau ab. Zur Sicherung gegen
Betriebsunterbrechungen sah man vier unabhängige
Abteilungen vor. Das Projekt entwickelte der Direktor der Berliner Wasserwerke, der Engländer Gill,
1888. Der Ausbau erfolgte 1889–93. Heute sind
die Bauten imposante Beispiele früher Industriearchitektur. Sie liegen beiderseits des Müggelsee-
damms hinter hohen Zäunen mit Klinkermauerwerk.
Im südlichen Bereich, unmittelbar am Ufer, stehen
drei Schöpfmaschinenhäuser (das vierte wurde nicht
ausgeführt) mit angeschlossenen Kesselräumen,
weiterhin Verwaltungs- und Werkstattgebäude sowie
etwas abgerückt zwei Beamtenwohnhäuser. Nördlich der Straße reihen sich parallel drei (vier Einheiten) Rieselhäuser auf. Dahinter erstrecken sich,
begleitet von kleinen Filterhäuschen, überwölbte und
von Erdhügeln abgedeckte Langsamfilter fast bis zur
Bahntrasse. Alle Gebäude wurden von Schultze
einheitlich neogotisch in rotem Backstein gebaut.
Entsprechend den einzelnen Gebäudetypen sind
unterschiedliche architektonische Lösungen gewählt
worden: streng und straff mit schmückenden Fenstern und Giebeln die technischen Bauten, verspiel-
ter und „romantischer" die Wohnhäuser. Den 2-
geschossigen Filterhäusern auf aufgeschüttetem
Erdwall wurden helmbekrönte Rechtecktürme angefügt. Von Friedrichshagen gelangte das Wasser zur
Verteilung in das Zwischenpumpwerk Lichtenberg
(Nr. 652).

714
Strandbad Müggelsee
Fürstenwalder Damm
1929/30
Martin Wagner

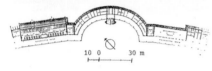

10 0   30 m

Aufnahme um 1930 (oben)

716
Müggelturm
Auf den Müggelbergen
1960/61
Jörg Streitparth, Siegfried Wagner, Klaus Weißhaupt

Gleichzeitig mit dem Strandbad Wannsee (Nr. 792) baute der Stadtbaurat Martin Wagner mit seinen Mitarbeitern Hennings, Lampel und Straßmann das um die Hälfte kleinere Strandbad Müggelsee. Ein Teil der 1912 errichteten hölzernen Gebäude war 1928 abgebrannt. Wagner ging es nicht nur darum, diese zu ersetzen, sondern den Anlagen eine neue Qualität zu verleihen, sie von „Freibädern" zu „Strandbädern" zu entwickeln, mit Angeboten für eine umfassende Körperpflege mit Gymnastik, Massage, turnerischem und sportlichem Training neben Spiel und Erholung. Vor allem war für bessere hygienische Bedingungen durch Anschluss an das Reinwassernetz und die Kanalisation (Toiletten) zu sorgen. Gebaut wurde nur der erste Bauabschnitt: die Eingangshalle mit Büroräumen, eine Pförtnerwohnung, eine Umkleidehalle, eine Ladenhalle, eine Restaurationshalle. Dieser Bauabschnitt wurde 1-geschossig angelegt, um den Blick vom Eingang über den Müggelsee freizuhalten. Zwei pilzartige Betonschirme hatten den Zweck, durch ihre hohlen Stützen die Abluft aus den Toiletten abzuleiten. Die Räumlichkeiten wurden mit vorgelagerten Pfeilerhallen (überdeckten Gängen) als Terrassenanlage aus Stahlbeton in den Hang eingebettet. Die Treppe liegt in einem zum See offenen Halbrund. Daran schließen seitlich zwei gerade Flügel an. Im Halbrund befanden sich die Unfallstation und Läden, im rechten Flügel die Garderoben, im linken die Erfrischungsräume. Die Architektur ist sachlich. Rechteckige Betonstützen fassen und tragen mit zwei oberen Laschen das als breites Band durchlaufende Gebälk.

Der alte Müggelturm aus Holz war 1958 durch Brand zerstört worden. Eine Gruppe von Architekturstudenten Selman Selmanagics gewann den Wettbewerb für einen neuen Turm. Hermann Henselmann beförderte die Realisierung nach ihren Plänen im Rahmen des Nationalen Aufbauwerks. Der Turm ist eine Stahlbetonkonstruktion mit aussteifender Betonstrukturwand und einer überdachten Aussichtsplattform. Auf beiden Seiten des Turmschaftes sind in Höhe der Podeste Fenster symmetrisch über Eck gezogen. Der Turm ist von vier Restaurants in drei Ebenen umgeben, davon das obere und mittlere mit zugehörigen Aussichtsterrassen mit 500 Plätzen, das untere geschlossen mit 240 Plätzen. Schon von ihnen aus bietet sich ein weiter Blick über die seenreiche Waldlandschaft des südöstlichen Berliner Stadtgebiets.

Marzahn/Hellersdorf (717-722)

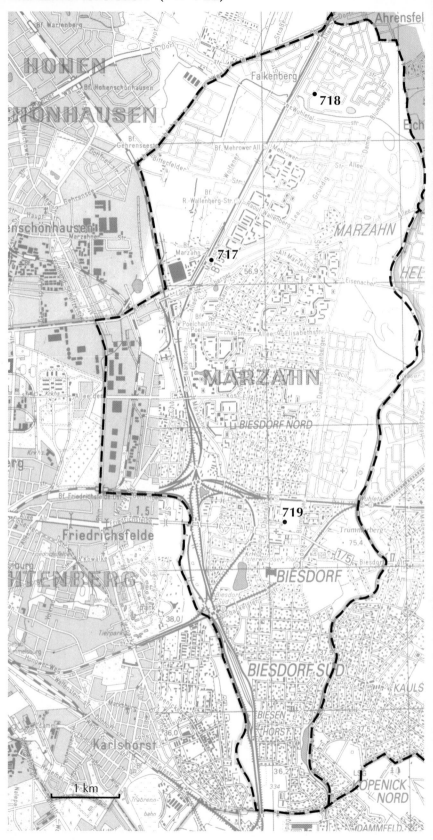

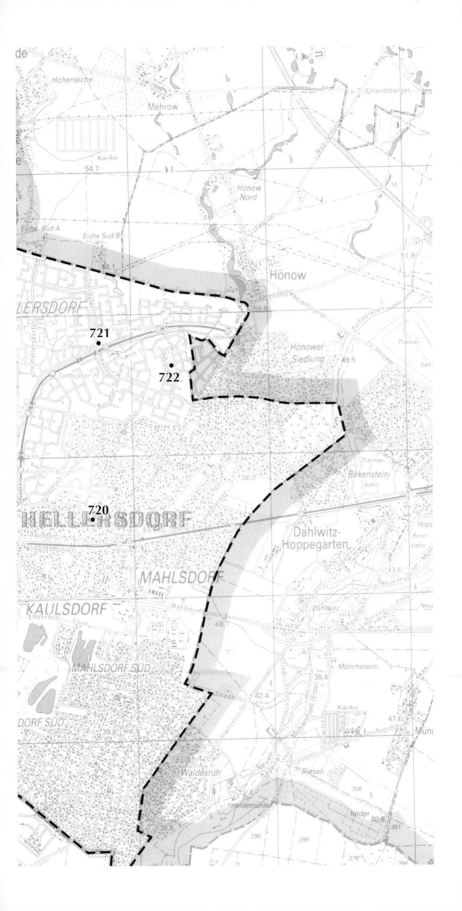

717
Hauptpostamt am Marzahner Tor
Märkische Allee
1984–87
Wolf Rüdiger Eisentraut, Michael Kny

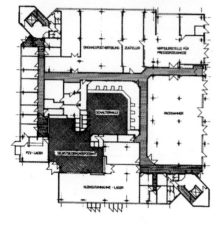

718
Niedrigenergiehaus Marzahn
Flämingstraße, Wittenberger Straße
1996–97
Assmann, Salomon und Scheidt

Simulation der Fassadenansicht (oben),
Grundriss Normalgeschoss (unten)

Der Platz eröffnet vom S-Bahnhof Marzahn, Bus-bahnhof und Parkplatz aus den Zugang zum Ortsteil Marzahn. In dem riesigen DDR-typischen Neubau-gebiet mit schematisch verteilten monotonen Platten-häusern hebt sich die von hier ausgehende räumliche Achse mit mehreren Platzerweiterungen in funktioneller, stadträumlicher und architektonischer Hinsicht wohltuend ab. Unter großem Einsatz war es gelungen, gegen parteilich-planerischen Dirigismus die Gebäude wirklich für den besonderen Standort zu entwerfen. An der Fußgängerbrücke zum S-Bahnhof liegt als Brückenkopf ein Mehrzweckgebäude, da-neben das Hauptpostamt sowie ein Bank- und Ver-sicherungsgebäude. Die Ladenpassage führt zu einem Platz zu Füßen der Wohnhochhäuser, wo sich Warenhäuser, Gaststätten und eine Galerie befinden. Über eine „Promenade" gelangt man zum dritten Platzraum mit dem „Haus der Dienste" und einem Kino. Die von Wohngebäuden begleitete Promenade endet an einer Gebäudegruppe mit Theater, Schwimmhalle, Sporthalle, Bibliothek und Kulturhaus. Das vorgefertigte Montagesystem er-möglichte Abschrägungen. Der signifikanteste Bau ist die Hauptpost. Ihr nahezu quadratischer Büroteil umgibt mit internen Funktionsräumen 2- und 3-geschossig einen Hof, der, mit Glas überdacht, als Schalterhalle dient. Davor liegt die Selbstbedie-nungshalle. Die Erschließung erfolgt in der Diagona-len. Ein zweiseitig ausgestellter Glaskörper bildet den Eingang und läuft als Oberlichtband auf dem Dach weiter.

Das Gebäude hebt sich mit seiner ungewöhnlichen Form und Stellung von den zumeist orthogonal angelegten Scheiben der umgebenden Großplatten-bebauung ab und bildet dadurch einen städtebauli-chen Orientierungspunkt. Grundlage für das ökologi-sche Pilotprojekt war die Forderung, avancierte Umwelttechnologien und eine markante Architektur mit den Vorgaben des sozialen Wohnungsbaus zu verbinden. Die Architekten konzipierten eine 7-geschossige, seitlich angeschrägte Zeile, deren nach Süden ausgerichtete Front leicht konvex aus-schwingt. Während die geradlinige Nordfassade weitgehend geschlossen bleibt, öffnet sich die Süd-seite mit weiten raumhohen Holzfenstern, die durch die Vorwölbung der Fassade ein Maximum an Licht-einfall ermöglichen. Die „kalten Räume" des Gebäu-des wie Treppenhäuser, Flure und Bäder sind nach Norden verlegt und wirken als Wärmepuffer für die Südräume. Computergesteuerte Heizungs- und Lüftungssysteme unterstützen die Verringerung von Wärmeverlusten. Die mit ihren gleichmäßigen Fens-terfolgen und den durchgehenden Balkonen äußerst einfach gegliederte Fassade gewinnt durch die dy-namische Rundung und den keilartig angeschrägten Schmalseiten den Charakter eines skulpturalen Ob-jekts, das in der Lage ist, einen signifikanten Gra-vitationspunkt in der gleichförmigen Umgebung zu bilden.

719
Schloss Biesdorf
Alt Biesdorf 55
1868
Martin Gropius, Heino Schmieden

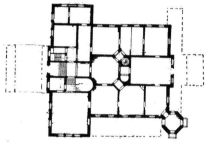

Grundriss Erdgeschoss

720
Katholische Pfarrkirche St. Martin
Giesestraße/Ecke Nentwigstraße
1929/30
Josef Bachem

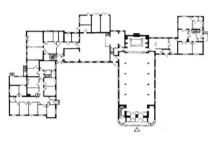

Das Schloss liegt nördlich des Biesdorfer Dorfangers in einem ansteigenden Landschaftspark. Bauherr war der Gutsbesitzer Herrmann Freiherr von Rüxleben. Sein Vater Cuno hatte das alte Gut fünfzehn Jahre vorher erworben. Als Baumeister ist der mit Gropius assoziierte Schmieden genannt. 1887 kaufte es Werner von Siemens. Er ließ das Schloss sanieren und an der Ostseite eine Freitreppe anbauen. 1897 wurde der Balkon nach Süden verbreitert. 1927 kam es in den Besitz der Stadt Berlin, die es bis 1929 als Kinderheim nutzte. 1945 wurde das OG zerstört und später abgetragen. 1991 begann die denkmalpflegerische Rekonstruktion (Projekt G. Schulz). Das Schloss zeigt einen entwickelten Typ klassizistischer Villen mit Formelementen der italienischen Renaissance – aufgelockert durch Balkone, Pergolen und Portalbauten. Der 2-geschossige Bau bestand aus einem quadratischen Teil mit einem beiderseits überstehenden Nord-Süd-Flügel an der Westseite und einem erhaltenen achteckigen Turm an der Süd-Ost-Ecke. Das obere Turmgeschoss ist zwischen acht korinthischen Säulen offen. An der Westseite schließt vor dem Hauptportal ein stattlicher, als überdeckte Vorfahrt dienender Portikus mit Pfeilern, korinthischen Säulen und Kassettendecke an. Der erhöhte Westtrakt blickt mit je drei gekoppelten Rundbogenfenstern und einem flachen Giebel nach Süden. Zwischen ihm und dem Turm liegt eine säulengeschmückte Loggia, ursprünglich mit einem Balkon darüber. Ein weiterer Loggienvorbau mit Risalit befindet sich an der Ostseite. Im Innern führte der Weg vom Haupteingang über einen zentralen Raum mit Oberlicht zum Musiksaal und nach Süden zum Tanzsaal.

Der ausgeführte Entwurf war aus einem prämierten Wettbewerbsprojekt Bachems heraus entwickelt worden. Die Gesamtanlage in Klinkerverblend-Mauerwerk besteht aus der Kirche, aus dem nach Osten angeschlossenen Pfarrhaus und aus dem westlich liegenden Martinsstift mit Schwesternheim, Kindergarten und Altenheim. Die fünfjochige Kirche ist basilikal angelegt, oben mit gekoppelten schmalen, unten mit runden Fenstern. Ihre Wände sind verputzt oder im rohem Klinkermauerwerk belassen. Der Chorbereich steht erhöht. Alle Formen sind von strenger Einfachheit und Sachlichkeit. An der Eingangsseite wurden beiderseits des querrechteckigen Turms in Verlängerung der Seitenschiffe zwei Räume mit apsidialem Schluss angelegt und über die Turmfront vorgeschoben. In dem einen führt die Treppe zur Orgelempore, der andere war als Taufkapelle geplant. Von außen überrascht die Turmfront durch ihre konsequente Modernität. Der Turmkörper wurde vorn und an den Seiten in ganzer Höhe aufgeschlitzt. Dadurch wurde er seiner Massigkeit enthoben. Das Frontfenster endet am Turmdach in einer vorspringenden Platte von anderer Materialwirkung. Auf ihr erhebt sich ein Doppelkreuz. In beiden Turmhälften sitzen Rundfenster, die oberen mit Christogramm und Trinitätssymbol. Zwischen den Halbzylindern ist das Eingangsdach gespannt. Ihre Stirnen sind mit horizontalen Fenstern durchbrochen. Dadurch wird Statik bewusst negiert und wie beim Stahlbetonbau Homogenität der gekrümmten Flächen suggeriert.

721
Zentrum Hellersdorf

Stendaler Straße, Hellersdorfer Straße
1994–2000
Städtebaulicher Rahmenplan: Andreas Brandt, Wolfgang Böttcher. Realisierungen: Brandt & Böttcher; Liepe & Steigelmann; Schattauer & Tibes; HPP-Hentrich-Petschnigg & Partner; Hielscher & Derksen; Jachmann; Dorner & Partner; Noebel; Sawade; Henne; IFB-Planungsgruppe; Enzmann, Ettel, Kirschning; Nattler; Krebs; Ewald, Graf, Neumann; Rolfes & Partner; Winking

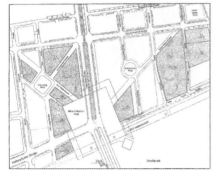

Lageplan (oben): 12 Multiplex-Kino, 20 Rathaus, 24 Ärztehaus, 25 Fachhochschule
Perspektive der Fachhochschule von Winking (unten)

Der dreiseitig bebaute quadratische Alice-Salomon-Platz mit einer Seitenlänge von 120 m stellt den Mittelpunkt des neuen Zentrums dar, an den sich orthogonale Blockstrukturen mit diagonalen Durchschneidungen sowie drei noch unrealisierte 14- bis 22-geschossige Hochhäuser anschließen. Die Architekten orientierten sich mit einer weitgehend homogenen Bebauung, gleichförmig dreizonalen Fassaden, einheitlicher Traufhöhe sowie den durchgehenden Arkaden explizit an den Prototypen der spanischen Städtebaugeschichte, v. a. der Plaza Mayor in Salamanca von 1729–55. Monika Krebs entwarf das Ärztehaus an der Westseite des Platzes, Brandt & Böttcher zeichnen für das Bezirksrathaus an der Nordwestecke und Jürgen Sawade für das Multiplex-Kino an dem vom Platz abgewandten Abschnitt der Stendaler Straße verantwortlich. Bernhard Winkings Bau für die Fachhochschule für Sozialarbeit und Sozialpädagogik schließt die Ostseite des Platzes. Insgesamt wirkt die Adaption mediterraner Platztypologien gleichzeitig befremdend und doch als städtebaulicher Schwerpunkt des Bezirks.

722
Wohnanlage Branitzer Platz

Branitzer Platz, Adele-Sandrock-Straße, Louis-Lewin-Straße
1995–97
Ruth Golan & Kay Zareh; Michael Kny & Thomas Weber; Casa Nova

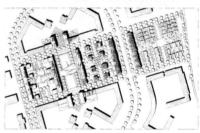

Modellaufnahme (oben), Lageplan (unten)

Das Projekt bildet nach einem Entwurf von Golan & Zareh eine in Ost-West-Richtung langgezogene städtebauliche Figur mit einem durch die einzelnen Baugruppen geführten „Grüntal". Regelmäßig in Nord-Süd-Richtung angelegte 4-geschossige Zeilen gliedern den Komplex in einzelne Abschnitte, die in ihren Binnenräumen vielfältige Haustypen aufweisen. Das Zentrum der neuen Siedlung wird durch den eigentlichen Branitzer Platz gebildet, der von Golan & Zareh bebaut wurde. L-förmig angelegte Baukörper verengen im Norden und Süden den Platzraum und formen einerseits torartige Abschlüsse und binden gleichzeitig den Platzraum in die Bebauung der 80er Jahre ein. V. a. mit den dynamisch gerundeten Balkonen verarbeiten die Architekten Vorbilder des „Neuen Bauens", etwa Hugo Härings Wohnhaus für die „Ringsiedlung" (Nr. 324) oder Bruno Tauts Zeilen an der Buschallee (Nr. 521). Aufgeständerte Flugdächer setzten markante Zeichen. Der westlichen Zeile sind rückwärtig 3-geschossige Baukörper angelagert; eine spiegelbildlich dazu konzipierte Kammstruktur von Kny & Weber schließt das Ensemble nach Westen ab. Östlich des Platzes folgen Einzelhäuser sowie die Louis-Lewin-Straße flankierende Zeilen von Casa Nova und Kny & Weber. Ein Ensemble mit Atriumhäusern von Casa Nova und Golan & Zareh sowie eine Reihenhausbebauung von Kny & Weber runden die aufgrund ihrer typologischen Vielfalt und nutzungsbezogenen Flexibilität überzeugende Anlage nach Osten ab.

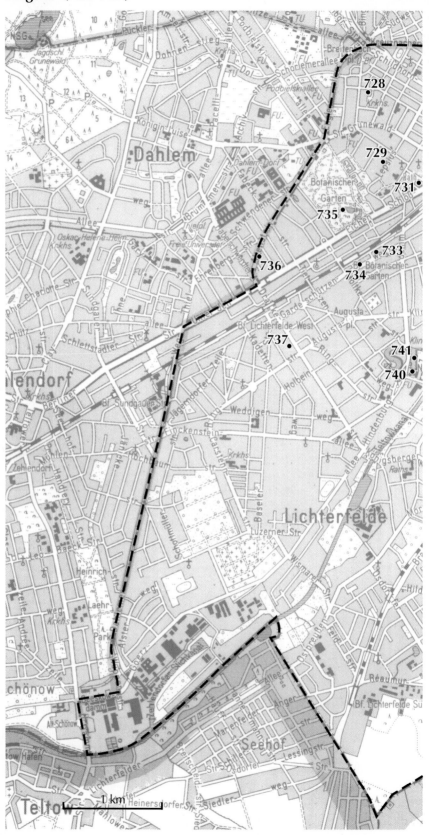

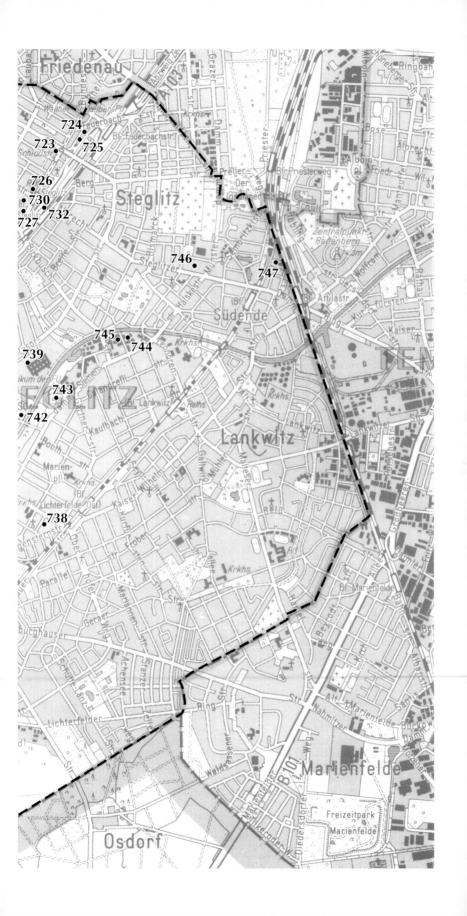

723
Turmrestaurant „Bierpinsel"
Schloßstraße/Schildhornstraße
1972–76
Ralf Schüler, Ursulina Schüler-Witte

724
Forum Steglitz
Schloßstraße 1–2
1967–70
Finn Bartels, Georg Heinrichs, Christoph
Schmidt-Ott

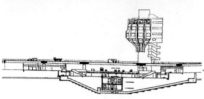

Das Einkaufszentrum Forum Steglitz war aus der Euphorie entstanden, dass solchen Shop-in-Shop-Einkaufszentren wie z. B. dem 1963–65 gebauten Europa-Center (Nr. 521) die Zukunft gehöre. Dementsprechend großzügig wurde es geplant. Zahlreiche Ladengeschäfte, vom Supermarkt bis zum Reformhaus, konnten unter einem Dach zusammengebracht werden. Der Geschäftsbereich wurde als Stahlskelettbau errichtet. Auf dem 4-geschossigen Gebäudekubus lagert das 5. OG, getrennt in zwei Kompartimente, die wenig über die Fassadenflucht an der Schloßstraße hinausstehen. An den Gebäudeseiten ragen die fast geschlossenen Treppentürme weit über das 5. OG hinaus. Im Inneren sind die Geschäftsräume um einen großen Lichthof angeordnet, der durch eine zwischen dem 4. und 5. OG pneumatisch zu bewegenden Lichtkuppel abgedeckt ist. Die umlaufenden Galerien, auf denen sich die Ladengeschäfte befinden, werden durch Rolltreppen erschlossen.

Der futuristisch gestaltete Bau des Turmrestaurants „Bierpinsel" liegt an einem Straßendurchbruch, der die Verbindung zwischen zwei Stadtautobahnen herstellt. Diese Verbindung, die als Brücke die Schloßstraße überquert, war als vierspurige Weiterführung geplant, wurde jedoch nicht ausgeführt. An diesem Brückenpunkt wurde mit dem auf einem schlanken Turm aufsteigenden und dann weit auskragenden „Bierpinsel" ein auffälliges Merkmal gesetzt. Dieser markiert zum einen für den per Auto von der Stadtautobahn Herannahenden die Schloßstraße, zum anderen gibt er dem Einkaufsbummler auf der Schloßstraße einen weit sichtbaren Orientierungspunkt für den U-Bahnhof. Der Turm besteht aus einem Rechteck, in dem die Treppenanlagen untergebracht sind. An diesen Kubus ist ungefähr auf Höhe des 3. OG ein weit auskragender, halbrunder Bauteil angebracht, der mehrfach eingeschnürt ist. Deutlich hebt sich dieser Bereich durch seine grelle rote Stahlplatten-Verkleidung von den Sichtbetonwänden der unteren Geschosse ab.

725
„Titania-Palast"
Schloßstraße 5
1926–27
Jacobi, Schloenbach, Schöffler

726
Rathaus Steglitz
Schloßstraße 36–37
1896–97
Heinrich Reinhardt & Georg Süßenguth

Ursprünglicher Zustand (oben)
Zustand 1988 (unten)

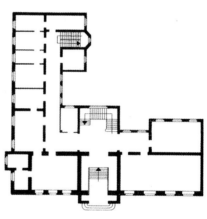

Der Titania-Palast gehört zusammen mit dem „Universum-Kino" (Nr. 391) zu den wenigen erhaltenen Originalgebäuden der Kinokultur aus der Anfangsphase des Tonfilms. An der Gebäudeecke, dem ehemaligen Haupteingang, staffeln sich die kubischen Baumassen. Aus ihnen wächst der ca. 30 m hohe, schlanke Lichtturm empor, der den Hauptakzent in der einstmals aufwendigen Lichtarchitektur bildete. Durch diese Leuchtreklame erhielten die Fassaden nachts ein ganz anderes Aussehen. Der Stahlbetonskelettbau mit Ziegelausfachung wird auch vertikal betont durch die hohe Arkadenzone im EG. Durch vertiefte, schmale Mauerstreifen und das weit auskragende Vordach wurde die Gebäudemasse horizontal eingebunden. Der Innenraum stand einst im Widerspruch zur äußeren Sachlichkeit. In dem 1.924 Plätze fassenden Saal klangen mit geschwungenen Wandabschlüssen, muschelförmiger Leinwandrahmung und runder Lichtkuppel organische Formen an. Auch hier gab es einen raffinierten Lichteinsatz, der nur durch einen hauseigenen Transformator gewährleistet werden konnte. Nach mehreren Innenumbauten, u. a. 1953 durch Hermann Fehling, konnte das Gebäude als Ladengeschäft erhalten bleiben. 1995 wurden Teile des „Titania-Palastes" wieder für eine Kinonutzung umgebaut.

Das reizvolle Gebäude erhebt sich an repräsentativer Stelle an einem großen verkehrswichtigen Platz. Aus dem mit roten Ziegeln verblendeten Bau ragt an der Ecke der wuchtige Turm hervor, ein in jener Zeit unverzichtbares Requisit eines größeren Rathauses. Er ist in seinem oberen Teil durch Erker, Türmchen und Zinnen reich gegliedert. Die Fassade des Rathauses wurde in Anklängen an die märkische Backsteingotik gestaltet. Die gewählte gotische Stilfassung sollte an eine Blütezeit der deutschen Stadt erinnern, in deren Tradition sich die Stadtväter des damals noch selbstständigen Steglitz sehen wollten. Auch bei diesem Gebäude lässt sich das Maskenhafte der Architektur des Historismus beobachten: durch die völlige Dominanz der Fassade wird eine Ordnung im Innern suggeriert, der die Aufteilung der Räume nicht Rechnung trägt. Das Portal wurde 1929 von Stadtbaurat Fritz Freymüller neu gestaltet.

727

Büro- und Geschäftshaus
Schloßstraße 40
1991–92
Assmann, Salomon und Scheidt

728

Mietwohnanlage Steglitz II
Fritschweg
1907–08
Paul Mebes

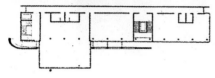

Ansicht von Schloßstraße (oben): rechts 50er Jahre-Pavillon; Grundriss 3. OG (unten)

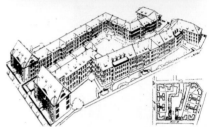

Ansicht des ursprünglichen Zustands

Der Bau wirkt als großes skulpturales Objekt, das innerhalb der heterogenen Umgebung mit dem alten Rathaus Steglitz (Nr. 726) und dem gegenüberliegenden „Kreisel" (Nr. 732), aber auch mit dem direkt benachbarten runden 50er Jahre-Pavillon eines Autohauses spannungsvolle räumliche Beziehungen herstellt. Der langgezogene 7-geschossige Baukörper steht quer zur Straße und lehnt sich an die Brandwand des Nachbargebäudes an. Die Fassade erscheint in mehreren aufeinander folgenden Schichten aufgebaut, die gleichzeitig gegeneinander verschoben sind. Einer Stahl-Glas-Konstruktion folgt eine weiß verputzte Betonscheibe, deren Rastergliede-rung Durchblicke zu der dahinter liegenden transparenten Haut ermöglichen. Diese zweite Schicht wird ab dem dritten OG von einem 3-geschossigen aufgeständerten Glaskubus durchdrungen. Zur Ecke kragt die Scheibe schräg vor und scheint durch ein leichtes Einschwingen den gläsernen Kern zu umfassen. Mit der Thematisierung von Wandfläche, transparenten Körpern und Rundformen reflektiert die Architektur vorgefundene Elemente des Stadtraums und bindet sie in einen komplexen baulichen Zusammenhang ein, der in der Lage ist, der platzartigen Straßenweitung eine klare Kontur zu verleihen.

Im Auftrag des Beamtenwohnungsvereins schuf der Architekt Paul Mebes dieses gelungene Beispiel einer genossenschaftlichen Wohnanlage. Entlang einer Privatstraße wurden beiderseits Hauszeilen angeordnet und zur öffentlichen Straße durch Kopfbauten abgeschlossen. In der Mitte der Wohnanlage befindet sich ein kleiner Platz mit einem Brunnen. Die Zeilenanordnung weicht von dem bis dahin üblichen, verdichteten Mietkasernen-Schema mit Vorderhaus, Seitenflügel und Gartenhaus ab. In der Wohnanlage sind 130 Wohnungen mit vorwiegend drei Zimmern untergebracht, die alle querbelüftet und mit Bad ausgestattet sind. Die symmetrisch angeordneten Backsteinbauten zeigen im Wechsel paarweise zusammengefasste Balkone und tiefliegende Loggien, die mit halbkreisförmigen Bogen geschlossen sind. Der von Walter Schmarje gestaltete Backsteinschmuck ist sparsam eingesetzt. Wandflächenstrukturierung mittels Lisenen, Giebelformen und Thermenfenstern lassen Mebes' Vorliebe für den Klassizismus erkennen. 1908 hatte der Architekt ein vielbeachtetes Buch mit dem Titel „Um 1800" herausgegeben, in dem er eine große Zahl klassizistischer Bauten dokumentierte und seine Vorstellungen von einer Rückbesinnung auf Formen des frühen Berliner Klassizismus darlegte. Eine ähnliche Anlage baute er für denselben Bauverein ein Jahr später in Niederschönhausen (Nr. 510).

729
Haus Ziegler
Lepsiusstraße 112
1936
Hugo Häring

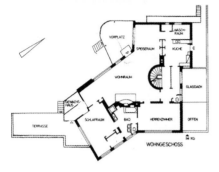

730
Gemeindehaus der Matthäus-Kirche
Schloßstraße 44
1928–30
Otto Rudolf Salvisberg

Grundriss Erdgeschoss

Das 2- bis 3-geschossige Einfamilienhaus ist an einen Südhang gebaut. Sein Sockelgeschoss, das als Hausmeisterwohnung konzipiert war, besteht aus Sichtbeton, die beiden darüber liegenden Geschosse sind mit Klinkern verkleidet. Das schiefergedeckte Dach ist flach geneigt und erfüllt somit die Vorgaben der nationalsozialistischen Baubehörde. Der Grundriss weist eine lebendige, frei gestaltete Form auf. Der große Wohnbereich springt in einem offenen Winkel nach Westen hin vor. Seine Decke steigt von beiden Enden bis zur Rückwand des Treppenhauses an und verleiht dem Wohnbezirk zusätzlich zu dessen phantasievoller Form ein weiteres spannungsreiches Element. Die halbrunde Rückwand des Treppenhauses wird als gestaltendes Element integriert. Durch große Fensterfronten und eine ausladende Terrasse wird der Garten in den Wohnbereich einbezogen. Der spätere Anbau eines Wintergartens an das Wohnzimmer stammt ebenfalls von Häring.

Salvisberg stand beim Bau dieses Gemeindezentrums vor der schwierigen Aufgabe, auf einem engen Grundstück in unmittelbarer Nähe zur älteren Matthäus-Kirche von 1890 einen Gemeindesaal, Konfirmandensäle, Verwaltungsräume und mehrere Wohnungen unterzubringen. Er löste dieses Problem, indem er den Kirchenvorplatz durch zwei Gebäudeflügel U-förmig einfasste. Dadurch entstand ein zur lauten Schloßstraße abgeschlossener, ruhiger Bezirk. Die einzelnen Funktionen des gleichförmigen Gebäudekomplexes werden über diesen Innenhof erschlossen. Auffallend ist die – vom Architekten durchaus beabsichtigte – Monumentalität der Anlage. Diese wird zum einen durch die der Herrschaftsarchitektur entlehnte Dreiflügelanlage erzielt, zum anderen durch den pathetisch-feierlichen Eingangsbereich; zwei hohe, bis zum Dach reichende Pfeiler, die mit Travertin verkleidet sind, geben den Blick von der Straße über den Hof auf die Kirche frei. Diese Monumentalisierung wird aber zum Teil wieder relativiert, indem der Trakt extrem in die Breite gelagert ist; tiefliegende Fensterbänder betonen seine Gedrungenheit zusätzlich. Die Symmetrie der Außenfront wird durch einen aus der Achse gerückten Nebeneingang „gestört". Die langgezogenen Fensterbänder mit Metallrahmen, die in der nüchternen, sachlichen Klinkerwand liegen, verweisen auf Bauten fortschrittlicher Architekten jener Zeit, wie z. B. Mies van der Rohe oder Mendelsohn mit seinem Haus Am Rupenhorn (Nr. 297).

731
Wrangel-Schlösschen
Schloßstraße 19
1804
Heinrich Gentz

732
Steglitzer Kreisel
Schloßstraße
1969–75
Sigrid Kreszmann-Zschach

Seinen Namen erhielt das Schlösschen nach dem Generalfeldmarschall Wrangel, der um 1853 hier wohnte. Die Pläne des für den Kabinettsrat von Beyme errichteten Hauses gehen vermutlich auf David Gilly zurück. Die Ausführung oblag wahrscheinlich dem Gilly-Schüler Heinrich Gentz, dessen berühmtester Bau die Münze auf dem Friedrich-Werderschen-Markt (1797–1800, 1886 abgebrochen) ist. Mit gedrungenem Portikus, Dreiecksgiebeln und Thermenfenstern kommen hier ähnliche Gestaltungselemente zum Ausdruck, wie sie David Gilly beim „Vieweg-Haus" in Braunschweig 1799–1804 verwirklicht hatte. Eine derartige Gestaltungsweise zeichnet sich durch die Verwendung von massigen Wandflächen und antikischen Architekturelementen aus, die sich in ihren Proportionierungen jedoch nicht auf antike Vorbilder beziehen. Die Proportierungen sind gedrungener. Das Wrangel-Schlösschen ist eines der wenigen gut erhaltenen Beispiele frühklassizistischer Architektur in Berlin. Doch ist seine besondere Ausformung ohne die Auseinandersetzung mit der zeitgleichen französischen „Revolutionsarchitektur", deren Hauptvertreter Etienne Louis Boullée (1728–99) und Claude Nicolas Ledoux (1736–1806) waren, nicht denkbar.

Das dreiecksförmige Grundstück, auf dem sich der Gebäudekomplex befindet, wird auf allen Seiten von breiten Straßen – der Schloßstraße, der Düppelstraße und der Stadtautobahn – begrenzt. Das 30-geschossige Hochhaus ist in einen 7-geschossigen, mit hellen Eternit-Platten verkleideten Gebäudeteil eingebunden, in dem ein Hotel und ein Parkhaus untergebracht sind. Die Längsseiten des Hochhauses werden durch siebenachsige, vorgezogene Gebäudebereiche unterteilt. Dem Stahlskelettbau ist eine schwarze Glas-Aluminium-Fassade vorgehängt. Zur Belebung des kleinteiligen Fassadenrasters trägt ein breites, zwei Geschosse übergreifendes Fensterband bei, das durch schmale, senkrecht angeordnete Alu-Platten in das Fassadenschema eingebunden wurde. Der „Kreisel" kam in zweifelhaften Ruf, da der Bau bereits bis 1974 230 Mio. DM verschlungen hatte und noch nicht bezugsfertig war. Die „Investitionsruine" wurde für 32,5 Mio. verkauft. Weitere 95 Mio. DM mussten dann von einer Trägergesellschaft investiert werden, um den Gebäudekomplex herzurichten. Heute ist auf 20 Etagen die Steglitzer Bezirksverwaltung untergebracht. Brandschutzmängel und Dichtungsschäden, die 1988 durch ein Gutachten erkannt wurden, brachten den Stahlskelettbau erneut in Verruf.

733
Laubenganghaus
Neuchateller Straße 19–20
1929–30
Anton Brenner, Paul Mebes, Paul Emmerich

734
Wohnhausgruppe am Botanischen Garten
Hortensienplatz 1–3
1924–26
Otto Rudolf Salvisberg

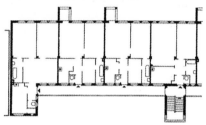

Grundriss Bauteil Mebes & Emmerich

Haus am Begonienplatz, Straßenseite (oben)
Haus am Hortensienplatz, Platzseite (unten)

Der Stahlbetonskelettbau besitzt einen 4-geschossigen Mittelteil, an den sich zu beiden Seiten 3-geschossige Flügel anschließen. Die lang gestreckte Straßenfront im Norden wird durch zwei vorgezogene Treppenhausblöcke gegliedert. Der Typ des Laubenganghauses wurde in Berlin in dieser Zeit u. a. von Walter Gropius in Siemensstadt (Nr. 322) und von Otto Rudolf Salvisberg in der „Weißen Stadt" (Nr. 593) angewandt. Der Vorteil dieses Haustyps besteht darin, dass eine größere Anzahl an Wohnungen vom Treppenhaus erschlossen werden kann als bei jedem anderen Gebäudetyp. Das Laubenganghaus enthält 56 2- bis 3-Zimmer-Wohnungen zwischen 52 und 76 m² Wohnfläche. Nach Norden zum Laubengang liegen die Wirtschaftsräume, die Wohn- und Schlafräume nach Süden. Die Grundrisse sind z. T. nicht überzeugend; die meisten Wohnungen weisen ein sog. gefangenes Zimmer ohne direkten Zugang zum Flur auf. An der Hofseite des Gebäudes kann man die unterschiedliche Gestaltung der Architekten erkennen; von Mebes und Emmerich stammen die Wohnteile mit den geschlossenen Lauben, Brenner legte breite Loggien an. Auffallend ist die lebendige Farbigkeit der an sich nüchternen und sachlichen Fassade, ein in den 20er Jahren oft angewandtes Gestaltungsmittel; die Treppenhäuser sind weiß verputzt, die Wandflächen ockerfarben, während die Brüstungen der Laubengänge rot gestrichen sind. Die markanten, gerundeten Dachabschlüsse zu beiden Seiten der Treppenhäuser tragen zusätzlich zur Belebung der Straßenfront bei.

Otto Rudolf Salvisberg hatte am Hortensienplatz zwei 4-geschossige Blockrandbebauungen geplant, die getrennt durch eine kleine Grünfläche zwischen Hortensien- und Tulpenstraße errichtet werden sollten. Davon wurde nur ein Block und ein Eckbau am Begonienplatz ausgeführt. Diese bilden den südlichen Abschluss des Begonienplatzes und wurden symmetrisch gestaltet. Das besondere der Gestaltung sind die aus den flachen Fassaden hervorstehenden Veranden, die von Geschoss zu Geschoss zunehmend vorkragen und in den ca. 1 m breiten Dachüberstand hineinmünden. Das EG ist ebenso wie die Veranden hell, die übrige Fassadenfläche rotbraun verputzt. Dabei wurden die putzbündig gesetzten Fenster mit gelblichen Rahmen umgeben. Diese nüchtern wirkende Fassadengliederung wurde nur auf drei Seiten der im Rund der Hortensienstraße einschwingenden Blockrandbebauung angewandt. Die Gebäudeseite zum Hortensienplatz besitzt eine fast ornamentale, expressionistische Fassade. Der Bauteil springt leicht ein. An seinen Ecken wurden die Loggien vorgezogen. Die Fassade ist mit einem Netz von horizontalen weißen Putzlinien überzogen, die durch die spitzen Erkerchen im Mittelbereich in Bewegung zu geraten scheinen. In den Bauten befinden sich 2- bis 3-Zimmer-Wohnungen, in den Gebäudeecken wurden 4- bis 5-Zimmer-Wohnungen untergebracht.

735
Botanischer Garten
Unter den Eichen
1899–1914; 1987
Alfred Koerner; Engelbert Kremser,
Manfred Korthals

736
Wohnhäuser
Altensteinstraße 62, 66
1921; 1930
Heinrich Möller

Kalthaus (oben)
Bauteil Kremser (unten)

Altensteinstr. 62 vor dem Umbau (oben)
Altensteinstr. 66 (unten)

Der Botanische Garten hatte sich bis Ende des letzten Jahrhunderts auf dem Gebiet des heutigen
Kleistparks befunden. Ab 1897 wurde mit den Pla-
nungen für das Gebiet in Steglitz begonnen. Die
Pflanzenhäuser wurden in lockerer Folge entlang
eines geschwungenen Hauptweges angelegt. Den
Höhepunkt des Rundganges bildet das filigrane, ca.
16 m hohe Kalthaus, dessen Gestaltung an eine
Kathedrale erinnert. Diese Stahl-Glas-Konstruktion
wurde wie auch die anderen Gewächshäuser ab
1899 bis 1903 vom Architekten Alfred Koerner in
Zusammenarbeit mit dem Konstrukteur Heinrich
Müller-Breslau errichtet. In den Garten führen zwei
Eingänge. Der südliche wurde mit einem kleinen
Eingangspavillon betont. In seiner Nähe befindet
sich der im Landhausstil gestaltete Verwaltungsbau
mit dem angegliederten Wirtschaftshof. Der nördliche Eingang, ebenfalls durch einen kleine Pavillon
markiert, befindet sich am Königin-Luise-Platz, an
dem auch das Botanische Museum liegt. Dieses
wurde 1903–04 von Alfred Koerner als Dreiflügelanlage mit Anklängen an spätgotische und Renaissance-Formen gestaltet. Nach schweren Beschädi-
gungen im Zweiten Weltkrieg wurde der Bau ab
1945 vereinfacht wiederaufgebaut. 1986–87 erhielt das Museum anstelle des zerstörten Ostflügels
einen Neubau, den Rainer G. Rümmler durch
Geschosshöhe und -einteilung sowie Materialverwendung dem Altbau anzupassen suchte. Die Pflanzenhäuser wurden 1984–87 umfassend von den
Architekten Engelbert Kremser und Manfred Korthals
renoviert und durch drei Gewächshaus-Neubauten
ergänzt.

Der Architekt Heinrich Möller gestaltete auf unmittelbar angrenzenden Grundstücken 1921 ein Einfamilienhaus, das er selbst bewohnte, und 1930 eine
Reihenhausgruppe. Das 1-geschossige Wohnhaus
fällt durch seine bemerkenswerte Gestaltung besonders auf. Aus dem mit einem flachen, überkragenden Kegeldach abgeschlossenen Gebäudekubus
schwingt zur Straßenseite ein halbrunder Erker aus.
Die Fassadenflächen erhalten eine besondere Struktur durch die vorgezogenen Backsteine, die jeweils
mit einem glatten, im Verbund gesetzten Backstein
abwechseln. Die expressionistische Fassadengestaltung findet ihren Höhepunkt in der Eingangstür, die mit einem neogotischen Spitzbogen gerahmt und von einer madonnenähnlichen Skulptur
bekrönt wird. Zwar nimmt Möller bei seinem Rei-
henhaus in abgemilderter Form die Backstein-
struktur im Bereich des EG auf, der sachlich streng
durchgestaltete Bau ist jedoch der Frühen Moderne
zuzurechnen. Bei der flachgedeckten Zeile sind in
den vorschwingenden Halbrundbauten die Treppenhäuser untergebracht. Langgezogene Fensterfelder,
die bis an das leicht überkragende Flachdach reichen, unterstreichen die Leichtigkeit des verputzten
OG. Das Erscheinungsbild der Wohnhäuser Altensteinstr. 62 wurde durch eine vorgenommene Aufstockung stark beeinträchtigt.

737
„Der Spiegel"
Drakestraße 50
1950–51
Rudolf Grosse, Heinz Völker

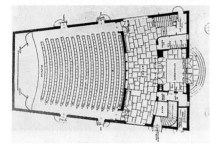

738
Villa Andresen
Frauenstraße 6
1906
Sepp Kaiser

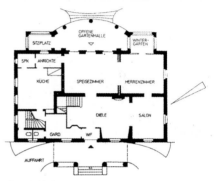

Grundriss Erdgeschoss

Bei dem 2-geschossigen Gebäude handelt es sich um einen ehemaligen Kinobau. Noch heute ist der schwungvolle Namenszug des Kinos, der sich einst auf der rechten Fassadenhälfte befand, als Schattenumriss zu erkennen. Der rechteckige Baukörper ist zur Straßenseite in der Gebäudemittelachse nur durch ein halbrundes Vordach und ein vorschwingendes Fensterfeld, das um eine Gesimsbreite über das Flachdach ragt, betont. Das Vordach ist leicht nach oben gebogen und wird durch zwei sich nach innen neigende Stützen getragen. Ein V-förmig angeordnetes Lichtröhrenpaar verweist auf den Haupteingang, der über zwei ebenfalls halbrund geführte Treppenstufen zu erreichen ist. Hinter der ehemals vierflügeligen Eingangstür schloss die Kassenhalle an, von der man in die Garderobe und zum zweiten Foyer im OG gelangte. Der trapezförmige Kinosaal besaß 372 Plätze in Parkett und 252 Plätze in Rang. Im Saal wurden durch geschwungene Brüstungen und Rahmungen die Gestaltungselemente des Außenbaus weitergeführt. Die Architekten knüpften insbesondere mit dem vorschwingenden Fensterfeld und dem Vordach an das von ihnen im gleichen Jahr gestaltete Schiller-Theater (Nr. 268) an. Ehemals befanden sich auf dem Fußweg vor dem Haus zwei kleine, kreisrunde Informationspavillons. 1973 wurde das Gebäude zum Supermarkt umgebaut, die Fassade blieb dabei erhalten.

Das Wohnhaus zählt zu den wenigen erhaltenen Beispielen der Berliner Jugendstilarchitektur. Die feinteilige Ornamentik an den verputzten Fassaden des Backsteinbaus und insbesondere das Muster auf der Balkonbrüstung erinnern an Bauten der Hauptvertreter des Wiener Jugendstils, Otto Wagner (1841–1918) oder Josef Maria Olbrich (1867–1908). Die Straßenfront dieses 2-geschossigen Wohnhauses wird von dem breiten, auf Säulen gelagerten Balkon bestimmt, der den Hauseingang verschattet und dem Gebäude eine gewisse Gedrungenheit verleiht. Diese wird verstärkt durch das weit überkragende Dach und die Umrissform des Hauses. Ähnlich einer Säulen-Entasis „schwellen" die Hausecken an und schwingen kurz vor dem Dacheinsatz leicht ein. Hinter den axial angeordneten, einheitlichen Fenstern liegen im Inneren unterschiedliche Räume, z. B. das Gäste-WC oder die Treppenanlage. Vom Eingangsbereich führt eine Sichtachse über die großzügige Diele durch das Speisezimmer direkt in die sich vorwölbende Gartenhalle und wird dort durch eine Säule in der Achsenmitte gebrochen. Der kunstvolle Gartenzaun mit seinem geometrischen Netzwerk, ebenfalls von Sepp Kaiser entworfen, vervollständigt die Anlage zu einem kleinen „Gesamt-Kunstwerk". Dem Architekten-Ehepaar Ralf Schüler und Ursulina Schüler-Witte, bekannt durch Bauten wie das ICC (Nr. 284) und den Bierpinsel (Nr. 723) dient die Villa nach umfassender Restaurierung als Wohnung.

739
Klinikum der FU Berlin
Hindenburgdamm 30
1959–67
Curtis, Davis, Franz Mocken

740
Institut für Hygiene und medizinische Mikrobiologie der FU Berlin
Hindenburgdamm 27
1970–74
Hermann Fehling, Daniel Gogel

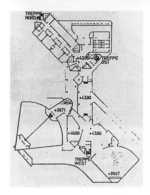

Den Mittelpunkt der Anlage bildet das Hauptgebäude, das wiederum in einzelne Bereiche unterteilt wurde. Die Basis des Gebäudes bilden drei parallele, ca. 225 m lange, 3-geschossige Flügelbauten, deren Enden jeweils durch Querriegel miteinander verbunden sind. Über diesen erheben sich zwei auf Stützen gestellte, 5-geschossige Bettentrakte. Diese knicken in ihrer Mittelachse leicht ein, schwingen zu den Ecken des Unterbaus vor und ragen mit ihren Schmalseiten über diesen hinaus. Zwischen diesen beiden Trakten befindet sich der 4-geschossige Behandlungsbau, der als geschlossene Vierflügelanlage konzipiert wurde. Dem Stahlbetonbau ist im Bereich des Flachbaus und des Behandlungstraktes eine Betonrasterfassade vorgehängt. Deren schmale Stützen wurden mit einem filigranen Muster versehen, das, je nach Lichteinfall und Betrachterstandpunkt, die Fenster und die Geschosszahl verschleiert. Die beiden Bettentrakte besitzen ein vorgelegtes Betonraster mit breiterer Stützenfolge, das durch die breiten, durchbrochenen Gesimse und durch die spitz vorstoßenden Fenster eine interessante Struktur erhält. Eine großzügige Rampe führt auf den Eingangsbereich zu, der sich in der geschlossenen Vorderfront bis zum Ansatz des Flachdachs öffnet.

Die funktionalen Bedingungen, die das Gebäude zu erfüllen hat, sind ungemein vielfältig. Das breite Spektrum reicht von den verschiedenen Forschungsbereichen der Virologie, Hygiene, Mikrobiologie bis zu den dazugehörigen technischen Ver- und Entsorgungseinrichtungen. Dazu kommen die mit dem Lehrauftrag des Instituts verbundenen Räumlichkeiten wie Hörsäle und Bibliothek. Eine gemeinsame Eingangshalle erschließt die beiden Großbereiche Forschung und Lehre, die in getrennten Gebäudeteilen untergebracht sind. Unterhalb der Eingangsrampe liegen, auf Straßenniveau, die kreissegmentförmigen Hör- und Kurssäle, die jeweils mittels Rollwänden unterteilt werden können. Hohe, schornsteinartige Treppentürme mit schmalen, schlitzartigen Fensteröffnungen, Fensterbänder im Wechsel mit schmalen Brüstungsstreifen sowie „Bullaugen" sind vom Schiffsbau entlehnte Formen. Diese erinnern hier im Zusammenhang mit der Staffelung der Raumebenen und der homogenen Betonaußenhaut an einen Ozeanriesen. Wie auch bei anderen Bauten der Architekten, z. B. dem Max-Planck-Institut für Bildungsforschung (Nr. 363), ist bei diesem Institutsgebäude ein Nachwirken zweier Lehrmeister der Klassischen Moderne, Le Corbusier und Scharoun, zu spüren.

741
Schloss Lichterfelde
Hindenburgdamm 20
1865

742
Zentrale Tierlaboratorien der FU Berlin
Krahmerstraße 6–12
1971–80
Gerd Hänska

Die für die Untersuchung notwendige Abschirmung des Laboratoriums von der Außenwelt und vom Tageslicht wurde hier als monumentale Blockhaftigkeit interpretiert. Das Gebäude, aus dem Gedanken der Zentralisierung verschiedener universitärer Institute entstanden, wirkt wie ein Schlachtschiff auf Reede. Der vom Volksmund als „Mäusebunker" betitelte Bau ist plastisch mit tiefliegenden Fenstern, spitzen Lichtgauben, geschützrohrartigen Luftansaugstutzen und Deckstaffelung gestaltet. Hinter den wenigen Fenstern befinden sich Verwaltungs- und Unterrichtsräume. Die weit auskragenden Röhren sind zugleich funktionaler Ausdruck der Haustechnik, da sie den einzelnen Forschungsbereichen zur individuellen Luftansaugung von außerhalb der Wärmestauzone des Gebäudes dienen. Dicke, blaugrüne Stahlgeländer runden das klobige Gesamtbild des Sichtbetonbaus ab. Im Inneren sind den 4 Normalgeschossen jeweils Technikgeschosse zwischengeschaltet. Im Dachaufbau befindet sich die Heizzentrale.

Das Schlösschen, am Rande der Lichterfelder Dorfaue gelegen, ist aus einem wohl 1865 von Johannes Otzen erweiterten Gutshaus entstanden. Es wird auch nach seinem damaligen Besitzer „Carstenn-Schlößchen" genannt, dessen Name sich auch mit der Gründung der Villenkolonie in Lichterfelde (ebenfalls ab 1865) verbindet. Carstenn gab den Auftrag zum Ausbau des Gutshauses zu einem repräsentativen Wohnsitz. Der niedrige, siebenachsige Mittelteil gehört vermutlich noch zu dem um 1790 entstandenen Gutshaus, an das jeweils dreiachsige, höhere Seitenbauten angefügt wurden. Den besonderen Charakter dieses spätklassizistischen Baus unterstreichen die Dreifenster-Gruppen der Seitenrisalite, deren Blendarkaden von Putzbandrustika rahmenartig zusammengefasst werden. Im EG des Mittelteils, das mit Bandrustika verziert ist, liegen Rechteckfenster, die unterhalb der geraden Fensterstürze mit Schmuckfriesen betont sind. Seit 1925 im staatlichen Besitz, wurde das Schlösschen ab 1935 als Amtsgebäude genutzt. Nach bereits 1953 erfolgten Renovierungsarbeiten ist im Haus heute eine Kindertagesstätte untergebracht.

743
Stadion Lichterfelde
Ostpreußendamm
1926–29
Fritz Freymüller

744
Elektro-Mechanik-Fabrik
Nicolaistraße 7
1928
Martin Punitzer

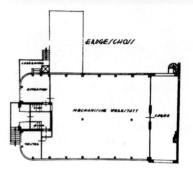

Das Stadiongebäude besteht aus zwei lang gestreckten Flügelbauten, die einander in stumpfen Winkeln zugeordnet sind. Verbunden werden sie durch einen runden Treppenhausturm, der als „Gelenk" fungiert. Im westlichen Flügel sind im EG Umkleidekabinen und WCs untergebracht, im oberen Geschoss liegt eine große Gymnastikhalle. Im östlichen Flügel befinden sich Umkleide- und Duschräume, darüber erhebt sich die zum Spielfeld gewandte überdachte Tribüne. Durch die Anordnung der Baukörper in Winkelform entsteht zum Ostpreußendamm ein breiter, V-förmiger Vorplatz. Dieser Sammelhof wird beiderseits von 2-geschossigen Torhäusern eingerahmt, die von einem überdachten Gang mit dem Sportgebäude verbunden werden. Die Sportanlage sollte ursprünglich um ein Hallenbad und eine Tennishalle erweitert werden. Freymüllers Bekenntnis zum Neuen Bauen kommt hier klar zum Ausdruck; der Stadionbau ist mit dem charakteristischen Flachdach versehen, breite, tiefliegende Fensterbänder gliedern die Fassade horizontal. Der lang gestreckte Baukörper wird durch die winkelförmige Zuordnung der beiden Flügel aufgelockert. Einen bemerkenswerten Akzent bildet der runde, aus der Fassade herausragende Treppenhausturm, der mit einem originellen „Deckel" überdacht ist. Die rote Klinkerwand des Treppenhausturmes hebt sich belebend von dem weißen Glattputz des Stadionbaus ab.

Der kompakte 2-geschossige Baukörper der Messinstrumenten-Fabrik wurde parallel zur Straße platziert. Die beiden nördlichen Ecken des kubischen Baus sind abgerundet. Diese Fassadenrundungen werden wirkungsvoll von den durchgehenden Fensterbändern und den hellgrün verklinkerten Brüstungsstreifen unterstrichen. Schmale, vertiefte, dunkelgrüne Klinkerstreifen teilen die Brüstungsstreifen. Auch die Fensterflächen sind durch waagrechte Stahlrahmen in zwei Bereiche untergliedert. Die Dynamik der horizontalen Bänder wird durch risalitartige Wandvorlagen eingebunden. Dadurch werden der Fabrikeingang mit dem dahinterliegenden Treppenhaus und der Lagerbereich nach außen sichtbar gemacht. Das Stützenraster der Stahlkonstruktion zeichnet sich an den Fensterflächen durch dunkel verglaste Streifen ab. In den gut belichteten Hauptgeschossen sind Werkstätten und Büros untergebracht. Im ebenfalls vollbelichteten UG liegen die Sozialräume sowie ein Schwermaschinensaal. Punitzers Bau im Stil der Neuen Sachlichkeit besticht durch die Eleganz, die vergleichbar ist mit Bauten von Erich Mendelsohn, z. B. dem Haus am Karolinger Platz (Nr. 290) oder der Villa Sternefeld (Nr. 294). Auch bei dem von Punitzer für den Besitzer der Elektro-Mechanik-Fabrik, Robert Abrahamson, in der Steglitzer Calandrellistraße 45 (1928) errichteten Wohnhaus wurden ähnliche Gestaltungselemente angewandt.

745
Electrica-Kondensatoren-Fabrik
Nicolaistraße 8–12
1958
Karl Hebecker, Konrad Sage

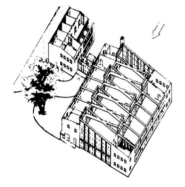

746
„Rauchlose Siedlung"
Steglitzer Damm 13–45
1931–32
Paul Mebes, Paul Emmerich; Heinrich Straumer

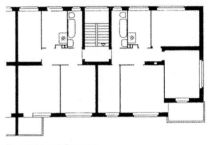

Bauteil Mebes & Emmerich

Die verschiedenen Bereiche der Fabrik mussten auf einem kleinen Grundstück untergebracht werden. Dem 2-geschossigen Fabrikbau ist ein ebenfalls 2-geschossiges, kleines Bürogebäude vorgelagert. Diese beiden parallel zur Straße stehenden Gebäude sind durch einen verglasten Gang miteinander verbunden, der gleichzeitig den Haupteingang aufnimmt. Die Bauten wurden auf gleiche Weise konstruiert. Die Stahlbetonstützen sind sichtbares Gestaltungsmittel der mit roten Keramikplatten verkleideten Fassaden. Im Unterschied zum Bürogebäude, das mit einem flachen Spitzdach abschließt, erhielt der Fabrikbereich ein originelles Sheddach. Die Stahlbetonträger der Dachkonstruktion sind jeweils gegenläufig über Kreuz angeordnet, so dass versetzte Sheds entstanden. Diese belichten zusammen mit den großen Fensterflächen in den Seitenwänden gleichmäßig die Fabrikationshalle im OG. Im EG des Fabrikationsgebäudes sind Lager, Versand, Anlieferung und Nebenräume untergebracht. Ein 1-geschossiges Gebäude auf der Nordseite des Fabrikationstraktes dient als Lager. Die Electrica-Kondensatoren-Fabrik ist einer der wenigen Industriebauten der ausgehenden 50er Jahre, der ohne Um- und Anbauten bis heute sein ursprüngliches Aussehen behalten hat.

Der Name der Siedlung leitet sich aus der Tatsache ab, dass der charakteristische Schornsteinrauch dem Siedlungsbild fehlte, da die Häuser mit Wärme aus dem Steglitzer Heizkraftwerk versorgt wurden. Die von der Gemeinnützigen Bau- und Siedlungs-AG „Heimat" errichteten Gebäude sind in Berlin die konsequentesten Beispiele für Zeilenbau in Nord-Süd-Ausrichtung. Diese Bauweise wurde damals als optimal für die gleichmäßige Belichtung und Belüftung aller Wohnungen angesehen. Straumer vermied bei seiner Zeile am Munsterdamm durch das Vor- und Zurückspringen des Baukörpers die Monotonie einer langen Front. Aus der Anordnung ergaben sich kleine unterschiedliche Platzräume. Die Zeilen sind jeweils an den Balkonen „verklammert", wobei ein Balkon dem vorderen, der nachfolgende dem dahinterliegenden Bauteil zuzurechnen ist. In Abstimmung mit diesen ockerfarbenen Mauerwerksbauten sind die ebenfalls 4-geschossigen Zeilen von Mebes und Emmerich in einem helleren Braun mit ebenfalls grauem Sockel gestrichen. Die Balkone werden von einem Stahlgerüst getragen, durch dessen rote Farbe die Bauten einen Akzent erhielten. Im gesamten Siedlungsbereich wurden nicht nur die Grundrisse typisiert, sondern auch einzelne Elemente wie Fenster und Türen. Die Wohnfläche beträgt bei den 2-Zimmer-Wohnungen 55 m^2 , bei 2 1/2-Zimmern 62 m^2 und bei den 3-Zimmer-Wohnungen rund 80 m^2.

747

Parfümerie-Fabrik Scherk
Kelchstraße 31
1926
Fritz Höger

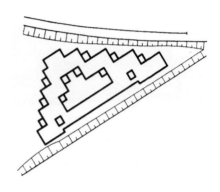

Der Hamburger Architekt Fritz Höger hatte ursprünglich vorgesehen, das gesamte dreieckige Grundstück mit einem mehrfach gestaffelten Gebäude zu bebauen. Drei Gebäudeflügel sollten einen Hof umschließen. Bereits der Gesamtplan hatte einzelne Bauabschnitte vorgesehen, die unabhängig voneinander, ohne Störung des Produktionsablaufes errichtet werden konnten. Daher wirkt der ausgeführte erste Bauabschnitt wie ein eigenständiges Gebäude und nicht wie ein Torso. Höger, dessen Hamburger Chile-Haus (1922–24) das Hauptwerk des norddeutschen Backsteinexpressionismus ist, hat in Berlin drei weitere Bauten errichtet, die Kirche am Hohenzollerndamm (Nr. 356), das Beamten-Wohnhaus am Zoo (1928–29) und eine Zigarettenfabrik in Pankow, die seinen virtuosen Umgang mit

Backsteinen veranschaulichen. Bei der Scherk-Fabrik überzieht ein Muster aus vorgezogenen Backsteinen die Fassaden, deren Zick-Zack-Struktur durch das zurückgestaffelte OG wirkungsvoll unterstrichen wird. Teilweise wurde diese textile Fassadenstruktur beim Wiederaufbau der im Zweiten Weltkrieg leicht zerstörten Fabrik nicht wiederhergestellt. Mit der gezackten Ziegelschicht des OG korrespondierten ursprünglich rautenförmige Fenster und Backsteinüberdachungen. Durch Einsetzen quadratischer Fenster verlor der Bau seinen markanten Akzent. Von Jochen Brodführer wurde 1961 anstelle des expressionistischen Spitzbogenportals ein Flachbau angefügt, in dem die Werkskantine untergebracht ist.

Zehlendorf (748-802)

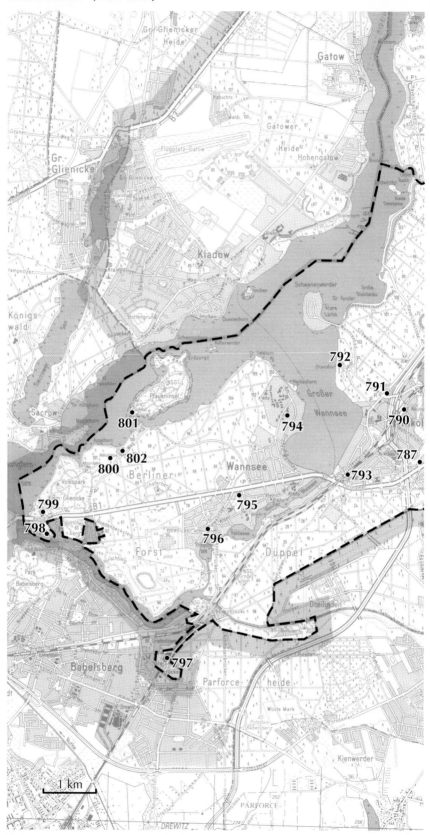

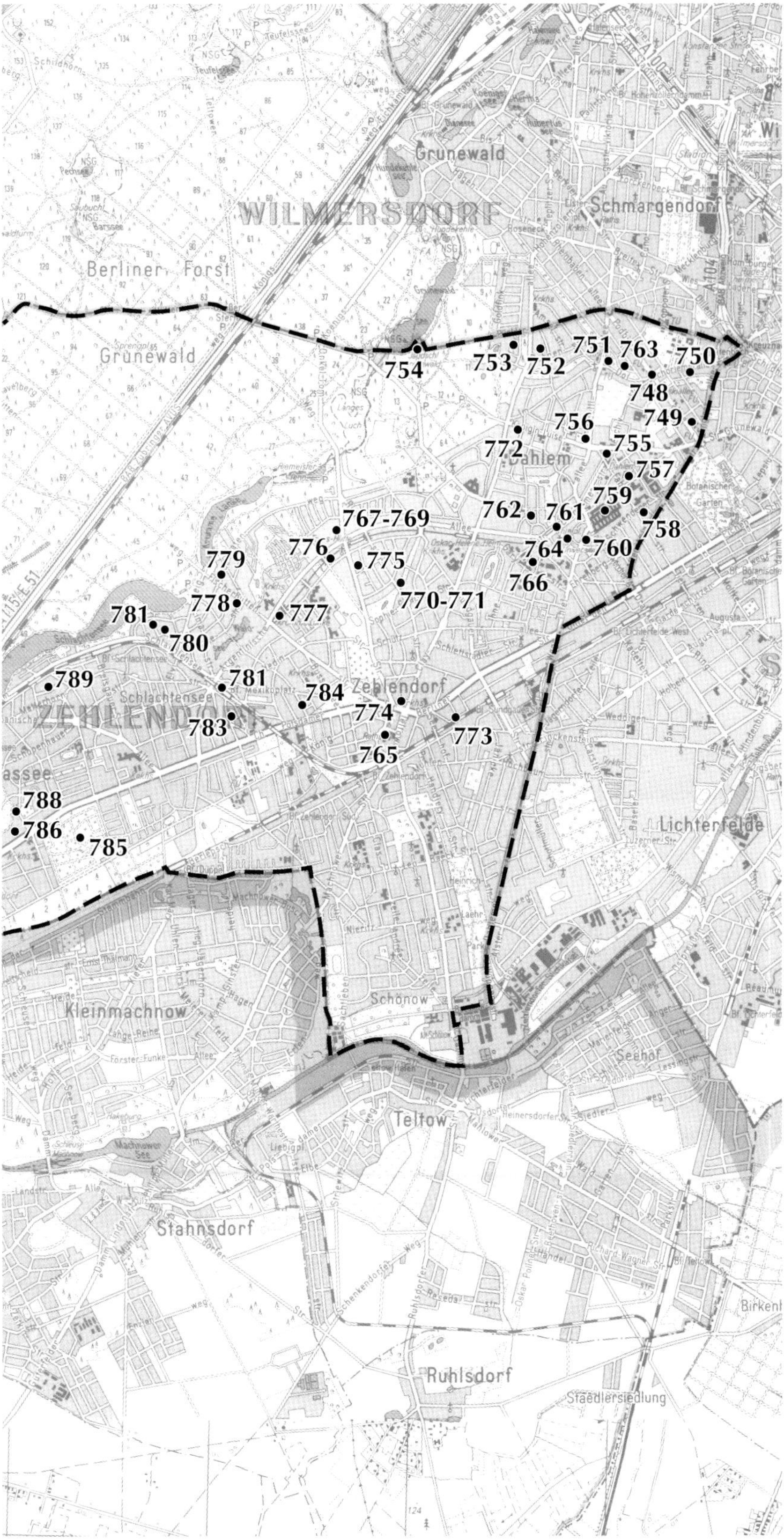

WILMERSDORF
Grunewald
Schmargendorf
Berliner Forst
Grünewald
Dahlem
Zehlendorf
ZEHLENDORF
Schlachtensee
Lichterfelde
Schönow
Kleinmachnow
Teltow
Seehof
Stahnsdorf
Ruhlsdorf
Staedlersiedlung
748
749
750
751
752
753
754
755
756
757
758
759
760
761
762
763
764
765
766
767-769
770-771
772
773
774
775
776
777
778
779
780
781
781
783
784
785
786
788
789

748
U-Bahnhof Podbielskiallee
Podbielskiallee
1911–13
Heinrich Schweitzer

749
Haus Wiegand
Peter-Lenné-Straße 28–30
1911–12
Peter Behrens

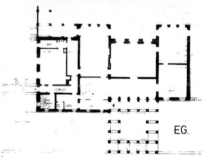

Ursprünglicher Zustand (oben)

Zeichnung der Eingangshalle, 1913

Das Empfangsgebäude wurde als erster der Bahnhöfe der Dahlemer Einschnittbahn erbaut. Ihm
kommt aufgrund seiner Lage am Tunnelausgang,
dem Übergang von der Untergrundbahn zur oberir-
dischen Einschnittbahn, eine besondere städtebauliche Bedeutung zu. Gleichzeitig bildet der Bahnhof
das Eingangstor zu dem neu entstandenen Wohngebiet der Kolonie Dahlem. Auf diesen Torcharakter
wird bei der architektonischen Gestaltung des Baues
bewusst Bezug genommen; das Eingangsgebäude
erinnert mit seinem hoch aufragenden Mittelteil, der
großen, rundbogigen Toröffnung und seinem
zinnenbekrönten Giebel an mittelalterliche Stadttore.
In dieser Verwendung mittelalterlicher Stilformen
bezieht sich der Architekt noch ganz auf die im 19.
Jahrhundert gebräuchliche historische Fassadengestaltung. Zwei niedrige Seitenflügel flankieren das
Mittelgebäude. Die Kanten und Rahmungen werden
durch unregelmäßige Steinquader belebt. An der
Gebäuderückseite ist, wie auch bei den Bahnhöfen
Thielplatz (Nr. 668) und Dahlem Dorf (Nr. 662),
eine auf den Mittelbahnsteig hinabführende
Treppenanlage angefügt.

Der Grundriss des 2-geschossigen Gebäudes ist
streng auf eine Achse ausgerichtet, die von der
offenen, quadratischen Vorhalle an der Straßenseite
ausgeht, sich über den Vorraum, das anschließende
Zimmer der Dame bis in die Anlage des Gartens
fortsetzt. Um diese Achse ordnen sich zwei symmetrische Flügel. Diese Symmetrie wird aber durch den
Anbau eines Wirtschaftsflügels an der Ecke zur
Drygalskistraße aufgehoben. Bei dem Haus lässt
sich deutlich die Hinwendung Behrens' zu einer
neoklassizistischen Formensprache erkennen; allerdings sind die Schmuckformen hier viel stärker
vereinfacht als etwa bei Schinkel. Die flächige, mit
Muschelkalk versehene Fassade wird auf stereome-
trische Grundformen reduziert und erweckt so den
Eindruck von Monumentalität. Außer den stark vereinfachten dorischen Säulen des Atriumhofes treten
keine antikisierenden Schmuckelemente in Erscheinung. Die Möbel für Bibliothek, Speisezimmer und
Tee-Salon nach Entwürfen von Behrens sind wie
auch die antikisierende Treppenhausvertäfelung
noch in ihrem Originalzustand erhalten. Heute ist in
dem Gebäude das Deutsche Archäologische Institut
untergebracht.

750
Versuchssiedlung Schorlemerallee
Schorlemerallee 7–23
1925–28
Wassili und Hans Luckhardt, Alfons Anker

UNTERGESCHOSS   ERDGESCHOSS   OBERGESCHOSS

Schorlemerallee 7, 7a, 9, 11, um 1930

Schorlemerallee 12–12c (oben), 13–23 (unten)

Die Versuchssiedlung entlang der Schorlemerallee ist eines der bedeutendsten Beispiele des Neuen Bauens in Berlin. Sie wurde in drei Bauabschnitten erbaut, die sich formal, aber vor allem in ihrer Konstruktionsweise voneinander unterscheiden. 1925 errichteten die Architekten als ersten Bauabschnitt an der Schorlemerallee 13–23 zwei gestaffelte Reihen mit je sechs Häusern. Sie wurden, im Unterschied zu den Häusern der daraufffolgenden Bauphasen, noch konventionell in massiver Mauertechnik erbaut. Die Architekten verstanden die kleinen, gut geschnittenen Wohnungen als einen Beitrag zur Entwicklung kostengünstigen Wohnraums für einkommensschwächere Bevölkerungsschichten. Sie enthalten im EG Küche, Bad, Diele, Wohn- und Speisezimmer; im OG befinden sich zwei Schlafzimmer und das Bad sowie ein Balkon. Auch die Außengestaltung der Reihenhäuser war mit ihren kubisch gestaffelten Baukörpern, den horizontalen, langgestreckten Fensterbändern und dem damals heftig umstrittenen Flachdach fortschrittlich. Die weiß verputzten Gebäude werden durch farblich abgesetzte rote Ziegelbänder an den Pfeilern der über Eck angeordneten Fenster, den Balkonabdeckungen sowie am Dachgesims reizvoll gegliedert. Im Zweiten Weltkrieg wurde die Reihenhausgruppe schwer beschädigt und anschließend leicht verändert wiederaufgebaut.

1927 entstanden die vier Einfamilienhäuser an der Schorlemerallee 7–11. Bei diesen setzten die Architekten ihre Bauauffassung noch konsequenter in die Tat um; die Gebäude, von denen zwei die Brüder Luckhardt selbst bewohnten, wurden – als erste Wohnhäuser in Berlin – in Stahlskelettbauweise konstruiert. Sie besitzen 2 Geschosse, an ihrer Nordseite sind sie 3-geschossig ausgebildet. Im Sockelgeschoss ist die Küche untergebracht, im EG darüber befinden sich der Essplatz und der 1 1/2-geschossige Wohnraum, vor dem eine große Terrasse angelegt ist. Im OG liegen die Schlafräume. In ihrer sachlich klaren Anlage wirken die kubischen Baukörper mit ihren Fensterbändern und dem obligatorischen Flachdach wie die Prototypen einer – von den Architekten tatsächlich geplanten – Serienproduktion. Auch diese Häuser wurden nach dem Krieg teilweise verändert wiederhergestellt. 1928 wurde als letzter Bauabschnitt der Versuchssiedlung an der Schorlemerallee 12–12c eine 2-geschossige Reihenhausgruppe errichtet. Als Bauweise wählten die Architekten hier eine Stahlbetonkonstruktion. Die weiß verputzten Baukörper wirken in ihrer Form aufs äußerste reduziert. Als gliederndes Element wurden an der Eingangsfront zwischen den einzelnen Hausteilen weit vorspringende Glasbausteine angebracht. Die Wohnungsgrundrisse zeichnen sich, wie bei den übrigen Häusern der Siedlung, durch ihre Klarheit und Wohnlichkeit aus.

751
Haus Cramer
Pacelliallee 18, 20
1911–12
Hermann Muthesius

752
Haus Matthes
Am Hirschsprung 63
1973–74
Bernhard Binder

Grundriss 2. OG

Charakteristisch für das 2-geschossige Haus mit hohem Satteldach ist seine Ausführung in rohem Bruchsteinmauerwerk. Es unterscheidet sich von vielen Landhäusern des Architekten durch den streng symmetrischen Aufbau der Gartenfront. Sie zeigt zwei halbrunde Erker, die von einem geschwungenen Mittelgiebel überragt werden. Am Mittelteil sowie auf den Erkern sind Balkone angebracht. Westlich zur Straßenseite ist ein 1-geschossiger Wirtschaftsflügel angefügt. Auch in seinem inneren Aufbau unterscheidet sich das Haus von Muthesius' früheren Bauten, wie z. B. dem Haus Freudenberg (Nr. 786); die Räume besitzen zwar noch einen individuellen Charakter, werden aber nicht mehr so frei gruppiert, sondern durch Raumachsen aufeinander bezogen. Die Hauptachse führt von der Gartenallee über den Eingang, das Empfangszimmer und die Halle in das einige Stufen niedriger gelegene Esszimmer im Wirtschaftsflügel, das durch eine Raumflucht mit der Küche verbunden ist. Die Hauptachse wird von einer weiteren Achse gekreuzt, die vom Haupteingang im Westen ausgeht und am großen Panoramafenster in der Halle endet. Im OG des Hauptbaus sind wie üblich die Schlafzimmer untergebracht. Das Landhaus wurde nach schwerer Kriegsbeschädigung erst in den 70er Jahren wiederhergestellt und wird nun für universitäre Zwecke genutzt.

Das komfortable Mehrfamilienhaus wurde auf einem ehemaligen Villengrundstück mit altem Baumbestand errichtet. Es enthält sechs Wohnungen, die um ein innenliegendes Treppenhaus angeordnet sind. Die Wohnungsgrößen schwanken zwischen 82 m² für eine 2-Zimmer-Wohnung und 146 m² für eine 5-Zimmer-Wohnung. Das Haus wurde als Stahlbetonskelettbau konstruiert, wobei die Schalungsspuren sichtbar gelassen wurden; das Raster der waagerechten und senkrechten Stahlbetonträger dient zur Fassadengliederung. Jedes Geschoss wirkt durch eine eigene Stützenstellung, unterschiedlich geformte Betonbrüstungen und große Terrassenflächen als eigenständiger Baukörper. Die Grundrisse sind durch verschieden hohe Raumniveaus lebendig gestaltet. Die Raumeinteilung der einzelnen Wohnungen war durch das Stahlbetonskelett individuell wählbar

753
Brücke-Museum
Bussardsteig 9
1966–67
Werner Düttmann

Das Museum widmet sich der Sammlung und Ausstellung von Werken der expressionistischen Künstlervereinigung „Die Brücke" und ihr verwandter Künstler. Der Maler Karl Schmidt-Rottluff legte mit der Schenkung seiner Sammlung und einem Baukostenzuschuss den Grundstock für dieses kleine Museum mit nur 450 m² Ausstellungsfläche. Düttmann schuf dazu eine Architektur, die sich in das Villengebiet einfügt. Das Grundstück ist zur Straße mit einer niedrigen Sichtbetonmauer abgeschlossen. Der Mauerwerksbau ist in 3 eingeschossige Kuben gegliedert; Verwaltungs- und Museumstrakt sind durch eine niedrige Eingangshalle miteinander verbunden. Im Ausstellungsbereich gehen die Räume, die um einen Innenhof liegen, ineinander über. Senkrechte Fensterbänder bilden die Gelenkstellen zwischen den neun U-förmigen Wandabschnitten. Für indirekte Beleuchtung sorgen Oberlichtbänder, die fast die gesamte Tiefe der U-förmigen Wandabschnitte einnehmen. In dem Gebäudekubus südlich der Eingangshalle befinden sich das Graphische Kabinett, Büroräume und eine Teeküche. Auf dem rückwärtigen Grundstück liegt das 1941 von Hans Freese für den NS-„Staatsbildhauer" Arno Breker errichtete Atelier, das heute als Museumsdepot genutzt wird.

754
Jagdschloß Grunewald
Am Grunewaldsee
1542; 1669
Caspar Theiß; Arnold Nering, Martin Grünberg

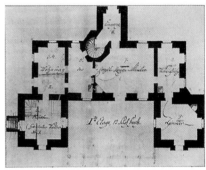

Die Anlage wurde unter Kurfürst Joachim II. um 1542 von Caspar Theiß als Wasserschloss errichtet. Auf diese Zeit gehen der polygonale schmale Treppenturm und Teile der Innenausstattung zurück. Der Hauptbau wird hufeisenförmig von den Wirtschaftsgebäuden umfasst. Das rechteckige Schlossgebäude wird auf der Hofseite von einem 2-geschossigen, mit Renaissanceschmuckformen verzierten Portalvorbau betont, der sich an den um 1542 entstandenen Treppenturm anlehnt. Die Seeseite des schlichten, weiß verputzten Schlosses flankieren zwei turmartige Anbauten, die über die seitliche Fassadenflucht hinausragen. 1580–93 erfolgten bereits erste, belegbare Umbauten, 1669–1701 gestalteten Arnold Nering und Martin Grünberg die Schlossanlage in barocken Formen um. Das Gebäude, das seit 1926 im Besitz des Staates ist, wurde ab 1932 als Gemäldegalerie genutzt. Nach Beseitigung der Kriegsschäden konnte das Gebäude 1949 als erstes Berliner Museum wiedereröffnet werden. Bestände des zerstörten Schlosses Monbijou und Neuerwerbungen geben einen Überblick über die Kunst Brandenburg-Preußens. Im Innern kam bei Restaurierungsarbeiten 1973–74 zum Teil die Renaissance-Ausgestaltung zum Vorschein. Unter der barocken Stuckdecke verbarg sich eine Kassettenmalerei. Zwei in eine Wand eingebaute Arkaden wurden freigelegt, wodurch das ursprüngliche Raumgefüge wiederhergestellt wurde.

755
U-Bahnhof Dahlem Dorf
Königin-Luise-Straße
1912–13
Friedrich und Wilhelm Hennings

Eingangshalle

756
St.-Annen-Kirche
Königin-Luise-Straße 55
14. Jahrhundert

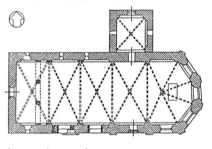

Der U-Bahnhof wurde beim Bau der Dahlemer Einschnittbahn als zweite Station nach dem Bahnhof Podbielskiallee (Nr. 748) errichtet. Nach dem Wunsch des Bauherrn Wilhelm II. sollte bei dem Bau des Bahnhofsgebäudes auf den ländlichen Charakter der umliegenden Bebauung Rücksicht genommen werden. Die Architekten entwarfen einen 1-geschossigen Mauerwerksbau, der mit seiner Fachwerkskonstruktion, dem reetgedeckten Krüppelwalmdach und dem großen Mitteltor an ein niedersächsisches Bauernhaus erinnert. Die eigentliche Funktion des Baus wird so vollkommen verleugnet, dennoch erfüllt er die Anforderungen an ein Bahnhofsgebäude. Niedrige Seitenflügel nehmen den Fahrkartenschalter und einen Dienstraum auf. An der Rückseite des Gebäudes ist die mehrfach abgestufte Treppe zu dem im Geländeeinschnitt gelegenen Mittelbahnsteig angefügt. Der ländliche Charakter des Bahnhofs wird in der volkstümlichen Innenraumgestaltung fortgesetzt. Die Wände sind teilweise mit unregelmäßig glasierten Platten verkleidet, die an bäuerliche Keramik erinnern sollen; die Holzdecke und die Lampen sind bunt bemalt und mit rustikalen Schnitzarbeiten verziert.

Das einschiffige Langhaus ist aus Backsteinen auf einem Feldsteinsockel errichtet. Anhand einzelner Bauteile lässt sich anschaulich ein Wandel in der Gestaltungsweise im Verlauf der Jahrhunderte feststellen. So sind zwei Fenster in der Nordwand und ein heute zugemauertes in der Südwand mit einem romanischen Rundbogen versehen, während West-Portal und ein vermauertes Süd-Portal gotische Spitzbogen aufweisen. Der Chor mit seinem 5/8-Schluss stammt aus dem späten 15. Jahrhundert. Er besitzt vier große, mit Maßwerk versehene Spitzbogenfenster. Wenige Jahrzehnte nach der Errichtung des Chores wurde an der Nordseite der Kirche ein spätgotischer, mit einem Kreuzgewölbe versehener Gruftbau angefügt; er wird heute als Sakristei genutzt. Das Langhaus war ursprünglich flach gedeckt, erst um 1670 wurde es eingewölbt. Dabei wurden mittelalterliche Fresken mit Darstellungen der Schutzpatronin der Kirche, der Hl. Anna, durch die Pfeilerbogen überdeckt. Ende des 19. Jahrhunderts legte man die Malereien wieder frei; sie wurden zuletzt 1973–74 restauriert. Der Dachturm stammt von 1751. Er erhielt 1850 einen neuen Aufsatz. Nach Kriegszerstörung wurde er 1953 in vereinfachter Form wiederaufgebaut.

757
Ethnologisches Museum
Lansstraße 8
1914–23; 1964–73
Bruno Paul; Bruno Grimmeck; Wils Ebert,
Fritz Bornemann

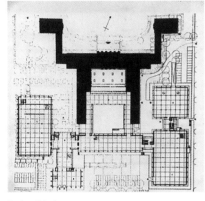

Neubau (oben)
Plan; dunkler Teil: Bauteil Bruno Paul (unten)

Das Museumsgebäude beherbergt die Sammlungen
der Völkerkunde (Alt-Amerika, Amerika, Südsee),
das Museum für Indische, für Islamische sowie Ost-
asiatische Kunst. Kupferstichkabinett, Skulpturengalerie und Gemäldegalerie sind in die neuen Museumsgebäude am Kulturforum (Nr. 168) gezogen.
Der von Bruno Paul 1914–23 errichtete Bau war
Teil einer größeren Planung für das Asiatische Museum, wobei eine symmetrische Anlage beiderseits
der Arnimallee vorgesehen war. Das Gebäude kam
zum Teil nicht über den Rohzustand hinaus, diente
als Magazin und wurde 1950 von Günter Kottmann
instand gesetzt. Pauls Mauerwerksbau lehnt sich an
das 1907 von Alfred Messel geplante und 1912–
30 von Ludwig Hoffmann ausgeführte Pergamon-
Museum auf der Museumsinsel (Nr. 27) an. Mit
monumentalem Mittelrisalit und den zum Ehrenhof
angeordneten Seitenpavillons erhielt der Bau Anklänge an einen Schlossbau. Bruno Grimmeck „ver-
klammerte" 1964–65 den Altbau durch einen in
den Hof der Dreiflügelanlage eingeschobenen,
U-förmigen Neubau. Ab 1965 entstanden unter
Regie von Wils Ebert und Fritz Bornemann die vier
kubischen, durch schmale Trakte verbundenen
Stahlbetonskelettbauten. Entsprechend der damaligen Auffassung, dass ein Museumsgebäude primär
eine dienende Aufgabe habe, bildet hier der Bau ein
funktionales Gehäuse für die Ausstellungsstücke.

758
Haus des Architekten
Fabeckstraße 48
1957
Wassili Luckhardt

Der gedrungene, kubische Flachbau ist ein Spätwerk Wassili Luckhardts und nahm dessen Wohnung und Büro auf. Sein Grundriss war ganz auf die
Bedürfnisse des Architekten zugeschnitten. Die
ehemaligen Büro- und Zeichenräume befinden sich
an der nordöstlichen Hausseite. Von ihnen abgetrennt liegen im Westen zwei Wohnräume und der
ehemalige Zeichenplatz Luckhardts. Ihre Trennwände werden nicht ganz bis zur verglasten Außenwand
durchgezogen, wodurch die Räume miteinander in
Verbindung stehen. Das Äußere des Wohnhauses
besticht durch seine Klarheit und Schlichtheit. Im
Norden markiert ein kleiner Rücksprung im rechtek-
kigen Baukörper den Eingang zu einer Einliegerwoh-
nung. Große Teile im Osten und Westen des Gebäudes sind mit bis auf den Boden reichenden,
durchlaufenden Fensterflächen versehen. Sie beziehen den Garten und eine Terrasse mit in den lichten
Wohnbereich ein. In spürbarem Kontrast zu diesen
transparenten Bereichen steht das grobe Bruchsteinmauerwerk der Außenwände an der Nord- und
Südseite des Gebäudes. Den Dachabschluss bildet
eine dicke, weiß verputzte Platte; sie wird von zwischen die Fensterscheiben gestellten Stahlstützen
gestützt.

759
**Geisteswissenschaftliche Institute der
FU Berlin**
Habelschwerdter Allee 45, Thielallee
1967–79;1985
Georg Candilis, Alexis Josic, Shadrach Woods;
Manfred Schiedhelm; Bauabteilung des Senators für
Bau- und Wohnungswesen

760
Philosophisches Institut der FU Berlin
Habelschwerdter Allee 30
1982–83
Hinrich und Inken Baller

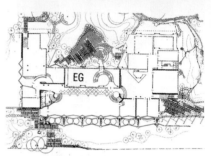

Ansicht Gartenseite (oben)

Der Campus-Gedanke, die verstreut liegenden Institute zusammenzufassen, und die Einpassung in die Villengegend waren ausschlaggebend für die weit vernetzte, flache Anlage. Die einzelnen, zumeist 2-geschossig angelegten Institute haben dank einer demontierbaren Stahlkonstruktion wandlungsfähige Grundrisse. Die einzelnen Bereiche ergeben eine schachbrettartige Gesamtanlage. Farbige Fußbodenbeläge und zahlreiche Hinweisschilder sollen an den „Straßenkreuzungen" die Orientierung erleichtern. Der erste Bauabschnitt (1967–72) ist mit Corten-Stahlplatten verkleidet und erhielt aufgrund der rostenden Oberfläche den Namen „Rostlaube". Dieser von den Architekten bezweckte „Rosteffekt" der Stahlplatten konnte jedoch nicht wie geplant gestoppt werden, so dass, verbunden mit mangelhafter Verarbeitung, das Innere durch hässliche Wasserflecken und herabhängende Deckenplatten einen leicht ruinenhaften Zug erhielt. Wesentlich „eleganter" zeigt sich der zweite Bauabschnitt (1972–79), dessen Außenhaut aus glänzenden Aluminium-Platten besteht. Das Raumorganisationssystem der „Rostlaube" wurde hier fortgeführt. 1985 wurde, unter Beibehaltung des „Silberlauben"-Charakters, das kompakte, H-förmige Bibliotheksgebäude der Erziehungswissenschaften nach einem Entwurf von Manfred Schiedhelm fertiggestellt. Die Bibliotheksräume und Lesesäle sind zu einer Mittelzone orientiert, die über ein gläsernes Satteldach belichtet wird. Im Verbund mit der „Silberlaube" entstand ebenfalls 1985 auf der Nordseite die Großmensa die von der Bauabteilung des Senators für Bau- und Wohnungswesen errichtet wurde.

Das Hauptcharakteristikum dieses Institutes, das Arbeitsräume und Bibliothek, jedoch keine Hörsäle aufnimmt, ist das auf- und abschwingende Betondach. Diese gegossene Betonhaube ruht auf 60 Rundstützen, die im Abstand von 1,25 m durch Stützenjoche zusammengefasst sind. Aufgrund dieses Stützen-Systems und des geometrisch unregelmäßigen Daches ergaben sich individuelle Raumformen, deren Zuschnitt in enger Zusammenarbeit mit den „Philosophen" der FU festgelegt wurde. Das Foyer mit 250 Plätzen kann auch für größere Veranstaltungen genutzt werden. Große Transparenz erhält der Bau durch die zumeist als Glasflächen im Verbund mit wenig Holz und filigranen Stahlkonstruktionen ausgeführten Wände. Die Gebäuderückseite, die aufgrund des tiefergelegenen Gartens 3-geschossig ist, erhielt durch die „eingehängten" Balkone horizontale Betonung. Verschnörkelte Treppen- und Balkongeländer bilden ein spielerisches Element, das die Gestaltungsweise der Architekten ebenso kennzeichnet, wie geschwungene Dachformen. Während die Wohnbauten u. a. in der Nithackstraße 17 (1975–76), in der Lietzenburger Straße 86 (1977–78) oder in der Hundekehlestraße 5–6 (1977–78) immer im Zusammenhang mit jeweils vorhandener Bebauung errichtet wurden, ist das Institut der erste freistehende Bau des Architekten-Ehepaares.

761
U-Bahnhof Thielplatz
Löhleinstraße
1912–13
Heinrich Straumer

762
Haus des Architekten
Gelfertstraße 44, 46
1965–66
Franz Mocken

Eingangshalle

Während bei der Station Podbielskiallee (Nr. 748) historisierende, burgenhafte Formen und beim Bahnhof Dahlem Dorf (Nr. 755) romantisierend-ländliche Gestaltungsmittel vorherrschten, wandte der Architekt des damaligen Endbahnhofs einen schlichten, sachlichen Heimatstil an. Das 1-geschossige, gedrungene Empfangsgebäude besitzt einen schmalen Mittelbau mit beherrschendem Giebel, an den sich V-förmig nach vorn weisende Seitenflügel mit hohem Walmdach anschließen. Der Eingang ist als großer, in das Giebelfeld hineinragender Bogen ausgebildet. Die gestalterische Abhängigkeit Straumers von dem Wegbereiter einer neuen deutschen Landhausarchitektur, Hermann Muthesius, kommt bei diesem Bauwerk deutlich zum Ausdruck. In der Grundrissdisposition lassen sich große Übereinstimmungen mit einem der bekanntesten Bauten von Muthesius, dem Haus Freudenberg (Nr. 786), erkennen. Während das Giebelfeld des Hauses Freudenberg eine Fachwerkgliederung aufweist, wird der Giebel des mit Klinkern verblendeten Bahnhofsgebäudes mit einem Fischgrätmuster verziert. Die Wandverkleidung im Innern der Empfangshalle besteht aus rötlich-braunen Keramikplatten, die durch senkrechte Bänder schwarzer Majolikaplatten gegliedert werden. Der plastische Schmuck stammt von Reinhard Kuöhl.

Das Einfamilienhaus ist eines der wenigen Atriumhäuser in Berlin. Es besitzt einen annähernd quadratischen Grundriss. Der offene, transparente Wohnbereich mit Essplatz und Atelier bildet die Innenzone des Hauses; der Atriumhof wird durch große, zwischen dünne Pfeiler gestellte Glasflächen in diesen „Wohnkern" mit einbezogen. Nach außen schließen sich – gewissermaßen als Schale – Schlafzimmer, Wirtschaftsräume und Garage an; die Trennung zwischen dem Gemeinschaftsbereich und den Privat- und Wirtschaftsräumen ist somit klar angelegt. Der Wohnbereich stößt nur im Osten und Westen durch eine große Glasfläche an die Außenwand des Hauses. Eine nach allen Seiten überkragende Platte bildet den Dachabschluss.

763
Rudolf-Steiner-Haus
Bernadottestraße 90/92
1982–83
Edda und Herbert Lechner

764
Mensa der FU Berlin
Van't-Hoff-Straße 6
1952,1975
Hermann Fehling, Peter Pfankuch, Daniel Gogel

Aufriss ursprünglicher Zustand

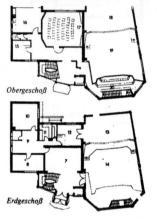

Obergeschoß

Erdgeschoß

Das anthroposophische Arbeitszentrum entstand durch den Umbau einer alten Villa, die zusätzlich mit einem Anbau versehen wurde. Maßgebend für den Entwurf des Zentrums waren die ästhetischen Theorien des Begründers der anthroposophischen Bewegung, Rudolf Steiner. Am deutlichsten wird dies an der überwölbten verglasten Mittelfront des Anbaus, bei der sich architektonische Bezüge zum Zentrum dieser Gemeinschaft, dem von Steiner entworfenen Goetheaneum (1925–28) im schweizerischen Dornach erkennen lassen. Typisch für die anthroposophische Architektur sind die umlaufende, gebrochene Dachkante über der Traufe, die schrägen Fenster und die weitest gehende Vermeidung rechter Winkel. Kennzeichnend ist auch die künstlerische Gestaltung der Innenausstattung mit einer allgegenwärtigen, in Rottönen gehaltenen Farbigkeit; die Decken der Räume sind meist gestaffelt gewölbt und mit Holz verkleidet. Technische Einrichtungen wurden so gut es ging versteckt. Das Rudolf-Steiner-Haus beinhaltet u. a. einen großen Saal mit Podium, eine Bibliothek sowie mehrere Räume für verschiedene Aktivitäten.

Das Mensa-Gebäude wurde 1952 als erster Neubau der 1948 gegründeten Freien Universität von Fehling und Pfankuch errichtet. Das Hauptgeschoss dieses 2-geschossigen Stahlbetonskelettbaus kragt zur Gartenseite über den EG-Bereich hinaus, während das OG nicht die gesamte Gebäudetiefe einnimmt. Dieses transparente System aus Stützen und Fensterflächen wurde 1975, mehr als 20 Jahre später, durch Fehling in Zusammenarbeit mit Gogel verändert, Die glatte, geschlossene Hauptfront erhielt mit einer halbkreisförmig ausschwingenden Wandfläche einen wirkungsvollen Akzent. Dieses, wie aus Stahlblech ausgeschnittene, über das Dach kragende Element erinnert an Schiffsaufbauten und verleiht dem Bau eine neue Dynamik. Verdeckt werden auf diese kunstvolle Weise die notwendigen sanitären Anlagen. Der östlich angrenzende Wirtschaftsbereich wurde aufgestockt und im Inneren umgebaut. Dieser Gebäudebereich erhielt eine neue Treppenanlage, die sich als halbrund vorschwingender Bauteil an der Seitenfassade abzeichnet. Die Mensa, in der pro Geschoss ein Speisesaal sowie eine Cafeteria untergebracht sind, blieb trotz der Erweiterung überschaubar.

765
Rathaus Zehlendorf
Kirchstraße 1–3
1926–29
Eduard Jobst Siedler; Karl Hebecker

766
Henry-Ford-Bau und Universitätsbibliothek der FU Berlin
Garystraße 35–39
1952–54
Franz Heinrich Sobotka, Gustav Müller

Audimax-Gebäude um 1955

Bibliothek

Ähnlich dem Rathaus Neukölln (Nr. 568) wurden auch hier die Repräsentations- und Sitzungsräume in einem gesonderten Bauteil untergebracht. Dieser liegt an der Hauptverkehrsstraße, dem Teltower Damm. An diesen Saalflügel schließt sich der an einer Nebenstraße gelegene, langgezogene Verwaltungstrakt an. Auffallend ist das betont schlichte Äußere des Rathauses. Die Fassade ist einfach und ohne ornamentalen Schmuck gestaltet; charakteristisch sind die zu vertikalen Bändern zusammengefassten Fenster des Saalbaus und die Bogenstellung der EG-Zone. Das 3-geschossige Gebäude besitzt als erstes Berliner Bezirksrathaus weder Turm noch Dachreiter. Dies mutet ebenso modern an wie die unrepräsentative Rauputzfassade und die schlichte Innenausstattung. Auch wurde auf die bislang gebräuchliche Bauplastik verzichtet; sie wird durch separat aufgestellte Skulpturen ersetzt. Die beiden Hofflügel des Rathauses wurden 1953–54 durch Friedrich Dücker um je drei Achsen erweitert. Einen größeren Erweiterungsbau schuf 1966–71 Karl Hebecker nach einem preisgekrönten Wettbewerbsentwurf.

Der Henry-Ford-Bau ist nach einer amerikanischen Stiftung benannt, die diesen sowie das Mensagebäude in der Van't-Hoff-Straße (Nr. 764) finanzierte. Das Gebäude, nach einem 1951 preisgekrönten Wettbewerbsentwurf entstanden, beherbergt das Rektorat und das Auditorium Maximum der Freien Universität. Die Universitätsbibliothek ist in einem gesonderten Bauteil untergebracht und mit dem Ford-Bau durch einen 2-geschossigen, zurückliegenden Brückenbau verbunden. Den Hauptzugang bildet ein zweiseitig verglaster Zwischentrakt auf der Gebäuderückseite, der Audimax und kleine Hörsäle erschließt. Die Front des Audimax-Gebäudes an der Garystraße wurde vertikal durch zum Teil bis zum Dach reichende Stützen gegliedert. Ein überkragendes, breites Gesims verleiht dem Bauteil einen beinahe tempelartigen Charakter. Dem Kubus des Bibliotheksgebäudes ist an der Hofseite ein 9-geschossiger Turmbau angefügt, der nachträglich erweitert wurde. Die Nordwand dieses Buchmagazins ist durch Glasbausteine feinteilig gerastert. Mit der kühlen, sachlichen Gestaltung knüpfen die Architekten an die Moderne der Vorkriegszeit an. Ein Entwurf von Müller und Sobotka für den Ausbau der FU-Gesamtanlage wurde nicht verwirklicht.

767
Großsiedlung Onkel-Toms-Hütte
Argentinische Allee
1926–32
Bruno Taut, Hugo Häring, Otto Rudolf Salvisberg

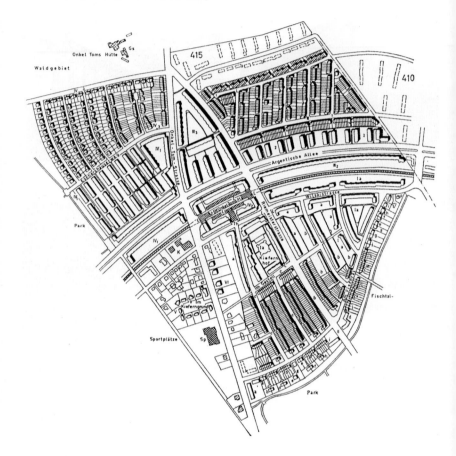

Bruno Taut, Stadtbaurat Martin Wagner und Terrainbesitzer Adolf Sommerfeld schufen mit der nach dem nahegelegenen Ausflugslokal Onkel-Toms-Hütte benannten Siedlung eine der hervorragendsten architektonischen Leistungen der Weimarer Republik. Taut oblag die städtebauliche Gesamtleitung für die für ca. 15 000 Bewohner – vorwiegend Mittelstand – konzipierte Anlage. Häring gestaltete den nördlichen, Salvisverg den südlichen Abschnitt der Einfamilienhäuser an der Riemeisterstraße (Nr. 675). Wie schon bei der Hufeisen-Siedlung in Britz (Nr. 601) sollten rationalisierte Bauweisen, Typisierung der Grundrisse und die Beschränkung auf wenige Baustoffe die Kosten für die Mauerwerksbauten dieser von der Gemeinnützigen Heimstätten

AG (Gehag) erstellten Siedlung senken. Zeitgenössische Titel wie „Papageien-Siedlung" oder „Farbtopf" veranschaulichen treffend die Wirkung der von Taut als „billigstes Gestaltungsmittel" eingesetzten Farbgebung. Taut verband hier, wie auch in Britz, Ideen der Gartenstadtbewegung mit „großstädtischen" Elementen. Im Unterschied zu Britz bildet hier jedoch das verkehrstechnische Zentrum den Mittelpunkt der Siedlung. Die U-Bahn-Station mit Ladenzentrum, die Alfred Grenader 1929 errichtet hatte, wurde 1930 durch Salvisberg erweitert. Zahlreiche Wohnhäuser erhielten bereits aufgrund einer umfassenden Analyse des Architekten Helge Pitz zwischen 1976 und 1981 ihre ursprüngliche Farbigkeit zurück.

768
Großsiedlung Onkel-Toms-Hütte „Peitschenknall"
Argentinische Allee 157–219
1930–31
Bruno Taut

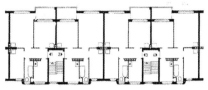

Grundriss Normalgeschoss

Bruno Taut verband hier 31 Hauseinheiten zu einem Bau, der wegen seiner Länge bald den Namen „Peitschenknall" erhielt. Die flach wirkende Front wird von risalitähnlichen, abgerundeten Wandschichten strukturiert. Zu den tieferliegenden Fenstern der Treppenhäuser schwingen abgerundete Gewände ein, so dass die unterschiedlichen Wandschichten hier wie miteinander verklammert erscheinen. Die Gartenseite zeigt große Übereinstimmung mit dem Britzer Hufeisen (Nr. 580). So wird die Zeile durch ein blau gestrichenes OG zusammengefasst, die Klinkerbalkone sind paarweise angeordnet und der Zeile ist ein Kopfbau vorangestellt. Es entsteht der Eindruck, dass hier das Britzer Hufeisen gerade gezogen wurde und sich so die Form des langen, geschwungenen „Peitschenknalls" ergab. Die städtebauliche Komposition, mit einer langen Zeile dem geschwungenen Straßenverlauf zu folgen, führten fast zeitgleich Bartning und Gropius in Siemensstadt (Nr. 320) sowie Ahrends in der „Weißen Stadt" (Nr. 593) aus. 1969 errichtete die Gehag, unter deren Regie die gesamte Siedlung entstanden war, am östlichen Zeilenende einen Neubau, dessen Proportionen keinen Bezug auf die vorhandene Bebauung nehmen. Das ursprüngliche Farbkonzept wurde nach einer umfassenden Analyse von Helge Pitz 1987 wiederhergestellt. Nun zeigt die Front wieder den paarweise wechselnden Vierfarbenrhythmus mit rot, blau, weiß und grün.

769
Großsiedlung Onkel-Toms-Hütte Einfamilienhäuser
Eisvogelweg, Riemeisterstraße, Am Fischtal, Reiherbeize, Waldhüterpfad, Im Gestell
1925–27
Hugo Häring, Otto Rudolf Salvisberg, Bruno Taut

Häuser von Salvisberg (oben)
Häuser von Häring (unten)

In der Großsiedlung Onkel-Toms-Hütte (Nr. 767) wurden insgesamt 809 Einfamilienhäuser errichtet, davon 562 mit 3 1/2-Zimmern bei jeweils 85 m² und 247 Häuser mit 4 1/2-Zimmern bei 104 m² Wohnfläche. Jeder Architekt entwarf einen bestimmten Haustyp. Salvisberg betonte mehr die einzelnen Häuser, d. h. er trennte jede Hauseinheit mit einer senkrechten Ziegelschicht von der anderen ab. Häring band die Hauseinheiten jeweils paarweise unter einem gemeinsamen Vordach über den Eingangstüren aneinander. Härings Bauten haben kleinere, zweiflügelige Fenster, Salvisberg bevorzugte hochrechteckige Fenster, die er paarweise oder einzeln platzierte. Tauts Einfamilienhäuser weisen breite Klinkerstreifen im Bereich der Türen und Fenster auf. Auffällig ist, dass die Häuser von Häring und Salvisberg den Bauten Tauts sehr ähnlich sind; kennzeichnen die Architekten doch ansonsten unterschiedliche Gestaltungsweisen, wie sie in Siemensstadt (Nr. 320) und in der „Weißen Stadt" (Nr. 593) zum Ausdruck kommen. Gegenüber den von Taut in Britz errichteten Einfamilienhäusern (Nr. 579) gab es einige Verbesserungen bei den Grundrissdispositionen. So wurde das Problem des Durchgangszimmers durch einen Flur gelöst; das ausgebaute Dach brachte zusätzliche Wohnfläche.

770
Versuchssiedlung „Am Fischtal"
Am Fischtal
1928–29
Gesamtleitung: Heinrich Tessenow

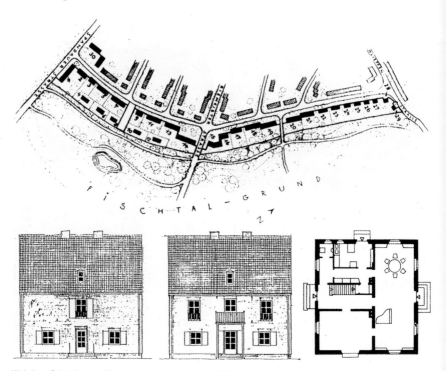

Wohnhaus Schmitthenner: Straßenseite (links), Gartenseite (Mitte), Grundriss Erdgeschoss (rechts)

Die Diskussion in den 20er Jahren um Flach- oder konservatives Satteldach gipfelte im sogenannten „Zehlendorfer Dächerkrieg" und führte dazu, dass diese Häuser direkt neben der Großsiedlung Onkel-Toms-Hütte entstanden (Nr. 767). 17 ausgewählte Architekten sollten, laut Forderung der Gemeinnützigen AG für Angestellten-Heimstätten (Gagfah), die „bewährten Prinzipien der Architektur beispielhaft fortentwickeln". Unter Tessenows Leitung wollte man die „endgültige Form der Mittelstandswohnung" präsentieren. Beteiligt waren: Alexander Klein (1, 2, 3), Hans Gerlach (4, 7), Paul Mebes und Paul Emmerich (6, 15, 16), Hans Poelzig (8, 9), Georg Steinmetz (10, 25), Emil Rüster (11, 23), Paul Schnitthenner (12, 26), Heinrich Tessenow (13, 14, 27, 28) Wilhelm Jost (17, 22), Ernst Grabbe (18), Gustav Wolf (19), Fritz Keller (20), Fritz Schopohl (21), Karl Weißhaupt (24), Arnold Knoblauch (29), Erich Richter (nicht ausgeführt).

Die 120 Wohnungen sind in Ein- und Mehrfamilienhäusern untergebracht. Einheitliches Gestaltungselement sind neben den Satteldächern mit einem Neigungswinkel von 45° auch Holzpergolen, Holzspaliere, Sprossenfenster, Klappläden sowie symmetrische Fassadengestaltung. Entgegen der Vorgabe, eine möglichst große Zahl von 2-Zimmer-Wohnungen zu schaffen, finden sich überwiegend Wohnungen mit vier bis sechs Räumen, die bis zu 176 m² Wohnfläche besaßen und zum Teil mit Mädchenkammern versehen waren. Die Siedlung wurde 1928 als Ausstellung „Bauen und Wohnen" eröffnet und mit komplett eingerichteten Wohnungen vorgestellt. Den Ausstellungspavillon hatten Walter Gropius und László Moholy-Nagy gestaltet.

771
Versuchssiedlung „Am Fischtal", Wohnhaus
Am Fischtal 4
1928
Paul Schmitthenner

772
Haus Auerbach
Clayallee 34–38
1924–25
Bruno Paul

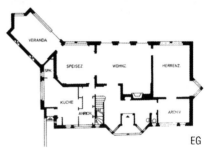

Paul Schmitthenners zweiter Bau in der Versuchs-siedlung „Am Fischtal" (Nr. 770) ist ein symmetrisch gestaltetes Einfamilienhaus mit einem für die Sied-lungsanlage typischen Satteldach. Annähernd qua-dratische Fenster kennzeichnen im EG die Wirt-schaftsräume, während sich im OG hochrechteckige Fensterflügel zur Straßen- und Gartenseite hin öff-nen. Wie bei fast allen Siedlungsbauten sind auch hier Klappläden angebracht. Die Garage wurde spä-ter angebaut. Mit den ca. 120 m² Wohnfläche kann das Haus kaum als kostensparendes Beispiel für die „endgültige Form der Mittelstandswohnung" ange-sehen werden, wie es in der Ausschreibung gefor-dert war. Auffällig ist der großzügige, fast ver-schwenderisch gestaltete Flurbereich und das große Wohnzimmer, das sich über die gesamte Garten-front erstreckt. Das OG ist dagegen in sechs kleine Räume unterteilt. So könnte man das Wohnhaus eher als „Miniaturvilla" bezeichnen. Auch die bei der Siedlungsausstellung präsentierte Wohnungseinrich-tung mit Flügel legt die Vermutung nahe, dass es sich hier nicht um ein „Wohnungsverbesserungs-programm" handelte. Es wurde ein „schöner Schein" vorgestellt, der angesichts der minimal bemessenen Siedlungswohnungen von Onkel-Toms-Hütte (Nr. 767), die direkt gegenüber lagen, um so heller leuchten sollte.

Das 2-geschossige Gebäude zeigt in den spitz-giebligen Dachfenstern, dem dreieckig gezackten Erker und der Backsteinornamentik der Fassade expressionistische Architekturelemente. Dies ist für die Bauten des Architekten ungewöhnlich, wie z. B. das im Stil der Neuen Sachlichkeit errichtete Kathreiner-Hochhaus in Schöneberg (Nr. 533) zeigt. Die repräsentative Fassade des Einfamilien-hauses ist streng symmetrisch angelegt, eine Aus-nahme bildet lediglich die in spitzem Winkel zum Baukörper angelegte Veranda, die im OG als Ter-rasse ausgebildet ist. Der Grundriss des Gebäudes ist jedoch nicht axial geplant; die Räume, v. a. des EG, werden zwanglos in den einfachen, rechtecki-gen Baukörper eingepasst.

773
Fünf Stadtvillen
Kleinaustraße 7–15
1986
Regina Poly, Karl-Heinz D. Steinebach, Friedrich
Weber

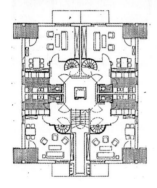

774
Dorfkirche
Potsdamer Straße
1768

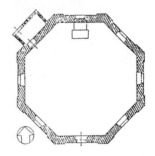

Die fünf Stadtvillen mit insgesamt 57 Wohnungen,
die im Rahmen des Sozialen Wohnungsbaus entstanden, befinden sich auf dem ehemaligen Grundstück einer Gründerzeitvilla. An diese erinnert noch
das repräsentative, steinerne Eingangstor. Als typo-
logisches Vorbild der fünf Stadtvillen diente zum
einen die auf der gegenüberliegenden Straßenseite
stehende großherrschaftliche, freistehende Klinker-
villa. Zum anderen orientierten sich die Architekten
an Putzprofilen und Giebeln der großbürgerlichen
Mehrfamilienhäuser, die in unmittelbarer Nähe gelegen den Übergang von Einzelhaus- zu Reihen- bzw.
Blockrandbebauung um die Jahrhundertwende
bezeugen. Charakteristisch für die Stadtvillen ist
deren würfelförmige Umrissform, die durch architektonischen Zierrat wie ausladende Gesimse, über
zwei Geschosse gezogene Lisenen, durchbrochene
Thermenfenster und risalitartige Vorbauten aufgelockert wird. Die Architekten sehen darin eine Variation der bereits an den alten Bauten vorhandenen
Elemente, deren Klassizismus den „postmodernen"
Formen der fünf Stadtvillen zugrunde liegt. Die Staffelung der Giebel von Risalit und Hauptbau lehnt
sich an Schinkelsche Architektur an. Des weiteren
wurde in den rundum vorgeblendeten giebelbekrönten Risaliten an die Villa Rotonda (um 1550) von
Palladio angeknüpft.

Die Dorfkirche ist in ihrer achteckigen Grundrissform
einer der wenigen Zentralbauten im Umkreis. Dieser
Bautyp war des öfteren bei evangelischen Barock-
kirchen anzutreffen, da er für die im Mittelpunkt
stehende Predigt besonders geeignet war; der Pfarrer konnte von allen Seiten gut gesehen und gehört
werden. Für eine Dorfkirche ist diese Grundrissgestaltung dennoch recht ungewöhnlich. Ursprünglich besaß der Bau einen Glockenturm, der aus dem
achtseitigen Pyramidendach ragte; er wurde jedoch
schon 1788 abgetragen. Die Kirche wurde zwischen 1903 und 1952 nicht zum Gottesdienst
genutzt und verfiel. Die äußere Erscheinung ist das
Ergebnis einer durchgreifenden Renovierung von
1953. Die Putzfassade zeigt besonders am Eingangsbereich mit dem ovalen Fenster zurückhaltende Barockformen. Die Kanten werden durch Putz-
quader betont. Die Kirche wurde nach dem Zweiten
Weltkrieg bis 1953 wiederhergestellt. Von der ursprünglichen Innenausstattung ist nichts mehr erhalten.

775
Vier Einfamilienhäuser
Onkel-Tom-Straße 85, 87, 89, 91
1923
Erich Mendelsohn, Richard Neutra

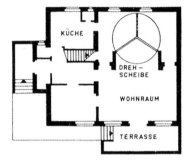

Haus Nr. 91 (oben)
Grundriss EG (unten)

Das auffallendste Gestaltungselement dieser vier
Häuser sind die horizontal geriefelten Fassadenfelder
an den Hausecken. Diese aus Beton hergestellten
Felder, deren rotbraune Farbe in starkem Kontrast
zu den hellen, glatten Putzflächen steht, wird wirkungsvoll von vorkragenden, um die Ecke geführten
Gesimsstreifen abgeschlossen. Hierin zeigen sich
Anklänge an Gestaltungselemente des von Mendelsohn bewunderten amerikanischen Architekten
Frank Lloyd Wright (1867–1959). Richard Neutra,
der 1923 in die USA auswanderte, arbeitete einige
Zeit im Architekturbüro Wright. Die 2-geschossigen
Hauskuben sind fast spartanisch gestaltet. Vorkragende Sichtbetongesimse fassen die wenigen Fenster zusammen oder kennzeichnen den Hauseingang der flach gedeckten Häuser. In zweien war an
den Wohnraum direkt eine Drehbühne angegliedert,
womit wie in einem Theater die Kulisse des Raumes
verändert werden konnte. Die Häuser wurden jedoch leider so stark verändert, dass nur noch Haus
Nr. 89 weitestgehend dem Originalzustand entspricht. Insbesondere neue Fenster ohne Sprossen,
Eternitplatten-Verkleidung (Haus Nr. 85) oder das
Fehlen der „Beton-Lamellen" (Haus Nr. 91) verän-
dern das ursprüngliche Erscheinungsbild dieser
Häuser.

776
Haus Blumenthal
Wilskistraße 66
1932
Ludwig Hilberseimer

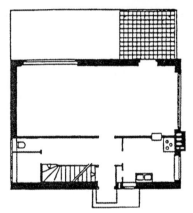

Grundriss Erdgeschoss

Das kleine Einfamilienhaus liegt in der Nähe der
Großsiedlung Onkel-Toms-Hütte (Nr. 767) an einem schmalen Grünzug. Der kubische Baublock ist
bis auf ein schmales Fensterband im OG sowie die
Haustür flächig geschlossen. Die von einem breiten
Putzband eingefasste Tür wurde mit dem daneben-
liegenden kleinen Küchenfenster durch ein Gesims
optisch zusammengefasst. An der Gartenseite sind
dem Hauskubus eine Veranda und ein Balkon angefügt. Die westliche Hausseite wird durch den leicht
vorgezogenen Kaminschacht belebt, während die
östliche Hausseite durch zwei Fensterbänder gegliedert wird. Das Pultdach fällt leicht zur Straßenseite
ab, wodurch die Seitenansicht des Hauses einen
spannungsreichen Akzent erhält. Ebenso wie das
Haus Blumenthal sind auch die wenigen Bauten des
Architekten, u. a. am Rupenhorn 9 (1935) oder am
Dietrich-Schäfer-Weg 19 (1935), streng funktional
gestaltet und stellen eine fast spartanische Variante
der Architektur der Neuen Sachlichkeit dar.
Hilberseimer hatte mit seinen Entwürfen für eine
Hochhausstadt 1924 utopische Visionen für eine
Stadt der Zukunft entwickelt, wobei ca. vier Millio-
nen Einwohner in 20-geschossigen, jeweils 600 m
langen Wohnzeilen untergebracht werden sollten.
Diese Städtebau-Visionen legte er u. a. in Schriften
wie „Großstadt-Architektur" (1928) dar.

777
U-Bahnhof Krumme Lanke
Fischerhüttenstraße
1929; 1988–89
Alfred Grenander

Zustand 1987 (oben)
Zustand vor 1934 (unten)

Der 1-geschossige, flachgedeckte Bau ist einer der
zahlreichen Bahnhofsbauten, die Grenander für die
U- und S-Bahn entworfen hat. Er bildet den Endbahnhof der ursprünglich bis Zehlendorf-West geplanten Strecke. Die Haupthalle des Empfangsgebäudes ist gegen die beiderseitig anschließenden
Räume überhöht und wird, gleich einer Basilika,
über den Dächern dieser Vorbauten von einem
Fensterband belichtet. Die architektonisch hervor-
stechende gerundete Front besitzt große verglaste
Türen und ein ausladendes, in Höhe und Breite der
Anbauten vorkragendes Vordach. Die Seitenwände
des Bahnhofsgebäudes bestehen aus verputztem
Mauerwerk, die Frontpfeiler und das Dach sind aus
Stahlbeton. Das Bauwerk besticht durch seine sachliche Gestalt, welche der gestellten Bauaufgabe voll
gerecht wird und darüber hinaus in seiner betonten
Funktionalität überaus ästhetisch wirkt. In seiner
klaren Konzeption und Ausformung war der Bahnhof
richtungsweisend in Europa und diente als Vorbild
für weitere Bahnhofsbauten, z. B. in Großbritannien.
1934 wurde die sachliche Eleganz des Gebäudes
durch Anbauten an den Rundteil der Halle weitgehend zerstört. 1988 wurde das Gebäude wegen
Baufälligkeit abgerissen. Der unter der planerischen
Leitung von Rupert Stuhlemmer durchgeführte Wiederaufbau lehnt sich an den Originalzustand des
Grenander-Entwurfes an.

778
Haus Lewin
Fischerhüttenstraße 106
1928–29
Walter Gropius

Zustand um 1930 (oben)
Grundriss Erdgeschoss (unten)

In der kubisch gegliederten äußeren Gestaltung des
2-geschossigen Flachbaus lassen sich, wenn auch
in abgeschwächter Form, die Gestaltungsprinzipien
der ebenfalls von Gropius entworfenen Häuser für
die Meister des Bauhauses in Dessau (1925–26)
erkennen. Anstelle der dynamischen Staffelung der
Häuser in Dessau wird jedoch hier die kubische
Gestaltung nur schematisch vorgenommen, und
statt Terrassen und begehbaren Dachzonen findet
sich lediglich ein kleiner, schmaler Balkon. Die nach
Norden weisende Eingangsseite ist beinahe fensterlos geschlossen, während nach Süden, zum Garten
hin, zu Bändern zusammen-gefasste Fenster angelegt wurden. Der Grundriss ist übersichtlich und
durchdacht gestaltet, wenn er auch eine gravierende
Schwäche aufweist: Das Wohnzimmer ist nur nach
Westen hin durch ein Fenster geöffnet, der Bereich
nach Süden zum Garten und Balkon wird durch die
Außenmauer abgeriegelt. Während das Äußere des
Wohnhauses weitgehend original erhalten blieb,
wurde die Innenausstattung verändert.

779
Haus Perls
Hermannstraße 14
1911
Ludwig Mies van der Rohe

780
Haus Karsch
Klopstockstraße 37
1960
Georg Heinrichs

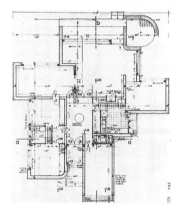

Grundrisse EG (links), OG (rechts)

Das 2-geschossige, verputzte Backsteingebäude
mit flachem Walmdach ist das zweite Wohnhaus,
das Mies van der Rohe gebaut hat. An diesem Haus
dokumentiert sich der auf Schinkel fußende Neoklassizismus von Peter Behrens, in dessen Büro der
Architekt zu jener Zeit tätig war. Besonders eng
verwandt ist es mit dem Haus Wiegand (Nr. 749)
von Behrens. Gemeinsam sind der U-förmige
Grundriss, das einfache Gesims und ein ehemals
architektonisch gestalteter Garten. Die dorischen
Kapitelle der zwei quadratischen Pfeiler der – heute
geschlossenen – Loggia im EG sind, ebenso wie
die des Atriums beim Haus Wiegand, aufs äußerste
in ihrer Formensprache vereinfacht. Die symmetrisch angelegte Fassade des massiven, rechteckigen Baukörpers wirkt klar und schlicht. Der Grundriss ist axial angelegt. Das Gebäude war für einen
Kunsthändler als Wohnung und Ausstellungsfläche
konzipiert. Deshalb war das Treppenhaus, das zum
privaten OG führte, von den Ausstellungsflächen im
EG abgetrennt. Trotz Anbauten und Veränderungen
im Innern lässt sich auch heute noch die individuelle
Handschrift des Architekten erkennen.

Das 1-geschossige, aus roten Klinkern erbaute
Einfamilienhaus liegt inmitten eines flachen Wald-
grundstücks. Die einzelnen Räume sind um eine
zentrale Diele gruppiert. Sie sind in ihrem Grundriss
stark individualisiert und unterscheiden sich auch
durch ihre unterschiedliche Höhenentwicklung. Es
existieren drei verschiedene Raumhöhen; am nied-
rigsten gehalten sind Eingang und Garage, den
höchsten Raum weist das Wohnzimmer auf. Die
Höhendifferenzierung der Räume ist auch im äußeren Erscheinungsbild durch verschieden hohe Kuben sichtbar, die dem Baukörper einen lebendigen,
dynamischen Eindruck verleihen. In dieser Staffelung kubischer Baumassen und der Betonung der
Horizontalen mittels breit gelagerter Fensterbänder
steht das Gebäude in der Tradition von Bauten Erich
Mendelsohns, wie z. B. der Doppelvilla am
Karolingerplatz (Nr. 290).

781

Haus de Burlet
Schlickweg 12
1911
Hermann Muthesius

Grundriss EG

Der kleine, 1-geschossige Ziegelbau gilt als das
gelungenste von Muthesius' Landhäusern. Seine
Wohn- und Wirtschaftsräume liegen wie üblich im
EG, im ausgebauten Dachgeschoss sind die Schlafräume untergebracht. Die Räume bilden zusammen
einen L-förmigen Baukörper. Sie sind wie ihre Vorbilder in englischen Landhäusern stark individualisiert. Hier kommt Muthesius' Architekturcredo „Häuser werden zum Wohnen gebaut und nicht zum
Anschauen" deutlich zum Ausdruck. Er grenzt sich
damit von der in Deutschland bis dahin üblichen Villa
ab, bei welcher der Grundriss als eine Abfolge von
genau festgelegten, repräsentativ gestalteten Räumen verstanden wurde. Bei dem schlichten Gebäude steht jedes Zimmer für sich und bildet eine abgeschlossene Einheit. Diese Raumauffassung findet
sich bei vielen Landhäusern von Muthesius, wird
aber hier auf die Spitze getrieben; die Individualisierung geht so weit, dass die dem Wohnzimmer
benachbarte Loggia nicht von diesem, sondern
ausschließlich über die Halle betreten werden kann.
Durch die ebenerdige Ausrichtung der Wohnräume,
die Anlage einer Loggia und einer großen Terrasse
wird der Garten in den Wohnbereich einbezogen.
Auch hierin unterscheiden sich die Landhäuser des
Architekten von der konventionellen Stadtvilla, bei
welcher der Garten vom Wohnbereich durch ein
Sockelgeschoss abgetrennt und so diesem untergeordnet wird.

782

S-Bahnhof Mexikoplatz
Mexikoplatz
1904–05
Gustav Hart, Alfred Lesser

Zustand um 1910 (oben)
heutiger Zustand (unten)

Der Bahnhof liegt am Mexikoplatz, dessen reizvolle
Bebauung im Landhausstil 1905–10 von Otto
Kuhlmann angelegt wurde. Das Empfangsgebäude
gilt als eines der bedeutendsten Beispiele der
S-Bahnhofsarchitektur in Berlin. Der Bahnhof ist als
Rundbau angelegt, der von einer hohen, runden
Oberlichtkuppel überwölbt wird. An den 1-geschos-
sigen Mauerwerksbau schließt sich ein 2-geschossi-
ger Wohnflügel an. Ein elliptischer Wasserturm, der
an die Gebäuderückseite angefügt war, wurde nach
Kriegsbeschädigung bis auf den Turmansatz abgetragen. Der S-Bahnhof ist eines der wenigen erhaltenen Jugendstilgebäude in Berlin; er vertritt somit
eine Architekturrichtung um 1900, die sich gegen
den damals vorherrschenden Historizismus, wie er
etwa bei dem mittelalterlich anmutenden U-Bahnhof
Podbielskiallee (1911–13; Nr. 748) zu beobachten
ist, wandte und eine eigenständige Formensprache
zu entwickeln suchte. Kennzeichnend für das Gebäude ist die wellenförmig geschwungene Form der
Fassade, die sich in den geschweiften Vordächern,
aus denen der runde Kuppelaufbau über der Haupthalle herausragt, fortsetzt. Die organisch gliedernden, schmückenden Fassadenteile sind aus Kalk-
und Sandstein. Die Innenausstattung ist z. T. erhalten geblieben.

783
Haus Otte
Wolzogenstraße 17
1921–22
Walter Gropius

784
Villa Hansmann
Werderstraße 7
1976–78
Regina Poly, Karl-Heinz D. Steinebach,
Friedrich Weber

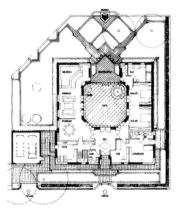

Zustand 1922 (oben)
Zustand 1988 (unten)

Gartenseite, Durchblick in den Hof (oben)

Das Wohnhaus weist in seiner äußeren Gestaltung starke Übereinstimmungen mit dem – zerstörten – Blockhaus Sommerfeld in Steglitz auf, das Walter Gropius ein Jahr zuvor für den Gönner des Bauhauses erbaut hatte. Auffällig ist die Betonung des Eingangsbereiches. Das Treppenhaus wurde ursprünglich durch zwei schmale vertikale Fensterbänder belichtet; den oberen Abschluss der Mittelachse bildet ein Dachgaubenfenster. Dieser tief in die Wandfläche eingeschnittene, zurückgesetzte Mittelbereich steht in Kontrast zu der geschlossenen, blockhaften Vorderfront. Die vertikale Betonung des Gebäudes durch die Mittelzone wird durch die horizontale Ausrichtung des breit gelagerten, überdachten Hauseingangs aufgefangen. Hierin lässt sich, wie auch in dem weit vorgezogenen Walmdach, eine Verwandtschaft mit den „prairie-houses" des in jener Zeit von Gropius bewunderten amerikanischen Architekten Frank Lloyd Wright feststellen. Die Bauleitung für das Haus Otte hatte Fred Forbat inne. Schon 1930 wurde das Gebäude innen und außen umgestaltet. Die sichtbarste Veränderung lässt sich am Treppenhaus feststellen; die ehemals zwei schmalen vertikalen, auseinanderliegenden Fensterbänder wurden zu einer großen, zusammenhängenden Fläche zusammengefasst, wodurch die ursprünglich charakteristische Längsausrichtung dieses Hausbereichs verloren ging.

Das Haus wirkt durch das schwere, wuchtige Walmdach, das grob gefugte Mauerwerk und die spärlichen Fensteröffnungen solide und gediegen. Sein Grundriss ist, ähnlich wie beim Haus des Architekten von Franz Mocken (Nr. 762), um einen Atriumhof angeordnet. Eine optische Symmetrieachse durchzieht vom aufwendigen, hervorgehobenen Eingangsbereich über die Diele, den Innenhof, den Wintergarten das ganze Haus und endet beim Brunnen an der hinteren Gartenseite. Die einzelnen Zimmer sind, entsprechend dem funktionellen Ablauf des Tages, um den Atriumhof herum aneinandergereiht. Der offene Wohnbereich wird durch die Diele und den Wintergarten, der als Bindeglied zwischen dem quadratischen Atriumhof und dem Garten fungiert, vom Schlafbereich abgetrennt.

785
Feierhallen des Waldfriedhofs Zehlendorf
Potsdamer Chaussee 75
1956–57
Sergius Ruegenberg, Wolf von Möllendorff

786
Haus Freudenberg
Potsdamer Chaussee 48
1907–08
Hermann Muthesius

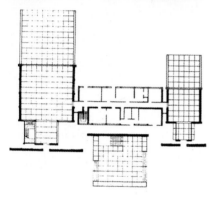

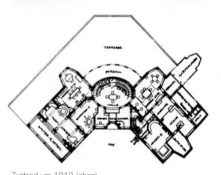

Zustand um 1910 (oben)
Grundriss EG (unten)

Der Komplex besteht aus zwei verschieden großen
Hallen, in denen die Trauerfeiern abgehalten werden. Sie sind durch einen niedrigen Trakt verbunden, der Verwaltungs- und Nebenräume enthält. Die
Anlage ist in Stahlbetonskelettbauweise ausgeführt
und mit Mauerwerk ausgefacht. Vor den Türen zu
den beiden Hallen wurden jeweils zwei freistehende,
hohe Wände aufgestellt, die mit Travertin verkleidet
sind. Die schmalen Schlitze zwischen den Wandscheiben dienen als Pforten zum Friedhofsbezirk.
Die hoch aufragende, steinerne Wand soll so die
Schwelle zwischen Leben und Tod symbolisieren.
Die Stirnseiten der Hallen sind vollständig verglast
und öffnen sich über zwei große Vorplätze zum
Friedhof. Für den Trauerzug nach der Totenfeier
können mit diesen Feierhallen ist eine schlichte, qualitätvolle
Mit diesen Feierhallen ist eine schlichte, qualitätvolle
Anlage entstanden, die einen bedeutenden Beitrag
für die Entwicklung dieser Baugattung darstellt und
einfühlsam die Thematik des Todes reflektiert.

Das zweistöckige Haus besteht aus zwei rechtwinkligen Flügeln mit tief heruntergezogenem Walmdach,
die um einen Mittelbau mit hohem Giebel angeordnet sind. Die winkelförmige Anlage ähnelt sehr dem
englischen Landhaus „The Barn" in Exmouth von
Edward Prior, einem der führenden englischen Architekten der Jahrhundertwende. Auch bei der
Innenraumgestaltung griff Muthesius, wie bei seinen
übrigen Landhäusern, auf englische Vorbilder zurück; die Räume sind in Grundriss und Ausstattung
in höchstem Maße individualisiert. Die behagliche,
intime Wohnqualität der englischen Landhäuser
versuchte Muthesius mit der in Deutschland gebräuchlichen repräsentativen Gestaltung des Äußeren zu verbinden. Die einzelnen Räume sind in den
streng symmetrischen, repräsentativen Baukörper
eingepasst. Nur an der Gartenseite wird das Raumprogramm nach außen hin sichtbar gemacht. Trotz
Reflexion englischer Vorbilder fühlte sich der Architekt der deutschen Bautradition verbunden. Diese
Haltung wollte er durch die Verkleidung des Giebels
mit typisch deutschem Fachwerk sichtbar machen.
Abgesehen von diesem fragwürdigen Beiwerk gilt
das Haus zu Recht als eines der bekanntesten und
am besten durchgebildeten Gebäude von
Muthesius. Das einzigartige, harmonische Raumgefüge wurde jedoch durch die Unterteilung des
Hauses in mehrere Wohnungen zerstört. Zudem
ging die Wirkung des parkartigen Gartens durch den
Bau eines zusätzlichen Gebäudes verloren.

787
Haus Muthesius
Potsdamer Chaussee 49
1906–07
Hermann Muthesius

Grundriss Erdgeschoss

788
Evangelische Kirche Nikolassee
Kirchweg 6
1909–10
Erich Blunck, Johannes Bartschat

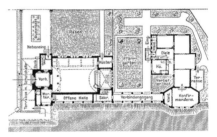

Dieses Landhaus war Muthesius' eigenes Wohnhaus. Im Gegensatz zu seinen übrigen Gebäuden dieses Bautyps wich er hier von der übernommenen Raumorganisation der englischen Landhäuser ab: Die Wohnräume wurden – vermutlich der schönen Aussicht wegen – ins OG verlegt. Im EG befand sich neben der Küche lediglich das Speisezimmer. Der Grundriss war nach strengen geometrischen Grundregeln durchorganisiert, was jedoch die Wohnlichkeit der vom Architekten selbst gestalteten Räume nicht minderte. Erker und weitere Ausbauten gliedern das Äußere des Hauses. Zusammengehalten wird es durch ein tief herabgezogenes, am Giebel mehrfach gebrochenes Dach. Die Fassade weist durch Muthesius' unbekümmerte Gestaltungsweise gewisse Unstimmigkeiten auf: Die Loggia an der oberen Giebelzone der Straßenfront wirkt überproportioniert, der halbrunde Treppenausbau an der Rehwiesenfront kollidiert mit der Dachkonsole, die verschiedenen Fensterformen sind nicht aufeinander abgestimmt. Das Landhaus bestach vor allem durch den Charme der Innenräume. Heute ist es in mehrere Wohnungen unterteilt; der 1909 angebaute quadratische Hofflügel wurde abgerissen; ein 6-geschossiger Wohnblock trennt das Haus von der Potsdamer Chaussee. Der Garten aber wurde zum Teil originalgetreu rekonstruiert.

Die Kirche besitzt ein schlichtes, schmuckloses Äußeres und kann somit als programmatische Absage an die Formenwelt des zu dieser Zeit noch verbreiteten Historismus gewertet werden. Charakteristisches, weithin sichtbares Wahrzeichen der Kirche ist der mächtige Turm mit seiner hoch aufragenden, extrem schlanken Spitze. Der Haupteingang liegt im EG des Turms, dem eine überdachte Treppenhalle vorgestellt ist. Auffallend ist die bewusste Asymmetrie der Anlage. Der mit umlaufenden Emporen versehene Innenraum wird mit einer Holztonnendecke überwölbt. Die Kirche ist an der Rehwiese durch eine Pergola mit dem Pfarrhaus verbunden, das ebenfalls von Blunck stammt. Über diesen Gang gelangt man in den im Pfarrhaus gelegenen Konfirmandensaal, der die markante Form eines gestreckten Achtecks besitzt. Hervorstechendes Merkmal des Gebäudeensembles ist die reizvolle Einbindung in die landschaftliche Umgebung.

789

Haus Lewin
Waldsängerpfad 3
1929–30
Peter Behrens

Grundriss Wohngeschoss

790

S-Bahnhof Nikolassee
Hohenzollernplatz
1901–02
Fritz Brühning, Paul Vogler

Eingangshalle

Das Wohnhaus ist eines der wenigen Gebäuden von Behrens nach dem Ersten Weltkrieg in Berlin; zugleich ist es eines der seltenen Beispiele, die der Architekt im Stile des Neuen Bauens entwarf. Auffällig ist die betont kubische Durchgestaltung des verputzten Backsteinbaus. Er ist aus einfachen geometrischen Formen aufgebaut und sehr sorgfältig proportioniert. Das Gebäude besteht aus einem 2-geschossigen Kubus, dem ein 1-geschossiger Bauteil angefügt ist. Dessen Dach ist als teilweise überdeckte Terrasse ausgebildet. Brüstungen akzentuieren zusammen mit den sparsam in die Wand eingeschnittenen Fenstern die Fassade. Der Grundriss ist einfach und klar organisiert.

Das 2-geschossige, lebendig gegliederte Bahnhofsgebäude orientiert sich in seiner aufwendigen Fassadengestaltung an der umliegenden Villengegend. Das Bauwerk ist überwiegend in neogotischen Stilformen gehalten und wird durch zahlreiche Giebel, Vorbauten und Zinnen verziert. Beherrschender Bauteil ist der hohe Turm, der in seinem oberen Bereich mit kleinen Balkonen versehen ist. Der Sockel und die gliedernden Fassadenteile sind aus Sichtmauerwerk; sie stehen in reizvollem Kontrast zu den Putzflächen des Mauerwerkbaus Die Schalterhalle wurde in ihrem Sockelbereich mit Glasursteinen verblendet.

791
Autobahnraststätte Grunewald
Spanische Allee 177–179
1966–68
Gerd Neumann, Dietmar Grötzebach, Günter
Plessow

792
Strandbad Wannsee
Wannseebadweg
1929–30
Martin Wagner, Richard Ermisch

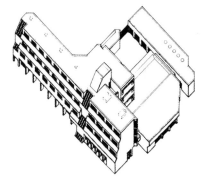

Zustand um 1929 (oben)
Modell des nicht ausgeführten Gesamtentwurfs (unten)

Die Raststätte liegt an einem Verkehrsknotenpunkt an der Autobahnausfahrt in Nikolassee. Das Raumprogramm des Gebäudes ist so angelegt, dass es den Ansprüchen einer Autobahnraststätte mit Übernachtungsmöglichkeiten genügt und ebenso als Anlaufziel der Berliner auf ihrem Weg zu den Naherholungsgebieten im Grunewald und an der Havel dient. Der Hauptgebäudeteil ist ein lang gestreckter, viergeschossiger Gästeflügel, der auf Stützen gestellt ist und geschossweise zurückspringt. Dieser Gästetrakt, der 12 1- bis 2-Bett-Zimmer und 12 2- bis 3-Bett-Zimmer aufnimmt, liegt aus Lärmschutzgründen von der Straße abgewandt und ist nach Westen in Richtung Grunewald ausgerichtet. Daran schließen sich 1-geschossige Restaurant- und Wirtschaftstrakte an, welche rechtwinklig aufeinandertreffen und so einen kleinen Hof einfassen. Der Gaststätte ist nach Süden eine große Terrasse vorgelagert. Nach Osten, zur Autobahn, ist der Bau – ebenfalls aus Lärmschutzgründen – bis auf schmale Fensterschlitze geschlossen. Die Fassade aus Sichtbeton ist z. T. mit Klinkern verkleidet; sie wird durch die zurückspringenden Treppenhäuser mit den schräg angeordneten Fensterflächen und die abgeschrägten Gebäudekanten wirkungsvoll belebt.

Das Strandbad wurde entlang eines künstlich verbreiterten Strandes als Terrassenanlage in den Hang der Grunewaldhöhen eingebettet. Es ist als Stahlskelettkonstruktion errichtet und mit gelben Klinkern verkleidet. Vier große, rechteckige Hallen nehmen die Garderoben, Duschräume und Läden auf. Die je 430 m² großen Dachflächen auf diesen Hallen wurden als Sonnenterrassen und Sportflächen konzipiert. Durch eine ca. 500 m lange überdachte Pergola, in der verschiedene Dienstleistungen wie z. B. Läden und Kioske aufgereiht sind, werden die Hallen zu einer Einheit verbunden. Obwohl nur etwa die Hälfte der geplanten Gesamtanlage ausgeführt wurde – so waren u. a. noch mehrere Restaurants, Heilbäder, ein Kindergarten und ein Freilufttheater vorgesehen –, gilt das Strandbad Wannsee als größtes Binnenbad Europas. Die Anlage ist ein herausragendes Beispiel für den Baustil der Neuen Sachlichkeit; Richard Ermisch und der Stadtbaurat Martin Wagner verstanden es, die funktionalen Anforderungen einer für die Masse der Berliner Bevölkerung konzipierten Erholungsstätte mit einer ästhetisch mustergültigen Form zu verbinden.

793
S-Bahnhof Wannsee
Kronprinzessinnenweg
1927–28
Richard Brademann

Eingangshalle

794
Haus Springer
Am Großen Wannsee 39, 41
1901
Alfred Messel

Das Bahnhofsgebäude ist ein 3-geschossiger, lang-gezogener Klinkerbau, dessen oberes Geschoss zurückgesetzt angelegt ist. Zentraler Bauteil ist die überhöhte, achteckige Schalterhalle mit ihrem zwei-stufigen Dachaufsatz, der umlaufende Fensterbänke aufweist. Charakteristisch für den Bahnhof sind die expressionistisch anmutenden, spitzwinklig zulaufen-den Türöffnungen der Eingangshalle und die spitz-giebligen Fensteröffnungen im EG. Der nüchtern gestaltete Schalterraum wird durch erhabene Wand-pfeiler bestimmt, die sich dynamisch zum Boden hin verjüngen.

Der reich gegliederte Werksteinbau steht mit seinem Raumprogramm ganz in der Tradition der engli-schen Landhäuser des späten 19. Jahrhunderts. Die einzelnen Räume besitzen einen eigenen Cha-rakter und gruppieren sich frei um eine zentrale Diele, der sich zum Garten eine Terrasse anschließt. Im Gegensatz zu den vielteiligen, mit Erkern und Nischen versehenen Raumgebilden der englischen Vorbilder werden hier jedoch die Mittel zur Indivi-dualisierung der Räume sparsamer angewandt; die Zimmer bilden keine Raumgruppen und sind – bis auf den Erker im Zimmer der Dame – streng recht-eckig angelegt. Auch in der Fassadengestaltung wird die Verwandtschaft mit englischen Landhäusern sichtbar. Die Fassade ist durch Erker, Vor- und Rücksprünge abwechslungsreich gegliedert und wird durch ein mächtiges, steiles Mansarddach zusammengehalten. Die Gestaltung des Gartens weist ebenso nach England; er wurde als ein engli-scher Miniaturpark konzipiert. Dieses innen wie außen meisterhaft durchgebildete Landhaus ist das am besten erhaltene Gebäude Messels in Berlin-West, Sein berühmtester Bau war das im Krieg zerstörte Warenhaus Wertheim (1896–97; 1904–06) am Leipziger Platz (Bezirk Mitte).

795
St. Michael
Königstraße
1926–27
Wilhelm Fahlbusch

796
Kirche am Stölpchensee
Wilhelmplatz 2
1858–59
August Stüler

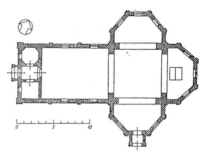

Die zur Straße hin ausgerichtete Kirche wird durch ihre massive, westwerkartige Turmwand beherrscht. Diese verdeckt das Langhaus, das durch je vier Fenster gegliedert ist. Daran anschließend folgt der rechteckige, eingezogene Chor. St. Michael ist die erste Kirche in Berlin mit expressionistischen Formen. Charakteristisch hierfür sind die drei spitzen Turmhelme, die Verblendung des Baus mit Backsteinen sowie die dekorative Behandlung seiner Oberfläche. Auch das spitzbogige Portal im Turm, durch das man über eine Vorhalle den Kirchensaal betritt, kann zu jener Formenwelt gezählt werden. Schmale, vorstehende Mauerbänder an den Seiten des Turmes, die auch auf die Straßenfront übergreifen, mildern dessen expressive, zackige Erscheinung und gliedern ihn horizontal. Die Blockhaftigkeit des Turmes wird durch ornamental vergitterte, kreuzförmige Fensteröffnungen aufgebrochen. Der Kirchenraum ist ein Saal mit fünf Jochen, der von spitzbogigen Betonwandpfeilern überspannt wird. Der Dachstuhl wurde offen belassen, Trauf- und Firstbalken springen sichtbar nach innen vor.

Die idyllisch gelegene Dorfkirche aus hellgelben Ziegeln hat den Grundriss eines lateinischen Kreuzes. Die Enden des kurzen Altarraums sowie der beiden Querschiffe münden in polygonale 5/9-Schlüsse. Das Kirchenschiff wird durch den mächtigen, blockhaften Vierungsturm beherrscht, der die Silhouette der Kirche fast wie die Miniaturausgabe einer Kathedrale erscheinen lässt. Die massive Turmwand wird an jeder Seite durch drei kleine Öffnungen aufgebrochen, über denen je drei größere Rundbogenfenster mit abgetreppten Profilen angeordnet sind. Auch die Joche der Kirchenschiffe besitzen Rundbogenfenster; die gelben Ziegelwände werden durch Lisenen gegliedert. Neben diesem Rundbogenstil romanischer Kirchen Oberitaliens sind aber auch Bezüge zur gotischen Formenwelt feststellbar; besonders deutlich wird dies an den vier Eckfialen, die das Zeltdach des Turms überragen. Der von einer leicht geneigten Holzdecke überspannte Innenraum ist in seiner ursprünglichen, italienisch-romanisierenden Ausstattung weitgehend im Original erhalten.

797
Haus Bejach
Bernhard-Beyer-Straße 12
1926–27
Erich Mendelsohn

798
Jagdschloß Glienicke
Königstraße
1693; 1860–61; 1889; 1963–64
Charles Philippe Dieussart; Ferdinand von Arnim;
Albert Geyer; Max Taut

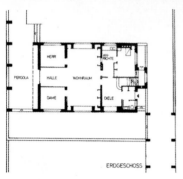

Zustand um die Entstehungszeit (unten)

Rückansicht, Zustand vor 1936 (oben)
Vorderansicht, Zustand heute (unten)

Der kleine, flachgedeckte Backsteinbau hat einen schlichten, rechteckigen Grundriss, dessen Räume sich auf die Nord-Süd-Achse des Hauses beziehen. Das z. T. verputzte OG besitzt eine große, ausladende Terrasse. Charakteristisch ist die horizontale Gliederung des Gebäudes; jede vierte Backsteinschicht ist leicht zurückgesetzt angelegt und weiß gestrichen, wodurch schmale Bänder entstehen. Eine breite, vorspringende Dachplatte unterstreicht diese horizontale Ausrichtung der Fassade. Weit ausladende Pergolen und eine Terrasse – beide gleich gestaltet wie die Hausfassade – verbinden den Wohnbereich mit dem Garten. Die Formensprache des Hauses erinnert an die Architektur der in den 20er Jahren einflussreichen holländischen „Stijl"-Bewegung der Architekten wie van Doesburg, Rietveld oder Oud. In der breit gelagerten Form des Gebäudes sowie den Dachüberständen und der Materialwahl lassen sich auch Übereinstimmungen mit Häusern des von Mendelsohn bewunderten amerikanischen Architekten Frank Lloyd Wright (1867–1959), v. a. zu dessen Robie House in Chicago (1907–09) feststellen.

Der Ursprungsbau, der 1693 von Dieussart für den Kurfürsten Friedrich III. angelegt wurde, war sieben Achsen breit und hatte einen dreiachsigen Mittelrisalit, den ein Dreiecksgiebel vor einem großen Walmdach abschloss. Diese Disposition lässt sich noch am heutigen Mittelbau nachvollziehen. Die seitlichen Anbauten gehen auf die Zeit um 1860–61 zurück, als das Gebäude für Prinz Friedrich Karl von seinem Hofarchitekten von Arnim in Formen des französischen Barock umgestaltet wurde. Albert Geyer stockte den Mittelbau 1889 auf, bekrönte ihn wieder mit einem Giebel und fügte den Turm hinzu. Dem süddeutschen Frühbarock nachempfundene Formen zeigen vor allem die schmuckvoll mit geometrischen Mustern verzierten Dreiecksgiebel. Der Eklektizismus des 19. Jahrhunderts zeigt sich in Glienicke auf engstem Gebiet: In unmittelbarer Nähe liegt das klassizistische Schloß Glienicke (Nr. 799). Auf der anderen Havelseite, mit Glienicke durch eine Sichtachse verbunden, befindet sich das Schloß Babelsberg, das nach Schinkels Entwürfen von Stüler und Persius bis 1849 in neogotischen Formen errichtet worden war. Das Jagdschloß Glienicke baute Max Taut 1963–64 um. Dabei fügte er den funktionalen Glas-Erker in die Hauptfront ein. Im Jagdschloß Glienicke ist heute u. a. die Heimvolkshochschule untergebracht.

799
Schloß Klein-Glienicke
Königstraße
ab 1825
Karl Friedrich Schinkel, Ludwig Persius, Ferdinand von Arnim

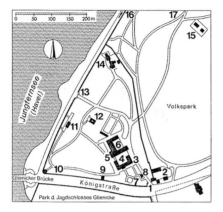

Lageplan

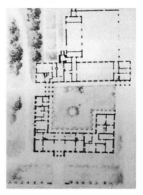

Lageplan
Entwurf K.F. Schinkel

Klein-Glienicke ist heute dank umfassender Restaurierungsarbeiten eines der herausragenden architektur- und geistesgeschichtlichen Zeugnisse des Klassizismus auf Berliner Stadtgebiet. Die Schlossanlage, mit zahlreichen Nebengebäuden für den preußischen Prinzen Friedrich Karl (1801–83) erbaut, liegt eingebettet in einen großen Landschaftsgarten, den Peter Joseph Lenné gestaltete. Neben dem Haupteingang (1) liegt das 1848 von Ferdinand von Arnim errichtete Pförtnerhaus, das zwei den Antiken am Erechtheion nachempfundene Karyatiden zieren. Der Sitzplatz – das Stibadium (8) – geht ebenfalls auf antike Vorbilder zurück, während die von Schinkel gestaltete Löwenfontäne (7) an ein Monument im Garten der Villa Medici in Rom erinnert. Der klassizistische Schlossbau (3) entstand durch den Umbau eines älteren Gutshauses. Das 2-geschossige Gebäude besitzt einen asymmetrischen Mittelrisalit, dem ein Balkon vorgelagert ist. An der Gebäudeseite befindet sich ein aus Zink gegossener, tempelartiger Portikus, den Persius 1840 gestaltete. An den Gartenhof (4) grenzt, über eine Pergola verbunden, das 1-geschossige Kavaliershaus (5) mit den Remisen (6) an. Persius setzte dem schlichten Turmbau, den Schinkel 1832 errichtet hatte, ein mit Serlio-Motiven gegliedertes OG auf. Schloss und Kavaliershaus bildeten den Rahmen für die Aufstellung der antiken Sammlungsstücke des Prinzen. Eine Besonderheit in der Gesamtanlage ist der Klosterhof (12), den Ferdinand

von Arnim 1850 passend zu den romanischen Sammlungsstücken im Stil der byzantinisch-venezianischen Romanik gestaltete. Das Kasino (11) war Schinkels erster Bau in Klein-Glienicke und entstand durch den Umbau eines Billardhäuschens aus dem 18. Jahrhundert. Das 2-geschossige Haus liegt auf einer kleinen Anhöhe mit Blick auf die Havel und wird durch die beiden seitlichen Pergolen wirkungsvoll in die Landschaft eingebunden. Die „Große Neugierde" (10) war als Aussichtspunkt auf die 1835 angelegte Glienicker Brücke gedacht. Diesen Rundtempel versah Schinkel mit einem laternenähnlichen, dem Athener Lysikrate-Monument nachempfundenen Aufsatz. Vom Tempel, der ursprünglich weiter südlich gestanden hatte, führen zwei Treppen in den tiefergelegenen, 1979 rekonstruierten „pleasure ground", den Lenné zwischen Neugierde und Schloss 1816 angelegt hatte. Die „Kleine Neugierde" (9), die aus dem Umbau eines Teehauses 1825 entstanden war, umfasst eine Vorhalle sowie zwei kleine, schmuckvoll ausgemalte Zimmer. Die Renaissance-Arkade erhielt der Bau 1848.

799
(Fortsetzung)

800
Blockhaus Nikolskoe
Nikolskoer Weg
1819; 1984–85

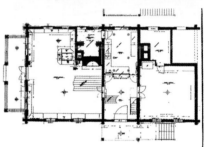

„Klosterhof", Stich von J. Rabe (oben)

Zustand 1938 (oben)
Grundriss EG nach der Wiederherstellung (unten)

In der Parkanlage liegen das Maschinen- und Gärt-
nerhaus (14, 1826–38), sowie das Matrosenhaus
(15, 1840), die beide von Persius stammen. Der
1827 von Schinkel entworfene Jägerhof erinnert
wie auch das von Persius gestaltete Jägertor (beide
in Richtung 16) mit seinen neogotischen Formen an
englische Cottages. Vom Hochufer aus ist die am
anderen Havelufer gelegene Heilandskirche zu
Sakrow zu sehen, die Persius 1841–42 in Form
einer frühchristlichen Basilika errichtet hatte. Das
ehemalige Forsthaus (Moorlake, in Richtung 17)
von Persius wird heute als Gasthaus genutzt. Zahlreiche Sichtachsen stellen die Beziehungen zu den
in der Nähe liegenden Schlossanlagen Babelsberg,
an der Glienicker Brücke, Potsdam, dessen Bauten
auf der anderen Havelseite stehen, und der Pfaueninsel (Nr. 801) her.

König Friedrich Wilhelm III. ließ das idyllisch gelegene Blockhaus anlässlich des Besuches seiner Toch-
ter Charlotte, die sich als Gemahlin des Zaren Nikolaus Kaiserin Alexandra nannte, errichten. Das
Blockhaus Nikolskoe, zu deutsch „Nikolaus zu ei-
gen", wurde zu Ehren der Gäste dem Stil russischer
Bauernhäuser nachempfunden. Das malerische
Gehöft bestand aus einem 2-geschossigen Wohnhaus mit einem Anbau am rückwärtigen Giebel,
sowie einem 1-geschossigen Schuppen parallel
zum Wohnhaus. Das Blockhaus war aus massiven
Balken errichtet, die an den Ecken gekreuzt waren.
Fenster und Türen waren mit kunstvoll verzierten
Holzrahmungen versehen. Reiche, ornamentale
Schnitzereien schmückten die weit vorspringende
Dachkante und den Balkon. Am 16. Juni 1984
brannte das Haus, in dem eine Gaststätte eingerich-
tet war, nach Brandstiftung völlig ab. Wolf-Rüdiger
Borchardt baute es in seinem ursprünglichen Zu-
stand wieder auf.

801
Bauten auf der Pfaueninsel
ab 1794
Brendel; Karl Friedrich Schinkel, Albert Dietrich Schadow

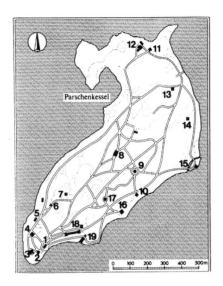

Lageplan

Schloss (oben)
Meierei (unten)

Die Pfaueninsel ist als Landschaftsgarten im Sinne des romantischen Naturverständnisses angelegt und mit zahlreichen Gebäuden versehen. Das Schloss wurde vom Tischlermeister Brendel 1794–97 als kulissenhafte Ruinenarchitektur für König Friedrich Wilhelm III. erbaut. Den ruinös scheinenden Mittelteil, dem Quadermauerwerk aufgemalt ist, flankieren zwei holzverschalte Burgtürme. Die zinnenbekrönten Türme verbindet eine mit neogotischen Formen verzierte Eisenbrücke – die erste dieser Art in Berlin –, die 1807 eine Holzbrücke abgelöst hatte. Die illusionistische Landschaftsmalerei im Torbogen wurde 1974 von Thomas Harndt rekonstruiert. Das Schlossinterieur ist fast vollständig erhalten. Ebenfalls um 1794 wurden die Kastellanswohnung (2), die Küche (5), der Jacobsbrunnen (7) und die Meierei (11) erbaut. Letztere ist eine künstliche Ruine, die Brendel mit neogotischen Spitzbogen, Kleeblattfenstern und Strebepfeilern verzierte. Im OG des turmartigen Traktes liegt ein Saal, den Carl Gotthard Langhans und Philipp Boumann d. J. gestalteten. Peter Josef Lenné schuf aus der z. T. verwilderten Insel 1822 den heute sichtbaren englischen Landschaftsgarten mit einem System sich schlängelnder Wege und Sichtachsen. Verbunden mit der Anpflanzung ausländischer Baumarten und der Ansiedlung verschiedenster Tierarten entstanden weiterhin zahlreiche Gebäude: Ein nur noch in Resten erhaltenes Palmenhaus (6) von Schadow (1829–31), die achteckige Voliere (9) von Friedrich Rabe (1833), das Winterhaus (1828/10). Bei der Gestaltung des Kavaliershauses (8) plante Schinkel die originale Fassade eines Danziger Patrizierhauses des 16. Jahrhunderts mit ein. Die übrigen Fassadenflächen dieses Gästehauses wurden formenmäßig der Original-Fassade angepasst. Der klassizistische Säulen-Portikus des Königin-Luise-Tempels (13) stammt vom Mausoleum in Charlottenburg, das Heinrich Gentz 1811 errichtet hatte. Als dieses umgestaltet wurde, versetzte man 1829 den Portikus auf die Insel. Auch der borkenverkleidete Jagdschirm (15) wurde von einem anderen Ort hier auf die Insel gebracht und auf diese Weise erhalten. Das Maschinenhaus (16) von Voß nahm hinter seinen Backsteinmauern die Pumpanlage auf, die u. a. den Brunnen (17) versorgte. In der Nähe des reetgedeckten Fregattenschuppens (19), den Schadow 1833 gestaltete, befinden sich die Reste einer „Russischen Rutschbahn", von F. C. Krüger 1819 errichtet. Das von Schinkel entworfene „Schweizer Haus" (3), von Schadow 1829–30 ausgeführt, ist mustergültig für die Stilvielfalt der „Insel-Architektur" und das Bestreben, abwechslungsreiche, gleichermaßen verschiedene Epochen verkörpernde Bauten zu errichten. Eine frühere Nutzung der Insel bezeugen die Mauerreste einer Glashütte (14), in der von 1685–89 der Chemiker Kunckel experimentiert hatte.

802
Kirche St. Peter und Paul
Nikolskoer Weg
1834-37
August Stüler, Albert Dietrich Schadow

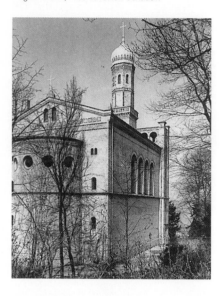

Die Kirche erhebt sich an reizvoller Stelle inmitten eines Waldgebietes in der Nähe des Havelufers. Ihr Auftraggeber war König Friedrich Wilhelm III., der, im Anklang an das benachbarte Blockhaus Nikolskoe (Nr. 800), einen Bau im „Styl russischer Kirchen" verlangte. In ihrem ersten Entwurf setzten sich jedoch Stüler und sein ausführender Mitarbeiter Schadow über diese Aufforderung hinweg und entwarfen eine romanisierend-italienische Anlage mit Campanile und Arkaden. Die endgültige Ausführung stellt zwar den Entwurf Stülers dar; eine um 1833 entstandene Entwurfsskizze belegt jedoch die Mitarbeit seines Lehrmeisters Schinkel an den Planungen der Kirche. Dieser entwarf Teile der Schauseite und fügte die geforderten russischen Motive hinzu. Die Ziegelkirche besitzt einen kubischen Baukörper. In die massive Westwand ist eine Fensterrose einge-

schnitten; den oberen Abschluss bildet eine Arkadenreihe. Dem schlichten Rundbogenportal ist eine filigrane hölzerne Arkadenhalle vorgestellt. Charakteristisches Merkmal der Kirche ist der schlanke achteckige Turm mit seiner Zwiebelkuppel. Trotz dieses russischen Motivs lassen sich, etwa in der halbrunden Apsis, Anklänge an die Gestaltung der Schinkelschen Vorstadtkirchen (Nr. 154, 219, 232, 241) erkennen. Im Innern der Kirche werden die einfachen geometrischen Grundformen der Außenansicht aufgenommen. Der kastenförmige Kirchenraum ist mit einer kassettenartigen Balkendecke geschlossen. In seiner Ausstattung sowie der in frühchrist-lich-byzantinischen Formen gehaltenen Bemalung stellt er den einzigen original erhaltenen Kirchenraum jener Zeit in Berlin dar.

Architektenregister

Die Zahlen in den Registern beziehen sich auf die Objektnummern

Baugattungsregister

Sonstige Bauten

Historisches Register

Straßenregister

Ch= Charlottenburg, Fr = Friedrichshain, Hel = Hellersdorf, Hoh = Hohenschönhausen, K = Kreuzberg, Köp = Köpenick, Li = Lichtenberg, M = Mitte, Mar = Marzahn, N = Neukölln, Pa = Pankow, Pr = Prenzlauer Berg, R = Reinickendorf, Schö = Schöneberg, Sp = Spandau, St = Steglitz, T = Tiergarten, Tem = Tempelhof, Trep = Treptow, Wed = Wedding, Wie = Weißensee, Wi = Wilmersdorf, Z = Zehlendorf

Stillerzeile (Köp) **713**
Stralauer Allee (Fr) **472**
Stubnitzstraße (Pa) **507**
Stuckstraße (Trep) **713**
Stülerstraße (T) **193**
Straße des 17. Juni (Ch) **341, 342, 343**
Stresemannstraße (K) **427, 428, 451, 452, 456, 459**
Stromstraße (T) **216, 218**
Suarezstraße (Ch) **278, 279**
Südallee (T) **223**
Südostalee (Trep) **687**
Sültstraße (Pr) **493**
Swinemünder Straße (Wed) **249**
Sybelstraße (Ch) **270, 272**

Taborstraße (K) **392**
Talstraße (Pa) **505, 506**
Tannenbergallee (Ch) **293**
Tassostraße (Wei) **515**
Taubenstraße (M) **85, 87, 88**
Tauentzienstraße (Schö) **525, 526**
Taunusstraße (Wi) **372**
Tegeler Weg (Ch) **329**
Teilestraße (Tem) **551**
Tempelhofer Ufer (K) **424**
Teplitzer Straße (Wi) **370**
Teupitzer Straße (N) **573**
Theodor-Heuss-Platz (Ch) **287**
Thielallee (Z) **759**
Thulestraße (Pa) **509**
Tiergartenstraße (T) **171, 174, 175, 176, 177, 178, 181, 195**
Torfstraße (T) **214**
Torstraße (M) **136**
Torstraße (Pr) **478, 479**
Travemünder Straße (Wed) **242**
Trebbiner Straße (K) **424**
Treskowallee (Li) **668**
Trierer Straße (Wie) **520**
Triftstraße (R) **613**
Tunnelstraße (Fr) **476**
Turmstraße (T) **220**

Uhlandstraße (Ch) **264**
Ullsteinstraße (Tem) **555**
Unter den Eichen (St) **735**
Unter den Linden (M) **32, 33, 34, 37, 40, 41, 42, 45, 46, 51, 52, 53, 58, 66, 67, 71**
Urbanstraße (K) **410**

Van't-Hoff-Straße (Z) **764**
Vereinsstraße (Trep) **688**
Veteranenstraße (M) **155**
Vinetaplatz (Wed) **249**
Voigtstraße (Fr) **465**
Voltastraße (Wed) **244**
Von-der-Heydt-Straße (T) **185**

Waisenstraße (M) **16**
Waitzstraße (Ch) **270**
Waldhüterpfad (Z) **769**
Waldsängerpfad (Z) **789**
Waldschulallee (Ch) **291, 292**
Waldstraße (Trep) **689**
Wallotstraße (Wi) **381**
Wallstraße (M) **104, 105, 106**
Walter-Benjamin-Platz (Ch) **269**
Wannseebadweg (Z) **792**
Warnemünder Straße (Wi) **366**
Warschauer Platz (Fr) **473, 474**
Weberwiese (Fr) **469**
Weerthstraße (Trep) **694**
Weisbachstraße (Fr) **463**
Werbellinstraße (N) **566**
Werderstraße (Z) **784**
Wernerwerkdamm (Sp) **623**
Werrastraße (N) **572**
Weserstraße (N) **569, 572**
Weststraße (Trep) **687**
Wiesbadener Straße (Wi) **360**
Wilhelminenhofstraße (Köp) **706**
Wilhelmplatz (Z) **796**
Wilhelmstraße (M) **49, 65, 72, 73, 95**
Wilhelmstraße (K) **427, 448, 449, 459, 460**
Wilhelmsruher Damm (R) **603**
Wilmersdorfer Straße (Ch) **274**
Wilskistraße (Z) **776**
Wiltbergstraße (Pa) **513, 514**
Wiltinger Straße (R) **612**
Winklerstraße (Wi) **379**
Winterfeldtstraße (Schö) **532**
Wisbyer Straße (Pa) **492, 510**
Wißmannstraße (Wi) **380**
Wittenberger Straße (Mar) **718**
Wittenbergplatz (Schö) **527**
Witzlebenplatz (Ch) **280**
Woelckpromenade (Wei) **515**
Wolliner Straße (Wed) **249**
Wolzogenstraße (Z) **783**
Wrangelstraße (K) **396**

Yorckstraße (K) **417, 421**

Zabel-Krüger-Damm (R) **608**
Zachertstraße (Li) **661**
Zauritzweg (Ch) **333**
Zeltinger Platz (R) **610, 611**
Zepernicher Straße (Pa) **514**
Zeppelinstraße (Köp) **705**
Zeppelinstraße (Sp) **635**
Ziegelstraße (M) **138**
Zimmerstraße (K) **448**
Zimmerstraße (M) **97, 100**
Zionskirchplatz (M) **156**

Objektregister

Fotografenregister

Verfasserregister

Karl Heinz Hüter

1–13, 15–18, 20–44, 46–50, 52–55, 57–60,
74, 76–80, 82–87, 89, 91, 94–99, 101, 103–
111, 116–125, 127–129, 132, 133, 135–139,
141, 142, 144–148, 150–155, 461–464,
466–471, 475, 476, 478–486, 488–497,
499–510, 512–521, 645, 648–663, 665–670,
673, 675, 677–684, 686–694, 696–699,
701–717, 719, 720

Doris Mollenschott

162, 164, 165, 169, 170, 171, 185, 187, 191,
198–206, 208–212, 214, 215, 218, 221, 226,
231, 234, 236, 237–239, 245–247, 251, 252,
262, 264, 266, 268, 270–272, 275, 277–279,
284, 285, 288, 289, 302, 304, 306, 308, 309,
313, 314, 316–326, 330–334, 336, 338–347,
351, 353, 354, 357–360, 362–364, 367, 368,
370, 374, 377, 386, 388, 390, 391, 396, 398,
400, 402, 406, 408, 410, 411, 419, 422, 425,
426, 428, 429, 432, 433, 444, 448, 451, 452,
531, 539–543, 546, 547, 549–551, 553, 554,
560, 566, 569, 571, 576–582, 584, 590–594,
596, 600, 601, 603–608, 610, 614–617, 620,
621, 621 A, 622–625, 627, 629, 631, 635–637,
643, 723–725, 728, 731, 732, 734, 736–742,
744–747, 753, 754, 757–761, 764, 766–771,
773, 775, 776, 798, 799, 801

Paul Sigel

14, 19, 45, 51, 56, 61–73, 75, 81, 88, 90, 92,
93, 100, 102, 112–115, 126, 130, 131, 134,
140, 143, 149, 156–161, 173, 176–180, 184,
193–195, 207, 217, 222–224, 227, 228, 230,
242, 244, 248, 255, 257, 265, 269, 281, 292,
311, 349, 382, 385, 392, 420, 423, 424, 427,
439, 443, 450, 455, 456, 459, 465, 472–474,
477, 487, 498, 504 A, 511, 522, 523, 525,
529, 555, 587, 588, 595, 602, 613, 628, 642,
646, 647, 664, 671, 672, 674, 676, 685, 695,
700, 718, 721, 722, 727

Martin Wörner

163, 166–168, 172, 174, 181–183, 186, 189,
190, 192, 196, 197, 213, 216, 219, 220, 225,
229, 232, 233, 235, 240, 241, 243, 249, 250,
254, 256, 258–261, 263, 266, 273, 274, 276,
280, 282, 283, 286, 287, 290, 291, 293–301,
303, 305, 310, 312, 315, 327–329, 335, 337,
348, 350, 352, 356, 361, 365, 366, 369, 371–
373, 375, 376, 378–381, 383, 384, 387, 389,
393–395, 397, 399, 401, 403–405, 407, 409,
412–418, 421, 430, 431, 434–442, 445–447,
449, 453, 454, 457, 458, 460, 524, 526–528,
530, 532–538, 544, 545, 548, 552, 556–558,
561–568, 570, 572–575, 583, 585, 586, 589,
597–599, 609, 611, 612, 618, 619, 630, 632,
633, 634, 639–641, 644, 726, 729, 730, 733,
743, 748–752, 755, 756, 758, 761, 762, 763,
765, 772, 774, 778–785, 787–797, 800, 802

Weiterführende Literatur

Arbeitsgruppe Berlin-Wettbewerbe (Hg.): *Hauptstadt Berlin. Parlamentsviertel im Spreebogen. Internationaler städtebaulicher Ideenwettbewerb 1993 – Capital Berlin. Parliament District at the Spreebogen. International Competition for Urban Design Ideas 1993.* Berlin/Basel/Boston 1993.

Architektenkammer Berlin (Hg.): *Architektur in Berlin*, Jahrbücher 1992–96 (fortlaufend).

Architekten-Verein zu Berlin und Vereinigung Berliner Architekten (Hg.): *Berlin und seine Bauten.* Bde. 1 und 2, Berlin 1877–1896; Bde. 3–11, Berlin 1966–1987.

Architektur von Ludwig Hoffmann (1852–1932) in Berlin. Reprint. Eine Einführung Hans-Joachim Kadatz, Berlin 1987.

Badstübner-Gröger, Sibylle: *Bibliographie zur Kunstgeschichte von Berlin und Potsdam*, Berlin 1980.

Badstübner-Gröger, Sibylle: *Die St.-Hedwigs-Kathedrale zu Berlin*, Berlin 1976 (Das christliche Denkmal, H. 99).

Badstübner, Ernst: *Die Marienkirche zu Berlin*, Berlin 1972 (Das christliche Denkmal, H. 90).

Behr, Adalbert: Autorenkollektiv: *Berlin, Ergebnisse der heimatkundlichen Bestandsaufnahme*, Berlin 1987 (Werte unserer Heimat, Bd. 49/50).

Berlin heute. Projekte für das neue Berlin. Ausstellungskatalog, Berlin 1991.

Boberg, Jochen/Fichter, Tilmann/Gillen, Eckhardt (Hg.): *Exerzierfeld der Moderne. Industriekultur in Berlin im 19. Jahrhundert,* München 1984.

Bodenschatz, Harald: *Platz frei für das Neue Berlin. Geschichte der Stadterneuerung in der größten Mietskasernenstadt der Welt seit 1871,* Berlin 1987.

Bodenschatz, Harald: *Berlin, auf der Suche nach dem verlorenen Zentrum,* Hamburg 1995.

Borrmann, Richard: *Die Bau- und Kunstdenkmäler von Berlin*, Berlin 1983.

Börsch-Supan, Eva: *Berliner Baukunst nach Schinkel 1840 bis 1870*, München 1977.

Buddensieg, Tilmann/Rogge, Henning: *Industriekultur. Peter Behrens und die AEG 1907 bis 1914,* Berlin 1978.

Buddensieg, Tilmann (Hg.): *Berlin 1900–1933: Architecture and Design.* Ausstellungskatalog, New York 1987.

Burg, Annegret (Hg.): *Neue Berlinische Architektur. Eine Debatte,* Berlin/Basel/Boston 1994.

Burg, Annegret/Stimmann, Hans (Hg.): *Berlin-Mitte. Die Entstehung einer urbanen Architektur,* Berlin/Basel/Boston 1995.

Die Bau- und Kunstdenkmäler in der DDR, Hauptstadt Berlin I u. II, Hg. vom Institut für Denkmalpflege, Gesamtredaktion Heinrich Trost, Berlin 1983 u. 1987.

Engel, Helmut (Hg.): *Geschichtslandschaft Berlin. Orte und Ereignisse.* 3. Bde., Berlin 1985–1987.

Forssman, Erik: *Karl Friedrich Schinkel – Bauwerke und Baugedanken,* München/Zürich 1981.

Geist, Johann Friedrich/Kürvers, Klaus: *Das Berliner Mietshaus,* 2. Bde., München 1980–1984.

Grisebach, August: *Carl Friedrich Schinkel. Architekt – Städtebauer – Maler*, München 1981.

Gut, Albert; *Das Berliner Wohnhaus.* Beiträge zu seiner Geschichte und seiner Entwicklung in der Zeit der landesfürstlichen Bautätigkeit (17. und 18. Jahrhundert), Berlin 1917 (Neu herausgegeben von W. Volk, Berlin 1984).

Hegemann, Werner: *Das steinerne Berlin. Geschichte der größten Mietskasernenstadt der Welt,* Berlin 1930; Neuausgabe Braunschweig/Wiesbaden 1976.

Herz, Rudolf: *Berliner Barock. Bauten und Baumeister aus der ersten Hälfte des 18. Jahrhunderts,* Berlin 1928.

Hilberseimer, Ludwig: *Berliner Architektur der 20er Jahre*, Berlin 1967 (Neue Bauhausbücher).

Hoffmann-Tauschwitz, Matthias: *Alte Kirchen in Berlin. 33 Besuche bei den ältesten Kirchen im Westteil der Stadt,* Berlin 1986.

Huse, Norbert: *Neues Bauen 1918–1933. Moderne Architektur in der Weimarer Republik,* München 1975.

Huse, Norbert (Hg.): *Siedlungen der Zwanziger Jahre heute. Vier Berliner Großsiedlungen 1924–1984,* Ausstellungskatalog, Berlin 1985.

Huse, Nobert (Hg.): *Verloren – gefährdet – geschützt. Baudenkmäler in Berlin,* Ausstellungskatalog, Berlin 1988.

Hüter, Karl-Heinz: *Architektur in Berlin 1900–1933,* Dresden 1987.

Internationale Bauausstellung Berlin (Hg.): *Idee – Prozeß – Ergebnis. Die Reparatur und Rekonstruktion der Stadt,* Austellungskatalog, Berlin 1987.

Internationale Bauaustellung Berlin 1987: *Projektübersicht,* Berlin 1987.

Johannes, Heinz: *Bauen in Berlin*, Berlin 1931.

Junghans, Kurt: *Bruno Taut 1880–1928*, Berlin 1983 (2. Auflage*).*

Kadatz, Hans-Joachim: *Berlin, Hotel Stadt Berlin,* Leipzig 1972 (Baudenkmale 24).

Kähler, Gert (Hg.): *Einfach schwierig. Eine deutsche Architekturdebatte,* Ausgewählte Beiträge 1993–95; Bauwelt Fundamente, Wiesbaden 1995.

Kähne, Volker: *Gerichtsgebäude in Berlin, eine rechts- und baugeschichtliche Betrachtung.* Mit Fotos von Klaus Lehnartz, Berlin 1988.

Kieling, Uwe: *Berlin – Baumeister und Bauten: Von der Gotik bis zum Historismus,* Berlin/Leipzig 1987.

Kieling, Uwe: *Berliner Baubeamte und Staatsarchitekten im 19. Jahrhundert, Biographisches Lexikon,* Berlin 1986 (Miniaturen zur Geschichte und Denkmalpflege Berlins, Nr. 17).

Kleihues, Josef Paul (Hg.): *750 Jahre Architektur und Städtebau in Berlin. Internationale Bauausstellung Berlin 1987 im Kontext der Baugeschichte Berlins,* Ausstellungkatalog, Stuttgart 1987.

Kleihues, Josef Paul (Hg.): *Internationale Bauausstellung Berlin 1984/87. Die Neubaugebiete.* Dokumente – Projekte Bd. 7, Stuttgart 1993.

Klünner, Hans-Werner (Bearb.): *S- und U-Bahnarchitektur in Berlin,* Berlin 1985.

Korff, Gottfried (Hg.): *Berlin Berlin. Die Ausstellung zur Geschichte der Stadt,* Ausstellungskatalog, Berlin 1987.

Krüger, Rolf-Herbert: *Das Ephraim-Palais in Berlin,* Berlin 1987 (Miniaturen zur Geschichte, Kultur und Denkmalpflege Berlins, Nr. 25).

Kühne, Günther u.a.: *Berlin. Kunstdenkmäler und Museen,* Stuttgart 1980 (Reclams Kunstführer Deutschland Bd. VII).

Larsson, Lars Olof: *Die Neugestaltung Berlins im Dritten Reich,* Darmstadt 1975.

Libeskind, Daniel: *Kein Ort an seiner Stelle,* Dresden/Basel 1995.

Magnago Lampugnani, Vittorio: *Die Modernität des Dauerhaften,* Berlin 1995.

Magnago Lampugnani, Vittorio/Schneider, Romana (Hg.): *Ein Stück Großstadt als Experiment. Planungen am Potsdamer Platz in Berlin,* Stuttgart 1994.

Meyer-Otto, Edina: *Paul Mebes: Miethausbau in Berlin 1906-1938,* Berlin 1972.

Petsch, Joachim: *Baukunst und Stadtplanung im Dritten Reich,* München/Wien 1976.

Pomplun, Kurt: *Berlins alte Dorfkirchen,* 6. Aufl., Berlin 1984.

Posener, Julius: *Berlin auf dem Wege zu einer neuen Architektur: das Zeitalter Wilhelms II.,* München 1979.

Prang, Hans/Kleinschmidt, Horst Günter: *Mit Berlin auf du und du.* Erlesenes und Erlauschtes aus 750 Jahren Berliner Leben, Leipzig 1980.

Prang, Hans/Kleinschmidt, Horst Günter: *Durch Berlin zu Fuß: Wanderungen in Geschichte und Gegenwart,* Berlin/Leipzig 1984.

Pundt, Hermann G.: *Schinkels Berlin,* Berlin/Frankfurt/Wien 1981.

Rave, Paul Ortwin: *Schinkel. Lebenswerk.*
– Berlin. Bauten für die Kunst, Kirchen, Denkmalpflege, Berlin 1941 (Erweiterte Nachauflage 1981).
– Berlin. Bauten für die Wissenschaft, Verwaltung, Heer, Wohnbau und Denkmäler, Berlin 1962.

Realisierungswettbewerb Umbau des Reichstagsgebäudes zum Deutschen Bundestag. Dokumentation des Architekturwettbewerbs, Berlin 1993.

Reichhardt, Hans/Schäche, Wolfgang (Hg.): *Von Berlin nach Germania. Über die Zerstörungen der Reichshauptstadt durch Albert Speers Neugestaltungsplanungen,* Ausstellungskatalog, 4. Aufl., Berlin 1986.

Reuther, Hans: *Barock in Berlin. Meister und Werke der Berliner Baukunst 1640 bis 1786,* Berlin 1969.

Reuther, Hans: *Die Große Zerstörung Berlins. 200 Jahre Stadtbaugeschichte Berlins,* Berlin/Frankfurt 1985.

Ribbe, Wolfgang (Hg.): *Geschichte Berlins,* 2 Bde., München 1987.

Ribbe, Wolfgang/Schäche, Wolfgang (Hg.): *Baumeister – Architekten – Stadtplaner. Biographien zur baulichen Entwicklung Berlins,* Berlin 1987.

Scarpa, Ludovica: *Martin Wagner und Berlin. Architektur und Städtebau in der Weimarer Republik,* Braunschweig/Wiesbaden 1986.

Schäche, Wolfgang: *Architektur und Stadtplanung während des Faschismus am Beispiel Berlin,* Wien 1985 (Um Bau 9).

Schallenberger, Jacob/Kraffert, Hans: *Berliner Wohnungsbauten aus öffentlichen Mitteln. Die Verwendung der Hauszinssteuer-Hypotheken,* Berlin 1926.

Schmitz, Hermann: *Ludwig Hoffmanns Wohlfahrtsbauten der Stadt Berlin, Berlin 1927.*

Schulz, Joachim/Gräbner, Werner: *Berlin. Architektur von Pankow bis Köpenick,* Berlin 1987.

Schwarz, Karl (Hg.): *Die Zukunft der Metropolen: Paris – London – New York – Berlin,* Ausstellungskatalog, Berlin 1984.

Schweitzer, Eva: *Großbaustelle Berlin. Wie die Hauptstadt verplant wird,* Berlin 1996.

Senatsverwaltung für Bauen, Wohnen und Verkehr (Hg.): *City-Projekte der Hauptstadt,* 1996.

Senatsverwaltung für Bauen, Wohnen und Verkehr (Hg.): *Projekte für die Hauptstadt Berlin,* 1996.

Stark, Isolde: *Denkmalpflegerische Aspekte bei der Rekonstruktion der Charité in Berlin,* in: Denkmalpflege in der Deutschen Demokratischen Republik 6/1979, S.49 ff., Hg. Institut für Denkmalpflege Berlin, Berlin 1979.

Stimmann, Hans (Hg.): *Babylon, Berlin etc. Das Vokabular der europäischen Stadt,* Berlin/Basel/Boston 1995.

Stürzebecher, Peter: *Das Berliner Warenhaus. Bautypus, Element der Stadtorganisation, Raumsphäre der Warenwelt,* Berlin 1979.

Volk, Waltraud: *Historische Straßen und Plätze heute: Berlin, Hauptstadt der DDR,* Berlin 1975.

Von Berlin nach Neuteutonia, Themenheft der Zeitschrift Arch +, Juni 1994.

Glossar

Abakus   meist rechteckige oder quadratische Deckplatte, die den oberen Abschluss des Kapitells markiert

Akroter   krönendes Element auf der Spitze und an den Ecken des Giebeldreiecks bei antiken Bauten

Annex   äußerer Anbau

Apsis   innen halbkreisförmiger, außen auch vieleckiger, überwölbter Raum, Chorabschluss

Architrav   tragender Stein- oder Holzbalken als horizontaler Abschluss antiker oder antikisierender Säulen-, Bogen- oder Pfeilerstellungen

Arkade   Bogenreihe auf Stützen

Atrium   ursprünglich von Säulenhallen umgebener Innenhof, Repräsentationsraum eines römischen Wohnhauses

Attika   abschließendes Geschoss über dem Hauptgeschoss

Baluster   untersetztes, oft stark profiliertes Stützglied an Geländern und Brüstungen

Barock   Stil abendländischer Kunst im Zeitalter des Absolutismus

Basilika   dreischiffiger Kirchenbau, dessen mittlerer Teil überhöht und gesondert belichtet ist

Basis   unterer Teil eines Bauglieds, besonders profilierter Fuß einer Säule

Beletage   das Hauptgeschoss eines Gebäudes mit den Repräsentationsräumen, meist über dem Erdgeschoss

Belvedere   Aussichtsterrasse, Aussichtspunkt; in Parkanlage gelegenes Lustschlösschen

Chor   vom Hauptschiff baulich abgetrennter Hochaltarraum einer Kirche

Dreipass   aus drei Kreisbogen zusammengesetzte Figur eines Fenstermaßwerks

Eklektizismus   künstlerische Ausdrucksweise unter Verwendung bereits entwickelter Kunstleistungen

Expressionismus   Stilrichtung der Architektur ab ca. 1910, die versuchte, Gebäude über ihre Funktion hinaus als abstrakte und monumentale Plastiken zu gestalten

Fialen   pyramidenförmige, schlanke Bekrönung von gotischen Strebepfeilern

First   Dachfirst, die obere, meist waagerechte Schnittlinie zweier geneigter Dachflächen

Fries   schmaler Schmuckstreifen zur Um- und Abgrenzung, Gliederung und Dekorierung von Architekturteilen; Teil vom Gebälk

Funktionalismus   Stilrichtung der modernen Architektur, die Formen aus der Funktion des Gebäudes ableitet

Gaube   in Querrichtung des Daches sitzender Aufbau mit senkrechter Fensteröffnung

geböscht   geneigt, abgeschrägt

Gesims   waagerechter profilierter Streifen, der die horizontalen Abschnitte eines Gebäudes voneinander abgrenzt

Gewände   abgeschrägte Mauerfläche (Laibung) seitlich eines Fensters

Hallenkirche   aus mehreren gleich hohen, durch Stützen getrennten Schiffen bestehender Bau

Haustein   steinmetzmäßig bearbeiteter Naturstein

Herme   figürlicher Pfeileraufsatz bzw. Gebälkträger, urspr. mit dem Kopf des griech. Gottes Hermes

Historismus   im 19. Jh. entwickelter Stil, der versuchte, in der Nachahmung historischer Baustile ein eigenes Selbstverständnis zu finden

Holzbinder   Element eines hölzernen Dachtragwerks

Internationaler Stil   in den USA geprägter Begriff für den Architekturstil des zweiten Viertels des 20. Jh., Kennzeichen: asymmetrische Komposition, kubische Hauptformen, horizontale Fensterbänder sowie das Fehlen von Ornamenten und Profilierungen

ionisch   antike Säulenordnung mit kannelierten Schäften und flachen Volutenkapitellen, > Volute

Joch zwischen Hauptstützen eines Bauwerks liegender Abschnitt

Jugendstil gegen den > Historismus gewandter Baustil der abendländischen Kunst, Kennzeichen: pflanzliche, bewegte, abstrahierende Formen

Kämpfer Auflager eines Bogens

Kannelur senkrechte konkave Rillen am Schaft einer Säule der antiken Ordnungen

Kapitell der oberste, eigenständige Teil einer Säule, eines Pfeilers oder Pilasters

Kita Kindertagesstätte

Klassizismus in der zweiten Hälfte des 18. Jh. entstandene Gegenbewegung zum > Barock, Kennzeichen: strenge Ordnung, sparsamer Dekor, ungebrochene Konturen

Kolonnade Stützenreihe mit abschließendem Gebälk

Korbbogen breiter, gedrückter Bogen

korinthisch Säulenordnung mit kannelierten Schäften und hohen blattbesetzten Kapitellen

Kranzgesims stark ausladendes Dachgesims im Palastbau und konstruktives Teil der Außenwand

Kreuzgratgewölbe Gewölbeform aus sich kreuzförmig durchdringenden > Tonnen

Kreuzrippen-gewölbe von sich kreuzenden Rippen unterfangene Gewölbeform

Kreuzstockfenster durch steinerne bzw. hölzerne Balken in Kreuzform unterteiltes Fenster

Laibung meist abgeschrägte Begrenzung einer Maueröffnung (Fenster, Portale etc.), > Gewände

Laterne der Beleuchtung dienender, verglaster Dachaufsatz

Lettner Mauer oder gewölbter, begehbarer Bauteil mit Durchgängen zwischen Laienraum und Chor einer Kirche

Lisene schwach vortretender, vertikaler Wandstreifen ohne > Basis und > Kapitell

Loggia gewölbter Bogengang oder Halle an der Front eines Gebäudes; offener Einschnitt in die Fassade

Lünette halbrundes Fenster; kleines, auf Rahmung gesetztes Bogenfeld über Türen

Maisonette innerhalb eines vielgeschossigen Wohngebäudes eine mehrgeschossige Wohnung mit eigener, innen liegender Treppe

Majolika nach der Insel Mallorca benannte Keramik

Mansarddach aus einem oberen flachen und einem unteren steilen Teil bestehende geknickte Dachform

Maßwerk geometrisch konstruiertes Bauornament zur Aufteilung des Bogenfelds von Fenstern bzw. Wandflächen

Mezzaningeschoss niedrige Halb- oder Zwischenetage

Mittelrisalit > Risalit in der Mitte eines Bauwerks

Netzgewölbe meist tonnenförmiges Gewölbe mit maschenartig überkreuzten Rippen, zwischen denen rautenförmige Felder entstehen

Neue Sachlichkeit gegen 1922 einsetzende künstlerische Richtung, die in bewusstem Gegensatz zum > Expressionismus wieder das objektive Dasein der Gegenstände erfassen wollte

Neues Bauen programmatischer Begriff für vorwiegend dt. Architekturströmungen des Funktionalismus nach dem 1. Weltkrieg, die sich gegen den Stil der > Wilhelminischen Epoche richteten

Obergaden Fensterzone des Mittelschiffs einer > Basilika

Pilaster Wandpfeiler mit > Basis und > Kapitell

Polygon Vieleck

Portikus ein von Säulen oder Pfeilern getragener Vorbau an der Eingangsseite eines Gebäudes

Pultdach aus einer geneigten Fläche bestehendes Dach

Punkthochhaus um einen Erschließungskern gruppierte Grundrissanordnung

Renaissance Rückbesinnung auf die Antike, Kennzeichen: Aufnahme antiker Säulenordnungen, klare Gliederung, einfache geometrische Grundformen

Risalit in voller Höhe vortretender Bauteil, oft mit eigenem Giebel

Rokoko letzte Stilphase des Barock, zeichnet sich durch feingliedrige zarte Dekorationsmuster aus, die sich häufig muschelartiger Formen (rocaille) bedienen

Rotunde Rundbau

Rustika	Mauerwerksstruktur aus grob behauenen Buckelquadern	**Tonnengewölbe**	in eine Richtung gekrümmte, oft längsgerichtete, gemauerte Raumüberdeckung, meist mit halbkreisförmigem Querschnitt
Saalkirche	rechteckige Bauform ohne innere Stützen		
Satteldach	Dachform aus zwei schräg gegeneinander gestellten Dachflächen	**Traufe**	waagerechte Bregrenzung der Dachfläche parallel zum > First
Schleppgaube	stehendes Dachfenster mit einer Anhebung der Dachhaut	**Tympanon**	Giebelfeld eines antiken Tempels
Schweifhaube	aus gegeneinander gebogenen Flächen bestehende Turmdeckung	**verkröpfen**	herumziehen eines Gebälkes oder Gesimses um bestehende vertikale Bauglieder
Sheddach	einseitig geneigte, auch gebogene, in Reihung auftretende Dachform	**Vestibül**	Eingangsraum eines Hauses
		Vierung	Kreuzfeld von Lang- und Querhaus einer Kirche
Sichtbeton	sichtbar belassene, oft bearbeitete oder durch sorgfältige Schalung gestaltete Betonoberfläche	**Volute**	schneckenförmiges Ornament bzw. Werksteinstück
		Walmdach	nach allen Seiten gleichmäßig geneigtes Dach
Skelettbau	Bauweise, bei der im Unterschied zur Massivbauweise die tragende Funktion auf Stützen, Träger, Scheiben beschränkt wird	**Wilhelminische Architektur**	Bezeichnung für bestimmte Ausdrucksformen des Historismus in Deutschland um die Wende vom 19. zum 20. Jahrhundert; häufig Adaption monumentaler neubarocker oder neuromanischer Formen
Spolie	ein wieder verwendetes, aus einem abgebrochenem Gebäude entnommenes Teil der Bauelemente oder der Bauzier (Säulenschaft, Kapitell, Fries etc.)		
		Wimperg	giebelartige Bekrönung gotischer Portale und Fenster
Stahlbeton	Verbundkörper aus Beton und einer Stahlbewehrung, die so ausgeführt ist, dass der Beton die Druckspannungen und der Stahl die Zugspannungen aufnimmt	**Zwerchhaus**	über einer Fassade aufsteigender, nicht zurückgesetzter Dachaufbau mit eigenem Giebel und quer zum Hauptdach verlaufendem First
Stuccolustro	bemalter und wachspolierter Marmorputz		

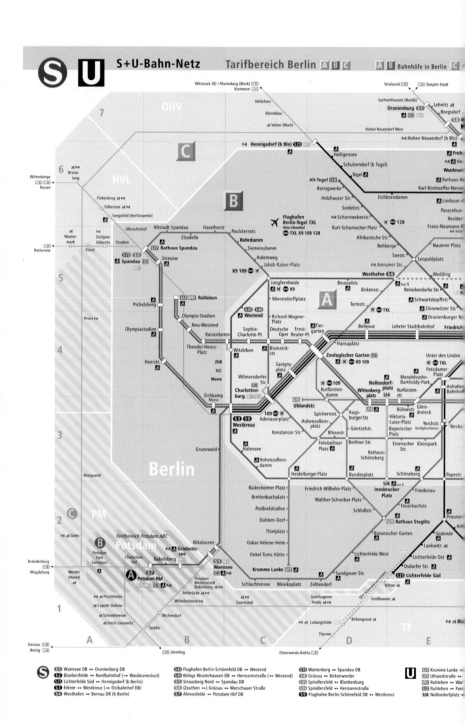

S+U-Bahn-Netz — Tarifbereich Berlin Ⓐ Ⓑ Ⓒ

Ⓐ Ⓑ Bahnhöfe in Berlin Ⓒ